Herausgegeben von
der Hamburgischen Vereinigung
von Freunden der Kammermusik

»ES IST DAS LEBEN!«

100 JAHRE HAMBURGISCHE VEREINIGUNG VON FREUNDEN DER KAMMERMUSIK

BERG & FEIERABEND

INHALT

10   Carsten Brosda

11   Christoph Lieben-Seutter

12   Carl Rudolf Jung
GRUSSWORTE

14   Ludwig Hartmann
VORWORT UND DANK

■

19   Matthias Gretzschel
DONNERSTAG, 14. SEPTEMBER 1922
Dokufiktionale Rekonstruktion eines Tages in Hamburg

29   Sophie Fetthauer
DIE HAMBURGISCHE VEREINIGUNG VON FREUNDEN
DER KAMMERMUSIK
Von der Gründung 1922 bis zur Vereinsgründung 1949

77   Ludwig Hartmann
AUS DEN TRÜMMERN IN DIE CHAMPIONS LEAGUE
Ehrenamtlich für die Kammermusik
von den 1940er Jahren bis heute

■

111   Valentin Erben
VOM ZAUBER DER ZAHL VIER
Eine Erinnerung an das Alban Berg Quartett

121   Harald Eggebrecht
STREICHQUARTETTBLÜTE
Über die ewig junge Königsgattung

133   Jörg Widmann *Im Gespräch*
»ES SIND KOMPLEXE ÜBERSETZUNGSPROZESSE«
Von profunden Zweifeln und glühender Begeisterung

141   Elisabeth Kufferath
JEDE MUSIK IST ZEITGENÖSSISCH
Ein Plädoyer für die Neugierde auf Neues

147   Lucas Fels
4 – NICHT WENIGER, KEINEN DEUT MEHR
Von faszinierenden Fragen und offenen Antworten

153 Frank Wrobel
DAS VORSTANDS-QUARTETT
Von stillvergnügter Begeisterung

157 Sonia Simmenauer
WIE KNACKT MAN EINEN VERSCHWORENEN
KREIS BEGEISTERTER?
Vom Reiz der Zusammenarbeit mit einer ehrenamtlich
geführten Kammermusikreihe

163 Joachim Nerger
DIE GUTEN UND DIE BÖSEN
Über Bilder und Zerrbilder der Konzertwelt

167 Christian Strehk
ALLES AM FLUSS: AUFHORCHEN AN DER ELBE
Tradition plus Innovation: Offen für neue Musik und
Magnet für Hamburg

171 Hildburg Heider
KAMMERMUSIK AM RANDE DER TAIGA
Kuhmo, Mutter vieler Kammermusikfestivals

177 Nicolas Altstaedt *Im Gespräch*
JUWEL IM BURGENLAND
Das Kammermusikfest Lockenhaus

183 Lars Vogt *Im Gespräch*
MUSIK UNTER STROM
»Spannungen« in Heimbach

189 Elena Bashkirova *Im Gespräch*
IM SCHATTEN VON FELSENDOM UND
KLAGEMAUER
Musik für die Menschen der heiligen Stadt

■

197 Eberhard Feltz
AUSSCHLIESSLICH   UNVERZICHTBAR
UNBEGRENZT   UNVERFÜGBAR

213 Eckart Altenmüller
KAMMERMUSIK ALS SEELENSCHAU UND
LEBENSHALTUNG

225 Anselm Cybinski
EINKLANG FREIER WESEN...
Das gemischte Ensemble im Gefolge von Beethovens Septett

231 Eckart Runge
DIE QUADRATUR DES KREISES UND
DAS ABENTEUER DEMOKRATIE
Sechzehn Saiten und so viel mehr

239 David Orlowsky
FINALES VERMÄCHTNIS
Live-Aufnahme in der Elbphilharmonie

243 Franz Willeitner
»VISION« AUF GANZ EIGENEN WEGEN
Streichquartett jenseits aller Schubladen

249 Dirk Mommertz
DAS WOHLTEMPERIERTE QUARTETT
Jubiläumsgedanken eines Ensemble-Pianisten

■

255 Christiane Iven
UNERHÖRT SCHÖN!
Über Kammermusik für Stimme
und Instrument(e)

261 Sir András Schiff *Im Gespräch*
VON BALANCE, STREICHQUARTETT UND
POLITISCHER MUSIK
Alles, nur nicht »Begleitung«

269 David Fanning
HOMMAGE AN EINEN (FAST) VERGESSENEN
Ein Wochenende zum 100. Geburtstag
von Mieczysław Weinberg

277 Raphaël Merlin
VON KARRIERE, VERPUPPUNG UND VIREN
Ein Hamburger Konzert als Härtefall

281 Christoph Eschenbach *Im Gespräch*
CHEFDIRIGENT UND MUSICUS INTER PARES
Kammermusik als Bindeglied

287 Ludwig Hartmann
GLÜCKSFALL MIT EINEM GLÜCKSPILZ
Begegnungen mit einem Jahrhundertkünstler

295 Sabine Meyer und Reiner Wehle *Im Gespräch*
VON ZUFÄLLEN ZUR WELTKARRIERE
Über Rohre, Plastik, Duodezimen und Langweiler

303 Andreas Arndt
DIE BESONDERE BEZIEHUNG
Ein Italiener aus Hamburg zwischen den Beinen

307 Frank-Michael Erben *Im Gespräch*
TRADITION SEIT 1808
»Das Beste aus der Vergangenheit
in die Zukunft hinüberführen«

319 Oliver Wille
STAUNEN LERNEN – KAMMERMUSIK LEHREN
Über unbedingt unbegrenzte Abenteuer

325 Michael Holm *Im Gespräch*
INITIATIVE JUGEND-KAMMERMUSIK HAMBURG
Früh übt sich ...

333 Eduard Schwen
SPIELMANNSFIEDEL UND ARISTOKRATIN
Eine kurze Geschichte der Geige

343 Jonathan Brown und
Vera Martinez Mehner *Im Gespräch*
DIE MACHT DER BÖGEN
Näher am Original

■

349 Sharon Kam
INTIME MUSIK IM GROSSEN SAAL
Premiere des neuen Konzertformates

353 Karsten Schmidt
UNTER ENTHUSIASTEN – ÜBER ENTHUSIASTEN
Eine Betrachtung in sechs Kapiteln

359 Isabelle van Keulen
MUSIKALISCHE GRENZGÄNGE
EINER KLASSISCHEN GEIGERIN
Piazzolla als Lebensbegleiter

363 Mojib Latif
KUNST UND WISSENSCHAFT
Von Verbindungen und Befruchtungen

365 Maurice Steger
MEINE BLOCKFLÖTE
Plädoyer für eine stets Unterschätzte

373 Barbara und Rolf Seelmann-Eggebert *Im Gespräch*
VON WEGEN NUR ROYALES …
Kammermusik auf Geige und Bratsche als roter Faden

■

381 David Geringas *Im Gespräch*
»DAS LEBEN IST WIE EINE SPARKASSE«
Vom Lehren, Lernen und Musizieren

389 Mischa Maisky *Im Gespräch*
»ES DARF NIE FAKE SEIN!«
Vom Leben und leben lassen

395 Clemens Trautmann *Im Gespräch*
DIE RELEVANZ DER KAMMERMUSIK
Von Streaming und Zeit-Horizonten

401 Thorsten Gillert
DER GESCHMACK DER MUSIK
Von Hebriden und Rosenaroma

409 Maja Weber
BEEINFLUSST DER ORT AUCH DIE MUSIK?
Von Klangwellen und Apéro

415 Joachim Mischke
IN WELCHER TONART SCHREIBT MAN »MOIN!«?
Von Komponisten an Alster und Elbe

■

HAMBURGISCHE VEREINIGUNG
VON FREUNDEN DER KAMMERMUSIK

424 WER WAR ZU GAST?
1922–1932 | 1945–2022 | SONDERPROJEKT-REIHEN

443 SONDERPROJEKTE IN DER ÜBERSICHT

445 DER VORSTAND
KOOPERATIONSPARTNER

446 DANK

447 BIOGRAPHIEN

454 BILDNACHWEIS

455 IMPRESSUM

Alle in diesem Buch enthaltenen Gespräche wurden im Frühjahr 2022 geführt.

GRUSSWORTE

Vereine gelten gemeinhin als »Schulen der Demokratie«. Und das ist zweifellos richtig. Hier wird Verantwortung gelebt und mit anderen geteilt. Die Freunde der Kammermusik tun eben dies seit mehr als 100 Jahren auf herausragende Art und Weise.

Es waren zwei Hamburger Kaufleute, die den Verein im September 1922 aus der Taufe hoben und mit ihrer Arbeit Maßstäbe setzten. Das, was unsere demokratische Gesellschaft mittlerweile ausmacht, ihre Vielfältigkeit und Unterschiedlichkeit, spiegelt der Verein heute in seinem Tun – und auch deswegen ist er eine Art Schule, die wir schätzen: So wird beispielsweise die jüdische Kammermusikgeschichte aufgearbeitet oder es wird einst verbotene Musik aufgeführt – und das stets mit dem Anspruch, die besten Ensembles zu präsentieren. Die Freunde der Kammermusik pflegen freundschaftliche und künstlerische Verbundenheit zu den weltweit bemerkenswertesten Ensembles.

Kammermusikalische Weltklasse nach Hamburg holen, war die Idee der Gründer – und diese gilt ungebrochen. Geschafft hat der Verein dies durch unermüdliches ehrenamtliches Engagement und die Pflege guter Freundschaften in der Hansestadt. So entstanden vielzählige Initiativen mit Hamburger Institutionen und schon Anfang dieses Jahrzehnts wurde die beeindruckende Zahl von 1 000 Konzerten erreicht. Dafür wurde die Gesellschaft 2012 bereits mit der Johannes-Brahms-Medaille gebührend gewürdigt und gefeiert.

Mit ihrem Ansinnen, zu vermitteln, zu diskutieren und zu erleben, haben die Freunde der Kammermusik nicht an Aktualität und Relevanz verloren. Sie schaffen es bis heute, innovative Formate zu konzipieren, Nachwuchs zu begeistern und publikumswirksam zu bleiben. Wir sind daher frohen Mutes, dass uns die Freunde der Kammermusik noch mindestens weitere 100 Jahre hier in der Musikstadt Hamburg erfreuen und viele großartige Ideen anstoßen werden.

Allen Freunden der Kammermusik möchte ich ganz herzlich für Ihren Einsatz sowie die Hingabe an die Musik danken und gratuliere Ihnen zum 100. Jubiläum!

Dr. Carsten Brosda
Senator der Behörde für Kultur und Medien der Freien und Hansestadt Hamburg

Hundert Jahre Hamburgische Vereinigung von Freunden der Kammermusik! Da kann ich nur sagen: Hut ab vor dieser Beständigkeit, vor diesem sympathisch kompromisslosen, uneigennützigen und beharrlichen Engagement für das Beste, das die klassische Musik zu bieten hat. Für mich ist die Kammermusik so etwas wie das heimliche Herz der komponierten Musik. Die Interaktion zwischen drei, vier sich intim aufeinander einstellenden Musikern konzentriert verfolgen zu können, mit Werken von Haydn bis Schostakowitsch, von Beethoven bis Carter, von Schubert bis Widmann, ist ein Genuss für den Geist, für die Seele und auch den Körper, der durch nichts zu ersetzen ist. Ich mag etwas voreingenommen sein, da ich aufgrund häuslicher Prägung mit einem breiten Spektrum an Kammermusik längst vertraut war, ehe ich regelmäßig Sinfonieorchester im Konzertsaal erlebt habe. Ungeachtet aller Freuden an orchestraler Fülle und Überwältigung ist doch die Kammermusik für mich die Königsdisziplin geblieben.

Der etwas aus der Zeit gefallene, sperrige Name »Hamburgische Vereinigung von Freunden der Kammermusik e.V.« benennt Daseinszweck und Wirkungsbereich des Vereins präzis. Abgesehen von einer weltkriegsbedingten Unterbrechung holen die Kammermusikfreunde nun schon seit 100 Jahren kontinuierlich erstklassige Interpretinnen und Interpreten aus aller Welt nach Hamburg und bieten ihnen hier ein mehr als geneigtes Publikum. Das verdient höchste Anerkennung. Denn selbst wenn die Kunst der Kammermusik über allen Moden steht, hat ihre Ausübung in den Augen und Ohren des Publikums doch mal mehr, mal weniger Konjunktur. Auch in den schwierigeren Phasen dranzubleiben, am Kostbarsten festzuhalten, gleichzeitig offen zu sein für neue Strömungen im Genre selbst wie auch für nachwachsende Generationen, das ist keine leichte Aufgabe, aber eine notwendige. Das Engagement, das die Kammermusikfreunde mit ihrem äußerst schlanken, ehrenamtlich arbeitenden Apparat hier leisten, kommt letztlich allen Musikliebhabern zugute, den hamburgischen wie all den Gästen dieser Stadt.

Als Fan der Kammermusik wie auch als beruflich mit Musik befasster Bürger dieser Stadt gilt mein Dank und Respekt den Mitgliedern dieser Vereinigung, zu denen selbstverständlich schon zu ganz genderungerechten Zeiten immer auch viele Frauen gehörten. Ich wünsche der Hamburgischen Vereinigung von Freunden der Kammermusik weiterhin eine glückliche Hand in der Programmgestaltung, ein treues Publikum und immer wieder auch neue Gesichter, im Saal wie auf der Bühne. Ad multos annos!

Christoph Lieben-Seutter
Generalintendant Elbphilharmonie & Laeiszhalle

100 Jahre Hamburgische Vereinigung von Freunden der Kammermusik – und die Jubilarin ist attraktiver denn je!

Als ich in den 50er Jahren neu nach Hamburg gezogen bin, lernte ich die Kammermusikvereinigung bald kennen. Aber es gab im freien Verkauf keine Karten für die Konzerte der weltbesten Ensembles. Alle Karten waren über Abonnements verkauft. Manchmal hatte ich das Glück, Karten geschenkt zu bekommen, weil ich die Künstler aus meinem Elternhaus in Rüdesheim kannte. So z.B. das Stross Quartett. Nach dem Konzert machte Stross mich mit dem damaligen Vereinsvorsitzenden, Bobby Möller, bekannt. Möller gab mir den Rat, Mitglied in der Vereinigung zu werden, dann hätte man eine größere Chance, ein Abonnement zu ergattern. Ich folgte seinem Rat und erhielt tatsächlich bald zwei Abonnements für meine Frau und mich und wir saßen Jahrzehnte in der 13. Reihe. Die anderen Abonnenten rund herum kannte man bald recht gut.

1973 wurde ich von Bobby Möller gebeten, den Vorsitz zu übernehmen. Ich konnte mir erst nicht vorstellen, diese Verantwortung zu übernehmen, und hatte Sorge, die Konzerte dann auch gar nicht mehr genießen zu können, aber ich habe mich bald an die Aufgabe gewöhnt. Es wurden mit die schönsten Jahre unseres Lebens, mit unzähligen bereichernden Konzerten und persönlichen Begegnungen mit den Künstlern. Bald nachdem ich den Vorsitz übernommen hatte, haben meine Frau und ich beschlossen, die Künstler nach dem Konzert nicht mehr in ein Restaurant einzuladen, sondern zu uns nach Hause. Interessante, lebhafte Abende fanden statt und langjährige Freundschaften entstanden.

Zunächst versuchten wir den Engpass bei den Konzertkarten in der Kleinen Musikhalle durch einen anderen Veranstaltungsort zu lösen. Nachdem 1973 das CCH eröffnet worden war, schauten wir uns dort den großen Saal als Konzertsaal an. Er hätte 900 Zuhörer fassen können, aber die Akustik war zu schlecht. Schon bald haben wir im Vorstand entschieden, zukünftig zwei Abonnementsreihen anzubieten. Eine mit 12 Konzerten und eine mit 6 Konzerten pro Saison. Das war für uns damals eine mutige Entscheidung, denn wir bewegten uns aus dem sicheren Terrain stets ausverkaufter Konzerte in das Risiko, nicht alle Karten verkaufen zu können. Aber das Experiment glückte: In beiden Reihen waren fortan ca. ein Viertel der Karten auf dem freien Markt erhältlich und diese wurden in der Regel auch verkauft.

Das änderte sich mit den Jahren. Insgesamt gab es nun viele Konkurrenzangebote, so dass sich immer weniger Besucher an ein Abonnement binden wollten. Das war für uns keine einfache Zeit.

Im Jahr 2004 habe ich den Vorsitz dann an Klaus Brügmann übergeben. Er hat einige Neuerungen eingeführt, wie z.B. die Konzertreihe »Explica«. Mit seinem Engagement für die Gründung der Behnke Stiftung und dank des großzügigen Stifters Dr. Karl-Heinz Behnke, erhielt die Vereinigung ganz neue, nie dagewesene Mittel, um neue Formate auszuprobieren. Seit 2012 unter dem neuen Vorsitzenden Ludwig Hartmann hat die Vereinigung mit zahlreichen neuen Konzertreihen auch mehr junge Leute in die Konzerte locken können. Die ausgezeichnete Auswahl der Ensembles, die fachkundige Moderation von Ludwig Hartmann und die von ihm hervorragend gestalteten Programmhefte haben die Vereinigung sehr attraktiv gemacht.

Herzlichen Glückwunsch der Jubilarin, dem Vorsitzenden und dem Vorstand. Alles Gute und viel Erfolg für die weitere Arbeit!

Herzlichst
Carl Rudolf Jung
Ehrenvorsitzender der Hamburgischen Vereinigung von Freunden der Kammermusik

VORWORT UND DANK

Kaum etwas ist in aller Regel langweiliger als Danksagungen? Mag sein. Aber was ist zu tun, wenn ein Dank mehr als angebracht ist? Dann kommt dieser Dank mit Furor!

Mit großer Freude kann ich Ihnen dieses, unser Jubiläumsbuch der Hamburgischen Vereinigung von Freunden der Kammermusik ans Herz legen. Ein Buch zum 100-jährigen Bestehen unserer Vereinigung, das Ihnen hoffentlich erbauliche Lektüre sein wird und Kammermusik-Kundigen wie Kammermusik-Neulingen manch interessanten Essay und ebensolche Gespräche bieten kann.

Und das ist Grund eins für größten Dank! Bei allem Optimismus und aller Vorfreude auf dieses Projekt: War eine derart große Bereitschaft zum Mittun, zum Mitdenken und Schreiben zu erwarten? Konnte erwartet werden, dass in aller Regel ein sehr freundliches »Ja, gern!« auf die Frage nach einem Essay oder Gespräch für dieses Jubiläumsbuch erklang? Sicherlich nicht.

Einige Beiträge kamen unter geradezu abenteuerlichen Umständen zustande, die hier nicht genauer erläutert werden sollen. Umso größer mein »Danke« an diejenigen, die schrieben, obwohl die Umstände eher ein »es geht leider wirklich nicht« nahelegten. Auch dem Wunsch, ein bestimmtes Feld thematisch abzudecken, haben alle Gesprächspartnerinnen und Gesprächspartner wie auch sämtliche Autorinnen und Autoren entsprochen, wodurch ein sehr abwechslungsreiches und lebendiges Kammermusik-Mosaik entstanden ist. Genau das war das Ziel. Sie alle – rund 50 Persönlichkeiten – haben sich um dieses Jubiläumsbuch verdient gemacht und viele Leserinnen und Leser mögen es ihnen danken! Nicht nur in den Tagen und Wochen rund um den großen runden Geburtstag, sondern hoffentlich lange darüber hinaus.

Sie, liebe Leserinnen und Leser dieses Buches, finden nicht nur zahlreiche höchst unterschiedliche Gedanken rund um das Thema Kammermusik, sondern auch manche darüber hinaus gehende Perspektiven. Und zum ersten Mal seit Gründung vor nun 100 Jahren haben wir eine ausführliche Betrachtung der ersten Dekade der HVFK und damit verbunden tiefe Einblicke in das Musik- und Kulturleben Hamburgs der 1920er Jahre und den Beginn unserer bis heute äußerst lebendigen Vereinigung.

Grund zwei großen Dankes gilt den Personen, die uns pekuniär unter die Arme gegriffen haben, wie dem Ehepaar Sibylle und Peter Voss-Andreae und einigen weiteren. Desgleichen großer Dank an die Elisabeth und Karl-Heinz Behnke Stiftung, die Hans Brökel Stiftung und die ZEIT-Stiftung Ebelin und Gerd Bucerius!

Mit großer Freude erinnere ich mich an den Tag, als durch Nicola Sauter-Wenzler der Kontakt zum Verlag Berg & Feierabend zustande kam, gefolgt von bester Zusammenarbeit.

Neben manchen Menschen, die dieser Buch-Idee unterstützend zur Seite standen, gilt Dank Nummer drei unserem Graphiker Peter Nils Dorén. Und es ist der vielleicht größte. Seit Jahren arbeiten wir für unsere Vereinigung eng zusammen. Es entstanden unzählige Programmhefte in gemeinsamer Arbeit sowie u. a. Flyer und eine attraktive Web-Seite. Dieses Buch forderte jedoch eine Zusammenarbeit in bis dato unbekannter Intensität. Einige Treffen sowie wohl hunderte Telefonate – teils kürzer, teils stundenlang – liegen hinter uns, nicht wenige davon an Sonn- und Feiertagen, oft auch tief in der Nacht. Es war eine großartige, maximal erfreuliche Zusammenarbeit, ohne die dieses Buch niemals möglich geworden wäre. Bekanntlich geschieht die Vorstandsarbeit für unsere Vereinigung, aber eben auch die Arbeit für dieses Buch neben der »normalen« Arbeitszeit. Wie also hätten die endlos vielen auftauchenden Fragen – die erwartbaren wie die vielen unerwarteten – zwischen 9 Uhr und 18 Uhr geklärt werden können? Da Peter Nils Dorén und mich neben vielem anderen auch die Freude am Fußball verbindet, soll dieser Dank mit einem Bonmot des Hamburger Fußball-Idols Horst Hrubesch enden, der einst kurz und knapp formulierte: »Ich sage nur ein Wort: VIELEN DANK!«

Ihnen allen, die Sie dieses Buch als Freundinnen und Freunde, als Begleiterinnen und Begleiter unserer Vereinigung lesen, wünsche ich viel Freude bei der Lektüre und weiterhin beglückende Begeisterung für die wahrlich wundervolle Gattung Kammermusik.

Ludwig Hartmann
1. Vorsitzender der Hamburgischen Vereinigung von Freunden der Kammermusik

EINBLICKE IN DAS GÄSTEBUCH

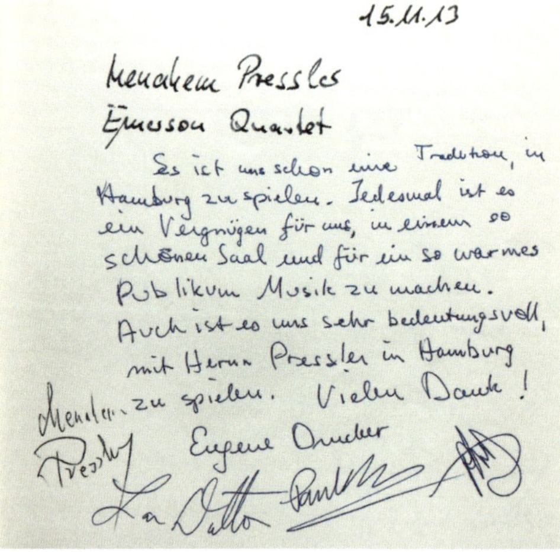

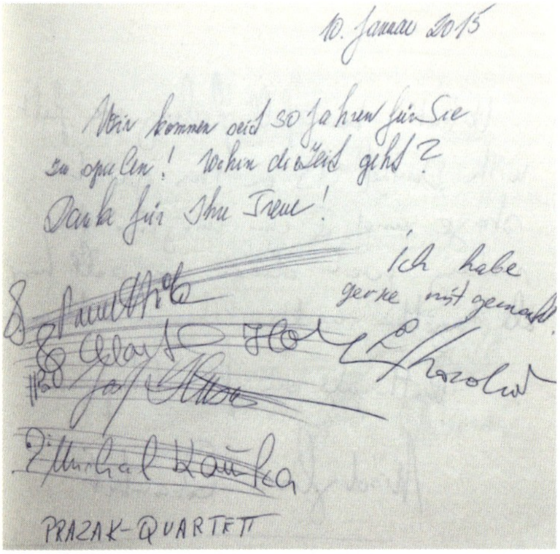

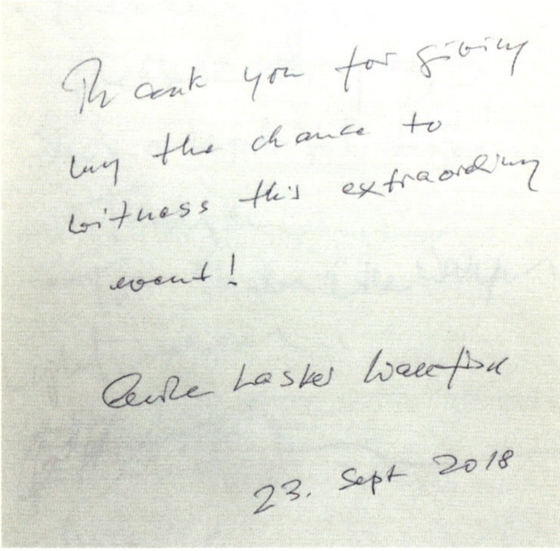

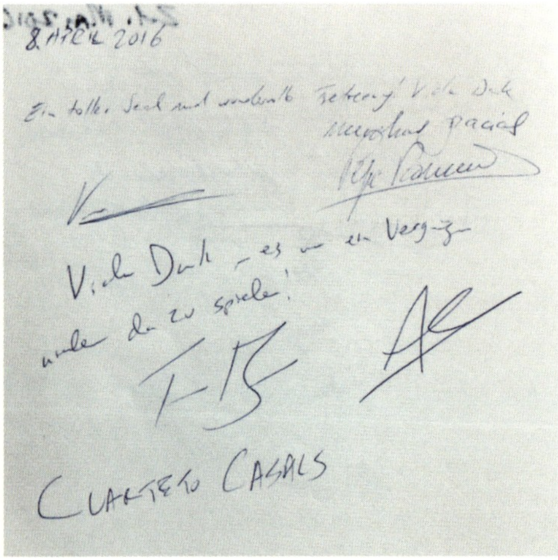

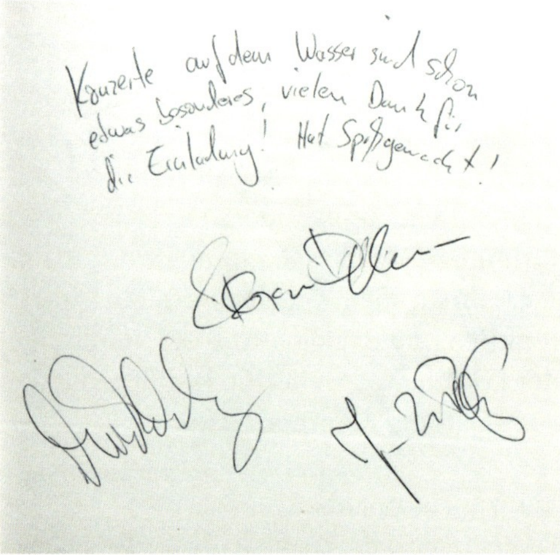

> Meine Sprache
> versteht die ganze Welt.
> JOSEPH HAYDN

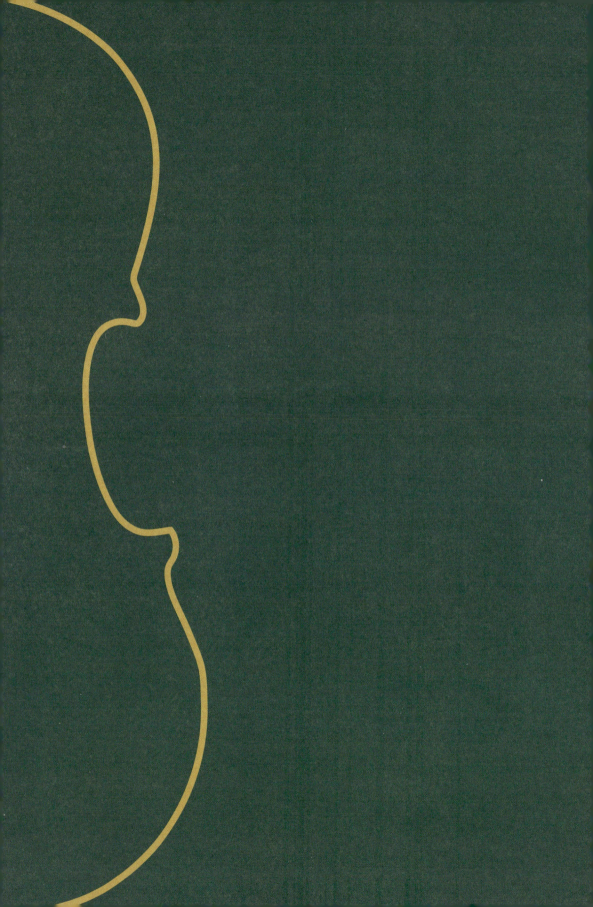

MATTHIAS GRETZSCHEL

DONNERSTAG, 14. SEPTEMBER 1922

DOKUFIKTIONALE REKONSTRUKTION EINES TAGES IN HAMBURG

Wetter: Tageshöchsttemperatur 12 Grad Celsius
Überwiegend bedeckt, mäßiger Wind aus Südwesten

Es ist kühl am 14. September 1922, nur selten zeigt sich die Sonne. Obwohl die Terrasse des Alsterpavillons schon seit 8 Uhr geöffnet ist, nehmen die meisten Gäste ihr Frühstück im Innenraum des Cafés ein, dessen neues Gebäude erst vor sieben Jahren eröffnet worden ist. Es herrscht viel Verkehr an diesem Donnerstagmorgen. Quietschend biegt eine überfüllte Straßenbahn der Linie 2 vom Rathausmarkt kommend auf den Jungfernstieg ein. Nicht weit vom Eingang des Warenhauses Hermann Tietz entfernt parken auf der gegenüberliegenden Straßenseite in langer Reihe sieben schwarze Taxen, zu erkennen an dem umlaufenden schwarz-weiß karierten Band. Sehr begehrt sind die Kraftdroschken um diese Tageszeit offenbar nicht, deshalb stehen die Fahrer auf dem Bürgersteig beisammen, plaudern und rauchen. Viele Passanten gehen über Hamburgs bekannteste Promenade, manche haben es eilig, verfolgen ein festes Ziel, andere schlendern eher und bleiben immer wieder vor den Schaufenstern der noblen Läden stehen. Die Kunsthandlung »Langhagen & Harnisch« stellt Bilder mit impressionistisch gemalten Hamburger Großstadtszenen des Hamburger Malers Ernst Eitner aus. Ein paar Schritte weiter wirbt ein großes Kinoplakat für den Horrorfilm »Nosferatu – Eine Symphonie des Grauens« des Regisseurs Fritz Murnau, der im Uhlenhorster Lichtspielhaus am Winterhuder Weg gezeigt wird.

An der zentralen Anlegestelle liegen zwei Alsterdampfer abfahrbereit. Gerade fährt ein Dampfer mit gelber Flagge, eine schwarze Rauchfahne hinter sich herziehend, unter der Lombardsbrücke durch. Er kommt von Winterhude und hat an der Goernestraße, am Leinpfad und am Uhlenhorster Fährhaus Fahrgäste gehalten. Noch bevor er den Jungfernstieg erreicht, beeilen sich an der Anlegestelle einige Fahrgäste, einen anderen Dampfer zu besteigen, den

Alsterpavillon am Jungfernstieg, um 1920

mit der roten Flagge, der gleich darauf in Richtung Schwanenwik, Kuhmühlenteich und Von-Essen-Straße ablegt.

Inzwischen, es ist etwa 9.20 Uhr, haben sich doch einige Gäste auf die Terrasse des Alsterpavillons gesetzt, denn nun lässt sich die Sonne gelegentlich blicken. Sommerlich ist es nicht mehr, trotzdem genießen die Kaffeegäste unter freiem Himmel den Blick auf die Binnenalster, auf der neben den Liniendampfern auch eine ganze Reihe von Ruderbooten zu sehen ist. Ein hochgewachsener Mann mittleren Alters, offenbar ein Geschäftsmann, elegant gekleidet mit leichtem Mantel aus heller Gabardine und einer Feodora, wie der teure Filzhut mit breiter Krempe genannt wird, entsteigt einem schwarzen Mercedes Benz, dessen Fahrer ihm den Wagenschlag geöffnet hat. Zielstrebig steuert er den Alsterpavillon an. Dort ist er offenbar Stammgast, denn der Kellner hält ihm die Glastür auf, begrüßt ihn respektvoll, führt ihn zu einem Fensterplatz mit Blick auf die Lombardsbrücke und bringt ihm, ohne auf eine Bestellung zu warten, ein Kännchen Kaffee und dazu die aktuellen Ausgaben der wichtigsten Hamburger Tageszeitungen. Die sind, wie in Cafés üblich, an Haltern aus Holz befestigt: das »Hamburger Fremdenblatt«, der »Hamburger Anzeiger«, die »Hamburger Nachrichten« und das »Hamburger Echo«.

Ein außenpolitisches Thema beherrscht die Seite 1 der Abendausgabe des »Fremdenblatts« vom Mittwoch, den 13. September 1922. »Neue Fortschritte der Türken« heißt die Schlagzeile über einem Artikel, der die jüngsten Meldungen über die Smyrna-Offensive der türkischen Armee unter dem Kommando von Mustafa Kemal Pascha zusammenfasst: Das griechische Militär kann dem Ansturm der türkischen Truppen nicht mehr standhalten und zieht sich immer weiter zurück. Wie dramatisch sich das gerade in diesen Stunden für die von

Blick von der Außenalster auf die Hamburger Stadtsilhouette. Entwurf für ein Wandgemälde im Alsterpavillon von Guido Boy/Atelier Gust. Dorén, 1914.

vielen Nationen und Religionen geprägte Stadt Smyrna auswirkt, lässt sich dem nüchternen Bericht des »Fremdenblatts« freilich nicht entnehmen. Während das Leben in Hamburg seinen gewohnten Gang geht, bricht in der knapp 3 000 Kilometer südöstlich gelegenen Stadt in Kleinasien die Hölle los. Schon am Vortag ist es nach Plünderungen von griechischen und armenischen Wohnungen und Geschäften zu zahlreichen Brandstiftungen gekommen. Inzwischen wächst das Feuer zu einem gewaltigen Stadtbrand an, der die christlichen und levantinischen Quartiere der Mittelmeermetropole zerstören und zur Vertreibung von Hunderttausenden Christen führen wird. Aber das ist nur ein Kapitel in dem weltpolitischen Drama dieser Tage, das die Neuordnung Kleinasiens und einen riesigen Bevölkerungsaustausch zwischen Griechenland und der Türkei nach sich ziehen wird.

Aus Hamburger Perspektive ist Smyrna, das künftig Izmir heißen wird, sehr weit entfernt. Vier Jahre nach dem verlorenen Krieg hat man eigene Sorgen, zum Beispiel vor der Inflation, die immer weiter an Fahrt aufnimmt. Für einen Dollar, so lässt sich dem Fremdenblatt entnehmen, musste man gestern bei Börsenschluss 1 600 Goldmark bezahlen. Die Mark stand schon schlechter, aber wer weiß, was noch kommen mag.

Im »Hotel Vier Jahreszeiten« drüben am Neuen Jungfernstieg sind zur selben Zeit zwei Zimmerfrauen dabei, in einer der herrschaftlichen Suiten des Hauses ein letztes Mal Staub zu wischen. Der Blick geht auf die Binnenalster hinaus. Auf der Barockkommode prangt eine Meißner Vase mit einem opulenten Blumenbouquet aus gelben Rosen mit blauen Ranunkeln und Schleierkraut. Gegen 9.30 Uhr erscheint Juniorchef Fritz Haerlin persönlich, um die Suite zu kontrollieren. Alles ist bereit, den seit Wochen prominentesten Gast zu empfangen.

Der trifft 9.35 Uhr mit dem D-Zug aus Berlin im Hauptbahnhof ein. Als er in Begleitung seiner Frau den Waggon der ersten Klasse verlässt, empfängt ihn ein Begrüßungskomitee. Gerhart Hauptmann, Literaturnobelpreisträger des Jahres 1912, der sich gern als Dichterfürst inszeniert und nichts dabei findet, mit Goethe verglichen zu werden, soll an diesem Abend anlässlich seines bevorstehenden 60. Geburtstags mit einer Feier geehrt werden. Schulsenator Emil Krause als Vertreter der Hamburger Stadtregierung begrüßt den prominenten Dichter mit freundlichen Worten und einem Rosenstrauß, Dann geleiten ihn Mitglieder der Literarischen Gesellschaft zu Hamburg zum Taxi, das ihn und seine Ehefrau zum »Vier Jahreszeiten« bringt. Dort warten am Eingang Seniorchef Friedrich Haerlin samt Gattin, dazu sein Sohn Fritz sowie gleich mehrere Pagen, um die Hauptmanns willkommen zu heißen und in ihre Suite zu geleiten. »Alles zu Ihrer Zufriedenheit, Herr Doktor?«, fragt der alte Haerlin. Hauptmann nickt ihm freundlich zu, will aber erst einmal in Ruhe gelassen werden.

Von seinem Fensterplatz im Alsterpavillon kann der Geschäftsmann den kleinen Menschenauflauf bei Hauptmanns Ankunft am Neuen Jungfernstieg verfolgen. Inzwischen hat er seinen Kaffee ausgetrunken, die letzte Juno-Zigarette im Aschenbecher ausgedrückt und bei seinem Stammkellner die Rechnung beglichen, samt einem ordentlichen Trinkgeld. Aus der Westentasche zieht er eine goldene Taschenuhr und wirft einen kurzen Blick darauf, bevor er die Feodora wieder aufsetzt, nach seiner Aktentasche greift und das Café verlässt. Auf dem Jungfernstieg wendet er sich nach links, geht zügig, aber nicht eilig Richtung Bergstraße und biegt links in den Alsterdamm ein. Nach wenigen Schritten hat er das Ballin-Haus erreicht, den Firmensitz der Hamburg-Amerikanischen Packetfahrt-Actien-Gesellschaft, kurz HAPAG genannt. Erst im vergangenen Jahr konnte die Reederei den von dem Architekten Fritz Höger entworfenen Um- und Erweiterungsbau einweihen, der sich mit seiner ebenso nüchternen wie noblen, mit sechs Säulen versehenen Fassade der Binnenalster zuwendet. Am Eingang des modernen Kontorhauses verneigt sich der Pförtner vor ihm: »Guten Morgen, Herr Generaldirektor.«

Schnellen Schrittes steigt der Geschäftsmann zu einem im ersten Stock gelegenen Konferenzraum hinauf. Wilhelm Cuno, so heißt er, hat im Dezember 1918 in einer denkbar schwierigen Zeit, nur ein paar Wochen nachdem sein Vorgänger Albert Ballin aus Verzweiflung über den Lauf der Dinge aus dem Leben geschieden war, die Leitung der Großreederei übernommen. Er ist das, was man in jener Zeit einen Industriekapitän nennt, obwohl ihm selbst die Bezeichnung nicht ganz passend erscheint. Zeitweise war er nämlich ein Kapitän ohne Schiffe, da die HAPAG, wie übrigens alle deutschen Reedereien, den größten Teil ihrer Flotten als Reparationsleistung an die Siegermächte abgeben musste. Doch das ist zum Glück vorbei, inzwischen konnte Cuno mit Verhandlungsgeschick und wirtschaftlichem Weitblick den Wiederaufbau der HAPAG ins Werk setzen.

Und man traut ihm noch viel mehr zu: In gut zwei Monaten wird er nicht mehr hier im Kontorhaus am Alsterdamm tätig sein, sondern in Berlin im Palais Schulenburg an der Wilhelmstraße 77, wo er nach dem Rücktritt von Reichskanzler Joseph Wirth zum Chef einer vor allem aus Wirtschaftsexperten gebildeten Regierung ernannt werden wird. Aber an diesem Donnerstag ahnt das noch niemand, am wenigsten Cuno selbst, der im Moment kaum Zeit hat, sich Gedanken über Politik zu machen. Als er den Konferenzsaal im ersten Obergeschoss betritt, erheben sich dort vier Direktoren, um ihren Vorgesetzten zu begrüßen. Cuno will sofort Zahlen hören. Zahlen, die sich diesmal nicht aufs große Ganze, sondern auf einen tragischen Einzelfall beziehen. Am 9. September, vergangenen Sonnabend also, ist das HAPAG-Schiff HAMMONIA auf dem Atlantik westlich der Hafenstadt Vigo in einem Orkan in Seenot geraten und gesunken. »Wie viele Opfer sind zu beklagen, Stand heute«, fragt der HAPAG-Chef, worauf einer der Herren nach einem Papier greift, einen Blick darauf wirft, sich räuspert und sagt: »Es gibt 15 Vermisste, deren Schicksal zwar noch ungewiss ist, aber inzwischen wohl besiegelt zu sein scheint.« Man spricht über Rettungsmaßnahmen, die Benachrichtigung der Hinterbliebenen, den Rück- oder Weitertransport der Geretteten und über haftungs- und versicherungsrechtliche Fragen. Schließlich lässt Cuno eine Sekretärin rufen und diktiert ihr eine knappe Pressemitteilung. Am selben Tag wird in den Abendausgaben der Hamburger Zeitungen zu lesen sein:

»Die Hamburg Amerika Linie gibt bekannt, dass bis auf zehn Reisende und fünf Mann, die gesamte Besatzung der untergegangenen Hammonia gerettet wurde. Das Schicksal der 15 Vermissten ist noch ungewiss.«

Während die Direktoren der HAPAG noch konferieren, ist es schon fast Mittag geworden. Gegen 11.50 Uhr verlässt ein junges Ehepaar an der Hochbahn-Haltestelle Landungsbrücken den Waggon der U-Bahn. Der etwas untersetzte Mann, er mag Anfang 30 sein, trägt einen Homburg mit hochgebogener Krempe und ist mit seinem hellbraunen Anzug für diesen kühlen Tag ein bisschen zu leicht angezogen, ebenso wie seine Frau mit rosa geblümtem Sommerkleid und hellgelbem Topfhut. Es handelt sich um Alois Niederlechner, Assessor juris am Landgericht Deggendorf in Bayern, und seine Frau Ernestine, geborene Obermüller. Über Nacht sind sie im Schlafwagen nach Hamburg gereist, um hier ihren ersten Hochzeitstag zu begehen. Nachdem sie ihre Pension am Steinweg bezogen haben, zog es sie gleich zum Hafen. Nun schauen sie von den St. Pauli-Landungsbrücken gespannt hinüber zum Kaispeicher A. Punkt 12 Uhr fällt von dessen kirchturmartiger Spitze der Zeitball herab. Mit einem Durchmesser von einem Meter hat ist er auch aus größerer Entfernung gut zu sehen. An diesem Signal, das von der Sternwarte am Millerntor gesteuert wird, können die Chronometer der im Hafen liegenden Schiffe exakt synchronisiert werden.

Die Niederlechners sind überwältigt vom Anblick des Hafens. Alles scheint sich gleichzeitig zu bewegen: eine Armada von Barkassen, Leichtern und Schuten. Frachtschiffe, aus deren Schornsteinen schwarzer Rauch quillt. Links am

Horizont ein regelrechter Wald von Masten der Schnellsegler – noch können sie sich gegen die Konkurrenz der ständig wachsenden Flotte der Dampfschiffe behaupten. Dazwischen Ausflugsdampfer, die von den Nordseebädern kommen oder dorthin unterwegs sind. Und vor allem die gewaltigen Passagierschiffe, die Ozeanriesen der Reedereien HAPAG und Hamburg Süd, die von kleinen, aber kräftigen Schleppern gezogen und gebremst werden. All das geschieht gleichzeitig, nach einer geheimnisvollen Choreographie, die niemand kennt und an die sich doch alle halten: die Kapitäne und Lotsen, die Ewerführer und Schauerleute, die Steuerleute der Barkassen, die Schaulustigen und auch die Fahrgäste der Hafenfähren. Spontan schließt sich das Paar der Großen Hafenrundfahrt mit der HADAG-Hafenfähre ELISE AVERDIECK an. Sie dauert zweieinhalb Stunden und beinhaltet sogar die Besichtigung eines Ozeanriesen, in diesem Fall ist es der erst im vergangenen Jahr in Dienst gestellte HAPAG-Dampfer BAYERN.

Zur selben Zeit betreten Gerhart Hauptmann und seine Frau Margarete das Restaurant Haerlin im Erdgeschoss der Vier Jahreszeiten zu einem leichten Mittagessen. Daran nimmt auch Dr. Loewenfeld von der Literarischen Gesellschaft zu Hamburg teil. Er möchte über das Programm des Abends sprechen. Die Ehrung wird im Conventgarten stattfinden, einem der größten Säle der Hansestadt. Der Hauptredner der Gerhart-Hauptmann-Feier ist der eigens aus Berlin angereiste Theaterkritiker Julius Bab.

Bab ist im nur wenige Minuten vom Hauptbahnhof entfernten Hotel Atlantic abgestiegen, wo er das Manuskript seiner Laudatio noch einmal durchsieht, um es anschließend in seinem Hotelzimmer auf und ab gehend halblaut zu memorieren. Währenddessen sind die Hotelangestellten schon dabei, den Festsaal für eine andere Veranstaltung herzurichten. Stühle werden hereingetragen und in Reihen angeordnet, das Podium wird zurechtgerückt. Am Abend tritt dort zur Eröffnung einer neuen Konzertreihe das renommierte Busch Quartett aus Berlin auf: Die Hamburgische Vereinigung von Freunden der Kammermusik stellt sich der Öffentlichkeit vor.

Gegen 14.30 Uhr ist der Hadag-Dampfer ELISE AVERDIECK am Ende der Großen Hafenrundfahrt zurück an den St. Pauli-Landungsbrücken. Da es für ein richtiges Mittagessen schon ein bisschen spät ist, entscheidet sich das Ehepaar Niederlechner für einen kleinen Imbiss. Während die junge Frau, noch ganz unter dem Eindruck der Hafenrundfahrt, auf dem Ponton stehen bleibt und den Verkehr auf der Elbe beobachtet, stellt sich ihr Mann an einer der zahlreichen Buden an und kauft dort zwei Fischbrötchen und zwei Pappbecher, die mit giftgrüner Fassbrause gefüllt sind. »Man meint fast, das Meer riechen zu können«, sagt die Frau, während sie einen Platz an einem der Stehtische sucht. »Ich finde, es riecht eher nach Fisch«, meint ihr Mann, der sich daran zu erinnern glaubt, in »Griebens Reiseführer Hamburg, Altona und Umgebung« gelesen zu haben, dass zwischen Hamburg und der Mündung der Elbe in die Nordsee noch mehr als 100 Kilometer liegen. Nachdem die beiden den ärgsten Hunger gestillt und sich auf dem Faltplan aus dem Reiseführer orientiert haben, kehren sie dem

Hamburg Landungsbrücken; Ansichtskarte, um 1920

Hafen den Rücken, laufen die Helgoländer Allee hinauf, vorbei am Alten Elbpark mit dem riesigen Bismarck-Denkmal, erreichen bald darauf den Millerntorplatz und biegen nach links in den Holstenwall ein. Ihr Ziel ist Hamburgs neueste Attraktion: Am 13. August, also vor gerade einem Monat, hat das Museum für Hamburgische Geschichte eröffnet. Fast wie ein Schloss thront der von Stadtbaudirektor Fritz Schumacher entworfene Backsteinbau in den Wallanlagen. Die beiden Bayern haben Glück, denn sie können sich einer Besuchergruppe anschließen. Eine ganze Stunde lang führt der weißhaarige Museumskustos die zwanzig Museumsbesucher, die größtenteils von auswärts kommen und vor allem die Zeugnisse der maritimen Geschichte der Hansestadt bestaunen. »Meine Damen und Herren, wenn Sie dieses Modell betrachten, können Sie sich ungefähr vorstellen, welches enorme Ausmaß unser Hafen hat«, sagt der Kustos und erwähnt nebenbei, dass das riesige Hafenmodell schon vor 22 Jahren auf der Pariser Weltausstellung Aufsehen erregt hat.

Inzwischen sind im Conventgarten, er liegt an der Fuhlentwiete 67 in der Neustadt, zwei Angestellte dabei, die Bühne für die Hauptmann-Ehrung am Abend vorzubereiten. Sie arrangieren den Blumenschmuck, tragen ein Pult für die Vortragenden herein und stellen in die Mitte der Bühne eine Art Staffelei, auf die ein mit einer Girlande geschmücktes Großporträt des Dichters gestellt wird. Der 1853 errichtete und mehrfach umgebaute Conventgarten verfügt über fast 1 500 Plätze und wird für unterschiedliche Veranstaltungen genutzt. Aufgrund seiner guten Akustik dient er oft als Konzertsaal. Richard Wagner hat hier dirigiert, und auch die im 19. Jahrhundert weltberühmte Pianistin Clara Schumann hat hier gastiert, ebenso finden dort aber auch politische

Veranstaltungen oder Vorträge statt. Für die Gerhart-Hauptmann-Ehrung bietet der Saal einen würdigen Rahmen.

Ab zehn Minuten vor sechs geht der Pedell durch die Schauräume des Museums für Hamburgische Geschichte, wobei er die Besucher mit Gongschlägen unüberhörbar darauf hinweist, dass das Haus gleich schließen wird. Nach der Führung haben sich die Niederlechners noch fast zwei Stunden lang in der Ausstellung aufgehalten, haben die zahlreichen Schiffsmodelle bewundert und dabei die Zeit fast vergessen. Doch jetzt meldet sich mit Macht der Hunger. Eilig gehen sie die Treppe vor dem Haupteingang hinunter, überqueren den Vorplatz und halten gleich darauf ein Taxi an, das sich auf der Suche nach Fahrgästen dem Museumsgebäude auf dem Holstenwall langsam genähert hat. »Fahren Sie uns bitte zum Uhlenhorster Fährhaus«, sagt Alois, um deutliche Aussprache bemüht. In »Griebens Reiseführer« hatte er gelesen, dass man dort mit Blick auf die Außenalster gut speisen kann.

Im Festsaal des Hotel Atlantic ist inzwischen alles für das erste Konzert der Hamburgischen Vereinigung von Freunden der Kammermusik bereit. Der Geiger Adolf Busch und seine drei Kollegen vom Busch Quartett betreten die Bühne zur Anspielprobe. Nebenan in der Lobby erscheint um kurz nach 18 Uhr der Literaturkritiker Julius Bab und fragt den Concierge nach dem kürzesten Weg zum Conventgarten. Während Bab das Hotel verlässt, begegnen ihm schon die ersten Konzertbesucher.

Das Wetter ist trocken, Bab geht zu Fuß. Um 18.40 Uhr wird er von Paul Ruben, dem Vorsitzenden der Literarischen Gesellschaft, empfangen und zur Künstlergarderobe geleitet. Das Ehepaar Hauptmann kommt unterdessen vom Hotel »Vier Jahreszeiten« aus mit dem Taxi. Als die beiden gegen kurz vor 19 Uhr am Haupteingang aussteigen, erwartet sie schon eine Menschenansammlung und begrüßt sie mit Applaus. Der Dichter lächelt, winkt ab, betritt das Gebäude und nimmt mit seiner Gattin die reservierten Ehrenplätze in der ersten Reihe ein. Der Saal ist mit mehr als 1000 Gästen gut gefüllt. Paul Ruben betritt die Bühne und geht aufs Rednerpult zu, während die allerletzten Besucher noch zu ihren Plätzen huschen.

Nachdem Ruben die Gäste des Abends, allen voran den Ehrengast und dessen Gattin, im Namen der Literarischen Gesellschaft zu Hamburg begrüßt hat, erteilt er dem Hauptredner Julius Bab das Wort. Der 41-Jährige, ein hagerer Mann mit dunklen Haaren und Vollbart, gilt als einer der besten Kenner des Dichters. Erst vor wenigen Wochen ist in der renommierten Reihe »Schneiders Bühnenführer« sein Buch »Gerhart Hauptmann und seine besten Bühnenwerke« erschienen. Bab räuspert sich, schaut in die Runde und beginnt seine Laudatio mit den Worten: »Fern dem Tumulte wollen wir heute den Dichter feiern, der aus den Niederungen des Leids hervorgegangen ist als Wissender, der Menschenleid erfahren und Menschenleid verklärt hat wie kein anderer.«

Nicht weit von der Fuhlentwiete entfernt biegt gegen 19.25 Uhr der schwarze Mercedes, der Wilhelm Cuno am Morgen zum Alsterpavillon gebracht hat, in

Conventgarten Hamburg

Anzeige des Ballhaus Trichter

den Brodschrangen ein. Er hält direkt vor Cölln's Austernkeller, der Chauffeur öffnet den Wagenschlag und der HAPAG-Direktor betritt das Lokal. Dort wird er vom Oberkellner ins Séparée Nr. 7 geleitet. Seit einem Restaurantbesuch des Zaren Nikolaus II. im Jahr 1897 wird es »russisches Zimmer« genannt. »Merkwürdige Zeiten sind das, der Zar ist ermordet, der Kaiser im Exil«, sagt Cuno halblaut, bevor er das Séparée betritt. Dort wartet bereits der Amerikaner William Averell Harriman auf ihn, ein New Yorker Geschäftsmann, mit dem Cuno seit Jahren gut bekannt ist. Gerade in letzter Zeit haben die beiden eng kooperiert, und bei dem Bemühen, die HAPAG nach dem Krieg wieder ins Geschäft zu bringen, hat Cuno von dem deutlich jüngeren Harriman viel Unterstützung erfahren. »Hier sind wir ungestört, aber vielleicht sollten wir erst einmal bestellen«, sagt Cuno und empfiehlt seinem Gast eine Spezialität des Hauses: Cölln's Filetmittelstück, serviert mit blonden Zwiebeln und panierten Bratkartoffeln. Es ist das einzige Fleischgericht auf der Karte. Die Herren sprechen Englisch und kommen nach dem Small Talk schnell zur politischen Lage im Allgemeinen, zur Situation der Schifffahrt und speziell der HAPAG im Besonderen.

Nach einem ausgiebigen Abendessen im Uhlenhorster Fährhaus haben Ernestine und Alois Niederlechner beschlossen, ihren Hochzeitstag auf St. Pauli ausklingen zu lassen. Der Kellner empfiehlt ihnen, die Straßenbahnlinien 18 bis zum Rathausmarkt zu nehmen und von dort mit der Linie 4 direkt zur Reeperbahn zu fahren. »Ich kann Ihnen das Ballhaus Trichter ans Herz legen, dort werden Sie sich gewiss gut amüsieren«, sagt der Ober und fügt noch warnend hinzu: »Aber seien Sie vorsichtig, auf St. Pauli sind auch zwielichtige Elemente unterwegs. Sie wissen schon.«

Am Spielbudenplatz steigen die Niederlechners aus der Straßenbahn und stehen nach wenigen Schritten vor der über und über illuminierten Fassade des Ballhauses Trichter, gerade noch rechtzeitig für die 21-Uhr-Vorstellung.

Währenddessen beendet bei der Hauptmann-Ehrung im Conventgarten gerade der vierte Redner seinen Vortrag. Es ist alles ein bisschen lang geraten. Der Dichter selbst hat trotz des vielstimmigen Lobes in der letzten Stunde immer wieder das Bedürfnis verspürt, einen Blick auf seine Taschenuhr zu werfen, was aber nicht unbeachtet möglich gewesen wäre und daher unterbleiben musste. So ist er doch ein bisschen erleichtert, als nun der letzte Programmpunkt angekündigt wird und der Schauspieler Max Montor die Bühne betritt, um *Bruchstücke* aus den Hauptmann-Dramen »Ketzer von Soana«, »Der Narr in Christo Emanuel Quint« und »Der arme Heinrich« zu rezitieren. Danach tritt Hauptmann selbst auf die Bühne und bedankt sich herzlich, aber eher kurz bei der einladenden Literarischen Gesellschaft, den Mitwirkenden und dem Publikum, das ihm noch einmal ausgiebig applaudiert.

Vor dem Haupteingang stehen schon mehrere Taxen, um – wie man tags darauf im »Hamburger Fremdenblatt« nachlesen kann – »einen kleinen erlesenen Kreis« zu einem Festessen in den Ratsweinkeller zu bringen, »bei dem sich alle Schleusen der Beredsamkeit öffneten«. Es wird ein langer Abend, erst kurz vor Mitternacht verlassen Margarete und Gerhart Hauptmann den Ratsweinkeller. Das angebotene Taxi lehnen sie ab, lieber wollen sie bei dem kurzen Weg zum Hotel Vier Jahreszeiten noch ein bisschen frische Luft schnappen.

Als die Uhr der nahen Hauptkirche St. Petri die zwölfte Stunde schlägt, verlassen auch Wilhelm Cuno und William Harriman Cölln's Austernkeller und steigen in den Mercedes des HAPAG-Direktors, der den Amerikaner zunächst zu seinem Hotel am westlichen Ende des Jungfernstiegs bringt. Im Vorbeifahren sieht Cuno aus dem Wagenfenster, wie die letzten Gäste den Alsterpavillon verlassen und die Kellner beginnen, die Stühle auf die Tische zu stellen. Vor dem Portal von »Streit's Hotel« steigt Harriman aus und verabschiedet sich von Cuno, der sich zu seiner Villa in Winterhude fahren lässt.

Wenig später ist auch das bunte und nur mäßig freizügige Programm im Ballhaus Trichter zu Ende, so dass sich das Deggendorfer Ehepaar zu Fuß und ziemlich müde, aber sehr zufrieden mit diesem Tag in Hamburg auf den Heimweg macht. Inzwischen ist die Temperatur auf 8 Grad Celsius gesunken. Die beiden frösteln und sind froh, nach wenigen Minuten ihre Pension am Neuen Steinweg erreicht zu haben.

SOPHIE FETTHAUER

DIE HAMBURGISCHE VEREINIGUNG VON FREUNDEN DER KAMMERMUSIK

VON DER GRÜNDUNG 1922 BIS ZUR VEREINSGRÜNDUNG 1949

»... denn hier ist eine Vereinigung am Werk,
die wirkliche Musikkultur ohne einen Zwang
zu Konzessionen lebendig erhält ...«

Die Hamburgische Vereinigung von Freunden der Kammermusik hat seit ihrer Gründung das überaus spezielle Ziel, »den Kammermusikfreunden in völliger Unabhängigkeit vom kommerziellen Konzertbetrieb einen Überblick über die gesamte umfangreiche Kammermusik-Literatur in der denkbar besten Interpretation durch qualifizierte Künstlervereinigungen aus der ganzen Welt zu vermitteln.«[1] So anspruchsvoll und abgehoben dieses Interesse eines engen Kreises Hamburger Bürger erscheinen mag, der die Konzertinitiative 1922 auf den Weg brachte, so sehr ist die Geschichte dieser Vereinigung mit den Verhältnissen der Stadt Hamburg wie auch mit der allgemeinen Zeit- und Kulturgeschichte verwoben. Die Vereinigung agierte nie im luftleeren Raum, weder in der ersten Phase ihres Bestehens in der unruhigen Zeit zwischen dem Ersten Weltkrieg und dem Beginn des NS-Regimes noch bei ihrer Neugründung unter nicht minder komplizierten Verhältnissen nach dem Zweiten Weltkrieg. An ihrer Geschichte und den damit verbundenen Biographien ihrer Gründer wird deutlich, dass auch ein hochspezialisiertes Segment des Musiklebens wie die Kammermusik nicht unabhängig vom Zeitgeschehen zu betrachten ist.

Konzertprogramm des ersten Konzertes der Kammermusikreihe am 14. September 1922 im Hotel Atlantic

DIE GRÜNDUNG 1922

Die Gründung der Hamburgischen Vereinigung von Freunden der Kammermusik liegt weitgehend im Dunkeln. Zwar manifestiert sie sich in einem Programmzettel des am 14. September 1922 im großen Festsaal des Hotel Atlantic mit dem Busch-Quartett aus Berlin veranstalteten ersten Kammermusikabends, der ein Programm mit den Streichquartetten d-Moll op. 74 von Max Reger und cis-Moll op. 131 von Ludwig van Beethoven brachte.[2] Doch wurde dieses Eröffnungskonzert ebenso wie weitere fünf für die Saison 1922/23 angekündigte Konzerte mit dem Bandler-, dem Rosé-, dem Wendling- und zweimal dem Klingler-Quartett[3] nicht in der Presse beworben und trotz der prominenten Namen der eingeladenen Ensembles nicht von Kritikern der Hamburger Presse besprochen. Die Konzertreihe war zu diesem Zeitpunkt noch die Privatveranstaltung eines Kreises von Interessierten und wurde bezüglich ihrer Rolle für das Hamburger Musikleben daher nicht öffentlich diskutiert. Es liegen auch keine Schriftwechsel oder anderen Dokumente der Organisatoren, der Musiker und ihrer Agenturen aus dieser Zeit vor, die die Hintergründe der Initiative aus zeitgenössischer Perspektive erhellen könnten. Georg Tillmann, einer der

Gründer der Hamburgischen Vereinigung von Freunden der Kammermusik, verfasste 1939 für seinen Enkelsohn einen Bericht über die Geschichte seiner Familie. Dieser schloss Angaben zu seiner eigenen Beziehung zu Musik ein, jedoch nicht zu seinem Einsatz für die Kammermusik in Hamburg.[4] Aus der Hand des zweiten Gründers, Emanuel Fehling, existiert kein vergleichbarer Bericht. Von ihm erhaltene Briefe an seinen Vater berühren die Geschichte der Kammermusikvereinigung nicht.[5]

Vor diesem Hintergrund bleibt weitgehend unklar, wie viele Mitglieder die Vereinigung über den engen Gründerkreis hinaus zählte, wie sie Interessierte anwarb, wie sie sich organisierte, wann und wo die Vorbereitungstreffen stattfanden und wer welche Fähigkeiten und finanziellen Mittel einbrachte. Auch lässt sich nicht sagen, auf welchen persönlichen Kontakten zu Musikern die Konzertreihe aufbaute und ob sie möglicherweise an eine Tradition von Hauskonzerten anschloss, was den mehr oder weniger privaten Rahmen der Konzerte im Hotel Atlantic erklären würde.

Einzelheiten zur Gründung der Hamburgischen Vereinigung von Freunden der Kammermusik finden sich erst in einigen Dokumenten, die in den Jahren nach dem Zweiten Weltkrieg, quasi rückblickend, entstanden sind. In dieser Zeit fand die Vereinigung, die zwischen Frühjahr 1932 und Sommer 1945 nicht aktiv gewesen war, neu zusammen, zunächst als private Initiative, ab 1949 als eingetragener Verein. Die Schriftsätze, die von Wilhelm C. H. »Bobby« Möller, der bereits in den 1920er Jahren zum Kreis der Kammermusikfreunde gehört hatte,[6] anlässlich der Neukonstituierung verfasst wurden, enthalten neben aktuellen Überlegungen zu Ensembles, Raum- und Finanzierungsfragen auch Informationen zur frühen Zeit der Konzertinitiative.[7] Demzufolge waren es an erster Stelle der Jurist und Kaufmann Emanuel Fehling und der Bankier Georg Tillmann, die die Gründung der Hamburgischen Vereinigung von Freunden der Kammermusik 1922 initiierten. Zum Kreis der Kammermusikfreunde gehörten darüber hinaus der Rechtsanwalt Walter Magnus und der Automobilhändler Hans-Rudolf Praesent. Sie alle wurden aktiv, um nach dem Ende des Ersten Weltkriegs und angesichts der wirtschaftlichen Schwierigkeiten, die bald in eine extreme Inflation münden sollten, etwas gegen die »darniederliegende Pflege der Kammermusik« zu tun. Ziel sei es gewesen, die »führenden Kammermusikvereinigungen des In- und Auslandes« einzuladen; sie sollten kammermusikalische »Spitzenleistungen« nach Hamburg bringen. Da die Mitglieder der Vereinigung die Konzerte privat finanzierten und Mindereinnahmen aus eigenen Mitteln deckten, waren sie frei bei der Auswahl der Künstler und mussten bei der Programmgestaltung keine Zugeständnisse an den Publikumsgeschmack machen. Auf diese Weise war es möglich, selten gespielte und von der »üblich gewordenen Schablone«[8] abweichende Kompositionen aufführen zu lassen. Zugleich rechnete man mit einem aufgeschlossenen Publikum. Die Mitglieder der Vereinigung machten nicht selten selbst privat Musik.

DAS HAMBURGER MUSIKLEBEN ANFANG DER 1920ER JAHRE

Nach dem Ende des Ersten Weltkriegs entwickelte sich in Hamburg wieder ein facettenreiches Musikleben. Dazu gehörten neben der Oper und dem Sinfoniekonzert vielfältige Konzerte freier Chöre und Instrumentalensembles, Operettenaufführungen, musikalische Aktivitäten der Kirchen, des Militärs und der Vereine bis hin zur Musik in den Unterhaltungsetablissements, Hotels und Gaststätten der Stadt.[9] Das klassische Konzertleben spielte sich in erster Linie in den großen und kleinen Sälen der Musikhalle (Laeiszhalle) und des Conventgartens ab, darüber hinaus im Curiohaus, im Hotel Atlantic, im Patriotischen Gebäude wie auch in den Aulen der Hamburger Schulen. Zentral waren die Konzerte der beiden großen Orchester, das heißt des Orchesters des Stadttheaters unter Leitung von Egon Pollak, dessen Hauptaufgabe die Begleitung der Opernaufführungen des Hauses war, und des Orchesters des Vereins Hamburgischer Musikfreunde (ab 1926 Orchester der Philharmonischen Gesellschaft), das »Philharmonische Konzerte« ebenso wie »Volks-Symphonie-Konzerte« unter Leitung von Eugen Papst und Karl Muck gab.

Bei der Organisation des Hamburger Musiklebens spielte die alteingesessene Konzertagentur Joh. Aug. Böhme eine wichtige Rolle. Sie verpflichtete Künstler für die beiden großen Orchestervereinigungen sowie für Chorkonzerte, Klavier-, Kammermusik- und Liederabende, darüber hinaus für manche unterhaltende Veranstaltung und Vorträge. Auf diese Weise kam regelmäßig Musikprominenz in die Stadt, in der Saison 1921/22 etwa die Gesangsstars Lotte Lehmann und Heinrich Schlusnus, die Geigensolisten Adolf Busch und Fritz Kreisler sowie der Dirigent Wilhelm Furtwängler. Für ein »Holländisch-Hamburgisches Musikfest« wurde das Amsterdamer Concertgebouw-Orchester unter Leitung von Willem Mengelberg engagiert. Hinzu kamen hervorragende auswärtige Duos wie der Cellist Emanuel Feuermann und der Geiger Mischa Elman mit ihren Klavierbegleitern Eduard Zuckmayer bzw. Waldemar Liachowsky. International bekannte Quartettvereinigungen waren kaum darunter. Die Konzertagentur Joh. Aug. Böhme engagierte in der Saison 1921/22 von den überregional wirkenden Quartetten wohl nur das Groninger Streichquartett aus den Niederlanden.[10]

Die Kammermusik war in Hamburg in dieser Zeit weitgehend von ortsansässigen Musikern und Musikerinnen geprägt, vor allem vom Bandler-Quartett, das seit 1896 unter dem Primarius Heinrich Bandler aktiv war,[11] und vom Rathje-Quartett, das erst seit einiger Zeit von dem ehemaligen zweiten Geiger des Bandler-Quartetts Karl Grötsch angeführt wurde.[12] Kammermusikabende mit unterschiedlichen Besetzungen gestalteten außerdem die Pianistin und Cembalistin Edith Weiss-Mann, die Pianistin Ilse Fromm-Michaels, die häufig zusammen mit dem Geiger Jan Gesterkamp auftrat, der Geiger Franz Vermehren, der von seiner Frau Gertrud Vermehren am Klavier begleitet wurde,

Hotel Atlantic, o. J.

und der Cellist Jakob Sakom, der in vielfältigen Formationen spielte. Bandler, Gesterkamp und Grötsch waren zugleich Konzertmeister des Orchesters des Vereins Hamburgischer Musikfreunde, Sakom dessen Solocellist.[13]

Damit zeichnet sich für die Kammermusik ein vergleichsweise enger Kreis Hamburger Musiker und Musikerinnen ab, die freilich nicht alle in der Stadt geboren waren. Gesterkamp stammte beispielsweise aus den Niederlanden,[14] Bandler aus Böhmen[15] und Sakom aus Litauen.[16] Auch waren mit aller Selbstverständlichkeit Musiker und Musikerinnen jüdischer Herkunft darunter, etwa Bandler, Sakom und Weiss-Mann. Die Enge des Kontaktnetzwerks war typisch für die Kunst- und Kulturszene der Stadt in dieser Zeit. Der kleine Personenkreis kannte sich dabei »über die Grenzen des eigenen Faches hinaus, regte sich gegenseitig an und arbeitete häufig zusammen«[17], wie Dirk Hempel und Friederike Weimar in ihrer Arbeit zur Kultur der 1920er Jahre in Hamburg herausgearbeitet haben. Charakteristisch für die Hamburger Verhältnisse war zudem die eher konservative Ausrichtung der Kammermusikprogramme, die vorwiegend auf der Klavier- und Streicherkammermusik der Klassik und Romantik beruhte. Gleichwohl setzten insbesondere Ilse Fromm-Michaels, die selbst ein umfangreiches kompositorisches Werk vorlegte,[18] und Edith Weiss-Mann, die 1925 die Vereinigung zur Pflege alter Musik in Hamburg gründete,[19] Akzente in der zeitgenössischen und der alten Musik.

KULTURFÖRDERUNG IN HAMBURG

Kulturförderung hatte in der Freien und Hansestadt Hamburg traditionell einen schweren Stand. Ähnlich wie die Wohlfahrt waren kulturelle Angelegenheiten überwiegend auf private Initiativen angewiesen, das heißt auf Stiftungen, Stipendien und andere mäzenatische Taten. Obwohl Kunst und Bildung als zentrale Kennzeichen des Bürgertums galten, zeigte sich der Stadtstaat dafür nicht zuständig. Er konzentrierte sich traditionell auf die Unterstützung von Handel, Gewerbe, Hafen und Schifffahrt und überließ es dem wohlhabenden Bürgertum, fördernd aktiv zu werden. Erst gegen Ende des 19. Jahrhunderts setzte ein Wandel ein. Nach und nach engagierte sich die Stadt bei den großen neu gegründeten Museen, der Kunsthalle und dem Museum für Kunst und Gewerbe. Ab 1896 wurde der von finanzkräftigen Hamburger Bürgern ins Leben gerufene Verein Hamburgischer Musikfreunde beim Unterhalt eines ständigen Sinfonieorchesters unterstützt.[20] Als die Stadt 1901 die Testamentsstiftung des Reeders Carl Laeisz für den Bau eines Konzerthauses, der späteren Laeiszhalle, erhielt, gründete der Hamburger Senat eine Art Stiftung, an deren Verwaltung sich der Verein Hamburgischer Musikfreunde beteiligen sollte. Obwohl bereits die Stiftung des neuen Konzerthauses aus dem Hamburger Bürgertum kam, hielt die Stadt an der Idee einer »sich selbst tragenden Bürgerkultur«[21] fest. Sie betrachtete weiterhin »die städtische Wirtschaft als Quell der sozialen und kulturellen Entwicklung des städtischen Gemeinwesens«[22], so Michael Werner in seiner Studie zur Stiftungskultur in Hamburg. Im Bereich der Wissenschaft dauerte es noch länger, bis die Stadt diese als ihre Aufgabe akzeptierte. Weil darin lange kein »praktischer Nutzen« gesehen worden war, wurde die Universität Hamburg erst 1919 gegründet, während andere deutsche Städte bereits eine jahrhundertealte Tradition auf diesem Gebiet hatten.[23]

Nach dem Ersten Weltkrieg sah die Lage nicht grundlegend anders aus, da es nach Krieg und Revolution zunächst darum ging, die Verhältnisse in der Stadt zu ordnen. Das »bis dahin gängige System der Selbstorganisation des Kulturbetriebs durch Vereine, Verbände, Künstlergruppen und (halb)kommerzielle Unternehmungen blieb auch danach intakt«[24], fasst Andreas Stuhlmann die Lage der Hamburger Kulturpolitik zwischen 1919 und 1933 zusammen. Es gab nach wie vor keinen Kultursenator; diese Aufgaben lagen in der Verantwortung des Schulsenators. 1920 wurde eine Senatskommission für Kunstpflege eingerichtet, doch arbeitete diese nicht kontinuierlich. Sie hatte überwiegend beratenden Charakter und konnte erst mit der Zeit steuernd wirken, etwa durch die Vergabe von Ausschreibungen, Preisen, Titeln, Stipendien, Subventionen und Steuervergünstigungen. Im Bereich der Musikpflege gingen die größten Beträge an das Stadttheater, das Orchester des Vereins Hamburgischer Musikfreunde und an die Musikhalle.[25] Kammermusik spielte in diesem Zusammenhang keine Rolle.

DIE GRÜNDER DER HAMBURGISCHEN VEREINIGUNG VON FREUNDEN DER KAMMERMUSIK

Anfang der 1920er Jahre waren Kammermusikkonzerte nicht anders als heute wegen ihres begrenzten Publikumskreises kein lukratives Geschäft. Vor diesem Hintergrund und so kurze Zeit nach Krieg und Revolution war das Angebot solcher Konzerte, insbesondere mit international wirkenden Streichquartetten, in Hamburg eher klein. Um eben dies zu ändern, wurden 1922 Emanuel Fehling, Georg Tillmann und einige andere aktiv.

Die beiden Gründer der Hamburgischen Vereinigung von Freunden der Kammermusik wie auch ihre Mitstreiter waren typische Vertreter der bürgerlichen Gesellschaft Hamburgs. In ihren Berufen erfolgreich, hatten sie die Mittel, um vielfältige kulturelle, wissenschaftliche und karitative Interessen zu pflegen, und trugen damit unter anderem zur Konstituierung des Hamburger Musiklebens bei – ganz so, wie es sich die politischen Vertreter des Stadtstaats vorstellten.

GEORG TILLMANN

Georg Tillmann wurde am 1. Februar 1882 in Hamburg geboren. Er hatte zwei jüngere Schwestern, Veronika und Clara. Die Mutter Rosa Tillmann, geb. Baer, stammte aus einer jüdischen Familie, die in Mannheim durch den Handel mit Leder zu Wohlstand gekommen war. Sein Vater Ludwig Tillmann kam aus Dürkheim am Rand des Pfälzerwaldes. Die ebenfalls jüdische Familie war im Weinanbau tätig. Nach seiner Übersiedlung nach Hamburg um 1870 arbeitete der Vater im Bankengeschäft, zunächst bei der Anglo-Deutschen Bank, dann bei der Dresdner Bank und ab 1893 auf der Grundlage eines eigenen Unternehmens, das sich dem Auslandskreditgeschäft widmete.[26]

Die Familie Tillmann wohnte in Harvestehude zunächst in der Bogenstraße 14, zog dann in die Hochallee 64 und später ein paar Häuser weiter in die Nummer 70.[27] Georg Tillmann besuchte das Wilhelm-Gymnasium.[28] Daneben kam er durch seine Mutter früh mit Musik in Kontakt, worüber er 1939 Folgendes berichtete:

»She had a lovely alto singing voice. Her Schubert and Brahms songs initiated me in the paradise of music. She tried to teach me singing too, but I had no voice, so she encouraged my endeavours at instrumental music, first violin, afterwards cello. She was a fairly good pianist too and the Beethoven symphonies, played four-handed with my uncle Liebermann, added in my early days to the foundation laid by mother's singing, and later on made a halfway bearable ordeal out of the inevitable family Sundays with the Liebermanns. Uncle Fritz, cousin of the well-known painter Max L., was a pianist of more than average talent and technique. His uncompromising musical exigences sometimes drove mother and my aunt Pauline to tears, but taught us at an early age to distinguish between making good music and bad music. My instrument has meant a lot to me so long as I was faithful to it.«[29]

Tillmann empfand das Interesse seiner Eltern für Musik rückblickend als Besonderheit in einer Zeit, die von wirtschaftlichem und gesellschaftlichem Aufschwung geprägt war:

»We also frequented good concerts and classical operas and this intense musical interest was, as far as I can say, the only point in which the ménage of my parents differed from the average bourgois household of the times between the Franco-Prussian and the Great War, a period which, in my opinion, will go down in the records of sociological history as t h e epoche of the bourgeoisie, when every family head, if he did not meet particularly bad luck, succeeded in fulfilling his dreams, and managed to give a good living to his family, and a good education and a good time, within conventional limits, to his children.«[30]

Nach dem Abitur im Jahr 1900[31] machte Tillmann eine kaufmännische Ausbildung mit Stationen in mehreren Firmen. Seinen Militärdienst absolvierte er beim Königlich Bayerischen 2. Infanterie-Regiment. Mit dem Ziel, sich beruflich fortzubilden, lebte er in den Jahren 1904 bis 1908 in New York. Hier öffnete ihm, so befand er später, sein Cello so manche Tür. Durch sein Cellospiel lernte er beispielsweise einen Kreis überaus gebildeter Frauen kennen, darunter seine zukünftige Frau Dorothy Wolf.[32] Das Paar heiratete 1911 und hatte einen Sohn, Wolf Georg (1912). Ebenfalls 1911 wurde Tillmann zusammen mit seinem Cousin Gustave Altmann und Otto Strassburger, die die beiden ersten Angestellten seines Vaters gewesen waren, Teilhaber des Bankhauses Ludwig Tillmann.[33] Die Familie, die zunächst in der Hochallee 70, dann in der Carlstraße 37[34] in Uhlenhorst wohnte, gehörte der Jüdischen Gemeinde Hamburgs an.[35]

Während des Ersten Weltkriegs war Tillmann Leutnant im Reserve-Infanterie-Regiment Nr. 79. In dieser Zeit verfolgte er weiter seine musikalischen Interessen, wozu er 1939 meinte: »My cello followed me on the regimental baggage wagon, and when resting behind the lines we played trios with our captain.«[36] Dieser Hauptmann war der spätere Mitgründer der Hamburgischen Vereinigung von Freunden der Kammermusik Emanuel Fehling. Über ihn berichtete Tillmann weiter: »The only Duz-friend in my later life was my captain in the army, descendant of an old Luebeck family of Senators, in whose veins ran the blood of two well-known German poets. He had a great ascendance over me in my post-war days.«[37] Worin dieser Einfluss lag, erklärte er nicht. Vielleicht war damit sein Engagement für die Kammermusik gemeint. Tillmann wurde an der Front schwer verwundet. Ausgezeichnet mit dem Eisernen Kreuz 1. und 2. Klasse sowie mit dem Hanseatenkreuz, wurde er nach der Genesung in mehreren Divisionsstäben eingesetzt.[38] Nach dem Ende des Kriegs setzte Tillmann seine Arbeit für das Bankhaus Ludwig Tillmann fort, das seinen Sitz in der Schauenburgerstraße 44 unweit des Hamburger

Georg Tillmann

Rathauses hatte. Daneben übernahm er Aufsichtsratsposten beim Zoologischen Garten und der Getreideheber-GmbH.[39]

Trotz der widrigen Verhältnisse nach dem Krieg und der bald einsetzenden Inflation scheinen die Geschäfte gut gegangen zu sein, denn Tillmann war in dieser Zeit in der Lage, vielfältigen künstlerischen, wissenschaftlichen und karitativen Anliegen nachzugehen. Bereits seine Mutter hatte eine Leidenschaft für das Sammeln gehabt, und sie hatte diese an ihren Sohn weitergegeben. Anfangs sammelte er Briefmarken, dann Goldmünzen sowie Radierungen von Albrecht Dürer, Lucas van Leyden und Rembrandt. In den 1920er Jahren kamen Fayencen und Porzellan hinzu. Tillmann ging es nicht nur um die Schönheit der Objekte an sich, sondern auch darum, die Entwicklung dieser Kunst darzustellen und zu verstehen, so Koos van Brakel in einer biographischen Studie zu Georg Tillmann.[40] Die Sammlung, die nur Stücke mit ungewöhnlicher Bemalung und von bester Qualität enthielt, erlangte neben den Hamburger Porzellansammlungen von Otto Blohm und Emma Budge internationalen Ruf.[41]

Tillmann war auch an zeitgenössischer Kunst interessiert. 1925 gab er auf Anregung des Direktors des Museums für Kunst und Gewerbe Max Sauerlandt zwei große Kaminfiguren bei dessen Protegé, dem Bildhauer, Maler und Grafiker Gustav Heinrich Wolff, in Auftrag.[42] Vermutlich waren die Figuren für das Haus gedacht, das die Tillmanns in dieser Zeit unter der Adresse Schöne Aussicht 29 im Stadtteil Uhlenhorst direkt an der Außenalster bezogen.[43] 1927 malte die Hamburger Künstlerin Anita Rée zudem ein Portrait von Dorothy Tillmann.[44]

Tillmann, der bereits 1910 zu den ersten Spendern für einen Naturschutzpark in der Lüneburger Heide gehört hatte,[45] war neben seiner Sammelleidenschaft auf kulturellem, wissenschaftlichem und karitativem Gebiet als Mäzen aktiv. Gemeinsam mit Persönlichkeiten wie dem Bürgermeister Carl Petersen, dem Reeder Erich F. Laeisz und dem Bankier Max M. Warburg unterstützte er beispielsweise Spendenaufrufe des Hamburgischen Landesverbandes für Gesundheitspflege.[46] Zusammen mit einem ähnlichen Kreis von Interessierten sowie den Dirigenten Karl Muck und Eugen Papst rief er zu Spenden für die Restaurierung der Bruckner-Orgel im österreichischen Stift St. Florian auf.[47] Als Schatzmeister der Gesellschaft deutscher Naturforscher und Ärzte, die als Schnittstelle zwischen den Disziplinen sowie zwischen Wissenschaft und Öffentlichkeit fungierte, engagierte er sich für die Wissenschaften.[48] Außerdem gehörte er dem Präsidium und dem Verwaltungsrat des Übersee-Clubs an,[49] der 1922 auf Anregung Max M. Warburgs gegründet worden war, um den wirtschaftlichen Wiederaufbau Hamburgs im internationalen Kontext zu befördern. 1929 spendete Tillmann zudem für den Aufbau einer Abteilung der Jewish Agency in Deutschland.[50] Vor diesem Hintergrund wurde 1931 im *Reichshandbuch der deutschen Gesellschaft* festgestellt: »Die künstlerischen und wissenschaftlichen Institutionen seiner Vaterstadt finden in T. einen eifrigen Förderer und Gönner.«[51]

EMANUEL FEHLING

Emanuel Fehling, Tillmanns Mitstreiter bei der Gründung der Hamburgischen Vereinigung von Freunden der Kammermusik, stammte ursprünglich aus Lübeck. Dort wurde er am 21. Februar 1873 als Sohn des späteren Lübecker Bürgermeisters Emil Ferdinand Fehling und seiner Frau Ada Maria Fehling, geb. Geibel, geboren. Seine Mutter war die einzige Tochter des Lübecker Dichters Emanuel Geibel. Die Familie war evangelisch. Durch die Eheschließung von Johannes Christoph Fehling, dem Großvater väterlicherseits, mit Anna Emilie Oppenheimer aus Hamburg, gab es in der Familie auch einen angeheirateten jüdischen Zweig.[52] Emanuel Fehling hatte acht jüngere Geschwister. Bis auf seinen Bruder Kurt, der sich bereits 1897 in London das Leben nahm,[53] sollten seine Brüder erfolgreiche Berufslaufbahnen einschlagen. Ferdinand wurde Professor für Geschichte in Heidelberg und Hamburg,[54] Otto Kaufmann in London, Wolfgang Landgerichtsrat in Hamburg, Walther Direktor der Woermann-Linie in Hamburg und Jürgen Schauspieler und Regisseur in Wien und Berlin. Seine Schwester Ada war mit dem Bildhauer Georg Römer in München verheiratet, die Schwester Maria war promovierte Historikerin.[55]

Die Familie Fehling hatte in Lübeck Rang und Namen. Gleichwohl nahm Thomas Mann sie in seinem 1901 erschienenen Roman *Buddenbrooks* zum Vorbild für die Familie Hagenström, deren gewöhnliches Verhalten er mit dem der

Emanuel Fehling

Buddenbrooks kontrastierte, eine Abwertung, die eine antisemitische Komponente enthält.⁵⁶ Emanuel Fehling selbst fand etwas später noch auf anderem Weg Eingang in die Literatur. Seine Lübecker Jugendfreundin Franziska zu Reventlow verarbeitete Liebesbriefe, die sie 1890/91 heimlich mit ihm getauscht hatte, 1903 in ihrem autobiografischen Roman *Ellen Olestjerne*.⁵⁷ Fehling und Reventlow waren beide Mitglieder im Ibsenclub, einer liberal ausgerichteten Ansammlung junger Leute aus gutsituierten Lübecker Familien, die Diskussionen über moderne Literatur führten.⁵⁸ Neben Literatur spielte für Fehling Musik eine wichtige Rolle. Seine Mutter stammte aus einer musikalischen Familie.⁵⁹ Er selbst erhielt Cellounterricht und spielte mit dem Vater und dem Bruder Otto Trio.⁶⁰ Auch Georg Tillmann berichtete später, mit seinem Vorgesetzten Fehling während des Ersten Weltkriegs Trio gespielt zu haben.⁶¹

Nachdem Fehling 1891 am Lübecker Katharineum das Abitur abgelegt hatte, studierte er an der Königlichen Friedrich-Wilhelms-Universität in Berlin die Rechte. Währenddessen leistete er in der Hauptstadt beim 2. Garde-Regiment zu Fuß den Einjährig-Freiwilligen Dienst. 1892 setzte er sein Studium an der Königlich Bayerischen Ludwig-Maximilians-Universität in München fort und wechselte 1894 an die Königlich Preußische Georg Augusts Universität in Göttingen. 1896 folgten das Referendariat und die erste juristische Prüfung in Celle, 1900 die zweite juristische Prüfung in Hamburg. Nach dem juristischen Vorbereitungsdienst in Lübeck wurde Fehling im Jahr 1900 Rechtsanwalt und Notar in seiner Geburtsstadt.⁶² Im Jahr darauf heiratete er Else Stolterfoht. Aus der Ehe gingen vier Kinder hervor: Hans Jürgen Emanuel (1902), Ada Maria

Auguste (1905), Joachim Nicolaus (1907) und Maria Elisabeth (1911).[63] An den Vereinigten Stadttheatern bzw. dem Neuen Stadttheater Lübeck wirkte Fehling, der seine Kanzlei Anfang der 1910er Jahre am Geibelplatz 4 hatte, als Rechtsanwalt der Theaterbehörde bzw. als Rechtskonsulent. Daneben war er außerordentliches Mitglied im Zentralbureau der Genossenschaft Deutscher Bühnen-Angehöriger.[64] Später sollte es über Fehlings Lübecker Zeit heißen, er sei dort neben seinem Anwaltsberuf »auf politischem und vaterstädtischem Gebiet äußerst regsam« gewesen und habe unermüdlich »für kulturelle Zwecke, vor allem im Musikwesen«[65] gewirkt. Während des Ersten Weltkriegs war er Bataillonskommandeur bei Verdun. Er wurde verschüttet und schwer verletzt und zog sich später noch eine schwere Typhusinfektion zu.[66] In der Folge erhielt er das Eiserne Kreuz 1. Klasse und den Hohenzollern-Orden.[67]

Im Jahr 1918 orientierte sich Fehling beruflich um. Er gab den Rechtsanwaltsberuf auf und trat in die Firma Piehl & Fehling ein, die mit dem Stinnes-Konzern verbunden war. Im Jahr darauf verlegte er seinen Wohnsitz nach Hamburg. Dort übernahm er die Leitung der Hamburger Verkehrs-AG sowie mehrerer damit verbundener Stinnes-Gesellschaften. Einige Jahre später veränderte er sich noch einmal beruflich. Zunächst beteiligte er sich an zwei Exportfirmen. Im Winter 1925/26 übernahm er die Leitung der Hamburger Abteilung der Hermes Kreditversicherungsbank AG.[68] Hinzu kamen Aufsichtsratsposten bei der Schwartauer Werke AG in Bad Schwartau und der Küstentransport- und Bergungs-AG in Hamburg.[69]

Fehling wohnte zunächst in der Heilwigstraße 83. Um 1924 bezog er mit seiner Familie eine Villa in der Maria-Louisen-Straße 141 direkt am Stadtpark.[70] »Dieses Haus«, so hieß es später, »war in Zeiten, wo Fehling im Stinnes-Konzern wesentliche Funktionen ausübte und auch in den Zeiten, wo er sich eine eigene Firma gründete, ein gesellschaftlicher Mittelpunkt Winterhudes.«[71] Fehling wirkte ab 1921/22 im Vorstand der Philharmonischen Gesellschaft[72] und war aktives Mitglied, 1922 bis 1923 Präsident und seit 1925 Ehrenmitglied des Harvestehuder Tennis- und Hockey-Clubs,[73] auf dessen Plätzen er sonntags regelmäßig anzutreffen war.[74] (1935 erhielt ein Wegabschnitt auf dem Gelände des HTHC auf dem Voßberg in Winterhude den Namen Emanuel Fehling-Allee; die Bezeichnung wird auch heute noch verwendet.[75]) Wie Georg Tillmann beteiligte er sich an Spendenaufrufen des Hamburgischen Landesverbandes für Volksgesundheitspflege.[76]

WALTER MAGNUS UND HANS-RUDOLF PRAESENT

Während sich Fehlings und Tillmanns Biographien recht gut nachvollziehen lassen, ist über diejenigen, die sich darüber hinaus in die Hamburgische Vereinigung von Freunden der Kammermusik einbrachten, unterschiedlich viel bekannt. Der in den Papieren von Wilhelm C. H. Möller erwähnte Walter

Walter Magnus   Hans-Rudolf Praesent

Magnus war promovierter Jurist. Er wurde am 12. Oktober 1877 als Sohn des Arztes Otto Magnus und seiner Frau Henriette Magnus, geb. Kettenbach, in Hamburg geboren. Nach dem Besuch des Wilhelm-Gymnasiums studierte er an der Universität Leipzig, der Albert-Ludwigs-Universität in Freiburg im Breisgau, der Königlichen Friedrich Wilhelms-Universität in Berlin und der Königlichen Christian-Albrechts-Universität in Kiel die Rechte. Wann er seinen Militärdienst leistete, ist unklar. Er verfügte über einen Berechtigungsschein für den Einjährig-Freiwilligendienst und wurde zunächst bis zum Oktober 1900 zurückgestellt.[77] Nach der ersten juristischen Prüfung 1899 in Kiel folgte das Referendariat und 1903 die zweite juristische Prüfung. Im selben Jahr wurde er mit einer Arbeit über *Die Dividende bei der Aktiengesellschaft* an der Universität Jena zum Dr. jur. promoviert[78] und in Hamburg zur Rechtsanwaltschaft zugelassen.[79] Wohnhaft in der Brahmsallee 6, später in der Rothenbaumchaussee 30, praktizierte er in den folgenden Jahren unter verschiedenen Adressen (Alterwall 58, Graskeller 1/Alsenhof, Neuerwall 70/74). Ab 1913 befand sich seine Kanzlei am Mönckedamm 7.[80] Dort arbeitete er nach dem Ende des Ersten Weltkriegs gemeinsam mit mehreren Kollegen,[81] darunter Emil von Sauer, ein Sohn des Pianisten und Komponisten gleichen Namens.[82] 1931 verlegten sie die Kanzlei in die Mönckebergstraße 19.[83]

Bereits früh beschäftigte Magnus die soziale Fürsorge. Er engagierte sich bei den Sonntagsunterhaltungen des 1901 gegründeten Volksheims, einer Einrichtung, die sich den Kontakt zwischen gebildeten bürgerlichen Kreisen und der Arbeiterschaft zum Ziel gesetzt hatte. Die Sonntagsunterhaltungen boten Arbeitern regelmäßig Veranstaltungen mit Musik und Literatur. Ziele und Grenzen dieser Arbeit beschrieb Magnus im Jahresbericht 1905/06 des Volksheims.[84] Ab 1921/22 wirkte er im Vorstand der Philharmonischen Gesellschaft.[85] 1929 heiratete er Speranza Francesca Eugenia Caneva, die Witwe des aus einer alteingesessenen Hamburger Kaufmannsfamilie stammenden Juristen und Komponisten Hermann Behn.[86] Ähnlich wie Behn bearbeitete auch Magnus größere Orchesterwerke für Klavier, so etwa Anton Bruckners Sinfonie Nr. 4.[87]

Hans-Rudolf Praesent, geboren am 4. April 1905 in Hamburg, war seit 1928 Inhaber der 1898 gegründeten väterlichen Automobilhandelsfirma Ernst Dello & Co. Das angesehene Geschäft verfügte über die Generalvertretung für Opel in Nordwestdeutschland.[88]

DIE KONZERTREIHE 1922–1932

Den Unterlagen von Wilhelm C. H. Möller aus der zweiten Hälfte der 1940er Jahre zufolge veranstaltete die Hamburgische Vereinigung von Freunden der Kammermusik zwischen 1922 und 1932 insgesamt 73 Konzerte. Die Quellenlage lässt eine vollständige Identifikation dieser Konzerte nicht zu. Nur einige wenige Konzerte aus den ersten Jahren sind durch Programmzettel belegt, einschließlich einer Vorschau für die erste Saison.[89] Erst ab 1927/28 lassen sich die Konzerte zuverlässig in der Presse nachverfolgen. Grund dafür ist, dass die Konzerte von da an regelhaft von der Konzertagentur Joh. Aug. Böhme organisiert, in der Presse angekündigt und als öffentliche Konzerte von Musikkritikern besprochen wurden.

Es ist anzunehmen, dass die Konzertagentur Joh. Aug. Böhme bereits vor der Saison 1927/28 in die Organisation der Konzerte involviert war. Es lassen sich, wenn auch nicht immer mit direktem Hinweis auf die Hamburgische Vereinigung von Freunden der Kammermusik, schon früher vereinzelt Streichquartettabende ausmachen, die von dieser Agentur mit dem Titel »Atlantic-Konzerte« beworben wurden.[90] Zugleich geht aus Konzertanzeigen und Berichten der Presse hervor, dass im unmittelbaren zeitlichen Umfeld weitere Konzerte der dazu eingeladenen Ensembles stattfanden, teils an anderem Ort (Kleine Musikhalle), teils mit anderen Programmen. Das Budapester Streichquartett gab einem Programmzettel zufolge etwa am 27. Februar 1925 in der Reihe der Hamburgischen Vereinigung von Freunden der Kammermusik ein Konzert im Hotel Atlantic mit Smetanas Streichquartett e-Moll (*Aus meinem Leben*), Schuberts Streichquartettsatz c-Moll op. posth. und Mozarts Streichquartett B-Dur KV 458 (*Jagdquartett*).[91] Ein Kritiker des *Hamburger Echos* besprach am 2. März 1925 dann aber einen Beethoven-Abend dieses Ensembles.[92] Man kann daher annehmen, dass die Konzertagentur Joh. Aug. Böhme mit der Zeit die Gelegenheit nutzte, die ohnehin in der Stadt befindlichen Ensembles zusätzlich für öffentliche Konzerte zu engagieren. Es gibt einen Zeitungsbericht, der die Unterscheidung zwischen privaten und öffentlichen Konzerten bestätigt. Im *Hamburgischen Correspondenten* hieß es dazu im Dezember 1924: »Das B u s c h - Q u a r t e t t ließ sich in diesen Tagen hier zweimal vernehmen; einmal in internem Kreise im Hotel Atlantic, das andere Mal vor breiter Oeffentlichkeit im total ausverkauften kleinen Saal der Musikhalle.«[93]

Konzertvorschau der Konzertagentur Joh. Aug. Böhme für die Saison 1927/28

Da die Konzerte der Hamburgischen Vereinigung von Freunden der Kammermusik in intimem Rahmen stattfanden, kann man annehmen, dass Fehling und Tillmann private Kontakte zu den von ihnen eingeladenen Musikern aufbauten. Viel ist darüber jedoch nicht bekannt. Durch seine Mitgliedschaft im Vorstand der Philharmonischen Gesellschaft dürfte Fehling bereits Anfang der 1920er Jahre den Konzertmeister Heinrich Bandler, der ebenfalls zum Vorstand gehörte, kennengelernt haben.[94] Der Musikschriftsteller und Kritiker Hans Heinz Stuckenschmidt berichtet in Bezug auf Fehling später zudem von Freundschaften zu Artur Schnabel und »anderen großen Interpreten«[95]. Tillmann erklärte 1939 rückblickend im Zusammenhang mit den Möglichkeiten, die ihm sein Cellospiel eröffnet habe: »And after the war it won for me the personal friendship of two outstanding quartets, one German and one French, with whom I even played quintets occasionally.«[96] Genauere Angaben zu den beiden Ensembles machte er aber nicht, sodass unklar bleibt, ob sie an Konzerten der Hamburgischen Vereinigung von Freunden der Kammermusik mitwirkten. Durch seinen Sohn ist zudem eine Bekanntschaft mit Richard Strauss belegt, der die Familie vor und nach einem Konzert, das er in Hamburg dirigierte, besuchte und mit Tillmann Karten spielte.[97] Gesellschaftliche Kontakte dieser Art entsprachen den Gepflogenheiten der Zeit. Artur Schnabel berichtet zum Beispiel in seiner Autobiographie von solchen Einladungen nach Konzerten, ohne jedoch Fehling zu erwähnen.[98]

PRESSEREAKTIONEN

Nachdem die Konzertreihe im Hotel Atlantic in der Saison 1927/28 zu einer öffentlichen Veranstaltung avanciert war, begann die Presse, die Rolle dieser Konzerte für das Hamburger Musikleben in den Blick zu nehmen. Im Februar 1928 stellte der Kritiker des *Hamburgischen Correspondenten* fest, dass die Konzerte »als wertvolle Bereicherung«[99] lebhaft begrüßt würden und dass der Vereinigung Dank gebühre »für die Initiative, mit der sie durch die Veranstaltungen im Saal des Hotel Atlantic den musikalischen Feinschmeckern und Liebhabern kammermusikalischer Hochgenüsse in Hamburgs Mauern nach langer Fastenzeit Freude bereitet hat«[100]. Ähnliche Einschätzungen wurden im Laufe der Zeit immer wieder geäußert. Die Konzerte, hieß es, gehörten »zu den wertvollsten Veranstaltungen im Hamburgischen Musikleben«[101], ihnen sei »ein Aufblühen dieses Zweiges künstlerischer Spieltätigkeit«[102] zu danken, und sie hätten »mit ihren Veranstaltungen das Musikleben Hamburgs befruchtet«[103]. Auch wurde festgestellt, hier sei »eine Vereinigung am Werk, die wirkliche Musikkultur ohne einen Zwang zu Konzessionen lebendig erhält und die darum Aufgaben hat, die genau so ernst zu nehmen sind wie etwa die großen Philharmonischen Konzerte«.[104]

Direkte Kritik am Konzept der Konzertreihe wurde nicht geäußert. Doch wurde zumindest gelegentlich angesprochen, dass die Konzerte nicht unbedingt

Amar-Quartett mit Licco Amar, Walter Caspar, Maurits Frank und Paul Hindemith (v. l. n. r.), ca. 1922–1924

etwas für den breiten Publikumsgeschmack seien. Im November 1927 schrieb der Kritiker des *Hamburgischen Correspondenten* in Bezug auf die Dauer eines Konzerts des Busch-Quartetts mit Werken von Beethoven (Es-Dur op. 74, *Harfenquartett*), Schubert (G-Dur op. 161) und Reger (Streichtrio a-Moll op. 77b):

»Zwei Stunden sind zuviel des Guten und vom Besten genügen zwei Werke. Das möge die Hamburgische Vereinigung von Freunden der Kammermusik in Zukunft beherzigen. Wir sind ihr dankbar für die Initiative, die sie ergriff und mit der sie eine empfindliche Lücke in Hamburgs Musikleben endlich ausfüllte – wären ihr dann noch dankbarer.«[105]

Ein anderes Mal wurde der elitäre Ansatz der Veranstaltungen angedeutet. Der Kritiker des *Hamburger Echo*, der sozialdemokratischen Tageszeitung Hamburgs, befand im April 1931 zu einem weiteren Konzert des Busch-Quartetts:

»Der Initiative der ›Hamburgischen Vereinigung von Freunden der Kammermusik‹ ist die Bekanntschaft mit den bedeutendsten Quartettvereinigungen des In- und Auslandes zu danken. Die Wichtigkeit dieser Konzerte für das Hamburger Musikleben ist gar nicht hoch genug einzuschätzen, vermitteln sie doch erlesene Musik, gespielt von gleichwertigen Künstlern. Bedauerlich ist, daß diese Konzerte nicht auf eine breitere Basis gestellt werden können; aber die Eigenart der Kammermusik verlangt einen intimen, verhältnismäßig kleinen Raum, und die daraus sich ergebende geringe Hörerzahl bewirkt notwendigerweise ziemlich hohe Eintrittspreise.«[106]

Ein äußerer Umstand, der häufiger bemängelt wurde, war der Saal des Hotel Atlantic. In Bezug auf dessen akustische Qualität schrieb das *Hamburger Echo*: »Um so bedauerlicher bleiben die akustischen Verhältnisse des Saales im Hotel Atlantic, die auf vielen Plätzen ein klares Bild des Zusammenspiels überhaupt nicht aufkommen lassen.«[107] Die *Hamburger Nachrichten* schrieben bei anderer Gelegenheit von der »Schwierigkeit der akustischen Verhältnisse«[108] und der *Hamburger Anzeiger* von »der akustischen Tücke des Atlantiksaals«[109]. Als weiteres Problem gesellten sich die Temperaturverhältnisse hinzu. Im Dezember 1931 schrieb Heinrich Chevalley vom *Hamburger Fremdenblatt*, in dem Saal habe eine »recht unbehagliche Temperatur« geherrscht, »die schon mehrere Besucher zur Flucht nach dem Mozart-Quartett veranlaßte und die eine kleine Völkerwanderung zur Erreichung weniger zugiger Plätze zur Folge hatte«[110].

Die Streichquartettvereinigungen, die die Konzerte der ersten Saison bestritten, kamen noch überwiegend aus Deutschland: Bandler aus Hamburg, Busch und Klingler aus Berlin, Wendling aus Stuttgart; nur das Rosé-Quartett hatte seinen Sitz in Wien. Bald erweiterte sich der Einzugsradius der engagierten Ensembles. Neben weiteren Quartetten aus Deutschland (Amar aus Frankfurt a. M., Dresdner aus Dresden, Guarneri, Havemann und Roth aus Berlin, Peter aus Krefeld und Prisca aus Köln) kamen Quartette aus allen möglichen europäischen Ländern zu den Atlantic-Konzerten: das Buxbaum-Quartett und das Wiener Streichquartett (Kolisch-Quartett) aus Wien, das Böhmische Streichquartett aus Prag, das Budapester Streichquartett und das Léner-Quartett aus Budapest, das Glasunoff-Quartett aus Moskau, das Pro Arte-Quartett aus Brüssel, das Capet-Quartett aus Paris und das Londoner Streichquartett aus London.[111] 1927 verlegte überdies das Busch-Quartett seinen Sitz in die Schweiz, unter anderem weil Adolf Busch die politische Radikalisierung in Deutschland ablehnte.[112]

Im Zentrum der Konzertreihe stand das Streichquartett. Es wurden jedoch auch andere Besetzungen in den Spielplan aufgenommen. Teils reduzierten sich die Quartettvereinigungen zu Duos oder Trios, oder sie erweiterten sich um Bratscher, Cellisten, Klarinettisten oder einen Pianisten, darunter dann beispielsweise Conrad Hansen und Artur Schnabel. Einmal gab der Primarius des Amar-Quartetts Licco Amar zusammen mit dem Cembalisten Günther Ramin einen Duoabend, ein anderes Mal wurde die Bläservereinigung der Philharmonischen Gesellschaft engagiert, und in mehreren Saisons wurden Kammerorchester eingeladen: Edwin Fischer mit seinem Kammerorchester aus Berlin (unterstützt durch den Cellisten Jakob Sakom aus Hamburg), Paul Grümmer, Cellist des Busch-Quartetts, mit seinem Kammerorchester aus Köln, Hermann Abendroth mit dem Kölner Kammerorchester und die Société des Instruments Anciens aus Paris. Die Konzerte der Kammerorchester fanden teilweise im Conventgarten anstatt im Hotel Atlantic statt.[113] Mit Conrad Hansen, Jakob Sakom, der Bläservereinigung der Philharmonischen Gesellschaft und dem Bandler-Quartett war der Kreis der Hamburger Musiker, der eingeladen wurde, relativ klein.[114]

Großer Saal des Hotel Atlantic, o. J.

Das in Hamburg, aber auch darüber hinaus seit etwa 1919 aktive Rathje-Quartett, das aus Karl Grötsch, S. (vermutlich Sally) Wolf, Anton Grünsfelder und Paul Roth bestand,[115] wurde nie eingeladen. Der Grund dafür lag vermutlich darin, dass es von einem anderen Mäzen gefördert wurde. Vielleicht spielte aber auch die andersartige Repertoireausrichtung eine Rolle. Hans Hinrich Rathje (1873–1932)[116] und seine Frau Antonie Rathje, geb. Hornbeck, die sich für die Unterstützung talentierter bzw. bedürftiger Musiker und die allgemeine Wohlfahrtspflege einsetzten, finanzierten die Probenzeiten des Rathje-Quartetts ebenso wie seine Auftritte. Dazu zählten Abonnementskonzerte, Aufführungen für weniger bemittelte Kreise und Wohltätigkeitsveranstaltungen. Das Quartett spielte dem *Hamburgischen Correspondenten* zufolge »seit Jahren n u r Werke aufstrebender, aber noch weniger bekannter Komponisten« und setzte sich insbesondere für »die Pflege der d e u t s c h e n Tonkunst«[117] ein. Die Hamburgische Vereinigung von Freunden der Kammermusik zielte dagegen auf Internationalität ab. Der Fall zeigt, dass es in Hamburg musikinteressierte Kreise mit unterschiedlichen Interessenlagen gab, die sich um die Förderung der Kammermusik kümmerten.

Die Qualität der von der Hamburgischen Vereinigung von Freunden der Kammermusik eingeladenen Ensembles wurde von der Presse fast nie in Frage gestellt. Über das Guarneri-Quartett hieß es im *Hamburger Anzeiger* überschwänglich, es habe wieder einmal verstanden, »durch die hervorragende, in einem unnachahmlichen Pianissimo gipfelnde Kultur seines Vortrags, eine stark wachsende Gemeinde in den Bann zu schlagen.«[118] Zum Busch-Quartett bemerkte der *Hamburgische Correspondent*, es zähle »zu den vorzüglichsten seiner Art«, es genieße einen »glänzenden Ruf weit über die Grenzen der deutschen Heimat hinaus mit Fug und Recht«.[119] Das traditionsreiche Rosé-Quartett, das in wechselnden Besetzungen bereits seit 1882 unter dem Konzertmeister der Wiener Philharmoniker Arnold Rosé konzertierte,[120] wurde in den *Hamburger Nachrichten* nicht minder gelobt. Es sei ein »Sensor unserer Kammermusikvereinigungen« und überstrahle »seine jüngeren Genossen immer noch mit der lebendigen Fülle jugendlichen Temperaments, mit dem leidenschaftlichen Taumel, der sich aus Inbrunst und einer glühenden Hingabe an das Kunstwerk erklärt«.[121]

Bei allem Lob gab es eine für die Musikberichterstattung der Zeit typische Argumentation, die sich, mal mehr, mal weniger deutlich, in den Konzertbesprechungen findet. Die Kritiker hörten die Ensembles gewissermaßen aus nationaler Perspektive und meinten, eine bestimmte Art des Spiels mit der Frage der Nationalität in Zusammenhang bringen zu können. Das konnte positiv gemeint sein. So erfuhr das Busch-Quartett Lob in den *Hamburger Nachrichten* für die »Sorgfalt seines Musizierens«; es sei »in der Stärke seines Empfindens, in dem fortreißenden Temperament seines Führers Adolf Busch das typisch deutsche Quartett«.[122] Gelegentlich schwang aber auch Abwertung mit. Ein Kritiker des *Hamburger Echos* fand in Bezug auf das Glasunoff-Quartett die Dominanz der ersten Violine im Streichquartett D-Dur op. 64/5 (*Lerchenquartett*) von Haydn hänge »mit der temperamentvollen Musizierart der Russen zusammen«. In dem Werk von Haydn habe diese sich »etwas robust« gegeben, im Streichquartett a-Moll seines Namensgebers habe sie sich dagegen »überzeugend«[123] ausleben können. Während es beim Glasunoff-Quartett das überbordende Temperament war, wurden dem Léner-Quartett in den *Altonaer Nachrichten* »spezifisch ungarische Eigenheiten in Vortrag und Tongebung« zugeschrieben, die »zuweilen einen leichten Anflug nüchterner Sachlichkeit«[124] gehabt hätten. Diese Art der Einschätzung dominierte die Kritik nicht, sie war eher unterschwellig vorhanden. In diesem Zusammenhang fällt auf, dass die Kritiker, soweit Berichte zu den Konzerten vorliegen, so etwas wie eine »jüdische« Spielweise nicht identifizierten und dass eine Diffamierung jüdischer Musiker im Kontext der Kammermusikkonzerte keine Rolle spielte. Dabei war eine erhebliche Anzahl der beteiligten Musiker und Musikerinnen jüdischer Herkunft und sollte ab 1933 nicht mehr auftreten können.

Nur ganz selten kam es vor, dass die Leistung eines Quartetts grundsätzlich bemängelt wurde. Das war etwa der Fall, als das Klingler-Quartett im Februar 1928 zusammen mit dem Bratscher Karl Wendel einen reinen Mozart-Abend gab, auf dem Programm zwei Streichquintette und ein Duo für Violine und Viola. Der Kritiker des *Hamburger Echos* fand, »daß an der Größe der Aufgaben gemessen, die Ausführung hinter ihr zurückblieb«. »Intonationsschwankungen«

wurden bemängelt ebenso wie die »unausgeglichene Tempobehandlung« und ein »Mangel der klanglichen Differenzierung«.[125] Als hätte das Klingler-Quartett dies wiedergutmachen wollen, kam es im April 1928 noch einmal nach Hamburg und gab für die Kammermusikfreunde zusammen mit Conrad Hansen ein Sonderkonzert. Auf dem Programm standen Johannes Brahms' Klavierquartett c-Moll op. 60 und als Erstaufführung Karl Klinglers Klavierquintett E-Dur. In den *Hamburger Nachrichten* hieß es anschließend, das Klingler-Quartett habe sich rehabilitiert.[126]

REPERTOIRES – ZEITGENÖSSISCHE MUSIK

Auf der Grundlage der vorliegenden Quellen, darunter im Archiv der Hamburgischen Vereinigung von Freunden der Kammermusik eine, wenn auch nicht ganz vollständige Repertoireaufstellung für die Jahre 1922 bis 1932, lässt sich ein Überblick über die Gewichtung des Repertoires der Konzertreihe geben. Jeweils gut ein Drittel der aufgeführten Werke stammte aus der Zeit der Klassik und der Romantik, wobei unter den Klassikern Beethoven vor Mozart, Haydn und anderen rangierte, während von den Romantikern Brahms und Dvořák am häufigsten gespielt wurden. Knapp ein Fünftel der Kompositionen waren im 20. Jahrhundert entstanden. Sie repräsentierten eine erhebliche stilistische Breite und reichten von Werken der Komponisten Alban Berg, Béla Bartók, Paul Hindemith und Darius Milhaud über solche von Hans Pfitzner, Maurice Ravel, Max Reger, Vittorio Rieti bis zu solchen von Artur Schnabel, Arnold Schönberg, Jean Sibelius und Ernst Toch. Nur etwa ein Zehntel gehörte der Zeit des Barock an, wobei diese Werke überwiegend den Kammerorchestern und dem Duo Amar-Ramin zuzuschreiben sind, die ihre Konzerte dezidiert der alten Musik widmeten. Wie häufig ein Werk gespielt wurde, verrät die Repertoireaufstellung nicht. Die vorliegenden Zeitungsanzeigen und Kritiken lassen aber die Einschätzung zu, dass in der Gesamtschau das klassische und romantische Repertoire noch stärker betont war, da diese Werke teils mehrfach gespielt wurden. Das gilt an erster Stelle für Beethovens späte Streichquartette. Das Streichquartett a-Moll op. 132 wurde mindestens jeweils einmal vom Klingler-Quartett,[127] vom Wiener Streichquartett[128] und vom Busch-Quartett aufs Programm gesetzt.[129]

Die Hamburger Musikkritik der Zeit zeichnete sich nicht durch besonders avancierte Diskussionen oder gar Streitigkeiten unter den Kritikern aus. Meist war man sich in den Einschätzungen einig. In Bezug auf die Initiative der Hamburgischen Vereinigung von Freunden der Kammermusik waren die Pressevertreter generell bemüht, das Unterfangen zu unterstützen. Die positive Haltung betraf dabei nicht nur die Ensembles, sondern auch das Repertoire. Nur manchmal wurde bemängelt, dass das zeitgenössische Repertoire in den Programmen zu kurz komme und dass darüber hinaus Hamburger Komponisten nicht

ausreichend repräsentiert seien. Der Kritiker des *Hamburgischen Corresponden-*
ten brachte dies im Oktober 1928 anlässlich eines Konzerts des Wendling-Quar-
tetts mit Ernst Tochs Streichquartett Nr. 10 op. 28 (*Bass*), Schuberts Streichquartett a-Moll op. 29 (*Rosamunde*) und Dvořáks Streichquartett F-Dur-Quartett op.
96 (*Amerikanisches Quartett*) einmal etwas deutlicher zum Ausdruck:

»Eine neue Winterfolge gewichtiger Kammermusikabende hat nunmehr
begonnen. Die Hamburgische Vereinigung von Freunden
der Kammermusik setzt ihre als Bereicherung des einheimischen Musiklebens unbedingt zu wertenden Veranstaltungen fort. Das ist erfreulich und
verdienstlich. Weniger erfreulich aber ist, daß sich die Leitung der Hamburgischen Vereinigung nicht ihrer (eigentlich selbstverständlichen) Pflicht gegenüber dem hamburgischen Künstlertum bewußt ist. Wir hatten schon im Vor-
jahre auf die Förderung des zeitgenössischen Schaffens als Notwendigkeit zur
Anregung der Produktion hingewiesen. An erster Stelle der gesamten Vortrags-
folgen des Winters stand Ernst Tochs ›Baß‹-Streichquartett. Als e i n z i g e r
lebender Deutscher steht er einsam in der Reihe der zum Vortrag gelangenden
Komponisten. Von den Lebenden sind sonst noch vertreten: Schönberg (Oes-
terreicher), Bartok (Ungar), Tscherepnin (Russe) und Ravel (Franzose). Eine
magere Ernte! Es erweckt den Anschein, als ob in Deutschland nichts Geschei-
tes produziert würde. Von Hamburgs Schaffenden ganz zu schweigen. Die wissen längst, daß sie von den vornehmsten Instituten (es gibt auch rühmliche
Ausnahmen) keine Aufführungsanregung erhalten. Da sind beispielsweise
Kammermusikwerke von [Robert] Müller-Hartmann und [Siegfried] Scheffler,
die einer Berücksichtigung im Rahmen dieser Konzerte würdig sind. Tat man
den einen Schritt ins zeitgenössische Lager, warum nicht den andern? Und
man darf ihn wagen und hat gar nicht nötig, ihn mit dem Mäntelchen lokalpa-
triotischer Gesinnung (wäre sie nur vorhanden!) zu unternehmen. Exklusivität
ist in diesem Falle nicht nur ein Zeichen von mangelndem Takt, sondern auch
vor allem von geistigem Hochmut. Einst waren Besitz und Kunstverständnis
(dem zeitgenössischen gegenüber) vereinigt. Und heute? Und in Hamburg?«[130]

Werke zeitgenössischer Hamburger Komponisten und Komponistinnen
sollten in den folgenden Jahren nicht gespielt werden, die aktuelle Musik der
Zeit erhielt aber ihren Platz in den Programmen, beispielsweise in den Konzerten des Wiener Streichquartetts, dass sich auf dieses Repertoire spezialisiert
hatte. Das Ensemble kam in den letzten drei Saisons der Konzertreihe insgesamt vier Mal nach Hamburg – davon einmal anstelle des verhinderten
Busch-Quartetts.[131] Neben Werken von Mozart, Beethoven und Schubert spielte
es Quartette von Claude Debussy (op. 10, 1893) und Arnold Schönberg (d-Moll
op. 7, 1905) sowie aus der neusten kompositorischen Produktion von Darius
Milhaud (B-Dur Nr. 7 op. 87, 1925), Alban Berg (*Lyrische Suite*, 1926) und Béla
Bartók (cis-Moll Nr. 3, 1927).

Die Kritiken des Konzerts vom 8. Februar 1929 mit Werken von Schönberg, Bartók und Beethoven waren typisch für die Betrachtungen der Hamburger

Wiener Streichquartett (Kolisch-Quartett): Eugen Lehner, Benar Heifetz, Rudolf Kolisch und Felix Khuner (v. l. n. r.), o. J.

Presse. Das frühe Werk von Schönberg fand einigen Beifall, weil es bei ihm, so der *Hamburger Anzeiger*, »viel vorsichtiger, übersichtlicher«[132] zugehe, es gehörte dem *Hamburgischen Correspondenten* zufolge »nicht der jüngsten Zeit an«[133], und, so das *Hamburger Echo*, um diese Musik »müßte eigentlich ein Streit kaum vorstellbar sein, so sehr spricht aus ihr das gefestigte künstlerische und sittliche Wollen ihres Schöpfers. Sie liegt ganz in der Linie der spätromantischen Entwicklung, die mit Wagners ›Tristan‹ einsetzte«[134]. Dagegen war die Kritik an dem Quartett von Bartók teilweise harsch. Der *Hamburger Anzeiger* befand zwar, dass »man in Hamburg nicht oft moderne Musik zu hören bekommt« und dass dies »seine Gründe haben« möge, »ein starkes Mitläufertum« diskreditiere »die an sich berechtigten Versuche bedeutender Köpfe nach neuen Ausdrucksformen«. Wie negativ auch immer die Ergebnisse ausfallen sollten, wie etwa bei Bartóks Streichquartett Nr. 3, es bleibe »die Pflicht, eine aus Sachkenntnis geflossene Leistung s a c h l i c h zu beurteilen«. Der Kritiker bezweifelte sodann recht grundsätzlich, dass die durch »›Farbe‹« charakterisierte »ungegliederte Fläche« die »periodisierte architektonische Gliederung« ersetzen könne:

»Je mehr man auf das Hilfsmittel organischer Gliederung verzichtet und die Liniatur zerreißt, desto mehr stellt sich beim Hören trotz aller konstruktiven Ueberlegungen Ratlosigkeit ein: anstatt vor einem Tempel stehen wir vor einem Bauplatz, auf dem Holzbalken, Eisenträger, Steine, Sandhaufen, Kalkbottiche hübsch geordnet und ihrer Zweckbestimmung nach sogar zusammengehörig daliegen: das war der Grund, weshalb Bartoks Quartett unbefriedigt ließ.«[135]

Die Fähigkeiten und das Engagement des Wiener Streichquartetts blieben bei all diesen Betrachtungen unangetastet. Der Kritiker des *Hamburger Anzeigers* lobte vielmehr sein besonderes Können:

»Die Komponisten konnten sich im übrigen keine hingebendere, einfühlsamere, technisch reifere Künstlerschar wünschen als die Herren Kolisch, Khuner, Lehner und den famosen Cellisten Heifetz, die, gleichsam ihre hohe Künstlerschaft zu unterstreichen, ein Beethovenquartett auswendig spielten: klangschön, klar und temperamentvoll.«[136]

Die Kritiker der anderen Hamburger Tageszeitungen bewerteten das dritte Streichquartett von Bartók nicht ganz so hart. Aber auch hier findet sich der Gegensatz zwischen negativer Werkkritik und positiver Aufführungskritik verbunden mit einer Interpretation des Beethoven-Quartetts als heilsamem Abschluss. Im *Hamburgischen Correspondenten* hieß es:

»Mit gemischten Gefühlen wurde die E r s t a u f f ü h r u n g v o n B é l a B a r t ó k s drittem Streichquartett aufgenommen. Man wird nicht recht warm bei dieser Musik, die mehr konstruiert als empfunden scheint. Lebendiger, ursprünglicher ist der Mittelteil des Werkes: ein dahinrollender Faschingszug übermütiger Masken. Im ersten Teil schien's, als ob sie und er sich in den Haaren lägen und keiften. Auch bei Bartók fesselte vor allem die Ausführung und subtile Klanggebung durch das Kolisch-Quartett, das die Vortragsfolge mit Beethovens D-dur-Quartett, op. 18/3 beschloß. So gab's zur Freude der Anwesenden ein Glas köstlichen alten abgelagerten Weines nach zwei Gläsern jungem und jüngstem Most.«[137]

Der Kritiker des *Hamburger Echos* konnte mit Bartóks Streichquartett Nr. 3 etwas mehr anfangen:

»Ebenso glänzend spielten die Künstler das Bartóksche Werk, dessen Geist ein kühlerer, straff linearer, rhythmisch hart eingeschnittener ist, doch ist auch hier der Stimmungsgehalt weitaus spürbarer, sowohl in der polyphon figurierten Bewegung wie im Tutti, als bei mancher andern neuzeitlichen, Atonalismus mit gewohnter Dur- und Mollmelodik wahllos kombinierenden Schöpfung. Auch hier blieb der Ernst und die Aufrichtigkeit des künstlerischen Willens fühlbar gewahrt. B e e t h o v e n s D-Dur-Quartett aus op. 18 entlastete am Schlusse freundlich die außergewöhnliche Anspannung des Hörens, die beide vorausgegangenen Werke in manchen Punkten bedingten.«[138]

Diese und andere Kritiken, die anlässlich der Aufführung der neuesten Streichquartette erschienen, machen deutlich, dass in der Hamburger Presse in Bezug auf die Kammermusik eine ganz harte verbale Auseinandersetzung nicht stattfand. Diffamierungen avancierter Kompositionstechniken als »entartet«, »krank« oder »musikbolschewistisch«, wie sie in dieser Zeit in anderen musikalischen Kontexten vorkamen,[139] lassen sich in den vorliegenden Presseberichten nicht ausmachen. Dennoch zeigt sich auch bei den Hamburger Kritikern eine Denkweise, die der Neuen Musik gleichermaßen Wahllosigkeit und Unfertigkeit wie Konstruiertheit und Empfindungslosigkeit unterstellte.

DER VON FEHLING, TILLMANN UND ANDEREN GEFÖRDERTE KONZERTZYKLUS »NEUE MUSIK«

Wie die Organisatoren der Konzertreihe das moderne Repertoire aufnahmen, ob sie es schätzten oder es eher allgemein als kulturellen Auftrag betrachteten, die Werke in Hamburg zur Diskussion zu stellen, lässt sich auf der Basis der vorliegenden Quellen nicht genau sagen. Zumindest ist eine gewisse Aufgeschlossenheit anzunehmen, denn die Konzerte der Hamburgischen Vereinigung von Freunden der Kammermusik waren nicht die einzige Gelegenheit, bei der Emanuel Fehling, Georg Tillmann und andere im Bereich der zeitgenössischen Musik mäzenatisch tätig waren.

Seit 1921 lebte Hans Heinz Stuckenschmidt, der sich bereits früh für die Literatur und Musik der Moderne interessierte, in Hamburg. Dort stand er mit Theaterleuten, Schriftstellern, Malern und Tänzern in Kontakt, komponierte und publizierte über Neue Musik.[140] Im Jahr 1923 entwickelte er gemeinsam mit dem Musikwissenschaftler Josef Rufer, der dem Kreis um Schönberg, Berg und Zemlinsky angehörte,[141] den Plan, »in Hamburg moderne Musik methodisch und regelmäßig« aufzuführen. Das berichtete er in seiner 1979 publizierten Autobiographie *Zum Hören geboren. Ein Leben mit der Musik unserer Zeit*. Bei einem »Künstlerfest« im Curiohaus (vermutlich im Jahr 1922) hatte er Georg Tillmann kennengelernt, »einen eleganten Bonvivant des sephardischen Typus«, den Stuckenschmidts Respektlosigkeit gegenüber »Menschen und Institutionen« amüsiert hätten und der ihm »Rat und Hilfe«[142] zugesagt hätte. Dieses Angebot nahmen Rufer und Stuckenschmidt schließlich an. Darüber berichtete Letzterer weiter:

»Ich ging zum ihm und fragte, ob er einen Plan wie den von Rufer und mir unterstützen würde. Er hatte wohl etwas anderes erwartet, sah mich freundlich an und sagte: ›Ich bin zu wenig in der Musik zu Hause, um dafür die richtige Form zu finden. Aber mein Freund Fehling könnte sich interessieren. Ich werde mit ihm sprechen. Geben Sie mir bitte Ihre Adresse.‹«[143]

Tillmann habe ihn dann noch gefragt, ob er noch etwas brauche, und sich nur gewundert, dass dies nicht der Fall gewesen sei:

»Drei Tage später kam ein Eilbrief von Fehling, ich solle ihn anrufen. In seinem Büro am Neuen Jungfernstieg, mit schönem Blick auf die Alster, empfing er mich. Er stammte aus Lübeck, war ein Bruder des Regisseurs Jürgen Fehling, hatte in München gelebt und dort zum Freundeskreis der Gräfin Franziska Reventlow gehört, deren unbürgerliches und sexuell freies Leben damals die literarische Welt beunruhigte. Als erfolgreicher Kaufmann konnte er sich die Unterstützung junger Musiker leisten. Denn trotz seiner Schwerhörigkeit war er ein Liebhaber und guter Kenner klassischer Musik, mit Artur Schnabel und anderen großen Interpreten befreundet und aufgeschlossen gegenüber modernen Tendenzen in den Künsten.«[144]

Stuckenschmidt zeigte Fehling bei diesem Besuch seinen mit Rufer erarbeiteten Plan für einen Zyklus »Neue Musik«. Wie bei Arnold Schönbergs Wiener Verein für musikalische Privataufführungen sollten alle Interessierten durch Zahlung eines pauschalen Mitgliedsbeitrags Zugang zu den Konzerten und Proben erhalten, wobei ein Mitgliedsausweis mit Foto als Eintrittskarte diente:

»Fehling las den Entwurf mit sichtlicher Zustimmung. Bei dem Passus ›Kritiker haben keinen Zutritt‹ lachte er auf. ›Großartig. Für den humoristischen Teil wird anderweitig gesorgt. Aber wie denken Sie sich die finanzielle Seite des Unternehmens? Sie wollen doch erstklassige Musiker haben. Die kosten Geld. Wer soll engagieren und zu welchen Bedingungen. Und Sie selber und Ihr Wiener Kompagnon müssen doch auch bezahlt werden.‹«[145]

Stuckenschmidt erklärte Fehling daraufhin, er und Rufer hätten darüber noch nicht nachgedacht, ihnen schwebe keine kommerzielle Veranstaltung vor, sie wollten daran gar nicht verdienen, ob Fehling nicht bei der »kaufmännischen Organisation« helfen könne:

»Auch das gefiel dem jovialen und witzigen Kaufmann. Er sagte, in seinem Freundeskreis hoffe er genügend Männer zu finden, die den Plan finanzieren würden. Nach drei Wochen hatte er eine Gruppe reicher Leute zusammen, denen ich in seinem Haus referierte. Nach einer Stunde war der nötige Betrag durch Unterschrift der Anwesenden garantiert, eine stattliche Summe in englischen Pfunden. Rufer und ich sollten für die Einstudierung monatlich jeder ein Pfund bekommen. Heute klingt das lächerlich; damals konnten wir davon bequem leben.«[146]

Der zwölfteilige Konzertzyklus »Neue Musik«, der durch Vermittlung des Direktors Max Sauerlandt im Saal des Museums für Kunst und Gewerbe stattfinden konnte, wurde für die Saison 1923/24 angesetzt. Auf dem Programm standen unter anderem Werke von Bartók, Berg, Busoni, Mahler, Milhaud, Poulenc, Ravel, Schönberg Strawinsky und Webern. Bis auf den Wiener Pianisten Eduard Steuermann und Arnold Schönberg kamen die an den Konzerten beteiligten Musiker und Musikerinnen aus Hamburg, darunter Martha Winternitz-Dorda, Gesang, sowie Heinrich Bandler, Ilse Fromm-Michaels und Jakob Sakom.[147] Die Presse scheint tatsächlich nicht tagesaktuell über die Konzerte berichtet zu haben. Stuckenschmidt zufolge war die Presse, weil sie von den Konzerten ausgeschlossen worden war, »verstimmt«[148], insbesondere die beiden maßgeblichen Kritiker Herrmann Chevelley (*Hamburger Fremdenblatt*) und Ferdinand Pfohl (*Hamburger Nachrichten*). Im *Hamburger Anzeiger* erschien im Januar 1924 zumindest ein Rückblick auf die ersten sechs Konzerte. Bei dieser

Gelegenheit wurden auch die beiden Hauptmäzene der Veranstaltung anerkennend erwähnt: »auf alle Fälle muß man die Energie, den Wagemut und die Opferbereitschaft der Veranstalter und der finanziellen Träger des nicht kleinen Risikos (Emanuel Fehling und Georg Tillmann) bedingungslos anerkennen.«[149]

Durch die 1923 einsetzende Hyperinflation geriet das Projekt bald in Finanzierungsschwierigkeiten: »Das Pfund Sterling war über Nacht nur noch zwanzig Rentenmark wert, und die Honorare für Musiker stiegen auf normale Höhe«, so Stuckenschmidt. Fehling brachte »zwar noch einmal einen Stiftungsfonds zusammen. Aber auch der half uns nur noch für kurze Zeit weiter.«[150] Die Konzertreihe wurde letztlich nicht vollendet.

Das letzte Projekt des Zyklus »Neue Musik« war am 13. Februar 1924 ein Konzert mit Arnold Schönbergs *Pierrot lunaire* in den Hamburger Kammerspielen unter Leitung des Komponisten.[151] Es folgten eine private Aufführung des Werks bei dem Kaufmann Max Temming, der die Mitwirkenden großzügig entlohnte und in dessen Haus in der Parkallee 65 Schönberg wohnen sollte,[152] sowie eine weitere Aufführung in den Kammerspielen unter Leitung von Rufer.[153] Temming hatte im Vorwege des Konzertzyklus im Sommer 1923 im Übrigen schriftlich bei Schönberg angefragt, ob er ihm seine Meinung über die Fähigkeiten von Stuckenschmidt und Rufer mitteilen könne, er selbst habe abfällige Bemerkungen aus Hamburger Musikerkreisen gehört und wolle sich angesichts seiner finanziellen Beteiligung und der damit verbundenen moralischen Verantwortung informieren.[154] Schönberg war aber überzeugt, dass Rufer sich bewähren würde, und hatte auch über Stuckenschmidt nur Gutes gehört.[155] Fehling und Tillmann waren einmal mehr nicht die Einzigen, die sich als Mäzene hervortaten. Deutlich wird zudem, dass den Mäzenen ihre öffentliche Wirkung durchaus nicht gleichgültig war, wenngleich die Presse ihre Aktivitäten eher selten erwähnte.

DAS ENDE DER KONZERTREIHE 1932

Im Gegensatz zu dem Projekt von Stuckenschmidt und Rufer scheint die Inflation des Jahres 1923 die Konzertreihe der Hamburgischen Vereinigung von Freunden der Kammermusik nicht beeinträchtigt zu haben. Zumindest lässt die stabile Zahl von Konzerten – in der Saison 1923/24 zehn, danach regelmäßig acht, einmal neun Konzerte – nicht darauf schließen.[156] Die im Herbst 1929 einsetzende Weltwirtschaftskrise bedeutete dagegen für die Wirtschaft einen Dämpfer, der sich auf die Kammermusikreihe auswirken sollte. Hatte sich bis zur Saison 1929/30 der erwähnte regelmäßige Konzertzyklus etabliert, wurden in den beiden Saisons darauf nur noch vier Konzerte angesetzt und davon in der Saison 1931/32 nur drei durchgeführt.[157] Heinrich Chevalley vom *Hamburger Fremdenblatt* bemerkte im Frühjahr 1931 diesen Rückgang der Kammermusik

Busch-Quartett mit Adolf Busch, Gösta Andreasson, Hermann Busch und Karl Doktor (v. l. n. r.), ca. 1930–1932

in Hamburg. Zum einen war Heinrich Bandler, der noch im selben Jahr versterben sollte,[158] erkrankt, weshalb die Kammermusikabende der Philharmonischen Gesellschaft nicht wie geplant durchgeführt werden konnten, zum anderen hatte die Hamburgische Vereinigung von Freunden der Kammermusik sich »in der Zahl ihrer Veranstaltungen eine Beschränkung auferlegt«[159]. Grund dafür, so Chevalley zu Saisonbeginn im Dezember des Jahres, war die wirtschaftliche Notlage.[160]

Das letzte Konzert, angekündigt als »III. (letzter) Kammermusikabend«[161] der Saison fand am Sonnabend, dem 12. März 1932 im Hotel Atlantic mit dem Busch-Quartett statt. Die Reihe endete also, wie sie begonnen hatte. Auf dem Programm standen diesmal ausschließlich klassische Werke: »Beginnend mit Mozarts ›Adagio und Fuge‹, einem ernsten grüblerischen Stück seines weniger bekannten Schaffens,« so die *Altonaer Nachrichten*, »gingen die Künstler über zu Beethovens A-Moll-Quartett op. 132, das uns unendlich vieles Erheiterndes und Schmerzliches zu sagen hat, und zu Haydns dankbarem, herzhaftem Werk 74 Nr. 2.«[162] Bezüglich der Darbietung des Busch-Quartetts, das ja bereits einige Konzerte der Reihe bestritten hatte, waren die Hamburger Pressevertreter einhellig in ihrer positiven Einschätzung. Im *Hamburger Echo* hieß es:

»Schlechthin vollkommen in Intonation und Klanggebung, erhaben über jegliche Schwierigkeit des Zusammenspiels, entfaltet sich auch die künstlerische Kraft dieser Quartettvereinigung zur Größe, Ruhe und dem tiefen Ernst eines wahrhaft klassischen Spiels. Die hohe Kunst des Primgeigers wird von den drei Partnern in voller Bedeutung aufgefangen, so daß das Quartett mit der natürlichen Einmütigkeit eines Organismus musiziert.«[163]

An keiner Stelle ging aus der Berichterstattung hervor, dass dies der Schlusspunkt der Konzertreihe sein sollte. In den *Altonaer Nachrichten* war nur vom Ende der Saison die Rede: »Die Reihe der diesjährigen Konzerte auf Vermittlung der Vereinigung von Freunden der Kammermusik gelangte damit vorläufig ans Ende.«[164] Bei den Förderern der Konzertinitiative dürfte in dieser Zeit bereits Unsicherheit, wenn nicht Entschiedenheit geherrscht haben, was das Ende ihres Engagements anging.

GEORG TILLMANNS EXIL

Georg Tillmann hatte schon angesichts der 1929 beginnenden Weltwirtschaftskrise, die sich bald darauf zu einer Bankenkrise entwickeln sollte, schwirige Zeiten für das Bankhaus Ludwig Tillmann vorausgesehen. Hinzu kam das zunehmend aggressive politische Klima. Mit den beiden Teilhabern seiner Firma, Otto Strassburger und Gustave M. Altmann, beschloss er daher eine Aufteilung des Bankhauses Ludwig Tillmann. (Tillmanns Vater, der zuletzt in Ahrensburg gelebt hatte, war 1924 verstorben. Seine Trauerfeier hatte in der Halle des Israelitischen Friedhofs in Ohlsdorf begleitet vom Bandler-Quartett, das zwei Sätze aus Quartetten von Mozart und Beethoven spielte, stattgefunden.[165] Georg Tillmanns Mutter war bereits 1912 verstorben.[166]) Nach der Teilung des Bankhauses arbeitete Georg Tillmann mit der Firma Tillmann & Co. auf eigene Rechnung weiter.[167] 1931 mietete er in der Prinsengracht in Amsterdam ein Haus. Nachdem er sich dort zunächst vorübergehend aufgehalten hatte, verlegte er nach einiger Zeit seine Firma dorthin. Anfang 1932 zog er mit seiner Frau permanent in die Niederlande. Ob er beim letzten Konzert der Kammermusikreihe im März 1932 überhaupt noch in Hamburg anwesend war, ist daher zweifelhaft. Die Entscheidung, Hamburg bzw. Deutschland zu verlassen, hatte bald endgültigen Charakter. Tillmann lernte schnell Niederländisch und nahm die niederländische Staatsangehörigkeit an.[168]

Als das Deutsche Reich bei Tillmann im August 1933 unter dem Titel »Reichsfluchtsteuer« die Pfändung eines erheblichen Geldbetrags ankündigte, meldete er sich in Hamburg offiziell ab. Am 22. August 1933 schied er aus der Jüdischen Gemeinde Hamburgs aus. Seinen ehemaligen Geschäftspartnern ging es ähnlich; auch sie gingen ins Exil.[169] Aus Akten des Hamburger Oberfinanzpräsidenten geht hervor, dass es danach noch ein jahrelanges Hin und Her um Grundstücke und Sonderkonten gab, über die Tillmann in Hamburg Verpflichtungen nachkam.[170] Sein Sohn Wolf Georg Tillmann, der nach dem Abitur in Heidelberg, Freiburg, Königsberg und Hamburg ein Medizinstudium verfolgt hatte, floh im Frühjahr 1933 mit Zwischenstation in den Niederlanden nach Großbritannien und beendete sein Studium in London.[171]

Georg Tillmann

Georg Tillmann führte seine Geschäfte in Amsterdam fort, zunächst in einem Büro in der Herengracht, später am Westermarkt. Trotz eines Mangels an Arbeit beschäftigte er Flüchtlinge aus Deutschland, die nun zunehmend in die Niederlande kamen. Privat interessierte er sich jetzt vor allem für indonesische Kunst, mit der er in Amsterdam in Kontakt gekommen war. Über die Jahre legte er eine Sammlung von ca. 2.000 Kunstgegenständen an, von Figuren über Schwerter bis zu Textilien, die er, unterstützt durch Kontakte zum Amsterdamer Koloniaal Museum, selbst untersuchte, restaurierte und in Ausstellungen in Amsterdam, Den Haag und Rotterdam zeigte. Zwischen 1936 und 1940 publizierte er im *Maandblad voor Beeldende Kunsten* und in *Cultureel Indië* zehn Artikel über seine Sammlung.[172]

Die politische Lage in Deutschland bedrohte auch Tillmanns Familie. Seine Schwester Clara floh von Kassel aus mit einem Sohn und ihrem Mann, dem Kaufmann Paul Ehrenberg, zunächst in die Niederlande und 1937 in die USA.[173] Seine Schwester Veronika war in Ahrensburg mit dem Arzt Hugo Rath verheiratet und im Frauenverein engagiert, der sich um die Verbesserung der Lebensumstände mittelloser Mitbürger kümmerte. Sie nahm sich 1938 das Leben, weil der Druck zu groß geworden war, nachdem ihr Mann wegen ihrer jüdischen Herkunft politisch denunziert und mit Strafanzeigen bedroht worden war.[174]

Georg Tillmann übersiedelte mit seiner Frau kurz vor Beginn des Zweiten Weltkriegs nach Großbritannien, wo sein Sohn mit seiner Familie lebte. Sie kamen in Torquay an der Südküste Englands unter. Letztlich entschieden sich die Tillmanns für ein Exil in den USA. Seine Frau, die dort geboren war, ging vor und organisierte für Tillmann ein Non-Quota-Visum. Er reiste 1940 über Portugal in die USA.[175] Seine Sammlung indonesischer Kunst überließ er dem Koloniaal Museum in Amsterdam als Leihgabe.[176]

In New York City wohnten Tillmann und seine Frau in einem Apartment in der Park Avenue. Bald nach der Ankunft wurde bei ihm eine Krebserkrankung diagnostiziert. Er unterzog sich noch einer Operation, starb aber am 1. November 1941 mit nur 59 Jahren.[177] Seine Frau verstarb im September 1944.[178] Tillmanns Sohn Wolf Georg und seine Frau Charlotte schenkten die Sammlung indonesischer Kunst, die in Amsterdam zurückgeblieben war, 1994 dem heutigen Tropenmuseum.[179] Tillmanns Porzellansammlung blieb nicht als geschlossene Sammlung erhalten.[180] Seine beiden Celli, »one a precious Grancino of divine sound«[181], hatte er zum Verkauf nach Paris gegeben, bevor er die Niederlande verließ. Die in Deutschland zurückgebliebenen Werte wurden »arisiert«.[182]

EMANUEL FEHLINGS TOD

Emanuel Fehling konnte die Konzertreihe der Hamburgischen Vereinigung von Freunden der Kammermusik nicht allein fortsetzen. Er starb bereits am 28. Juli 1932 mit nur 59 Jahren überraschend in einem Lübecker Hotel an einem Herzinfarkt.[183] Die Nachrufe, die in den folgenden Tagen in der Hamburger Presse erschienen, hoben seine erfolgreiche berufliche Karriere und sein Wirken auf kulturellem Gebiet sowohl in Lübeck als auch in Hamburg hervor. Auch die Kammermusikreihe kam zur Sprache. In den *Hamburger Nachrichten* hieß es:

»In Hamburg wirkte er, seiner alten Vorliebe für Musik folgend, im Vorstand der P h i l h a r m o n i s c h e n   G e s e l l s c h a f t und war Urheber der bis zum heutigen Tage fortgeführten Kammermusik-Veranstaltungen, der sogenannten A t l a n t i c - K o n z e r t e .«[184]

Der Nachruf im *Hamburger Anzeiger* erwähnte daneben seinen Einsatz für die zeitgenössische Musik:

»Kurz nach dem Kriege wurde sein Name in musikalischen Kreisen mit höchster Achtung genannt. Der großzügigste hamburgische V o r s t o ß f ü r   m o d e r n e   M u s i k , ein Zyklus von Konzerten, die Stuckenschmidt und Rufer hier veranstalteten, wurde durch die materielle Unterstützung Fehlings und Tillmanns überhaupt nur ermöglicht.«[185]

Die Zeitung betonte überdies seine Verbundenheit mit Deutschland und der Welt: »Fehling war ein Mann von umfassender Bildung. Im Tiefsten deutsch und doch – im Sinne Thomas Manns, Friedrich Naumanns und Walter Rathenaus – Weltbürger.«[186] In dem Nachruf kamen aber auch Probleme zur Sprache:

»In den letzten Jahren zog sich Fehling fast aus der Oeffentlichkeit zurück. Mancherlei Schicksalsschläge drückten den vornehmen, aufrechten Menschen stark[.] Sein S o h n wurde in Neuyork das Opfer eines Verkehrsunfalls. Nicht

nur daran trug er schwer. Hinzukam, daß sich die Folgen einer V e r s c h ü t t u n g
i m K r i e g e nicht beheben ließen.«[187]

Der *Hamburger Anzeiger* brachte überdies zur Sprache, dass die politischen Verhältnisse Fehling belastet hatten: »Weltanschaulich stand Fehling auf dem Boden der D e u t s c h e n S t a a t s p a r t e i , deren eingeschriebenes Mitglied er war. Fehling erlebte schweren Herzens die fortschreitende Radikalisierung des politischen Lebens.«[188] Die Deutsche Staatspartei war 1930 nach der Fusionierung der linksliberalen Deutschen Demokratischen Partei mit der Volksnationalen Reichsvereinigung, die auch nationalistische und antisemitische Strömungen in sich vereinigte, entstanden. Dieser Zusammenschluss hatte zu Verwerfungen geführt.[189]

Der wirtschaftliche Druck, der vermutlich in dieser Zeit auf Fehling lastete, wurde in der Presse nicht erwähnt. 1931 war er angesichts der schwierigen allgemeinen ökonomischen Lage aus der Hermes Kreditversicherungsbank AG ausgeschieden.[190] Im März 1932 hatte er daraufhin in der Hamburger Justizverwaltung die Möglichkeit einer Anwaltszulassung sondiert.[191] Nur wenige Wochen später war seinem Antrag stattgegeben worden.[192] Den Plan, wieder als Anwalt zu arbeiten, konnte er aber nicht mehr umsetzen.

Was mit Fehling, der wegen seiner jüdischen Großmutter nach den NS-»Rassegesetzen« als »Vierteljude« bzw. »Mischling zweiten Grades« gegolten hätte, ab 1933 passiert wäre, lässt sich nicht eindeutig sagen. Das »Gesetz über die Zulassung zur Rechtsanwaltschaft« vom 7. April 1933 und seine Durchführungsverordnung ermöglichten die Rücknahme der Anwaltszulassungen von »Vierteljuden«. Davon ausgenommen waren sogenannte »Frontkämpfer« sowie »Altanwälte«, die ihre Zulassung vor dem Ersten Weltkrieg erhalten hatten. Beides traf auf Fehling zu.[193] Während seinem Bruder Ferdinand Fehling 1937 an der Universität Hamburg die Lehrerbefugnis als Professor entzogen wurde,[194] konnte sein Bruder Jürgen Fehling während des »Dritten Reichs« seine erfolgreiche Karriere als Schauspieler und Regisseur fortsetzen, insbesondere am Schauspielhaus in Berlin unter dem Intendanten Gustaf Gründgens.[195] Vom Amt Rosenberg als »kulturpolitisch unzuverlässig« betrachtet, wurde er 1944 dennoch in die vom Reichsministerium für Volksaufklärung und Propaganda unter Führung von Josef Goebbels zusammengestellte »Gottbegnadeten-Liste« aufgenommen, was eine Freistellung vom Wehrmachts- bzw. Arbeitseinsatz bedeutete.[196]

ENTWICKLUNGEN AB 1932/33

Mit der Flucht Georg Tillmanns und dem Tod Emanuel Fehlings endeten die Aktivitäten der Hamburgischen Vereinigung von Freunden der Kammermusik. Die Konzertagentur Joh. Aug. Böhme machte gleichwohl mit der Organisation von Kammermusikabenden weiter. Am 29. Juni 1932, also noch vor dem plötzlichen Ableben Fehlings, erschien in den *Altonaer Nachrichten* eine Vorschau auf die neue Saison. Neben Orchesterkonzerten und einem »Meister-Zyklus« mit bekannten Solisten kündigte die Konzertagentur Kammermusikabende mit dem Guarneri-Quartett, dem Quartetto di Roma, dem Budapester Streichquartett und dem Wiener Streichquartett im Hotel Atlantic an.[197]

Beim ersten Konzert des Zyklus am 14. Oktober 1932 mit dem Guarneri-Quartett war die Zuhörerschaft zwar kleiner geworden, wies aber »immerhin noch einen guten Teil des Stammpublikums dieser wertvollen Veranstaltungen auf«[198], so die *Altonaer Nachrichten*. Konkretere Hinweise auf die veränderte Lage finden sich nicht. Das letzte Konzert der Saison 1932/33 fand am 14. März 1933 statt. Das war nur wenige Wochen vor dem »Judenboykott« vom 1. April 1933, bei dem es reichsweit zu Angriffen auf jüdische Geschäfte kommen sollte, bzw. dem Inkrafttreten des »Gesetzes zur Wiederherstellung des Berufsbeamtentums« am 7. April 1933, das unter anderem auf die zwangsweise Verdrängung von Musikern und Musikerinnen jüdischer Herkunft aus städtischen bzw. staatlichen Orchestern, Theatern und Hochschulen abzielte. Das Wiener Streichquartett, dessen Mitglieder Rudolf Kolisch, Felix Khuner, Eugen Lehner und Benar Heifetz sämtlich in Deutschland als Juden galten, spielte im März im 1933 Hotel Atlantic trotz allem noch einmal einen Abend mit Werken von Haydn, Schubert und Brahms und wurde dafür von der Presse hoch gelobt.[199] Das Quartett, das sich bald nur noch Kolisch-Quartett nannte, sollte infolge der politischen Radikalisierung in Deutschland schnell einen Einbruch bei den Konzertbuchungen erfahren. Ab 1935 suchte es neue Wirkungsmöglichkeiten unter anderem in den USA. 1938/39 traten die Quartettmitglieder die endgültige Flucht dorthin an. Da sie anderweitige Engagements annehmen mussten, um ihren Lebensunterhalt zu verdienen, kam es zu Wechseln in der Besetzung und löste sich das Quartett letztlich auf.[200]

In Hamburg wurde im Frühjahr 1933 die Gleichschaltung des Kulturlebens weiter vorangetrieben. Die ursprüngliche Disposition des für Mai 1933 von der Philharmonischen Gesellschaft angekündigten »Reichs-Brahmsfestes« wurde vollkommen umgeworfen. Die von der Konzertagentur Joh. Aug. Böhme engagierte Altistin Sabine Kalter und der Pianist Rudolf Serkin wurden zugunsten von Emmi Leisner und Elly Ney ausgeladen. Adolf Busch und das Busch-Quartett zogen als Konsequenz ihrer Entscheidung vom April 1933, grundsätzlich nicht mehr in Deutschland aufzutreten, ihre Beteiligung zurück.[201] Sie wurden durch den Geiger Gustav Havemann und das Havemann-Quartett ersetzt.[202] Dieser hatte zuvor in seiner Eigenschaft als Vertreter der Berliner Fachgruppe Musik des Kampfbundes für Deutsche Kultur der Philharmonischen Gesellschaft nahegelegt, dass, falls Hitler das Protektorat für das Fest übernehmen sollte (was nicht der Fall sein sollte), nur »deutsche Künstler als Mitwirkende«[203] in Betracht kämen.

Die Konzertagentur Joh. Aug. Böhme wurde im gleichen Zuge ausgeschaltet. Sie gehörte seit 1907 zum Firmenkomplex des Anton. J. Benjamin

Musikverlags und galt wegen der Inhaberfamilien Benjamin und Schauer als »jüdisches« Unternehmen.[204] Ein Mitarbeiter der Agentur gründete im Juli 1933 eine eigene Firma. Die Konzertdirektion Dr. Rudolf Goette übernahm bei der Philharmonischen Gesellschaft die Aufgaben von Böhme[205] und kündigte bald für die Kleine Musikhalle einen Kammermusikzyklus mit dem Elly Ney-Trio, dem Quartetto di Roma, dem Pro Arte-Quartett und dem Wendling-Quartett an.[206] Daneben präsentierte die Norddeutsche Konzert-, Theater- und Filmgesellschaft einen Kammermusikzyklus mit dem Guarneri-Quartett, dem Calvet-Quartett, dem Kolisch-Quartett und dem Dresdner Streichquartett.[207] Das Konzert des Guarneri-Quartetts wurde im Oktober 1933 »umständehalber«[208] auf unbestimmte Zeit verschoben. Das Ensemble war zu einem Gastspiel nach Südamerika gereist, wo es infolge der Krankheit eines seiner Mitglieder zerbrach. Der erste Geiger Daniel Karpilowski und der Bratscher Boris Kroyt gingen über Zwischenstationen ins Exil in die USA.[209] Das Kolisch-Quartett wurde im Januar 1934 durch das Deutsche Streichquartett ersetzt.[210] Diese »unbekannte Spielgemeinschaft, die für das abgesetzte Kolischquartett eingefügt war«[211], konnte dem Kritiker der *Hamburger Nachrichten* zufolge die Erwartungen, die unter anderem sein Name weckte, nicht erfüllen. Zudem blieb das Publikum aus. Der erzwungene Wegfall der bekannten und angesehenen Kammermusikensembles ließ sich offensichtlich nicht so schnell kompensieren.

Wie das Busch-, das Guarneri- und das Kolisch-Quartett wollten bzw. konnten weitere Streichquartettvereinigungen, die zwischen 1922 und 1932 an den Konzerten der Hamburgischen Vereinigung von Freunden der Kammermusik mitgewirkt hatten, nach 1933 in Deutschland ihre Arbeit nicht fortsetzen, weil oft ein oder mehrere ihrer Mitglieder jüdischer Herkunft waren. Sie verschwanden aus dem Musikleben. Das galt für das Amar-Quartett, das Budapester Streichquartett, das Buxbaum-Quartett, das Glasunoff-Quartett, das Klingler-Quartett und das Rosé-Quartett. Vielen der Musiker gelang die Flucht ins Exil, einzelne, wie Harry Son vom Budapester Streichquartett, wurden deportiert und ermordet,[212] und Karl Klingler zog sich als innerer Emigrant aus der Öffentlichkeit zurück.[213] Auch das belgische Pro Arte-Quartett blieb nach Beginn des Zweiten Weltkriegs in den USA. Rudolf Kolisch übernahm dort später für einige Zeit die Position des ersten Geigers.[214]

Die antisemitischen Verfolgungsmaßnahmen trafen überdies die Hamburger Musiker und Musikerinnen, die die Kammermusik der Stadt so lange geprägt hatten. Das ehemalige Mitglied des Bandler-Quartetts Susanne Lachmann[215] floh nach Großbritannien[216] und Edith Weiß-Mann in die USA,[217] Ilse Fromm-Michaels unterlag trotz einer »Sondergenehmigung« wegen ihrer Ehe mit einem Juden Restriktionen,[218] und Jakob Sakom, der 1938 nach Litauen zurückkehrte, gilt als im Jahr 1941 »verschollen«.[219]

Inwiefern die Unterstützer der Hamburgischen Vereinigung von Freunden der Kammermusik sich nach 1933 weiterhin ihren musikalischen Interessen widmen konnten, bleibt unklar. Walter Magnus, der fortan als »Vierteljude«[220]

Walter Magnus, Foto aus seiner
Kennkarte, ausgestellt am 22. April 1941

galt, hatte dazu im öffentlichen Raum vermutlich wenig Gelegenheit. Er trat im April 1933 als Vorstand der Philharmonischen Gesellschaft zurück[221] und kündigte kurz darauf auch seine Mitgliedschaft.[222] 1934 gehörte er zu den Gründungsmitgliedern der Jüdischen Gesellschaft für Kunst und Wissenschaft, dem Hamburger Ableger des Jüdischen Kulturbundes, und wurde deren stellvertretender Vorsitzender.[223] Zunächst arbeitete Magnus, der anfangs in der Oberstraße 131, dann in der Willistraße 1 wohnte,[224] weiterhin als Rechtanwalt in der Kanzlei in der Mönckebergstraße. Im *Hamburger Adreßbuch* findet er sich sogar bis 1943 als Rechtsanwalt dieser Kanzlei verzeichnet[225] wie zeitweise auch noch seine als »Halbjuden« geltenden Kollegen Emil von Sauer und Arnold Lenart Wex.[226] Magnus wurde in Listen »nichtarischer« Rechtsanwälte geführt, und es gab immer wieder diesbezügliche Anfragen an die Hamburger Justiz. Ein Ausschluss aus der Hamburger Anwaltschaft ist seiner von der Senatskommission für die Justizverwaltung Hamburgs geführten Personalakte jedoch nicht zu entnehmen.[227] Anzunehmen ist dennoch, dass die Auskünfte über seine »nichtarische« Herkunft Auswirkungen auf seine Mandate hatten. In seiner Familie ist überliefert, dass er irgendwann nicht mehr als Anwalt tätig sein durfte und als Straßenfeger arbeiten musste.[228] Einen gewissen Schutz bot vermutlich seine Ehe mit einer Nichtjüdin.[229] Den Status als Verfolgter bestätigt dabei eine Bescheinigung der Notgemeinschaft der durch die Nürnberger Gesetze Betroffenen aus der Nachkriegszeit.[230]

Von Hans-Rudolf Praesent ist bekannt, dass er sich neben der Musik für Pferdesport[231] und Sportfliegen interessierte[232] und dass er im Rotary-Club aktiv war.²³³ Ihm wurde später eine gewisse Distanz zum NS-Regime nachgesagt, was sich freilich nicht konkretisieren lässt. Als Inhaber einer großen Autohandelsfirma war er vom Kriegsdienst ausgenommen. Er starb 1944 während eines Urlaubs in Zürs am Arlberg bei einem Lawinenunglück.²³⁴

Im Archiv der Hamburgischen Vereinigung von Freunden der Kammermusik ist zumindest ein Dokument erhalten, das für Mitte der 1930er Jahre private kammermusikalische Aktivitäten eines früheren Mitglieds der Kammermusikfreunde belegt. Wilhelm C. H. Möller (1901–1985) hatte eine Laufbahn als Hausmakler in der Firma A. Suck & C. Möller eingeschlagen und lebte mit seiner Frau Vera Möller, geb. Mohr, einer Bildhauerin und Schriftstellerin,²³⁵ unter der Adresse Schöne Aussicht 37. Bei dem vorliegenden Dokument handelt es sich um eine Einladung zu drei zwischen November 1936 und Januar 1937 in der Wohnung der Möllers geplanten Kammermusikabenden. Die Konzerte setzten jeweils Schwerpunkte im Repertoire für Flöte, Oboe und Klarinette. Für die Leitung der Konzerte war der Bratscher und Pianist Gerhard Maaß vorgesehen. Er war auch als Unterhaltungsmusiker, Kapellmeister und Komponist tätig und in die Reichsjugendführung involviert.²³⁶ Zu den Mitwirkenden zählten daneben Karl Bobzien, Flöte, Fridolin Wülbern, Violine, Helmut Eggers, Oboe, und Richard Gräfe, Klarinette. Der Kostenbeitrag für alle drei Abende zusammen betrug 10 RM.²³⁷ Darüber hinaus lassen sich keine musikalischen Aktivitäten der früheren Kammermusikfreunde feststellen.

VON DER NEUGRÜNDUNG 1945 BIS ZUR VEREINSGRÜNDUNG 1949

Der erste Beleg für eine Neubelebung der Hamburgischen Vereinigung von Freunden der Kammermusik nach dem Zweiten Weltkrieg stammt vom 5. Juli 1945. Aus einem mit einiger Sicherheit von Wilhelm C. H. Möller verfassten Schriftsatz geht die Motivation für die neuerlichen Aktivitäten hervor:

»Es ist nunmehr – wiederum aus den gleichen Kreisen ehrlich begeisterter Musikfreunde – die Anregung ergangen, die alte Tradition der unvergessenen Emanuel Fehling, Georg Tillmann u. A. fortzusetzen und die s. Zt. unter der Hochflut der Konzerte in den späteren Jahren eingestellte Betätigung wieder aufzunehmen. Auf diese Weise könnte das in weitesten Kreisen der Hamburgischen Bevölkerung bestehende dringende Bedürfnis nach hochwertigen kulturellen Darbietungen auf dem Gebiete der Kammermusik befriedigt werden. Die Voraussetzungen erscheinen in vieler Hinsicht als recht günstig, nachdem sich schon jetzt zu den alteingesessenen Künstlern eine grössere Anzahl aus anderen durch die Folgen des Krieges noch schwerer mitgenommenen Städten in unserer Vaterstadt eingefunden hat. Die Wiederaufnahme der Tätigkeit liegt daher nicht nur im Zuge des Wiederaufbaus des Hamburgischen kulturellen Lebens, sondern im Interesse der Künstlerschaft.«²³⁸

> Unter der Leitung von *Gerhard Maass* finden in unserer Wohnung
>
> ### 3 KAMMERMUSIKABENDE
>
> mit Werken statt, welche im Konzertsaal selten zu hören sind. Der erste Abend
> KAMMERMUSIK MIT FLÖTE ist auf Donnerstag, 12. Nov., 20 Uhr festgesetzt.
>
> Ausübende: *Karl Bobzien*, Soloflötist des Reichssenders *Gerhard Maass*, Bratsche und Klavier
> *Fridolin Wülbern*, Geige
>
> Spielfolge: 1. Beethoven: Serenade für Flöte, Geige und Bratsche
> 2. Schubert: „Ihr Blümlein alle" für Flöte und Klavier
> 3. Helm. Paulsen: Trio für Flöte, Geige und Bratsche
> 4. Phil. Jarnach: Sonatine für Flöte und Klavier
> 5. Reger: Serenade für Flöte, Geige und Bratsche
>
> Geplant sind ferner: im Dezember KAMMERMUSIK MIT OBOE *(Helm. Eggers)*
> (u. a. Bach: Konzert für Oboe und Geige Mozart: Oboen-Quartett)
>
> im Januar KAMMERMUSIK MIT KLARINETTE *(Rich. Gräfe)* (u. a. Brahms
> und Reger: Klarinettensonaten Mozart: Klarinettenquintett)
>
> Unkostenbeteiligung für alle 3 Abende zusammen RM 10.– je Person,
> im Falle der Zusage an Deutsche Bank für Wilhelm C. H. Möller erbeten.
>
> Um baldige Antwort wird gebeten!
>
> Hamburg, November 1936   *Vera und Wilhelm C. H. Möller*
> Dunkler Anzug   Schöne Aussicht 37

Einladung zu drei Konzerten bei Wilhelm C. H. und Vera Möller, November 1936

Von diesen Überlegungen ausgehend schlug Möller vor, einen Aufruf zu starten, um die in Frage kommende interessierte Zuhörerschaft zusammenzurufen. Er rechtete mit mindestens 200 Personen. Sie sollten durch den Kauf von Eintrittskarten die finanzielle Grundlage legen. Überdies sei diese »durch eine von einem kleinen Kreise grundsätzlich bereits zugesagte geldliche Garantie sicherzustellen«[239]. Nicht vergebene Eintrittskarten sollten öffentlich verkauft werden.

Möller sprach auch eine Reihe von Problemen an, die aus der Situation der Nachkriegszeit resultierten, das heißt aus der Zerstörung der Stadt und der Besatzung. Ganz nüchtern konstatierte er, dass für die Veranstaltung von Konzerten eine Genehmigung von Seiten der britischen Militärverwaltung einzuholen sei. Zudem war es in dieser Zeit noch nicht wieder möglich, uneingeschränkt zu reisen. Da auswärtige und einmal mehr ausländische Künstler vorerst nicht eingeladen werden konnten, wollte er daher vor allem Musiker aus Hamburg zu den Konzerten heranziehen. Unter denen, die er für die ersten Konzerte vorschlug, waren das Hankle-Quartett, Ferry Gebhardt, Bernhard Günther, Bernhard Hamann, Conrad Hansen und Erich Röhn. Als schwierigstes Thema erwies sich die Raumfrage. Dazu befand Möller:

»Sollte der kleine Saal in der Musikhalle nicht bereitgestellt werden, kämen voraussichtlich entweder der Saal der Kammerspiele in der Hartungstrasse oder der Gemeindesaal der Eppendorfer Kirche in Frage. Welche dieser Räume endgültig zur Verfügung stehen und sich aus akustischen und verkehrstechnischen Gründen am besten eignen, muss noch näher geprüft werden.«[240]

Tatsächlich wurde die Musikhalle, die bei den Luftangriffen auf Hamburg nicht in Mitleidenschaft gezogen worden war, von der britischen Militärregierung beschlagnahmt. Ab dem 29. Juli 1945 hatte hier der Soldatensender British Forces Network (BFN) seinen Sitz.[241] Die Kammerspiele wurden ebenfalls konfisziert. Hier wurde einige Wochen lang für das britische Militär Kabarett gespielt, bevor das Haus in der Hartungstraße 9/11 an die Jüdische Gemeinschaftshaus GmbH zurückgegeben wurde. Sie verpachtete es bald an die Schauspielerin und Regisseurin Ida Ehre.[242] Der Conventgarten war 1943 während eines Luftangriffs zerstört worden.[243] Die Raumfrage sollte sich als langfristiges Problem erweisen. Dazu erklärte Möller am 6. September 1945:

»Eine besondere Schwierigkeit bereitete die Frage des Saales. Da der kleine Saal der Laeisz-Halle, oder, wie sie unverständlicherweise in den letzten Jahren genannt wurde, Musik-Halle, auf keinen Fall zur Verfügung steht, auch die Kammerspiele in der Hartungstrasse nicht in Frage kommen, standen praktisch nur noch zwei Säle in engerer Wahl, und zwar der Gemeindesaal der Eppendorfer Kirche und der Saal in der Handwerkskammer am Holstenwall, also etwa 1 Min. von der Laeisz-Halle entfernt.

Der Eppendorfer Gemeindesaal ist bis auf zwei Wochentage dem Schauspielhaus zur Verfügung gestellt worden, so dass für dort geplante Veranstaltungen nur noch sehr geringer Spielraum hinsichtlich der Termine vorhanden ist. Der Saal im Gewerbehaus hingegen steht in ausreichendem Maße zur Verfügung. Ich habe ihn mit Herrn Dr. Vermehren besichtigt und in akustischer Hinsicht eine Probe vorgenommen. Ich glaube, dass der Saal für solche Veranstaltungen überraschend gut geeignet ist. Der Saal fasst mindestens 450 Sitzplätze ausser 100 weiteren auf der Empore.

Ein gewisser Nachteil ist der an dem Gebäude vorbeiführende Autoverkehr, welcher jedoch hoffentlich in den Abendstunden so gering sein wird, dass die Störung nicht besonders ins Gewicht fällt. Dieser Nachteil muss aber in Kauf genommen werden. Beim Eppendorfer Gemeindehaus liegen die Verhältnisse übrigens ähnlich.«[244]

Die Finanzierung der Konzerte sah Möller zunächst positiv. Er meinte, dass »von einem nennenswerten finanziellen Risiko nicht gesprochen werden kann«, er glaubte im Gegenteil, »dass man mit ausverkauften Abenden rechnen kann.«[245] Allerdings plante er bis November 1945 zunächst nur fünf Konzerte, da er die Verschlechterung der Lage durch die Geldverknappung nicht einzuschätzen wusste. Zum ersten Mal sprach er auch die Möglichkeit an, die Hamburgische Vereinigung von Freunden der Kammermusik als Verein eintragen zu lassen. Eine Konzertdirektion wollte er zu diesem Zeitpunkt aus Kostengründen nicht engagieren, dafür aber mit dem Studentenbund zusammenarbeiten, dessen Mitglieder sich gegen geringes Honorar bzw. Freikarten um die Garderobe und die Kontrolle der Eintrittskarten kümmern sollten. Schließlich sprach er den Umstand an, dass mit Walter Magnus Differenzen bestanden. Dieser hatte die Überlegung geäußert, die Hamburger Philharmonie könne die Organisation der Kammermusikkonzerte in die Hand nehmen.

Unter Führung der Hamburgischen Vereinigung von Freunden der Kammermusik fanden in der ersten Nachkriegssaison zwischen dem 25. September 1945 und dem 31. Mai 1946 mit »Genehmigung der Militärregierung«[246], so wurde es ab Ende 1945 auf den Konzertprogrammen vermerkt, 14 oder 15 Kammermusikabende statt. Das als achter Kammermusikabend zu zählende Konzert lässt sich in den Quellen nicht belegen. Vielleicht fand es winterbedingt nicht statt. Der Programmzettel für den siebten Abend am 13. Dezember 1945 enthält nämlich anstatt einer Vorankündigung des nächsten Konzerts den folgenden Hinweis: »Weitere Veranstaltungen werden während der Wintermonate nur erfolgen, wenn eine Beheizung der in Frage kommenden Säle möglich ist, andernfalls erst im Frühjahr 1946.«[247] Geboten wurden insgesamt vier Abende mit Werken für Streichquartett, darüber hinaus solche mit dem Repertoire für Streichtrio, Klaviertrio und verschiedene Duobesetzungen. Im Vordergrund der Programme standen die Komponisten Haydn, Mozart, Beethoven, Schubert, Brahms und Reger, Ergänzungen kamen aus dem Schaffen von Saint-Saëns, Debussy, Sibelius, Pfitzner, Hindemith sowie von Harald Genzmer (Sonate in D für Klavier zu vier Händen von 1943). Abwechslung boten zwei Abende mit Kammermusik bzw. geistlicher Musik des 16. bis 18. Jahrhunderts.[248] Es spielten vor allem Hamburger Musiker und Musikerinnen, darunter das Radelow-Quartett, Ilse Fromm-Michaels, Ferry Gebhardt, Bernhard Günther, Bernhard Hamann, Conrad Hansen, Erich Röhn und Arthur Troester. Dagegen wurden nur wenige auswärtige Musiker eingeladen, darunter das Peter-Quartett aus Krefeld, das bereits in der Frühzeit der Kammermusikfreunde in Hamburg aufgetreten war. Dieses Konzept wurde in den folgenden Saisons in ähnlicher Weise fortgesetzt, wobei nach und nach die Zahl der Streichquartettabende zunahm. Spielten zunächst vor allem das Hamann-Quartett und das Radelow-Quartett, kamen mit der Zeit das Koeckert- und das Stross-Quartett aus München sowie das Strub-Quartett aus Detmold hinzu. Besondere Ereignisse des Jahres 1948 waren die Konzerte des US-amerikanischen Cembalisten Ralph Kirkpatrick und des französischen Organisten Charles Letestu.[249] Mit ihnen gewann die Reihe langsam wieder internationalen Zuschnitt.

Die ersten Konzerte der Saison 1945/46 fanden wie geplant im Saal der Handwerkskammer am Holstenwall 12 statt. Da die Räumlichkeiten bald anderweitig mit Veranstaltungen belegt wurden, ging bereits im Oktober 1945 die Suche nach einer geeigneten Spielstätte von vorne los.[250] Die meisten Programmzettel der ersten Saison weisen keinen Veranstaltungsort aus, so dass unklar bleibt, wo sie stattfanden. Ab dem 11. April 1946 wurde dann aber das Eppendorfer Gemeindehaus in der Ludolfstraße 53 zur längerfristigen Spielstätte. Einzelne Konzerte wurden in der gegenüberliegenden Johanniskirche

Eppendorf, im Gästehaus des Senats im Zickzackweg 20 in Othmarschen oder in der Christuskirche in Othmarschen angesetzt.[251]

Der Kreis der Kammermusikfreunde setzte sich von Anfang an recht prominent aus Vertretern des Rechts, der Politik, der Wirtschaft, des Verlagswesens und der Kirche zusammen. In einem Schreiben an die Hamburger Kulturverwaltung vom 17. Januar 1946 benannte Wilhelm C. H. Möller den folgenden interessierten Personenkreis: die Juristen Reinhard Crasemann, Ernst Framhein, Johannes Fritze (auch Ingenieur), Otto (M.) Kauffmann, Eduard Pietzcker (Oberkirchenrat), Johannes Sienknecht und Kurt Vermehren, die Kaufleute Hermann Behn (er war der Sohn des Musikers Hermann Behn und Stiefsohn von Walter Magnus), Claus-Gottfried Holthusen und Gerhart Schroeter, den Reeder Erich F. Laeisz, den Bankdirektor und Politiker Hugo Scharnberg, den Bankier Joachim von Schinckel, den Juristen, Verleger und Politiker Gerd Bucerius, den Politiker und späteren Hamburger Bürgermeister Kurt Sieveking sowie Franz Westermann.[252] Hinzu kamen von den alten Mitgliedern Wilhelm C. H. Möller und Walter Magnus, der bereits im Sommer 1945 von der britischen Militärregierung zur Rechtsanwaltschaft zugelassen wurde[253] und wieder für seine alte Kanzlei arbeitete,[254] sowie Emanuel Fehlings Tochter Ada Stürken und Hans-Rudolf Praesents Ehefrau Lisa Praesent, die inzwischen das Geschäft ihres verstorbenen Mannes leitete.[255] Die Erfahrungen, die diese Personen in der NS-Zeit gemacht hatten, waren breit gestreut. Sie reichten von der Verunglimpfung Walter Magnus' während des »Dritten Reichs« als »Nichtarier« und der Inhaftierung Kurt Vermehrens im Konzentrationslager Sachsenhausen wegen »Sippenhaft« (sein Sohn war zu den Alliierten übergelaufen)[256] bis zur NSDAP-Mitgliedschaft Claus-Gottfried Holthusens.[257]

Um die finanziellen und rechtlichen Verhältnisse zu ordnen, gründeten die Kammermusikfreunde bei einem Treffen am 6. Januar 1949 einen Verein. Bei dieser Sitzung waren die zuvor genannten Gründungsmitglieder Framhein, Holthusen, Kauffmann, Laeisz, Möller, Sienknecht, Vermehren und Westermann anwesend, außerdem der Kaufmann Adolfo Jiménez-Berroa. Entschuldigt fehlten Pietzcker, Scharnberg, Sieveking, Stürcken sowie Magnus,[258] der im März des Jahres versterben sollte.[259] Zum Vorstand gewählt wurden Möller, Jiménez-Berroa und Framhein.[260] Zur Zielsetzung des Vereins hieß es in der Gründungssatzung:

»Der Verein bezweckt, in ausschliesslich und unmittelbar uneigennütziger Weise das Musikleben Hamburgs durch Kammermusikveranstaltungen zu bereichern. Die Veranstaltungen des Vereins sollen allen Freunden der Kammermusik dadurch zugänglich gemacht werden, dass die Eintrittspreise grundsätzlich nur zur Deckung der dem Verein durch seine Konzerte erwachsenen direkten oder indirekten Unkosten und dementsprechend bestimmt sind.«[261]

Auf der Grundlage der Satzung und der Wahl erfolgte die Eintragung ins Vereinsregister.[262] Die ersten Jahre des neugegründeten Vereins sollten aus wirtschaftlicher Sicht noch schwierig werden. Infolge der Währungsreform

> **Hamburgische
> Vereinigung von Freunden der Kammermusik**
>
> Dienstag, den 25. September 1945, 17 Uhr
>
> ## Erster Kammermusikabend
>
> **BERNHARD HAMANN**
> Violine
>
> **BERNHARD GÜNTHER**
> Cello
>
> **FERRY GEBHARDT**
> Klavier
>
> *
>
> **LUDWIG VAN BEETHOVEN**
> Sonate in A-Dur für Violine und Klavier, op. 47 (Kreutzer-Sonate)
> Adagio sostenuto - Presto
> Andante con Variazioni
> Finale: Presto
>
> **JOHANNES BRAHMS**
> Sonate in F-Dur für Cello und Klavier, op. 99
> Allegro vivace
> Adagio affettuoso
> Allegro passionato
> Allegro molto
>
> PAUSE
>
> **FRANZ SCHUBERT**
> Trio in Es-Dur für Violine, Cello und Klavier, op. 100
> Allegro
> Andante con moto
> Scherzo: Allegro moderato
> Allegro moderato
>
> STEINWAY-KONZERT-FLÜGEL
> aus dem Magazin Jungfernstieg 49
>
> WENDEN

Programmzettel des ersten Kammermusikabends der Hamburgischen Vereinigung von Freunden der Kammermusik nach dem Zweiten Weltkrieg

von 1948 schmolzen die angesparten Reserven zusammen, während die Kosten von den Honoraren und Saalmieten bis zu den GEMA-Gebühren, Druckkosten und Aufwendungen für die inzwischen wieder engagierte Konzertdirektion Dr. Rudolf Goette blieben.[263] 1948/49 wurden bei der Stadt zweimal Beihilfen beantragt und genehmigt.[264] Ein dritter Antrag wurde mit der nüchternen Begründung abgelehnt, »dass in heutiger Zeit bei der Planung derartiger Veranstaltungen vorher eingehend kalkuliert werden muss, ob sich solche Veranstaltungen selbst tragen. Wenn nicht, müssen ähnliche Veranstaltungen im Augenblick leider unterbleiben.«[265]

Die Hamburgische Vereinigung von Freunden der Kammermusik stellte ihre Aktivitäten danach keineswegs ein. Vielmehr gelang es ihr, die Konzerte in der Saison 1949/50 in den Mozartsaal in der Moorweidenstraße 36 zu verlegen.[266] Auch näherte sie die Konzertreihe immer weiter an ihre ursprüngliche Konzeption an, die auf Internationalität und höchste musikalische Qualität abgezielt und das Repertoire für Streichquartett ins Zentrum gestellt hatte. Nach der Gründung der Bundesrepublik Deutschland im Mai 1949 normalisierte sich der Reiseverkehr und war es wieder möglich, auswärtige Ensembles einzuladen. Im Spielplan der Saison 1949/50 finden sich entsprechend Auftritte des Carter-String-Trio aus London mit dem Oboisten Leon Goossens, des Végh-Quartetts aus Paris, des Wiener Konzerthaus-Quartetts und des Schneiderhan-Quartetts aus Wien (Letzteres mit drei Beethoven-Abenden und einem gemischten Programm) sowie des Koeckert-Quartetts aus München mit Christa Ludwig.[267] Hamburger Musiker und Musikerinnen traten wieder in den Hintergrund, wenngleich das Hamann-Quartett, Conrad Hansen, Erich Röhn, Arthur Troester und andere mit einer gewissen Regelmäßigkeit eingeladen wurden.

Die Ensembles, die die Konzertreihe in der Frühzeit geprägt hatten, kamen nicht zurück. Mit dem Amadeus-Quartett aus London, das im April 1951 das erste Mal zu einem Sonderkonzert in die Reihe eingeladen wurde, sowie später mit Menahem Pressler und seinem Beaux Arts Trio aus den USA kamen jedoch Musiker nach Hamburg, die als Jugendliche vor der NS-Verfolgung geflohen waren. Es war schließlich das Amadeus-Quartett, das zur Wiedereröffnung der Kleinen Musikhalle nach einer umfangreichen Umgestaltung am 24. September 1954 in der Reihe der Kammermusikfreunde einen Abend mit Mozart, Beethoven und Bartók spielte. Von da an fanden die Konzerte in der Kleinen Musikhalle bzw. Laeiszhalle statt.[268]

1 Hamburgische Vereinigung von Freunden der Kammermusik (Hg.): 25 Jahre nach dem zweiten Weltkrieg, Hamburg, [1970], o. S. – Offensichtliche Schreibfehler in Zitaten wurden stillschweigend korrigiert, Eigenheiten der Schreibweise jedoch beibehalten.
2 Vgl. I. Abend. Das Busch-Quartett, 14.9.1922 [Programm, Kopie], Hamburgische Vereinigung von Freunden der Kammermusik, Archiv, Hamburg [HVFK], 1H Jubiläen, Diverses, Fotos.
3 Vgl. Programmvorschau Saison 1922/1923 [Kopie], ebd.
4 Vgl. Georg Tillmann an Peter Tillmann, Nov. 1939, Sammlung Peter Tillman, Christchurch [SPT].
5 Vgl. Archiv der Hansestadt Lübeck [AHL], Familienarchiv Fehling, II, 11, Emanuel Fehling und Frau Else geb. Stolterfoht 1878–1927.
6 Vgl. Hamburgische Vereinigung von Freunden der Kammermusik (Hg.): 25 Jahre nach dem zweiten Weltkrieg, [1970], o. S.
7 Vgl. [Wilhelm C. H. Möller]: Vereinigung Hamburgischer Freunde der Kammermusik, 5.7.1945, HVFK, 1H Jubiläen, Diverses, Fotos. – M/C. [Wilhelm C. H. Möller]: [Die Hamburgische Vereinigung von Freunden der Kammermusik], 6.9.1945, ebd. – [Wilhelm C. H. Möller]: [Die Hamburgische Vereinigung von Freunden der Kammermusik], 23.3.1948, ebd. – [Wilhelm C. H. Möller]: List of concerts of the Association of Friends of Chamber Music of the City of Hamburg during the years 1922–1932, o. J., ebd.
8 [Wilhelm C. H. Möller]: Vereinigung Hamburgischer Freunde der Kammermusik, 5.7.1945, ebd.
9 Vgl. Hanns-Werner Heister, Sonja Neumann, Hanjo Polk: »Zur Hamburger Musik und Musikkultur zwischen Novemberrevolution und Machtübergabe an die Nazis«, in: »Himmel auf Zeit«. Die Kultur der 1920er Jahre in Hamburg, Dirk Hempel, Friederike Weimar (Hg.), Neumünster: Wachholtz, 2010, S. 147–175.
10 Vgl. »Konzert-Agentur Joh. Aug. Böhme [Anzeige]«, in: Hamburgischer Correspondent und neue hamburgische Börsen-Halle [HC], 23.4.1922, Morgen-Ausg., S. 4.
11 Vgl. Jürgen Stegmüller: Das Streichquartett. Eine internationale Dokumentation zur Geschichte der Streichquartett-Ensembles und Streichquartett-Kompositionen von den Anfängen bis zur Gegenwart (= Quellenkataloge zur Musikgeschichte, Bd. 40, Richard Schaal (Hg.)), Wilhelmshaven: Noetzel, 2007, S. 69.
12 Vgl. F. J.: »Rathje-Quartett«, in: Neue Hamburger Zeitung [NHZ], 24.9.1920, Abend-Ausg., o. S.
13 Vgl. Kurt Stephenson: Hundert Jahre Philharmonische Gesellschaft in Hamburg, Philharmonische Gesellschaft (Hg.), Hamburg: Broschek, 1928, o. S.
14 Vgl. Anon.: »Jan Gesterkamp 50 Jahre alt«, in: Hamburger 8 Uhr Abendblatt, 3.12.1930, o. S., StAHH, 731-8_A 757 Gesterkamp, Jan.
15 Vgl. Anon.: »Heinrich Bandler †«, in: Hamburger Nachrichten [HN], 9.6.1931, Abend-Ausg., S. 1.
16 Vgl. Peter Petersen: »Jakob Sakom«, in: Lexikon verfolgter Musiker und Musikerinnen der NS-Zeit [LexM] Claudia Maurer Zenck, Peter Petersen, Sophie Fetthauer (seit 2014), Friedrich Geiger (seit 2020) (Hg.), Hamburg: Universität Hamburg, 2007, https://www.lexm.uni-hamburg.de/object/lexm_lexmperson_00001587 (Stand: 22.3.2022).
17 Dirk Hempel, Friederike Weimar: »›Himmel auf Zeit‹ – Eine Einführung«, in: »Himmel auf Zeit«, 2010, S. 11–18, hier S. 12.
18 Vgl. Babette Dorn: »Ilse Fromm-Michaels«, in: LexM, 2007, https://www.lexm.uni-hamburg.de/object/lexm_lexmperson_00002568 (Stand: 22.3.2022).
19 Vgl. Barbara Müller-Wesemann, Sophie Fetthauer: »Edith Weiß-Mann«, in: LexM, 2007, https://www.lexm.uni-hamburg.de/object/lexm_lexmperson_00002395 (Stand: 22.3.2022). – Barbara Müller-Wesemann: Theater als geistiger Widerstand. Der Jüdische Kulturbund in Hamburg 1934–1941, Stuttgart: M & P, 1997, S. 38.
20 Vgl. Kurt Stephenson: Hundert Jahre Philharmonische Gesellschaft in Hamburg, 1928, S. 201–202.
21 Michael Werner: Stiftungsstadt und Bürgertum. Hamburgs Stiftungskultur vom Kaiserreich bis in den Nationalsozialismus (= Stadt und Bürgertum, Bd. 14, Lothar Gall (Hg.)), München: Oldenbourg, 2011, S. 77.
22 Ebd., S. 78.
23 Vgl. ebd., S. 78–87.
24 Vgl. Andreas Stuhlmann: »›Ihre vornehmste Aufgabe, Ruhm und Ruf ihrer Vaterstadt oder Wahlheimat zu verkünden.‹ Kultur und Politik in Hamburg 1919–1933«, in: »Himmel auf Zeit«, 2010, S. 19–35, hier S. 22.
25 Vgl. ebd., S. 22–23.
26 Vgl. Koos van Brakel: »Georg Tillmann 1882–1941«, in: Koos van Brakel, David van Duuren, Itie van Hout: A Passion for Indonesian Art. The Georg Tillmann (1882–1941) Collection at the Tropenmuseum Amsterdam, Amsterdam: Royal Tropical Institute, Tropenmuseum, 1996, S. 11–15, hier S. 11. – Deutscher Wirtschaftsverlag (Hg.): Reichshandbuch der deutschen Gesellschaft. Das Handbuch der Persönlichkeiten in Wort und Bild, Bd. 2, Berlin: Deutscher Wirtschaftsverlag, 1931, S. 1912.
27 Vgl. z. B. Hamburgisches Adreßbuch, 1882, S. III/335. – Hamburger Adress-Buch, 1900, S. III/704. – Hamburger Adressbuch, 1903, S. II/770.
28 Vgl. Koos van Brakel: »Georg Tillmann 1882–1941«, in: A Passion for Indonesian Art, 1996, S. 11.
29 Georg Tillmann an Peter Tillmann, Nov. 1939, Bl. 25–26, SPT.
30 Ebd., Bl. 27.
31 Vgl. Anon.: »In der Aula des Wilhelm-Gymnasium«, in: HN, 22.3.1900, S. 1.
32 Vgl. Georg Tillmann an Peter Tillmann, Nov. 1939, Bl. 26, 30, SPT.
33 Vgl. Koos van Brakel: »Georg Tillmann 1882–1941«, in: A Passion for Indonesian Art, 1996, S. 11–12. – Anlage 1, 29.7.1955, StAHH, 351-11_37736 Tillmann, Wolf Georg, Bl. 2–4.
34 Heute Karlstraße.
35 Vgl. Karteikarte 3692 I und II, Tillmann, Georg, geb. 1.2.1882, ebd.
36 Georg Tillmann an Peter Tillmann, Nov. 1939, Bl. 26, SPT.
37 Ebd., Bl. 29.
38 Vgl. Deutscher Wirtschaftsverlag (Hg.): Reichshandbuch der deutschen Gesellschaft, Bd. 2, 1931, S. 1912.
39 Vgl. Georg Wenzel (Bearb.): Deutscher Wirtschaftsführer. Lebensgänge deutscher Wirtschaftspersönlichkeiten. Ein Nachschlagebuch über 13000 Wirtschaftspersönlichkeiten unserer Zeit, Hamburg u. a.: Hanseatische Verlagsanstalt, 1929, Sp. 2291.
40 Vgl. Koos van Brakel: »Georg Tillmann 1882–1941«, in: A Passion for Indonesian Art, 1996, S. 12.
41 Vgl. Hermann Jedding: »Museum für Kunst und Gewerbe. Die Stiftung Erich und Ilse Müller-Stinnes.

Porzellan-Sammlungen in Hamburg«, in: Jahrbuch der Hamburger Kunstsammlungen, Bd. 17, Hamburger Kunsthalle, Museum für Kunst und Gewerbe (Hg.), Hamburg: Hauswedell, 1972, S. 185–190, hier S. 187–188.

42 Vgl. Karin Schick: »Gustav Heinrich Wolff«, in: Private Schätze. Über das Sammeln von Kunst in Hamburg bis 1933, Ulrich Luckhardt, Uwe M. Schneede (Hg.), Hamburg: Christians, 2001, S. 206.

43 Vgl. Hamburger Adreßbuch, 1926, S. II/1051.

44 Vgl. Karin Schick für die Hamburger Kunsthalle (Hg.): Anita Rée. Retrospective, München u. a.: Prestel, 2017, S. 68, 198, 185.

45 Vgl. »Aufruf für einen Naturschutzpark in der Lüneburger Heide [Anzeige]«, in: HC, 1.12.1910, Morgenbl., 4. Beil., S. 3.

46 Vgl. »Darum gebt Alle! Hamburgischer Landesverband für Volksgesundheitspflege e. V. [Anzeige]«, in: Hamburger Anzeiger [HA], 5.3.1921, S. 13. – »Hamburger Tuberkulosehilfe 1927. Hamburgischer Landesverband für Volksgesundheitspflege e. V. [Anzeige]«, in: HN, 27.11.1927, Morgen-Ausg., o. S.

47 Vgl. Philharmonische Gesellschaft, Singakademie, St. Michaelis-Kirchenchor, Cäcilien-Verein und Redaktion: »Für die Bruckner-Orgel«, in: HC, 21.5.1926, Abend-Ausg., 2. Beil., S. 2.

48 Vgl. Anon.: »Tagesbericht. Die Heerschau der Naturwissenschaft und der Medizin«, in: HN, 20.6.1928, Abend-Ausg., o. S.

49 Vgl. Georg Wenzel (Bearb.): Deutscher Wirtschaftsführer, 1929, Sp. 2291.

50 Vgl. »Das Jüdische Palästinawerk. Hilfe durch Aufbau! [Bekanntmachung]«, in: Das Jüdische Echo, Jg. 16, Nr. 37, 13.9.1929, S. 550–551, hier S. 551. – »Mitglieder des Initiativkomitees für die Erweiterung der Jewish Agency in Deutschland [Bekanntmachung]«, in: Unser Werk. Blätter des Keren Hajessod (Jüdisches Palästinawerk) E. V. in Deutschland, Jg. 1, Nr. 5, Aug. 1929, S. 15–16, hier S. 16.

51 Vgl. Deutscher Wirtschaftsverlag (Hg.): Reichshandbuch der deutschen Gesellschaft, Bd. 2, 1931, S. 1912.

52 Vgl. Gerhard Ahrens: »FEHLING-FAMILIE«, in: Lübeckische Lebensläufe aus neun Jahrhunderten, Alken Bruns (Hg.), Neumünster: Wachholtz, 1993, S. 117–118.

53 Vgl. »England und Wales, zivile Registrierung des Sterbeindex, 1837–1915«, in: Ancestry, https://www.ancestry.de (Stand: 22.3.2022). – Telefonat mit Peter Fehling, 18.2.2022.

54 Vgl. Dagmar Drüll: Heidelberger Gelehrtenlexikon 1803–1932, Berlin u. a.: Springer, 1986, S. 67.

55 Vgl. Anon.: »Kunst und Wissenschaft. Geibels Enkelkinder«, in: NHZ, 17.10.1915, Morgen-Ausg., o. S.

56 Vgl. Hermann Kurzke: Thomas Mann. Epoche – Werk – Wirkung, 2., überarb. Aufl., München: C. H. Beck, 1991, S. 64–65. – Nicole Mattern, Stefan Neuhaus (Hg.): Buddenbrooks-Handbuch, Stuttgart: Metzler, 2018, S. 18.

57 Vgl. Franziska zu Reventlow: Ellen Olestjerne. Roman (= edition monacensia, Monacensia Literaturarchiv und Bibliothek, Elisabeth Tworek (Hg.)), München: Allitera, 2002 (Erstausg.: München: Marchlewski, 1903). – Gunna Wendt: Franziska zu Reventlow. Die anmutige Rebellin. Biographie, Berlin: Aufbau, 2008, S. 17, 60–61, 71.

58 Vgl. Rafaella Bucolo: »Eine Lübeckerin in Rom: Die Archäologin Margarete Gütschow (1871–1951)«, in: Zeitschrift für Lübeckische Geschichte, Bd. 96, 2016, S. 177–190, hier S. 177–179.

59 Vgl. Wilhelm Stahl: Emanuel Geibel und die Musik, Berlin: Curtius, [1919], S. 8.

60 Vgl. Alexandra Inama-Knäblein an Sophie Fetthauer, 23.3.2022. Die Information stammt aus einem Projekt von Dagmar Drüll-Zimmermann und Alexandra Inama-Knäblein zur Biographie von Ferdinand Fehling (1875–1945).

61 Vgl. Georg Tillmann an Peter Tillmann, Nov. 1939, Bl. 26, 29, SPT.

62 Vgl. Landgericht Lübeck, Justizverwaltung, II. Personalakten der Rechtsanwälte und Notare, Rechtsanwalt und Notar Fehling, StAHH, 241-2_A 1902 Fehling, Emanuel.

63 Vgl. Arne Nilsson an Sophie Fetthauer, 18.1.2022, mit Anhang »Descendants of Johannes Emanuel Fehling«.

64 Vgl. Neuer Theater-Almanach. Theatergeschichtliches Jahr- und Adressenbuch, Genossenschaft Deutscher Bühnen-Angehöriger (Hg.), Berlin: Günther, 1909, S. 504; 1910, S. 183; 1911, S. 192; 1912, S. 180, 525–526; 1913, S. 524.

65 Anon.: »Emanuel Fehling †«, in: HN, 30.7.1932, Abend-Ausg., S. 8.

66 Vgl. Briefe von Emanuel Fehling an Emil Ferdinand Fehling, 1915–1916, AHL, Familienarchiv Fehling, II, 11, Emanuel Fehling und Frau Else geb. Stolterfoht 1878–1927.

67 Vgl. Emanuel Fehling an Emil Ferdinand Fehling, 18.3.1916, ebd. – Anon.: »Emanuel Fehling †«, in: HN, 30.7.1932, Abend-Ausgabe, S. 8.

68 Vgl. Emanuel Fehling an die Landesjustizverwaltung Hamburg, 11.4.1932, StAHH, 241-2_A 1902 Fehling, Emanuel, Akte, betr. Emanuel Fehling, Varia, 1932, Bl. 2.

69 Vgl. Anon.: »Schwartauer Honigwerken. Zuckerraffinerie A.-G. in Bad-Schwartau«, in: Berliner Börsenzeitung, 2. Beil., 3.11.1920, o. S. – Anon.: »Küstentransport- und Bergungs-Akt.-Ges.« in: Berliner Tageblatt, 15.8.1925, o. S.

70 Vgl. Hamburger Adreßbuch, 1923, S. II/262; 1924, S. II/251.

71 H. S.: »Emanuel Fehling †«, in: HA, 29.7.1932, 1. Beil., o. S.

72 Vgl. Anon.: »Emanuel Fehling †«, in: HN, 30.7.1932, Abend-Ausg., S. 8. – Kurt Stephenson: Hundert Jahre Philharmonische Gesellschaft in Hamburg, 1928, o. S.

73 Vgl. »Die HTHC-Ehrentafel« und Anon. [Kay E. Sattelmair]: »Die Geschichte von der Schafherde, einer Flugzeug-Ehrenrunde und 50 Mark Eintritt«, in: 90 Jahre HTHC 1891–1981, Harvestehuder Tennis- und Hockeyclub, Harvestehuder Tennis- und Hockeyclub (Hg.), Hamburg, 1981, o. S. – Rolf Urselmann an Sophie Fetthauer, 23.3.2022.

74 Vgl. H. S.: »Emanuel Fehling †«, in: HA, 29.7.1932, 1. Beil., o. S.

75 Vgl. Rolf Urselmann: »Voßberg Nr. 1 ... gestern und heute«, in: HTHC Clubzeitung, H. 478, Apr. 2015, S. 27–29, hier 28. – Rolf Urselmann an Sophie Fetthauer, 23.3.2022.

76 Vgl. »Darum gebt Alle! Hamburgischer Landesverband für Volksgesundheitspflege e. V. [Anzeige]«, in: HA, 5.3.1921, S. 13.

77 Vgl. Anlage I: Walter Magnus: Lebenslauf, o. J., StAHH, 241-2_A 1729 Magnus, Walter, Dr., Akten, betr. Zulassung des Rechtskandidaten zur ersten juristischen Prüfung, 1899, Bl. 2.

78 Vgl. Walter Magnus: Die Dividende bei der Aktiengesellschaft, Diss. Universität Jena, Hamburg: Carly, 1903.
79 Vgl. Akten betr. das Assessorat des Dr. Magnus, 1903, StAHH, 241-2_A 1729 Magnus, Walter, Dr. – Heiko Morisse: Ausgrenzung und Verfolgung der Hamburger jüdischen Juristen im Nationalsozialismus, Bd. 1, Göttingen: Wallstein, 2013, S. 155.
80 Vgl. z. B. Hamburger Adressbuch, 1904, S. II/380; 1906, S. II/417; 1908, S. II/486; 1911, S. II/489; 1912, S. II/511; 1913, S. II/527; 1915, S. II/561; 1918, S. II/533; 1919, S. II/544; 1920, S. II/584; 1921, S. II/619.
81 »Dr. Walter Magnus, Dr. Emil v. Sauer, Dr. Robert Kanisch, A. L. Wex [Anzeige]«, in: HN, 16.8.1925, Morgen-Ausg., o. S.
82 Vgl. Walther Killy, Rudolf Vierhaus (Hg.): Deutsche Biographische Enzyklopädie, Bd. 8, München: Saur, 1998, S. 526.
83 Vgl. »Dr. Walter Magnus, Dr. Emil v. Sauer, Dr. Robert Kanisch, A. L. Wex [Anzeige]«, in: HN, 19.12.1931, Abend-Ausg., S. 4. – Heiko Morisse: Ausgrenzung und Verfolgung der Hamburger jüdischen Juristen im Nationalsozialismus, Bd. 1, 2013, S. 169, 178.
84 Vgl. Gustav Schiefler: Eine hamburgische Kulturgeschichte 1890–1920. Beobachtungen eines Zeitgenossen, Gerhard Ahrens u. a. (Bearb.), Hamburg: Verlag Verein für Hamburgische Geschichte, 1985, S. 332–337. – Walter Magnus: »Erfahrungen und Eindrücke aus den Sonntagsunterhaltungen«, in: Das Volksheim in Hamburg. Bericht über das fünfte Geschäftsjahr 1905/06, Hamburger Volksheim e. V. (Hg.), Hamburg: Grefe & Tiedemann, [1906], S. 36–47.
85 Vgl. Kurt Stephenson: Hundert Jahre Philharmonische Gesellschaft in Hamburg, 1928, o. S.
86 Vgl. Helmut Brenner, Reinhold Kubik: Mahlers Menschen. Freunde und Weggefährten, St. Pölten u. a.: Residenz, 2014, S. 30–35.
87 Vgl. Anton Bruckner: IV. Sinfonie Es Dur für grosses Orchester für 2 Klaviere zu vier Händen, Walter Magnus (Bearb.), Wien u. a.: Gutmann, Universal Edition, [1910].
88 Vgl. Anon.: »Der zehntausendste Wagen«, in: HC, 22.11.1929, Beil., S. 4. – Monika Isler Binz: Karl Schneider und seine Architektur der 1920er Jahre. Eine Komposition von Gegensätzen, Diss. HafenCity Universität Hamburg, 2021, S. 143, https://doi.org/10.34712/142.19 (Stand: 22.3.2022).
89 Vgl. HVFK, 1H Jubiläen, Diverses, Fotos und 2H 1945–1961.
90 Vgl. z. B. »Konzertagentur Joh. Aug. Böhme [Anzeige]«, in: HN, 14.3.1926, Morgen-Ausg., o. S.
91 Vgl. VII. Abend. Das Budapester Streichquartett, 27.2.1925 [Programm, Kopie], HVFK, H1 Jubiläen, Diverses, Fotos.
92 Vgl. S. S.: »Kammermusikabend«, in: Hamburger Echo [HE], Beil., 2.3.1925, o. S.
93 A-t.: »III. Kammermusikabend«, in: HC, 2.12.1924, Morgen-Ausg., S. 3.
94 Vgl. Anon.: »Emanuel Fehling †«, in: HN, 30.7.1932, Abend-Ausg., S. 8. – Kurt Stephenson: Hundert Jahre Philharmonische Gesellschaft in Hamburg, 1928, o. S.
95 H. H. [Hans Heinz] Stuckenschmidt: Zum Hören geboren. Ein Leben mit der Musik unserer Zeit, München: DTV, Kassel u. a.: Bärenreiter, 1982 (Erstausg.: München: Piper, 1979), S. 65.
96 Georg Tillmann an Peter Tillmann, Nov. 1939, Bl. 26, SPT.
97 Vgl. Wolf Georg Tillmann: Up My Family Tree, 1986, Bl. 9–10, SPT.
98 Vgl. Artur Schnabel: Aus dir wird nie ein Pianist, Hofheim: Wolke, 1991.
99 H. E.: »Kleines Feuilleton. Zwei Quartett-Abende. Klingler-Quartett«, in: HC, 7.2.1928, S. 10. – Vgl. auch H. E.: »Ein paar Randbemerkungen«, in: HC, 21.10.1928, S. 18–19. – Dr. R. T.: »Kammermusikabend«, in: HE, 4. Beil., 11.10.1930, o. S.
100 H. E.: »Kleines Feuilleton. Rosé-Quartett«, in: HC, 26.2.1928, S. 10.
101 H. E.: »Konzerte. Kammermusikabend«, in: HC, 27.1.1929, S. 10.
102 di: »Wiener Quartett in Hamburg«, in: HC, 11.2.1929.
103 H. E.: »Wiener Streichquartett«, in: HC, 14.4.1929, S. 14.
104 Wf.: »I. Kammermusikabend im Hotel Atlantic«, in: HC, 13.10.1930, S. 10.
105 H. E.: »Konzerte. Das Busch-Quartett«, in: HC, 20.11.1927, S. 14.
106 Dr. R. T.: »Busch-Quartett«, in: HE, 15.4.1931, o. S.
107 W-r.: »Kammermusik-Abend«, in: HE, 1. Beil., 8.10.1927, o. S.
108 S. Sch.: »Hamburger Konzerte. Das Klingler-Quartett«, in: HN, 4.2.1928, Abend-Ausg., o. S.
109 Gsl: »Kleines Feuilleton. Der 6. Kammermusikabend«, in: HN, 25.1.1929, o. S.
110 H. Ch. [Heinrich Chevalley]: »Konzert und Vortrag. Kammermusikabend«, in: Hamburger Fremdenblatt [HF], 12.12.1931, Abend-Ausg., S. 3.
111 Vgl. [Wilhelm C. H. Möller]: [Die Hamburgische Vereinigung von Freunden der Kammermusik], 23.3.1948, HVFK, 1H Jubiläen, Diverses, Fotos.
112 Vgl. Dominik Sackmann: »Dreimal ins Exil getrieben – Adolf Busch«, in: »Entre Denges et Denezy ...«. Dokumente zur Schweizer Musikgeschichte 1900–2000, Ulrich Mosch (Hg.), Begleitbuch zur Ausstellung 2000, Mainz u. a.: Schott, 2000, S. 383–390, hier S. 383.
113 Vgl. »Konzerte. Veranstaltungen der Konzertdirektion Joh. Aug. Böhme [Anzeige]«, in: HN, 15.3.1930, Abend-Ausg., S. 3. – »Konzert-Direktion Joh. Aug. Böhme [Anzeige]«, in: HN, 4.10.1931, Morgen-Ausg., S. 7.
114 Vgl. [Wilhelm C. H. Möller]: List of concerts of the Association of Friends of Chamber Music of the City of Hamburg during the years 1922–1932, o. J., HVFK, 1H Jubiläen, Diverses, Fotos.
115 Vgl. F. J.: »Rathje-Quartett«, in: NHZ, 24.9.1920, Abend-Ausg., o. S.
116 Vgl. »Hamburg, Deutschland, Heiratsregister, 1874–1920«, in: Ancestry, https://www.ancestry.de (Stand: 22.3.2022). – »Hamburg, Deutschland, Sterberegister, 1874–1950«, in: Ebd.
117 H. F. Sch.: »Theater – Musik – Kunst – Film. Hans Hinrich Rathje«, in: HC, 19.8.1923, Morgen-Ausg., o. S., StAHH, 732-8_A 767 Rathje, Hans Heinrich [sic].
118 Gel.: »Das Guarneri-Quartett«, in: HA, 8.10.1927, o. S.
119 H. E.: »Konzerte. Das Busch-Quartett«, in: HC, 20.11.1927, S. 14.
120 Vgl. Jürgen Stegmüller: Das Streichquartett, 2007, S. 205.
121 S. Sch.: »Hamburger Konzerte. Das Rosé Quartett«, in: HN, 25.2.1928, Abend-Ausg., o. S.
122 S. Sch.: »Hamburger Konzerte«, in: HN, 19.11.1927, Abend-Ausg., o. S.
123 Dr. R. T.: »Russische Musiker«, in: HE, Beil., 5.2.1930, o. S.

124 A. M.: »Budapester Streichquartett«, in: Altonaer Nachrichten. Hamburger neueste Zeitung [AN], 29.11.1930, o. S.
125 S. S.: »Mozartabend des Klinglerquartetts«, in: HE, 1. Beil., 4.2.1928, o. S.
126 Vgl. S. Sch.: »Hamburger Konzerte. Das Klingler-Quartett«, in: HN, 14.4.1928, Abend-Ausg., o. S.
127 Vgl. Programmvorschau Saison 1922/23, [Kopie], HVFK, H1 Jubiläen, Diverses, Fotos.
128 Vgl. Anon.: »Ein Kammermusik-Abend des Wiener Streichquartetts«, in: HN, 15.3.1930, o. S.
129 Vgl. Anon.: »Hamburger Konzerte. Busch-Quartett«, in: AN, 17.3.1932, o. S.
130 H. E.: »Ein paar Randbemerkungen«, in: HC, 21.10.1928, S. 18–19, hier S. 18.
131 Vgl. Gsl.: »Das Wiener Streichquartett«, in: HA, 13.4.1929, o. S.
132 Gsl.: »Wiener Streichquartett«, in: HA, 9.2.1929, o. S.
133 di: »Wiener Quartett in Hamburg«, in: HC, 11.2.1929, S. 10.
134 S. S.: »Siebenter Kammermusikabend«, in: HE, 9.2.1929, 1. Beil., o. S.
135 Gsl.: »Wiener Streichquartett«, in: HA, 9.2.1929, o. S.
136 Ebd.
137 di: »Wiener Quartett in Hamburg«, in: HC, 11.2.1929, S. 10.
138 S. S.: »Siebenter Kammermusikabend«, in: HE, 9.2.1929, 1. Beil., o. S.
139 Vgl. Eckhard John: Musikbolschewismus. Die Politisierung der Musik in Deutschland 1918–1938, Stuttgart u. a.: Metzler, 1994, S. 186–187.
140 Vgl. Britta Matterne, Claudia Maurer Zenck: »Hans Heinz Stuckenschmidt«, in: LexM, 2015, https://www.lexm.uni-hamburg.de/object/lexm_lexmperson_00002361 (Stand: 22.3.2022).
141 Vgl. Thomas Ahrend: »Rufer, Josef«, in: MGG Online, Laurenz Lüttken (Hg.), Kassel u. a., 2016, https://www-1mgg-2online-1com-1t4lic0k300fd.emedien3.sub.uni-hamburg.de/mgg/stable/26485 (Stand: 22.3.2022).
142 H. H. Stuckenschmidt: Zum Hören geboren, 1982, S. 65.
143 Ebd., S. 65.
144 Ebd.
145 Ebd., S. 66.
146 Ebd.
147 Vgl. H. H. [Hans Heinz] Stuckenschmidt: Schönberg. Leben – Umwelt – Werk, Zürich u. a.: Atlantis, 1974, S. 266.
148 H. H. Stuckenschmidt: Zum Hören geboren, 1982, S. 67.
149 Anon.: »Josef Rufer und H. H. Stuckenschmidt«, in: HA, 23.1.1924, o. S.
150 H. H. Stuckenschmidt: Zum Hören geboren, 1982, S. 67.
151 Vgl. C. H. W.: »Arnold Schönbergs ›Pierrot lunaire‹«, in: HN, 3.3.1924, Abend-Ausg., o. S.
152 Vgl. H. H. Stuckenschmidt: Zum Hören geboren, 1982, S. 68.
153 Vgl. Anon.: »Schönbergs Pierrot lunaire«, in: HA, 12.3.1924, o. S.
154 Vgl. Max Temming an Arnold Schönberg, 23.6.1923, in: Arnold Schoenberg Center, Wien, http://archive.schoenberg.at/letters/letters.php (Stand: 22.3.2022).
155 Vgl. Arnold Schönberg an Max Temming, 28.6.1923, in: Ebd.
156 Vgl. [Wilhelm C. H. Möller]: List of concerts of the Association of Friends of Chamber Music of the City of Hamburg during the years 1922–1932, o. J., HVFK, 1H Jubiläen, Diverses, Fotos.
157 Vgl. ebd.
158 Vgl. Anon.: »Heinrich Bandler †«, in: HN, 9.6.1931, Abend-Ausg., S. 1.
159 H. Ch. [Heinrich Chevalley]: »Hamburger Konzerte. Kammermusikabend. (Busch-Quartett)«, in: HF, 14.4.1931, Abend-Ausg., o. S.
160 Vgl. H. Ch. [Heinrich Chevalley]: »Konzert und Vortrag. Kammermusikabend«, in: HF, 12.12.1931, Abend-Ausg., S. 3.
161 »Konzert-Direktion Joh. Aug. Böhme [Anzeige]«, in: HN, 6.3.1932, Morgen-Ausg., S. 18.
162 Anon.: »Hamburger Konzerte. Busch-Quartett«, in: AN, 17.3.1932, o. S.
163 W-r.: »Das Busch-Quartett«, in: HE, 14.3.1932, o. S. – Vgl. auch Anon.: »Hamburger Konzerte. Busch-Quartett«, in: AN, 17.3.1932, o. S. – M. Br.-Sch.: »Konzert und Vortrag. Kammermusik-Abend Busch-Quartett«, in: HF, 14.3.1932, Abend-Ausg., o. S.
164 Anon.: »Hamburger Konzerte. Busch-Quartett«, in: AN, 17.3.1932, o. S.
165 Vgl. Anon.: »Trauerfeier für Ludwig Tillmann«, in: HC, 5.12.1924, Morgen-Ausg., 2. Beil., o. S. – Anon.: »Trauerfeier für Ludwig Tillmann«, in: HN, 4.12.1924, StAHH, 731-8_A 770 Tillmann, Ludwig.
166 Vgl. Karteikarte 3673, Tillmann, Ludwig, geb. 21.3.1851, StAHH, Steuerkartei der Jüdischen Gemeinde Hamburgs.
167 Vgl. Anlage 1, 29.7.1955, StAHH, 351-11_37736 Tillmann, Wolf Georg, Bl. 2–4.
168 Vgl. Henk Jan Gortzak: »Foreword«, in: A Passion for Indonesian Art, 1996, S. 7–8, hier S. 7. – Koos van Brakel: »Georg Tillmann 1882–1941«, in: Ebd., S. 11.
169 Vgl. Karteikarte 3692 II, Tillmann, Georg, geb. 1.2.1882, StAHH, Steuerkartei der Jüdischen Gemeinde Hamburgs. – Anlage 1, 29.7.1955, StAHH, 351-11_37736 Tillmann, Wolf Georg, Bl. 2–4.
170 Vgl. StAHH, 314-15_F2273 Bd. 1 und 2, Tillmann, Georg.
171 Vgl. Wolf Georg Tillmann: Lebenslauf, 4.3.1961, StAHH, 351-11_37736 Tillmann, Wolf Georg, Bl. 11.
172 Vgl. Koos van Brakel, David van Duuren, Itie van Hout: A Passion for Indonesian Art, 1996, S. 126–127.
173 Vgl. »New York, USA, Listen ankommender Passagiere und Besatzungen (einschließlich Castle Garden und Ellis Island), 1820–1957«, in: Ancestry, https://www.ancestry.de (Stand: 22.3.2022). – Günter Brakelmann: Hans Ehrenberg. Ein judenchristliches Schicksal in Deutschland. Bd. 1: Leben, Denken und Wirken 1883–1932, Waltrop: Spenner, 1997, S. 364. – Ebd., Bd. 2: Widerstand – Verfolgung – Emigration 1933–1939, 1999, S. 446–447, 449.
174 Vgl. Martina Moede: Die Geschichte der jüdischen Gemeinde von Ahrensburg von der ersten Ansiedlung 1788 bis zur Deportation 1941 (= Stormarner Hefte Nr. 22), Neumünster: Wachholtz, 2003, S. 345–353. – »Rath, Veronika Dorle«, in: Gedenkbuch. Opfer der Verfolgung der Juden unter der nationalsozialistischen Gewaltherrschaft in Deutschland 1933–1945, https://www.bundesarchiv.de/gedenkbuch/de1585822 (Stand: 22.3.2022).
175 Vgl. Koos van Brakel: »Georg Tillmann 1882–1941«, in: A Passion for Indonesian Art, 1996, S. 12.
176 Vgl. ebd., S. 14.
177 Vgl. ebd., S. 11–15.

178 Vgl. »England, Andrews Zeitungsindexkarten, 1790–1976«, in Ancestry, https://www.ancestry.de (Stand: 22.3.2022).
179 Vgl. Koos van Brakel: »Georg Tillmann 1882–1941«, in: A Passion for Indonesian Art, 1996, S. 14.
180 Vgl. Maike Bruns: »Hamburger Sammlungen im Dritten Reich«, in: Private Schätze, 2001, S. 86–90, hier S. 87. – Hermann Jedding: »Museum für Kunst und Gewerbe. Die Stiftung Erich und Ilse Müller-Stinnes. Porzellan-Sammlungen in Hamburg«, in: Jahrbuch der Hamburger Kunstsammlungen, Bd. 17, 1972, S. 187–188.
181 Vgl. Georg Tillmann an Peter Tillmann, Nov. 1939, Bl. 26–27, SPT.
182 Vgl. StAHH, 351-11_37736 Tillmann, Wolf Georg.
183 Vgl. Sterbeurkunde, 29.7.1932, StAHH, 241-2_A 1902 Fehling, Emanuel, Akte, betr. Emanuel Fehling, Varia, 1932, Anlage zu Bl. 18. – »Emanuel Fehling gestorben«, in: HF, Nr. 208A, 29.7.1932, ebd., Bl. 13.
184 Anon.: »Emanuel Fehling †«, in: HN, 30.7.1932, Abend-Ausg., S. 8.
185 H. S.: »Emanuel Fehling †«, in: HA, 29.7.1932, 1. Beil., o. S.
186 Ebd.
187 Ebd.
188 Ebd.
189 Vgl. Werner Stephan: Aufstieg und Verfall des Linksliberalismus 1918–1933. Die Geschichte der Deutschen Demokratischen Partei, Göttingen: Vandenhoeck & Ruprecht, 1973, S. 439–453.
190 Vgl. Emanuel Fehling an die Landesjustizverwaltung Hamburg, 11.4.1932, StAHH, 241-2_A 1902 Fehling, Emanuel, Akte, betr. Emanuel Fehling, Varia, 1932, Bl. 2.
191 Vgl. Vermerk, 15.3.1932, ebd., Bl. 1.
192 Vgl. Landesjustizverwaltung: Verfügung, 26.4.1932, ebd., Bl. 7.
193 Vgl. Heiko Morisse: Ausgrenzung und Verfolgung der Hamburger jüdischen Juristen im Nationalsozialismus, Bd. 1, 2013, S. 20.
194 Vgl. Dagmar Drüll: Heidelberger Gelehrtenlexikon 1803–1932, 1986, S. 67.
195 Vgl. Gerhard Ahrens: »FEHLING, Jürgen Karl Geibel« in: Lübecker Lebensläufe aus neun Jahrhunderten, 1993, S. 125–129.
196 Vgl. Oliver Rathkolb: Führertreu und gottbegnadet. Künstlereliten im Dritten Reich, Wien: ÖBV, 1991, S. 80, 144–145, 147, 177.
197 Vgl. Anon.: »Die Konzertdirection Joh. Aug. Böhme«, in: AN, 29.6.1932, o. S. – »Konzert-Direktion Joh. Aug. Böhme [Anzeige]«, in: HN, 20.8.1932, Abend-Ausg., S. 12.
198 A. M.: »Kammermusikabend. Guarneri-Quartett«, in: AN, 15.10.1932, o. S.
199 Vgl. Herman Roth: »Zwei Kammermusikabende. Kreutzer-Trio. – Wiener Streichquartett«, in: HN, 15.3.1933, Abend-Ausg., S. 2. – Anon.: »Wiener Streichquartett«, in: AN, 16.3.1933, o. S.
200 Vgl. Claudia Maurer Zenck: »Was sonst kann ein Mensch denn machen, als Quartett zu spielen?« – Rudolf Kolisch und seine Quartette. Versuch einer Chronik der Jahre 1921–1944, in: Österreichische Musikzeitschrift, Jg. 53, H. 11, 1998, S. 8–57, hier S. 27–51.
201 Vgl. Dominik Sackmann: »Dreimal ins Exil getrieben – Adolf Busch«, in: »Entre Denges et Denezy ...«. Dokumente zur Schweizer Musikgeschichte 1900–2000, 2000, S. 383.
202 Vgl. Sophie Fetthauer: »Planung und Organisation«, in: Das »Reichs-Brahmsfest« 1933 in Hamburg. Rekonstruktion und Dokumentation, Arbeitsgruppe Exilmusik am Musikwissenschaftlichen Institut der Universität Hamburg (Hg.) (= Musik im »Dritten Reich« und im Exil, Bd. 4, Hanns-Werner Heister, Peter Petersen (Hg.)), Hamburg: von Bockel, 1997, S. 23–29.
203 Gustav Havemann, Kampfbund für Deutsche Kultur, an die Philharmonische Gesellschaft, Hamburg, 30.3.1933, StAHH, 614-1/26_10e Schriftwechsel der Philharmonischen Gesellschaft (Schriftwechsel des Dirigenten Eugen Papst), 11.1932–12.1933.
204 Vgl. Sophie Fetthauer: Musikverlage im »Dritten Reich« und im Exil (= Musik im »Dritten Reich« und im Exil, Bd. 10, Hanns-Werner Heister, Peter Petersen (Hg.)), Hamburg: von Bockel, 2004, S. 156–160, 456, 496.
205 Vgl. Sophie Fetthauer: »Planung und Organisation«, in: Das »Reichs-Brahmsfest« 1933 in Hamburg, 1997, S. 23–29.
206 Vgl. »Konzertdirektion Dr. Rudolf Goette [Anzeige]«, in: HC, 9.9.1933, o. S.
207 Vgl. Anon.: »Der kommende Musikwinter. Konzertdirektion«, in: HA, 12.8.1933, o. S.
208 Anon.: »Kunst, Wissenschaft, Theater und Musik. Konzert-Verlegung«, in: HN, 18.10.1933, Morgen-Ausg., S. 4.
209 Vgl. Nat Brandt: Con Brio. Four Russians Called the Budapest String Quartet, New York u. a.: Oxford University Press, 1993, S. 74–80, 234.
210 Vgl. »Nordd. Konzert-, Theater- u. Filmges [Anzeige]«, in: HN, 6.1.1934, Abend-Ausg., S. 8.
211 R. Mk.: »Kunstchronik. ›Das Deutsche Streichquartett‹«, in: HN, 20.1.1934, Abend-Ausg., S. 8.
212 Vgl. Nat Brandt: Con Brio, 1993, S. 63.
213 Vgl. Tobias Knickmann: »Karl Klingler«, in: LexM, 2015, https://www.lexm.uni-hamburg.de/object/lexm_lexmperson_00001842 (Stand: 22.3.2022).
214 Vgl. Susanna Watling: »Kolisch in Madison, Wisconsin: 1944–1967«, in: Die Lehre von der musikalischen Aufführung in der Wiener Schule. Verhandlungen des Internationalen Colloquiums Wien 1995, Markus Grassl, Reinhard Kapp (Hg.), Wien u. a.: Böhlau, 2002, S. 179–190.
215 Vgl. Jürgen Stegmüller: Das Streichquartett, 2007, S. 69.
216 Vgl. Sophie Fetthauer: »Susanne Lachmann«, in: LexM, 2010, https://www.lexm.uni-hamburg.de/object/lexm_lexmperson_00004243 (Stand: 22.3.2022).
217 Vgl. Barbara Müller-Wesemann, Sophie Fetthauer: »Edith Weiß-Mann«, in: LexM, 2007 (https://www.lexm.uni-hamburg.de/object/lexm_lexmperson_00002395 (Stand: 22.3.2022).
218 Vgl. Babette Dorn: »Ilse Fromm-Michaels«, in: LexM, 2007, https://www.lexm.uni-hamburg.de/object/lexm_lexmperson_00002568 (Stand: 22.3.2022).
219 Vgl. Peter Petersen: »Jakob Sakom«, in: LexM, 2007, https://www.lexm.uni-hamburg.de/object/lexm_lexmperson_00001587 (Stand: 22.3.2022).
220 Vgl. Akte, betr. Rechtsanwalt Dr. Walter Magnus. Varia, StAHH, 241-2_A 1729 Magnus, Walter, Dr. – Heiko Morisse: Ausgrenzung und Verfolgung der Hamburger jüdischen Juristen im Nationalsozialismus, Bd. 1, 2013, S. 155.
221 Vgl. Philharmonische Gesellschaft an Walter Magnus, 10.4.1933, StAHH 614-1/26_10e Schriftwechsel der

Philharmonischen Gesellschaft (Schriftwechsel des Dirigenten Eugen Papst), 11.1932–12.1933.
222 Vgl. Walter Magnus an die Philharmonische Gesellschaft, 6.5.1933, ebd.
223 Vgl. Barbara Müller-Wesemann: Theater als geistiger Widerstand, 1997, S. 101.
224 Vgl. z. B. Hamburger Adreßbuch, 1933, S. II/760; 1935, S. II/721; 1938, S. II/643; 1940, S. II/902; 1932, S. II/916; 1943, S. II/1018.
225 Vgl. Hamburger Adreßbuch, 1933, S. II/760; 1935, S. II/721; 1938, S. II/643; 1940, S. II/902; 1942, S. II/916; 1943, S. II/1018.
226 Vgl. Heiko Morisse: Ausgrenzung und Verfolgung der Hamburger jüdischen Juristen im Nationalsozialismus, Bd. 1, 2013, S. 169–170, 178.
227 Vgl. Akte, betr. Rechtsanwalt Dr. Walter Magnus. Varia, StAHH, 241-2_A 1729 Magnus, Walter, Dr.
228 Vgl. Cornelia Hoeck an Sophie Fetthauer, 6.3.2022.
229 Vgl. Akte, betr. Rechtsanwalt Dr. Walter Magnus. Varia, StAHH, 241-2_A 1729 Magnus, Walter, Dr.
230 Vgl. Bescheinigung der Notgemeinschaft der durch die Nürnberger Gesetze Betroffenen für Walter Magnus, 30. Aug. 1945, Sammlung Gabriele Stüber.
231 Vgl. Nele M. Fahnenbruck: »Hamburgs Pferdesportnetzwerk im Nationalsozialismus«, in: Sport und Nationalsozialismus, Frank Becker, Ralf Schäfer (Hg.) (= Beiträge zur Geschichte des Nationalsozialismus, Bd. 32), Göttingen: Wallstein, 2016, S. 197–216, hier S. 205.
232 Vgl. »Praesent, Hans Rudolf, Deutsches Museum, Archiv«, in: Deutsche Digitale Bibliothek, https://www.deutsche-digitale-bibliothek.de/item/WQODMOP5VPHBHCQ7CGLZFXX4RYDDSDLM (Stand: 22.3.2022).
233 Vgl. Carl-Hans Hauptmeyer (Hg.) u. a.: Rotary unter dem Nationalsozialismus, https://memorial-rotary.de/index.php/members/1733 (Stand: 22.3.2022).
234 Vgl. Timm Heinrich Sievers: Erinnerungen aus sieben Jahrzehnten (= AKdigital, Bd. 1), Kai Detlev Sievers (Hg.), Kiel: Arbeitskreis für Wirtschafts- und Sozialgeschichte Schleswig-Holsteins, 2015, S. 203–204.
235 Vgl. Walter Habel (Hg.): Wer ist wer? Das Deutsche Who's Who, 12. Ausg., Berlin: Arani, 1955, S. 808.
236 Vgl. Gerhard Maaß: »Gerhard Maaß«, in: Wille und Macht. Führerorgan der nationalsozialistischen Jugend, Baldur von Schirach (Hg.), Jg. 1939, H. 1, 1.1.1939, S. 21–22.
237 Vgl. Vera und Wilhelm C. H. Möller: Einladung zu drei Kammermusikabenden, Nov. 1936, HVFK, 2H 1945–1961.
238 [Wilhelm C. H. Möller]: Vereinigung Hamburgischer Freunde der Kammermusik, 5.7.1945, HVFK, 1H Jubiläen, Diverses, Fotos.
239 [Wilhelm C. H. Möller]: Vereinigung Hamburgischer Freunde der Kammermusik, 5.7.1945, ebd.
240 Ebd.
241 Vgl. Ralf Lange: »Die ›Kleine Musikhalle‹. Die Neuinterpretation des Saales 1954«, in: Laeiszhalle – der Kleine Saal. Ein Beitrag zum 100-jährigen Bestehen der Laeiszhalle, Behörde für Kultur, Sport und Medien, Denkmalschutzamt (Hg.), Hamburg: Freie und Hansestadt Hamburg, Behörde für Kultur, Sport und Medien, [2008], S. 11–18, hier S. 12.
242 Vgl. Barbara Müller-Wesemann: Theater als geistiger Widerstand, 1997, S. 202–203.
243 Vgl. Joachim Mischke: Hamburg Musik!, Hamburg: Hoffmann und Campe, 2008, S. 145–146.

244 M/C. [Wilhelm C. H. Möller]: [Die Hamburgische Vereinigung von Freunden der Kammermusik], 6.9.1945, HVFK, 1H Jubiläen, Diverses, Fotos.
245 Ebd.
246 HVFK: Siebenter Kammermusikabend, 13.12.1945, HVFK, 2H 1945–1961.
247 Ebd.
248 Vgl. Programmzettel der Saison 1945/46, ebd.
249 Vgl. Ralph Kirkpatrick, Gästehaus des Senats, 18.7.1948 [Einladung], ebd. – Charles Letestu, Christuskirche Othmarschen, 29.10.1948 [Programm], ebd.
250 Vgl. Wilhelm C. H. Möller, HVFK, an Reg.Rat. v. Usslar, Kulturverwaltung Hamburg, 23.10.1945, StAHH, 363-6_447 HVFK, Bl. 1.
251 Vgl. Programmzettel der Saisons 1945/46 bis 1948/49, HVFK, 2H 1945–1961.
252 Vgl. Leitende Männer und Frauen der Wirtschaft, 7. Aufl., Darmstadt u. a.: Hoppenstedt, 1959, S. 49, 116, 388, 784, 797, 874.
253 Vgl. Zur Personalakte: RA. Magnus, 13.6.1945 (Abschrift), StAHH, 241-2_A 1729 Magnus, Walter, Dr., Akte, betr. Rechtsanwalt Dr. Walter Magnus. Varia. – Vermerk, 19. Okt. 1945, ebd.
254 Vgl. Bernzen Sonntag: Die Historie unserer Kanzlei, o. J. https://www.msbh.de/historie (Stand: 22.3.2022).
255 Vgl. Wilhelm C. H. Möller, HVFK, an Senator Ascan Klée-Gobert, Kulturverwaltung Hamburg, 17.1.1946, StAHH, 363-6_447, Bl. 2.
256 Vgl. Isa Vermehren: Reise durch den letzten Akt. Ravensbrück, Buchenwald, Dachau: eine Frau berichtet, Hamburg: Rowohlt, 1979, S. 12–13.
257 Vgl. Sigrid Schambach: Aus der Gegenwart die Zukunft gewinnen. Die Geschichte der Patriotischen Gesellschaft von 1765, Hamburg: Ellert & Richter, 2004, S. 149.
258 Vgl HVFK: Protokoll der Besprechung vom 6. Jan. 1949, 19.1.1949, Amtsgericht, Vereinsregister, Hamburg [AG/VR], VR 4374, Bd. 1, Bl. 3–5.
259 Vgl. Heiko Morisse: Ausgrenzung und Verfolgung der Hamburger jüdischen Juristen im Nationalsozialismus, Bd. 1, 2013, S. 155.
260 Vgl. Vereinsregister Nr. VR 4374 (1949), StAHH, 231-10_A 1 Band 73, Vereinsregister Nr. 4350–4416.
261 Satzung der Hamburgischen Vereinigung von Freunden der Kammermusik, 6.1.1949, AG/VR, VR 4374, Bd. 1, Bl. 6–7, hier Bl. 6r.
262 Vgl. Vereinsregister Nr. VR 4374 (1949), StAHH, 231-10_A 1 Band 73, Vereinsregister Nr. 4350–4416.
263 Vgl. HVFK: Protokoll der Besprechung vom 6.1.1949, 19.1.1949, AG/VR, VR 4374, Bd. 1, Bl. 3–5.
264 Vgl. We./R. an die HVFK, 30.5.1949, StAHH, 363-6_447 HVFK, Bl. 8. – Wilhelm C. H. Möller, HVFK, an Weiss, Kulturverwaltung Hamburg, 27.6.1949, ebd., Bl. 10 und Anlage.
265 Vgl. Kie./Zu.: Vermerk, 1.11.1949, ebd., Bl. 15.
266 Programmzettel der Saison 1945/46ff., HVFK, 2H 1945–1961.
267 Vgl. Programmzettel der Saison 1949/50, ebd.
268 Vgl. HVFK: 1. Kammermusikabend, 24.9.1954 [Programmzettel], ebd. – Frank Pieter Hesse: »›… Ein klares Bekenntnis zur Formgesinnung der Gegenwart.‹ Anmerkungen zur Bedeutung des Kleinen Saales der Laeiszhalle«, in: Laeiszhalle – der Kleine Saal, [2008], S. 5–8, hier S. 7.

LUDWIG HARTMANN

AUS DEN TRÜMMERN IN DIE CHAMPIONS LEAGUE

EHRENAMTLICH FÜR DIE KAMMERMUSIK VON DEN 1940ER JAHREN BIS HEUTE

»*Es wäre keine menschlich überzeugende Gesellschaft, der alles wertlos gilt, was nicht bezahlt wird*«, formulierte dereinst der frühere Bundespräsident Richard von Weizsäcker. Dieser Gedanke ist gewiß Antrieb und Richtlinie für viele sich ehrenamtlich engagierende Menschen und – ebenso gewiß – auch Triebfeder für die Vorstände der *Hamburgischen Vereinigung von Freunden der Kammermusik* seit ihrer Gründung vor 100 Jahren.

Die Musik, diese meist schwer konkret greifbare Kunst, spielt dabei eine sehr eigene Rolle. Victor Hugos Worte: »Die Musik drückt das aus, was nicht gesagt werden kann und worüber zu schweigen unmöglich ist« mögen das vielleicht berühmteste Zitat über die Kunstform Musik sein. Auch viele weitere Äußerungen großer und weniger bedeutender Persönlichkeiten haben »Zitatreife« erlangt, laden zum Nachdenken, Schmunzeln oder auch zum Widerspruch ein:

»*Das Beste in der Musik steht nicht in den Noten*« GUSTAV MAHLER
»*Es ist nicht schwer, zu komponieren. Aber es ist fabelhaft schwer,
die überflüssigen Noten unter den Tisch fallen zu lassen*« JOHANNES BRAHMS
»*Über Musik kann man am besten mit Bankdirektoren reden. Künstler reden
ja nur übers Geld*« JEAN SIBELIUS
»*Wenn einer mit Vergnügen zu einer Musik in Reih und Glied marschieren
kann, dann hat er sein großes Gehirn nur aus Irrtum bekommen, da für ihn
das Rückenmark schon völlig genügen würde*. ALBERT EINSTEIN
… diese Sammlung wäre schier endlos zu ergänzen.

Albert Einsteins Reduktion auf das Rückenmark wird Freunde der Kammermusik kaum treffen können. Zu dezent, zu zart, zu unmilitaristisch und einfach zu leise kommt die Kammermusik daher. Auch in ihren größten und lautesten Formen.

In Reih und Glied marschieren … Militärische Katastrophen lagen bei beiden Gründungsdaten unserer Vereinigung nur wenige Jahre zurück. Jeweils vier Jahre waren es: bei der Erstgründung 1922 und 1949 – Konzerte hatte es schon seit 1945 wieder gegeben – bei der Vereinsgründung nach dem zweiten Weltkrieg. Keine einfachen Umstände also. Dass das 100. Gründungsjubiläum nun in ein europäisches Kriegsjahr fällt, scheint immer noch unfassbar. Eine zerstörte Stadt Hamburg, wie in den 1940er Jahren, scheint – trotz Mariupol, Charkiw und Butscha und obwohl die Grenze zur Ukraine keine 1000 Kilometer von Hamburg entfernt ist – im Jahr 2022 außerhalb des Denkbaren.

Dass Kultur, dass Theater und Musik wie auch andere Künste verbinden und Gräben überwinden können, zeigte sich auch 1945 in Hamburg. Vor allem durch praktizierende Künstlerinnen und Künstler, aber auch durch andere Menschen, die sich in der Kultur engagierten und damit ebenfalls Brücken bauten. Ida Ehre blieb trotz allem Erlittenen in Hamburg und setzte Maßstäbe im Theater, Yehudi Menuhin (Schüler u. a. von Adolf Busch, der mit seinem Quartett am 14. September 1922 das erste Konzert unserer Vereinigung gespielt hatte) kommt schon im Juli 1945, wenige Wochen nach Kriegsende, an die Rothenbaumchaussee und nimmt mit dem frisch zusammengesuchten Rundfunk-Sinfonieorchester im Studio Mendelssohn auf. Und Wilhelm C. H. »Bobby« Möller kümmert sich mit einem kleinen Kreis von Mitstreitern um die Neu-Organisation der Hamburger Kammerkonzerte.

Im Jahr 2022 gibt es sie noch, die Berichte lebender Zeitzeugen aus den Nachkriegsjahren, als Konzertdürstende sich unter heute kaum noch vorstellbaren Umständen zusammenfanden und nach Musik geradezu lechzten. Die Musikhalle war von der Militärregierung beschlagnahmt, beinahe sämtliche anderen in Frage kommenden Säle waren ganz oder teilweise zerstört. So mussten die ersten Konzerte im Saal der Handelskammer abgehalten werden. Mit notdürftig vernagelten Fenstern. Wie hieß es in der HVFK-Festschrift zum 25. Nachkriegs-Jubiläum: »Man sollte sich einen Abend in die Erinnerung rufen, an welchem das Hamann Quartett in dem ungeheizten Saal bei strengem Frost mit fingerlosen Handschuhen, von einem Holzkohlebecken notdürftig erwärmt, vor großteils in Decken gehüllten, ergriffenen Zuhörern musizierte.« Die Musiker, die Ensembles kamen in der ersten Zeit nach dem zweiten Weltkrieg umständehalber ausschließlich aus Hamburg. Das Hamann- und das Radelow Quartett oder das Trio Conrad Hansen, Erich Röhn, Arthur Troester. Große Hamburger Namen der Vergangenheit.

Als erstes auswärtiges Ensemble kam im April 1948 das Koeckert Quartett, im April 1951 das damals junge, 1947 in London gegründete, Amadeus Quartett. Beide Ensembles wurden über viele Jahre »Stammgäste«. Das Koeckert Quartett kam 36-mal, das Amadeus Quartett sogar 41-mal zu unserer Vereinigung. Die Liste hervorragender Ensembles wurde schon bald lang: Quartetto Italiano, Bartók Quartett, Juilliard Quartet, Melos Quartett, Smetana Quartett, Guarneri Quartet, LaSalle Quartet, Beaux Arts Trio (erstmalig 1961 und mit insgesamt 45 Konzerten bei unserer Vereinigung »Rekordhalter«) und viele, viele weitere.

Wilhelm C.H. »Bobby« Möller,
Vorsitzender von 1945 bis 1973

Jubiläumsbroschüre 1970

DIE ÄRA »BOBBY« MÖLLER (1945–1973) UND DIE WIEDERERÖFFNUNG DES KLEINEN SAALES DER MUSIKHALLE

Vorsitzender der Kammermusikfreunde in den Jahren 1945 bis 1973 war der Hausmakler Wilhelm C. H. »Bobby« Möller. Sein Ruf ist bis heute legendär, seine Verdienste um die Kammermusik in Hamburg unvergessen. Jahrelanger großartiger Aufbauarbeit folgten Jahre auf den Gipfeln der Kammermusik. Konzerte von Ensembles der internationalen Spitzenklasse wurden mit den Jahren beinahe zur Selbstverständlichkeit. »Mit Genehmigung der Militärregierung« hatten die ersten Konzerte nach dem Krieg stattgefunden. Zum Ende der Ära »Bobby« Möller hatten die Kammerkonzerte der Vereinigung weit über Hamburg hinaus einen hervorragenden Ruf. Hatten die ersten Konzerte noch in verschiedene Not-Örtlichkeiten ausgelagert werden müssen, so stand Mitte der 1950er Jahre wieder die Laeiszhalle, die Musikhalle zur Verfügung. 1953 hatten die Briten den Kleinen Saal zurückgegeben – zwischenzeitlich war in der Musikhalle der englische Militärsender untergebracht und der Kleine Saal diente als Clubraum. Der Kleine Saal der Laeiszhalle, ab September 1954 über Jahrzehnte der Hamburger Kammermusiksaal schlechthin, hatte durchaus keine rühmliche Vorkriegsgeschichte. So schön, so gut er – zumindest in der

Laeiszhalle Kleiner Saal, 1908

Erinnerung mancher Hamburgerinnen und Hamburger – auch gewesen sein mag, die Akustik war es nicht. In einer Broschüre der Kulturbehörde zum 100-jährigen Bestehen der Musikhalle im Jahr 2008 schreibt der Kunsthistoriker Ralf Lange: »Der kleinere der beiden Säle der Laeiszhalle – die so genannte Kleine Musikhalle – fristete vor dem Zweiten Weltkrieg ein Schattendasein. Der Kammermusiksaal des legendären Conventgartens an der Kaiser-Wilhelm-Straße hatte nicht nur eine bessere Akustik, auch in funktionaler und gestalterischer Hinsicht wies die Kleine Musikhalle nicht zu leugnende Mängel auf. Das wie gedrückt wirkende Tonnengewölbe, das unorganisch durch die große Glasfläche eines Oberlichts aufgebrochen wurde, verlieh dem Saal einen wenig eleganten Querschnitt. Die schmalen Seitenschiffe wurden durch kompakte Pfeiler von dem Mittelschiff isoliert, die zudem die Sicht verstellten. Da sich diese Flächen von Anfang an kaum sinnvoll nutzen ließen, ordneten die Architekten einen Teil der Plätze als Stuhlreihen vor den Arkaden der Längswände an, was nicht nur von ungefähr an einen Tanzsaal erinnerte«

War der alte Saal der Musikhalle akustisch unbefriedigend gewesen, so war er nach dem Umbau das schlichte Gegenteil. Praktisch einmütig wird dessen Akustik von Künstlern wie Publikum bis heute in höchsten Tönen gelobt. In seiner Rede zur Eröffnung am 24. September 1954 erläuterte Kultursenator Biermann-Ratjen die damalige Entscheidung: »Der neue Kleine Saal hat nun ein völlig neues Gesicht. Zunächst einmal: er ist größer geworden. Freunde der (Kammer) Musik waren es, die den ersten Anstoß zur Vergrößerung gaben und

Laeiszhalle Kleiner Saal, nach dem Umbau 1954

wir haben die Berechtigung dieses Wunsches anerkannt. Die Frage, ob wir den Saal im alten Stile wieder herrichten oder uns um moderne Gestaltung bemühen sollten, war, wie wir glauben, keine wirkliche Frage mehr, denn wenn wir auch aus Achtung vor Tradition und Vergangenheit den Charakter dieses Gebäudes im Ganzen niemals antasten wollten, so dürfte es doch nur wenige Befürworter des Gedankens gegeben haben, einen schadhaft und zu klein gewordenen Saal wie diesen im historisierenden Neobarock nachzubauen. Vor allem aber hatten wir den Forderungen der Akustik alles andere unterzuordnen, die uns weitgehend auch die Gestaltung vorschrieb. So wurden wir von selbst veranlasst, mit diesem neuen Raum ein klares Bekenntnis zu der Formgesinnung der Gegenwart abzulegen und ich glaube, wie gesagt, nicht, dass man uns deshalb ernstlich tadeln wird.«

Das erste Konzert im umgebauten Saal bestritt das Amadeus Quartett. Auf dem Programm: Wolfgang Amadeus Mozarts »Dissonanzenquartett« KV 465, das Streichquartett Nr. 4 von Béla Bartók und Ludwig van Beethovens Quartett op. 59/3. Weltklasse-Literatur mit einem ebensolchen Ensemble zur Eröffnung des im Stil der Zeit umgebauten Saales mit seiner ausgesprochen guten Akustik. Initiator dieses Umbaus war, wie in der Rede des damaligen Kultursenators anklang, der Vorsitzende unserer Vereinigung, Wilhelm C. H. »Bobby« Möller. In Zusammenarbeit mit dem Architekten Bruno Mundt hatte er sich für diese Variante entschieden und für sie gekämpft. Hamburg hatte nun einen 639 Plätze fassenden, erstklassigen Saal für Kammermusik. Jahrzehnte später, im Jahr 2002,

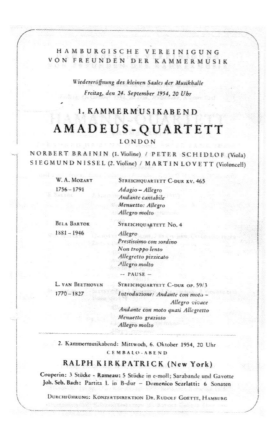

Programm des Kammerkonzerts anlässlich der Wiedereröffnung des Kleinen Saals der Musikhalle nach dem Umbau.
Zu Gast am 24. September 1954 war das Amadeus Quartett

kam eine Diskussion um einen eventuellen Rückbau in den ursprünglichen Zustand auf. Es gab mächtige Stimmen der Befürwortung: Der Kammermusiksaal sei optisch unattraktiv und in die Jahre gekommen, die ursprüngliche neo-barocke Gestalt, ähnlich dem Großen Saal, deutlich attraktiver. Diese Diskussionen bestimmten einige Zeit das Hamburger Kulturleben. Letztlich blieb die 1950er-Jahre-Variante erhalten. Mit einem deutlichen »Nur über meine Leiche«-Statement bezog der damalige Vorsitzende unserer Vereinigung, der Rechtsanwalt mit Spezialgebiet Baurecht, Klaus Brügmann, klar Stellung. Auf seiner Seite hatte er den Denkmalschutz, unterstützt unter anderem von dem prominenten Pianisten und langjährigen Vorsitzenden der Hamburger Brahms-Gesellschaft Detlef Kraus, der ebenfalls aus akustischen Gründen dringendst von einem Rückbau abriet.

Aber zurück zum Jahr 1954. Über das Wiedereröffnungskonzert hieß es seitens der HVFK: »Endlich ist es soweit: die Musikfreunde haben wieder ihren kleinen Musikhallensaal! Damit ist nicht nur ein Band zur Tradition neu geknüpft, sondern auch in der Erweiterung und Erneuerung des Raumes den Bedürfnissen einer Entwicklung Hamburgs nach dem Kriege als Musikstadt Rechnung getragen. Wirkte der Raum früher auch anheimelnder, in seiner Farbwirkung der

Bestimmung nach wesensgemäßer, so wurde doch alles den Forderungen der Akustik untergeordnet. Das war gewiß notwendig, denn früher klagten die Künstler oft, wie »unbehaglich« sie sich auf dem Podium fühlten. Auch der Zuhörer wird jetzt, wie die Erprobung erwies, vollkommen zufriedengestellt.«

Die Literatur der Konzerte gestaltete sich in den 1940er und 1950er Jahren noch durchaus disparat. Neben den vorherrschenden Konzerten der verschiedenen Streichquartette gab es beispielsweise reine Cembalo-Abende mit Eliza Hansen oder Ralph Kirkpatrick, der allein 10-mal bei der HVFK auftrat. Barockkonzerte (lange vor dem Aufkommen historisierender Aufführungspraxis) gab es ebenso wie Sonatenabende, Geistliche Musik oder Abende mit sehr »bunten« Besetzungen. Orte waren neben der Handelskammer die Johannis Kirche Eppendorf und – vorrangig und über Jahre – der Gemeindesaal Eppendorf, mal das Gästehaus des Senats im Zickzackweg in Othmarschen, dann, ab der Spielzeit 1949/50 bis zur Eröffnung des Kleinen Saales der Musikhalle, der Mozartsaal an der Moorweidenstraße. Zu Gast waren neben verschiedenen Hamburger Künstlerinnen und Künstlern namhafte auswärtige Ensembles wie das Schneiderhan Quartett (Wien), das Quartetto Italiano (Rom), das Loewenguth Quartett (Paris), das Vegh Quartett (Budapest/Paris), das Quartetto di Roma, das Ungarische Streichquartett (New York), das Stross Quartett (München), das Juilliard Quartet (New York), das Vlach Quartett (Prag), das Trio di Trieste, das Amadeus Quartett (London) und zahlreiche andere.

ERINNERUNGEN AN EINEN LEGENDÄREN ERMÖGLICHER

Erinnerungen an Wilhelm C. H. »Bobby« Möller gibt es viele. Noch heute erzählen ältere Konzertbesucherinnen und -besucher voller Bewunderung von der Ära »Bobby« Möller. Auf ihre ganz eigene Art haben dessen Kinder, Monika und Peter, Erinnerungen an ihren Vater: An das »phänomenale Gedächtnis zur gesamten Streichquartett-Literatur« seines Vaters erinnert sich Peter Möller. Dies sei selbst von den Profis bewundert worden und habe bei der Programmgestaltung geholfen. Er erinnert sich auch an ein Konzert mit dem Hamann Quartett, wohl Anfang 1946, im Hotel Jacob. Alle hätten Wollhandschuhe getragen, da die Heizung nicht funktionierte oder es an Koks gefehlt habe. Der Eintrittspreis: jeweils ein Stück Holz. Und: »Man tat gut daran, nicht in der ersten Reihe zu sitzen, weil Bernhard Hamann während seines Spiels derart laut schnaufte, dass vom Quartett, vielleicht ist das in meiner Erinnerung etwas übertrieben, nur wenig zu hören war.« Und bezüglich des Amadeus Quartetts: »Als Vater Bobby seinen ersten Kontakt zu Norbert Brainin hatte, packte er zur Begrüßung sein bestes Schul-Englisch aus, worauf Brainin in echtem Wienerisch antwortete, dass sie sich auch gern auf deutsch verständigen könnten, denn außer dem Cellisten Martin Lovett stammten alle aus Wien.« Sternstunden seien die Abende mit dem Amadeus Quartett gewesen, aber auch z. B. das

Koeckert Quartett habe er in guter Erinnerung. Der Vater selber habe Streichquartett auch während der Kriegszeit gespielt. Und die Tochter Monika ergänzt: »Mein Vater war schon als 20-Jähriger ein Musikfreund von Emanuel Fehling, der 1922 die Vereinigung gegründet hat. Mein Vater übernahm dann direkt nach Ende des zweiten Weltkrieges die Leitung. Er war ein wandelndes Lexikon in Sachen Kammermusik und hatte wohl so etwas wie ein absolutes Gehör, denn er konnte beim ersten Ton eines Stückes nicht nur den Komponisten, sondern auch den Satz und die Tonart erraten. Seine Schallplattensammlung umfasste ca. 1 000 Exemplare. Er selbst bezeichnete sich als dilettantischen Amateurgeiger und griff leider fast nur zur Weihnachtszeit zur Geige, weil dann in der Nachkriegszeit in unserem Haus oder im Atelier meiner Mutter, Vera Mohr Möller, Adventsmusik gemacht wurde. Hier trafen sich Persönlichkeiten wie Prof. Eliza Hansen mit ihren damaligen Schützlingen Christoph Eschenbach und Justus Frantz, das Hamann Quartett mit Fritz Lang mit Amateurmusikern zum gemeinsamen Musizieren. Mit vielen Ensembles, wie dem Amadeus Quartett oder dem Beaux Arts Trio und anderen, entwickelte sich eine lange Freundschaft. Vor den jeweiligen Konzerten mussten wir zuhause stillsitzend die Stücke anhören und dabei aufmerksam die Partitur verfolgen. Das war nicht immer so beliebt bei uns Teenagern, weil nebenbei nicht gestrickt oder in Zeitschriften geblättert werden durfte. Aber siehe da: Im Konzert – ich saß aufgrund der Funktion meines Vaters als 1. Vorsitzender in der ersten Reihe Mitte, oft todmüde nach einem langen Schultag – erlebte ich einen Wiedererkennungswert.«

EIN »NEUES ENSEMBLE« AUS NEW YORK

Auch die Hamburg-Premiere des Beaux Arts Trios fiel in die Ära Möller. Am 27. Januar 1961. Der Tipp war aus Berlin gekommen, von der Konzertdirektion Adler. Im Hamburger Abendblatt war zu lesen: »Ein neues Ensemble stellte sich im Zyklus der Kammermusikfreunde vor: das Beaux Arts Trio aus New York (die Herren Pressler, Klavier, Guilet, Violine, Greenhouse, Violoncello). Eine aktiv musizierfreudige, glänzend aufeinander eingespielte, manchmal etwas robust zugreifende, fast ins Virtuose reichende Gemeinschaft, bei der der Begriff des klassischen Stils teilweise modernisiert erschien. Es wird mit neuzeitlichem Tempo musiziert, es gab interessante Belichtungen, manches wirkte aber auch etwas überpointiert, ja, ins Manierierte spielend (bei Haydn, Beethoven). Die Hörer ließen sich von der Eigenart, dem Persönlichkeitstyp dieses Trios, das mit Brahms (C-Dur-Trio) abschloß, anregen und waren sehr beifallsfreudig.« Niemand konnte im Januar 1961 ahnen, dass mit diesem Konzert der Grundstein für eine jahrzehntelange Verbindung und Freundschaft gelegt sein sollte. Zu den Mitgliedern des Trios und insbesondere zu seinem Pianisten, Menahem Pressler.

Das Beaux Arts Trio in seiner Gründungsbesetzung:
Daniel Guilet, Violine,
Menahem Pressler, Klavier,
Bernard Greenhouse, Violoncello

AUSABONNIERT

Die Konzerte der Hamburgischen Vereinigung von Freunden der Kammermusik waren nicht nur gut besucht, es war bis in die 1970er Jahre beinahe unmöglich, Karten zu ergattern. Unvergessen werden etwas älteren Konzertbesucherinnen und -besuchern die Szenen im Kassenbereich des Kleinen Saales sein, in denen Menschen flehenden Blickes durch das Dickicht der Wartenden auf der Suche nach einer Eintrittskarte irrten. Meist vergeblich. Die begehrten Abonnements wurden in der Regel vererbt. Neue Konzertinteressierte stießen sich nicht selten die Nase. Es gab Gespräche über eine eventuelle Vergrößerung des Kleinen Saales und eine mögliche Aufstockung um 100 Plätze; letztlich scheiterten diese jedoch an finanziellen und, wie es hieß, »verwaltungstechnischen« Schwierigkeiten. Im Jahr 1972, die Konzerte der Saison waren mehr oder weniger ausabonniert, wurde eine zweite Konzertreihe eingerichtet. Nun gab es 12 Konzerte in Reihe A und 6 Konzerte in Reihe B. Das erste Konzert der neuen B-Reihe gestaltete am 21. Januar 1972 wiederum das Amadeus Quartett.

Um der Kartennachfrage gerecht werden zu können, setzte man auch Hoffnungen in das neu entstehende Congresszentrum, doch die Gegebenheiten im 1973 eröffneten CCH erwiesen sich als akustisch ungeeignet. Mit dem Einrichten einer zweiten Konzertreihe konnte die Nachfrage einigermaßen befriedigt werden. Die Kammerkonzerte erlebten über viele Jahre einen Nachfrage-Boom, von dem man Jahre später nur noch träumen konnte.

DIE ÄRA CARL RUDOLF JUNG (1973–2004)

Die Hamburgische Vereinigung von Freunden der Kammermusik ohne ihren Wilhelm C. H. »Bobby« Möller? Das schien Vielen undenkbar. Doch dann, erinnert sich Rudolf Jung, Vorsitzender der HVFK von 1973 bis 2004 und heutiger

Carl Rudolf Jung, 1977

Ehrenvorsitzender, kam Bobby Möller auf ihn zu und meinte, »Du musst das jetzt machen. Du kannst das.« Gut 20 Jahre, seit 1949, war Rudolf Jung damals bereits in Hamburg, um hier den Wein der Familienfirma zu vermarkten. Hamburg war für die Firma damals noch ein weißer Fleck. Der studierte Weinchemiker Jung musste aus dem heimatlichen Rüdesheim weichen. Für drei Brüder war kein Platz am Stammsitz der Firma. Die Geschäfte gingen schleppend direkt nach dem Krieg. So ging Rudolf Jung in den Norden, wo ihm ein schwerer Stand in der Hansestadt Hamburg vorausgesagt wurde. Auf eine geschlossene Gesellschaft würde er treffen, hieß es. Doch so, erinnert sich Rudolf Jung gut 70 Jahre später, habe er Hamburg nie erlebt. Die Musik habe ihm die Türen geöffnet. Bedeutende Musiker kannte er aus dem Elternhaus, sie gingen dort aus und ein. Großartige Musiker, die den jungen Rudolf mit dem Musikvirus infiziert hatten.

TÜRÖFFNER MUSIK

In Hamburg wurde ihm von »Bobby« Möller geraten, in die Kammermusikvereinigung einzutreten. So könne er eher an Karten oder gar an ein Abonnement kommen. Auch wurde er Mitglied in einem Philosophiekreis und lernte weitere Menschen der Hamburger Gesellschaft kennen. Das Klavier war sein Hauptinstrument. Doch intensiv Cellounterricht zu nehmen, schien das Klügere zu sein. Cellisten wurden immer gebraucht, erinnert sich Rudolf Jung. So stehe es ja auch im alten Heimeran, dem »Stillvergnügten Streichquartett«, jenem unterhaltsamen und praxisnahen Kammermusikführer, dem nicht nur Amateurmusikerinnen und -musiker humorvolle, aber durchaus auch sehr praktische Ratschläge entnähmen. Und so wurde er zu einem formidablen Cellisten und Gründer diverser Streichquartette und anderer Kammermusikformationen – durchaus mit dem begründeten Selbstbewusstsein, sich auch immer wieder mit professionellen Mitspielern zusammenzutun.

Hamburger Klavier-Legenden mit internationalem Flair: Conrad und Eliza Hansen

SELBSTVERSTÄNDLICHE INTERNATIONALITÄT

Die Konzerte der Kammermusikvereinigung, zwei Reihen mit 12 bzw. 6 Konzerten, blühten und gediehen. Internationalität und internationale Spitze waren inzwischen Standard. Glänzende Namen der Kammermusik: Amadeus Quartett, Bartók Quartett, Beaux Arts Trio, Borodin Quartett, Tschechisches Streichquartett, Vlach Quartett, Tokyo String Quartet, LaSalle Quartet, Quartetto Italiano, Trio di Trieste, Juilliard String Quartet, Beethoven Quartett, Guarneri Quartet, Cleveland Quartet, Alban Berg Quartett, Vermeer Quartet ... Doch auch deutsche Ensembles wurden – natürlich – weiterhin eingeladen. Das Melos Quartett etwa, das Stuttgarter Klaviertrio, das Odeon Trio, das Kreuzberger Streichquartett, das Brandis Quartett, das Münchner Streichtrio oder das Koeckert Quartett. Und auch Hamburger Formationen wie das Wührer Streichsextett, das Brahms Quartett, das Benthien Quartett oder das Hamburger Streichquartett. Immer wieder auch, wenn auch selten, andere Besetzungen wie der Detmolder Bläserkreis oder die Philharmonischen Kammervirtuosen Wien. Es gab Sonatenabende – etwa mit Henryk Szeryng und Eliza Hansen – und Klavierduos mit Christoph Eschenbach und Justus Frantz, den Schwestern Pekinel, den Brüdern Kontarsky oder dem Hamburger Klavierduo Ingeborg und Reimer Küchler.

Es sollten weiterhin »die Besten der Besten«, so wie von den Gründungsvätern in die HVFK-Satzung geschrieben, eingeladen werden. Doch, so Rudolf Jung, das war nicht immer und ausschließlich möglich. Die Spitze war nicht sehr breit, es hätte allzu viele und zu flinke Wiedereinladungen geben müssen. Einen sehr hohen Standard allerdings hatten die Konzerte durchgehend. Und wie fand man »neue« Ensembles? Durch kleinere Reisen zu anderen Konzertreihen, etwa nach Lübeck, Flensburg oder Berlin. Oder »nach Hause«, nach Rüdesheim, wo ein Bruder von Rudolf Jung eine hochkarätige Konzertreihe leitete. Immer zu allererst im Focus: Streichquartette. Und es gab ein dickes Buch, in dem Vorgänger »Bobby« Möller sämtliche Ensembles und deren Auftritte verzeichnet hatte. Die Ensembles kamen in der Regel im Dreijahres-Rhythmus. Manche, wie das

Amadeus Quartett, alle zwei Jahre und das Beaux Arts Trio seit 1965, absolute Ausnahme, regelmäßig Jahr für Jahr.

GROSSE PROGRAMMAUSWAHL – VERTRAUTER VERLAUF

Die Auswahl der vom Veranstalter gewünschten Literatur war ehedem groß. Man konnte wählen. Das hat sich in den Jahrzehnten weitgehend geändert. Die Literatur-Auswahl wurde kleiner und kleiner. Die Ensembles konzentrieren sich seit Langem in aller Regel auf ein begrenztes Repertoire pro Saison. Dominiert hat das klassisch-romantische Repertoire, in der Regel mit Wiener Klassik zu Beginn, dann etwas Neuerem und nach der Pause einem größeren Werk aus Klassik oder Romantik. Neuere Musik traf, nach der Erinnerung von Rudolf Jung, nicht immer und bei jeder Konzertbesucherin, jedem Konzertbesucher auf Zustimmung. Es konnte schon mal sein, dass ein Bartók – oder gar noch neuere Klänge – gemieden wurde, man nach dem ohrenschmeichelnden »Warmmacher« aus der Klassik lieber ausführlich den Erfrischungsraum aufsuchte und sich dann zum abschließenden Klassik- oder Romantikgenuß wieder im Saal einfand. Das sei vielleicht nicht oft, aber durchaus vorgekommen.

DIE APRÈS

Es war bei der Hamburger Kammermusikvereinigung Brauch, die Künstlerinnen und Künstler nach dem Konzert zum Essen einzuladen. Zum Après. Man ging in ein Restaurant. Das Geld jedoch, so befand der neue Vorsitzende Jung, könne man sparen. Und persönlicher sei es zu Hause ja auch. Außerdem habe es bei den Restaurantbesuchen auszuufern gedroht. Zu viele Freunde der Musik, der Musiker und des Essens hätten sich zu den Après eingefunden, unter »zwei Dutzend« wurden es selten. Bei den Après in der Jung'schen Wohnung war die Zahl auf 12 Personen begrenzt.

Wer das Glück hatte, diese Runden erleben zu dürfen, wird sie kaum je vergessen. Das »who is who« der Kammermusik gab sich über gut drei Jahrzehnte ein Stelldichein in der Andreasstraße. Bei bestem Essen, stets liebe- und kunstvoll vor- und zubereitet von Frau Jung, unterstützt durch beide Töchter und Frau Brügmann, und – natürlich – bei köstlichstem Wein. Den gab es wahlweise mit oder auch ohne Alkohol. War doch Vater Jung ehedem der Erfinder des alkoholfreien Weines. Die verklungenen Konzerte waren selbstverständlich Thema der Abende. Aber es ging bei diesen entspannten Zusammentreffen um weit mehr. Um Musik, Essen und Trinken – und um Gott und die Welt.

Après in der Jung'schen Wohnung nach einem Konzert des Beaux Arts Trios

Karel Přibl, Břetislav Novotný, Jan Sirc

Eugenia Annemaria Christine Jung, Wolfgang Boettcher

Kazuhide Isomura, Søren Pietzcker, Klaus Brügmann

Andreas Arndt, Tabea Zimmermann

Robert Fahlbusch, Galina Solodchin, Wilhelm C. H. »Bobby« Möller

David Finckel, Eugene Drucker, Steven Paul, Lawrence Dutton, Philip Setzer

Karl-Heinz Behnke, Wilhelm C. H. »Bobby« Möller

DIE ÄRA KLAUS BRÜGMANN (2004–2012)

Nach 31 Jahren war für Carl Rudolf Jung Schluss. Zeit, den Vorsitz in jüngere Hände zu geben. Mit Klaus Brügmann stand im Jahr 2004 ein erfahrener Musikliebhaber, Jurist, Bratscher und langjähriges Vorstandsmitglied der Vereinigung bereit. Ihn hatte Rudolf Jung schon mit 12 Jahren erlebt, als er selbst im Quartett mit Vater Brügmann gespielt hatte. Hamburger Kammermusik-Verbindungen...

Die Zeit der ausverkauften Konzerte war Anfang der 2000er Jahre längst vorbei. Kaum noch ein Ensemble verkaufte sich von selbst, allmählich wurde der Publikumsrückgang bedrohlich. Versucht wurde Vieles. Eine Kooperation mit der Patriotischen Gesellschaft zum gemeinsamen Musizieren Interessierter bei »Blind Dates«. Hier konnte es nachfolgend eventuell zusätzliche Interessenten für Konzertbesuche geben. Zahlreiche Schulen wurden, wie zuvor schon von früheren Vorständen, kontaktiert, manche Musiklehrer angesprochen. Doch die Resonanz, das Interesse der Schülerinnen und Schüler, war geradezu kläglich. Einzig mit der Internationalen Schule kam eine gewisse Zusammenarbeit zustande. Man versuchte es mit Publikumsumfragen, mit inhaltlichen Experimenten und neuen Angeboten wie Konzerteinführungen und der Reihe »Explica« moderierten, erklärenden Gesprächskonzerten mit dem Kuss Quartett. Klaus Brügmann und Oliver Wille, Geiger im Kuss Quartett, durchforsteten auf der Suche nach alternativen, publikumsträchtigen Lokalitäten »halb Hamburg«. Auch Örtlichkeiten auf der Reeperbahn waren vor den beiden Herren nicht sicher. Doch so gut die Ideen, so intensiv die Versuche auch waren und so engagiert geworben wurde, die Situation wurde allmählich wirtschaftlich gefährlich. Klaus Brügmann, der gemeinsam mit seinem Vorstand weiterhin Jahr für Jahr exzellente Konzertreihen zusammenstellte, sah sich schließlich zu einem Not-Aufruf gezwungen. Es konnten auf diese Weise durchaus beachtliche Spenden gesammelt werden und auch die Künstlerinnen und Künstler kamen der Vereinigung für eine Saison mit ihren Gagenforderungen entgegen. Mit enormem Engagement kam man peu à peu aus dem Gröbsten heraus und die Vereinigung rettete sich auf ein wieder festeres Fundament. Doch die Zahl der Konzerte war nicht zu halten. Waren es zuletzt 10 in Reihe A und 6 in Reihe B gewesen, gab es ab der Saison 2004/2005 nun zwei Abonnementreihen mit je 4–6 Konzerten, plus ein oder zwei Sonderkonzerte. Bei allen wirtschaftlichen Problemen gab es jedoch keine Abstriche im künstlerischen Bereich. Auch besondere inhaltliche Schwerpunkte setzte man, etwa in der Saison 2011/2012 mit dem Gesamtzyklus aller Beethoven-Streichquartette, gespielt vom Belcea Quartet, in Kooperation mit der Hamburg Musik. Die Auslastung bei den Konzerten blieb insgesamt relativ schwach, die wirtschaftliche Situation ein Vabanque-Spiel auf des Messers Schneide.

Carl Rudolf Jung, Klaus Brügmann　　　　　　　Karl-Heinz und Elisabeth Behnke

DAS EHEPAAR BEHNKE

Zwei Hamburger Kaufleute haben bekanntlich unsere Vereinigung 1922 ins Leben gerufen. Begeisterung für die Kammermusik gesellte sich zu engagiertem Handeln und finanziellen Möglichkeiten. Großes Engagement der führenden Vorstands-Persönlichkeiten zogen sich wie ein stabiler roter Faden durch die Geschichte der Hamburger Kammermusikfreunde. Und es gab auch immer wieder Menschen aus dem Kreis der Kammermusikfreunde, die nicht nur über viele Jahre treue Konzertbesucherinnen und -besucher blieben, sondern die Vereinigung auch nach Kräften finanziell unterstützt haben. Die »Goldmedaille« hat sich in dieser Beziehung konkurrenzlos das Ehepaar Dr. Elisabeth (1923–1987) und Dr. Karl-Heinz Behnke (1916–2010) verdient. Viele Jahre waren sie der Vereinigung verbunden, Karl-Heinz Behnke spielte selbst Geige und Bratsche. Sie genossen nicht nur die Konzerte, sondern waren auch bei den legendären Après gern dabei. Ein Kunst und Kultur liebendes Ehepaar, das sich unter den zahlreichen und vielseitigen Interessen ganz besonders der Kammermusik verbunden fühlte. Reisen führten die Behnkes in alle Welt. Für die Hamburgische Vereinigung von Freunden der Kammermusik wurde das kinderlose Ehepaar zum großen Glücksfall, sollte ihr Nachlass doch der HVFK zuteil werden. Die Unterstützung der Behnke Stiftung ist bis heute unverzichtbares Fundament für die zahlreichen und vielfältigen Aktivitäten und Projekte der Vereinigung. Dass es zu dieser zuverlässigen und dauerhaften Unterstützung durch die Stiftung kommen konnte, ist wiederum Klaus Brügmann zu verdanken. Er war im Herbst 2011 schwer erkrankt, hat den Vorsitz der HVFK nach acht Jahren schweren Herzens abgeben müssen und im November 2012, wenige Tage vor seinem Tod, alle entscheidenden Stiftungsfragen noch »in trockene Tücher« bringen können. Der Vorstand der Behnke Stiftung ist unserer Vereinigung seitdem segensreicher Partner, ist Fürsprecher und Unterstützer unserer nach wie vor ehrenamtlichen Vorstandsarbeit. Größter Dankbarkeit unseres Vorstandes, unserer Mitglieder und sicherlich vieler, vieler weiterer Kammermusikfreunde, wie auch der bei uns konzertierenden Künstlerinnen und Künstler, kann sich das Ehepaar Behnke auch zukünftig absolut gewiss sein.

NEUE WEGE – ASPEKTE EINER DEKADE (2012–2022)

Es war Winter, es war dunkel und es war kühl. Das Telefon klingelt. Rothenbaumchaussee, vor dem U-Bahn Eingang Hallerstraße. Klaus Brügmann ruft an.

Über viele Jahre hatten wir stets ausgesprochen freundlichen Kontakt und uns manches Mal über die Hamburger Kammermusikvereinigung ausgetauscht. Über Ensembles, über Kammermusik im Allgemeinen und die Situation der Vereinigung. Immer wieder tauchte bei diesen Gesprächen die Frage auf, wie es denn gelingen könne, mehr Publikum für die Kammermusik zu gewinnen und das Angebot auch für jüngere Menschen spannend zu gestalten. Die eine alles lösende Idee, da waren wir uns einig, würde es nicht geben. Und Vieles war, wie beschrieben, schon versucht worden. Die Kammerkonzertreihen boten erlesene Konzerte, hatten ein äußerst interessiertes, kundiges und treues Publikum, aber quantitativ war die Situation absolut nicht befriedigend und auch der Altersdurchschnitt konnte nicht zufrieden stellen. Was würde in 10, 20 oder 30 Jahren sein? Sollte die Kammermusik in Zeiten einer kaum noch überschaubaren Vielfalt kultureller und medialer Angebote wirklich mittel- und erst recht langfristig keine Zukunft haben?

Der winterliche Anruf wird mir immer unvergessen bleiben. Wurden es 90 Minuten oder mehr? Jedenfalls telefonierten wir ausführlich und intensiv. Klaus Brügmanns Leben hatte durch eine ärztliche Diagnose und Prognose eine radikale Wende genommen. »Ordnen Sie möglichst schnell Ihre Dinge«, lautete der Rat des Arztes. Die Zukunft seiner Kammermusikvereinigung schien ihm bei unserem Gespräch mehr Sorgen zu bereiten, als seine persönliche. Am Ende dieses Telefonats stand fest: Klaus Brügmann werde mit seinem Vorstand sprechen und ich würde mich aller Voraussicht nach ein halbes Jahr später, bei der Mitgliederversammlung im August 2012, zur Wahl des Vorsitzenden stellen.

Zehn Jahre ist das nun her. Das erste Großprojekt des neuen Vorstands wurde die 90-Jahr-Feier unserer Vereinigung mit der Verleihung der Brahms-Medaille an die HVFK durch die Kultursenatorin Barbara Kisseler. Eine Ehrung durch den Senat, die fraglos ein, wenn nicht *der* Höhepunkt der Arbeit von Klaus Brügmann, seinen Vorstandskollegen und seinem Vorgänger Carl Rudolf Jung war. Mir wurde die Auszeichnung übergeben, mir, der ich, frisch im Amt, de facto noch gar nichts für diese Vereinigung hatte leisten können. Wem die Ehre galt, war jedoch klar und ich konnte meine Dankesworte für eine hemmungslose Lobrede auf die Geschichte, das Profil, die Arbeit, die Bedeutung und den Geist der Hamburgischen Vereinigung von Freunden der Kammermusik

Verleihung der Johannes-Brahms-Medaille durch Kultursenatorin Dr. Barbara Kisseler am 17. November 2012.

1 Klaus Brügmann, Barbara Kisseler, Carl Rudolf Jung

2 Barbara Kisseler, Ludwig Hartmann, Klaus Brügmann, Carl Rudolf Jung

3 Christoph Lieben-Seutter, Monika Wrobel, Frank Wrobel

4 Martin Huber, Monika Scholz, Helmut Büchel, Anna Maurer

Festkonzert am 15. November 2013 in der Laeiszhalle aus Anlass des bevorstehenden 90. Geburtstags von Menahem Pressler.
Vor dem Konzert: Ludwig Hartmann im Gespräch mit dem Jubilar.
Im Studio E: Ausstellung mit zahlreichen Photos aus der Karriere von Menahem Pressler.

nutzen. Die zu Feiernden standen neben dem Redner und eine jede, ein jeder im Brahms-Foyer wusste, wem die Auszeichnung galt. Es war eine seltene Gelegenheit, die vielfältigen Besonderheiten und Verdienste bester hanseatisch-ehrenamtlicher Arbeit »über den grünen Klee« zu loben, sie herauszustellen und in Anwesenheit mancher Politikerinnen und Politiker ins Bewusstsein und ins rechte Licht zu rücken. Klaus Brügmann hat auf diesen Tag hingelebt, ihn voller Freude erleben können und er ahnte wohl, dass ihm nur noch wenig Zeit bleiben würde. In diesen Tagen kümmerte er sich mit letzten Kräften darum, die künftige Zusammenarbeit von Behnke Stiftung und Kammermusikvereinigung in gesicherte Bahnen zu leiten.

VORSICHTIGE VERÄNDERUNGEN

Welche Weichen mussten nun gestellt werden? Was war zu tun? Wie konnte die Zukunft – gewiss nicht revolutionär, aber ebenso gewiss, weil notwendig, evolutionär – gestaltet werden? Durchaus uneins diskutierten wir über die Frage der Öffnung für eine breitere Mitgliedschaft (einfach beizutreten, war bisher nicht möglich) – und entschieden uns letztlich dafür. Die Grundstrukturen der Konzertreihen sollten beibehalten, jedoch ergänzt und durch zusätzliche Angebote erweitert werden. Evolutionär, nicht revolutionär. Was würde das für die kommenden Jahre konkret heißen?

Der 90. Geburtstag unserer Vereinigung lag noch nicht weit zurück, da stand schon der nächste »90.« an, der, des uns seit gut 50 Jahren verbundenen Beaux Arts Pianisten Menahem Pressler. Dieser Geburtstag sollte mit einer besonderen Veranstaltung begangen werden. So stellten wir dem Konzert mit

Menahem Pressler und dem Emerson Quartet ein ausführliches Bühnengespräch mit dem Jubilar voran. Im Studio E der Laeiszhalle hatten wir eine kleine Ausstellung mit zahlreichen Bildern aus der langen Karriere Presslers vorbereitet.

In der **Saison 2013/2014** riefen wir ein jährliches Konzert pro Saison im Mahnmal St. Nikolai ins Leben. In Zusammenarbeit mit Oliver Wille, Geiger im Kuss Quartett und Kammermusikprofessor in Hannover. »Sechs auf einen Streich« hieß es beim Premieren-Konzert mit hervorragendem Quartett-Nachwuchs und sämtlichen sechs Streichquartetten Bartóks »am Stück«.

In der ersten vom neuen Vorstand zu gestaltenden **Saison 2014/2015** planten wir zwei Themenwochenden und den Schritt aufs Wasser. »Große Pianisten als Liedbegleiter«, mit Lilya Zilberstein, Cyprien Katsaris und Sir András Schiff, hieß es im Juni 2015. Zuvor begingen wir an drei Tagen den 40. Todestag von Dmitri Schostakowitsch, u. a. mit sämtlichen 15 Streichquartetten, an einem Tag gespielt vom Atrium Quartett. Dem Projekt »Auf dem Wasser«, sechs Konzerten auf kleiner Fahrt, wohnte seitens langjähriger Kammermusikliebhaber und Kammermusikliebhaberinnen eine gehörige Portion Skepsis bei. Würde der Rahmen zumutbar und der Schiffsmotor nicht zu laut sein? Passte eine – wenn auch edle – Barkasse zur Kammermusik? Die Atmosphäre war herrlich, das Wetter spielte mit und das Schiffsgebrummel wurde durch die

Zwei neue Veranstaltungsreihen: Spitzennachwuchs im Mahnmal St. Nikolai mit Ensembles der Kammermusikklasse Oliver Wille der Hochschule für Musik, Theater und Medien Hannover

Sehr hamburgisch: Konzerte mit vorbeiziehender Elbkulisse

AUS DEN TRÜMMERN IN DIE CHAMPIONS LEAGUE

Drei-Generationen-Gesprächskonzert mit Anita Lasker Wallfisch, ihrem Sohn Raphael (rechts) und ihrem Enkel Simon, Juni 2015.

Künste von Nils Mönkemeyer, den Cellisten Jens Peter Maintz und Wolfgang Emanuel Schmidt als »Cello Duello«, von Felix Klieser und dem Minetti Quartett in Schach gehalten. Überfüllt waren die Konzerte nicht, aber teils durchaus gut besucht, und wer kam, schien von der wahrlich besonderen Atmosphäre beeindruckt zu sein.

Eine besondere Atmosphäre sehr anderer Art brachte im Juni 2015 das 3-Generationen-Gesprächskonzert mit Anita Lasker Wallfisch (schon wieder ein 90. Geburtstag!), der »Cellistin von Auschwitz«, ihrem Sohn Raphael sowie ihrem Enkel Simon.

Eine Besonderheit bei den Abonnementskonzerten der **Saison 2015/ 2016** waren der umjubelte Auftritt von Gitarren-Altmeister Pepe Romero (mit dem Cuarteto Casals) und ein Themenwochenende unter dem Motto »Festivalgruß« mit den Festival-Botschaftern Elena Bashkirova (Jerusalem), Christian Tetzlaff (Heimbach) und Jan Vogler (Moritzburg). »Auf dem Wasser« spielten unter anderem das Orlowsky Trio und das Stradivari Quartett. Auf der Suche nach einem alternativen zusätzlichen Spielort gingen wir für drei Konzerte in den »Resonanzraum« im Bunker am Heiligengeistfeld. Unter dem Motto Kammermusik*plus* brachten Dominique Horwitz und Bas Böttcher im Zusammenwirken mit Fauré- und Kuss Quartett gekonnt das Wort zur Geltung, ein weiterer Abend war brasilianisch gestaltet. Alles Versuche, das Programm evolutionär zu ergänzen und weiterzuentwickeln.

Das Logo der neuen Konzertreihe »Kammermusik*plus*«.

Mit der **Saison 2016/2017** veränderte sich das Musikleben in Hamburg durchaus revolutionär. Mit den Jahren war das Wort »Elbphilharmonie«, begleitet von etlichen Kassandra-Rufen und vielen 100-Millionen versenkten Euros, zu einem Synonym für Politik- und Planungsversagen geworden. Doch dann war sie auf einmal doch Wirklichkeit, die geschwungene Schöne auf dem Kaiserkai. Für den Vorstand unserer Kammermusikvereinigung hatte sie im Vorfeld als Bugwelle auch einiges an Diskussionen gebracht. Sollte die Elbphilharmonie unsere neue Heimat werden oder doch der wirklich gute kleine Saal der Laeiszhalle Heimat bleiben? Wir entschieden uns für ein bewusstes Sowohl-als-auch. In beiden Häusern wollten wir fortan zu Hause sein, das Bewährte bewahren und das Neue wagen. Eine Entscheidung, die sich über all die Jahre als richtig erwies. Ebenso wie die, als Kammermusikvereinigung auch im faszinierenden Großen Saal des neuen Hamburger Wahrzeichens deutliche Tupfer zu setzen. Am 4. März 2017, also gleich in der Anfangsphase der frisch eröffneten Elbphilharmonie, hauten wir mit einem sechsstündigen Kammermusikfest inhaltlich deutlich »auf den Putz«. Ausverkaufte Halle und einhellige Begeisterung für Künstler wie Christiane Karg, Sabine Meyer, Renaud Capuçon, Daniel Müller-Schott, Sergei Nakariakov, Cello Duello, das Trio di Clarone, das Modigliani Quartett und das Signum Saxophone Quartet. Der Große Saal konnte seine Stärken eindrucksvoll beweisen, der Jubel bei Presse und Publikum war groß und wir waren erleichtert, war das »Wagnis Großer Saal« doch der schönste Erfolg geworden. Völlig neu gestaltet sind seit dem Hinzukommen des edlen Neubaus im Hafen und unseren Konzerten, jetzt in beiden Hamburger Konzerthäusern, auch

Ab 2017: Zwei Heimaten der Hamburgischen Vereinigung von Freunden der Kammermusik: Laeiszhalle und Elbphilharmonie

1. KAMMERMUSIKFEST!

4. März 2017, Elbpharmonie Großer Saal
Mitwirkende: Paolo Bonomini, Victor Garcia, Jens-Peter Maintz, Daniel Müller-Schott, Janina Ruh, Zusanna Sosnowska, Ildikó Szabó, Valentino Worlitzsch, Violoncello Renaud Capuçon, Violine | Knut Erik Sundquist, Kontrabass | Ian Fountain, Vera Okhotnikova, Klavier | Christiane Karg, Sopran | Sabine Meyer, Klarinette | Sergei Nakariakov, Trompete | Bruno Schneider, Horn | Dag Jensen, Fagott | Michael Riessler, Bassklarinette, Saxophon | Pierre Charial, Drehorgel | Cello Duello | Quatuor Modigliani SIGNUM Saxophone Quartet | Trio di Clarone
Moderation: Ludwig Hartmann

Anita Lasker Wallfisch, Ehrengast beim 2. Kammermusikfest!, 23.9.2018

Das Schumann Quartett zuammen mit dem Atria Quartett, einem Ensemble der Initiative Jugend-Kammermusik Hamburg.

unsere Programmhefte. Immer noch kostenlos für die Konzertbesucherinnen und -besucher, nun aber weit mehr als ausschließlich ein knapper Programmzettel.

Auch den Bunker haben wir in der Saison 16/17 noch zweimal bespielt. Für zwei Abende unter dem Motto »Musik, die man stinken hört – Abwege der Musikkritik«. Ein Spiegel abenteuerlicher musikgeschichtlicher Fehlurteile, gefällt von großen Köpfen der Vergangenheit. Herrliche, teils mit Häme untermalte Unterhaltung. Mit Neuerungen haben wir seit jener Saison auch die beiden Abonnementreihen versehen: Die Reihe A in der Laeiszhalle schmückte nun ein Vorkonzert mit Ensembles der Initiative Jugend-Kammermusik Hamburg, und vor den Konzerten unserer Reihe B im Kleinen Saal der Elbphilharmonie boten wir ein Künstlergespräch an.

Neben dem zweiten Kammermusikfest, unter anderem mit dem Kunstpfeifer Nikolaus Habjan, dem Organisten Sebastian Küchler-Blessing und Anita Lasker Wallfisch als Ehrengast, den nun schon arrivierteren Konzerten »Auf dem Wasser« und einem Kammermusik*plus* mit dem Stradivari Quartett, das auch Tanz zu bieten hatte, brachte die **Saison 2018/2019** eine weitere Neuerung: Konzerte unter dem Motto »Nicht nur klassisch«. Der Name sagt im Grunde alles. Klassisches und Nicht-Klassisches werden in einem Konzert kombiniert. Nicht im billigen crossover, sondern künstlerisch hochwertig und bewusst gestaltet und präsentiert von hervorragenden Künstlern. Den Anfang machten das David Orlowsky Trio, das vision string quartet und Cello Duello.

Die **Saison 2019/2020** begann spektakulär und brachte mittendrin die Vollbremsung. Corona. Einer überragenden ersten Saisonhälfte folgte die große Stille. Mit einem üppigen Wochenende – mit sämtlichen 17 Streichquartetten des polnischen Komponisten Mieczysław Weinberg zu dessen 100. Geburtstag – hatten wir die Spielzeit eröffnet. Der führende Weinberg-Forscher David Fanning war aus Manchester angereist und gab im Gespräch vor jedem der fünf Konzerte hochinteressante Einblicke in das Schaffen dieses weitgehend vergessenen, großartigen Komponisten. Musikalisch gestaltete das Quatuor Danel diesen künstlerischen Kraftakt. Ein deutschlandweit singuläres, vielbeachtetes Ereignis. Das Jahr 2020 sollte den Gesamtzyklus der Beethoven'schen Streichquartette mit dem Quatuor Ébène bringen und startete mit gerade einmal einem Konzert, bevor Corona Europa und die ganze Welt überrollte. Auch ein geplantes »Kammermusikfest! Beethoven« fiel Corona zum Opfer. Gerade noch durchführen, ohne eine Ahnung dessen, was sich im fernen China zusammenbraute, konnten wir eine weitere Neuerung: Das erste Portraitkonzert im Großen Saal der Elbphilharmonie mit der Klarinettistin Sharon Kam. Von der stillsten Kammermusik, dem Klarinettenquartett Krzysztof Pendereckis, bis zum »Superhit«, Mozarts KV 622, war es ein faszinierendes Konzertereignis in der ausverkauften Elbphilharmonie vor begeistertem Publikum.

Die Folgezeit brachte Stille. Umplanen und ausfallende Konzerte waren eine unschöne Herausforderung. Einen gewissen Trost brachte der Ausflug nach Planten un Blomen im August 2020 für drei Open Air Konzerte. Die durften stattfinden und brachten quasi alles, was Open-Air-Flair ausmachen kann: Konzertgenuss bei tropischer Hitze in schönster Park-Atmosphäre wie auch Wolkenbrüche, die kerniges Durchhaltevermögen erforderten.

Ebenfalls coronageschädigt verlief die **Saison 2020/2021**, die uns jedoch mit dem großen Saal der Laeiszhalle, Lieblingssaal des unvergessenen Sir Georg Solti, einen wundervollen Ausweichort schenkte, der sich als hervorragend geeigneter Kammermusiksaal offenbarte. Dies übrigens nicht zum ersten Mal. So hatte an gleicher Stelle im Februar 2007 das Hamburger Abschiedskonzert des Alban Berg Quartetts stattgefunden.

Jacques Ammon und Eckart Runge am 22. August 2020 in Planten un Blomen

Das Quatuor Ébène mit seinem Cellisten Raphaël Merlin (links) bei den Proben im Großen Saal der Laeiszhalle

Die Saison 2020/2021, dieser Prototyp von Hin und Her, von Absage, Neuplanung und Wiederabsage, brachte Konzertbesucherinnen und -besuchern doch einige unvergessliche kammermusikalische Sternstunden, wie beispielsweise die Konzerte des Beethoven-Zyklus mit dem Quatuor Ébène. Absurden Umständen – stundenlanges Warten der Quartettmitglieder auf Einlass-Erlaubnis in die Laeiszhalle nach Zug-Anreise von Paris über Frankfurt (dort flink die Corona-Tests absolviert) nach Hamburg, wegen ausbleibender Bestätigung der negativen Corona-Tests (man durfte ohne negativen Test auch nicht in das gegenüberliegende Hotel und überhaupt »nirgendwo« hin) – folgten intensivste Beethoven-Interpretationen »wie von einem anderen Stern«. Konzentrierteste Stille nach den letzten Tönen – und dann Jubel, Jubel, Jubel. Das nach Musik dürstende Publikum wollte das Quartett einfach nicht wieder gehen lassen. Am Anfang des Konzertes war es für die Musiker kaum möglich gewesen, mit dem Spielen zu beginnen. Kaum einmal, so der Ébène-Cellist Raphaël Merlin, sei das Quartett derart umjubelt empfangen worden. Kein Wunder, hatte das Publikum doch erfahren, welchen »Leidensweg« die vier zuvor hinter sich gebracht hatten.

Dererlei Geschichten brachte diese Corona-Saison einige mit sich. Vielen ausgefallenen Konzerten standen schönste Erlebnisse wie ein Kammermusikfest (u. a. mit virtuoser Blockflöte) und ein Saison-Finale mit dem Portraitkonzert des Cellisten David Geringas in der Elbphilharmonie gegenüber.

Mit einem wahren Unikat starteten wir in die **Vor-Jubiläums-Saison 2021/2022**. »Mehr Demokratie wagen!« hieß es am Tag der Bundestagswahl beim 4. Kammermusikfest. Die Wahlbeteiligung in der Elbphilharmonie lag bei knapp 100 Prozent und das Publikum wählte, dass es eine Freude war. Der Ehrlichkeit halber sei aber festgestellt: »Verwählen« war hier kaum möglich, es kämpfte immer nur das eine Großartige gegen ähnlich großartiges Anderes. Berühmte Musik wie auch weitestgehend Unbekanntes begeisterten ebenso wie alle Musikerinnen und Musiker: David Orlowsky, das ATOS Klaviertrio und

»Mehr Demokratie wagen« beim 4. Kammermusikfest!

das Schumann Quartett. Mit dem Portraitkonzert von Eckart Runge, dem allerletzten Auftritt des Auryn Quartetts beim 5. Kammermusikfest nach 40 Jahren Quartettkarriere und dem »Gipfeltreffen«, einem Oktettkonzert mit Belcea Quartet und Quatuor Ébène im Großen Saal der Laeiszhalle, seien weitere Saisonhöhepunkte genannt.

OPTIMISTISCH IN DIE ZUKUNFT

Hinter der Hamburgischen Vereinigung von Freunden der Kammermusik liegt eine Dekade, die wir uns im Jahr 2012 in dieser Art kaum hätten träumen lassen. Die Besucherzahlern stiegen kontinuierlich, ausverkaufte Säle wurden ein beinahe gewohntes Szenario. Corona kam – wie für viele andere Veranstalter auch – brutal dazwischen und brachte der scheinbar unaufhaltbar positiven Entwicklung zwischenzeitlich ein zumindest vorläufiges Ende. Und noch heute, im Frühjahr 2022, blicken wir gespannt auf das Verhalten der Konzertbesucherinnen und Konzertbesucher. Werden sie letztlich wieder unbeschwert, zuverlässig und in Scharen in die Konzerte strömen? Wie wird die Kleine Laeiszhalle in der Saison 2022/2023 angenommen werden? Wird dieser akustisch so ausgesprochen gute Saal wieder seine Zuhörerinnen und Zuhörer in großer Zahl anlocken? Die Laeiszhalle hat es, so scheint es aktuell, ungerecht schwer mit ihrem Image, ebenso wie es die Elbphilharmonie – immer noch (herrlich) ungerecht – unvergleichlich leichter hat. Sie gilt auch fünf Jahre nach Eröffnung noch als »sexy«, wenn auch der erste Hype vorüber ist.

Und wie planen wir Kammermusikfreunde die nahe und mittlere Zukunft? Der Plural von »Heimat« kann etwas schönes sein! Wir werden in beiden Kleinen Sälen präsent bleiben und unsere Abonnement-Reihen fortführen. Im Großen Saal der Elbphilharmonie werden wir weiterhin Kammermusikfeste und Portraitkonzerte veranstalten und dann und wann auch sehr gern den Großen Saal der Laeiszhalle bespielen.

Die mehr oder weniger müßige Diskussion darüber, ob Hamburg eine Musikstadt sei, ist glücklicherweise weitgehend verstummt. Was sollte sie auch bringen? Fraglos wird Hamburg seit der Eröffnung der Elbphilharmonie als Musikstadt weltweit beachtet. Ein wundervolles, ein spektakuläres Haus, das auch international eine ungeheure Anziehungskraft ausstrahlt. Nicht nur die klassische Musik in Hamburg profitiert davon. Auch für unsere Vereinigung brachte der auf die Musik gerichtete Fokus in unserer angeblich so pfeffersäckischen Stadt ordentlichen Rückenwind. Musik wird, so scheint es, wichtiger genommen als je zuvor. Und nach langen Jahren des Spotts ist die »Elphi« längst in Kopf und Herz der meisten Hamburgerinnen und Hamburger angekommen. Dazu, dass die altehrwürdige Laeiszhalle – mit ihrem vielleicht optisch nicht ganz so schönen Kleinen Saal – wieder mehr und mehr in den Fokus rückt, möchten wir mit unseren dortigen Konzerten kräftig beitragen. Seine Akustik jedenfalls muss weit und breit keine Konkurrenz fürchten.

Vieles aus der Kammermusik gehört zum Edelsten, was sich menschliche Gehirne ausgedacht haben. Viele Kammerkonzerte waren, sind und bleiben ein Fest für Ohren, Herz und Seele. Gewiss nicht nur, aber auch als Gegengewicht zur sich scheinbar immer schneller und lauter drehenden Welt. Dass Kammerkonzerte seit Jahren auch mehr und mehr von jüngeren Menschen besucht werden, stimmt uns sehr positiv. Unsere eigenen Aktivitäten mögen einen Teil dazu beigetragen haben. Evolutionär werden sich die Konzerte auch zukünftig weiterentwickeln. Nie jedoch werden wir bei der HVFK nach oberflächlichen Gags Ausschau halten oder die Inhalte verraten. Und bei aller Konkurrenz durch eine geradezu irrwitzig breite Palette an konkurrierenden Angeboten unterschiedlichster Art wird das unvergleichliche Erleben eines hervorragenden Kammerkonzerts doch immer einzigartig bleiben. Verpackung kann durchaus hilfreich und wichtig sein, ergänzende Inhalte und auch andere Orte können und sollen ein breiteres zusätzliches Publikum für die Kammermusik interessieren. Der phantastische Kern, um den es geht, wird jedoch immer die gespielte Musik sein. Gespielt von bewährten und nachstrebenden Ensembles der Spitzenklasse, so wie es sich unsere Gründungsväter Emanuel Fehling und Georg Tillmann schon im Jahr 1922 zum Ziel gesetzt hatten. Was seit nunmehr 100 Jahren gelungen ist, sollte und wird auch in den kommenden Jahrzehnten das Ziel der Hamburgischen Vereinigung von Freunden der Kammermusik bleiben.

DAS BESTE STEHT NICHT IN DEN NOTEN

Mit einigen Zitaten begann dieser kurze Abriss zur Geschichte unserer Vereinigung seit 1949. Keines der Zitate – und es gibt viele mehr – ist ohne Bezug zur Kammermusik.

Das Quartetto di Cremona und Eckart Runge nach dem Konzert des Schubert Quintetts beim 2. Kammermusikfest!

Albert Einsteins Gedanken haben wir gleich zu Beginn fröhlich salutierend an uns vorbeiziehen lassen.

Dass »*Musik eine Reflexion der Zeit ist, in der sie entsteht*« (Diana Ross), erleben Konzertbesucherinnen und -besucher Komposition für Komposition und sie ist einer der Gründe dafür, warum Musik so viel mehr ist, als nur eine »schöne Beschallung« und angenehme »Unterhaltung zum Abschalten«.

Dass Musik tröstlich sei, stellt Vincent van Gogh fest. Dass sie es sein kann, werden die meisten von uns schon erlebt haben; im Persönlichsten, wie auch bei gesellschaftlichen Erschütterungen. Auch bei unseren Kammerkonzerten, etwa, als das französische Trio Wanderer direkt nach den Terroranschlägen von Paris mit Trikolorenschmuck am 20. November 2015 in der Kleinen Laeiszhalle bei uns spielte.

Gustav Mahlers Feststellung, dass das Beste in der Musik nicht in den Noten stehe, ist gewiß unstrittig. Auch in der Kammermusik. Ebenso Richard Wagners Aussage, die Musik sei Sprache der Leidenschaft. Zumindest, so wollen wir zugestehen, *eine* Sprache der Leidenschaft.

Ganz nach oben ins Regal griff der schottische Essayist und Historiker Thomas Carlyle mit dem Musik-Begriff als »Sprache der Engel«. Und doch: Fallen Ihnen, die Sie diese Zitate lesen, nicht auch so manche Takte, manche Sätze oder gar ganze Werke ein, die geradezu danach rufen, als ebensolche »Sprache der Engel« bezeichnet und empfunden zu werden?

Das Publikum unserer Konzerte gibt der Musik genau jene Chance, die Sir Yehudi Menuhin (»Die Musik spricht für sich allein. Vorausgesetzt, wir geben ihr eine Chance«) ihr gegeben sehen wollte. Nie wollen die Lobpreisungen »unserer« Ensembles auf das Hamburger Kammermusikpublikum enden. Derart konzentrierte Ruhe ist wahrlich keine Selbstverständlichkeit in deutschen und internationalen Konzertsälen. Und selbst im Großen Saal der Elbphilharmonie schafft es der aus Kammermusikbegeisterten bestehende Kern der Zweitausend in aller Regel, alle anderen mit seiner Konzentration anzustecken. Kann jemand, der beispielsweise das Schubert Quintett (Quartetto di Cremona und Eckart Runge) bei unserem 2. Kammermusikfest erlebt hat, die faszinierende, konzentrierte Stille im Publikum, über 60 Minuten andauernd, jemals vergessen? Es war unglaublich!

Johannes Brahms' »Es ist nicht schwer, zu komponieren. Aber es ist fabelhaft schwer, die überflüssigen Noten unter den Tisch fallen zu lassen« treffend zu beurteilen, überlassen wir wohl besser den Komponisten unter uns Kammermusikfreunden.

GROSSARTIGE LITERATUR

Was gibt es für schier endlos viele großartige Kammermusikwerke, die die Hamburger Kammermusikfreundinnen und -freunde Konzert für Konzert begeistern. Natürlich stehen die Großmeister der Gattung immer wieder auf den Programmen. Warum auch sollte man das Beste weglassen?!? Aber es gibt eben immer auch viel Neues, wenig Bekanntes oder auch Vergessenes zu entdecken. Und genau diese Werke erbitten wir von »unseren« Ensembles auch stets aufs Neue. Saison für Saison. Bis hin – wie oben erwähnt – zu einem ganzen Wochenende mit sämtlichen 17 Streichquartetten des hervorragenden und vom Schicksal gebeutelten Komponisten Mieczysław Weinberg. Was für ein Erlebnis! Auch neue, zeitgenössische Musik ist in unseren Konzertprogrammen zu finden. Aber eben auch ältere wenig bekannte Werke. Auch auf diesem Weg werden wir weiterschreiten und Zusätzliches wagen. Von zwei Hamburger Kaufleuten mit jüdischem Hintergrund ist unsere Vereinigung gegründet und in ihrer ersten Dekade bestimmt worden. Aus Anlass des 100-jährigen Bestehens möchten wir zukünftig Jahr für Jahr ein Konzert mit Werken ins Programm nehmen, in dem ausschließlich Musik erklingt, die während der »1 000 Jahre« von 1933 bis 1945 keine Chance hatte. Den Anfang macht ein Kammermusikfest am 19. Februar 2023 unter dem Motto: »Gerettete Klänge«. Neue Wege werden wir auch in den kommenden Jahren zu gehen versuchen. Wir sind froh darüber, dass das Hamburger Publikum uns bisher auf diesen Wegen vertrauensvoll und in bestem Sinn neugierig gefolgt ist. Das Vertrauen ist offenbar vorhanden und wir hoffen, es auch zukünftig rechtfertigen zu können.

VERTRAUEN, MITSTREITER, UNTERSTÜTZER

Vertrauen ist bekanntlich stets ein sorgsam zu pflegendes Gut. Großes Vertrauen bestand und besteht zwischen den Vorständen der HVFK und ihren verschiedenen Mitstreitern. So gab es über Jahrzehnte eine intensive und zuverlässige Zusammenarbeit mit der Konzertdirektion Dr. Goette. Nach Umstrukturierungen bei Goette haben sich die Wege im Jahr 2015 – absolut friedlich – getrennt. Dass die folgende, neue Zusammenarbeit mit dem Künstlersekretariat Sudbrack für unsere Vereinigung ein absoluter Glücksfall werden sollte, war – zumindest in diesem Ausmaß – kaum vorherzusehen. Eine fachlich wie persönlich bessere Konstellation scheint mir nicht vorstellbar. Eine Trennung gab es vor Jahren auch von der Konzertkasse Gerdes. Diese fiel uns, nach vielen Jahren guter Zusammenarbeit, nicht leicht, schien uns jedoch durch das deutlich ausgeweitete Programm unsererseits und die Dominanz der HH Musik andererseits notwendig. Auch die Zusammenarbeit mit den Kolleginnen und Kollegen der Elbphilharmonie läuft reibungslos, engagiert und erfreulich.

Ausbaufähig ist für unsere Vereinigung sicherlich die »Verkaufe«. Wir neigen seit bald einem Jahrhundert zu allzu viel Understatement und werden – in Maßen – daran zu arbeiten versuchen.

Immer wieder konnte und kann sich unsere Hamburgische Vereinigung von Freunden der Kammermusik über engagierte Mitstreiter freuen, und auch manche Stiftung konnten wir zur Unterstützung gewinnen. Größter Dank in memoriam gilt dem Ehepaar Dr. Behnke, dessen Stiftung unsere Arbeit zuverlässig und ganz im Sinne des Ehepaars Behnke unterstützt. Ein herzlicher Dank auch an den Vorstand der Behnke Stiftung. Zuwendungen haben wir für konkrete Projekte von der Carl-Toepfer-Stiftung und der Alfred Toepfer Stiftung erhalten. Zum großen Jubiläum durften wir uns über großzügige Spenden der Hans Brökel Stiftung sowie der ZEIT-Stiftung Ebelin und Gerd Bucerius freuen. Und vor bald drei Jahren beglückte uns eine Art Weihnachtsüberraschung. Eine ältere Dame von 99 Jahren, langjährige frühere Abonnentin, suchte den Kontakt und bat, doch eine größere Summe spenden zu dürfen. Die Kammermusik sei über ihr ganzes Leben eine ihrer »großen Lieben« gewesen. Es folgten einige menschlich beglückende Begegnungen und eben eine sehr großzügige Spende. Unterstützung dieser Art hilft unserer ehrenamtlichen Arbeit verständlicherweise extrem. Und sie gibt einen wunderbaren »Rückenwind«.

Hoffen wir, dass sich in Hamburg auch in Zukunft immer wieder Menschen finden werden, die die Sache der so gar nicht marktschreierischen Kammermusik tatkräftig und auch pekuniär unterstützen werden. Es ist eine Arbeit in bester hanseatischer Tradition, die seit nunmehr einem Jahrhundert die internationale Klasse der Kammermusik in unsere Stadt holt.

»Über Musik kann man am besten mit Bankdirektoren reden. Künstler reden ja nur übers Geld« äußerte vor Jahren der Komponist Jean Sibelius. Wir

Eye Catcher zum Auftakt der Saison 2020/21 in Hamburgs Straßen

sprechen mit den Musikerinnen und Musikern sehr gern auch immer wieder – und vor allem – über die Musik, über die Kunst, die Programme und über die Welt. Finanzfragen haben inzwischen in aller Regel die Agenturen in ihren Händen. Auch diese Zusammenarbeit – für die HVFK zum größten Teil vom Künstlersekretariat Sudbrack erledigt – gestaltet sich in den meisten Fällen durchaus erfreulich, auch wenn die Interessen zwangsläufig nicht immer parallel laufen.

Seit 100 Jahren holt die Hamburgische Vereinigung von Freunden der Kammermusik Spitzenensembles aus aller Welt nach Hamburg. Es gibt mutmaßlich nur wenige Hundertjährige, die sich mit derart fröhlicher Energie auf all das freuen, was sie in ihrer hoffentlich noch langen Zukunft erwartet. Nichts spricht für Müdigkeit oder gar Altersschwäche. Der Vorstand der HVFK, alle Mitglieder der Vereinigung und viele Menschen darüber hinaus werden dafür sorgen, dass die Kammermusik in Hamburg eine lebendige und strahlende Zukunft haben wird. Viele neue Ensembles drängen Jahr für Jahr auf die Bühnen und zahlreiche renommierte Formationen reisen immer wieder nach Hamburg, um bei uns zu spielen. Die Musik wird natürlich auch in den kommenden Jahren die Hauptrolle bei unserer Arbeit spielen. Und ab und zu erfreuen wir uns an dem eingangs zitierten Gedanken des früheren Bundespräsidenten Richard von Weizsäcker: »Es wäre keine menschlich überzeugende Gesellschaft, der alles wertlos gilt, was nicht bezahlt wird.«

Eine falsche Note zu spielen,
ist unbedeutend.
Ohne Leidenschaft zu spielen,
ist unentschuldbar.

Ludwig van Beethoven

VALENTIN ERBEN

VOM ZAUBER DER ZAHL VIER

EINE ERINNERUNG AN DAS ALBAN BERG QUARTETT

»Die himmlische Vierheit« nennt Herbert Rosendorfer das Streichquartett in seinem köstlichen Buch »Briefe in die chinesische Vergangenheit«. Wir unterscheiden vier Himmelsrichtungen, die Zahl vier spielt eine wichtige Rolle in der jüdischen Zahlensymbolik, die abendländische Kultur spricht von den vier Elementen. In jedem Fall hat es mit der Zahl vier eine kulturhistorische Bewandtnis.

Im Zeitalter der Aufklärung entstand die Gattung des Streichquartetts, Joseph Haydn führte sie wenig später auf einen Gipfelpunkt. Seither und bis heute stellt das Streichquartett für viele der bedeutenden Komponisten die größte Herausforderung dar: Im harmonischen System der Klassik benötigen wir vier Stimmen für einen vollständigen Akkord. Das Streichquartett ist also die kleinste Einheit, mit der der Komponist bereits den gesamten Kosmos der harmonischen Vielfalt darstellen kann. Zugleich ist es aber auch ein asketischer Klangkörper. Er erlaubt keine Klangeffekte wie das Orchester mit seiner Vielfalt an Instrumenten.

Der Komponist ist aufgerufen, mit Hilfe reinster Struktur einen größtmöglichen Reichtum an Emotionen hervorzurufen. Wie ein geschliffener Kristall, der in unendlicher Vielfalt reflektiert. Und so haben sich viele der großen Komponisten der Form des Streichquartetts bedient, um ihre persönlichsten Bekenntnisse zu offenbaren.

Kein Wunder, dass auch auf den ausübenden Musiker diese Form eine geradezu magische Anziehungskraft ausübt. Für welchen Spieler eines Streichinstruments, ob Profi oder Amateur, ist das Quartettspiel nicht das höchste Ziel? So mancher träumt davon, es einmal zu seinem Beruf zu machen.

Günter Pichler, mit jungen Jahren bereits Konzertmeister der Wiener Philharmoniker, hatte wohl auch so einen Traum. Nachdem er seine Position zugunsten des hochkarätigen Streicherensembles »Die Wiener Solisten« aufgegeben hatte, machte er zehn Jahre später, 1969, den nächsten Schritt.

Ich war damals gerade von meiner letzten Studienetappe in Paris nach Wien gegangen, voller noch ungeformter Hoffnungen. Zusammen mit dem Bratschisten Hatto Beyerle gaben Günter und ich einen Streichtrio-Abend. Ein paar Wochen später rief mich Günter an und sagte: »Valentin, Streichtrio spielen ist ja ganz schön, aber irgendwann will man dann doch vielleicht Streichquartett spielen. Wollen wir das nicht gleich machen?«

Das war ein Schicksalsmoment in meinem Leben. Günter bemerkte mein kurzes Zögern: »Bin ich Dir nicht gut genug?« – »Günter, um Gottes Willen, niemals«, erwiderte ich und erzählte ihm von meinen vagen Ambitionen einer solistischen Laufbahn. Kurz zuvor hatte ich den ARD-Musikwettbewerb gewonnen, und da macht man sich dann leicht solche Flausen.

Günter meinte, es bleibe mir unbenommen, das Quartett zu verlassen, sollte sich der Solotraum konkretisieren. Rückblickend glaube ich, dass er mich bereits gut genug kannte, um meine Persönlichkeit richtig einzuschätzen, und daher diesen Traum nicht allzu ernst nahm.

Unser Telefonat dauerte nicht sehr lange. Zwei Aspekte waren für mich bestimmend: Zum einen war die Musik seit frühester Kindheit ein zentraler Bestandteil meines Lebens. Meine Mutter war Pianistin, mein Vater Amateurgeiger. Die humanistischen Ideale der Musik, insbesondere auch des Streichquartettspiels wurden mir vermittelt, bevor ich denken konnte. So gesehen war meine Entscheidung wahrscheinlich schon lange zuvor gefallen.

Zum anderen wusste ich intuitiv und hatte das Vertrauen, dass Günter Pichler das, was er machte, zielstrebig und professionell machen würde.

Der Grundstein für das Alban Berg Quartett war gelegt. Ich war mit 24 Jahren damals der Jüngste im Quartett. Klaus Mätzl, an der zweiten Geige, war wie Hatto Beyerle ein langjähriger Freund und Kollege von Günter.

Ein Wiener Kunstmäzen arrangierte für uns ein Hauskonzert. Er lud auch Helene Berg ein, die Witwe Alban Bergs, da wir sie bei dieser Gelegenheit um ihre Einwilligung bitten wollten, den Namen »Alban Berg Quartett« zu tragen. Gerne gab sie uns ihr Einverständnis.

Helene Berg bewohnte eine Wohnung in Hietzing, in der sie auch zuvor mit Alban gewohnt hatte. Da meine Wohnung nicht weit davon entfernt lag, nützte ich öfter die Gelegenheit, Helene Berg aufzusuchen, und durfte sie als hochkultivierte und feine alte Dame der Wiener Gesellschaft kennenlernen. Im Juni 1976, kurz vor ihrem Tode, besuchte ich sie noch einmal zusammen mit meiner Frau, um ihr unseren neugeborenen ersten Sohn Sebastian vorzustellen. Wir hatten ihm als dritten Taufnamen »Alban« gegeben. Als ich dies Frau Berg etwas verschämt erzählte, rief sie lebhaft aus: »aber Sie sollen ihn auch Alban rufen!« Wir waren gerührt, wagten dann aber doch nicht, ihr zu folgen.

Wer Erfolg haben will, muss sehr gut in seinem Fach sein. Er muss dann aber auch die Gunst des Schicksals nützen können, wo sie sich bietet.

Seit dem Schuppanzigh Quartett zu Beethovens Zeit gilt Wien als die Hochburg des Streichquartetts. Bis heute rekrutieren sich Streichquartette aus den

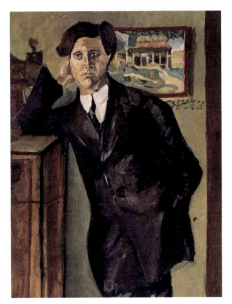

Arnold Schönberg,
Alban Berg, 1910 (Ausschnitt)

Arnold Schönberg,
Helene Nahowski-Berg, 1910

Reihen der Wiener Philharmoniker beziehungsweise Symphoniker. Sie leisten bewundernswerte Arbeit, können jedoch auf internationaler Ebene nicht wirklich bestehen, da sie neben dem Orchester für Probenarbeit und Konzertreisen einfach nicht genügend Zeit haben. So gab es damals kein Wiener Streichquartett, das sich international einen Namen gemacht hätte. Europaweit war nach den großen »alten« Quartetten wie dem Amadeus Quartett oder Quartetto Italiano, dem Vegh Quartett, Smetana Quartett, Janáček Quartett, dem Ungarischen Streichquartett ein Vakuum eingetreten.

Noch ein Umstand kam uns entgegen: Es gab in Europa – mit Ausnahme des Quartetto Italiano – und insbesondere in Wien kein Quartett, das Werke der Zweiten Wiener Schule im Repertoire hatte. Man musste amerikanische Streichquartete einladen, wie das Juilliard Quartet oder LaSalle Quartet, um diese Musik dem heimischen Publikum nahezubringen.

Da uns aber neben dem klassischen Repertoire gerade diese Musik besonders am Herzen lag, was wir ja auch mit unserem Namen dokumentierten, lag es auf der Hand, dass wir hier eine Lücke füllen konnten, ja mussten. So enthielt in der Folge jedes unserer Konzerte zumindest ein Werk des 20. Jahrhunderts. Die Ausnahmen dieser Praxis kann man an einer Hand abzählen.

Ausnehmen muss ich davon die zwei Jahre, in denen wir überwiegend den integralen Zyklus der Quartette Beethovens aufführten. Interessanterweise vergrämten wir damit einen Teil unseres Wiener Publikums, das nach anfänglichem Widerstand unsere gemischten Programme liebgewonnen hatte.

Bevor wir unsere Konzerttätigkeit begannen, gingen wir für ein Jahr nach Cincinnati/Ohio »in Klausur«, um ein Jahr mit den Mitgliedern des LaSalle Quartet, vornehmlich mit deren Primarius Walter Levin, zu arbeiten. Levin lehrte uns, zwar nicht mit der »Wiener Tradition« zu brechen, aber sie zu hinterfragen und durch, wie er es nannte, »wahrhaftiges« Lesen des Notentextes zu unserem eigenen Verständnis zu gelangen. Durch das Erarbeiten der Werke der Zweiten Wiener Schule, beispielsweise der »Lyrischen Suite« von Alban Berg, für welche wir keine Referenz hatten und deren Text wir unvoreingenommen entziffern mussten, erschloss sich uns auch ein neuer Zugang zu den Werken der Klassik. Nicht dass wir jetzt alles anders machen wollten, aber wir lernten, frei von unreflektierten Zwängen der Gewohnheit an ein Quartett wie zum Beispiel »Der Tod und das Mädchen« heranzugehen, von dem wir glaubten, es bereits bestens zu kennen.

Erfahrungsgemäß erschließen sich die Vorstellungswelten der großen Komponisten auf diese Weise viel eher, als wenn man die zuletzt gehörte Interpretation heranzieht – und sei sie noch so vollendet.

Während unseres Studienaufenthalts in den USA bereiteten wir aber auch schon unsere zukünftige Konzerttätigkeit vor. Die Wiener Konzerthausgesellschaft bot uns für die darauffolgende Saison 1971/72 einen Zyklus von sechs Konzerten im Jahr an. Das für ein junges Streichquartett äußerst respektable Honorar wurde von der Ersten Österreichischen Sparkasse übernommen. Die Konzerte fanden zunächst im Schubertsaal statt, dem kleinen Saal mit etwa 400 Plätzen.

Bald übersiedelten wir in den etwa doppelt so großen Mozartsaal, der weltweit einer der schönsten und akustisch besten Konzertsäle für Kammermusik ist. Bald erwies sich auch dieser Saal für unser wachsendes Publikum zu klein. Inzwischen hatte übrigens das Konzerthaus selbst das Honorar übernommen.

Eine vornehmlich wirtschaftlich agierende Institution hätte nun vielleicht unsere Konzerte kurzerhand in den Großen Saal des Konzerthauses verlegt, was freilich auf Kosten der Intimität von Kammermusik gegangen wäre. Stattdessen aber spielten wir weiter im vollbesetzten Mozartsaal, allerdings jedes Programm an zwei aufeinander folgenden Abenden.

Im Großen Saal spielten wir auf Einladung von Maurizio Pollini an zwei Abenden mit ihm ein Mozartprojekt, in welchem wir die beiden Klavierquartette und dazu jeweils ein Streichquintett aufführten.

Sechs Programme pro Saison waren natürlich eine große Herausforderung für uns. Die erforderliche Probenarbeit war zeitintensiv. Von Anfang an waren wir uns einig gewesen, dass das Streichquartett absolute Priorität in unserem Leben haben sollte. Um aber andererseits eine wirtschaftliche Basis zu haben, die uns in der Planung der Konzerte unabhängig machen sollte, hatte jeder von uns eine Professur an der heutigen Universität für Musik und darstellende Kunst in Wien. Für ein ungetrübtes Privatleben war diese Doppelbelastung nicht die beste Voraussetzung!

Ich glaube, dass der Beruf des Musikers – in dem besonderen Fall das Streichquartettspiel als Beruf – leicht missverstanden wird, etwa so: »Wie schön muss es sein, sich geistig über Musik auszutauschen und sein Hobby als Beruf zu haben!«

Streichquartett spielen bedeutet im Probenalltag vornehmlich, dass die vier Spieler eine vollkommene Balance untereinander finden, im künstlerischen wie auch im allgemein menschlichen Sinne. Natürlich muss man sich einig sein über Grundkriterien der Interpretation wie Charakter eines Stückes, Tempo usw. Dann aber geht es um deren handwerkliche Realisierung mit der übergeordneten Forderung, dass die vier Individuen bei aller Wahrung ihrer Eigenart zu einer lebendigen Gemeinsamkeit finden.

Es fängt an mit der Intonation, die beim Streichinstrument nichts Absolutes ist. Der Finger der linken Hand, der die Tonhöhe am Griffbrett bestimmt, ist kein Punkt, sondern ein Wesen aus Fleisch und Blut. Diesem Umstand verdankt das Streichquartett unter anderem seinen Reichtum an Farben. Natürlich muss der Spieler sauber spielen, doch zum lebendigen und harmonischen Ereignis wird dies erst im Zusammenwirken der vier Spieler.

Dann geht es um die klangliche Balance. Je höher die Ansprüche, die die Spieler an ihr Klangspektrum stellen, desto vielfältiger und zerbrechlicher werden die physischen Vorgänge, die dorthin führen.

Erst wenn diese beiden Forderungen erfüllt sind, kann das ungeheuer reiche Spektrum der Obertöne erklingen.

Sehr wichtig ist auch das, was wir als »Tempo« bezeichnen. »Tempo« heißt »Zeit«. Es ist keine starre Zahl am Metronom. Sicher kann das Metronom zur Hilfe genommen werden, gerade wenn vier Musiker sich einigen müssen. Doch dann braucht jeder eben seine Zeit, um eine Phrase zu gestalten, und zugleich müssen die vier eine Gemeinsamkeit finden im Umgang mit dieser Zeit. Das kann nur gelingen, wenn sich jeder im Bezug zum anderen erlebt und bereit ist, seinen Beitrag zum Gleichgewicht der Gruppe zu erbringen.

Diese sensiblen Vorgänge können nur im gegenseitigen Vertrauen, in gegenseitiger Übereinstimmung funktionieren. Musik hat – und Gott sei Dank – mehr mit Emotionen zu tun als so mancher andere Beruf. Musiker sind aber auch Menschen, haben als solche ihre persönlichen Sichtweisen und sind befangen in ihren eigenen persönlichen Wahrnehmungen.

Aus meiner Sicht ist jede Quartettprobe Teil des Weges, diese Balance in all ihren Facetten zu finden. Er ist nie abgeschlossen und muss in jeder Probe wieder neu gegangen werden. Selbstverständlich wird auf diese Weise die Balance im Quartett ständig verbessert und verfeinert. Doch wenn nicht jeden Tag von Neuem an ihr gearbeitet wird, stagniert sie nicht etwa, sondern sie verfällt.

Jeder gemeinsamen Probe geht die individuelle Arbeit am Instrument voraus. Zum einen muss jeder an seinen spieltechnischen Fähigkeiten arbeiten, zum anderen soll er sich bestmöglich auf das Stück vorbereiten, das dann geprobt wird. Das beinhaltet die Kenntnis des Stückes, der Partitur, zu wissen, was die anderen zu spielen haben, und das Realisieren von instrumental besonders schwierigen Stellen. Im Idealfall soll die gemeinsame Probe nur dazu dienen, an der vorher erwähnten Balance zu arbeiten und musikalische Zusammenhänge zu überprüfen, zu überdenken.

Oft stellt sich heraus, dass ein scheinbar musikalischer Dissens auf technische Mängel eines Spielers zurückzuführen ist. Hier kommt ein ganz wichtiges Element der Ensemblearbeit ins Spiel: die Kritik am Anderen. Es ist naturgemäß schwer, Kritik zu akzeptieren. Fast noch schwerer ist es aber, in konstruktiver Weise zu kritisieren, so dass der Kollege die Kritik auch annehmen kann und sie nicht als Bosheit des Anderen empfindet. An einem Mangel dieser Kritikfähigkeit (in beide Richtungen) kann eine Gruppe zerbrechen. So viele Komponenten müssen zusammenkommen, damit eine Gruppe hält. Musik lebt von Emotionen, und bei Emotionen kann man nur schwer Kompromisse eingehen.

Vielleicht ist der Leser ein bisschen ernüchtert, von dieser trockenen Probenarbeit zu hören, wo es doch letztlich um ein Kunsterlebnis geht. Maurice Ravel unterscheidet hier radikal zwischen der Aufrichtigkeit des Künstlers und seinem Gewissen: Aufrichtigkeit stelle nur dann einen Wert dar, wenn das Gewissen sie offenbar werden lasse:»Dieses Gewissen zwingt uns dazu, selbst gute Arbeiter zu werden. Mein Ziel ist daher technische Perfektion. Zweifellos hat die Kunst andere Wirkungen, aber der Künstler (meiner Meinung nach) kein anderes Ziel.« Ich denke, es besteht wohl eine Wechselwirkung zwischen künstlerischer Vision und deren handwerklicher Realisierung.

Während der ersten 10 Jahre unseres Bestehens hatten wir zweimal einen Wechsel in der Besetzung. Zunächst übernahm Gerhard Schulz die zweite Geige. Als dann drei Jahre später Thomas Kakuska den ersten Tag am Bratschenpult saß, spürte ich instinktiv, dass nun der (Halb-)Kreis geschlossen war. Nicht dass nun alles reibungslos verlief, aber es herrschte innere Geschlossenheit. 25 Jahre sollte diese Gemeinschaft andauern.

Der Zyklus im Wiener Konzerthaus war natürlich ein schöner Start unserer Karriere. Wir hatten sofort Erfolg. Die Wiener »Presse« schrieb über das erste Konzert »Das Wunder namens Alban Berg Quartett«.

Eine der großen europäischen Konzertagenten, Hans Ulrich Schmid, hatte schon die »Wiener Solisten« unter Vertrag gehabt. Im Vertrauen auf Günter Pichler übernahm Schmid von Anfang an die Vertretung des Alban Berg Quartetts. In der Folge gründete eine seiner Mitarbeiterinnen, Sonia Simmenauer, ihre eigene Agentur – vornehmlich für Streichquartette – und war dann bis Ende des Bestehens des Quartetts die ideale Partnerin in der Gestaltung unserer Karriere. Bald spielten wir etwa 80 bis 90 Konzerte pro Jahr. Neben unserer Unterrichtstätigkeit waren mehr Konzerte nicht möglich, außerdem nahmen wir uns immer die – in unseren Augen – nötige Zeit zum Proben.

Natürlich freuten wir uns über Erfolge. Ein gelungenes Konzert in der vollbesetzten Carnegie Hall, das hat schon etwas! Was uns aber noch mehr

Alban Berg Quartett: Günter Pichler, Gerhard Schulz, Thomas Kakuska, Valentin Erben

bewegte – und das empfanden wir alle ähnlich – war, wenn eine Interpretation wirklich gelungen war und unseren Vorstellungen nahekam. Die Arbeit daran ist hart. Wenn es aber einmal wirklich gut gelingt, ist man durch die Schönheit des Werkes so beschenkt, dass einem der Einsatz dafür vergleichsweise gering erscheint: durch intensive Arbeit an dieser Musik, immer wieder am Detail feilen, auch wenn es beim Konzert am Vortag gut war, versuchen zu verbessern, die einzelnen Phrasen noch einmal aufeinander abstimmen ...

Durch die kontinuierliche Arbeit an der Materie stellte sich ein weiterer Effekt ein – sozusagen auf leisen Sohlen: Die Schönheit und Vollkommenheit eines Quartetts etwa von Beethoven eröffneten sich in einer Weise, die wir vorher nicht geahnt hatten. Diese Erfahrung ist grenzenlos. Man nähert sich der vollkommenen Schönheit an, wird sie jedoch nie erreichen. Das ist frustrierend und beglückend zugleich, denn es zeigt, dass der Weg nie zu Ende ist, dass es immer noch ein Morgen gibt.

Anderer Auffassung war einer Anekdote zufolge Friedrich Gulda. Nach der gelungenen Aufführung eines Klavierkonzertes von Mozart sagte er: »Zu dumm, jetzt werde ich dieses Stück nie wieder spielen können.« Auf die bestürzte Frage »ja, warum denn nicht?« erwiderte Gulda: »Schöner kann man das nicht spielen« Das kommt einem Todesurteil gleich!

Neben der Konzerttätigkeit war ein weiterer Schwerpunkt des Quartetts die Arbeit im Schallplattenstudio. An dieser Stelle möchte ich gerne einem weit verbreiteten Irrtum entgegentreten: Die Tatsache, dass ich im Studio Fehler durch mehrmaliges Wiederholen verbessern kann, stimmt nur bedingt. Eine Aufnahme wird nur so gut, wie der Spieler oder die Gruppe eben ist. Wenn nach mehrmaligem Wiederholen die Stelle nun vielleicht sauber ist, ist sie womöglich im musikalischen Ausdruck steril geworden. Oder ein anderer Spieler hat sich jetzt geirrt. Wir sind keine Maschinen.

Unser Anspruch war immer, dem Hörer eine Aufnahme zu bieten, die dem Inhalt und der Schönheit des Werkes so weit wie möglich gerecht wird. Es gibt keine Grenze zwischen nur technisch oder nur musikalisch. Eines bedingt das Andere.

Dankbar muss ich vermerken, dass uns sowohl zunächst die Schallplattenfirma TELDEC als auch später EMI beste Bedingungen bei unseren Aufnahmen boten. Wir hatten jede Zeit der Welt, um unsere Vorstellungen zu realisieren, soweit es eben unsere Fähigkeiten ermöglichten.

Immerhin aber veranlasste uns eher ein Zufall dazu, unsere Haltung gegenüber der Studioaufnahme zu überdenken. Am 1. März 1987 wurde ein Konzert in der Carnegie Hall vom Rundfunk mitgeschnitten. Am Programm standen das »Dissonanzenquartett« von Mozart, Alban Bergs »Lyrische Suite« und das Klavierquintett von Robert Schumann zusammen mit Philippe Entremont. Von der Qualität dieser Aufnahme waren wir so begeistert, dass wir die Verantwortlichen bei EMI anregten, Mozart und Schumann als Livemitschnitt auf CD herauszugeben.

Von da an kam unser erprobtes Team von EMI immer wieder nach Wien, um unsere Konzerte im Mozartsaal aufzunehmen. Vorzugsweise waren das aber Werke, deren emotionaler Gehalt mehr auf die Live-Situation angewiesen ist, als andere Werke. Es waren dies zum Beispiel die Quartette von Janáček, Smetana oder auch das Schubert G-Dur-Quartett.

Unseren gesamten Beethoven Zyklus gibt es sowohl als Studioaufnahme als auch als Live-Mitschnitt, Letzteren sowohl auf DVD als auch auf CD. Hier ist der Hörer eingeladen, beide Tonaufnahmen (unbeeinflusst vom Bild) miteinander zu vergleichen und sich dann selbst eine Meinung zu bilden.

Im Juli 2005 erlag Thomas Kakuska seinem Krebsleiden. Claudio Abbado, sein enger Freund aus gemeinsamer Studienzeit an der damaligen Wiener Musikakademie, sagte lapidar: «Wir machen ein Konzert für Thomas.«

Meine Frau und ich nahmen die Anregung auf, und am 26. Oktober 2006 fand im Großen Saal des Wiener Konzerthauses das Gedächtniskonzert statt. Es dokumentierte in bewegender Weise die Ausstrahlungskraft von Thomas im Besonderen und darüber hinaus die Position unseres Quartetts in der Musikwelt: Sir Simon Rattle, Magdalena Kozena, Elisabeth Leonskaja, Heinrich Schiff, Irvine Arditti, Angelika Kirchschlager, Helmut Deutsch, Alois Posch, Mitglieder der Wiener und der Berliner Philharmoniker, das Alban Berg Quartett ...

Den letzten Programmpunkt bildete ein Orchester, zusammengesetzt aus Freunden von Thomas aus dem In- und Ausland. Thomas Quasthoff sang »Ich bin der Welt abhanden gekommen« von Gustav Mahler und Lieder von Franz Schubert in Orchesterfassungen. Claudio Abbado dirigierte. Seinen Gesichtsausdruck beim letzten Lied »Du holde Kunst« werde ich nicht vergessen.

Isabel Charisius, eine hervorragende Schülerin von Thomas Kakuska, bewahrte uns damals davor, in ein schwarzes Loch zu fallen. Mit viel Fingerspitzengefühl fügte sie sich in unsere eingeschworene Männergemeinschaft ein. Dass wir drei Jahre später dann doch aufhörten zu spielen, lag wohl mit daran, dass uns die Endlichkeit jeder menschlichen Unternehmung bewusst geworden war. Wer würde der Nächste sein? Oder wollte man vielleicht noch ein neues Kapitel im Leben aufschlagen?

Unser Abschiedskonzert gaben wir am 20. Juni 2008. Es war unser dritter Auftritt im Großen Saal des Konzerthauses. Am Programm standen Schuberts Forellenquintett zusammen mit Elisabeth Leonskaja und Alois Posch und das Streichquintett C-Dur mit Heinrich Schiff am 2. Cello.

Der besondere Anlass erlaubte, dass wir die Zugabe noch einmal als Quartett spielten. Es war die »Cavatina« aus Beethovens op. 130. In der Stille, die diesem Satz immer folgt, hörte man eine leise Stimme aus dem Saal »bitte nicht aufhören«. Es war ein bewegender Moment.

Für mich persönlich brachte das neue Leben einen Effekt, den ich nicht erwartet hatte. Der zwar schöne, aber doch gewaltige Druck von 38 Jahren fiel ab und schaffte Platz, alles Erlebte zu verarbeiten und zu bedenken. Viele musikalische Aspekte sah ich in der Rückschau in einem klareren Licht, und die ganze Faszination des Streichquartetts bot sich mir dar.

Stellen Sie sich einen Film über ein Streichquartett vor. Aber nicht darüber, wie die vier Musiker im Zug sitzen, oder wie sie proben, sich beschimpfen und dann zum Konzertsaal gehen. Sondern Sie erfahren etwas über den Background jedes Spielers, über dessen Kindheit, über die Eltern, über das Dorf oder die Stadt, in der er oder sie gelebt hat als Kind. Wie kam er zur Musik, was waren seine Hoffnungen, was waren seine Gedanken am Weg zur Schule, was waren die ersten starken Eindrücke ... Und dann, am Ende des Films, erleben Sie das berühmte Quartett am Podium bei einem Konzert.

Wahrscheinlich würden Sie aus dem Staunen nicht herauskommen, wie diese vier, die Sie gerade zuvor als grundverschiedene Individuen kennengelernt haben, durch die Musik zu einer Einheit verschmelzen.

Wenn Sie heute das Konzert eines Streichquartetts hören, erleben Sie das Spannungsfeld der vier Musiker untereinander, das Spannungsfeld jedes einzelnen mit sich selber und – last not least – die ewige Musik der großen Meister im Spannungsfeld mit den Musikern und mit jedem Einzelnen im Publikum. Ein unwiederholbares Ereignis, das wir dieser »Himmlischen Vierheit« verdanken.

ETÜDEN MIT STIFT UND PINSEL

Seit seinem Kunststudium in den 80er-Jahren füllt der Farbmaler **Jörgen Habedank** Bücher mit schnellen Studien, Zeichnungen und Skizzen. »Fingerübungen und Etüden« nennt der Künstler seine Zeichnungen, vergleichbar mit den Etüden des Musikers im Studierzimmer. Legt der Maler in der Farbkomposition sonst Wert auf Farbton und Klang, so gilt hier sein besonderes Interesse dem Musiker selbst, der Bewegung, dem Verhältnis von Musiker/in und Instrument. Die Zeichnungen entstehen immer »live« im Konzert, flink skizziert, den Klang im Ohr und in der Hand. Die ein oder andere Skizze bekommt dann im Atelier noch eine Farblasur, bleibt aber immer frische Zeichnung ganz aus dem Moment heraus. Aus den Bergen von Skizzenbüchern wurde für dieses Buch eine Auswahl getroffen, die das Genre der Kammermusik widerspiegelt. Man konnte den Zeichner bei zahlreichen Konzerten der Kammermusikfreunde skizzierend beobachten – ausgewählte Konzerte hat er eigens begleitet, um einen besonderen und schnellen Blick auf die Musiker und ihren Klang, ihre Virtuosität und Fingerfertigkeit zu werfen.
Zeichnungen © Jörgen Habedank aus Skizzenbüchern 1999 bis 2022

HARALD EGGEBRECHT

STREICHQUARTETTBLÜTE
ÜBER DIE EWIG JUNGE KÖNIGSGATTUNG

Siddharta Gautama,
der Buddha,
zeichnete mit roter Kreide
einen Kreis und sagte:
Wenn es vorherbestimmt ist,
dass Menschen einander
wiedersehen sollen,
was auch immer ihnen geschieht,
auf welchen Wegen sie auch wandeln,
am gegebenen Tag werden sie einander
unvermeidlich »im roten Kreis begegnen«.

VORSPANN

Dieses Zitat steht über einem großartigen Film des bedeutenden französischen Regisseurs Jean Pierre Melville aus dem Jahr 1970, in dem drei Männer einen kühnen Juwelenraub begehen. Der Film zeigt, wie die drei ein verschworenes, sich vertrauendes Trio werden, weil sie sonst den Einbruch nicht vollbringen könnten. Der vierte ist nicht mit ihnen im Bunde, sondern der Kommissar, der ihnen auf die Spur kommt. Der Film zeichnet sich durch Konsequenz der Charaktere, stilistische Präzision und einen höchst bezwingenden Rhythmus aus, ganz abgesehen von den fabelhaften Schauspielern Alain Delon, Gian Maria Volonté, Yves Montand und als Kommissar André Bourvil, der sonst mehr in Komödien zu finden ist. Melvilles Film, der im Französischen »Le Cercle Rouge« heißt, lief in Deutschland unter dem Titel »Vier im roten Kreis«. Das Motto kann in seiner vielschichtigen Bedeutung in gewisser Weise auch für das Streichquartett gelten.

GLANZ DER GEGENWART

Wer in den letzten gut zweieinhalb Jahrzehnten die Szene der Kammermusik beobachtet, das heißt, Konzerte besucht, Radio- und CD-Produktionen beachtet und an Wettbewerben als Zuhörer oder gar Juror teilgenommen hat, dem wird nicht entgangen sein, dass sich besonders eine Fülle und Qualität des Streichquartettspiels etabliert, ja, man kann sagen, weltweit ausgebreitet hat, wie es sie bis dahin wohl oder zumindest seit den Tagen des epochalen Alban Berg Quartetts kaum gegeben hat. Dabei schien es vor und sogar noch während der Epoche der Alban Bergs eine Zeitlang so, als würde die Kunst des Quartettspiels, die nach dem Zweiten Weltkrieg von so berühmten Vierergruppen wie dem Végh, Amadeus, Allegri, Janáček und Borodin Quartet, dem Quartetto Italiano oder dem Tokyo String Quartet geprägt worden war, um nur ein paar der wichtigsten zu nennen, nach deren allmählichem Verschwinden vielleicht abnehmen und als würden weniger Nachwuchsensembles von Rang folgen.

Doch das Gegenteil ist zum Glück der Fall: Wie Pilze scheinen sie aus dem Boden zu schießen, die neuen Gruppierungen. Wir erleben eine multinationale junge Quartett-Kultur auf allerhöchstem Niveau in staunenerregendem Reichtum und verblüffender Unterschiedlichkeit. Kamen die großen Ensembles der Vergangenheit mehr oder weniger aus Kernmitteleuropa, also vor allem aus Österreich, Deutschland, Tschechien und Ungarn, so werden die Podien jetzt auch von Formationen bevölkert, die aus Ländern stammen, bei denen man nicht sofort an Streichquartette denken würde: aus Finnland Meta4, aus Israel das Jerusalem Quartet und aus Kanada das Cecilia String Quartet, aus Polen das Apollon Musagète Quartet, aus der Türkei das Borusan Quartet, aus Spanien das Cuarteto Casals und viele andere mehr. Andere Streichquartette besetzen sich mit Musikern aus aller Herren Länder. Der Geist des Quartettspiels führt sie wahrlich rund um den Globus zusammen.

Natürlich kann sich der Fokus hier nicht auf alle neueren Ensembles gleichermaßen richten, manche hat man öfter im Konzert erlebt als andere, ohne dass diese in ihrer Einzigartigkeit deswegen irgendwie geringer geschätzt werden. Deshalb sei unbedingt auf so großartige Formationen hingewiesen wie das passionierte, feurig lodernde, weltweit gefeierte Belcea Quartet, das für rhythmische Spannung, großes Klangvolumen und individuelle Virtuosität gerühmte Mandelring Quartett, das schon mit seiner Pioniertat, alle Streichquartette von Wolfgang Rihm einzuspielen, herausragende Minguet Quartett oder das hell timbrierte, klangneugierige, risikofreudige Kuss Quartett.

Allein auf dem alljährlichen Heidelberger Streichquartettfest, einem der wichtigsten Festivals im Zeichen der »glorreichen Vier«, sind seit 2006 rund 60 (!) Ensembles aus aller Welt aufgetreten. 2022 spielten neben dem schon etablierten, fein aufeinander abgestimmten, ausgeglichenen Münchner Goldmund Quartett, dem besonders auf neue und neueste Musik konzentrierten, renommierten amerikanischen JACK Quartet und dem mit improvisatorischem

Schwung und Risikofreude musizierenden, ebenso angesehenen französischen Quatuor Danel zwei blutjunge Teams: das 2017 gegründete Adelphi Quartett und das erst seit 2019 bestehende Leonkoro Quartet. Beide überzeugten auf sehr verschiedene Weise. Die Adelphis gehören bei aller Intensität und Leidenschaft mehr zu denen, die nichts plakativ zu Markte tragen, ob sie Robert Schumanns op. 41/1 luftig-leicht spielen, kurze Stücke von Wolfgang Rihm wie den kuriosen »Selbsthenker« nach Friedrich Nietzsche oder die »Fetzen 1 und 2« darbieten oder auch Rihms 2. Quartett, immer überlegt, etwas introvertiert, dabei durchaus mit Humor. Die Leonkoros schöpfen dagegen aus dem Vollen von jugendlicher Klanglust, feuriger Vitalität und mitreißendem Offensivdrang in Wolfgang Rihms 1. und 9. Quartett ebenso wie bei Schumanns op. 41/3 oder Antonín Dvořáks op. 106.

Auch diese geradezu furchtlose Selbstverständlichkeit gehört zu der Art und Weise, mit der die Jungen aus der Literatur von Joseph Haydn bis in die allerneueste Gegenwart wählen. Sie agieren immer neugierig und ohne traditionalistische Scheuklappen. Die tragen dagegen viel eher die Veranstalter, denen, wie der legendäre Münchner Impresario Georg Hörtnagel einmal schmunzelnd anmerkte, schon Namen wie Anton Webern oder Dmitri Schostakowitsch Schweißperlen auf die Stirn zauberten, weil sie fürchteten, manche im Publikum könnten dann lieber fernbleiben oder gar gleich das Abonnement kündigen.

ENTWICKLUNGSGRÜNDE

Nun handelt es sich beim Streichquartett zweifellos um eine Art Quintessenz von Kammermusik, um das Spiel von vier emanzipierten Stimmen miteinander, gegeneinander, durcheinander in allen nur möglichen Komponierweisen. Die Quartettliteratur von Joseph Haydn bis hin etwa zu Helmut Lachenmann oder eben Wolfgang Rihm und längst auch von Komponisten aus nahezu allen Kontinenten gilt zu Recht als einer der bedeutendsten Schätze der Musik. An diesem Anspruch werden die Spieler selbst gemessen, denn sie müssen nicht nur vier glänzende Instrumentalisten sein, sondern eben jene Verschworenheit, jene Beziehungsintensität aufbringen, kurz, im Sinne des eingangs zitierten Films in einem roten Kreis sein, um als verlässliche Einheit agieren und wirken zu können.

Die Ursachen für die erstaunliche Quartettblüte heute sind vielfältig. Da ist zunächst die Qualität des Repertoires. Wie gesagt, bessere Musik gibt es nicht. Gewiss, sie verlangt von Spielern wie Hörern besondere Konzentration und Wachheit, um die Wunder an Verinnerlichung und Versenkung im Geflecht der vier wahrzunehmen. Aber es gibt darin genauso die effektvollen Offensiven an mitreißender Rhythmik, dramatischen Ausbrüchen und emotionsgeladenen abgrundtiefen Klagegesängen. Wer neugierig und offen in dieses Universum eintritt, der wird überrascht und entzückt werden von grenzenlosem Einfallsreichtum, musikalischem Witz, ironischen wie liebevollen Spielen, von tieferer Bedeutung und Sehnsucht nach Neuem. Nie aber wird er enttäuscht werden durch Simples, Banales, Kitschiges.

Dann die Ausbildung: Junge Musiker aus aller Welt können heute die besten Lehrer aufsuchen, an deren Workshops und Meisterklassen teilnehmen und sich in Wettbewerben beweisen. Nicht alle können und wollen Solisten werden, auch wenn sie hervorragende Instrumentalisten sind. Also stürzen sie sich in die Kammermusik. Einige bilden Klaviertrios, die allerdings meist eher kurzlebig sind. Das mag auch daran liegen, dass das Repertoire im Vergleich zum Quartett deutlich schmaler ist. Nach dem jahrzehntelangen Wirken des legendären Beaux Arts Trios hat sich im Wesentlichen vor allem das Trio Wanderer als stabile Größe etablieren können. Ähnliches gilt für die Kombination Klavier, Geige, Viola, Cello, deren Standard nun auch schon seit mehr als zwanzig Jahren das vortreffliche Fauré Quartett hochhält.

Dagegen sind die meisten dann doch magisch angezogen von der riesigen, weitgefächerten Quartettliteratur, von der Dichte, Originalität und dem herausfordernden Abenteuer des Tetralogs, des Vierergesprächs. Manche finden sich schon in der Schule zusammen wie die Musiker des gefeierten Quatuor Ebène aus Frankreich, andere treffen sich im Studium. Alle sind beseelt davon, diesen Musikschatz bei allem Respekt vor Aufführungstraditionen unbefangen und neu zu entdecken. Außerdem haben sie alle so gut wie keine Scheu vor den Zeitgenossen, vor Experimenten mit Jazz, Improvisation und auch Crossover-Projekten. Darin brillieren neben den Ebènes beispielsweise auch die furiosen Musiker des deutschen vision string quartet, das darüber hinaus einen Großteil seiner Stücke auswendig vorträgt wie einst das legendäre Janáček Quartett. Und schließlich wollen all diese jungen Musiker bei ihren Auseinandersetzungen zu viert zeigen, was an Virtuosität, kommunikativer Ausstrahlung, sinfonischem Geist des Miteinanders und intellektueller Kraft der Durchdringung in ihnen steckt.

PROFESSIONALITÄT

Man erinnere sich: All diese Anforderungen wurden schon von Joseph Haydn, mit dem die Streichquartettkunst als solche beginnt, in schwindelnde Höhen geschraubt. Er entwickelte das Genre mit dialogisch-kontrapunktischer Satzkunst, melodisch-harmonischem Abwechslungsreichtum und klanglicher Emanzipation der vier Instrumente und inspirierte damit alle folgenden Komponistengenerationen bis heute. Schon die ersten Ensembles mussten daher die Werke der Wiener Klassik von Haydn, Mozart und Beethoven wirklich, das heißt professionell spielen können. Ignaz Schuppanzigh, der die meisten Beethoven-Quartette uraufführte, war ein glänzender Geiger, am Cello saß Anton Kraft, der schon bei Haydn in Eisenstadt als großer Virtuose galt und den Beethoven als »die alte Kraft« anerkannte. Mit dem Schuppanzigh Quartett also beginnt alle Quartettherrlichkeit.

Die liebenswürdige Rede vom »stillvergnügten Streichquartett«, zu dem sich Ärzte, Juristen und andere Musikliebhaber zusammenfinden, mag durchaus ihre Berechtigung haben. Für das, was so gut wie alle Komponisten in ihren Quartetten fordern, braucht es jedoch entschieden mehr als die Spielfreude und das Können kundiger Amateure. Nur der höchste Stand an instrumentaler und musikalischer Meisterschaft kann den technischen und geistigen Anforderungen dieser auf die Spitze getriebenen, letztlich immer experimentellen Kunst gerecht werden.

Ein kurzer Rückblick sei erlaubt: Die Kammermusiklandschaft des 20. Jahrhunderts, in der auch heute noch neben schon erwähnten Namen etwa der des Busch- und des Kolisch Quartetts, des Budapest String Quartet, des Smetana Quartetts, des Juilliard String Quartet oder des Guarneri Quartet aus Amerika nicht vergessen sind, veränderte sich entscheidend in den späten sechziger und siebziger Jahren. Besonders das LaSalle Quartet bestach durch einen bis dahin ungewohnten neusachlichen Stil der Durchsichtigkeit, Durchhörbarkeit und Textgenauigkeit und führte die Musik der zweiten Wiener Schule von Arnold Schönberg, Alban Berg und Anton Webern exemplarisch auf.

Der Primarius Walter Levin, ein vor der Naziverfolgung gerade noch in die USA emigrierter Berliner, wurde zu einem der zentralen Mentoren des neuen Quartettglanzes unserer Tage: »Es ist doch wohl nicht die Aufgabe des Musikers, seinen Stil der Komposition aufzudrängen, sondern es ist der Stil des jeweiligen Komponisten, der die Ausführung bestimmt. Das Missverständnis hat vielleicht mit dem Wort »Interpretation« zu tun, das den Beitrag des Ausführenden auf Kosten des Komponisten überbetont. Dies mag bei Werken des 19. Jahrhunderts, den virtuosen Solokonzerten etwa, notwendig und richtig sein; für die überwiegende Mehrzahl der Partituren des klassischen, romantischen und modernen Repertoires aber würde der Begriff »Realisation« im doppelten Sinn von klar verstehen und vergegenwärtigen die Verantwortung des Ausführenden besser charakterisieren.«

Dieser Absage an selbstherrliches Solistentreiben, wie sie Walter Levin einmal formuliert hat, entsprach der Stil des LaSalle Quartet, bei dem die Alban Bergs dann studierten, die ihrerseits maßstabsetzende Lehrmeister für die Jüngeren wurden. Das Alban Berg Quartett verband in seiner Kunst zum einen die Neue Sachlichkeit und philologische Genauigkeit der LaSalles mit der Verve und dem Impetus eines mitreißenden Zusammenspiels aus emotionaler Tiefe und technischer Präzision. Seit 1970 avancierten die Alban-Berg-Leute zum wohl bedeutendsten Ensemble ihrer Zeit. Levin und das Alban Berg Quartett, das sich 2008 auflöste, bildeten und bilden *grosso modo* den bestimmenden Lehrhintergrund der späteren Formationen, zu dem auch noch der große ungarische Komponist György Kurtág, der als »deutscher Guru des Streichquartetts«

verehrte Eberhard Feltz und in Amerika das Emerson Quartet zählen. Auch die Urmitglieder des kürzlich aufgelösten Artemis Quartetts, das gewissermaßen die logische Nachfolge der Alban Bergs angetreten hatte, gehören schon zu den Lehrern der neuesten Quartettgeneration.

Den Kern aller Quartettkunst im höheren Sinne hatte schon der Berliner Komponist und Musikschriftsteller Johann Friedrich Reichardt erfasst, als er 1808 in Wien weilte und dort auch das Schuppanzigh Quartett erlebte. Seine Eindrücke zeigen bereits, dass ein Quartettkonzert schon damals als spezielles Vergnügen von Könnern für Kenner, Liebhaber und Eingeweihte verstanden wurde. Reichhardt hörte unter anderem ein Quartett von Haydn: »Es war noch eben keine große Gesellschaft da, sie bestand aber aus lauter sehr eifrigen, aufmerksamen Musikfreunden, und das ist eben das rechte Publikum für diese feinste und gemütlichste aller Musikvereine. Hätte Haydn auch nur dieses Quartett gegeben und in anderen genialischen Künstlern erzeugt, so wäre er

schon ein großer Wohltäter der ganzen feinen musikalischen Welt. Es ist eine Musik, die, so schwer sie auch ist, zur Vollkommenheit in der Ausführung zu bringen, weil das Ganze und jeder einzelne Teil so ganz vernommen wird, und erst in der vollkommensten Reinheit, Vereinigung und Verschmelzung ganz befriedigend wird, dennoch, wo nur irgend feine Musikfreunde sich zusammen finden, zum teilnehmenden Genuß zum ersten zu veranstalten ist.«

Reichardt benennt die drei zentralen Kategorien, die für jedes Quartettspiel bis heute gelten können: Reinheit, Vereinigung und Verschmelzung. Das heißt, von Beginn an braucht es ein hohes Maß an Intonationsgenauigkeit, um eben Reinheit zu produzieren. Reichhardt sagt ja auch warum, weil alles, das Ganze wie die Details, genau zu hören sein muss. Im Begriff der Vereinigung geht es um den kammermusikalischen Geist, um das sinfonische Miteinander der vier Spieler, deren je individuelle Technik und musikalische Auffassung nun integriert werden muss in etwas Neues, Gemeinsames. Verschmelzung wird heute meist mit Homogenität umschrieben, aber das Fremdwort trifft den Sachverhalt ungenau, meint eher klangliche Ebenmäßigkeit, Ähnlichkeit, ja Gleichheit, während Verschmelzung ein Aktivum bezeichnet: nämlich jenen immer magischen Vorgang, wenn aus allen aufgezählten Aspekten eine Einheit in der gerade erklingenden Musik entsteht, oder, um es frei nach einem Satz des großen Dirigenten Sergiu Celibidache zu sagen, wenn alle Bedingungen erfüllt sind, damit Musik entstehen kann, und aus den tausend Neins der Proberei, des Übens, das eine Ja wird. Das dann übrigens so und so nie wieder entsteht.

Daher brauchen Quartette ihre Zeit, um aus einer simplen Zusammenspielgruppe ein Ensemble zu schaffen, das tatsächlich aus sinfonischem Geist Musik macht. Hat sich eine Formation erst einmal in diesem hohen Anspruch gefunden, dann hält sie meistens auch eine Zeitlang durch, selbst wenn man sich privat möglicherweise aus dem Wege geht. Die Kraft der Musik schweißt zusammen. Die Anziehungskraft von Quartettmusik wirkt auch auf große Solisten: So haben die Geiger Thomas Zehetmair, Christian Tetzlaff, Ilja Gringolts, Julia Fischer oder Alina Ibragimova mit renommierten Kollegen eigene Formationen gegründet. Doch es reicht nicht, nur als virtuoses Ad-hoc-Team anzutreten. Auch die Solisten-Quartette müssen sich an der Vitalität und dem Rang der jungen und jüngsten Spezialisten orientieren. Sonst können sie diesen feurigen Viererbanden mit ihrer je ausgeprägten individuellen Klang- und Spielleidenschaft nicht das Wasser reichen, das heißt, sie bleiben dann meist unterhalb dessen, was die Komposition an Komplexität, Technik und Idee verlangt, um sie wirklich in all ihren Facetten darstellen zu können.

Dabei wird das Zusammentreffen großartiger Solisten in einem Ensemble immer interessant sein, auch ohne die Garantie, dass nun alle musikalischen Wünsche an die gespielten Stücke einfach in Erfüllung gehen, nur weil man sich das von solchen spektakulären Kombinationen verspricht. Doch wenn es gelingt, dann kann es so einmalige Erlebnisse geben, wie sie etwa das Streichtrio mit dem Weltgeiger Frank Peter Zimmermann, dem tollen Violaspieler Antoine Tamestit und dem großartigen Cellisten Christian Poltéra, alle drei zuerst international höchst erfolgreiche Solisten, bereiten kann. Hier sei angemerkt, dass allerdings auch das Corpus an Streichtrios insgesamt zahlenmäßig eingeschränkt ist. Doch für Triokunst solchen Ranges braucht es unbedingte Voraussetzungen: Die drei Musiker treffen sich jeweils zu gründlichen Arbeits- und Vorbereitungsphasen, um ihr Ziel zu erreichen, nämlich, so sagt es Zimmermann, »die wunderbare Literatur für Streichtrio tatsächlich einmal auf dem technischen und musikalischen Niveau zu realisieren, auf dem die großen Streichquartettformationen gemeinhin spielen«. In seinem Satz schwingt Bewunderung für jene Gruppierungen mit, die eben Inbegriff und Krone aller kammermusikalischen Betätigung darstellen.

ZULETZT PORTRÄTSKIZZEN

Ein paar aus der funkelnden Vielfalt großartiger neuerer und neuer Quartette seien subjektiv herausgegriffen: Die Jungen haben nun nicht nur bei den schon genannten Meistern gelernt, was es mit Transparenz, Satzentwicklung, Intonationsgenauigkeit, klanglicher Abstimmung und Balance auf sich hat, sondern sie bringen ihr ureigenes inspiratorisches Feuer ein und verwandeln damit all ihr Wissen um Zeit und Stil und ihr Können in ungewöhnliche Leidenschaft, Direktheit und einen enormen Farbenreichtum des Musizierens – und das sehr verschieden: So gelingt es dem Quatuor Ebène, von vielen seit 2004 mit dem Sieg beim ARD-Wettbewerb als das beste der neueren Quartette eingeschätzt, etwa Haydn oder Bartók oder Beethoven so zu spielen, dass deren Werke geradezu von apollinischem Licht durchflutet scheinen. Als sie dann noch mit einem Kammermusik-Weisen wie Menahem Pressler das f-Moll-Klavierquintett von Johannes Brahms aufführten, trafen modernstes Ensemblespiel und der Geistreichtum der Alten fruchtbar zusammen.

Das etwas jüngere Quatuor Modigliani, seit 2003 zusammen mit einem glücklichen Primariuswechsel 2016, hat wie die Ebènes beim Quatuor Ysaÿe in Paris studiert und zudem bei Walter Levin, György Kurtág und beim Artemis Quartett. Die vier spielen aus anderem Geist heraus, dionysischer, irdischer, rauschhafter als die Ebène-Apolliniker, aber durchaus ebenbürtig. Ihr Haydn klingt bodenständiger, erdiger, ihr Schumann kann sich berauschend steigern, und Maurice Ravels F-Dur-Meisterwerk verzaubern sie in eine Welt aus Gewisper, Pizzicato-Effekten, Farbtiefe und furiosem Finalwirbel. Das kann regenbogenartig schillern, flimmern und ist doch voll kraftvoller Biegsamkeit. Felix Mendelssohn Bartholdys Quartette erfüllen sie mit vorbildlicher Spontaneität und Entdeckerlust.

Aus dem böhmischen Urgrund des Quartettspiels tauchte 2002 das Pavel Haas Quartet auf, das die sinnliche Kraft der großen tschechischen Streicherkultur mit der Durchsichtigkeit und dem Strukturbewusstsein der LaSalle-Schule überwältigend verbinden kann, beispielsweise wenn ihm Sergei Prokofjews eher unbekannte Quartette zu an- und aufregenden Expeditionen geraten. Bieten die vier die Werke ihres von den Nazis ermordeten Namenspatrons, Leoš Janáčeks »Intime Briefe« oder Antonín Dvořáks op. 96, dann erfasst das Publikum ein unbezwingbarer Wärmestrom aus Empfindung und klanglicher Geschmeidigkeit.

Das Cuarteto Casals aus Katalonien, 1997 gegründet, musiziert im Stehen wie auch das famose vision string quartet, 2012 gestartet, oder die blutjungen Leonkoros. Die Katalanen haben gezeigt, wie Franz Schuberts Quartett »Der Tod und das Mädchen« mit heißem Atem und hochdifferenzierten dynamischen Abschattierungen wahrlich zu einem Stück vom Ende aller Tage werden kann. Immer geht es ihnen um die Intensität und Dichte des Vierergesprächs. Sehr auffallend, wie konzentriert sie untereinander Blickkontakt halten, sich einander zuwenden, miteinander phrasieren und so eine Einheit der Vielfalt schaffen, die in den besten Momenten alle musikalische Energie in sprechenden Ausdruck verwandelt. Sie riskieren extreme Kontraste, so dass sogar die Gefahr besteht, im fahlsten Pianissimo Töne zu verlieren vor lauter Luft unter den Bögen. Dagegen schwellen Fortissimi nicht zu Klangmassierungen an, sondern ihr Spiel klingt auch im Furor stets sehnig, mager, federnd, im besten Sinne scharf konturiert und durchhörbar strukturiert.

Die finnischen Musiker von Meta 4, ebenfalls im Stehen seit 2001 auf den Podien der Musikwelt, verdeutlichen mit geradezu sportlichem Elan, vital, morgenfrisch und klar ihren Haydn und können Schostakowitschs Hang zu sarkastischer Schwermut zum packenden Erlebnis machen.

Selbst in der so reich erblühten Landschaft der Quartettformationen stellt das Schumann Quartett seit 2012 etwas Ungewöhnliches dar: In diesem Ensemble offenbart sich eine großartige Mischung aus unmittelbarer Frische und luftiger Freiheit in Klang und Gebaren. Es entsteht nicht der Eindruck kompakter Homogenität, sondern es ist fesselnd und begeisternd zu erleben, wie vier ausgemachte Instrumentalpersönlichkeiten zugleich individuell und gemeinsam agieren. Da »sprechen« tatsächlich vier Musiker miteinander, je nach Funktion und Rolle im jeweilgen Stück. Das bedeutet erhöhte Wachsamkeit für die Impulse des anderen; das heißt, sich niemals auf Kosten der anderen zu profilieren, sondern sich mit feinstem Raffinement und nuancensüchtig mit den anderen so auseinanderzusetzen, dass sofort verständlich wird, welche Faszination von dieser einzigartigen Kombination aus zwei Geigen, der Bratsche und dem Cello ausgeht.

Noch etwas ist besonders: Bisher gibt es bei den Schumanns keinen Passepartout-Ton, das heißt, für jede Epoche, jeden Komponisten, letztlich jedes Stück muss ein ureigener Ton gefunden werden, mit dem dann formuliert und artikuliert wird, damit jedes musikalische »Wort« verständlich wird. Daher wirkt hier jede Musik so unverwechselbar frisch, durchlüftet, poliert und neu. Die Musiker riskieren bei der fahlen Einleitung zu Beethovens op. 59/3 eine vibratolose Dürre, der die Gefahr des tonlichen Zerbrechens droht. Doch dann legen sie das Allegro con brio mit einer geradezu lässigen Virtuosität erster Klasse hin. Recht hat Primarius Erik Schumann, wenn er feststellt: »Nach aller Vorbereitung muss die Musik durch uns hindurchfließen, man muss frei sein, damit sie entstehen kann.«

Es sieht so aus und klingt auch so, als ob aber alle der neuen und neuesten Formationen diesen Satz Erik Schumanns, jede für sich, auf ihre Weise verstehen und umsetzen. Man kann nur freudig gespannt sein, wie es weitergehen wird mit den Geschichten der »Vier im roten Kreis«.

2. KAMMERMUSIKFEST!
23. September 2018
Elbphilharmonie, Großer Saal
Mitwirkende:
Jacques Ammon, Klavier
Asya Fateyeva, Saxophon
Nikolaus Habjan, Kunstpfeifer
Sebastian Küchler-Blessing, Orgel
Anita Lasker Wallfisch
Metamorphosen Berlin,
(Wolfgang Emanuel Schmidt, Ltg.)
Quartetto di Cremona
Eckart Runge, Violoncello
Ines Schüttengruber, Klavier
Sumina Studer, Violine
Trio Shaham Erez Wallfisch
Moderation: Ludwig Hartmann

2. KAMMERMUSIKFEST!

JÖRG WIDMANN *IM GESPRÄCH*

»ES SIND KOMPLEXE ÜBERSETZUNGSPROZESSE«

VON PROFUNDEN ZWEIFELN UND GLÜHENDER BEGEISTERUNG

LUDWIG HARTMANN: *Herr Widmann, können Sie den vielen Nicht-Komponistinnen und -komponisten erläutern, was in der Regel am Anfang einer Komposition steht? Ein konkreter Auftrag, eine Idee oder irgendein kompositorischer Anstoß aufgrund einer bestimmten Situation?*
JÖRG WIDMANN: Na ja, biographisch steht bei mir erst mal am Anfang die Klarinette, also das Instrument selber, von dem aus mein Komponieren überhaupt erst entstanden ist. Und ich glaube, ich kann es nicht trennen. Also insofern spielt die Tatsache, dass ich selber Musiker bin, bei meinem Komponieren eine große Rolle. Bei mir ist es oft so, dass es eine klangliche Idee ist, die am Anfang eines Stückes steht. Diese Idee ist ganz nackt und ungeschützt und hat etwas ganz Fragiles und Schönes. Aber man weiß nicht so recht, ob man irgendetwas für diese Idee kann. Und was bei mir sehr oft in den nächsten Wochen passiert, ist, dass man diese Idee hundertfach in Frage stellt und sozusagen Giftpfeile gegen diese Idee schießt und sie so sehr befragt, bis man irgendwann anfängt und all diese Zweifel, alle diese Neins in ein Ja münden lässt. So würde ich es formulieren.

Welche Rolle spielt in diesem Prozess die Zusammenarbeit mit Musikerinnen und Musikern?
Für mich eine riesige Rolle. Also die Tatsache, dass ich mit meiner Schwester aufgewachsen bin, die eine wunderbare Geigerin ist. Wir haben einfach sehr vieles probiert in unserer Jugend und sind dort auch auf Klänge gestoßen, die es in dieser Weise sicherlich so noch gar nicht gab. Und das geht mir heute noch so, wenn wir das Schubert-Oktett spielen, hinter der Bühne stehen und der Hornist macht irgendetwas Absonderliches auf seinem Instrument. Selbst wenn uns gesagt wird, wir sollen auf die Bühne gehen, frage ich. Ich frage immer. Ich frage meine Kollegen und habe in der Schulzeit schon immer gefragt. Alle meine Solo-Konzerte und auch Kammermusikstücke, Klavierstü-

cke sind für bestimmte Interpreten entstanden. Für András Schiff, für Christian Tetzlaff, Yefim Bronfman. Auch für bestimmte Klangkörper. Man schreibt anders für bestimmte Klangkörper. Was übrigens ein wunderbares Wort im Deutschen ist, wie ich finde. Klangkörper! Der Klangkörper spielt für mich eine Riesenrolle. Als ich für die Wiener Philharmoniker geschrieben habe, habe ich deren Klanglichkeit natürlich im Ohr gehabt. Ich fordere in meinen Stücken, die ich für sie geschrieben habe, natürlich auch ganz andere Dinge, die sie wahrscheinlich noch nicht gemacht haben. Aber der Klang eines Ensembles und eines Interpreten und dessen Eigenheiten oder deren Eigenheiten spielen für mich eine Riesenrolle.

Es ist ja auffällig, dass ganz viele überragende Interpretinnen und Interpreten bei Ihnen die Uraufführung gespielt haben. Das heißt, die Stücke hatten häufig ein hervorragendes Entree in die Musikwelt. Spielt es auch eine Rolle, dass Sie sich technisch und musikalisch sozusagen alles erlauben können, weil es einfach überragende Botschafter gibt?
Also, da bin ich unendlich dankbar, dass ich diesen Austausch bis zum heutigen Tag oder solange ich komponieren werde, pflegen darf. Denn da lernt man natürlich. Trotzdem: Jeder hat seine Eigenheiten und auch Einschränkungen, aber auch seine Vorzüge. Das ist etwas ganz Sensibles und Fragiles, wirklich für jemanden zu schreiben. Natürlich sollen die Stücke dann auch unabhängig von den Uraufführungs-Interpreten leben, aber für jemanden wie mich spielt es eine Riesenrolle, für wen ich tatsächlich schreibe. Und da haben Sie Recht, da habe ich natürlich großes Glück, dass ich so wunderbare Geburtshelfer bei den Uraufführungen habe.

Wie schwer ist es für Sie als Komponisten, ein Werk ins Leben zu entlassen und somit auch loszulassen?
Da gibt es ja ganz unterschiedliche Komponisten-Typen. Da gibt es welche, die sozusagen noch bis eine Minute vor der Aufführung Einfluss nehmen und daran feilen. Dann gibt es welche, die sagen: Ich habe es geschrieben, jetzt gehört es Euch. Bei mir ist es so dazwischen. Ich würde manchmal für eine bestimmte Fassung durchs Feuer gehen. Wenn ich aber bei der Arbeit mit einem Ensemble merke – und das ist mir mit jungen Ensembles, jungen Streichquartetten passiert –, wenn ich merke, die brennen für diese Version, die nicht unbedingt mit meiner übereinstimmt, dann ist es meine Pflicht, ihnen zu sagen, dass ich es mir eigentlich anders vorgestellt habe. Aber es wäre töricht, sie sozusagen von ihrer Begeisterung abzubringen. Und da habe ich selber auch viel gelernt. Das betrifft eine Frage der Notation. Sonst könnte ich sozusagen ins elektronische Studio gehen, da kann es dann immer gleich abgerufen werden. Mich interessiert aber viel mehr der Mensch, der das dann auch spielt. Und dadurch, dass ich selber Musiker bin, weiß ich, dass es irgendwann den Musikern gehört. Und das ist eigentlich etwas Wunderschönes. Aber es betrifft die Frage der Notation. Was machen wir Komponisten?

Wir werfen ja eigentlich Punkte und Striche auf das Blatt Papier, in der Hoffnung, dass es die Interpreten zu dechiffrieren wissen. Und die es in einem zweiten Übersetzungsprozess dem Publikum, den Hörern nahebringen. Es sind komplexe Übersetzungsprozesse, die da stattfinden. Gerade das Phänomen der Notation ist ein ständiges Lernen und Annähern. Und ich weiß eigentlich erst nach der ersten Probe, meistens erst nach der Uraufführung, wo ich mich auch getäuscht habe und mache noch einmal Retuschen, um dann eine Art Endfassung zu erstellen, die aber auch wieder relativ ist. Denn wenn ein anderes Ensemble kommt und eine tolle dynamische Idee oder Tempo-Idee hat, da lasse ich mich auch gerne anstecken. Allerdings ist es manchmal auch meine Pflicht zu sagen: Passt auf, hier stelle ich es mir anders vor. Also das ist ein Geben und Nehmen.

Und gibt es auch Situationen, dass Ihnen Ihre Kinder, Ihre Kompositionen nach längerer Zeit begegnen und Sie sie kaum noch wiedererkennen, so wie es ja im richtigen Leben mit menschlichen Kindern auch immer wieder passiert?
Es ist eigentlich umgekehrt. Dass Stücke, die bei der Uraufführung schwierig waren – selbst wenn sie länger nicht gespielt wurden – nach Jahren plötzlich auf mirakulöse Weise gehen gelernt haben. Wenn sie oft gespielt werden, natürlich, dann ohnehin. Es ist eigentlich eher das umgekehrte Phänomen. Auf der anderen Seite gibt es natürlich schon meine frühen Stücke – aus der Zeit, als ich 20 war –, da habe ich die meisten Stücke zurückgezogen, weil ich eben nicht meine Stimme darin so sehr erkenne, sondern das, was ich damals an Musik bewundert habe. Da fehlt mir sozusagen das Eigene noch ein bisschen, ist aber auch vielleicht eine Instinkt-Entscheidung.

Manchmal habe ich auch ein Stück zurückgezogen und habe mir dann ein paar Jahre später gesagt: Nein, das muss ich eigentlich veröffentlichen oder umgekehrt. Also so etwas gibt es schon. Das ist, wie wenn man das erste Mal seine Stimme auf Band hört oder auch sein eigenes Spiel auf dem Instrument. Manchmal ist man ja befremdet von eigenen Aufnahmen, wenn man den eigenen Ton hört, seine eigene Sprache. Da ist man ja oft befremdet. Und das Live-Erleben ist ja etwas ganz anderes, als wenn man im nüchternen Zustand eine Aufnahme abhört. Aber auch da gibt es Unterschiedliches. Dass man live nicht so zufrieden war, und dann bei den Aufnahmen denkt: Das ist eigentlich ganz ordentlich. Oder umgekehrt, wo man sich denkt: Habe ich das wirklich so gespielt? Und so verhält es sich auch mit den Stücken. Da ändern sich natürlich auch die Präferenzen und Vorlieben. Aber für mich ist weniger das Zurückschauen wichtig, sondern eigentlich wirklich immer das nächste Stück. Also ein kompositorisches Problem im nächsten Stück zu lösen. Das ist für mich eigentlich eine permanente Antriebsfeder.

Kann ich das so übersetzen, dass es auch kompositorische Fragen gibt, die Sie für sich sozusagen ein für allemal gelöst haben?

Nein, nie, nie. Es ist auch da umgekehrt, dass viele Werk-Zyklen und ganz neue Werkgruppen durch einen profunden Zweifel am eigenen Tun entstanden sind. Dass man ein Defizit im eigenen Arbeiten spürt. Ich hatte zum Beispiel ab ungefähr dem Jahr 2000 doch das Gefühl, dass das Melos, ein Orchester zum Singen zu bringen, dass ich dieser Problematik und dem, was daran faszinierend ist, sehr aus dem Weg gegangen war. Und dann ist eine ganze Werkgruppe entstanden, bei der das Singen – das instrumentale Singen – zum Thema gemacht wurde. In meinem Orchesterzyklus »Lied für Orchester«, »Chor für Orchester«, »Messe für Orchester«, wo kein Mensch singt, aber das Orchester zum Singen gebracht wird. Oder um 2005 herum hatte ich das Gefühl, dem Kontrapunkt, dem polyphonen Arbeiten auch zu sehr aus dem Weg gegangen zu sein.

Und da gibt es dann eine ganze Werkgruppe »Sphinxensprüche und Rätselkanons« mit Klarinette, Sopran, Klavier oder mein fünftes Streichquartett »Versuch über die Fuge«, wo man schon an den Titeln sieht, dass ich mich da genau mit diesen tatsächlichen oder vermeintlichen eigenen Defiziten auseinandergesetzt habe. Also man beendet ein Stück, ist glücklich, aber schon bald denkt man sich: Mensch, man muss an dem Hörnersatz noch etwas tun, man möchte einen Schritt weitergehen. Also es ist auch da eher umgekehrt. Dass man also etwas gelöst und abgeschlossen hat, glaube ich nicht.

Oder bei meinem Stück »Armonika«. Das ist ein Stück, wo ich versucht habe, das Orchester zu einem einzigen Amalgam zu verschmelzen. Dass man gar nicht mehr hört: Ist das eine Geige? Ist das ein Horn? Ist das eine Klarinette? Ist das ein Schlaginstrument? Da bin ich zu einem so extremen Punkt der Verschmelzung und der Weichheit der Instrumente oder der instrumentalen Zusammenhänge gegangen, dass ich für mich einen Schnitt machen musste und ein Gegenstück geschrieben habe, mit ganz harten Schnitten. »Antiphon« heißt das. Also so etwas gibt es, dass man zumindest für sich an eine Art Endpunkt, an eine Grenze gelangt, wo man merkt: Extremer, weiter kann ich diesen Weg nicht beschreiben und dann geht man woanders hin.

Extrem sieht man es zum Beispiel in der Sinfonik bei Sibelius, dessen vierte Sinfonie so dunkel, so dissonant und modern ist. Und ab der fünften hat er einen anderen Weg beschritten. Oder bei Richard Strauss diese Gewaltorgien und Gewaltexzessstücke, die frühen Stücke Elektra, Salome, wo er dann einfach sagt: Ich habe diesen Weg ausgeschritten, ich konnte ihn nicht weitergehen und er ist in eine andere Richtung gegangen. Und das finde ich etwas ganz Wichtiges in einem künstlerischen Leben. Auch so etwas zu erkennen und dann einen anderen Weg zu gehen.

Sie haben hervorragende Geburtshelfer, über die wir schon kurz gesprochen haben. Sie sind einer der erfolgreichsten lebenden Komponisten. Wie wichtig ist Ihnen, dass Ihr Publikum die Musik auch versteht? Wobei man wieder definieren müsste, was eigentlich verstehen heißt.

Jörg Widmann

Da sind zwei Sätze für mich ganz wichtig. Nämlich der, den Beethoven über eines seiner bis heute noch unverstandensten Stücke, würde ich provokanter Weise sagen, geschrieben hat, oder zumindest am schwersten verständlichen. Nämlich die »Missa Solemnis«. So herrlich sie ist, ist sie aber ein hochkomplexes und wirklich sehr schwer zu durchdringendes und zu verstehendes Stück. Und über just dieses Stück schreibt er den wunderbaren Satz: »Von Herzen möge es wieder zu Herzen gehen.« Das ist natürlich ein Wunsch, den wir Künstler haben. Auf der anderen Seite ist für mich ein Satz von Arnold Schönberg genauso wichtig: »Kunst kommt nicht von Können«, diesen Halbsatz kann man mit Fug und Recht in Zweifel ziehen, aber ihm war der zweite Halbsatz wichtiger, »sondern von Müssen.« Also, ich muss das machen. Ich kann nicht – wie es heute in Blockbuster-Filmen oder in manchen Musikgenres oft gemacht wird – sozusagen eine Umfrage, ein Test-Screening machen und fragen: Ja, gefällt es Ihnen auch? So kann ich nicht Kunst machen, sondern ich kann nur für ein Publikum glaubhaft sein, wenn ich das tue, woran ich glaube und mich nicht nach Umfragen oder vermeintlichen Umfragen richten, nicht danach, was gefallen könnte.

Da ist meine Erfahrung, dass ein Publikum, selbst wenn es spröde und schwierige, komplexe Inhalte sind, doch bereit ist, da mitzugehen. Wenn die

Menschen spüren, dass der Autor es unbedingt machen muss und wenn es vor allem wunderbare Musikerinnen und Musiker gibt, die das mit Begeisterung und Verve spielen. In dieser Kombination kann das etwas Unwiderstehliches haben. Ich finde, das ist ganz wichtig. Man hat ja genügend Zweifel, aber wenn man an eine Stück-Idee glaubt, muss man sie machen. Das finde ich ganz wichtig.

Diese zwei Sätze, von Beethoven und von Schönberg, das beides zusammengenommen, spricht mir sehr aus dem Herzen.

Tut es dennoch manchmal geradezu etwas weh, der Tatsache ins Gesicht zu blicken, dass heute entstehende Musik – das ist jetzt ein schlechtes Wort – kaum massenkompatibel ist, dass doch sehr viel Skepsis ja auch den erfolgreichsten und, in Anführungsstrichen, besten Komponisten entgegenschlägt?

Natürlich gibt es das. Das war zu allen Zeiten so. Welche heute berühmten Stücke bei der Uraufführung durchgefallen sind! Da konnte sich der Komponist ja auch nicht danach richten. Er war vielleicht enttäuscht. Jemand wie Bruckner hat dann seine Sinfonien noch mal verändert. Der eine Freund hat gesagt: »Ja, hier ist es zu lang.« Dann hat der andere gesagt: »Nee, mach's doch wieder so, wie es vorher war.« Ich habe eher die umgekehrte Erfahrung gemacht und weiß es auch von vielen meiner Kammermusik- und Streichquartettfreunde, die mir das Gegenteil sagen: Dass es oft schwierig ist, die Veranstalter von einem modernen Stück in einem Programm zu überzeugen. Und wenn es dann einmal im Programm ist, ist das Publikum oft genau von diesen Stücken, dem zweiten Ligeti-Streichquartett oder so, besonders begeistert. Da glaube ich sehr an die Offenheit. Dass man wirklich mutig und nicht ängstlich sein sollte.

Natürlich gibt es auch in meinem Leben, auch in meinen Stücken manchmal Ablehnung, manchmal Zustimmung. Aber ich glaube ganz fest daran, dass man das tun muss, woran man glaubt. Und furchtlos gegenüber dem Publikum. Beethoven hätte doch keine einzige Note schreiben können, wenn er immer entsprechend gefragt hätte. Die späten Streichquartette wären überhaupt nicht entstanden, wenn er sich ängstlich hinter solchen Fragen verschanzt hätte. Nein, er hat es gemacht. Über die »Große Fuge« hat Strawinsky einmal gesagt: »Egal wo und wann auf der Welt dieses Stück – in welchem Programm auch immer – gespielt werden wird; zusammen mit der modernsten Musik. Die Große Fuge von Beethoven wird immer das modernste Stück des Abends sein!« Und so ist es bis heute. Das ist ein rohes Stück, das ist ein gewaltsames Stück, es ist ein gigantisches Stück, es ist ein nicht verdauliches Stück. Aber es ist ein großartiges Stück und es ist für mich neue Musik.

Gerade bei Beethoven waren es ja teils auch die Musiker – wo sie gerade die späten Streichquartette ansprechen –, die sich sozusagen gewehrt haben ...

... richtig, Schuppanzigh. Der berühmte Satz von Beethoven: »Was kümmert mich seine elende Geige, wenn der Geist zu mir spricht.« Das ist natürlich ein böser Satz, den ich mir ausdrücklich nicht zu eigen mache. Mir ist es schon wichtig, selbst als Musiker die Grenze zu kennen, aber ich gehe sehr gern diesen einen Millimeter darüber hinaus. Aber glauben Sie mir: Ich kenne sie. Und das finde ich wichtig.

Welche Rolle messen Sie innerhalb Ihres Œuvres der Kammermusik bei?
Eine Riesenrolle. Da komme ich her und fühle mich bis zum heutigen Tage vielleicht am meisten zu Hause. Es war für mich ein Riesenschritt, ins Orchester zu gehen. Ich habe mich dem Orchester erst sehr langsam angenähert, was man heute kaum glaubt, wo die Orchestermusik für mich eine Riesenrolle spielt. Ich habe jetzt gerade wieder einen »Danse Macabre« für Orchester in Paris dirigiert, vor vier Tagen, eine Uraufführung. Das spielt für mich heute eine Riesenrolle, aber ich komme von der Kammermusik. Und auch jetzt, als ich mein Klarinettenquintett für das Hagen Quartett und mich geschrieben habe, da habe ich doch wieder gemerkt: Da bin ich ganz daheim, das ist meine Sprache, meine Welt, wo ich mich vollkommen frei bewege. So ist mein Gefühl. Vielleicht, weil ich wirklich dort herkomme. Meine ersten Stücke – nach den ersten Klavier- und Klarinettenstücken natürlich – waren Kammermusik-Stücke und es war für mich so faszinierend, als halbes Kind noch, das erste Mal für ein Horn schreiben zu können. Das war etwas ganz Besonderes. Und die Kombination Streicher und Horn spielt für mich nach wie vor eine Riesenrolle. Es ist etwas Heiliges. Es ist wahrscheinlich doch das Größte in der Musik. Und es wäre wünschenswert, dass wir das Interesse des Publikums weiter entfachen für die Kammermusik.

Gerade in schwierigen Zeiten wie heute gerät ja manches in der Kultur und in der Kunst ohnehin unter die Räder. Gerade jetzt, natürlich in der Post-Corona-Zeit – das möchte man noch gar nicht zu sagen wagen – ist es schwierig. Aber ich habe gerade gestern Abend in Wien im Konzerthaus Kammermusik gespielt. Mit Brahms' Klarinettentrio, Bartóks »Kontrasten«. Mein Gott, das sind doch Dinge ... Es war ein voller Saal im Wiener Konzerthaus, und wenn ein Publikum begeistert jeder Wendung dieser kammermusikalischen Preziosen nachgelauscht hat ... Und die Intimität eines Kammermusikstückes von Schubert gehört zum Herrlichsten überhaupt, und ich würde mir wünschen, dass auch die jungen Generationen der Komponisten sich weiter für diese Formen interessieren.

Und deshalb freue ich mich auch, mit Ihnen zu sprechen, weil Sie sich ja nun wirklich der Kammermusik so sehr verschrieben haben. Und ich kann Sie nur beglückwünschen und im Sinne von Gustav Mahler sagen, dem der Satz zugeschrieben wird: »Tradition ist nicht die Anbetung der Asche, sondern das Weitertragen des Feuers!« In diesem Sinne würde ich Ihr Jubiläum gern verstanden wissen. Dass man zurückschaut, ja, aber dass es in die Zukunft geht und dass man wirklich an die Zukunft der Kammermusik glaubt. Ich glaube, wie Sie sehen, mit glühender Begeisterung daran.

ELISABETH KUFFERATH

JEDE MUSIK IST ZEITGENÖSSISCH

EIN PLÄDOYER FÜR DIE NEUGIERDE AUF NEUES

»Zeitgenössische Musik« ist die jeweils letzte Epoche in der langen Geschichte der Musik. Sie ist für mich deshalb keineswegs abgetrennt von der älteren Musik, sondern das Ergebnis einer organischen Entwicklung aus dem Reichtum der über die Jahrhunderte komponierten Werke. Mit dieser Grundannahme gehe ich deshalb an den erzählerischen und emotionalen Inhalt einer Solosonate von Zimmermann genauso heran wie an eine Bach-Partita.

Für mich ist Musik von allen Künsten die persönlichste, die mich am meisten bewegt. Mich fasziniert Musik gleich welcher Epoche, zu der ich einen emotionalen Zugang finde, die über uns Menschen erzählt, über das, was wir wissen, fühlen oder nur erahnen können. Bernd Alois Zimmermann hat es in sehr schönen Worten dem Uraufführenden seiner Sonate für Viola mit auf den Weg gegeben; seine inspirierenden Worte begleiten mich bei meiner Arbeit:

»Es wäre mein Wunsch, wenn [...] Sie sich über das rein Technische hinaus mit dem Stück so befassen würden, dass Sie tatsächlich hinter jedem einzelnen Ton eine Welt von Gedanken finden. In der Solosonate werden musikalische Gedanken zum Ausdruck gebracht, die über die Grundtatsachen des menschlichen Lebens nachsinnen, Geburt und Tod, Werden und Vergehen, und über die Liebe, und über all das, was ein Menschenherz bewegt.«

Als Kind dachte ich, Mozart, Bach, Brahms und Co. seien keine Menschen gewesen, und man hätte die Personen zur Musik nur dazuerfunden, um die unbegreiflich schöne Musik für die Menschen verständlicher zu machen. Dieser Gedanke gefiel mir, war aber unter anderem besonders deshalb absurd, weil Brahms leibhaftig im Oldenburger Haus meiner Urgroßeltern zu Besuch gewesen war.

Von meinen zwei wichtigen Lehrern bekam ich elementare Anleitungen zum Erlernen eines Musikstückes:

Für Uwe-Martin Haiberg war das akribisch genaue Lesen des Textes höchstes Gebot, alle Anweisungen in den Noten waren wörtlich genau zu nehmen. Wenn etwas unüberwindlich schwierig oder widersprüchlich schien, wies er mich einfach an, weiter zu üben und nach Lösungen zu suchen.

Donald Weilerstein lehrte mich, als Interpretin eine sehr gute Psychologin zu sein, die sich in den Kopf des Komponisten hineinversetzen und die emotionale und spirituelle Aussage zwischen den Zeilen, hinter den Noten lesen und ausdrücken kann.

Obwohl ich im Geigenunterricht fast nie jüngere Musik als die Zweite Wiener Schule oder Bartók erarbeitet habe, sind diese beiden Schlüssel zum Inneren eines Werkes für mich gerade auch beim Erlernen von ganz Neuer Musik die wichtigsten Hilfestellungen. Wenn ich ein neues Stück in den Händen halte, kann ich mich nicht auf etablierte Traditionen berufen. Ich muss und darf mir den Text aus meiner eigenen inneren Kraft erschließen.

BERIO ALS INITIALZÜNDUNG

Ein Stück, das mir früh in die Finger gekommen ist und das bis heute auf mich eine große Faszination ausübt, ist die »Sequenza VIII« von Luciano Berio. Dirk Nabering, der damalige Intendant der Berliner Festspiele, hatte mich mit dem Stück engagiert. Die »Sequenza« zu erarbeiten, gab mir Rätsel auf und führte mich an expressive und technische Grenzen und darüber hinaus. Und nach der Erarbeitung war es eine Schlüsselerfahrung für mich, auf der Bühne diese spannende Musik zu kommunizieren, die bei aller extremen Ausdrucksweise und virtuosen Technik in jedem Moment eine emotionale Aussage hat. Theatralisch, wütend, zart und verrückt ist sie – und all das ist von einer einzelnen Person auf der Bühne zu erzählen. Mit diesem Gefühl, dieser Rolle habe ich mich stark identifiziert, und es wurde langfristig die Keimzelle vieler meiner musikalischen Projekte.

Aus der Gegenüberstellung der beiden Sequenzen von Berio für die beiden Instrumente, die ich spiele, sind auch meine Soloalben »Libero, fragile« und »Two« entstanden, in denen ich jeweils Werke für Geige und Bratsche von Klassikern der Moderne und von lebenden Komponisten gegenüberstelle.

Wenn ich ein neues Musikstück lerne, suche ich von Anfang an eine emotionale Verbindung. Ich muss mich von der Musik bewegen lassen, um sie kommunizieren zu können. Unter den vielen modernen Solowerken für Geige oder Bratsche fühle ich mich instinktiv am meisten zu den Stücken hingezogen, die für die natürlichen, diesen Instrumenten innewohnenden Qualitäten gut geschrieben sind, die singen, sinnliche Tonmöglichkeiten haben, Virtuosität, Farbigkeit ...

Thorsten Encke beispielsweise hat eine große Klangphantasie. Seine raffinierten erweiterten Techniken erscheinen oft als Fortsetzungen oder Erweiterung eines musikalischen Gedankens, wenn ihm die konventionellen Spielweisen nicht mehr ausreichen. So wirken sie ganz natürlich in seiner Musik.

ANNÄHERUNGEN

Manchmal ist es anfangs schwierig, den Text, die Art, wie der Komponist seine innere Musik notiert hat, zu übersetzen. Es hilft, eine sinnliche Lust zu haben, das Stück zu spielen! Ich arbeite dabei gleichsam von innen nach außen: Am Anfang steht die Beschäftigung mit den Informationen, die im Text stehen, mit allen Details, die man in den Noten lesen kann. Ich versuche dann allmählich, hinter die Töne zu hören, also den Gedanken, das Gefühl hinter der Notation zu erspüren. Und schließlich kommen meine eigene Fantasie und Inspiration dazu, um zu meiner Interpretation zu finden.

Als Interpretin führe ich einen bereits in Gang gesetzten Prozess fort: Zuerst hört der Komponist etwas in seiner inneren Vorstellung, das er dann in der Sprache der Musik möglichst nah an seiner idealen Vorstellung aufschreibt. Das Notierte bekommt der Interpret in die Hände, der nach besten Kräften nachvollzieht, was zwischen innerem Hören und äußerem Notieren gesagt werden soll. Für viele KomponistInnen ist der Austausch mit den Interpreten deshalb sehr wichtig und aufschlussreich. In der Kommunikation mit den HörerInnen findet eine weitere Verwandlung statt. Als Interpretin ist es meine Aufgabe, die Essenz, die inhaltliche, emotionale und spirituelle Aussage des Werkes so zu erzählen, dass sie meine Hörer erreicht.

Diese Kommunikation mit dem Publikum ist besonders spannend, weil sie nicht vorherzusagen ist und sich in jeder Konzertsituation neu ergibt. Einige Faktoren sind vorher klar, wie der Raum, die Tageszeit oder der Kontext; ob es ein Konzert in einer Reihe ist oder ein Festival oder ein eher privater Rahmen.

Andere Faktoren kenne ich vorher nicht: Wie ist die Stimmung, das Wetter, welche Geschichten bringen die Zuhörer mit ins Konzert, oder was läuft auch bei mir selbst ab? Bach zum Beispiel hat oftmals etwas von einem Gebet. Wenn jemand gerade sehr aufgewühlt ist durch etwas in seinem Leben, kann das bei ihm oder ihr sehr viel auslösen, sowohl trostreich wirken als auch zum Weinen bringen. Manchmal sind alle aber auch so in Anspruch genommen durch alltäglichen Trubel, dass gar nicht mehr genug Freiraum in den Köpfen ist, um sich in die Musik zu versenken. Wenn das dann aber überraschend doch gelingt, kann es sehr tiefe Erlebnisse mit sich bringen. Beim Spielen kann man so etwas durchaus spüren, und es beeinflusst das Spielen auch. Dies sind alles Gedanken, die mir bei der Arbeit an jedem guten Musikstück sehr wichtig sind.

VOM GLÜCK DER ZUSAMMENARBEIT MIT LEBENDEN KOMPONISTEN

Lebt der Komponist oder die Komponistin, dann habe ich oft das große Glück und Geschenk, dass ich mit ihr oder ihm in Kontakt treten kann, Fragen stellen, Antworten erhalten, mich austauschen. Ich kann gemeinsam mit dem

Komponisten direkt an die Quelle gehen, an die faszinierende Schnittstelle zwischen Erschaffen einerseits und Nachschaffen, Interpretieren andererseits. Solche Zusammenarbeit hat es immer gegeben; berühmte Beispiele waren Ludwig van Beethoven und Ignaz Schuppanzigh oder Johannes Brahms und Joseph Joachim.

In der konkreten Arbeit mit Komponisten an deren Stücken finde ich spannend, wie unterschiedlich der Austausch abläuft. Mit Peter Eötvös habe ich zum Beispiel schon mehrmals stundenlang an seinem achtminütigen Geigensolo »A Call« gefeilt, an Phrasierung, Artikulation und Farbe ungefähr jeden Tones, Tempo, Verständnis der Harmonik, geistiger Haltung, bevor ich es aufgenommen habe. Daraus habe ich unglaublich viel über das Stück gelernt, aber auch darüber, was er in seiner Musik hört und wie er Musik überhaupt hört. Auch mit Geoffrey Gordon habe ich viel an den musikalischen Gesten in seinen Stücken gearbeitet, an dynamischen Kontrasten oder am Timing der Übergänge.

Jan Müller-Wieland hat mir hingegen volle Freiheit gegeben – das Stück ist geschrieben, jetzt spiele es mit deiner Ausdruckskraft!

Im Februar 2022, zwei Wochen vor seinem 96. Geburtstag, durfte ich György Kurtág persönlich kennenlernen. Ich hatte einige Stücke aus seinen »Signs, Games and Messages« vorbereitet, aber während ich im Corner Room des Budapest Music Centers auf ihn wartete, spielte ich mich mit ein bisschen Bach ein und merkte darüber nicht, dass er in seinem Rollstuhl hineingeschoben wurde und plötzlich direkt neben mir war. Er wurde dann zum Klavier gebracht und spielte mir den ganzen Satz auswendig vor, den ich gerade geübt hatte, das Largo aus der C-Dur-Solosonate, eine »ganz bezaubernde Musik«, wie er sagte, und ein großes Lieblingsstück von ihm. Er wollte dann unbedingt auch Bach mit mir machen. Wir haben an zwei Tagen fast acht Stunden lang zuerst an seiner Musik und dann an Bachs Ciaccona und Teilen der C-Dur Sonate gearbeitet. Ich werde diese Stunden nie vergessen, sein vollkommenes Einssein mit der Musik, seine unvorstellbare Bildung, aber auch seinen scharfen und gleichzeitig liebevollen Blick auf meine musikalische Persönlichkeit, meine Stärken und Schwächen. An dem kleinen Stück für Eberhard Feltz, das ich ihm vorgespielt hatte, hat er während der gemeinsamen Arbeit an zwei Stellen Änderungen gemacht, die ich jetzt in seiner Handschrift mit Kugelschreiber in meiner Kopie stehen habe. Ein kleines Stückchen Geschichte!

Ich werde oft gefragt, wie es ist, wenn ein Komponist ein Stück für mich schreibt. Wie klingt ein Stück, das für mich geschrieben ist? Höre ich mich darin? Hört die Komponistin mich darin? Die Inspiration kann auf einer vorausgegangenen Zusammenarbeit beruhen, oder vielleicht hat der Komponist mich mit anderer Musik im Konzert oder auf Aufnahmen erlebt. Dann steckt sicher etwas von meiner Art zu spielen und Musik zu kommunizieren darin. Moritz Eggert hatte zum Beispiel eine genaue Vorstellung von dem Klang und der Intensität, die sein Violinbratschenkonzert »Promethea« für mich haben sollte.

Elisabeth Kufferath

MUSIKGESCHICHTEN

Im weiteren Sinne sehe ich mich als eine Geschichtenerzählerin. Menschen haben immer Geschichten erzählt. Die Musikgeschichten, die ich weitererzählen darf, oder auch die, die ich zum ersten Mal erzählen darf, werden ein Teil dieses Schatzes an Geschichten von Menschen über Menschen. Welche Geschichten Bestand haben, entscheiden die Generationen nach uns. Auch Beethoven hat zeitgenössische Musik geschrieben, und seine Große Fuge wurde anfangs für »unverständlich« und »Chinesisch« erklärt. Strawinskys Ballettmusik »Le Sacre du Printemps« löste bei ihrer Uraufführung einen Skandal aus; heute sind beide bewunderte und geliebte Meisterwerke.

Da empfinde ich es schon als große Verantwortung, einem neuen Werk die bestmöglichen Startchancen zu geben, indem ich es mit größtem Ernst und innerer Leidenschaft vorbereite.

An vielen Musikhochschulen kann man immer noch fast ohne Musik jenseits der Zweiten Wiener Schule durchs Studium kommen. Das ist teilweise auch verständlich, weil das Standardrepertoire so groß und schön ist und die Geigentechnik sehr komplex. Auch bei Probespielen wird überwiegend klassisch-romantisches Repertoire abgefragt. Ich bin glücklich darüber, dass viele meiner Studierenden sehr aufgeschlossen sind und bei den spannenden Neue Musik-Projekten der Hochschule mitwirken. Manche spielen sogar die Solostücke (von Eötvös, Schachtner, Zimmermann, Kurtág), die ich spiele.

In der Literatur, Architektur oder Malerei ist es ganz selbstverständlich, dass die Menschen sich für die Gegenwart interessieren, das Neue spannend finden. Wenn ein spektakuläres Gebäude entsteht wie etwa die Elbphilharmonie, dann sind alle gespannt darauf und voller Erwartungen. Natürlich gibt es auch Kritikpunkte und Einwände, aber gleichgültig lässt das kaum jemanden. In der klassischen Musik dagegen will man vor allem die altvertrauten, bewährten Werke immer wieder hören. Sie sind natürlich großartig. Aber wenn wir die zeitgenössische Musik als Teil eines großen Kontinuums empfinden, befruchtet sich das Hören von älterer neben neuerer Musik in beide Richtungen und bereichert das Verständnis und Hörerlebnis.

Es ist mir ein Herzenswunsch, dass die zeitgenössische Musik wieder ein selbstverständlicher Bestandteil des Musiklebens wird, dass wir auf eine Uraufführung so neugierig sind wie auf einen neuen Film oder ein neues Gebäude!

Dieser Text ist in Gesprächen mit der Musik-Autorin Kaja Engel entstanden.

LUCAS FELS

4 – NICHT WENIGER, KEINEN DEUT MEHR

VON FASZINIERENDEN FRAGEN UND OFFENEN ANTWORTEN

Wir kennen die Musikgeschichte, haben Grundzüge der Theorie bereit. Wir freuen uns auf sogenannte Meilensteine und entdecken (von uns und anderen gestern und heute) Vergessenes. Wir werden, bezeichnet wie in der Pädagogik, »abgeholt, da wo wir sind« und wir entwerfen immer neue Vermittlungsformate. Lassen Sie uns das bitte für einen Augenblick vergessen.

Stellen Sie sich bitte stattdessen einfach vor, was wir Musiker*innen machen und wollen: Menschen laden andere Menschen ein. Und alle in diesem Spiel bewegen sich – in all ihrer Unterschiedlichkeit! – mündig und neugierig in einem akustischen Raum ohne hierarchische Abstufungen. Dann sind wir da, wohin ich Sie jetzt gerne mitnehmen möchte, bei meinen persönlichen Gedanken zum Streichquartett.

STREICHINSTRUMENTE SIND ALT

Im Aufbau unserer Instrumente gab es schon lange keine umfangreichen Entwicklungen mehr, die Stimmung der Saiten ist seit Jahrhunderten (weitestgehend) gleich geblieben. Nur diese Instrumente werden heute (fast) genauso gebaut wie vor mindestens 300 Jahren – und wir benützen noch immer die Originale mit dem phantastischen Klang und den ihnen innewohnenden Geschichten aus alter Zeit. Die Bögen waren ca. 100 Jahre später in ihrer Entwicklung auch soweit, dass sie ihre ideale(?) Form gefunden haben. Auch die Handhabung hat sich wenig geändert – bei einer Erweiterung um immer wieder neue Spieltechniken und mutiger werdendem Einsatz.

Wie Brot, Sie gestatten den Vergleich: Mehl, Wasser, Salz. Qualitätsunterschiede in den Zutaten, handwerkliches Können in der Herstellung, Gewürze als gutes Beiwerk.

Arditti Quartet: Ashot Sarkissjan, Ralf Ehlers, Irvine Arditti, Lucas Fels

Was suchen wir doch auch heute mit all unseren Mitteln nach den geheimen Rezepturen für die Lasur der Geigenbauer aus der goldenen Ära!

Und diese Perfektion fasziniert. Für die Erfinder Haydn und Boccherini wird es mehr: ideale Instrumente für eine »ideale« Besetzung. Wir denken an vier gleichwertige Instrumente und weiter an vier (hoffentlich!) gleichberechtigte Streicher*innen.

DIE INSPIRATION UND DAS PAPIER, DER COMPUTER

Warum schreiben Komponist*innen heute etwas »Neues« für diese »alte« Besetzung, für die einzig feste Formation in unserem Musikleben, die sich ohne Austausch, oder grundlegende Veränderung eines Instruments (wie z.B. Klavier), so lückenlos gehalten hat? Eine Besetzung, für die nahezu pausenlos zahllose Stücke enstanden sind, deren viele als sogenannte »Meisterwerke« einen festen Platz im Kanon gefunden haben. Sehen die Komponist*innen eine Möglichkeit zur Weiterentwicklung? Geht es darum, mit der »Tradition Streichquartett« formvollendet im wahrsten Sinn des Wortes zu brechen? Liebevoll angesichts der Größe mancher Werke oder wütend angesichts der »Mauer«, vor der man steht? Sieht man sich selber an der Grenze, weiter neue Klänge und sie produzierende Spieltechniken (er)finden zu können? Muss man das überhaupt? Die Beweggründe, ein Streichquartett zu komponieren, werden historisch einordnend untersucht und veröffentlicht. Am Podium werden sie durchleuchtet, im Glücksfall in Anwesenheit jener, die es geschrieben haben. Und es zeigt sich hier die Abhängigkeit zu den Interpret*innen, besonders dann, wenn ein zeitgenössisches Werk vorgestellt wird, gar ein noch nie gespieltes. Zum gesprochenen Wort kommen Töne, das Vorführen von Spielfertigkeiten, die eine oder andere Anekdote. Das alles sind Bausteine für unser Urteilsvermögen als (zu)hörende Menschen, wir lernen und pflegen damit ein Vokabular, definieren die Kriterien in unserem Wertekatalog. Dabei hilft die Verbreitung und Aufbereitung von papiernen Nachrichten in alles mit Strom betriebene, den ganz Neugierigen mit Einblicken in die Partitur. Vermittlung zur besseren Verständlichkeit und tieferes Verständnis. Somit sind diese Vorbereitungen für das Zuhören offenbar abgeschlossen. Wären da nicht die unvermeidlichen Imponderabilien, unvorhersehbar, unkontrollierbar, nicht wirklich steuerbar. Sie liegen auf dem Weg vom inspiriert-kreativen Moment des Schöpferischen hin zum Ohr (Vorstellung – Notation – Aus(f)führung), auf das ein inzwischen nicht mehr imaginiertes, sondern produziertes akustisches Ereignis trifft (Partitur – Arbeit mit Komponist*in – Aus(f)führung).

SCHREIBEN KÖNNEN UND LESEN WOLLEN

Im Entstehungsprozess sind die Beteiligten allein aufgrund der Notwendigkeit ihrer Teilnahme definiert. Nicht dagegen ihre Rolle, nicht ihre Aufgabe, nicht die damit verbundene Macht. Und schon gar nicht die »soft skills« (sind sie wirklich ›nur‹ das?) Neugier, Mut, sich auf Neues einzulassen, und menschliches »Gespür« in einer Zusammenarbeit, die neben Disziplin eine außergewöhnliche Sensibilität verlangt. In Form von Fragen seien hier einzelne Momente in Erinnerung gerufen:

Wie groß ist die Abhängigkeit der komponierenden von den spielenden Menschen? Beeinflusst die vorab getroffene Wahl eines ausführenden Streichquartetts die Komposition? Über die Fragen zu Technik und Mut hinaus? Das alles führt zur Grundfrage des vertrauensvoll Loslassen-Könnens auf Seiten der Komponist*innen.

Die Antwort wird weder rückblickend, aber auch nicht mit dem Blick auf das Heute von mir kommen.

IN DER KLEINEN SKIZZE FEHLT NOCH DAS OHR

Was trauen wir dem hörenden Menschen zu? Dahinter verbirgt sich die Frage an sich selbst: Schaffen wir es, mit der Unwägbarkeit auszukommen, die aus dem Nichtwissen darüber besteht, was die Menschen zu hören erwarten (nicht wollen, bitte). Da ist Platz für Überraschung, Freude, Abenteuer, auch Lernen, auch Überforderung, schlicht »das Schlimmste«. Letzteres interessanterweise aus entgegengesetzter Position heraus: weil man Musik unserer Zeit kennt und genauso, weil man sie nicht kennt. »Vermitteln« wir – vor dem ersten Hören – den Zugang zu einem neuen Streichquartett, dann setzen wir uns über diese Hörerwartung hinweg, unabsichtlich oder mit pädagogischer Absicht, und treffen dabei auf etwas, was wir bestenfalls einschätzen können (mithilfe der Veranstalter*innen mag dies besser gelingen): die Hörerfahrung.

Ich bin Interpret (hauptsächlich) zeitgenössischer Musik und habe seit einigen Jahrzehnten das unendlich große Glück, mit Komponist*innen zu einem sehr frühen Zeitpunkt meiner und unserer Arbeit in Dialog treten zu können, der von Vertrauen getragen sein muss. Der ›Gattung‹ Streichquartett haftet eine mächtige Tradition an, an die enorme Erwartungen gebunden sind. Eine genaue Betrachtung zeigt, wie sehr diese von der Besetzung ausgehen: vier ideale Instrumente, gleichwertig und gleich wichtig, sind in eine (ideale?) »Form« zu bringen. »Klassisch« (,) Maßstäbe setzend und erfüllend, zeitlos gültig – und/oder ein authentischer Spiegel unserer Gegenwart. Schreckt das ab? Braucht es hier, vielleicht sogar stärker als bei anderer Musik, die Fähigkeit, inspirierendes Gegenüber »am« Instrument zu sein? Was reizt heute an dieser Besetzung, die so viel mehr als das ist? Ich bin überzeugt davon, dass es das Ringen um, ganz pathetisch, diese Idee der Gleichheit und ihre Umsetzung in Klang ist. Das ist eine Herausforderung! Und der muss man sich auf und vor offener Bühne stellen, als komponierender Mensch, als interpretierender und hörender. Und ja, auch die vier »idealen« Instrumente.

Lucas Fels
Einer
und
Einer von vieren

Das Beste in der Musik
steht nicht in den Noten.
               Gustav Mahler

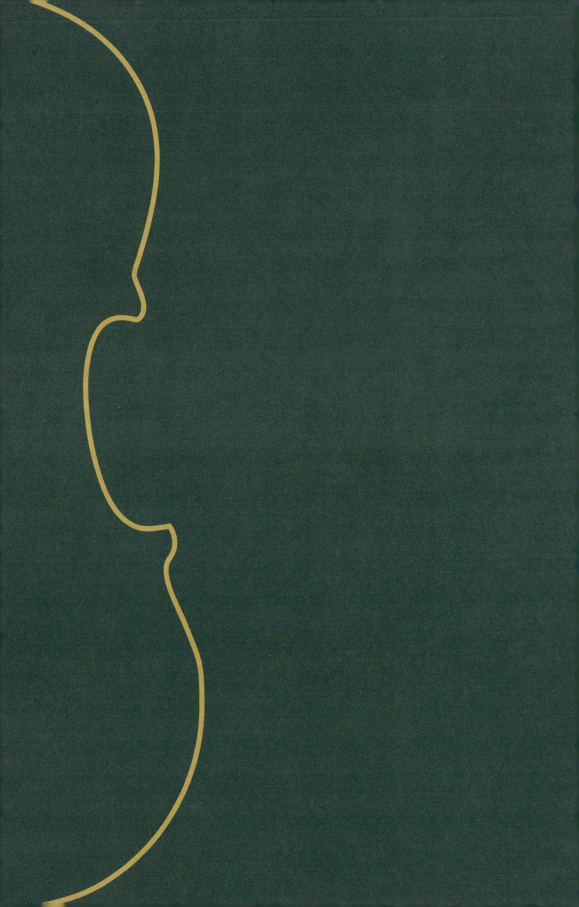

FRANK WROBEL

DAS VORSTANDS-QUARTETT

VON STILLVERGNÜGTER BEGEISTERUNG

Es ist nicht überliefert, ob die Gründerväter, die die Hamburgische Vereinigung von Freunden der Kammermusik 1922 ins Leben riefen, selbst ein Streichinstrument spielten. Spätestens aber nach der Wiederaufnahme der Konzertreihe im Jahr 1945 durch Wilhelm C. H. Möller begann eine Tradition, dass Vorstände der Vereinigung selbst musikalisch tätig waren. Als Amateure zwar, aber es half, vertiefte Werkkenntnisse zu erwerben und die Programmauswahl für die Konzerte zu treffen.

Wilhelm C. H. Möller konnte in den Anfangsjahren nach dem Zweiten Weltkrieg überwiegend nur Hamburger Künstler engagieren. Als Hobby-Bratscher halfen ihm dabei seine weitreichenden Verbindungen zur Hamburger Musikszene. Er selbst spielte in einem Streichquartett mit Fritz Lang und Karl Grebe. Während seiner Zeit als Vorsitzender richtete die Vereinigung wegen der großen Nachfrage eine zweite Konzertreihe ein. 1954 wurde der Kleine Saal der Laeiszhalle zu seiner heutigen Gestalt umgebaut.

Nachfolger von Wilhelm C. H. Möller als Vorstandsvorsitzender wurde 1973 Rudolf Jung, ein sehr guter Amateur-Cellist. Seit 1949 in Hamburg ansässig, war er die ideale Besetzung für dieses Ehrenamt. Als Sohn eines Weinbauern und großen Mäzens in der Musik war Rudolf Jung seit seiner Kindheit daran gewöhnt, berühmten Musikern zu begegnen. Diese Kontakte aus den zwanziger bis vierziger Jahren und seine inzwischen in Hamburg aufgebauten Verbindungen zu Kammermusik-Enthusiasten brachte er erfolgreich in die Arbeit für die Vereinigung ein.

Ich selbst bin über Fritz Lang, den liebenswerten ehemaligen Solobratscher der Hamburger Philharmoniker, der so gerne Geige spielte, zu den Kammermusikfreunden gestoßen. Anfangs spielte ich als zweiter (Amateur-)Geiger im Quartett mit Fritz Lang, Erich Sichermann und Rudolf Jung. Diese Formation nannte Herr Jung »Profi-Quartett« – was nicht ganz zutraf, denn nur Lang und Sichermann waren pensionierte Berufsmusiker. Flugs warb mich Herr Jung als

Erweitertes Vorstands-Quartett: Frank Wrobel, Irmgard Ehlbeck, Klaus Brügmann, Erich Sichermann, Bernard Greenhouse, Carl Rudolf Jung

Mitglied der Vereinigung und überdies als ersten Geiger im sogenannten Amateur-Streichquartett, das ebenfalls regelmäßig im Hause Jung musizierte.

Innerhalb weniger Jahre ergab es sich, dass alle Spieler im Amateur-Streichquartett auch Mitglieder im Vorstand der Hamburgischen Vereinigung von Freunden der Kammermusik waren. Eine überaus praktische Konstellation, denn nach jedem Quartett-Abend, beim obligatorischen Imbiss und Wein, waren natürlich auch Belange der Vereinigung ein Thema. Folgerichtig sprach Herr Jung nun vom »Vorstands-Quartett«. Es waren dies Rudolf Jung (Violoncello), Klaus Brügmann (Bratsche), Herbert Sedlaczek (Violine 2) und Frank Wrobel (Violine 1). Auch als Rudolf Jung 2004 als aktives Mitglied aus dem Vorstand ausschied und Klaus Brügmann den Vorstandsvorsitz übernahm, blieb es bei der Quartettbesetzung. Jung wurde Ehrenvorsitzender und blieb permanenter Gastgeber des Vorstands-Quartetts.

Das Vorstands-Quartett hat nie öffentlich gespielt. Für gelegentlich anwesende Zuhörer, meistens Familienmitglieder, mag unser Vortrag nicht immer genussvoll gewesen sein. Wie auch – von den Konzerten in der Laeiszhalle waren sie erheblich Besseres gewöhnt.

Mit unserem Repertoire haben wir uns im Sinne der Heimeran'schen Klassifizierung aus dem »Stillvergnügten Streichquartett« etwa bis zur Stufe 4 (von 6) bewegt: »hier muß geübt werden, wenn ein erträgliches Ergebnis erzielt werden soll.« Die nachfolgende Aufzählung dürfte der großen Zahl von Streichquartettspielern im Publikum der Hamburgischen Vereinigung von Freunden der Kammermusik bestens bekannt sein. Es fällt auf, dass wir uns musikalisch ausschließlich im 18. und 19. Jahrhundert bewegten.

Haydn: Der Erfinder des modernen Streichquartetts fehlte fast nie. Von seinen 68 Quartetten haben wir vermutlich 80 Prozent mindestens einmal gespielt, öfter noch die »Sonnen-Quartette« op. 20.
Mozart: Selbstverständlich haben wir die »10 berühmten Streichquartette« immer wieder gespielt, weniger die frühen – und mit einer zusätzlichen Bratsche aber auch die wunderbaren Streichquintette.
Beethoven: immer wieder die sechs Quartette op. 18. Die sogenannten mittleren nie, von den späten Quartetten nur das op. 127 in Es und einzelne Sätze aus den anderen.
Schubert: An »Der Tod und das Mädchen« und das mächtige op. 161 haben wir uns nicht herangetraut, alle anderen aber mit Wonne gespielt. Höhepunkt, wenn ein guter zweiter Cellist zur Verfügung stand, war das Streichquintett in C.
Von **Mendelssohn** waren es die wunderbaren Quartette op. 12, op. 13 und op. 44/1. Schade nur, dass uns die letzten Sätze nicht so recht gelingen wollten.
Brahms: nur das Quartett a-Moll op. 51/2. Unvergessen bleibt ein Abend mit den zwei Streichsextetten op. 18 B-Dur und op. 36 G-Dur mit Erich Sichermann an der Bratsche und Bernard Greenhouse am Cello. Der ehemalige Cellist des Beaux Arts Trios war für einige Tage im Hause Jung als Übernachtungsgast und wollte gerne Hausmusik machen.
Dvořák: natürlich das »Amerikanische« op. 96, und mit Mühe op. 51. Höhepunkt war das Klavierquintett op. 81 mit Detlef Kraus, Pianist und ehemaliger Präsident der Brahms Gesellschaft, und mit Erich Sichermann. Im Anschluss gab es einen heftigen Expertenstreit zwischen Sichermann und Kraus über das Accelerando am Schluss des letzten Satzes.

Frank Wrobel, Herbert Sedlacek, Carl Rudolf Jung, Klaus Brügmann

Beim anschließenden Imbiss und einem Glas guten Weines war dann wieder alles gut.

Schumann: Die Quartette op. 41 waren nicht so sehr beliebt bei uns. Darum eher selten gespielt.

Smetana: »Aus meinem Leben« Nr. 1 e-Moll – wunderschön.

Viel zu früh und unerwartet starb Klaus Brügmann im Jahr 2012. Sein Tod bedeutete einen schmerzlichen Verlust für alle Angehörigen, die Freunde der Kammermusik und für das Vorstands-Quartett. Seine Position übernahm Herbert Sedlacek, der auch Bratscher war. Für die zweite Geige gewannen wir gleich zwei Mitglieder unserer Vereinigung, Frau Cervone und Frau Voss-Andreae, die abwechselnd spielten. Mit Beginn der Covid-19-Pandemie 2020 endete die Zeit des Vorstands-Quartetts. Ein Jahr später starb auch unser lieber Freund Herbert Sedlacek. Der Ehrenvorsitzende Rudolf Jung, Gründer des Vorstands-Quartetts, durfte im November 2021 seinen 100. Geburtstag feiern.

SONIA SIMMENAUER

WIE KNACKT MAN EINEN VERSCHWORENEN KREIS BEGEISTERTER?

VOM REIZ DER ZUSAMMENARBEIT MIT EINER EHRENAMTLICH GEFÜHRTEN KAMMERMUSIKREIHE

Die Einladung, zum 100. Jubiläum der Hamburgischen Vereinigung von Freunden der Kammermusik einen Beitrag zu schreiben, ist eine Ehre. Zugleich nimmt dieser Beitrag einen besonderen Blickwinkel ein. Denn ich als Agentin soll nicht die Geschichte des Vereins erzählen, sondern von der sehr spezifischen Verbindung zwischen einem Kammermusikverein und einem Agenten und, natürlich, konkret von der Verbindung zwischen der HVFK und mir.

Der Beruf des Agenten ist wenig bekannt. Seine Funktion und Aufgabenfelder sind sehr vielschichtig, in vielem paradox, meistens unsichtbar und gerade deswegen aufregend. Dass das Licht im Saal pünktlich aus- und auf der Bühne angeht und der Künstler – egal ob mit Orchester, solo oder in einer Kammermusikgruppe – auftritt, ist der Normalfall. Was sich auf dem Weg dahin an kleinen und großen Aufregungen und Beinahe-Katastrophen ereignet, davon erzähle ich zwar immer gern, das ist aber hier nicht das Thema. Hier soll es um etwas anderes gehen: Welchen Anteil hat der Agent am Zustandekommen eines Konzerts und gerade eines Kammerkonzerts?

Wenn die Arbeit des Agenten gelingt, dann verschwindet er gleichsam darin. Wie man vom Beruf des Zauberers weiß, braucht so ein Verschwinden viel Übung und hartes Training. Das Publikum erfährt in der Regel nichts davon, über wie viele Monate oder gar Jahre an diesem einen scheinbar so selbstverständlichen Abend gearbeitet wurde. Was dazu alles nötig gewesen ist an Terminabstimmungen, Programmentscheidungen, Honorarverhandlungen, Reise- und Hotelorganisation, Presseterminen, wie viele mehr oder weniger sinnvolle Mails, Telefonate und administrative Papiere angefallen sind.

Es ist die Aufgabe des Agenten, Zeit, Raum und Künstler zusammenzubringen. Der Musiker muss so musizieren können, dass er sein Talent und seine Begabung voll entfalten und das Publikum ganz für sich gewinnen kann. Er braucht jemanden, der ihm den Rücken freihält, ihn von all den notwendigen Vorarbeiten und Folgen eines Engagements entlastet und ihn darüber hinaus bei seinen weiteren Schritten unterstützt. Ein Großteil meines Berufes besteht eben darin, vieles für das Publikum unsichtbar zu machen – am Ende auch mich selbst.

Um wirklich für den Künstler agieren zu können, muss der Agent mit dem Veranstalter in einer vertrauensvollen Verbindung stehen und im Gespräch sein. Die Intensität der Beziehung hängt nicht zuletzt von der Häufigkeit der vermittelten Konzerte ab. Denn den Rahmen für das Gespräch bildet immer das konkrete Konzert. Jenseits des vordergründigen, notwendigen und letztlich simplen Verkaufens muss der Agent viele Felder abdecken. Vor allem muss er ein großer Versteher sein. Er muss die Strukturen der Veranstalter in den verschiedensten Konzertorten und Sälen begreifen: Wo hat er es mit einem professionellen Saalbetrieb und einem ganzen Team an Bühnenmanagern, Veranstaltungs- und Lichttechnikern und anderen zu tun und wo mit kleinen oder größeren Vereinen, bei denen die eigenen Mitglieder ehrenamtlich zum Ganzen beitragen, den Kuchen von zu Hause mitbringen, den Saal aufschließen und das Licht bedienen?

Hier gilt unbedingt, dass der Agent zwar der Vertreter des Künstlers ist, dass er aber auch die Situation des Veranstalters mitdenken muss. Die Desiderata der Künstler können nicht Gesetz sein, sondern sie müssen den Möglichkeiten des Veranstalters angepasst werden.

1982 trat ich meine erste Agentenstelle bei der Konzertdirektion Hans Ulrich Schmid an, als »Kammermusiksachbearbeiterin« (so hieß es!). Schmid hatte die großen Streichquartette der Zeit unter Vertrag, das Guarneri Quartet, das Cleveland Quartet, das Alban Berg Quartett. Sie waren regelmäßige Gäste bei den wichtigsten Kammermusikvereinen des Landes, darunter die HVFK, die Kammermusikgemeinde Hannover, die Museumsgesellschaft in Frankfurt und viele andere.

Die HVFK war also seit 1982 mein Kunde. Aber was bedeutet das eigentlich bei einer Tätigkeit wie der des Agenten? Man kann sich ihn ein bisschen wie einen reisenden Händler mit seinem Bauchladen vorstellen: Der Agent klingelt an der Tür des Veranstalters und bietet ihm seine Künstler feil. Dafür muss es aber eine Tür geben, an der man klingeln kann und die auch geöffnet wird. Doch genau das ist nicht selbstverständlich. Und hier schließt sich wieder der Kreis zum heutigen Jubilar.

Kammermusikvereine sind das Rückgrat der Musiklandschaft in Deutschland. Sie sind etwas, worum die westliche musikalische Welt uns beneidet. Junge Musiker in aller Welt träumen davon, sie zu erobern. Das Wesen der Kammermusikvereine ist einzigartig und hat sich in den vierzig Jahren, die ich sie erlebt

Sonia Simmenauer und Eckart Runge beim Après in den 1990er Jahren.

habe, kaum verändert. Hier und da sind sie vielleicht ein bisschen weiblicher geworden, aber es sind noch immer oft exklusive Männerclubs. Privatleute, fast immer selbst ausübende Amateurmusiker, die im Alltag Unternehmen leiten, Professoren sind, als Ärzte oder Anwälte arbeiten und die sich um der geliebten Musik willen zusammenschließen und sich Konzerte mit professionellen Künstlern leisten – sie also finanzieren. Die HVFK gehört hierzulande zu den größeren unter den privaten Veranstaltervereinen. Oft ist das Verschwinden solcher Vereine prophezeit worden, und tatsächlich sind in den letzten Jahren immer wieder ganze Konzertreihen eingestampft worden. Der Grund lag zumeist darin, dass der Vereinsvorsitzende aus Altersgründen aufhören musste und sich keine Nachfolge finden ließ. Aber, und das ist die wirkliche Überraschung, es gibt neue private Initiativen, es entstehen neue Konzertreihen. Das stimmt optimistisch.

Bei kleinstädtischen Vereinen werden die Aufgaben – künstlerische Leitung, Finanzen, Werbung, Konzert- und Künstlerbetreuung – üblicherweise unter den Vorstandsmitgliedern aufgeteilt. Der Agent ist in den meisten Fällen mit dem künstlerischen Leiter, manchmal auch mit dem Schatzmeister im Gespräch. Vereine in größeren Städten wie Hamburg, Frankfurt oder Köln haben je nach Größe entweder eine eigene Konzertorganisation wie die Museumsgesellschaft in Frankfurt, die zu einer Kammermusikreihe noch ein Orchester und Museen betreibt, oder es wird ein örtlicher Veranstalter mit der Gesamtorganisation und der Durchführung der Konzerte beauftragt. Die HVFK hat über Jahrzehnte mit der Konzertdirektion Goette zusammengearbeitet, mittlerweile hat das Künstlersekretariat Sudbrack die Aufgabe übernommen.

Eine solche Konstellation kann für den Agenten sehr schwierig zu »knacken« sein.

Zum Verständnis: Wenn ich mit professionellen Veranstaltern, etwa – um in Hamburg zu bleiben – mit der HamburgMusik oder mit Pro Arte, Konzerte vereinbare, rede ich mit Menschen, zu deren Beruf es gehört, mit mir zu verhandeln. Ich kann diese Menschen zu Bürozeiten einfach anrufen, um Details eines spezifischen Konzerts zu besprechen oder ihnen im direkten Gespräch neue Künstler, Projekte, Programme anzubieten, ihnen die Hintergründe zu erklären, kurz alles, was zum Verkaufen nötig ist.

In der Verbindung zwischen Agenten und Vereinen gibt es hingegen mitunter eine Disbalance: Wenn derjenige, den ich gern anrufen möchte, seine Funktion ehrenamtlich ausübt, können solche Verkaufsgespräche im weiteren Sinne normalerweise nicht zu Bürozeiten stattfinden, weil das Ehrenamt ja eine Freizeitaktivität ist. So hat man als Agent immer ein bisschen das Gefühl, ein Eindringling zu sein. Aber genau diese Disbalance kann sehr produktiv sein. Es kann nämlich ein kleiner Graubereich entstehen, in dem sich sehr schöne Gespräche ergeben, getragen von der innigen Liebe und Begeisterung dieser Menschen für die Musik.

Als ich in den 80er Jahren anfing, gab es etliche Vereine wie die HVFK. Bei vielen hatte ich keine Chance, an die Herren heranzukommen. Sie hatten ihre Informationsquellen, fuhren selbst viel zu Konzerten, waren mit dem einen oder anderen Musiker befreundet, der sie auf jüngere oder andere hinwies, und trafen ihre Entscheidungen im geschlossenen Kreis. Für mich als junge Agentin, die für die Belange ihrer Künstler nahezu zur Begehung von Straftaten bereit gewesen wäre, wurde es zur größten Herausforderung, Wege zu finden, diese Mauer einen Spalt breit aufzubrechen.

Selbstverständlich ging ich zu vielen Konzerten der HVFK, ob an einem Abend von mir vertretene Künstler spielten oder andere Künstler, die mich interessierten oder mit denen ich freundschaftlich verbunden war. Ich versuchte dabei, möglichst oft ins Blickfeld von Herrn Jung zu geraten, vor oder auch hinter der Bühne, wenn ich als Agentin zugelassen wurde, um ihm irgendwann als natürlicherweise vertraut zu erscheinen. Im Anschluss an die Konzerte gab es immer das legendäre »Essen danach« bei Herrn Jung zu Hause, zu dem nur die Künstler und einige Mitglieder des Vorstands eingeladen waren. Eines Tages bat einer meiner Künstler, dass ich dazukommen möge, da wir uns ansonsten nicht hätten sehen und sprechen können. Das Quartett kam von weither und reiste am nächsten Tag gleich wieder ab. Es war ein schönes Beisammensein, ich wurde freundlich aufgenommen, und es entstand ein erstes zaghaftes Gespräch. Dabei half sehr, dass auch mein Vater Amateurcellist war, dass er ein ähnlich schönes Instrument besaß wie Herr Jung, gebürtiger Hamburger war und mit dem LaSalle Quartet befreundet, das ein besonderes Ansehen bei der HVFK genoss. Als mein Vater später einmal in Hamburg zu Besuch war, nahm ich ihn mit zu einem Konzert der HVFK und stellte ihn Herrn Jung vor. Danach nahmen Herrn Jungs und meine Gespräche an Intensität zu. Ich wurde Mitglied im Verein und wohnte auch einigen Jahressitzungen bei.

Von da an kam es gelegentlich vor, dass Herr Jung und ich über Künstler und vor allem über Programme telefonierten. Das war eine große Errungenschaft. Sie machte mir Mut, auch mit anderen Vereinen entschiedener das direkte Gespräch zu suchen, um im Vorfeld zu einem Konzert einen Austausch zwischen dem Veranstalter und dem Künstler herzustellen, zum Beispiel über das Programm.

Auf Rudolf Jung folgte Klaus Brügmann, der sich auf seine diskrete, feine, bescheidene Art sehr für einen gesunden Unterbau für den Verein einsetzte. Mit ihm verband mich eine über die Jahre gewachsene freundschaftliche Beziehung. Gespräche über Künstler und Programme waren für uns selbstverständlich.

Modernität und Innovation kamen mit Ludwig Hartmann, der mit seinem Wissen und seiner Begabung als Kommunikator und Moderator viel neue Energie in die ehrwürdige Institution gebracht hat. Er wiederum sucht das Gespräch mit den Agenten, getrieben von jener Neugier, die er auch bei seinem Publikum weckt.

Ludwig Hartmann hat sich – und mit ihm der Verein – neuen Genres und einem jüngeren Publikum zugewandt. Bis heute ist die HVFK für die Künstler eine der wichtigsten Konzertreihen des Landes, und das ist nach 100 Jahren keine Selbstverständlichkeit. Wenn sie dort spielen dürfen, haben sie ein bisschen das Gefühl, es geschafft zu haben.

Wenn sich auch nach außen hin nicht viel verändert zu haben scheint, so ist bei der HVFK doch etwas gelungen, von dem wir inständig hoffen, dass es sich auch woanders ereignen möge: den Geist und den Ernst solch einer Unternehmung derart schön ins Heute zu übersetzen.

JOACHIM NERGER

DIE GUTEN UND DIE BÖSEN

ÜBER BILDER UND ZERRBILDER DER KONZERTWELT

In den ersten beiden Jahrzehnten dieses Jahrhunderts ist es in unserer europäischen Musikwelt populär geworden, ein Ende des »Schubladen-Denkens« zu fordern. Entgrenzung der Stile und Genres wird gefordert, »grenzüberschreitende« Novitäten schon mit Vorschusslorbeeren gefeiert. Mal abgesehen davon, dass wir Menschen der Überflutung unserer Sinnes-Wahrnehmungen ohne Schubladen-Zuordnung wohl nicht Herr werden könnten, haftet dieser Forderung doch viel Sympathisches an. Zumal Schubladen-Denken beileibe nicht nur die Einordnung von musischen Qualitäten und Genres mitbestimmt, sondern auch zahlreiche weitere Aspekte unserer Konzertwelt. Und über diese Welt der Schubladen und Stereotypen möchte ich schreiben.

Es fängt schon mit der Gegenüberstellung von Künstlern und (ihren) Agenten an. So erinnere ich aus der Anfangszeit meines Agentenlebens den folgenden »Witz«, den ich mehrfach zu hören bekam: Zwei Wesen treffen in absoluter Dunkelheit aufeinander. Sie beschließen, sich mit ihrem Tastsinn gegenseitig zu identifizieren. »Warm, kuschelig, lange Ohren, seidiges Fell – Du bist ein Kaninchen«. – »Erraten. Und jetzt ich: Kalt, glatt, glitschig, keine Ohren – Ah, Du bist ein Agent.« Uih, wie soll man sich da fühlen als Agent, in welche Schublade ist man da gerutscht? Tatsächlich sind die Klischee-Bilder vom kaltherzigen Agenten und dem idealistischen Künstler schon sehr alt, es gab sie schon zu Beethovens Zeit und spätestens in der Romantik wurden sie kultiviert. Es ist ein Rollenbild, das wohl zu allen Zeiten funktionieren wird. Die Musiker (die Guten) stehen für hehre Ideale, die Agenten (die Bösen) für niederen Geschäftssinn. Die Wirklichkeit sieht allerdings nicht selten anders aus, aber darüber sollte man vielleicht nicht allzu viel verraten.

»Bis ein Veranstalter sich den Namen eines neu auftauchenden Künstler-Agenten eingeprägt hat, müssen Sie ihm sieben möglichst handgeschriebene Briefe geschickt haben!« Das war die mutmachende Begrüßung meines neuen Chefs, als ich im März 1988 in das Agentur-Geschäft einstieg – natürlich als Quereinsteiger und nur als »kleiner Angestellter«. Mein Chef, Rolf Sudbrack, war zu diesem Zeitpunkt schon ein Agent mit 20 Jahren Berufserfahrung auf dem Buckel bzw. in den Handgelenken, und der musste es ja wissen. In unserer Zeit der allgemeinen Informations-Überflutung dauert es lange, bis sich die Konzertwelt ein Bild von einem neuen Mitspieler gemacht hat. Allerdings dauert es oft noch länger, bis ein möglicherweise einseitiges Bild wieder zurechtgerückt wird. Wir hatten damals zum Glück eine fast noch moderne IBM-Schreibmaschine, die einen eingegebenen Brief hundertfach ausdrucken konnte, nur eben nicht handgeschrieben und nicht mit den individuellen Adressaten. Doch schon bald kam ein nun wirklich moderner Wang-Computer hinzu, mit dem wir mühelos 400 persönlich adressierte Briefe, die sogenannten Serienbriefe, ausdrucken und persönlich unterschreiben konnten. Und spätestens beim Unterschreiben dieser Hunderte von Briefen konnte einem klar werden, wie vielfältig das Bild der Veranstalter-Szene ist: Da gibt es den schon leicht eingetrockneten Oberstudienrat i. R., der sich natürlich besser auskennt als alle Musikwissenschaftler, Moderatoren oder gar Künstleragenten. Am anderen Ende der Fahnenstange steht der Veranstalter, der einem auf das Angebot für ein Klavierquartett-Ensemble antwortet, er habe gar keine weiteren drei Klaviere zur Verfügung. Dann gibt es den sich hochphilosophisch gebenden Mann von ausgesuchter Kulturwelt, dessen Frau einen Friseursalon betreibt. Es tummeln sich ehemals tätige Musiker, die das Feld nun lieber den Jüngeren überlassen, und es tauchen sogar Männer mit Goldkettchen und Rolex auf, dass man es nicht glauben kann. Und: Da gibt es manche städtische Kultur-Angestellte, die man nach dem Konzert gerne noch begrüßt hätte, die aber zum Konzert gar nicht gekommen sind, weil sie ja noch ihre Überstunden abbummeln müssen. Und dann findet man unter den Veranstaltern auch viele höchst engagierte, äußerst kenntnisreiche, auch warmherzige Menschen, die einem viel positiver im Gedächtnis bleiben als manche Musiker. Mit ihnen im jahrzehntelangen, geistigen Austausch zu stehen, ist ein besonderes Glück im Agentenleben! So ist die Welt der Veranstalter viel bunter, als man es zunächst vermuten würde. Sie passen in keine Schublade. Und für alle braucht man eine passgenaue Ansprache, da ist ein Serienbrief keine dauerhafte Lösung.

Wie aber steht es um das allgemeine Bild der Künstler-Agenten? Die normalen Konzertbesucher haben vermutlich gar keine Vorstellung vom Agieren der Künstlervermittler. Ganz anders die Kritiker, für die die Agenturen schon gerne mal als Sündenböcke herhalten dürfen: für vermeintlich zu konservativ gestrickte Programme, für ungünstig aufgezäumte Tourneeverläufe, für überteuerte Eintrittsgelder (für die gar nicht die Agenturen zuständig sind) etc. Und natürlich auch für gescheiterte Künstler-Karrieren. Eine Wahrnehmung, die sich auch die Künstler und Ensembles selbst zu eigen machen: Haben sie großen Erfolg, liegt es selbstverständlich nur an ihren ganz außergewöhnlichen Qualitäten. Haben sie aber keinen Erfolg, dann ist bestimmt die Agentur daran Schuld. Hans-Ulrich Schmid, einer der großen Konzertveranstalter und Künst-

Nach dem Konzert des Cuarteto Casals am 20. April 2022 in der Elbphilharmonie: Joachim Nerger, Vera Martínez Mehner, Jonathan Brown, Arnau Tomàs, Ludwig Hartmann, Abel Tomàs

lervermittler der zweiten Hälfte des letzten Jahrhunderts, hat dazu mal – sinngemäß – den aufschlussreichen Satz kommuniziert: »Eine mittelmäßige Agentur kann einen exzellenten Künstler nicht dauerhaft vom Erfolg abhalten. Umgekehrt kann aber eine sehr gute Agentur einen mittelmäßigen Künstler auch nicht dauerhaft im Konzertmarkt halten.« Ein sehr kluger Satz. Nur wenige Künstler haben die bescheidene Selbsteinschätzung, dass ihr Erfolg a u c h der Agentur geschuldet sein könnte. Und die Crux für den Agenten besteht darin, dass er so manche Selbstüberschätzung der Künstler nicht zurechtrücken sollte, denn in dieser Selbstüberschätzung liegt nicht selten auch ein Grund für ihren Erfolg. Das Bild muss stehen bleiben, auch wenn es dahinter vielleicht schon bröckelt. Der Dilettant mit Sieger-Attitüde kommt beim breiten Publikum weitaus besser an als das mit Selbstzweifeln behaftete Genie. Eine weitere hübsche Ironie des Konzertbetriebes: Je weiter sich ein Musiker von seinem künstlerischen Höhepunkt entfernt, umso zahlreicher strömt nun das Publikum in die Konzerthallen. Das ist in der klassischen Musikwelt kaum anders als in der Popmusik.

Doch halt, stopp! Wir sind ja hier in der Kammermusik – und in der Kammermusik läuft fast alles anders, und das ist auch gut so. Spätestens in dieser Gattung kommen wir zu den besonders schönen, dabei oft übersehenen Seiten des klassischen Konzertbetriebs: In keiner Kunstsparte treffen wohl so viele Kenner aufeinander wie in den Konzertabenden eines Streichquartetts oder Klaviertrios. Und hinzu kommen ja noch die vielzitierten Liebhaber! Viele Besucher spielen selbst leidenschaftlich Streichquartett oder in gemischten Kammermusikensembles, kennen sich oftmals auch in den zu spielenden Werken bestens aus. Da ist dann auf der Bühne kein Platz für Posen und schauspielerische Mätzchen, die eigentliche künstlerische Qualität bleibt im Fokus des Publikums, »Form-Schwankungen« werden genau wahrgenommen. Und was die Kammermusik ebenfalls von Sinfonie, Virtuosenkonzerten und Oper unterscheidet: Sie ist nur sehr begrenzt kommerzialisierbar. Es gibt wohl keinen Veranstalter, der mit Kammermusik Geschäfte machen kann. Es gibt aber durchaus auch einige »kommerzielle« Veranstalter, die sich neben dem Broterwerb mittels großer Sinfonie-Konzertreihen auch den idealistischen Luxus eines zu bezuschussenden Kammermusikbetriebs leisten. Das kann man gar nicht hoch genug bewerten, ähnlich wie die vielen ehrenamtlich in den Konzertvereinen tätigen Menschen, ohne die das sehr hohe Niveau unserer Kammermusikwelt gar nicht denkbar wäre. Ein Umstand, der es kaum einmal in das Bild der öffentlichen Wahrnehmung geschafft hat.

Und darüber hinaus: Die Kammermusik ist die vielleicht einzige Verwirklichung der sozialistischen Utopie. Alle Ensemble-Mitglieder bekommen exakt den gleichen Honoraranteil, ganz unabhängig vom Schwierigkeitsgrad und Umfang ihres zu spielenden Parts. Wo bitte gibt es das sonst noch? Und: Beethovens Partituren sind – quasi als Produktionsmittel – für alle da, und für wenig Geld erhältlich. Zudem können, wenn die Jugendlichen konsequent daraufhin geübt haben, edle Instrumente über verschiedene Musikinstrumentenfonds eine ganze Weile geliehen werden. Auch hinsichtlich der in jüngster Zeit vielfach geforderten »flachen Hierarchien« ist speziell die Kammermusik vorn dabei: Jedes Ensemble-Mitglied bringt sich voll und ganz, d. h. vor allem: eigenverantwortlich ein. Die Primaria, der Primarius sind nicht die Chefs. Das vielzitierte Goethe-Wort »Man hört vier vernünftige Leute sich unterhalten« drückt es im Kern schon aus. Umso erstaunlicher, dass Begriffe wie Streichquartett oder Kammermusik bei vielen unserer Mitmenschen Assoziationen von »verstaubter Musikwelt« auslösen. Wenn jemand tatsächlich eine Staubschicht auf der Kammermusik-Szene zu entdecken meint, liegt der Staub doch wohl eher in den Augen des Betrachters – vielleicht auch in seinen Ohren. Aber das lässt sich ja hoffentlich noch wegpusten …

CHRISTIAN STREHK

ALLES AM FLUSS: AUFHORCHEN AN DER ELBE

TRADITION PLUS INNOVATION: OFFEN FÜR NEUE MUSIK UND MAGNET FÜR HAMBURG

Kammermusik ist seit jeher ein Zirkel der Eingeweihten. Wer sie hört, macht sich einen Kopf – und das am liebsten im begrenzten Raum und unter anspruchsvoll Gleichgesinnten. Seit Jahrzehnten führt ein Ariadnefaden an der Elbe entlang von den Kammermusikfreunden der Metropole in das so gar nicht großstädtische Fachwerkstädtchen Hitzacker. Zunächst verlief er magisch unsichtbar, bald und bis heute als institutionalisierte Kooperation.

In den Sommerlichen Musiktagen Hitzacker, Deutschlands ältestem Kammermusik-Festival, steckt traditionell viel hanseatischer Kunstsinn. Es gab und gibt zahlreiche Persönlichkeiten aus Hamburg, die dem Festival wichtige Impulse gaben. Man braucht da nur an Rolf Sudbrack zu denken, der über zwei Jahrzehnte als kundiger Künstler und gewiefter Agent sogar die organisatorische Leitung innehatte.

Lange bevor die Wachtürme der DDR-Grenzbefestigungen auf der anderen Elbseite einem Pianisten wie Detlef Kraus in Hitzacker als »dunkler Kontrapunkt« erschienen, erwachte hier ein ganz besonderer Kunstgeist.

Die Erneuerung einer freien, antifaschistischen deutschen Kulturszene war vor drei Generationen kein völlig innovativer Gedanke mehr. Schon am 4. Juli 1945 hatte der aus dem Exil zurückgekehrte Johannes R. Becher in Berlin für die Sowjetische Besatzungszone, aber eigentlich auch für den »freien« Westen, den »Kulturbund zur Demokratischen Erneuerung Deutschlands« gegründet – noch ganz ohne die späteren sozialistischen Dogmen der DDR, als eher liberale Vereinigung für Intellektuelle und heimkehrende Emigranten aus dem bürgerlichen und linken Spektrum. Das Ziel: Förderung einer Szene befreit aufatmender Kunst.

Was in Hitzacker möglich wurde, entstand aus einem ähnlichen Geist heraus. Geflüchtete und Einheimische nutzten im Sommer 1946, angestoßen vom Chorleiter Günter Schneider und zunächst finanziell getragen von der Stadt Hitzacker, die Chance, nahe der Elbe zu singen – und in kleinen Formationen zu musizieren. Was da vom 2. bis 11. August zunächst erklang, waren

Volkslieder, Frauen- und Männerchor-Sätze, ein Klavierabend, etwas Kammermusik, eine Urform von »Jugend musiziert« mit Klavier und Violine und ein abschließendes Sängerfest.

Spannend für die institutionelle Genese eines internationalen Kammermusikfestes, das dann ab Februar 1951 eine »Gesellschaft der Freunde« als Trägerverein erhielt, waren zeitgenössische Werke des mittleren 20. Jahrhunderts, vor deren Aufführung man nicht zurückschreckte. Da erschienen schon 1947 die Komponistennamen Paul Hindemith, Paul Höffer und Hermann Reutter in den Ankündigungen. Während der Schreker-Schüler Höffer in der gerade überwundenen kulturfeindlichen Zeit des Nationalsozialismus eine wechselhafte Rezeption erlebt hatte, war Hindemith emigriert und Reutter weitgehend kaltgestellt worden. Ihre Musik galt im Dritten Reich als »entartet«, Goebbels fand Reutters Klänge »scheußlich und unerträglich«.

In Hitzacker aber tauchten sie im Interessensfeld sofort auf. Und damit war die Keimzelle geschaffen, die zum beständigen Bestreben der Sommerlichen Musiktage führte, Tradition und Innovation in Einklang zu bringen. Denn obwohl Barockmusik, die Wiener Klassiker, die Romantik und die klassische Moderne beim Thema Kammermusik-Pflege automatisch im Zentrum stehen, gehörten von Anfang an die Avantgarde und Neue Musik, bald sogar diverse Uraufführungen und Deutsche Erstaufführungen an Elbe und Jeetzel dazu. Obwohl hier nicht der einzige Schwerpunkt der programmprägenden Persönlichkeiten Eduard Wildhagen und vor allem Hans Döscher lag, darf man das durchaus als angedeutete Parallelentwicklung zu den ebenfalls 1946 gegründeten, aber nur alle zwei Jahre stattfindenden »Darmstädter Ferienkursen für Neue Musik« verstehen. Man wollte erkunden, was die Nazis unterdrückt hatten und was daraus für Gegenwart und Zukunft hervorging.

Neue Erfahrungen: Kammermusik mit VR-Brille

Hitzacker, seit 1946 Ort der »Sommerlichen Musiktage«

Wobei man zunächst eine Spur konservativer verfuhr als Darmstadt – weniger die Zweite Wiener Schule um Arnold Schönberg und ihre Folgen stand im Fokus als die Linie mit und nach Hindemith, die das innovative Spiel mit althergebrachten Formen, Formeln und Harmonien nicht völlig aufgeben wollte.

Sichtet man das erste Jahrzehnt der »Sommerlichen«, so fallen vor allem unter der expliziten Konzertüberschrift »Zeitgenössische Werke« ab 1948 im Kurhaus Waldfrieden etliche Uraufführungen ins Auge.

Ein besonderer, zugleich auch bezeichnender Schwerpunkt bildete sich um das Schaffen des Hindemith-Schülers Harald Genzmer, der seit 1946 als Kompositionslehrer und Stellvertretender Direktor der neu gegründeten Hochschule für Musik in Freiburg im Breisgau wirkte. »Musik soll vital, kunstvoll und verständlich sein. Als praktikabel möge sie den Interpreten für sich gewinnen, als erfassbar sodann den Hörer«, propagierte er später. Über eine »erweiterte« Tonalität hat er nie hinauskomponiert und schon deshalb die Sprengkraft der Avantgardisten nicht erreicht. In den Nachschlagewerken der Moderne nach 1945 wird man ihn deshalb kaum finden.

Und dennoch begegnet man einem Könner, der mit allen Wassern der Kontrapunkt-Kunst, Satztechnik und Melodiemodulation gewaschen war. Und der innerhalb dieses Rahmens durchaus mit innovativen Klangverschiebungen experimentierte. Schließlich war er als Mitarbeiter von Oskar Sala in den dreißiger und vierziger Jahren einer der »Alchemisten« im Umgang mit dem von Friedrich Trautwein entwickelten elektrischen Instrument »Trautonium« gewesen.

In Hitzacker erklangen Genzmers Violinsonaten von 1948 und 1953/54, das Trio für Flöte, Harfe und Viola in F und die Bratschensonate D-Dur. Vor allem aber wurden hier seine Goethe- und Rilke-Vertonungen und 1949 das Streichquartett Nr. 1 uraufgeführt – Letzteres von dem renommierten Münchner Koeckert Quartett. Das Ensemble hob 1950 auch Günther Bialas' Streichquartett aus der Taufe. Als Komponistentype ein ähnlicher Fall wie Genzmer. Ebenso ist Karl Höllers Zweites Streichquartett fis-Moll in Hitzacker uraufgeführt und so der für den Münchner Kompositionsprofessor typische Farbenreichtum zur Diskussion gestellt worden. Da bewegte man sich ästhetisch-programmatisch in einem Bereich, der gut zur Spiegelung in den Traditionen des 18., 19. und frühen 20. Jahrhunderts passte.

Nach Ende des ersten Musiktage-Jahrzehnts finden sich dann aber doch erste Anzeichen einer Öffnung gegenüber noch anderen Sphären der Musik nach 1945. Der Name Luigi Nono steht plötzlich im Programmheft.

Und es ist doch wirklich interessant, dass es noch in der Ära Döscher der Tenor Helmut Krebs war, der für die größte Weitung des Horizonts sorgte. Krebs hatte 1949 bei den Salzburger Festspielen unter Ferenc Fricsay die Uraufführung von Carl Orffs »Antigonae« und 1954 unter Hans Rosbaud die konzertante Uraufführung von Schönbergs »Moses und Aron« in Hamburg gesungen. 1955 sang er dann in Hitzacker die Titelpartie des bemerkenswerten Alte-Musik-Experiments »L'Orfeo« von Claudio Monteverdi (mit Elisabeth Schmidt als Eurydike und Fritz Wunderlich als Apollo, unter der Leitung von August Wenzinger aus Basel mit Gustav Leonhardt am Cembalo). Bald nach dem international beachteten Erfolg und der Schallplatten-Dokumentation in der Archiv-Produktion der Deutschen Grammophon setzte er einen Liederabend mit Werken unter anderem von Boris Blacher, Rolf Liebermann, Luigi Dallapiccola und Benjamin Britten an. Die »Sommerlichen« umspannten somit 350 Jahre Musikgeschichte.

Es ist daher kein Wunder, dass die Gutes und Interessantes gewöhnten Hamburger Freunde der Kammermusik aufhorchten und die Sommerlichen Musiktage Hitzacker zunehmend als spannenden Fluchtpunkt in die Klangkunst ansahen, wenn die Konzertsäle der Metropole saisonal bedingt in Ruhestellung verharrten.

Die programmatische Melange aus Werken der großen Heroen der Kammermusik-Historie und jeweils aktuellerer Klangspuren in kleinen Formationen hatte über die Jahrzehnte genauso bestand wie die enge Verbindung zu Hamburg. Folgerichtig tauchten nicht nur Komponistennamen wie Bialas oder Rihm, von Bose, Pintscher oder Reimann in den Konzerten auf, sondern aus Hamburger Sphären auch Alfred Schnittke, György Ligeti oder Sofia Gubaidulina. Auch nach einem Dreivierteljahrhundert bleibt der gemeinsame Hunger nach neuartigen Geschmacksnuancen ungestillt. So erhielt etwa die in Hamburg lebende Komponistin und Medienkünstlerin Aigerim Seilova einen Auftrag von den Sommerlichen Musiktagen Hitzacker, ein Klaviertrio zu komponieren, das sich interaktiv in einen computervirtuellen Schubert-Film einpassen ließ. Wenn dann Kammermusikfreunde aus der Weltstadt anreisen, um in der Elbtalaue mit VR-Brillen in eine andere Kammermusik-Dimension hinüberzugleiten, ist auch eine traditionsreiche Kooperation in der Zukunft angekommen.

HILDBURG HEIDER

KAMMERMUSIK AM RANDE DER TAIGA

KUHMO, MUTTER VIELER KAMMERMUSIKFESTIVALS

Musikfreunde mögen schon von diesem Ort gehört haben, weit oben in Nordeuropa gelegen, 600 Kilometer nordöstlich von Helsinki, nicht weit von der russischen Grenze entfernt. Nach einem rapiden Bevölkerungsschwund in den letzten Jahrzehnten leben dort noch 8.000 Einwohner auf einer Fläche, die doppelt so groß ist wie Tokio. Um zueinander und zur Welt zu finden, nutzen sie Autos, Tretschlitten, Handys und Fernseher. »In Kuhmo ist alles anders«, verspricht ein Werbeprospekt: Da gibt es Braunbären und Waldrentiere, Blaubeerpiroggen und den echten Weihnachtsmann. Und vor allem das Internationale Kammermusikfestival, eins der größten Europas. 2020 feierte es seinen 50. Geburtstag und gilt als Mutter aller Kammermusikfestivals. Es hat Nachahmer in Russland, Japan, Deutschland und – im Falle von Gidon Kremer – auch im österreichischen Lockenhaus gefunden.

Und so hat alles angefangen: Die Idee, ein Kammermusikfestival in der finnischen Wildnis zu gründen, kam dem jungen finnischen Musikstudenten Seppo Kimanen im Jahr 1968 in Paris.

Kimanen kam 1949 in Helsinki zur Welt. Seine Ausbildung zum Cellisten erhielt er in europäischen Metropolen, darunter auch Paris. Doch die lärmerfüllten Großstädte schienen ihm nicht geeignet für intime Kammermusik. Er dachte darüber nach, wo man in Finnland einen ruhigen Platz mit einer natürlichen Stille finden könnte. Da fiel ihm Kuhmo ein, wo er als Junge mit seinem Vater oft die Sommer beim Angeln verbracht hatte. Der Standort schien ideal: 100 Kilometer vom Flughafen und 60 vom Bahnhof entfernt.

Im April 1970 schreibt Seppo Kimanen von seinem Studienort Detmold aus an die Honoratioren der Stadt Kuhmo:

»Der Unterzeichner und eine Gruppe erstklassiger Musiker suchen einen geeigneten Ort für Musikkurse und für ein Kammermusikfestival um Ende Juli herum. Wenn sich diese Idee realisieren ließe, käme ein für Finnland einmaliges Projekt zustande. Könnte Kuhmo dafür die Infrastruktur bereitstellen?«

Impressionen vom Kuhmo Chamber Music Festival 2018, 2019 und 2021

Der Brief gelangt auch in die Hände der Lehrerin Tuulikki Karjalainen, Mitglied des örtlichen Musikvereins.

»Wir haben alle sehr gelacht. Hier gab es mehr Kühe als Leute. Und es gab überhaupt keine Lokalitäten für Konzerte, nur ein kleines Hotel. Und wo könnte man die Musiker unterbringen? Daran haben wir gar nicht gedacht, nur an die schöne Musik. Und wir haben ›ja‹ gesagt – das war im April – und im Juli hatten wir das erste Festival.«

Tuulikki Karjalainen übernimmt die Organisation und wird später für fast 40 Jahre Intendantin des Festivals. Seppo Kimanen bringt aus Mitteleuropa ein Dutzend Musiker mit, darunter auch die Geigerin Yoshiko Arai, seine japanische Frau. Von der Stadt Kuhmo erhält er 700 Finnmark Startkapital, das entspricht 160 Euro. Seine Mitstreiter verzichten auf ihre Gagen. Das erste Konzert findet am 19. Juli 1970 in der Holzkirche statt. Auf dem Altar brennen Kerzen. An der Wand hinter den Musikern hängt ein Gemälde, das den auferstandenen Christus zeigt. Hinter ihm sitzt ein vollbusiger, blonder Engel und winkt dem Publikum zu. Nur ein knappes Dutzend Zuhörer zählt Kimanen im Gründungskonzert.

»Die Kirche hatte damals 1 500 Plätze. Aber ein paar aus den acht Leuten, die ich gesehen habe, haben geweint. Und dann dachte ich, dass das Festival ein Erfolg wird.«

Im ersten Festspieljahr zieht das Kammermusikfestival immerhin insgesamt 800 Besucher an. Musiziert wird in der Kirche, in der Turnhalle der Kontio-Schule und auf dem Lande in Bauernstuben. Von Anfang an findet parallel zum Festival ein Musikcamp für zahlende Studenten statt, das dem Festival ein finanzielles Polster verschafft. Es startet mit 23 Teilnehmern. Sie entdecken die Welt der Kammermusik und machen den Ort an ihren heimischen Hochschulen bekannt. Immer mehr junge Leute kommen in das Musikcamp von Kuhmo. Fast alle Künstler, die heute in Kuhmo konzertieren, sind durch diese Schule gegangen. Etwa 260 Studenten besuchen inzwischen das Musikcamp, das 1998 in »Kuhmo-Musik-Kurse« umbenannt wurde.

Im Jahr 1974 verzeichnet das Kuhmo-Festival bereits 2 000 Besucher, es erscheint die erste Langspielplatte mit Yoshiko Arai, Izumi Tateno und Seppo Kimanen. Der Dramaturg der Finnischen Nationaloper Juhani Koivisto, der zum 50. Jubiläum eine umfassende Chronik des Festivals verfasst hat, hört gern diese alten Aufnahmen und das besonders intensive Spiel der Interpreten. Koivisto nennt als einschneidendes Ereignis der 1970er Jahre den Neubau der Kontio-Grundschule direkt am Lammas-See. Ein Glücksfall in Akustik und Atmosphäre! Dicht gedrängt lauschten die Zuhörer in der Turnhalle auf orangefarbenen Plastikstühlen Perlen der Kammermusik.

1974 bot das Festival als absolutes Novum in Finnland Kammermusikabende unter dem Motto »Chamber music feaver«, ein buntes Programm mit abwechselnd ernsten und spaßigen Stücken, die dem Genre neues Publikum gewannen. Berühmte Künstler wie Gidon Kremer spielten »Stille Nacht, Heilige Nacht« mit möglichst vielen falschen Noten. Alle diese Kabarett-Konzerte waren total ausverkauft.

Seppo Kimanen hatte das Festival anfangs nur für die einheimische Bevölkerung konzipiert. Somit brauchte er weder auswärtige Kritiker zu fürchten noch ein snobistisches Großstadtpublikum.

»Wir hatten die volle Freiheit, allerlei Experimente zu machen und zu spielen, wie wir wollten.«

Auch der äußere Rahmen entsprach nicht den Konventionen: Die Musiker spielten in T-Shirts und Jeans, und diesem legeren Stil passte sich auch das Publikum an. Bis heute beliebt ist das Festival-T-Shirt, das jedes Jahr ein neues Motiv präsentiert. In den ersten Jahren des Festivals, als es noch wenige Auftrittsmöglichkeiten gab, marschierten die Musiker oft kilometerweit mit ihren Instrumenten huckepack bis zu entlegenen Dörfern über Holzplanken, durch Moor und Wald, vorbei an gespenstischen Birkengerippen und runden roten Moosbeerenbüscheln.

Während der ersten 15 Jahre hielt die Kommune Kuhmo die Künstler knapp: Wieso sollte sie Geld für Musik ausgeben, wo noch nicht mal alle Dörfer Strom hatten? Erst als klar wurde, dass der Festival-Tourismus die Kassen klingeln ließ, flossen mehr Gelder. Dazu kam Mitte der 1970er Jahre die Mitglied-

schaft im Dachverband Finland-Festivals. Als Seppo Kimanen für drei Jahre zum Helsinki-Festival ging, knüpfte er dort weltweite Kontakte, auch mit der staatlichen sowjetischen Agentur Goskoncert. So kam 1984 der Geiger Oleg Kagan mit seiner Frau, der Cellistin Natalia Gutman, nach Kuhmo.

Als Kirche und Turnhalle den Zustrom von Konzertbesuchern nicht mehr fassen konnten, wurde im Jahr 1993 das Kunstzentrum Kuhmo eingeweiht. Der bildschöne weiße Bau neben der Schule – genannt Kuhmo-Talo – wurde zum Herzstück des Kammermusikfestivals. Der Lentua-Konzertsaal bietet 670 Zuhörern Platz. Ein ästhetisches und akustisches Wunderwerk! Mit Kiefernholz verkleidete Wände und Decken wellen sich zum Podium hin wie ein Geigenkorpus.

Der Weg zum gläsernen Portal des Kuhmo-Talo ist erfüllt vom Duft der Wildrosen. Fahrräder flankieren die Türen, die allen offen stehen. Vom Foyer aus sieht man durch die gegenüberliegende Glasfront den waldgesäumten See. Auf der Wiese steht eine Frauenplastik aus grauem Granit. Sie schaut durch einen japanisch anmutenden steinernen Torbogen bis zu den Wellen des Lammas-Sees. An warmen Tagen nutzen die Künstler in Probenpausen den nahe gelegenen Badestrand.

Fünf Konzerte pro Tag, zwei Wochen lang! Abwechslung heißt da die Devise. Die freiwilligen Helfer haben beim Umbau alle Hände voll zu tun: schnell den Flügel zur Seite geschoben, Pulte und Stühle geräumt. Manchmal dauert der Umbau länger als die Musik.

Der Vater des Festivals Seppo Kimanen hatte für jedes Jahr ein Thema bestimmt, um das die Konzerte kreisen. Damals eine Revolution in der Festspielplanung, meint der Chronist der Festspiele Juhani Koivisto:

»Kimanen stützte das Programm nicht auf bestimmte Interpreten und deren Repertoire, sondern entwarf es mit thematisch passenden Werken. Dann erst lud er handverlesene Musiker ein, diese Stücke hier zu spielen.«

Das Festival hat heute sein Limit an Besucherzahlen erreicht. Der Raum für Übernachtung und Verpflegung der Gäste und Künstler bleibt beschränkt. Von einer Kommerzialisierung wie in Salzburg oder Bayreuth kann keine Rede sein.

Im Jahr 2005 war die letzte Spielzeit der Ära Seppo Kimanen. Zum 50. Geburtstag des Festivals 2019 war der Gründer als Gast eingeladen und zog Bilanz:

»35 Jahre dieser Stress, unglaublich viel Arbeit. Ich hatte keine Zeit, genug zu üben. Und wenn ich spielte, dann habe ich nicht mein bestes Spiel erreicht. Das war eigentlich eine unmögliche Zeit. Warum ich das gemacht habe? Ich habe so viele frohe Gesichter gesehen. Die Künstler waren zufrieden oder happy, das Publikum ist jedes Jahr wieder nach Kuhmo zurückgekehrt, und alle waren so glücklich hier.«

Beim ersten Konzert in der Kirche 1970 hatte Kimanen acht Besucher gezählt. Im Jahr 2019 kamen 8 000 Zuschauer und kauften über 35 000 Tickets.

In 14 Tagen gibt es über 70 Konzerte und 30 andere Veranstaltungen. 350 Werke kommen zur Aufführung mit 173 Künstlern. Das Konzertmanagement beschäftigt 300 Mitarbeiter. Sie haben 100 Probenräume und Klassenzimmer zu verteilen und arbeiten einen minutiösen Probenplan aus.

Die Intendantin Sari Rusanen verfügt heute über ein Budget von knapp einer Million Euro. Es wird zur Hälfte durch den Ticketverkauf gedeckt, den Rest übernimmt die öffentliche Hand. Leider steht die beliebte Kontio-Schule nicht mehr zur Verfügung. Der schicke Ersatzbau außerhalb des Zentrums lässt nicht annähernd die Stimmung der alten Schule aufkommen, wo Zuhörer und Künstler einander nahe waren. Auch Kimanens Nachfolger Vladimir Mendelssohn bedauerte, dass das Pausenglöckchen der alten Schule nun für immer schweigt.

Von 2006 bis zu seinem unerwarteten Tod im Sommer 2021 war Vladimir Mendelssohn verantwortlich für das Programm des Kuhmo-Festivals. Die Quelle seiner Einfälle schien unerschöpflich, mal meditativ und tiefernst, dann wieder frech verspielt, mit kühnen Sprüngen durch die Musikgeschichte. Vladimir Mendelssohn zeigte Mut zur Grenzüberschreitung, bis hin zu Oper oder Sinfonie in Kammermusikbesetzung. Da wurden dann schon mal zwei Dutzend aus den 170 anwesenden Musikern spontan zusammengewürfelt!

»Was ich einen »Kammermusikgeist« nennen kann: Das ist Gemeinschaftssinn. Positives Denken und sich konzentrieren so gut wie möglich auf eine Sache: auf eine Partitur, ein Quartett oder eine kleine Sinfonie. Auch bei Zeitmangel und sonstigen Defiziten alles zusammenzubasteln.«

Vladimir Mendelssohn oder Vladi, wie ihn hier alle nannten, war ein Hansdampf in allen Gassen. Kurzfristige Umbesetzungen steuerte er mit unwiderstehlichem Charme. Er musizierte, dirigierte, komponierte. »Mata-Haris letzter Tanz« war seine letzte Komposition, sie wurde beim Kuhmo-Festival 2019 uraufgeführt. In einem seiner letzten Interviews sagte Vladimir Mendelssohn:

»Wie kann man überleben jetzt in Corona-Zeiten? Mit Illusion. Mit einem Klang kannst du eine Träne wecken, Lachen wecken, Nachdenken, ob traurig oder froh. Alles mit Klängen, Luftvibrationen. Wenn das nicht eine Illusion ist, frage dann einen Einwohner vom Jupiter oder von einer anderen Galaxie, was er von uns versteht, von uns Menschen! Was mir die Kraft gibt, ist: Es ist mein Leben. Ich atme Musik, ich bin Musik, mein Denken ist Musik. Die Osmose zwischen Musik und mir ist total. Ich sage nicht, dass ich dadurch gut bin. Ich identifiziere mich mit Musik. Es gibt keine Alternative für mich.«

Zu seinen Nachfolgern wurden die Geiger Minna Pensola und Antti Tikkanen vom weltberühmten Meta4 Quartett bestimmt. Sie haben im Sommer 2022 das noch von Mendelssohn konzipierte Programm verwirklicht. Die beiden Musiker sind seit über 20 Jahren ständige Gäste in Kuhmo. Sie begannen dort als Studenten, dann spielten sie im Orchester Virtuosi di Kuhmo und sind als etablierte Künstler immer wieder dorthin zurückgekehrt.

»Dieser Hintergrund macht unsere Arbeit als künstlerische Leiter besonders inspirierend, es ist, als wären wir in der Familie aufgewachsen! Zu den Besonderheiten von Kuhmo gehört neben dem exotischen Ort und dem interessanten Programm eine einzigartige Verbindung zwischen Publikum und Künstlern, der Geist von Kuhmo. Wir wollen das Festival auch mehr und mehr für die Gegenwart öffnen und das Publikum für die Vielstimmigkeit und die Phänomene unserer Zeit sensibilisieren.«

Der unscheinbare Ort am Rand Europas hat es ins internationale Rampenlicht geschafft und dabei seine Natürlichkeit bewahrt. Das Kuhmo-Festival setzt Maßstäbe für ein leidenschaftliches Musizieren auf höchstem Niveau. In den bis zu fünf Konzerten täglich gelingt es dank der spannungsreichen Dramaturgie mit ihrem Wechsel von tief aufwühlenden, berückend schönen und verstörend unbequemen Werken, das Publikum auf den Wogen der Musik mitzutragen. Für die Zukunft alles Gute!

NICOLAS ALTSTAEDT *IM GESPRÄCH*

JUWEL IM BURGENLAND

DAS KAMMERMUSIKFEST LOCKENHAUS

LUDWIG HARTMANN: *Kammermusik, sagen viele Menschen, ist eher etwas für ältere Konzertbesucher. Würden Sie dem als Intendant des Kammermusikfestivals von Lockenhaus zustimmen?*
NICOLAS ALTSTAEDT: Also zuerst möchte ich mich auf eigene Kindheitserinnerungen berufen. Ich bin mit Kammermusik aufgewachsen und sie war für mich immer die Möglichkeit, das Leben, die Welt und die Menschen besser kennenzulernen. Ich kenne keine andere Möglichkeit, mehr zu lernen und zu entdecken, als über die Kammermusik. Sowohl über die Werke, die man spielt, als auch über die Menschen, mit denen man spielt. Und man braucht ja nur einige wenige Leute, um ein Streichquartett oder ein Klaviertrio zu spielen und eine ganze Welt offenbart sich einem. Für mich war das erst einmal näher als Gesang oder Sinfonik. Ich denke, es gibt für Musik kein Alter; es ist eine universelle Sprache, die für Menschen jeden Alters und jeder Herkunft gilt. Jeder kann Musik erleben und spüren und dadurch die Welt genauer erfahren. Das ist das Wunder an Musik, das man ja nicht beschreiben kann.

Spielt die Generationenfrage beim Spielen von Kammermusik für Sie irgendeine Rolle?
Nein, überhaupt nicht. Ich habe sehr früh angefangen und habe natürlich stets Leute gesucht, die weiter und erfahrener waren, von denen ich lernen konnte und die mich inspirieren. So habe ich lange Zeit oft mit Menschen gespielt, die deutlich älter sind, als ich. Jetzt werde ich älter und nun kippt das natürlich und von den jüngeren Kollegen kann ich auch viel lernen. Das durchmischt sich.

Kommen wir zu Ihrem Festival in Lockenhaus, zu Kuhmo, Hitzacker und anderen. Viele Kammermusikfestivals liegen weitab großer Metropolen. Passt das zu dieser Musik besonders gut oder halten Sie das eher für Zufall?
Es ist gut für jede Art von Musik. Prussia Cove in Cornwall, das Sandor Vegh gegründet hat, war für mich das erste Erlebnis eines Kammermusikfestivals

abseits der Gesellschaft, zumal man schon durch eine 7-stündige Zugreise von London spürt, in welche Weiten man sich begibt und dort sind dann neben der Musik nur noch Wellen und ein paar Delphine und Möwen. Von der Natur umgeben kommen wir wieder zu uns selbst, öffnen uns, sind verletzlicher und offener, als wenn wir durch den Dreck der Stadt gezogen werden. Ich bin ein Stadtmensch und lebe gern in der Stadt, aber da halten uns eben viele Dinge vom direkten Kontakt mit der Musik ab und stören. Vom Lärm bis zur digitalen Technik. Damals, Anfang 2000, waren wir in Cornwall für 10 Tage ohne Internet und Handy und somit abseits von der Welt. Wir konnten uns voll auf die Musik einlassen und das ist nicht aus Zufall so gekommen. Gidon Kremer hatte sich ja regelrecht in den Ort Lockenhaus verliebt, als der Pfarrer Herowitsch in die Konzerte nach Wien kam und ihn nach Lockenhaus einlud. Man ist 75 Minuten außerhalb von Wien und ganz in der Natur. Ich denke, das ist bei den anderen Orten abseits der Städte ganz ähnlich.

Spielen Sie abseits der Metropolen und der beschriebenen Hektik letztlich auch anders?
Da muss ich überlegen. Man sucht sich schon diese Orte, ist irgendwo im Nirvana und kann die Musik anders erleben.

Gibt es etwas, das Lockenhaus einzigartig macht?
Das sind verschiedene Faktoren. Bei der Gründung hatte Gidon Kremer gesagt: »Wir machen Musik mit Freunden für Freunde.« Es war von Anfang an klar, dass es 10 Tage sind, in denen kein Geschäft gemacht wird, also, es gibt kein

Südostansicht der Burg in der Marktgemeinde Lockenhaus im Burgenland: eine Spielstätte des Kammermusikfestes Lockenhaus

Nicolas Altstaedt

Honorar. Alle Musiker, die ich einlade, sind Menschen, die ich sehr bewundere und die mich inspirieren und bei denen, die kommen, habe ich das Gefühl, dass sie den ganzen Alltag hinter sich gelassen haben und sich ausschließlich auf die Musik konzentrieren. Durch die Bedingungen trennt sich in Lockenhaus die Spreu vom Weizen. Der Kreis ist sehr erlesen und ich denke, dass sich an dem Ort viele noch einmal neu entdecken können. Man ist auf einer Burg und man sieht nur Hügel und einen See. Und dass die Akustik der Kirche enigmatisch und einzigartig mystisch ist, kommt auch noch dazu. Ich habe immer sehr gern in dieser Kirche gespielt und komme immer mehr dazu, dass ich immer weniger woanders aufnehmen möchte. Die Akustik hat sehr viel Platz, scheinbar ohne Ende für die Schallwellen, doch sie hat einen sehr klaren und detaillierten Klang für Spieler wie Zuhörer. Und wir haben die Kirche während des Festivals Tag und Nacht ohne jedes Limit. Das ist sehr viel wert.

Sie sagen, Freunde spielen für Freunde. Ist das Publikum in Lockenhaus auch ein besonderes?
Das würde ich unbedingt sagen und sie auch Freunde nennen. Es gibt viele Zuhörerinnen und Zuhörer, die das Festival seit 1981 begleiten und schon über Generationen nach Lockenhaus kommen. Ich treffe immer wieder Leute, die das Festival viel länger und besser kennen als ich, die mir Bilder zeigen vom Beginn, Anfang der 80er Jahre. Es kommen auch immer neue Besucher hinzu. Die Menschen gehen nicht nur in die Konzerte, sondern wohnen auch den Proben bei und man trifft sich im Garten hinter dem Schloss. Es gibt auch einen Freundeskreis, über den wir immer in Kontakt sind. Insgesamt ist es eine Gemeinschaft geworden, ein Publikum, das uns vertraut, sehr loyal ist und dem ich sehr dankbar bin.

Eckart Runge sagte einmal: »Wenn Publikum einer Probe beiwohnt, ist es keine Probe, sondern eine Show.« Wie ist da Ihre Haltung?
Das kann ich sehr gut verstehen. In einem Streichquartett ist es eine ganz besondere Situation, da man dort teils eine Art Ehe schon seit vielen Jahren pflegt und das ist dann eine ganz intime Probe. Ich habe auch oft Schwierigkeiten, wenn Leute beiwohnen und wir entscheiden von Fall zu Fall, ob Besucher reinkommen. Es gibt einfach auch Stressmomente, komplett unbekannte Stücke oder eine Gruppenzusammensetzung, bei der man nicht unbedingt Publikum braucht oder es gibt eine Aufnahme oder anderes. Und dann gibt es Situationen, in denen Publikum sehr willkommen ist.

In Lockenhaus entstehen viele Programme ohne allzu lange Probenzeit. Gibt es durch diese Situation eine ganz besondere Konzentration bei den Konzerten?
Ja, ganz sicher, aber es ist ja nicht so, dass alles erst vor Ort entsteht. Die Programme sind grundsätzlich lange und minutiös geplant und rund ein halbes Jahr vorher fertig. Ein Vorteil in Lockenhaus ist, dass wir Programme nicht langfristig drucken und immer auch ändern können und das tun wir in Details. Wir haben gelernt, dass es eben nicht immer zu befriedigenden musikalischen Ergebnissen kommt, wenn alles allzu spontan ist. Es ist eine gute Mischung. Ich habe eine lange Liste von Stücken, die ich in den kommenden Jahren machen möchte. Und dann gucken wir auf die Kalender und sehen zu, dass wir das eine oder andere Stück übers Jahr in der und der Stadt proben können. So gibt es auch eine Reihe von Stücken, die uns über Jahre begleiten und die wir immer neu durchdringen und die dann auch in Lockenhaus zur Aufführung kommen.

Sind die Programme durchweg von Ihnen geplant? Welchen Anteil haben die anderen Musikerinnen und Musiker?
Ich habe meine Gedanken und tausche mich aus mit den Freundinnen und Freunden. Es gibt immer Stücke, die ich unbedingt spielen möchte. Und dann entwickelt sich dadurch ein Thema, manchmal zufällig oder durch einen Gedanken oder durch ein Jubiläum oder durch die Anwesenheit bestimmter Musiker. Dann werfe ich einen Leitfaden in die Runde und dann kommen teils sehr viele unterschiedliche Antworten, mal viele, mal keine und dann habe ich eine lange Liste, die für vier oder fünf Festivals genügte und dann kristallisiert sich eine Essenz heraus und diese bespricht man dann mit den Künstlern. Ich habe hier schon sehr viele Stücke für mich entdecken können, Stücke, die ich nicht kannte. Da kommt dann oft eines zum anderen.

1981 ist das Festival gegründet worden. Wie viel Gidon Kremer steckt 2022 noch im Festival von Lockenhaus?
Ich denke, noch sehr viel. Wir haben nach wie vor zwei, drei Ideen, die gleich geblieben sind, zum Beispiel: Wir kommen für die Musik, wir kommen nicht für ein Honorar. Dann, die Programme erst sehr spät zu drucken, frühestens 48

Stunden vor Konzertbeginn. Diese beiden Ideen sind Leitfaden des Festivals. Ebenso die Bedeutung neuer Musik und viele Uraufführungen; es gibt Entdeckungen, Kompositionsaufträge und selten Gespieltes, Werke, die sonst kaum aufgeführt werden und aufgeführt werden können. Das Programm hat sich sicherlich verändert, aber von der Grundidee kann ich mich mit Gidon sehr identifizieren. Gidon hat sehr viele Komponisten aus dem Osten vorgestellt, Gubaidulina oder Schnittke etwa oder viele Komponisten aus dem Baltikum. Ich habe mehr Komponisten der klassischen Moderne, wenn man denn diese doofen Schubladen bedienen will, programmiert. Cage oder Xenakis oder auch zentraleuropäische zeitgenössische Komponisten wie Wolfgang Rihm, Aribert Reimann, Wilhelm Killmayer und osteuropäische Musik. Aber wir haben beide immer versucht, das Programm so groß wie möglich zu halten. Geist und Ideen sind gleich geblieben.

Sie kennen sämtliche Musikerinnen und Musiker, die eingeladen werden, es kennen sich aber nicht alle Eingeladenen vorher untereinander. Ist die Geschichte von Lockenhaus auch eine Geschichte entstandener Freundschaften?
Ja, unbedingt und ich denke, auch dafür ist ein Festival da und eine der großen Freuden, ein Festival zu leiten ist, Freunde zusammenzubringen. Viele Freundschaften haben sich über die Jahre entwickelt und gehalten und ich bin praktisch das ganze Jahr über von Freunden umgeben. Das ist eines der größten Geschenke, die ein Festival geben kann. Wir sind ja eine Nomadenfamilie, die ein Stück miteinander reist.

Sie spielen solistisch und machen viel Kammermusik. Ist bei der Kammermusik die Chemie zwischen den Musikerinnen und Musikern besonders wichtig oder ist auch ein vollauf befriedigendes Konzert mit Kollegen denkbar, die Sie danach nicht so gern wiedersehen würden?
Das geht eigentlich nicht. Also, die Liste ist, ich möchte nicht sagen, klein, aber – es gibt so viele hervorragende Instrumentalistinnen und erfolgreiche Solisten, aber man spürt sofort: »Nein, mit dem möchte ich nicht in eine Welt von Schumann treten«; man merkt sofort, ob es eine Offenheit gibt. Ich bin ein sehr offener Mensch und es braucht eigentlich nur zwei Dinge: Demut und Ernsthaftigkeit dem Werk und dem Komponisten gegenüber sowie Neugier und Offenheit. Ohne zu großes Ego. Diese Kombination ist bei Menschen jedoch selten anzufinden und dadurch begrenzt sich der Kreis derer doch, mit denen man zusammenspielen möchte.

LARS VOGT *IM GESPRÄCH*

MUSIK UNTER STROM

»SPANNUNGEN« IN HEIMBACH

LUDWIG HARTMANN: *Lars, das von Dir gegründete Festival »Spannungen« in Heimbach gibt es seit 1998. Kannst Du jemandem, der von Heimbach noch gar nichts kennt, dessen Zauber in wenigen Sätzen beschreiben?*
LARS VOGT: Der Ort Heimbach ist ein malerisches Eifeldorf mit einer mittelalterlichen Burg im Zentrum. Und dann gibt es an einem etwas abgelegenen See ein sehr erstaunliches Wasserkraftwerk. Ich hatte Mitte der 90er Jahre den Gedanken – damals habe ich auch noch in der Eifel gelebt –, ob man irgendwo eine Art Heimstatt der Kammermusik finden kann. Ich hatte schon verschiedene Kammermusikfestivals erlebt: In Risør in Norwegen und auch in Lockenhaus war ich einmal dabei und hatte da sehr viele schöne und interessante Erfahrungen gemacht. Dann habe ich sehr schnell im Dürener Umkreis, durch den Kunstförderverein Kreis Düren, Partner gefunden, die dazu auch Lust hatten und wir haben dann sehr schnell »von null auf Festival« ein Festival nach unseren Traumvorstellungen entwickelt.

Wenn wir die folgenden Stichworte nehmen: Kuhmo, Lockenhaus, Hitzacker und Heimbach. Sie haben alle sehr viele Parallelen. Wo ist Deiner Einschätzung nach die Besonderheit von Heimbach? Gibt es die?
Kuhmo kenne ich nur vom Hörensagen, Hitzacker kenne ich etwas und in Lockenhaus war ich nur einmal zu Zeiten von Gidon Kremer. Zu Heimbach: Es ist schon eine Art Publikums- wie auch Künstlergemeinde, die zusammen gehört, die zusammen passt, wo die Chemie stimmen soll und wo man ein ungefähr ähnliches Bild von Musik hat und davon, wie sie entstehen soll. Ich glaube, die Ästhetik ist das Entscheidende. Wenn man ganz grob unterteilt, gibt es Künstler, die eher vom Instrumentalen kommen, die danach entscheiden, ob ein Instrument gut klingt, ob man gut wirkt auf dem Instrument und die sich über instrumentale Fähigkeiten definieren. Wir in Heimbach sind eigentlich immer von der Musik gekommen und alles Instrumentale und alle Persönlichkeit,

das Ego und so weiter steht komplett im Dienst dessen, was uns in der Partitur vorgegeben ist. In dieser Ähnlichkeit des Denkens und Fühlens finden wir uns, denke ich. Natürlich reiben wir uns auch in den Proben, das ist überhaupt keine Frage, aber diese Grundeinstellung ist bei allen, die dabei sind, sehr ähnlich.

Suchst Du alle Künstlerinnen und Künstler aus oder bewerben sich Unmengen an Kolleginnen und Kollegen?
Es gibt eine ganze Menge Bewerbungen, aber ich schaue schon sehr gezielt. Gerade jetzt, wo wir, die Gründungsmitglieder wie Christian Tetzlaff, Antje Weithaas, Gustav Rivinius, Tanja Tetzlaff und Sharon Kam, die fast von Anfang an Jahr für Jahr dabei waren, allmählich ins mittlere Alter rücken – oder eigentlich schon darüber hinaus sind (lacht) –, ist es uns auch sehr wichtig, junge Leute immer wieder mit dazu zu holen und eine Einladung auszusprechen, zu dieser Kammermusikfamilie dazuzukommen. Da kommen auch ganz neue und ganz andere Impulse und das ist sehr schön.

Stichwort neue und andere Impulse: Was, soweit ich es beurteilen kann, Heimbach auszeichnet, ist unter anderem das extrem interessante und breit gestreute Repertoire. Man hört sehr vieles, was ansonsten kaum einmal zu hören ist. Natürlich auch, weil so viele hervorragende Leute auf so unterschiedlichen Instrumenten dabei sind. Setzt sich die Literatur nach einem roten Faden zusammen oder passiert da auch etwas durch produktiven Zufall?
Vieles ist auch produktiver Zufall, aber es ist einfach so, dass, wenn so viele wirklich hoch kreative Künstlerinnen und Künstler zusammen sind, braucht man nur ein-, zweimal herumzufragen: Was habt Ihr denn so für Ideen? Inzwischen haben wir in der Tat meist ein Thema zum Festival – anfangs haben wir das nicht gemacht – und dann kommen die interessantesten und spannendsten Vorschläge. Natürlich wollen wir auch immer wieder die größten Klassiker der Kammermusik spielen. Es hat ja auch einen Grund, dass diese Stücke so geliebt werden; auch von uns, aber wir sind auch immer auf Entdeckungstour. In fast jedem Programm sind besondere Sachen. Manchmal kannte ich die Komponisten vorher gar nicht. Das ist schon immer sehr spannend. Und bisher war es ja auch immer so, dass wir einen Composer in Residence hatten, der extra für uns ein Werk geschrieben hat. Da ist uns jetzt leider gerade der Sponsor verstorben und wir müssen sehen, ob wir das so weiter machen können oder ob wir uns mit gut 20 Jahren an Auftragswerken begnügen.

Ich habe den Eindruck in Heimbach gehabt, dass es oft Konzerte auf der Rasierklinge gibt, dass auch sehr schwere und wenig bekannte Werke mit sehr wenig Probezeit gespielt werden. Erstens: Ist das ein richtiger Eindruck? Und zweitens: Ist das auch eine Chance, weil die Konzerte dadurch eine ganz besondere Spannung bekommen?
Wir versuchen natürlich trotzdem, immer das Optimale herauszuholen, aber

Lars Vogt

es ist völlig klar: Wir spielen unter Festival-Bedingungen. Das heißt: Es ist immer begrenzte Probezeit. Und wenn wir zum Beispiel den Mut hatten, späte Beethoven-Quartette zu programmieren, dann wurden eben noch alle möglichen Nacht-Proben gemacht. Aber natürlich kommen dabei tatsächlich zum Teil Interpretationen auf der Rasierklinge heraus. Klar: Das ist dann auch die Spontaneität des Moments, was mit solchen Künstlern eben auch funktioniert. Oder zumindest oft funktioniert, weil man sehr schnell und spontan aufeinander reagiert und sehr schnell umsetzt.

Du hattest am Anfang gleich das Publikum erwähnt. Ist es möglich, dieses Publikum pauschal zu charakterisieren?
Mir scheint es schon so, dass wir die Art des Fanatismus, die wir auf der Bühne leben, sich auch auf das Publikum überträgt. Und es ist durchaus ein gemischtes Publikum, es sind nach meinem Eindruck nicht nur die totalen Spezialisten. Die sind auch da und kommen zum Teil von weit her. Aber viele kommen auch aus der Umgebung und gehen ansonsten vielleicht gar nicht so oft in Konzerte. Sie spüren aber, dass da etwas Besonderes passiert. Und ich glaube, dass jemand, der mal da war, der eine besondere Aufführung und das Knistern erlebt hat, das dort im Saal vorherrscht, wo man das Gefühl hat, dass die Turbinen dort unter Spannung stehen und wir mitten drin sind in diesem Spannungsfeld ... Das ist schon eine sehr besondere Atmosphäre. Ich glaube, das Publikum spürt das. Und es entlädt sich ja auch oft in Begeisterung, wenn Aufführungen besonders mitgerissen haben.

Du hast jetzt die Turbinen angesprochen. Das Festival »Spannungen« findet in einem außerhalb der Festivalzeit noch aktiven Kraftwerk statt, inmitten der sehr schönen Landschaft der Eifel in dem ausgesprochen schönen Ort Heimbach in einem wirklich malerischen Gebäude. Spielt diese gesamte Umgebung für Eure Interpretationen eine Rolle oder ist das eher eine Kitsch-Vorstellung?
Grundsätzlich spielen wir Musik immer mit voller Hingabe, egal, ob das in einem modernen Konzertsaal, in einem Stall bei einem Festival oder weiß der Himmel wo ist. Oder in einer Schule. Aber natürlich gibt es Räume, die helfen. Helfen, dass man sich besser einschwingt, dass die Poren sich noch weiter öffnen für Feinheiten. Und das scheint mir in Heimbach schon der Fall zu sein.

Was auch ungewöhnlich ist: Dass immer ein ganzes Rudel von Kolleginnen und Kollegen den Konzerten beiwohnt und zuhört. Ist das Adrenalin-fördernd oder seid Ihr so vertraut, dass Ihr sagt: Ich bin hier familiär sicher aufgehoben?
Es ist beides. Man unterstützt sich natürlich absolut. Aber gleichzeitig ist man sich auch dessen bewusst, was für unglaubliche Musikerinnen und Musiker da oben sitzen und einem gerade zuhören. Und da möchte man es natürlich besonders schön machen und die Musik für Publikum wie Kollegen wirklich erfahrbar machen. Es sind manchmal besonders schöne Momente, wenn Kolleginnen, Kollegen und Freunde dann auf einen zukommen und wirklich tief bewegt sind. Man unterstützt sich sehr, aber es führt schon zu einem erhöhten Adrenalin-Ausstoß.

Du bist vor einiger Zeit schwer an Krebs erkrankt. Du hast eben schon erwähnt, dass man in gewisser Weise immer bei voller Konzentration um sein Leben spielt. Hat sich Dein Musikmachen durch das Wissen um diese Krankheit verändert?
Manchmal scheint es mir ein bisschen so, wenn ich jetzt Aufnahmen sehe, wie ich in den letzten Wochen gespielt habe. Beethoven Konzerte oder manche Zugaben, die ich gemacht habe. Man blickt vielleicht doch noch mal ein bisschen anders auf die Dinge. Die Wertigkeiten werden noch klarer. Dass, was einem eigentlich wichtig ist im Leben, was unwichtig ist, von wenig Belang. Und wenn man dann an Musik kommt, bei der man weiß, dass diese Musik das ist, womit man – auch wenn nur noch ganz wenig Zeit bleiben sollte – diese Zeit wirklich verbringen möchte. Diese Musik noch einmal darstellen, diese Musik noch mal erzählen, dieses Stück noch mal auf der Bühne erleben. Dann öffnet sich das Herz vielleicht noch einmal tiefer. Ich weiß ja gar nicht, wie lange ich noch habe. Ich hoffe natürlich, ich habe noch ein paar Jährchen, ich hoffe, dass die Medizin da noch tolle Dinge treibt. Aber dennoch schwingt für mich jetzt beim Musik machen doch viel mehr ein Gedanke an Abschied immer mit.

Und geht es Dir auch so, während Du spielst oder ist das während des Spielens oder Dirigierens komplett ausgeblendet?

Das kommt schubweise hoch. Manchmal bin ich komplett im Flow und denke über überhaupt nichts nach. Das geht mir gerade bei Proben so, wenn ich mit meinem Orchester probe und in einer Interpretation so drin bin und gemeinsam mit den lieben Musikerinnen und Musikern in Paris nach Lösungen suche. Da vergisst man wirklich alles und ist nur in diesem Flow der Musik. Schon das ist unglaublich beglückend. Und manchmal, gerade in Konzerten, nicht so sehr in Proben, aber in Konzerten kommt manchmal der Gedanke hoch, was man zuletzt alles erlebt hat und wie es wohl weitergehen mag. Und auch da hat die Musik alle möglichen Botschaften parat. Von Schicksal bis Trost, bis Traurigkeit, bis auch zur Beglücktheit, die ja immer vergänglich ist und so auch in der Musik immer einen Moment dauert und dann eben verrauscht ist. Man kann sie nicht greifen. Und so ist ja eigentlich alles im Leben und insofern ist die Musik dafür eigentlich ein wahnsinnig schönes Bild.

Hat Dich die Krankheit mit einigen engen, langjährigen Kolleginnen und Kollegen, Freundinnen und Freunden in der Musik noch enger, noch anders zusammen gebracht?
Auf jeden Fall. Da sind wir wirklich noch deutlich enger zusammengerückt. Es gibt einen ganz engen Freundeskreis, mit dem ich eigentlich alle Nachrichten darüber teile, was mit mir los ist und wo dann Rückmeldungen kommen, bei denen ich das Gefühl habe, diese Gruppe trägt mich so – das klingt kitschig – aber auf Flügeln der Liebe. Und es ist schon immens, wie einem das helfen und wie einen das tragen kann.

Seit 1998 Heimstadt für das Kammermusikfestival »Spannungen«: Das Wasserkraftwerk Heimbach.

Insofern hat eine so schlimme Krankheit auch Glücksmomente, die sie mit sich bringt. Oder?

Auf jeden Fall! Ich hatte jetzt auch kürzlich unter Freunden so ein Gespräch, bei dem einer sagte: Ach, in den letzten zwei Jahren, während der Pandemie, das war ja alles Mist! Und da habe ich so nachgedacht und hätte ja an sich allen möglichen Grund zu sagen: Es war Mist! Aber ich hatte so viele schöne Erlebnisse, auch gerade in den letzten zwei Jahren. Ich glaube, selbst in diesen letzten zwei Jahren überwiegen bei mir die wirklich schönen und bewegenden und eben die Erlebnisse, die mich glücklich gemacht haben.

Du bist Pianist, hast viele, viele Soloabende gegeben, Du spielst solistisch mit Orchester, Du spielst Kammermusik in verschiedenster Form, Du dirigierst. Gibt es eine Form des Musikmachens, die Dir erstens sowieso, zweitens in Deiner aktuellen Situation ganz besonders wichtig ist?

Vielleicht ist es das Musikmachen mit anderen. Grundsätzlich. Ob das jetzt Kammermusik ist oder Klavierkonzerte spielen oder Dirigieren ist ... Das war ja immer so ein wenig mein Vorrang. Dabei gibt es ein so wundervolles Solo-Repertoire und gerade jetzt spiele ich auch mal wieder ein paar Klavierabende und auf die ich mich auch freue. Da ist man sozusagen im Eigendialog. Auch da gibt es sehr unterschiedliche Charaktere, die man zum Teil gleichzeitig darstellen muss und auch da tritt man sehr tief mit sich in Verbindung. Aber gerade das Musizieren mit anderen ist schon etwas, was mich sehr beglückt.

ELENA BASHKIROVA *IM GESPRÄCH*

IM SCHATTEN VON FELSENDOM UND KLAGEMAUER

MUSIK FÜR DIE MENSCHEN DER HEILIGEN STADT

LUDWIG HARTMANN: *Frau Bashkirova, im Jahr 1998, vor bald einem Vierteljahrhundert, haben Sie in Israel das Jerusalem International Chamber Music Festival gegründet. Was war Ihre Ur-Idee dieses Festivals?*
ELENA BASHKIROVA: Die ursprüngliche Idee war, ein internationales Festival nach Jerusalem zu bringen, wo das Musikleben immer schwächer geworden ist. Die musikinteressierten Menschen haben unter dem Zustand gelitten. Ich war damals in Jerusalem zu Gast und einige Bekannte und Musikjournalisten fragten mich, ob es für mich interessant sein könnte, dort ein Festival zu organisieren. Ich war daran erst einmal gar nicht interessiert, aber die Traurigkeit der Menschen in Jerusalem hat mich doch sehr berührt. Sie wollten jemanden von außerhalb und ich konnte vielleicht ganz andere Musiker von internationalem Niveau dorthin bringen. Gute Musikerinnen und Musiker gibt es in Israel ja viele. Am gleichen Abend ging ich in ein Konzert mit Yefim Bronfman und Mischa Maisky. Ich fragte beide nach ihrer Einschätzung der Idee, in Jerusalem ein Festival für die Menschen dort zu veranstalten. Nicht für ein internationales Publikum. Beide waren sofort begeistert. Und es war klar, dass es dort keine Gage geben würde, nur Reisekosten, Essen und Unterkunft. Die Idee verbreitete sich wie in einem Schneeballsystem. Alle wollten kommen, da alle die Bedeutung der Stadt Jerusalem erkannt hatten. Es ist ja die Stadt, in der alles angefangen hat, auch unsere westliche Kultur. Die Programme habe ich von Anfang an konzipiert. Immer auch mit viel unbekannter und auch zeitgenössischer Musik. Es gab auch jeweils ein Auftragswerk. Bekanntes und Unbekanntes im Sandwich, wie ich gern sage, und immer mit unterschiedlichen Besetzungen. Immer haben wir auch Lieder als Teil der Kammermusik gesehen. So blieben die Programme frisch. Und so können wir die Menschen dort gedanklich für 10 Tage aus ihrer schwierigen Lebenssituation herausholen.

Blick vom Ölberg auf den Tempelberg, mit Al-Aqsa-Moschee und Felsendom

Können Sie sagen, welches Publikum Sie dort erreichen?
Es ist überall das Gleiche. Es sind vornehmlich ältere Menschen. Und ich habe in den gut 20 Jahren schon zwei Generationen von älteren Leuten erlebt. Die Menschen in den 90er Jahren waren sehr alt, sehr enthusiastisch und neugierig, komischerweise auch auf neue Musik. Die nächste Generation alter Leute war weniger neugierig. Nun werden wir nach zwei Jahren Corona sehen, wie es aussehen wird.

Erreichen Sie auch arabisches Publikum?
Kaum, obwohl wir auch im YMCA gespielt haben. Dort kommen Menschen aller Religionen hin, auch Araber. Zu klassischen Konzerten aber eher nicht. Nur einige wenige aus Ost-Jerusalem und Ramallah, die auch in der Barenboim-Said Stiftung sind. Aber ich hätte gern mehr gesehen.

Gibt es einen Künstler-Stamm?
Es gibt einen Stamm, aber die meisten rotieren. Ich bekam dadurch ein Problem, dass alle wiederkommen wollten. Aber wir möchten immer auch neue Künstlerinnen und Künstler vorstellen. Es braucht ein bisschen Diplomatie.

Liegt die künstlerische Leitung komplett bei Ihnen oder dürfen die Künstler auch Vorschläge einbringen?
Die künstlerische Leitung liegt bei mir, aber das Festival existiert ja nur durch die vielen hervorragenden Künstler und von denen kommen viele sehr gute Ideen. Von mir kommt ein grundsätzliches Skelett und dann bringen die Kollegen ihre Ideen ein. Wir haben immer ein Thema. Das erleichtert das Puzzle sehr. Die Kolleginnen und Kollegen bringen auch neue Künstler mit, von denen ich gar nicht alle kenne. Aber ich kann meinen Kollegen vertrauen.

Das Festival ist inzwischen sehr renommiert. Ist es bei dem vornehmlich einheimischen Publikum geblieben oder kommt es jetzt aus aller Welt?
Kaum. Jerusalem liegt etwas abseits. Das ist nicht wie in Salzburg, wo man in wenigen Stunden anreist. Und ich meine, die Idee bleibt die gleiche: Es ist ein

Festival für die Menschen von dort. So international die Künstler sind, so ist es vor allem ein Publikum aus Jerusalem und Tel Aviv.

Sie spielen solistisch und machen Kammermusik seit Jahrzehnten. Sie waren bzw. sind mit zwei berühmten Musikern verheiratet, früher mit Gidon Kremer und jetzt mit Daniel Barenboim. Bei der Kammermusik ist die berühmte »Augenhöhe« besonders wichtig. Wie war bzw. ist es mit Ihren beiden Männern?
Gidon und ich haben ein paar sehr schöne Projekte gemacht. Er hat mir sozusagen sehr aus meiner Haut geholfen. Ich war sehr jung und dachte nicht an Karriere und plötzlich war ich auf der großen Bühne mit ihm. Das hat mir sehr gut getan. Daniel und ich spielen praktisch nie zusammen. Das war von Anfang an so gedacht und ich wollte das auch nicht. Er spielt mit den ganz Großen der Welt zusammen und ich bin so, wie es ist, total zufrieden. Er hilft mir wahnsinnig mit seinem Rat.

Gibt es nicht auch Momente, in denen Sie ihm mit Rat helfen?
Das kann natürlich auch mal sein. Aber wenn ich zum Beispiel neue Werke lerne, kann ich ihm immer vorspielen. Da habe ich großes Glück.

Was müssen Musikerinnen und Musiker haben, damit Sie es spannend finden, mit ihnen zu musizieren?
Na, Talent (lacht)! In der Kammermusik ist es besonders wichtig, nicht nur auf sich bezogen zu sein. Es ist wie im Theater. Kein Monolog, es ist Konversation. Jeder muss etwas zu sagen haben und es muss zusammenpassen. Und wenn ich Programme mache, überlege ich: Wer passt zu wem? Ich kann es nicht ausstehen, wie es bei manchem Festival ist: Man schmeißt bekannte Leute zusammen und das Resultat ist oft sehr enttäuschend. Für mich ist die Kammermusik ein ewiger Lernprozess. Ich lerne immer von meinen Kollegen und hoffe, das ist gegenseitig. Egal, ob jung oder alt. Was ich von meinen Kollegen erwarte, ist, dass sie offen sind und nicht mit einer kleinkarierten Idee kommen. Wir wissen doch nicht, wie genau die Komponisten es wollten.

YMCA Concert Hall in Jerusalem, Spielstätte des Jerusalem International Chamber Music Festival

Mein Vater hat mir dazu eine interessante Geschichte erzählt. Sein Lehrer, Professor Alexander Goldenweiser, war sehr gut mit Rachmaninow befreundet. Als junger Mann lernte er das zweite Klavierkonzert und fragte Rachmaninow, ob der ihn begleiten würde. Und als sie spielten, sagte Rachmaninow: hier ist es zu schnell, da zu langsam, hier zu leise und da zu laut. Goldenweiser sagte: Aber Sergej, ich spiele genau das, was in den Noten steht. Darauf Rachmaninow: Was kümmert mich, was ich damals geschrieben habe. Und Mozart hat es bestimmt an jedem Tag anders gespielt. Ganz bestimmt. Es ist wie bei einem Bild. Die Musik hat einen Rahmen und in diesem Rahmen musst Du bleiben, aber in diesem Rahmen hast Du sehr viel Freiheit.

Welche Rolle spielen beim gegenseitigen Lernen die Generationen?
Eine interessante Rolle. Ich versuche es auch in der Kammermusik so zu machen, dass die Generationen sich treffen. Es ist auch gut, wenn ausschließlich ältere oder ausschließlich jüngere Menschen zusammen spielen. Aber wenn die Generationen aufeinandertreffen, kann es wunderbare Ergebnisse geben. Wenn der Ältere neben sich eine große jugendliche Energie spürt, so kann ihn das sehr befeuern. Und die jungen Leute lernen von den erfahrenen Kollegen alles. Das ist ein sehr wichtiger Aspekt der Kammermusik.

Elena Bashkirova

Eine ganz andere Frage, für die ich mich schon im Vorhinein entschuldige: Sie sind eine außergewöhnlich schöne Frau und überall hört man von Übergriffen. Haben Sie damit auch Probleme gehabt in Ihrer Laufbahn?
Es gibt doch so viele... Nein, physisch nie. Auf der Straße manchmal, aber bei der Musik nie. Man muss immer nein sagen können. Das ist wichtig. Ich habe aber auch nie durch Schönheit, wie Sie sagen, oder durch Charme etwas erreichen wollen. Das ist auch oft ein Problem.

Eine Geschichte gab es, an die ich nie wieder denken wollte: Ich war vielleicht 15 oder 16 Jahre alt und wir fuhren mit der Klasse meines Vaters in eine andere Stadt; noch zu Zeiten der Sowjetunion. Ich habe dort zum ersten Mal das 1. Klavierkonzert von Brahms gespielt und war irrsinnig nervös. Ich spielte nicht so oft und habe auch nicht sehr viel geübt, aber das Konzert wollte ich spielen. Danach war ich sehr erleichtert und so stolz auf mich. Dann ging ich in das Künstlerzimmer und es kommt eine Studienfreundin meines Vaters – inzwischen eine große Professorin – und sagt zu mir: »Du bist so hübsch, es ist so schön, wie Du aussiehst. Warum musst Du noch Klavier spielen?!?« Für mich war das ein absoluter ›wake up call‹. Ich wusste: Nie würde ich das ausnutzen. Ich finde das absolut erniedrigend. Daraufhin musste ich üben, üben, üben. Das wollte ich nie wieder hören!

Sie haben neben dem Festival in Jerusalem auch eines in Berlin, es dorthin verpflanzt. Kann man es eine Kopie nennen?

Oh nein. Michael Blumenthal, von 1997 bis 2014 Direktor des Jüdischen Museums, ist eine große Persönlichkeit und irgendwann wollte er auch etwas Musikalisches machen und hatte auch einen Sponsor dafür gefunden. Es gab einen Vertrag für zehn Jahre. Acht Jahre waren super und dann kam Corona. Es ist sehr gut gegangen in Berlin, ich hatte zuerst richtig Angst. Wie wird es in Berlin? Jerusalem ist arm in diesem Sinn. Es gibt nicht sehr viel, nur hier und dort etwas und unser Festival war ein Zentrum, das zentrale Musikereignis im gesamten Jahr. Anders ist es in Berlin. Aber zu meinem Erstaunen kamen sehr viele Leute und alle wollten dabei sein. Programmatisch ist es Jerusalem doch sehr ähnlich. Und dennoch hat es einen ganz anderen Charakter.

Aber jetzt mache ich etwas anderes. Seit zwei Jahren bin ich ehrenamtlich Präsidentin des Mendelssohnhauses, der Mendelssohn Stiftung in Leipzig. Das liegt mir sehr am Herzen. Ich habe mich richtig verliebt in die Mendelssohns; in die ganze Familie. Und Leipzig ist eine sehr interessante Stadt, ich denke, die musikalische Hauptstadt im 19. Jahrhundert. Aber Mendelssohn braucht jetzt etwas Unterstützung. Vielleicht können wir ja bei Ihnen in Hamburg beim nächsten Mal etwas mit Mendelssohn machen.

Es ist nicht schwer,
zu komponieren.
Aber es ist fabelhaft schwer,
die überflüssigen Noten unter
den Tisch fallen zu lassen.

JOHANNES BRAHMS

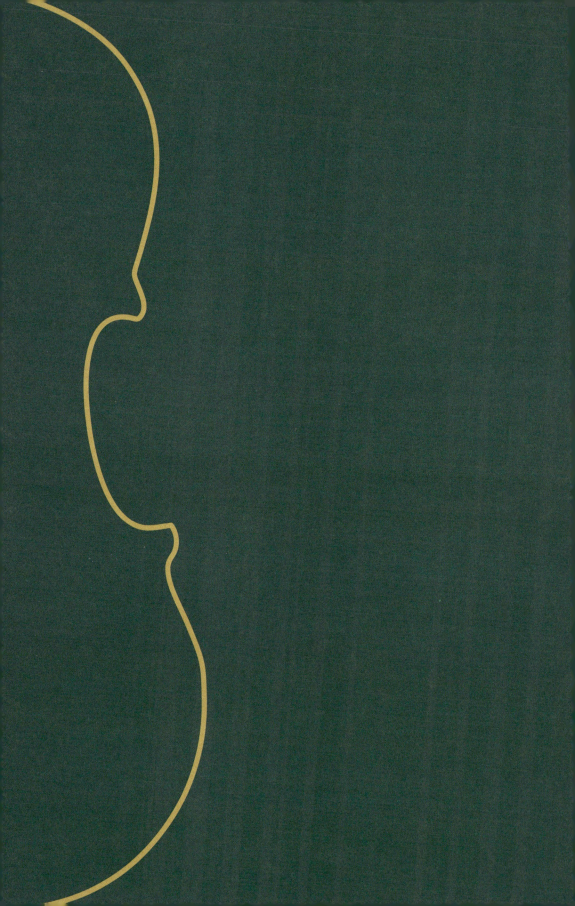

EBERHARD FELTZ

Sehr verehrte
Hamburgische Vereinigung
von Freunden der Kammermusik,

Euch gilt meine Gratulation, meine Verbeugung in echter Bewunderung. Eure 100 Jahre sind nicht nur der bedeutende Beweis für jenes in Menschen unersetzliche Wirken der Musik, sondern gleichermaßen für jenes unersetzliche aufeinander bezogene, gegenwärtig immer dringlichere Zusammenwirken von nachfolgenden fünf Instanzen:

Im Fokus der einen ausgewählten Partitur können uns die einzigartigen Klanggesten eines verstorbenen oder lebenden Komponisten nicht nur genauso aktuell berühren wie sonst alltägliche Gebärden eines bedeutenden, mit uns lebenden Gefährten, sie vermögen Energien in geistigen Horizonten freizusetzen. In den Noten sind allerdings wirklich nur quantitative Spuren vermittelt.

Neben den heute Aufführenden deuten mannigfaltige Spurenleser die Partitur, häufig schon in mehreren aufeinanderfolgenden Generationen, schöpfen die unsere Sinne qualitativ affizierenden Gestalten und Zusammenhänge.

Organisatoren der Konzerte wählen verantwortlich Aufführende aus, die weder mit aus der Schublade gegriffener Musik noch mit dem instrumentalen Können ihr Ego inszenieren.

Die Darstellung durch Aufführende ist Sternstunde, wenn die sinnlich-geistige Einheit aller Mannigfaltigkeit unverwechselbar gelingt. Kein einziges Detail bleibt unwichtig.

Publikum lauscht mit vorgeprägten (bisweilen zu fixierten), am Besten mit freien, für Neues, Einmaliges offenen Erwartungen.

Liegt es angesichts der Vielfalt dieser fünf unterschiedlich Beteiligten nicht auf der Hand, dass wir die Redewendung IM TON LIEGT DIE MUSIK korrigieren sollten zu DURCH ZUSAMMENWIRKEN KANN MUSIK WERDEN?

Euer Vorsitzender Ludwig Hartmann, mir seit Jahren unentbehrlicher Gefährte, bittet anlässlich eures Jubiläums um meine Gedanken zu dem Titel IN DEN TIEFEN DES STREICHQUARTETTS. Mit Dankbarkeit schaue ich auf diese Einladung. Solcherart formuliert, betrifft sie geradezu die vorzüglich wichtigste Mission!

Sofort kamen mir erste Einsichten, freilich auch Bedenken in den Sinn:

Seine TIEFEN sind zugleich die Höhen. Streichquartett-Musik ist HOHE KUNST. Wir alle sind davon überzeugt, dass in dieser Musik die umfassendsten und unablässigsten Beziehungen zwischen Emotionen und Bedeutungen erlebbar sind.

›In den Tiefen‹, das kann auch nicht ein Inneres abgrenzen. Wenn Kunst sich ereignet, ist alles den Sinnen offenbart, alles Innere auch ein Außen. ›Nur von dem scheinbar ganz am Tag liegenden, mit den Händen zu greifenden kann die hohe Wirkung des Geheimnisses ausgehen‹ HUGO VON HOFFMANNSTHAL
Mehr noch! Anders als bei unserem Sehen, welches hier und dort, innen und außen sondert, löst sich für unser Hören generell der Kontrast zwischen innen und außen auf.

Aber, das bekanntlich unlösbare Problem, mit welchen Worten über Musik sprechen? Trotz unserer häufig gar sensationellen Begegnungen mit ihr gelingt das nicht. Was sie ist, können wir mit Worten nicht ausdrücken!

Meine Ausführungen müssen sich beschränken. Anhand zweier hoch bedeutender Beispiele unserer Literatur (gekürzt zitiert) möchte ich näherbringen, inwiefern sich jene unmissverständliche und wahrhaftige Einsicht, ›... es sei ebenso schwer, ein gutes Buch zu lesen, wie es zu schreiben‹ J.W. GOETHE, bei AUFFÜHRENDEN und ZUHÖRERN von Musik bewahrheitet. Die Gemeinsamkeit wird sich doch wohl nicht nur auf ihr ZUSAMMEN IN EIN UND DEMSELBEN RAUM HÖREN beschränken! Das Aneignen der Musik vollzieht sich tatsächlich bei den zwei Gruppen u n t e r s c h i e d l i c h und letztlich im Akt der Konzert-Aufführung d o c h i d e n t i s c h.

Mozart KV 387 Finale

Es ist in Worten nicht wiederzugeben. Unsere Aneignung von jeder Kunst steht unter dem Gesetz, dass sie ›auf eigenen Flügeln zu uns kommen muss‹. OSSIP MANDELSTAM Es gilt dies voll und ganz für des Komponisten einzigartigen, glanzvollen »Wurf«, gilt für dieses Molto Allegro. Seine Flügel sind die essentiellen Qualitäten der Gehalte, wie sie sich in Beziehungen der Tonhöhen, Rhythmen, Lautstärken, in Oppositionen, gerichteten Spannungen und Entspannungen u. v. m. manifestieren. Die Spieler erleben sie durch Darstellung, erfahren sie elementar und spontan in zusammenhängendem Sinn, von allen beteiligten Sinnen in Affekten vermittelt, noch ohne Worte.

Lediglich abgespielte Quantitäten der Partitur bleiben völlig unsinnig. In der Verantwortung der Spieler liegt es also, die Klänge in ihre Wahrheit zu bringen. Über Möglichkeiten sowohl fruchtbarer als auch überflüssiger oder sogar behindernder Beteiligung von Assoziationen ist zu entscheiden. ›Zwar habe ich eine Abneigung gegen alles ausgesprochen Illustrative und Programmatische, doch bedeutet das nicht, dass ich mich gegen von der Musik hervorgerufene Assoziationen wehre‹, bekennt LIGETI.

Das VORTRAGEN VON MUSIK genauso wie das DER MUSIK ZUHÖREN benötigen gemeinsam zum einen die Wahrnehmungen vielfältiger Sinne unter Führung des Hörens, zum anderen das Eingliedern und Eingestalten in den eigenen Horizont bisheriger Anhörungen/Vorstellungen. Echtes Aneignen gelingt nur, wenn diese beiden Dinge sich ergänzen wie zwei Hände bei einem Tun.

ABHOLEN 1

Kurioserweise verdeutlicht uns die Krise während einer allerersten Probe des Allegretto vivace e sempre scherzando aus op. 59,1 von Beethoven am besten, was gemeint ist. Der Violoncellist Bernhard Romberg hatte in der Jugend als Beethovens Gefährte in der Kombüse eines Ausflugsdampfers von Musikern auf dem Rhein gekocht, ist viel später in Diensten beim Grafen Rasumowsky, dem die Quartette op. 59 zugeeignet werden. Beim Moskauer Vom-Blatt-Spiel springt Romberg nach diesen ersten vier Takten jähzornig auf, tritt mit den Stiefeln seine (›ihm, dem Berühmten unwürdige‹) Cellostimme. Er bleibt diesem Kurzsatz am Beginn des Allegrettos gegenüber musiktaub, versäumt sein A b h o l e n . Der Liebhaber möge am > **Beispiel 1** auch einsehen, was ein Abholen ›in falscher Phrasierung‹ (1 a) anrichtet!

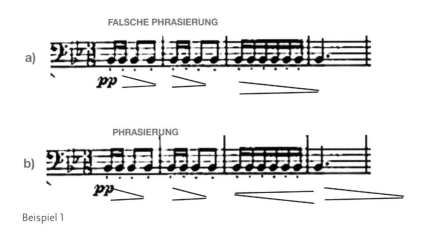

Beispiel 1

Meine Worte zum Beispiel KV 387 bemühen sich zu verdeutlichen, dass präzise Bindung an die objektiven, quantitativen Partiturdaten unverzichtbar ist, dabei ein weit gespannter Horizont von Bedeutungen offenbleibt und wie Aufführende damit umgehen können!

Ein Streichquartett sollte seine Aufgabe, diese Quantitäten auch zu diskutieren, nie vernachlässigen. Solches Abtasten dient effektiv der Synthesefindung, darf gar nicht dazu verurteilt sein, sich Analyse zu nennen. Auch in diesem Zusammenhang warne ich nachdrücklich: Jedes Sprechen über Musik wird ganz leicht und dann auch schrecklich peinlich, falls n i c h t die quantitativen Wirklichkeiten zugrunde liegen.

Meine Begeisterung für dieses am Silvesterabend 1782 beendete Finale entzündet sich schon beim Blick auf frühere Jahre der Musikgeschichte. Noch Jean-Jacques Rousseau, auch mit seiner Enzyklopädie 1765 und seinem Wörterbuch der Musik 1767 für ganz Europa geistige Instanz, greift in diesen Veröffentlichungen die Frage auf SONATE, WAS SOLL MIR DAS? (So übersetzt GEORG KNEPLER, der 1991 diese Zusammenhänge beispielhaft aufdeckt.) Noch GOTTHOLD EPHRAIM LESSING nennt ›eine Symphonie, die in ihren verschiedenen Sätzen verschiedene, sich widersprechende Leidenschaften ausdrückt, ... ein musikalisches Ungeheuer‹. (HAMBURGISCHE DRAMATURGIE 1767–69)

In einer heutigen Aufführung von KV 387 möchte ich aufhorchen, geweckt von Mozarts Leuchtspur der Dichte, Leichtigkeit und Konsequenz. Mit solchen Energien tilgte er zusammen mit Haydn und anderen alle existierenden Vorbehalte, in etwa: Musik könne ohne Worte, ohne Theaterhandlung nichts bedeuten. Mozarts Musik wischt dergleichen direkt beiseite, schöpft andere Wirklichkeit. Seine Visionen begründen eine neue Epoche, betreffen uns auch heute!

Seine Briefworte »... meine Gesinnungen und Gedanken ... ausdrücken; ... ich kann es ... durch Töne; ich bin ein Musikus« 1777 AN DEN VATER sind aufklärerisch stringent. Und Haydns Äußerung – ›Nur allein bedaure ich, dass er nicht zuvor die noch dunklen Engländer darin hat überzeugen können, wovon ich denselben täglich predige‹ (IN LONDON 1791 BEI DER NACHRICHT VON MOZARTS STERBEN) – zeugt direkt von überindividuellen, Gemeinsamkeit stiftenden ›TIEFEN UND HÖHEN‹ der Musik.

Haydn hatte 1772 in Quartetten op. 20, 1–3 (mit 2, 3, 4 Themen) Fugenfinali eingeführt. Jede Aufführung von KV 387 erlaubt einem das Staunen über den souveränen Mut, mit der Mozart Fugen-Polyphonie integriert in die Ur-Idee des Sonatenhauptsatzes: der Mensch damalig neuer Zeit nimmt Selbstbestimmung wahr, geht ›weg von Zuhause‹ (Modulation), wählt in a n d e r e r Gestalt neuen Wirkkreis (Seitensatz in neuer Tonalität).

> **Beispiel 2** Mit fünf Tönen Öffnen und Schließen so begreiflich? Fugato 1 nutzt die seit Urzeiten uns affektierenden Energien von Spannung und Entspannung (Thema und Gegenthema) unnachahmlich. Geeignetere fünf Klänge für Öffnen sind nicht auszumachen, Nebenstimmen magnetisieren, machen rapid. Die Luft bleibt stehen, 17 Takte Fugato 1 (Kirchen-Stil) werden von 13 Takten (Kammer-Stil) ergänzt: homophone Achtel durchlaufen den ganzen Oktavraum. Auch dieser Kontrast wird für das gesamte Finale Essenz, nicht nur das Salz in der Suppe! Und solches, obwohl Wolfgangs Vermischung dieser Stile von allen Konflikten zwischen Vater Leopold und Sohn wohl der allerstärkste war.

Beispiel 2

AUSSCHLIESSLICH UNVERZICHTBAR UNBEGRENZT UNVERFÜGBAR

Beispiel 3

> **Beispiel 3**   Es war nur eine erste Anhorchung der Lebenskräfte. Der Seitensatz dieser Exposition erklingt bereits im neu erreichten Daseinskreis D-Dur, ist ein Fugato 2. Sein rhythmisch differenzierteres Thema ist gesteigerte Aktivität. Einzigartig beeindruckt und überzeugt uns – durch das sich direkt anschließende DOPPELFUGATO – die ›Gesinnung‹, dass Lebensstufen eines Individuums sich e r g ä n z e n d fortschreiten.

Und in solchen Zusammenhängen fand meine Begeisterung als frisch gebackener Berliner Student in der Schlussepisode dieser Exposition diesen Ohrwurm. Viermal wiederholt sich ein Gassenhauer-Motiv, bildet diese Großperiode mit Vorder- und Nachsatz. > **Beispiel 4**   Wie nach gelungenem Streich wird auf offener Straße fidel gepfiffen. Eine flotte, menschennahe Gaudi, direkt vorher noch meisterliche polyphone Kunst! ›An einem Kunstwerk höherer Ordnung, ebenso wie beim organischen Gebilde, ist nicht die einzelne Form das wunderbarste, sondern das Hervortreten der einen Form aus der anderen.‹
HUGO VON HOFFMANNSTHAL

Beispiel 4
Takte 92 bis 107

Was in einem Opus klingendes Geschehen wird, nimmt u n ü b e r h ö r b a r widersprüchliche, sich einander kreuzende, gegenseitig fördernde oder bedrängende Strebungen, Stimmungen, Erwartungen, Begrenzungen auf. Wir dürfen schwärmen! Honoré de Balzac benötigt für seine Historie 900 Seiten. Welche Vielfalt offenbart W. A. in 35 min! Das ist in etwa die Aufführungsdauer für das ganze KV 387.

Beispiel 5

(G →) e → h → fis → cis → | gis | → | dis | → | ais | → | Eis - Dur |
              | as | | es | | b | | F - Dur |

Wie Enharmonik in die eigenen Vorstellungen eingestalten?
Eis-DUR als Dominante von b-Moll?

Beispiel 6
Takte 125 bis 142, enharmonische Identität

> **Beispiel 5 und 6**   Doch, wahre Überraschungen sind auch nach solcher Exposition möglich! Mein lieber Kollege Oliver Wille erinnert mich jetzt (Januar 2022). Jene noch ganz jungen vier vom Kuss Quartett, von mir zunächst n u r in die Exposition geführt (das war 1989 noch möglich?), bekamen die Aufgabe, zum nächsten Unterricht je eine eigene Durchführung zu skizzieren. Olivers fassungslose Bewunderung bei Einsicht in den originalen Fortgang: ›Mozart ... nein!! ... echt? ... wirklich so!‹ (er begriff sofort diese spektakuläre Qualität), sie blieb ihm in 32 Jahren unvergessen. Zeugt dies nicht vom H ö c h s t e n, was Musik im Menschen fördern kann?

Die Durchführung beginnt ohne Zaudern mit kühnstem Übersteigen aller üblichen Grenzen. In großer Musik berühren uns geläufig elementare ... ungeheure Kräfte (›unverständlich und vertraut‹ bei OSSIP MANDELSTAM). Jedes einzelne Leben ist ihnen ausgesetzt!

Wohin wirkt hier Mozarts passus duriusculus, wörtlich: HARTER GANG, chromatische Halbtonfolge mindestens im Quartumfang, in diesem Fall aufwärts? Musikalische Figuren dieser Art, in Generationen übereinstimmend als identisch mit Lebenswahrheiten erkannt, äußern sich als vortreffliche Beispiele für die Doppelzugehörigkeit des Klanges. Zwischen dieser klingenden Geste und unserem sinnlichen Affekt EIN WENIG NÄHER ZUM LICHT KOMMEN, IST MÜHSAM gibt es k e i n e Distanz. Mozart ›stemmt‹ dieses Aufwärts achtmal (!) hintereinander in regelmäßiger Folge: weiter ... noch weiter ... und noch ...! Ist das ein Komponieren nach Rezept, deshalb anrüchig?

Jeder sollte in diesen Takten der Partitur das Durch- und Füreinander der Versetzungszeichen # und *b* als Spurenleser zu deuten wünschen!

Ich bestätige, dass dieses Steigen in entfernte Quinträume o h n e Assoziationen kaum angeeignet, sondern mehr statisch erlebt wird! Mir ist es Mozarts einzigartig furchtloses Wagnis, in NIEMANDSLAND zu schreiben. Wir beachten: Das Maß der TIEFE einer Musik ist nicht die Menge, sondern der Mut! Hier ist jede neue Stufe die nächsthöhere auf der Quintleiter. Diese Quinten, Quinte ist das Intervall strikter, schnellster Entfernung, bäumen und bestürzen: Wie erleben wir solche übermenschliche Entfernung von uns gewohnter Gravitation?

Ich gestehe, in unseren Proben legt uns diese enharmonische Wandlung z. B. auch das Schreiten durch den Spiegel auf eine andere (imaginäre) Seite nahe. Und komponiert Mozart hier nicht aus der ›Gesinnung‹: Je bedenkenloser der Mensch in das Universum vordringt (eigenes Dasein mit Forschungen gar für künstliches Leben zu erweitern sucht, siehe YUVAL NOAH in ›EINE KURZE

Beispiel 7

GESCHICHTE DER MENSCHHEIT‹), desto mehr zerrinnt, dissoziiert sich ihm die Gravitation der eigenen Verantwortung zum Menschsein. In der Höhe mit zu dünner Luft ist jede Freude dahin.

> **Beispiel 7**   Was offenbart dann in T. 143 das einsetzende b-Moll? Das am Satzanfang so überlegen agierende Kopfmotiv jetzt als bange Suchendes? Ich möchte trotz der gleichsam nicht zu vermeidenden Assoziation dieser Durchführung auf jeden Fall ihr GEHEIMNIS lassen. (SAMUEL BECKETT ›Bilde dir nicht ein, alles wissen zu müssen.‹)

Intime Deutungsversuche sind i m m e r unzulänglich und vorübergehend, verbleiben in undurchdringlichen Widersprüchen ihres Irrgartens. Denn auch in Schlüsselereignissen verbleiben wir uns selbst fremdartig. Mozart offenbart die affektive Eigenkraft seiner Klangbeziehungen. Klänge, Rhythmen und Tonhöhenbeziehungen sind mustergültig für Kräfte, die uns sinnlich affizieren, allerdings begrifflich weder fixiert noch lokalisiert werden können.

Gerne aber wiederhole ich jungen Kollegen die deftigen Worte des Leoš Janáček: ›Einer quasselt mir vor, dass in der Musik einzig der reine Ton etwas bedeute. Und ich sage, dass der reine Ton nichts bedeutet, wenn er nicht im Leben, im Milieu wie ein Dolch steckt. Sonst ist er nur ein Spielzeug.‹

Sind hier menschliches Scheitern an solcher Grenze und beklommen erschauerndes Zurückweichen im Umkehren a u s z u h o r c h e n ? Die Mittelstimmen tasten nach Halt. Erst als das Emporsteigen auf der Quintleiter mit D7 G7 C7 wieder abzurutschen droht, wandeln sie sich T. 105 in aktives Forte ›Bloß raus hier!‹ Die Lösung hinein in die Reprise C-Dur (!) gelingt mit zweitem enharmonischen Durchgang (T. 165/166).

ABHOLEN 2

G l e i c h z e i t i g k e i t ereignet sich beim Aufführen von Musik und beim Ihr-Zuhören. Alle Teile einer Musik sind gegenseitig aufeinander bezogen. Wir hören beim Beginn einer Phrase bereits ihr Beenden, wie in ihrem Ende noch ihren Anfang. Hören als ein Kontinuum der Zeit ist ebenso Erwartung, knüpft das JETZT an das DANN Gehörte, das ZULETZT an das VORHER zu e i n e m Erleben. Dabei widmet musikalisch dargestellte Zeit sich menschlichem Grundbedürfnis: Sie wird a u f g e h o b e n e Zeit. Das musikalische Geschehen in dieser (nachvollziehbaren) Gleichzeitigkeit und währenddessen als Erklingen in der realen Zeit, in einer »Gegenwart stetiger Veränderung«, kennt keine Parallele.

Jede komponierte musikalische Struktur wahrt ein GEHEIMNIS in ihrer Regie für Raum- und Zeitproportionen. Obwohl sie Richtung, Tiefe, Wärme, Fließen und Integrieren, Aufnehmen und Abgeben, Puls und Atmung und Gangart u. v. m. unseres Dabeiseins so souverän leitet. Und das auf eine Weise, die wir umfassend erfahren, ohne sie logisch begründen zu können. Wir verfügen über kein Vokabular, das die Sinneswahrnehmung des anderen Menschen ausreichend wiedergeben kann. NOVALIS deutete das fesselnde Äußere aller wirklichen Kunstwerke als das ›... in den Geheimniszustand erhobne Innre‹!

›Musik scheint oftmals durch die Person des Komponisten hindurchzugehen, wie sie durch die Aufführenden hindurchgeht, und zwar mit einer formalen Notwendigkeit und Universalität, die über jede Individuation bei weitem hinausgeht.‹ GEORGE STEINER

Das wundervolle Phänomen aller Klangbeziehung ist ihre Entsprechung in unseren Affekten. Wie ist dieses Wunder der Entsprechung in uns? Wird sie naturgemäß erlebt, können wir nicht draußen bleiben. Klang erwirbt sich aus der Gegensätzlichkeit der Affekte das Recht, in der Zeit zu bestehen. Klang bringt uns zum Stehen, wie Klang uns zum Bewegen bringt. Jede konkrete Qualität von Kontrast ist ebenso in mir. Ich höre weiter, weil ich zur Ruhe kommen möchte.

Bei Abholen 1 tasten und tasten wir immer wieder nach allem, was in diesem Tönen des Werkes aufscheinen mag. Und doch wird es bei Abholen 2 zur EINHEIT ALLER MANNIGFALTIGKEIT. Zweieinhalb Jahrtausende alt ist die Einsicht des Heraklit: ›Sie verstehen nicht, wie das Auseinandergezogene mit sich selbst zusammengezogen wird ...‹

Was mit Geduld, sogar vielfältiger umsichtiger Recherche in weiten Horizonten für stringenten und wahrhaftigen, sowohl sinnlichen als auch sinnhaften Hörzusammenhang bei Abholen 1 als klingende Gestalt und Form erspürt wurde, es wird dem Hörer im Konzertpublikum direkt ver-, übermittelt. In der Position als Zuhörer im Publikum darf gelten: Uns verbindet mit Mozart nicht diese kleine Intelligenz, speziell etwas zu wissen über Fugato- und Doppelfugato. ›… sind es nicht die in ihm und uns … dämmernden fundamentalen menschlichen Erfahrungen, nur dass sie bei ihm bewusst aufdämmern?‹ LUDWIG HOHL

›Realisieren‹ die Aufführenden im Konzert (mit ›intelligentem Ohr‹ JOSEPH HAYDN) auf der Fährte offener Möglichkeiten (in Freiheit) diesen einen Gesamtzusammenhang, praktizieren sie selbst jenes Abholen 2, das auch den Konzertbesucher (mit gleichem Haydn'schen Ohr) befähigt, diese Aufführung der Musik in identischer Qualität unmittelbar, geradewegs original zu erleben.

Bei Klanggebärden ist die Fassungskraft des Aushorchens von Übermitteltem, d. h. von nicht auszuzählenden Qualitäten überwältigend. Tatsächlich begreifen wir sofort, dass in den optischen Räumen der Partitur Gesten als Zeitgeschehen vom Komponisten am wenigsten wiederzugeben, nicht zu vermitteln sind. Sie brauchen das Aufführen! Andererseits, wie viel bekommt unser Horchen bereits mit, wenn sich zwei Menschen in uns völlig unbekannter Sprache streiten! Darum setzen alle Musiker auf diese Praxis: Die mannigfaltigsten Sinnestätigkeiten werden beim Proben für jede Phrase, ihren Gehalt und ihren Sinn, erinnert, erlebt, geübt, aktualisiert; schließlich gilt bei der Aufführung doch nur, z. B. nicht Laufen auf der Bühne mit Beinen darzustellen, sondern allein in der klingenden Stimme hörbar zu machen!

AUFFÜHRENDE WIE ZUHÖRER, ES BRAUCHT NUR EUER HÖREN!

Es ist egal, ob wir Ausführende oder Zuhörer, ob wir beim Abholen 1 oder 2 sind. Nähern wir uns selbstlos wachgestimmt großer Musik, dann durchdringt und fördert, katalysiert unser Dabeisein hoffentlich jene willkommen unhörbaren Qualitäten, von vier zu rühmenden Adjektiven geprägt:

Diese Musik packt, begeistert, be-geist-e-t mich ausschließlich. Die solches ergänzende Frage Dinu Lipattis an seine Schüler war: ›Hast du je so anhaltend gearbeitet, dass nicht nur du das Werk, sondern auch das Werk dich liebte?‹ Diese Musik ist mir unverzichtbar. Im Brief an Brahms äußert Theodor Billroth ›… voll wie eine Selbstschöpfung in sich haben‹. Diese Musik ist von meinem erneuten Aufführen auch nicht ausgelotet, ist unbegrenzt aufzusuchen, zu erspüren. Der reife Musiker bekennt gerne: Im Allgemeinen ist es mir nicht so ergangen, dass ich schon beim ersten Hören das Wichtigste aneignete! Diese Musik ist und bleibt unverfügbar, kann von mir nicht willkürlich und beliebig ›eingeschaltet‹ werden, weder für mich noch für andere.

KURTÁG op. 28   (Letzte) Nummer 15

Mein zweites Beispiel möchte noch stärker darauf hinweisen, wie enorm für jeden die Versuchung ist, nach dem Durchlesen eines guten Programmheftes (vor der Aufführung) zu meinen, die Musik bereits e t w a s angeeignet zu haben. Und es hat mit Musikerleben aber auch gar nichts zu tun, wenn wir anschließend im Konzert selbstgefällig registrieren, dass das Erklingen ›erfreulicherweise‹ illustriert, was man da in Gedanken als Inhalt bereits gegriffen hatte.

XV

Arioso
interrotto
di
Endre
Szervánszky

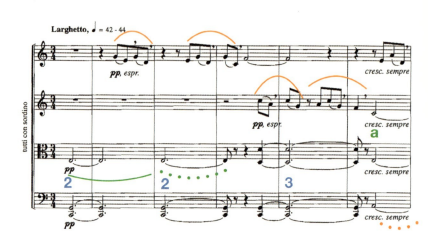

* Szervánszky: Serenade for string orchester, III. Arioso, bars 1-12

Beispiel 8

> **Beispiel 8** Das LARGHETTO ist die letzte Nr. XV im 3. Streichquartett OFFICIUM BREVE (1988/89) von György Kurtág. Allerdings fesseln die Hinter- und Beweggründe, jene zur Geburt dieser Musik führenden Intentionen – für sich genommen – bereits atemberaubend!

Zunächst die ostentativ bedeutsame Überraschung: diese zwölf Takte ARIOSO INTERROTTO sind Zitat! Note für Note – mit allen Anmerkungen für Artikulation und Lautstärke – hat Kurtág sie aus der Serenade für Streichorchester (1947/48) von Endre Szervánsky übernommen. Wie das!

Am 10.2.1948 hatte die KPdSU per Resolution verkündet, dass die formalistische Richtung in der sowjetischen Musik eine antinationale, zur Vernichtung der Musik führende Tendenz ist. Über Nacht war im gesamten Ostblock jegliche individuell kreative Musikäußerung jenseits der Parteilinie diffamiert, d. h. verboten.

Das Larghetto als unmittelbares Reagieren darauf, als des Komponisten Gebärde in souveräner Besonnenheit, aus einem Vertrauen in die nicht auszuradierende Stärke des Herzens, der Gesinnung (C-Dur in tiefer weiter Terzlage pianissimo), ist einzigartig.

Ja, es erklingen Seufzer der Hauptstimmen, zuerst mit dem Pulsschlag eines Motivs irgendwo im Takt, tastend, ›hauslos‹. Und dieses im Aushorchen der Zukunft! Doch die Melodie nimmt sich AUS GRÖSSEREM INS GROSSE (aus welchem?) ihre Eins im Metrum 3/4, artikuliert aktiv, jetzt sogar den Harmonien voraus. Und dieses im Aushorchen der bevormundeten Zukunft! Der Schluss bleibt in introverter Geste offen ...

Es ist die eingeforderte einfachere Musik, zugleich trotzdem mehr Webern und Strawinsky. ›Ein sehr schönes Stück, beinahe Schubert‹, urteilt György Kurtág. Wir sind aber besonders begeistert von der Großtat seinerseits des in seiner Musik doch so eigenständig hochbedeutenden Komponisten Kurtág:

Was für eine Verbeugung vor dem Kollegen Szervánsky, da er uns bevollmächtigt, ›... eine sterbliche Form von Unsterblichkeit zu lieben‹ INGER CHRISTENSEN!

Ein Opus, ein Werk ist kein privater Besitz. Die hohe/tiefe Wahrheit einer Begebenheit ist Gemeingut. Größer als ›Etwas gemeinsam hören‹ ist das Wunder ›W i e der andere hören‹.

Begegnen und Abholen der nicht zu benennenden, aber hörbar gemachten Essenz erfolgt jenseits von Vergänglichkeit. Hier flammt nach 40 Jahren der gleiche Mut in neuem Zusammenhang auf.

ICH FASSE ZUSAMMEN

Die Tiefen unserer geliebten und unentbehrlichen Streichquartettmusik sind zugleich ihre Höhen, bei unserem HÖREN zerteilt nichts ihre Einheit, trennt diese auch kein Innen und Außen. Ihre hörbaren Klangbeziehungen vermitteln etwas nur durch sie zu erfahrendes Unhörbares. Es gibt dafür kein Rezept, keine Schublade, nicht einmal konkrete Benennung. Die Essenz jedes einzelnen Werkes der großen, der hohen, tiefen, ernsten, der klassisch vorbildlichen Musik ist, b l e i b t immer jenes Eine, das zu entdeckende namenlos Einmalige.

Wir gewahren: Unschuld ist unverzichtbar und wird von keiner Erfahrung vermittelt. HÖLDERLIN bezeugt ›Ein Rätsel ist Reinentsprungenes‹; GEORGE STEINER ›Es lässt sich keine Gesetzgebung zugunsten der Unmittelbarkeit praktizieren‹. Höchste Einfachheit ist unübertragbar. RUHE ist etwas, was du nicht bewirken, sondern nur zulassen kannst.

Wir lauschen ›zwischen Unkenntnis und Liebe … voller Licht und Blendung‹ HENRY BAUCHAU an jener fruchtbaren, nackten und schonungslosen, geliebten Grenze, wo Töne und wir selbst nicht mehr versteckt, nicht verdrängt bzw. zur beliebigen Routine werden. Wir sind es, die in der Musik die Zeit anhalten, indem wir die Zeit darstellen. ›Das begrenzte, das realisierte Unendliche, für die Philosophie ein Unsinn, ist die eigentliche Wirklichkeit, das Wesen der Musik.‹ LUDWIG WITTGENSTEIN Sie ist sinnlos, existiert im Nichts, wenn sie nicht abgeholt wird.

ECKART ALTENMÜLLER

KAMMERMUSIK ALS SEELENSCHAU UND LEBENSHALTUNG

KAMMERMUSIK ALS ÄLTESTE MUSIKGATTUNG: WARUM WIR MUSIK HABEN

Der Begriff Kammermusik klingt beim ersten Hören eingegrenzt, zurückgezogen, privat, aber das Gegenteil ist der Fall. Kammermusik öffnet eine ganze Welt, denn sie enthält emotionale Kommunikation, Gruppendynamik, erhöhte Selbstwirksamkeitserfahrung und das beglückende Erlebnis, gemeinsam in einer Gruppe Unsicherheit in Sicherheit zu überführen. Denn jeder Beginn einer Probe oder eines Konzerts ist ja mit zahlreichen Unwägbarkeiten verbunden: Stimmt die Klangbalance, sind wir zusammen, habe ich gut genug geübt, gelingen mir die schwierigen Passagen, sind die Anderen mit meiner Leistung zufrieden, bin ich zu laut, zu leise, zu hoch, zu tief? Es ist ein vielschichtiges Wahrnehmen und Handeln, das bereits auf der handwerklichen Ebene des Musizierens höchste Konzentration erfordert. Bei Gelingen wird es mit Dopamin belohnt, dem Botenstoff, der die Emotion »tiefe-Befriedigung-nach-Anstrengung« programmiert. Und wenn um künstlerische Konzepte gerungen wird, um Farben, Proportionen, Ausdruck, um Sinn in einem Werk, dann entsteht der magische Moment, der Worte überflüssig macht.

Kammermusik ist wahrscheinlich die ursprünglichste Form des Musizierens. Schon unsere steinzeitlichen Vorfahren musizierten in Gruppen, mit Gesang, Knochenflöten, Schwirrhölzern, Schlaginstrumenten und dem Musikbogen, einem archaischen Instrument, das schon vor 18.000 Jahren der »kleine Zauberer« in den Caverne du Volp in Südfrankreich spielte. In der ersten Abbildung ist der Musiker nachgezeichnet: Der Mundbogen ist ein mit einer Saite bespannter flexibler Ast, der an den harten Gaumen gedrückt wird. Durch die Veränderung der Spannung der Saite kann die Tonhöhe variiert werden, durch die Formung der Zunge und des Mundraums die Klangfarbe. Der Rhythmus wird durch Schläge mit einem Stab auf die Saite realisiert. In dem Bild wird

Abb. 1   Der »kleine Zauberer« aus der Caverne du Volp. Ausschnitt aus der Höhlenmalerei. Die Interpretation des Schamanen als Musiker ist allerdings nicht unumstritten, da die Hände des Schamanen auch als Vorderläufe des Bisons gedeutet werden können. Dennoch wirkt dieser Tiermensch mit seiner schwungvollen Bewegtheit und der kraftvollen Gestaltung als Türöffner in eine andere Welt – in die Welt der Musik und des Tanzes.

auch die enge Verbindung von Musik, Tanz, und Spiritualität deutlich, denn offensichtlich tanzt der Schamane. Als Symbol der Kraft und des »Eins-Seins« mit der Natur hat er das Fell eines Bisons übergeworfen.

Aber warum gab es in allen Kulturen zu allen Zeiten Musik? Die ältesten bislang gefundenen Musikinstrumente sind ca. 40.000 Jahre alt, Flöten aus Geier- und Schwanenknochen und aus Mammutelfenbein aus dem oberen Donautal. Sie sind kunstvoll verziert und ergonomisch an die Fingerform der eiszeitlichen Musikerinnen und Musiker angepasst. Die Fertigung und das Spiel dieser Instrumente benötigten große Geschicklichkeit, und die aufwendige, liebevolle Herstellung dieser Instrumente legen nahe, dass sie für kultische Zwecke, für festliche Gelegenheiten gebaut wurden. Warum investierten die eiszeitlichen Menschen diese Zeit und Energie in so etwas »Nutzloses« wie die Musik? Wäre es nicht besser gewesen, ein Rentier zu jagen, oder in der Donau einige Welse zu fangen?

Aus Platzgründen will ich hier nur sehr verkürzt die Diskussion über den »nutzbringenden« Wert der Musik wiedergeben[1]. Zusammenfassend gehen die Befürworter einer evolutionär wichtigen Funktion der Musik davon aus, dass unsere Fähigkeit, Musik zu machen und zu genießen das Resultat einer natürlichen Selektion ist, die in der Evolution des Menschen einen Beitrag zum »Überleben des Stärkeren« leistete. Parallel zum Verhalten wurden auch die körperlichen Voraussetzungen des Musizierens entwickelt. Dazu gehören spezialisierte Hirnregionen, in denen Musik bevorzugt verarbeitet wird, zum Beispiel im Bereich der oberen rechten Schläfenwindung. Der prominenteste Vertreter dieser Position war Charles Darwin. In seinem 1875 in deutscher Sprache erschienenen Buch *Die Abstammung des Menschen und die geschlechtliche Zuchtwahl* schreibt er Folgendes zum Ursprung der Musik:

Die Musik erweckt verschiedene Gemüthserregungen in uns, regt aber nicht die schrecklicheren Gemüthsstimmungen des Entsetzens, der Furcht, Wuth u.s.w. an. Sie erweckt die sanfteren Gefühle der Zärtlichkeit und Liebe, welche leicht in Ergebung übergehen. In den chinesischen Annalen wird gesagt: »Musik hat die Kraft, den Himmel auf die Erde herabsteigen zu machen«. Sie regt gleichfalls in uns das Gefühl des Triumphes und das ruhmvolle Erglühen für den Krieg an. Diese kraftvollen und gemischten Gefühle können wohl dem Gefühle der Erhabenheit Entstehung geben. Wir können, wie Dr. Seemann bemerkt, eine größere Intensität des Gefühls in einem einzigen musikalischen Tone concentrieren als in seitenlangen Schriften. Ungefähr von denselben Gemütsbewegungen werden höchst wahrscheinlich auch die Vögel ergriffen, wenn das Männchen im Wetteifer mit seinen Nebenbuhlern die ganze Fülle seines Gesanges ertönen lässt, um das Weibchen zu gewinnen. Die Liebe ist noch jetzt am häufigsten Gegenstand unserer Lieder...... So ist es wahrscheinlich, dass die Vorfahren des Menschen, männlichen und weiblichen Geschlechts, bevor sie sich ihre Liebe in artikulierter Sprache zu erklären vermochten, einander mit Hilfe musikalischer Töne und Rhythmen zu gewinnen bemüht waren.[2]

Darwin argumentierte weiter, dass die Musik auch ein Vorläufer unserer Sprache sei. Dieser Gedanke wurde in dem »Musilanguage« Modell von Steven Brown[3] ausgearbeitet, wobei die Idee, dass musikalisch-emotionsbeladene Ausrufe auch Vorläufer der Sprache sein könnten, alt ist und sich bereits um 1772 bei Johann Gottfried Herder findet.[4] Die von Darwin angesprochene Rolle von Musik bei der Werbung um Sexualpartner kann auch mit der Demonstration verborgener Qualitäten in Zusammenhang gebracht werden. Man kann sich gut vorstellen, dass das Geigen eines jungen Mannes nicht nur ästhetischen Zwecken dient, sondern auch Auskunft über seine Fingerfertigkeit, Koordination, Gedächtnis, Körperwahrnehmung, Aufmerksamkeitssteuerung geben kann. Ein guter Geiger zeigt zudem Kreativität, emotionale Offenheit und Ausdauer. Auch direkte akustische Merkmale von Musik, entfalten bestimmte Wirkungen. So wissen wir, dass ausdrucksvolles Musizieren zur Ausschüttung von Endorphinen führen kann, wodurch Glücksgefühle ausgelöst werden, die beim gemeinschaftlichen Hören der Intensivierung einer zwischenmenschlichen Bindung dienen können.[5]

Neben sexueller Selektion wird als zweite wichtige evolutionäre Anpassung die frühe Eltern-Kind-Interaktion mit Wiegenliedern angeführt. Diese Form der emotionalen Kommunikation hat drei Hauptfunktionen: Die Bindung zwischen Elternteil und Kind wird gestärkt, der Spracherwerb wird unterstützt und der Erregungszustand des Kindes kann gesteuert werden. Weltweit werden Wiegenlieder bei überaktiven Kindern beruhigend, bei zu passiven Kindern aber aktivierend gestaltet[6]. Alle drei Funktionen verbessern die kindlichen Überlebenschancen und wirken daher auch auf die natürliche Selektion.

Auf der Gruppenebene schließlich kommt Musik eine wichtige Rolle zur Herstellung sozialer Kohärenz zu. Hier ist die Kammermusik angesiedelt. Musizieren bei religiösen Festen und gesellschaftlichen Riten hat eine uralte

Tradition. Gemeinsame Glückserlebnisse führen über eine verstärkte Oxytocin-Ausschüttung der Hypophyse zu einer stabileren Gedächtnisbildung.[7] Damit wird die Erinnerung an ein spezifisches Gruppenerlebnis, ein grossartiges Konzert oder eine wirklich gelungene Probe gefördert. In ähnlicher Weise stärkt Musik Gruppenidentität bei zahlreichen anderen Gelegenheiten. Man denke nur an Nationalhymnen, Fußballgesänge und an die Identität stiftende Wirkung, die bestimmte Lieder von ethnischen oder politischen Minderheiten besitzen.

Ein weiterer eindrucksvoller Hinweis auf die Wertschätzung, die Musik als Mittel zur Organisation sozialer Gruppen geniest, ist der Einsatz von Musik beim Militär. Möglicherweise sind hier die vorrangigen Zwecke die Verhaltenssynchronisation und die emotional aktivierende, »aufbauend-mutmachende« Wirkung der Musik. Dies kann auch beim gemeinsamen Singen während schweren körperlichen Arbeiten angenommen werden. Die in der vorindustriellen Zeit noch üblichen Matrosenlieder, Dreschegesänge, Schnitterlieder zeugen davon. Wie McNeill[8] in seiner kulturgeschichtlichen Untersuchung über die sozialen und evolutionären Funktionen der Bewegungssynchronisation aufzeigt, haben gemeinsam und synchron ausgeführte rhythmische Bewegungen – wie sie eben auch in der Kammermusik eingesetzt werden –, hauptsächlich eine gruppenbindende Funktion. Auch hier kann leicht der evolutionär adaptive Wert erkannt werden: Erst durch die soziale Organisationsform der Gruppe konnten sich die Menschen gegenüber Tieren sowohl bei der Jagd als auch beim Schutz der Gruppenmitglieder durchsetzen. Diese Fähigkeit zur sozialen Organisation ist evolutionär mindestens genauso bedeutsam wie der Werkzeuggebrauch und Musik hätte aus dieser Sicht eine zentrale Bedeutung. (Für weitere Ausführungen zu diesem Thema sei auf mein Buch »Vom Neandertal in die Philharmonie«[9] verwiesen). Naturgemäß sind derartige Funktionen von Musik heute mit der Differenzierung und Individualisierung von Arbeitsvorgängen in den Hintergrund getreten. Bereits bei Kindern scheint aber gemeinsames Musizieren die soziale Kohärenz, Kooperativität und Hilfsbereitschaft zu fördern.[10]

WELCHE HIRNREGIONEN SIND BEIM MUSIZIEREN BETEILIGT?

Musizieren ist ein sehr vielschichtiger Prozess, der nahezu alle Hirnregionen beansprucht. In Abbildung 2 ist dies sehr vereinfacht dargestellt: Der *frontale Kortex* (Stirnhirn) ist maßgeblich an Planung und Kontrolle der Spielbewegungen beteiligt. Die für das Spielen notwendigen sensomotorischen Steuerprogramme werden im *supplementär motorischen Areal* (SMA) und im *prämotorischen Areal* (PMA) erstellt. Unter sensomotorischen Steuerprogrammen versteht man dabei die neuronalen Aktivierungsmuster, die komplexe Bewegungsfolgen, zum Beispiel Fingersätze beim Tonleiterspiel oder rhythmische

Patterns repräsentieren. Diese Programme werden an die *motorische Hirnrinde* (M1) weitergegeben. Dort werden dann die neuronalen Impulse erzeugt, die über das Rückenmark und die Nervenbahnen zu den Muskelgruppen, z.B. zu den Fingermuskeln, gelangen. Das *Körpereigengefühl*, auch als *Propriozeption* bezeichnet, wird im *somatosensorischen Kortex* (S1) verarbeitet. Es ermöglicht die Wahrnehmung aus Muskeln, Sehnen, und Gelenken und vermittelt zum Beispiel das Gefühl für die Fingerstellung auf dem Griffbrett. Im *parietalen Kortex* werden die räumlichen Bewegungskoordinaten auf Tastatur und Griffbrett berechnet. Im *Okzipitalkortex* geschieht die visuelle Verarbeitung des Notenbildes. Die auditive Wahrnehmung und das bewusste Hören von Musik erfolgen im *temporalen Kortex*. Die tief im Inneren des Gehirns liegenden *Basalganglien* sind wichtig für die Automatisierung von Bewegungen und Wahrnehmungen. Man geht heute davon aus, dass automatisierte motorische Muster in den Basalganglien gespeichert werden, damit die Grosshirnrinde wieder Verarbeitungskapazitäten frei hat. Das unter dem Okzipitalkortex liegende *Kleinhirn* ist insbesondere zu Beginn von Lernvorgängen wichtig, da es den korrekten Zeitablauf koordinierter Bewegungen programmiert. Darüber hinaus ist das Kleinhirn maßgeblich an der schnellen Anpassung von Bewegungskoordinaten beteiligt. So ermöglicht die Rechenkapazität des Kleinhirns die blitzschnelle Umstellung vom Spiel auf einer Geige mit kleinerer Mensur auf eine mit größerer. Ähnlich mühelos gelingt auch die Umstellung der Fingerabstände von Querflöte zu Piccolo, da hier das Kleinhirn die muskulären »Verkleinerungsfaktoren« sehr rasch errechnet.

Alle Hirnstrukturen des Kortex, der Basalganglien und des Kleinhirns sind durch Rückkopplungsschleifen zum Teil mehrfach miteinander verbunden. Jede Handlung und Wahrnehmung ist dabei durch Erregungskreise und Informationsaustausch zwischen den verschiedenen Regionen des Gehirns realisiert. Diese Erregungskreise, oft als »Netzwerke« bezeichnet, passen sich in Bruchteilen von Sekunden an, werden aber auch langfristig durch Lernvorgänge beeinflusst. Dabei verändern sich nicht nur die Erregungsübertragung von einer Nervenzelle zur nächsten, sondern auch die anatomischen neuronalen Strukturen. Nervenzellen werden größer, Nervenfasern dicker und das umgebende Stützgewebe, die Gliazellen, passen sich dem erhöhten Aktivitätsgrad der neuronalen Netze an und stellen mehr Sauerstoff und Zucker zur Verfügung.

Zusammenfassend ist festzuhalten, dass musikalische Aktivität mit Änderungen von Hirnfunktionen und Hirnstrukturen einhergeht. Dies betrifft alle Dimensionen der Musik, Hören, Fühlen, Bewegen, Sehen, Planen und Antizipieren, emotionales Bewerten und Kommunizieren. Musizieren ist dabei immer auch musikalisches Lernen und geht mit der Anlage von Gedächtnisinhalten einher, die Kurz- und Langzeitgedächtnis, Handlungsgedächtnis und Faktengedächtnis gleichermaßen einschließen. Die Anpassung des Nervensystems an derartige Spezialanforderungen wird als *Neuroplastizität* bezeichnet.

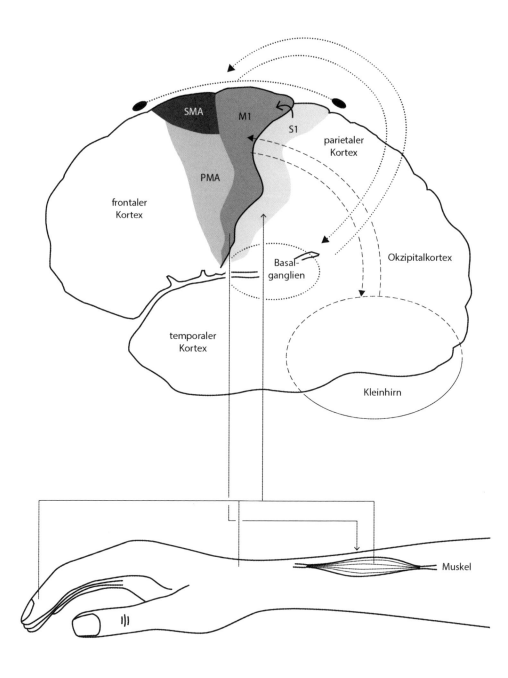

Abb. 2 Vereinfachte Darstellung der am Musizieren beteiligten Hirnstrukturen. Das Gehirn ist in der linken Seitenansicht wiedergegeben, die Stirn weist nach links. Die Pfeile symbolisieren Nervenbahnen und Verbindungen. M1: primäre motorische Rinde; SMA: Supplementär-motorisches Areal; PMA: Prämotorisches Areal; S1: somatosensorische Rinde. Weitere Erläuterungen im Text.

BESONDERE NEUROPHYSIOLOGISCHE ANFORDERUNGEN DER KAMMERMUSIK

Das Besondere der Kammermusik ist die Kommunikationssituation der Gruppe, die die oben genannten Hirnprozesse auf die Gehirne mehrerer Spielerinnen und Spieler ausweitet. Nicht nur gemeinsames Handeln und Wahrnehmen, sondern anpassen, verzögern, beschleunigen, antizipieren von Aktivitäten gehören hier zu den Herausforderungen. Das Ziel ist dabei nicht nur eine möglichst textgetreue, emotional sprechende Interpretation des Werkes, sondern auch Kommunikation mit den Hörerinnen und Hörern, Anpassungen an die Raumakustik und die Gestaltung des Auftritts, des performativen Prozesses.

Die Erforschung der Hirnphysiologie von Gruppenaktivitäten und des sozialen Miteinanders steckt noch in den Kinderschuhen. Bislang existieren nur wenige sogenannter »Hyper-Brain«-Untersuchungen, bei denen Hirnnetzwerke miteinander musikalisch kommunizierender Personen analysiert werden. Wegweisende Untersuchungen sind hier in der Gruppe von Ulman Lindenberger am Berliner Max-Planck-Institut für Bildungsforschung entstanden.[11]

In dieser Studie haben die Forscher gleichzeitig Elektroenzephalogramme (EEG) von vier Gitarristen während des Quartettspiels aufgezeichnet. Dabei wurden die neuronalen Netzwerkaktivitäten der vier Spieler verglichen und eine Hyper-Brain-Analyse durchgeführt, indem die EEG-Zeitreihen aller vier Spieler aufeinander bezogen ausgewertet wurden. In der gemeinsamen Analyse der vier neuronalen Netzwerke zeigte sich, dass es zwischen den Gehirnen immer wieder – aber nicht permanent – zu einer synchronisierten Aktivität der Hirnrindennetzwerke kam. Darüber hinaus fanden die Wissenschaftler heraus, dass die Verbindungen der Hyper-Brain-Netzwerke innerhalb eines individuellen Gehirns mit höheren Frequenzen, also schneller, Informationen austauschten als zwischen den verschiedenen Gehirnen. Eine Gemeinsamkeit aller vier Gitarristen waren vorherrschende kleine Netzwerkaktivierungen. Diese sogenannte »Small-Worldness« ist eine mathematische Beschreibung sehr kurzer Interaktionswege und kleiner neuronaler Netzwerke von wenigen Millimetern bis Zentimetern Entfernung innerhalb der Hirnrinde. Die individuellen Spieler zeigten aber zusätzlich eine verstärkte neuronale Vernetzung weit entfernter Neuronenzellgruppen. So waren bei den individuellen Spielern beide Hirnhälften und alle Großhirnareale involviert. Dies spiegelt die oben beschriebene Vielschichtigkeit musikalischer Prozesse im Individuum wider. Wichtig ist auch, dass der Erregungs- und Informationsaustausch während des gemeinsamen Spielens zahlreichen raschen Änderungen unterworfen war. Daher wird das Hyper-Brain-Netzwerk von den Autoren als »instabil« bezeichnet. Sie interpretierten die komplexen Hyper-Brain-Netzwerk-Interaktionen als Ausdruck eines zeitlich koordinierten gemeinsamen Handelns, das sich zeitlich dynamisch anpasst und sehr flexibel ist.

Dieses Resultat ist für Musikerinnen und Musiker zwar wenig überraschend, es zeigt jedoch, dass wir auf dem Weg sind, zwischenmenschliche Interaktionen objektivierbar abzubilden. Ein grundsätzliches Problem von Untersuchungen beim Musizieren ist allerdings, dass sowohl die ähnliche motorische Aktivität der Hände wie auch der akustische Stimulus, in unserem Fall der Gitarren-Quartettklang, dazu beitragen, dass die Hyper-Brain-Aktivität der vier Spieler ähnlicher wird. Fingerbewegungen und gehörte rhythmische Impulse bilden sich beispielsweise in allen menschlichen Gehirnen ähnlich ab, und auch gemeinsam erlebte Emotionen bei besonders schönen Stellen werden ähnliche Hirnnetzwerke aktivieren[12].

Ein weiterer für die Neurophysiologie des kammermusikalischen Musizierens wichtiger Gesichtspunkt ist die automatische Aktivierung des Spiegelneuronsystems. Darunter versteht man ein Netzwerk von Hirnregionen im frontalen und parietalen Kortex, welches bei der Beobachtung oder beim Hören anderer Menschen aktiviert wird und die gesehenen und gehörten Aktionen in der Hirnrinde der Beobachtenden »spiegelt«, ohne dass dabei notwendigerweise auch eine Bewegung entsteht. Sehen z.B. Pianistinnen oder Pianisten ein stummes Video einer sich auf einer Tastatur pianistisch bewegenden Hand, dann kommt es zu einer Aktivierung des oben beschriebenen Spiegelneuronnetzwerkes. Gleichzeitig sind auch die Hörregionen im temporalen Kortex aktiv: Die das Video beobachtenden Pianistinnen und Pianisten hören in ihrem inneren Ohr die gespielten Klaviertöne[13]. Auch beim Sehen von Gitarristen, wie in der oben genannten Hyper-Brain-Untersuchung, werden bei beobachtenden Gitarren-Spielern das Spiegelneuronnetzwerk, die auditiven, sensomotorischen und visuellen Areale aktiviert. Das heißt, jeder Spieler einer Kammermusikgruppe repräsentiert neuronal auch die Bewegungen, Klänge, Emotionen der anderen Spieler. Es ginge an dieser Stelle zu weit, alle dynamischen Prozesse des Spiegelneuronnetzwerkes zu referieren, aber definitiv trägt es zu der erhöhten Konnektivität und Synchronizität von Hyper-Brain-Ergebnissen bei Kammermusik bei.[14]

Einen anderen Forschungsansatz wählte Peter Keller: Er beobachtete mit sehr präzisen Bewegungsanalyseverfahren die Körperbewegungen und das Timing von Kammermusikgruppen und Klavierduos und zog daraus Rückschlüsse auf die geistigen Prozesse während des gemeinsamen Spielens[15]. Gemeinsames Musizieren wird dabei als kreativer Akt verstanden, bei dem unterschiedliche (Instrumental)-Stimmen zu einer auditiven Gestalt verschmelzen, die eine emotionale Botschaft mitteilt. Voraussetzung für einen derartigen »sprechenden« Zusammenklang ist ein gemeinsames musikalisches Ziel. Dabei spielen drei wesentliche Prozesse eine Rolle:

1.) Alle Spielerinnen und Spieler antizipieren gemeinsam, was klanglich, gestisch und emotional geschehen wird. Sie stellen sich vorhörend den Fortgang des Werkes sowohl in ihrer gerade gespielten Stimme wie auch im Gesamtklang aller Stimmen vor.

2.) Die Spielerinnen und Spieler können ihre Aufmerksamkeit teilen, und einerseits die eigene Stimme beachten, andererseits auch Details der anderen Stimmen erfassen und einen globalen Gesamtklang »denken«. Dabei wird der Schwerpunkt der Aufmerksamkeit auf das eigene Handeln gelegt.
3.) Kammermusik lebt von schnellen Anpassungen der eigenen zeitlichen Abläufe an das Timing der Anderen. Hier entsteht ein spielerisches dynamisches Wechselspiel, das auf gegenseitiger Wahrnehmung, auf Rücksichtnahme, auf Führen und Nachgeben, auf Humor, auf Rollenspiel und Erfindungsgabe beruht. Kurz, Kammermusik spiegelt wichtige Qualitäten menschlicher Interaktion als Modell des sozialen Miteinanders wider.

EMOTIONEN BEIM SPIELEN VON KAMMERMUSIK

Die oben angesprochenen vielschichtigen gruppendynamischen Prozesse können zahlreiche Emotionen auslösen. Wir wollen uns hier auf die Perspektive der Spielerinnen und Spieler beschränken und einige emotionale Aspekte der Kammermusik beleuchten. Wenn Menschen gemeinsam ein Werk musikalisch entwickeln und gestalten, dann sind zwei wesentliche Prozesse wirksam, nämlich die Erhöhung der Selbstwirksamkeit (»vier Instrumente klingen besser als Eines«) und die Überführung von Unsicherheit in Sicherheit (»Mal sehen, wie die Probe heute läuft«). Selbstwirksamkeitserfahrung ist dabei mit der Überzeugung verbunden, besondere Situationen und Herausforderungen aus eigener Kraft bewältigen zu können. Damit verknüpft ist auch das Erfolgsgefühl: Ich selbst kann durch mein Tun wirksam werden, Spuren hinterlassen, Resonanz erzeugen. Der zweite Prozess, die Überführung von Unsicherheit in Sicherheit, kann bei Gelingen in ein Flowgefühl[16] münden: Die Zeit verfliegt, die Spielerinnen und Spieler sind hochkonzentriert und entwickeln ein Hochgefühl. Beide Prozesse, Selbstwirksamkeit und Flow, erzeugen hirnphysiologisch das Belohnungshormon Dopamin in den limbischen Emotionszentren des Gehirns. Es erhöht nicht nur das Wohlgefühl, sondern unterstützt auch Lernprozesse.

Naturgemäß kann nicht nur das Musizieren, sondern auch die Musik bei Spielerinnen und Spielern Emotionen auslösen. Dabei handelt es sich meist um Mischgefühle, die als »ästhetische Emotionen« die Komplexität menschlichen Gefühlslebens widerspiegeln. Sie hängen stark von der musikalischen Biographie, dem sozialen Umfeld und auch von genetischen Faktoren ab und sind mit Worten nicht befriedigend abbildbar. Allenfalls Begriffe wie »Nostalgie«, »bittersüßes Glück«, »unbestimmtes Sehnen«, »tiefe Erfüllung« können als Annäherung derartige Emotionen umschreiben. Dies hat Victor Hugo treffend so ausgedrückt: »Die Musik drückt das aus, was mit Worten nicht gesagt werden kann und worüber zu schweigen unmöglich ist.«[17]

GRUPPENDYNAMISCHE PROZESSE IN DER KAMMERMUSIK

Nachdem ich die Theorien zum evolutionären Ursprung, zur Hirnphysiologie, und zur emotionalen Wirkung von Kammermusik skizziert habe, soll im letzten Teil die Gruppendynamik beim Kammermusizieren angesprochen werden. Wir haben oben festgestellt, dass Kammermusik wichtige Qualitäten zwischenmenschlicher Beziehungen widerspiegelt. Dieses hochkomplexe System soll jetzt Thema sein. Dabei will ich mich auf wenige Aspekte des gemeinsamen Probens und Konzertierens beschränken.

Kammermusik als gemeinsamer kreativer Prozess zielt darauf, ein Musikstück in der Zeit zu gestalten. Jeder Klang erzeugt die Erwartung des nächsten Klanges, jeder Melodiebeginn die Erwartung der Fortführung, jedes rhythmische Strukturelement die Erwartung einer Periodizität. Spielerinnen und Spieler bemühen sich um ein emotional »sprechendes« Spiel. Dabei ist auch die performative Gestaltung des gesamten Auftritts von Bedeutung. Gang zum Podium, Kleidung, Verbeugung, mimische, gestische Interaktion, Entgegennahme des Beifalls und Abtritt gehören zu diesem »Gesamtpacket« und bestimmen bei musikalischen Laien mehr als die Hälfte des Urteils über die Leistung der Musikerinnen und Musiker. Kammermusik und Ensemblespiel allgemein werden dabei von den Musikerinnen und Musikern oft auch als soziales Ereignis, gewissermassen als soziale Spielwiese präsentiert. Gemeinsamkeit – Consensus, wie das Hannoversche Streichquartett heißt – , Witz, Hilfsbereitschaft, »an einem Strang ziehen«, aber auch Individualität, Ironie, Alleingelassenheit, Dominanz und Unterordnung werden im sicheren Raum der Musik durchgespielt, mimisch-gestisch unterstrichen und von den Hörerinnen und Hörern genussvoll mitverfolgt.

Kammermusik ist aber mehr als eine sich in der Zeit entfaltende akustische Gestalt: Sie ist auch Metapher für wechselnde soziale Situationen, sie ist emotionale Botschaft an die Mitspielerinnen und Mitspieler und an das Publikum, sie ist ästhetisches Objekt, das unsere Hörwelt bereichert, aber auch in Frage stellt – Kunst kann ja auch irritieren und Hörgewohnheiten destabilisieren –, sie ist Objekt des spielerischen Wettstreits und der Kooperation, und sie ist lustbetonter Gewinn von Kontrolle über sich und die Anderen.

Dabei ist ein wesentlicher Aspekt, dass die Kammermusikerinnen und Kammermusiker sich beim gemeinsamen Proben und Spielen genauestens kennenlernen, mit all ihren persönlichen Schwächen und Stärken, mit ihren liebenswerten Eigenschaften und ihren »nervigen« Marotten. Jede Spielerin und jeder Spieler bringt musikalische Kompetenz, über Jahrzehnte erworbenes Können und Wissen, ihre oder seine musikalische Welt ein. Spielerinnen und Spieler zeigen auch ihre sozialen Kompetenzen. Kammermusikformationen können dabei Familienstrukturen und früh gelernte Beziehungsmuster widerspiegeln. Es ist die Aufgabe aller, den richtigen Platz im Ensemble zu finden, und das bedarf einer reifen zwischenmenschlichen Auseinandersetzung. Es können Koalitionen entstehen, aber auch Konflikte, die destruktiv schwelen oder konstruktiv ausgelebt werden. Dies hat unter Umständen gar nichts mit der Welt der Musik zu tun, sondern mit frühen Prägungen, und Einstellungen. Wertvorstellungen und Erinnerungen schwingen in Proben und Konzert mit, oft unausgesprochen, manchmal mit Scham besetzt. Sie haben zwar ihren Ursprung im Privaten und in der psychischen Innenwelt, aber sie äußern sich im Klang und Miteinandersein und werden schnell fühlbar. Schließlich bringen Spielerinnen und Spieler eigene künstlerische Konzepte mit, genährt durch Biographie, Wissen, Können, Emotion, Intuition und Kreativität. Dies wird dann in Proben und Aufführungen im Konsens zu einem Gesamtkonzept geformt. Kammermusikensembles wachsen so zusammen.

In Abbildung 3 habe ich versucht, dieses System zu skizzieren. Gelingendes gemeinsames Musizieren beruht auf Vertrauen und gegenseitiger Akzeptanz und kann zu einer großartigen Glückserfahrung werden. Aber auch eine dunklere Seite gehört zur Faszination der Kammermusik: Es können Konflikte bewusst werden und negative Emotionen entstehen. Mangelndes Selbstvertrauen kann zur Angst führen. Oft sind es Befürchtungen, den meist unausgesprochenen Anforderungen der Mitspielerinnen und -spieler nicht zu genügen und negativ bewertet zu werden. Hier wird die Gruppe stützen, helfen, ermutigen. Unterstützung, Hilfe und Ermutigung benötigen wir alle. Auch das lernen wir, wenn wir zusammen Musik machen, und auch dies trägt zur großen Bereicherung durch Kammermusik als »Lebenshaltung« bei.

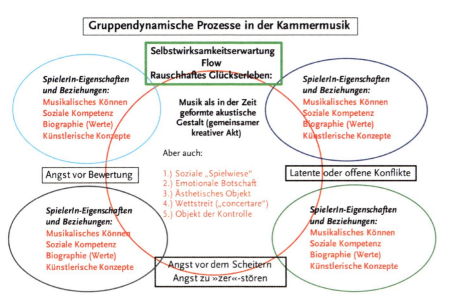

Abb. 3 Ein vereinfachtes Schema der Wechselwirkungen von individuellen Eigenschaften der Ensemble-Mitglieder und dem gespielten Werk. Weitere Erläuterungen im Text.

1. Für diese Diskussion verweise ich auf einen aktuellen Artikel: Savage, P.E., Loui, P., Tarr, B., Schachner, A., Glowacki, L., Mithen, S., Fitch, W.T. (2020) *Music as a coevolved system for social bonding*. Behav. Brain. Sci.;44:e59. doi: 10.1017/S0140525X20000333. PMID: 32814608.
2. Darwin, C.R (1875). *Die Abstammung des Menschen und die geschlechtliche Zuchtwahl*. Übersetzt von J. V. Carus. Dritte Auflage. Stuttgart: Schweizerbart. Band 2. 315–317 Nachdruck: Fourier Verlag, Wiesbaden 1986.
3. Brown, S. (2000). *The 'musiclanguage' model of music evolution*. In The origins of music (eds N. L. Wallin, B. Merker & S. Brown), pp. 271–300. Cambridge, MA: MIT Press
4. Herder, J. G. (1772) Über den Ursprung der Sprache. Christian Friedrich Voss, Berlin. Eine wichtige klassische Übersicht zur Diskussion über den Ursprung der Musik ist die Monographie »Die Anfänge der Musik« von Carl Stumpf, Leipzig, Verlag Ambrosius Barth 1911.
5. Panksepp, J., & Bernatzky, G. (2002). Emotional sounds and the brain: The neuro-affective foundations of musical appreciation. *Behavioural Processes, 60*, 133–155.
6. Shenfield, T., Trehub, S., Nakata, T. (2013). Maternal singing modulates infant arousal. *Psychology of Music 31*: Seiten 365–375
7. Huron, D. (2006). *Sweet anticipation: music and the psychology of expectation*. Cambridge, Massachusetts: A Bradford Book.
8. McNeill, W. H. (1995). *Keeping together in time. Dance and drill in human history*. Cambridge, MA: Harvard University Press.
9. Altenmüller, E. (2018). Vom Neandertal in die Philharmonie. Warum der Mensch ohne Musik nicht leben kann. Springer, Heidelberg
10. Kirschner, S. & Tomasello, M. (2010): Joint music making promotes prosocial behavior in 4-year-old children. *Evolution and Human Behavior, Volume 31*, Seiten 354–364
11. Beispielhaft dafür: Müller, V., Sänger, J., Lindenberger, U. (2018): Hyperbrain network properties of guitarists playing in quartet. *Annals of the New York Academy of Sciences*. doi: 10.1111/nyas.13656. PMID: 29543978.
12. Dieses Problem der synchron erfahrenen sensomotorischen und emotionalen Stimulation als Quelle ähnlicher Hyper-Brain-Aktivierung haben folgende Autoren exzellent analysiert: Maÿe, A., Wang, T., Engel, A.K. (2021) Neuronal oscillatory signatures of joint attention and intersubjectivity in arrhythmic Coaction. *Front Hum Neurosci*.;15:767208. doi: 10.3389/fnhum.2021.767208.
13. Dieser Versuch wurde in München durchgeführt: Haslinger, B., Erhard, P., Altenmüller, E., Schroeder, U., Boecker, H., Ceballos-Baumann, A.O. (2005) Transmodal sensorimotor networks during action observation in professional pianists. *J. Cogn. Neurosci*. Seiten: 282–293. doi: 10.1162/0898929053124893. PMID: 15811240.
14. Buccino, G., Vogt, S., Ritzl, A., Fink, G.R., Zilles, K., Freund, H.J., Rizzolatti, G. (2004). Neural circuits underlying imitation learning of hand actions: an event-related fMRI study. *Neuron. 22*; Seiten 323-334. doi: 10.1016/s0896-6273(04)00181-3. PMID: 15091346.
15. Eine sehr gute Zusammenfassung findet sich in: Keller, P. (2008). Joint Action in Music performance. In: F. Morganti, A. Carassa, G. Riva (Editoren) *Enacting intersubjectivity. A Cognitive and Social perspective on the Studies of Interactions*. IOS Press, Amsterdam, Seiten 205-228 .
16. Der Begriff Flow wurde von Mihály Csíkszentmihályi geprägt und in seinem Bestseller: *Flow. Das Geheimnis des Glücks*. (Klett-Cotta, Stuttgart, Neuausgabe 2008) popularisiert.
17. Das Zitat lautet im Original: La musique exprime ce qui ne peut être dit et sur quoi il est impossible de rester silencieux. Abgerufen unter https://dicocitations.lemonde.fr am 26. 4. 2022

Anmerkung des Autors:
Diesen Essay möchte ich meiner Frau Bärbel zum runden Geburtstag und ihrem Streichquartett, dem wunderbaren Consensus Quartett, zum 20-jährigen Jubiläum widmen.

ANSELM CYBINSKI

EINKLANG FREIER WESEN ...
DAS GEMISCHTE ENSEMBLE IM GEFOLGE VON BEETHOVENS SEPTETT

Das soziale Miteinander als Zusammenschluss aus gegenseitiger Sympathie. Nicht Herkunft oder materielle Zweckmäßigkeit sollen bestimmen, wie sich Menschen aneinander binden. Sondern emotionale Bedürfnisse, gegenseitige Wertschätzung. Oder der Wunsch nach geistiger Anregung. Gruppenbildung als Willens-, statt als Schicksalsgemeinschaft – so wünschen wir es uns heute. Die Realität sieht oft anders aus. Normierte Beziehungsformen und allerhand Konventionen bestimmen die Art, wie wir uns mit anderen zusammentun. Auch in der Musik gilt das im Grunde noch immer. Es soll ja auch funktionieren: Selbst das Musikmachen dient schließlich dem Lebensunterhalt, zumindest wenn es professionell betrieben wird. Aber eben nicht allein. Kann es das auf Dauer geben – ein gemeinsames Gestalten unter Verbündeten, ein Experimentieren unter Gleichgesinnten, eine Art Exzellenz der Freude?

»... was wär auch diese Welt, wenn sie nicht wär ein Einklang freier Wesen? Wenn nicht aus eignem frohen Triebe die Lebendigen von Anbeginn in ihr zusammenwirkten in ein vollstimmig Leben, wie hölzern wäre sie, wie kalt?« Georg Friedrich Haas, der österreichische Komponist (*1953), zitierte aus Hölderlins »Hyperion«, als er in einem Stück für das Klangforum Wien den Kollaborationsmodus des Solistenensembles zum Thema machte. Jede der zehn Instrumentalstimmen ist ein Solostück, das Ensemblewerk »Einklang freier Wesen« entsteht als Kombination der isoliert aufführbaren Einzellinien. Kleinere Formationen sind als Untergruppen vorgesehen, vom Duo für zwei Schlagzeuger bis zum Quartett für Bassflöte, Bassklarinette und zwei Schlagzeuger. All diese Stücke tragen den gleichfalls von Hölderlin übernommenen Titel »... aus freier Lust ... verbunden ...«. Haas' Zyklus formuliert eine Utopie der offenen Nähe zwischen verwandten Geistern, die etwa im Jazz-Ensemble viel leichter zu verwirklichen ist, als dort, wo nicht die Aufführenden selbst die Vorgaben machen, sondern allein der Notentext: die Partituren von Komponisten,

die ihrerseits für konkrete Funktionen und gesellschaftliche Zusammenhänge schrieben bzw. schreiben.

Bis heute gilt ja die »Ehe zu viert« als das Allerhöchste der Kammermusik, die verschworene Gemeinschaft des Streichquartetts. Bekanntlich erlebt das Quartettspiel unter jungen Musikerinnen und Musikern gerade einen regelrechten Boom. Vielleicht ist die Fusion persönlicher Intentionen im Dienste eines einzigartigen Repertoires in der Tat einer der schönsten Belege für das, was das zivilisierte Miteinander talentierter Menschen im Idealfall bewirken kann. Doch die Ausschließlichkeit hat ihren Preis: Neben dem Glück musikalischer Eintracht ist in der Viererkonstellation oft auch die starke gegenseitige Abhängigkeit ein Faktor. Nur ein Quartett, das das ganze Jahr über sehr viel Zeit miteinander verbringt und sich voll und ganz der Sache verschreibt, hat im internationalen Konzertleben heute überhaupt eine Chance. Wer da mitmischen möchte, muss sich hohem Druck aussetzen. Zum einen sind da die emotionalen Spannungen einer so engen und exklusiven Gemeinschaft, zum anderen lauert im Hintergrund immer die Gefahr, dass ein Mitglied unerwartet andere Lebensprioritäten setzt und das Quartett verlässt. Die Auswirkungen für den Rest der Gruppe können schnell existenzielle Dimensionen annehmen.

Natürlich bringt der Zusammenschluss einer größeren Zahl von Musikerinnen und Musikern zu einem festen Ensemble nicht minder große Herausforderungen mit sich. Noch mehr Terminkalender sind zu koordinieren, noch mehr Meinungen gilt es übereinzubringen, noch mehr Mentalitäten und Lebensgewohnheiten zu synchronisieren. Das mag der Grund sein, warum sich solche Formationen vorzugsweise bei Festivals bilden, in Phasen also, in denen das enge, aber zeitlich begrenzte Beieinandersein an einem besonderen Ort für Inspiration sorgt, während die Probenorganisation relativ leicht zu handhaben ist. Wenn alles gut geht, beflügeln sich bei solchen Gelegenheiten Künstlerinnen und Künstler mit ausgeprägter Persönlichkeit und starkem Kommunikationsbedürfnis. Energie, Spontaneität und das schiere Glück der Begegnung können für Höhenflüge sorgen. Sobald die wenigen populären Werke – an erster Stelle wohl Beethovens Septett und das Schubert-Oktett – dann ihr Publikum gefunden haben, gehen die Akteure meist wieder ihrer eigenen Wege. Viel seltener kommt es vor, dass eine solche Gruppe sich institutionalisiert und über längere Zeit Bestand hat. Prominente Beispiele sind das 1964 gegründete Nash Ensemble aus London oder das Berliner Sharoun Ensemble, das seit 1983 konzertiert. Einen Sonderfall bilden Neue-Musik-Ensembles wie das erwähnte Klangforum Wien, das Ensemble Modern oder das Ensemble Intercontemporain, die sich ganz auf die Musik der unmittelbaren Gegenwart konzentrieren, während das traditionelle Repertoire im Grunde keine Rolle spielt.

Das erst 2018 formierte franz ensemble ist ein ausgesprochen interessanter neuer Player auf dem Gebiet: Es versammelt acht Musikerinnen und Musiker in den frühen Dreißigern, darunter vier Preisträger des ARD-Wettbewerbs. Fünf Mitglieder des Ensembles spielen bei der Deutschen Kammerphilharmonie Bremen, drei weitere Kollegen kommen regelmäßig von außerhalb dazu. Solo- und Kammermusikambitionen liegen den Akteurinnen und Akteuren gleichermaßen am Herzen. Ein erstes Zusammentreffen bei Matthias Kirschnereits »Gezeitenkonzerten« im Sommer 2017 führte zu dem Entschluss, intensiver zusammenarbeiten zu wollen. Beim CD-Label Dabringhaus und Grimm war man sofort an einer Zusammenarbeit interessiert – unter der Voraussetzung allerdings, dass es nicht bei einer Produktion bliebe, sondern eine längerfristige Partnerschaft zustande käme, die auch eine Auseinandersetzung mit weniger bekannten Werken des Repertoires erlauben würde. Die Debüt-Aufnahme mit verschieden besetzten Werken des Beethoven-Schülers Ferdinand Ries wurde mit einem Opus Klassik ausgezeichnet, und auch die CD mit dem Septett von Franz Berwald und zwei weiteren Ensemblekompositionen des Schweden erhielt hervorragende Rezensionen. Neben den Hauptstücken für die gemischte Besetzung erkundet das franz ensemble systematisch die Seitentrakte des Repertoires. Hinzu kommen Auftragswerke und Uraufführungen; so stehen im kommenden Jahr gleich zwei größere Novitäten auf dem Programm, darunter eine semi-theatrale Partitur der Schweizerin Helena Winkelman.

Maximilian Krome, stellvertretender Soloklarinettist der Kammerphilharmonie Bremen und Geschäftsführer der GbR des Ensembles, genießt vor allem das Fehlen jeder Rangordnung innerhalb der Gruppe. »Niemand hat da irgendwelche Profilierungsnöte, es gibt überhaupt kein Ego-Thema, sondern fühlt sich wirklich an wie ein freudiges Musizieren auf Augenhöhe«, berichtet Krome. »Dass eine solche Formation kein Selbstläufer ist, versteht sich von selbst. Nur wenn alle dem Projekt auch Priorität einräumen und wirklich Zeit investieren, kann man ein Standing im Markt bekommen. Energetisch müssen wir ganz stark in Vorleistung gehen. So etwas funktioniert natürlich nicht innerhalb der Komfortzone. In Bremen proben wir nach langen Orchestertagen mitunter bis nachts um 1 Uhr. Wenn einem das keinen Spaß macht, wenn man das Über-Grenzen-Gehen nicht genießt, wird es schwierig. Wir brauchen ja auch viel Zeit für Repertoirerecherche und zum Sichten der Literatur in Durchspielproben.« Inzwischen haben sich innerhalb des Ensembles verschiedene Gremien gebildet, die sich um die Abwicklung organisatorischer Belange kümmern. Drei bis vier Wochen pro Jahr sind jeweils für die gemeinsame Arbeit reserviert. Dank der Bundesförderung »Neustart Kultur« konnte sich das franz ensemble in der Corona-Pandemie weiter professionalisieren. Neben einer attraktiven Website verfügt es neuerdings auch über eine Agenturvertretung, die die Gruppe bei der Konzertakquise und -organisation unterstützt.

Die Kombination solistischer Bläser und Streicher, wahlweise unter Einbeziehung von Klavier und Schlagzeug, rückt – anders als etwa das Streichquartett – weniger das Pure und Reine, das Erfassen von Geistigkeit und satztechnischer Differenziertheit in den Vordergrund, sondern die beinahe orchestrale Farbigkeit und Lebendigkeit. Transparenz und Fülle des Klangs, Reduktion und Vielseitigkeit halten einander die Waage. Die Wege zwischen populären, Serenaden-haften Tonfällen und der konstruktiven Prägnanz, wie sie in den Besetzungen der frühen Moderne herrscht, sind kurz in solchen nach wie vor von den Individuen aus denkenden Ensembles. Überhaupt spielen Normen und strenge Formen eine eher untergeordnete Rolle. Ludwig van Beethoven war anfangs sehr stolz auf sein Es-Dur-Septett für drei Blas- und vier Streichinstrumente, das das Genre recht eigentlich begründete. »Das ist meine ›Schöpfung‹«, soll er, in Anspielung auf Haydns immer noch neues Erfolgsoratorium, ausgerufen haben, als er das 1799 entstandene Septett im Jahr darauf beim Fürsten Schwarzenberg in Wien erstmals aufführen ließ. Im April 1800 stand es dann auch auf dem Programm von Beethovens erster selbstveranstalteter »Akademie« im Hofburgtheater, bei der die 1. Sinfonie zur Uraufführung kam.

Dem Verleger Franz Anton Hoffmeister bot der Meister das sechssätzige Opus mit einem selbstbewussten Begleitschreiben an: »Geliebtester Herr Bruder! Ich will in Kürze alles hersetzen, was der Herr Bruder von mir haben könnte: 1. Ein Septett per il violino, viola, violoncello, contrabasso, clarinett, corno, fagotto; – tutti obligati. (Ich kann gar nichts unobligates schreiben, weil ich schon mit einem obligaten Accompagnement auf die Welt gekommen bin.) Dieses Septett hat sehr gefallen.« Das Wort vom »obligaten Accompagnement« – im Grunde

ein scherzhafter Widerspruch in sich – hat die Musikwissenschaft zu allerhand tiefschürfenden Diskussionen veranlasst. Schon in frühen Jahren, so die Theorie, habe es der Kontrollfreak Beethoven auch in vom melodiösen Geschehen getragenen Partien auf die Durchgestaltung quasi selbstständiger Stimmen angelegt, was bedeutete, dass auch in der Begleitung nichts Austauschbares Platz fand. Wahrscheinlich wollte der Komponist dem Verleger allerdings lediglich deutlich machen, dass das Septett mit sieben vollwertigen Stimmen zu drucken sei, da die Bläser nicht etwa »ad libitum« gedacht waren, also nicht lediglich zur Verstärkung der Streicher.

Während Beethoven sich über die Popularität seines Septetts bald ärgerte – weil er in der Zwischenzeit um einiges ambitioniertere und kunstvollere Werke verfasst hatte –, griff Franz Schubert 1824 ganz bewusst auf das Format zurück, um sich mit seinem ganz ähnlich konzipierten Oktett, »den Weg zur großen Sinfonie zu bahnen«, wie er in einem Brief schrieb – übrigens zwei Jahre nachdem er mit der »Unvollendeten« einen der bedeutendsten sinfonischen Würfe des 19. Jahrhunderts erdacht hatte. Den Meisterwerken der Klassiker folgten im weiteren 19. Jahrhundert eine Reihe interessanter Beiträge für verschiedene Besetzungen. Gerade die prägenden Komponisten der Epoche allerdings räumten dem Genre eine eher periphere Stellung ein, sieht man von Johannes Brahms ab, der seine 1. Serenade op. 11 Ende der 1850er Jahre zunächst in

Nonett-Besetzung schrieb. Den Vorsatz, die Partitur »in eine Sinfonie zu verwandeln« fasste der seinerzeit noch in Hamburg ansässige Mittzwanziger erst Ende 1859.

Dass das, was im England des späten 16. und des 17. Jahrhunderts als »Broken Consort« bezeichnet wurde – das Ensemble von Instrumenten verschiedener Familien –, sich im Anschluss an Arnold Schönbergs Kammersinfonie op. 9 (1906) und seinen »Pierrot lunaire« (1912) zu einem der zentralen Spielfelder der musikalischen Moderne entwickeln würde, war zu Brahms' Zeiten nicht entfernt zu ahnen. Aus der Sicht des frühen 20. Jahrhunderts erscheint es als beinahe unausweichlich: Schönbergs op. 9 entsteht im gleichen Jahr wie die gigantische 8. Sinfonie Gustav Mahlers, die »Sinfonie der Tausend«. In zeitlicher Nachbarschaft zu Adolf Loos' Gedanken über »Ornament und Verbrechen« in Architektur und Design (1908) wagt Schönberg die radikale Entschlackung des Genres. Nur rund 20 Minuten dauert eine Darbietung dieser Kammersinfonie, gerade einmal fünfzehn Musiker werden benötigt, zehn Bläser und fünf Streicher, von denen jeder seinen eigenen, höchst anspruchsvollen Part zu meistern hat. Mit einem Mal erscheint fast alles überflüssig, was eine Sinfonie bislang auszumachen schien – der appellative Gestus ebenso wie der weltanschauliche Überbau, der seit Beethoven die große Instrumentalmusik beschwerte.

Selten hat man so viele gemischte Ensembles gehört wie zu Zeiten der Corona-Pandemie, als große Orchester kaum auftreten konnten. Mahlers »Vierte« in der Erwin-Stein-Fassung oder das »Lied von der Erde« in der wunderbaren Bearbeitung von Reinbert de Leeuw und zahlreiche andere Orchesterwerke zeigten sich da von ganz neuen Seiten – ohne dass den Partituren erkennbar etwas »gefehlt« hätte. Jörg Widmann oder Gregor A. Mayrhofer haben in den vergangenen Jahren überaus reizvolle Gegenstücke zu Schuberts Oktett komponiert. Das Repertoire entwickelt sich weiter. Auch das franz ensemble um Maximilian Krome ist ständig mit Komponistinnen und Komponisten im Kontakt. Und natürlich bleibt die große Kammerbesetzung der Neuen Musik ein interessantes Spielfeld. Wenn nicht alles täuscht, hat das gemischte Ensemble das Potenzial, einige der strukturellen Gegensätze des Klassikbetriebs miteinander zu versöhnen: Das Vielgestaltige und das Ökonomische, das Zugängliche und das Spekulative rücken hier näher zusammen, Selbstbestimmung und Kollektivgeist bilden keinen Widerspruch. Musik also als Möglichkeitsraum – aus freier Lust verbunden ...

ECKART RUNGE

DIE QUADRATUR DES KREISES UND DAS ABENTEUER DEMOKRATIE

SECHZEHN SAITEN UND SO VIEL MEHR

Als wir, vier Studierende der Lübecker Musikhochschule, uns im Herbst 1989 voll jugendlichem Enthusiasmus in Beethovens Streichquartett op. 131 stürzten, einen der gewichtigsten Brocken des gesamten Repertoires, ahnten wir nicht, dass wir uns an einem biographischen Wendepunkt befanden. Es war die Geburtsstunde des Artemis Quartetts und der Beginn eines langen Weges. Rund drei Jahrzehnte später, gewissermaßen am Ende dieses Weges, bezeichnete die französische Musikzeitschrift »Diapason« unsere Quartettgeschichte als die verstörendste des 20. Jahrhunderts.

Überschwang und Verstörung: Bewegt sich die Biographie des Artemis Quartetts wirklich zwischen diesen Polen? Der international bekannte Musikwissenschaftler Jean-Michel Molkhou würdigte in seinem »Diapason«-Artikel einerseits die Lebensleistung unseres Quartetts und insbesondere seine umfangreiche Diskographie, vor allem die Beethoven-Gesamteinspielung, als leuchtende und bleibende Referenz. Andererseits spricht er von Tragik und spielt damit auf die vielen, teilweise dramatischen Ausschläge unserer Geschichte an: von körperlichem Leid und Krankheit über sektenhafte Radikalisierung hin zum Freitod. Gewiss haben uns diese Schicksalsschläge immer wieder vor große menschliche und künstlerische Herausforderungen gestellt, die weit über das hinausgehen, was Quartettbiographien normalerweise aushalten können. Sie haben uns aber auch immer wieder aufs Neue zusammengeschweißt und uns gezeigt, wie wichtig die gemeinsam erlebte Musik sowie unsere Gemeinschaft für die Bewältigung und das gemeinsame Wachsen daran waren.

Die musikhistorische Gesamteinordnung unseres Ensembles im »Diapason« hat mich überrascht, bewegt und beschäftigt. Ich selbst hatte das Quartett trotz zweifellos schwieriger Zeiten im Gesamtbild nie als tragisch wahrgenommen. Mein eigenes Fazit des dreißigjährigen Quartettlebens wäre ein diametral anderes gewesen: Für mich war das Artemis Quartett ein wahrgewordener Lebenstraum, der bei allen Schwierigkeiten, Höhen, Tiefen und auch traurigen

Artemis Quartett: Eckart Runge, Gregor Sigl, Vineta Sareika, Friedemann Weigle

Wendungen meine Erwartungen übertroffen und mich mit großer Dankbarkeit, Demut, vielleicht sogar etwas Stolz erfüllt hat. Die Nähe zu so vielen wunderbaren Kollegen im Quartett über all die Jahre, von denen ich viel lernen konnte, an denen ich mich reiben durfte, die mich auch inspiriert haben, mit denen ich den größten Schatz der Kammermusikliteratur entdecken und auf der ganzen Welt mit einem Publikum teilen durfte, blieb als großes Privileg in meiner eigenen finalen Beurteilung entscheidend.

Eine solche diametral entgegenstehende Sichtweise von innen und außen über das Ensemble sagt jedoch auch viel über das Wesen und die Essenz dieses sonderbar komplexen Gebildes Streichquartett aus und verdient eine nähere Betrachtung, die ich hier vornehmen möchte.

ÖFFENTLICHE WAHRNEHMUNG UND INNERE CHEMIE

Bei kaum einem musikalischen Ensemble ist die Dialektik zwischen öffentlicher Wahrnehmung und innerer Chemie so groß wie beim Streichquartett. Bei Solisten mag die öffentliche und private Persona zuweilen unterschiedlich sein oder aber auch zu einer einheitlichen Kunstfigur verschmelzen. Beim Streichquartett multipliziert sich die innere Ebene mit vier, und dem öffentlich wahrgenommenen einheitlichen und definierten Körper steht ein komplexes Geflecht aus Beziehungen, Interessen, Prioritäten sowie vergangener und gegenwärtiger Dynamik seiner Mitglieder gegenüber.

Im Artemis Quartett war dieses komplexe Geflecht besonders ausgeprägt. Seit jeher pflegten wir im Ensemble eine explizit demokratische Grundhaltung, das heißt, eine starke Gewichtung der einzelnen Persönlichkeiten gegenüber der Gemeinschaft. Das ist bei vielen Streichquartetten anders, in denen sich die einzelnen Spieler der schillernden Gruppe meistens mit einer führenden Figur, beispielsweise der ersten Geige unterordnen. Bei uns galt das demokratische Prinzip sowohl musikalisch als auch in der organisatorischen Struktur, etwa der Verteilung der außermusikalischen Aufgaben und im privaten Umgang miteinander.

Dieser Ansatz prägte von Anfang an unser Selbstverständnis beim Musizieren. Er war vor 30 Jahren noch vergleichsweise neu. Zunächst spiegelte er sich im Alternieren der Geigen und in einer ebenbürtigen Gewichtung von Bratsche und Cello wider. Ein solch demokratisches Selbstverständnis und paritätische Organisationsstruktur hatte es vor uns unter professionellen Quartetten nur beim Kreuzberger Streichquartett und beim Emerson String Quartet gegeben. Letzteres wurde in unseren ersten Jahren zu einem unseren wichtigsten Mentoren.

FAKTOR DEMOKRATIE

Musikalisch zeigt sich ein demokratisches Selbstverständnis in einer flexiblen Hierarchie von Führen und Folgen sowie einer fließenden Struktur hinsichtlich der Funktionen der vier Stimmen (Melodie, Rhythmus, Harmonie). Für eine differenzierte Interpretation der Partitur ist das aus meiner Sicht beim Großteil des Repertoires ein enormer Vorteil. In der musikalischen Klassik um Werke von Haydn, Boccherini, Arriaga und Mozart ist die Zuordnung der Funktionen der einzelnen Instrumente im Quartett noch überwiegend gleichbleibend festgelegt: Die 1. Violine spielt meistens die Melodie, 2. Violine und Bratsche sind Rhythmus und Harmonie zugeordnet, und das Cello übernimmt die Bassfunktion. Spätestens ab Beethovens op. 18 jedoch wird auch die Streichquartettpartitur an sich demokratischer, weshalb diese funktionalen Zuordnungen und hierarchischen Prioritäten innerhalb der Stimmen immer stärker hin- und herwechseln. In Beethovens Spätwerk und ab der Romantik, erst recht aber in der Musik des 20./21. Jahrhunderts ist das starre Gefüge fester Funktionen endgültig aufgelöst. Hier spiegelt eine demokratische Organisation im Quartett die Beschaffenheit einer Partitur besser wider als eine hierarchische.

Dass Demokratien rein strukturell jedoch fragiler sind als autoritär geführte Systeme, liegt auf der Hand. Denn die Grundlage des konstruktiven Zusammenwirkens der Kräfte besteht in gegenseitigem Vertrauen und das ist leichter zu erschüttern als aufzubauen. Diversität, Identifikation und die Fähigkeit, Macht abzugeben, wie es die Gewaltenteilung vorsieht, sind essenzielle Wesenszüge einer Demokratie. Andererseits verlangt die Teilhabe an Entscheidungsprozessen (Wahlbeteiligung, politisches Engagement) den Mitgliedern viel Verantwortungsbewusstsein ab und prägt das komplexe Geflecht der Beziehungen innerhalb des Ensembles entscheidend.

Eckart Runge Portraitkonzert am 20.12.2021 im Großen Saal der Elbphilharmonie

Demokratische Grundprinzipien zu achten, umzusetzen und aufrechtzuerhalten ist – wir erleben das in diesen Zeiten gesellschaftspolitisch leider wieder besonders deutlich – eine Herausforderung, die nie endet, und gewiss der unbequemere Weg gegenüber den einfacheren Lösungen von autokratischer Führung. Bedeutet es doch, sich immer wieder um die richtige Balance zwischen leidenschaftlichem Eintreten für eigene konstruktive Positionen einerseits und der Fähigkeit zum Konsens und zum Anerkennen (auch unliebsamer) entgegenstehender Positionen andererseits zu bemühen.

Bei musikalischen Auseinandersetzungen ist dies eine besondere Herausforderung, denn die Themen, um die gerungen wird, haben mit Empfindungen oder Geschmack zu tun und sind naturgemäß stark mit Emotionen verbunden. In solchen Fragen andere Haltungen als ebenbürtig anzuerkennen und bestehen zu lassen, im Zweifel auch sich ihnen zu beugen, verlangt den Protagonisten viel ab. Zwischen Gelassenheit und Desinteresse liegt ein schmaler, aber entscheidender Grat. Verschärft wird dieses konstruktive Grunddilemma des Streichquartetts durch die unabdingbar enge Verknüpfung von Musikalischem, Organisatorischem und Privatem in einem freischaffenden professionellen Ensemble.

Für uns im Artemis Quartett war jede Frage, zu der wir eine klare Haltung einnehmen und diese auch nach außen vertreten mussten, eine große Herausforderung, denn wir waren in allen Besetzungen vier äußerst unterschiedliche Persönlichkeiten und nur selten von vornherein derselben Meinung. Was nach außen wie aus einem Guss und mit einer überzeugten Stimme gesprochen wirkte, war von innen heraus mit viel Disziplin und auch Schmerz erarbeitet. Es verlangt einem viel ab, jede Facette eines Gesamtergebnisses auf der Bühne oder auf Tonträger mitzutragen, auch die Facetten, mit denen man hadert.

Eckart Runge & Jacques Ammon am 20.12.2021

Die Wahl eines Tempos (mit akuter Auswirkung auf den Charakter des Stückes), die Artikulation im Bogenstrich (z. B. ob kurz und frech oder etwas breiter und eher elegant), die Gewichtung einer schönen Nebenstimme im Vergleich zur strukturell wichtigeren Hauptstimme, die Notwendigkeit einer Verlangsamung bei einem Charakterwechsel (versus die überraschendere subito-Veränderung), solche Fragen führen auf gefährliches Terrain, auf dem weltanschauliche, politische, moralische Grundeinstellungen schnell offenbar werden. Und dies in der Auseinandersetzung nicht etwa zu zweit, was schon schwer genug wäre, sondern zu viert, mit dem zeitlich eingegrenzten Ziel einer gemeinsamen Haltung spätestens beim ersten Konzert an Tag X.

Am Anfang steht die Kunst der Überzeugung in der Diskussion, dann folgen Strategie, Geduld, Einfühlungsvermögen und Reagieren auf die gegensätzliche Position. Es sind die Werkzeuge demokratischer Entscheidungsfindung. Das mächtigste Instrument der Demokratie jedoch, die Abstimmung, taugt im Quartett leider nur begrenzt. Neidvoll blicken Quartettisten auf die ungerade besetzten Trios und Quintette. Die Abstimmung im Quartett funktioniert bei einem seltenen einstimmigen 4:0 oder einem klaren 3:1. Aber das gefürchtete Patt eines 2:2, das lähmen kann und die vom Zeitdruck diktierte Effizienz immer wieder hart auf die Probe stellt, droht im demokratisch organisierten Streichquartett unentwegt.

Im Zeichen dieser demokratischen Philosophie Streichquartett zu spielen, gleicht oft der Quadratur des Kreises. Es ist eine ewige Feinjustierung der Kräfte, die immer wieder neu stattfindet und stets lebendig bleiben muss. Natürlich lernt man gewisse rhetorische und strategische Techniken, vielleicht im Laufe der Jahre auch ein Stück Gelassenheit. Aber der Spagat zwischen

Leidenschaft und dem Verfechten eigener Visionen einerseits und dem Zurückstellen persönlicher Prioritäten andererseits, um ebenso kraftvoll dem Gemeinwohl zu dienen, bleibt bestehen.

Von alldem bekommt das Publikum, wenn abends in der Philharmonie die Scheinwerfer angehen und eine hart erkämpfte Interpretation erklingt, nichts mit. Im Gegenteil, es scheint, als würde die Eintracht der musikalischen Aussage, das reine Intonieren der vier Musiker und ihre ausgefeilt choreographierte Interpretation gleichsam das Gefüge innerhalb des Ensembles künstlerisch wie privat widerspiegeln. Doch dies zählt zu den größten Trugbildern des Konzertlebens. Das Innen und Außen eines Ensembles muss jeden Abend mit dieser fundamentalen Dialektik klarkommen und wird nach jedem Konzert wieder neu auf die Probe gestellt.

GLÜHEN UND FRÖSTELN

Ich erinnere mich in diesem Zusammenhang an zwei Rezensionen desselben Konzertprogramms. Eine erschien im Hamburger Abendblatt nach einem Konzert in der Laeiszhalle und die andere in den Salzburger Nachrichten nach einem Abend im Mozarteum. Die eine attestierte uns, mit unserer Leidenschaft den Saal zum Glühen zu bringen, während die andere befand, bei so viel eiskalter Perfektion könne es einen frösteln. Wir hatten am ersten Abend nicht wesentlich anders gespielt als am zweiten.

Für einen Künstler gehört es zum täglichen Brot, sich davon frei zu machen, was über einen geredet oder geschrieben wird, den Widerspruch zwischen öffentlicher Wahrnehmung und Innenansicht auszublenden und sich auf sich selbst und seine Musik zu fokussieren. Für mich persönlich stand gegenüber dem Status Quo der Beurteilung stets die Dynamik einer Weiterentwicklung im Vordergrund. Um des Wachsens und Lernens willen haben wir uns diesem oft schmerzhaften Spagat ausgesetzt.

LUST DES ENTDECKENS

Auch aus diesem Grunde habe ich mich seit Anbeginn des Quartetts meiner anderen Leidenschaft der Musikvermittlung und genreübergreifenden Entdeckungsreisen gewidmet.

Mein zweites, anderes Leben im Duo mit dem großartigen Pianisten Jacques Ammon, welches das Quartett über die Jahrzehnte künstlerisch diskret begleitet hat, war geprägt von dem Drang, zu entdecken, mich weiterzuentwickeln und die beiden Welten miteinander zu verknüpfen. Was ich mir im Duo an genreübergreifenden Themen erarbeitete, bereicherte mich durch neue Perspektiven in der Interpretation schwergewichtiger Standardwerke. Auf der anderen Seite standen die Erfahrungen mit komplexen Zusammenhängen und Spannungsbögen aus dem Quartettrepertoire. Die Haltung eines ständigen Suchens, Grabens und Vertiefens half auch beim Gestalten von neuem, arrangiertem Duorepertoire. Der Reichtum populärer Musik mit seiner rhythmischen Vielfalt, den improvisatorischen Freiheiten, der Unmittelbarkeit von emotionalem Ausdruck, Rhetorik und Groove hat mich schon immer fasziniert, und ich habe ihn auch in der klassischen Kunstmusik wiederfinden können: federnde walking-bass-Linien bei Haydn ebenso wie insistierend-widerspenstigen Tangoschwung bei Beethoven, um nur zwei zu nennen. Das komplementäre Zusammenwirken dieser beiden Erfahrungsfelder klassischer und populärer Musik war, wie ich im Laufe der Jahre immer deutlicher gemerkt habe, stets mein eigentliches künstlerisches Credo.

Auch auf der menschlichen Seite war mein Duo der notwendige Kontrapunkt zum Quartett. War die Duo-Musik in Arrangements, Zusammenstellungen und Diversität freier als das Quartettrepertoire, so war auch die Stabilität einer Besetzung über 25 Jahre der wichtige Gegenpol zu den vielen Besetzungswechseln und dem damit verbundenen menschlichen Wanken, Suchen, Finden und Neujustieren im Quartett. So wie wir im Quartett jede musikalische Entscheidung (auch wenn sie noch so spontan und lebendig wirkte) intensiv diskutiert, minutiös geprobt und in der Ausführung exakt durchchoreographiert haben, so blieb im Duo viel Raum für Spontaneität und Improvisation. All dies hat sich gegenseitig befruchtet, ergänzt und höchstwahrscheinlich überhaupt ermöglicht.

Die Entscheidung, 2019 nach 30 Jahren und einem erfüllten Traum das Abenteuer Streichquartett mit seinem zeitlich einnehmenden Lebensmodell zu beenden, hing also weniger mit den durchlebten und überstandenen Tragödien zusammen als vielmehr mit meiner Erkenntnis, dass eine weitere Entwicklung für mich als Künstler nur noch in einem neuen zeitlichen und gedanklichen Freiraum jenseits des Quartett-Daseins möglich war.

Was ich im Umfeld des Artemis Quartetts erfahren habe, die Auseinandersetzung mit Inhalt, Struktur und Emotion, die geduldige Annäherung an Lösungen, das Vermitteln und Eintreten für Visionen sowie die Erkenntnis, wie wichtig es ist, sich weiterzuentwickeln und in Bewegung zu bleiben, all das wird weiterhin in meine Musik einfließen. Das Abenteuer Streichquartett macht Platz für weitere, neue Abenteuer!

DAVID ORLOWSKY

FINALES VERMÄCHTNIS
LIVE-AUFNAHME IN DER ELBPHILHARMONIE

Wenn ich an das Konzert mit dem Orlowsky Trio im Kleinen Saal der Elbphilharmonie zurückdenke, kommt mir sofort dessen besondere Akustik in den Sinn. Es ist eine sehr ehrliche Akustik, die nichts schönfärbt. Das Publikum bekommt jedes noch so kleine Nebengeräusch auf der Bühne mit, und umgekehrt kann man von der Bühne aus das Publikum tatsächlich atmen hören. Das schafft eine geradezu ungeschützte Intimität. In so einem Raum kann man an guten Abenden auf eine besondere Weise miteinander und mit dem Publikum in Kontakt treten.

Im November 2018 hatten wir einen solchen Abend. Wir befanden uns auf unserer Abschiedstournee: Wir hatten angekündigt, unsere Zusammenarbeit 2019 nach 21 Jahren beenden. Die letzte gemeinsame Tour war eine sehr besondere Zeit für uns.

Das Trio war für mich (und ich glaube, für uns alle drei) eine unglaublich wichtige Formation. Ich habe in diesem Ensemble im Alter von 16 Jahren meine ersten musikalischen Gehversuche unternommen und bin über die Jahre dort erwachsen geworden. Ich würde sagen, dass diese Beziehung eine der wichtigsten in meinem Leben war und ist, und denke voller Dankbarkeit daran zurück. Wenn man in einem solchen Ensemble zusammenarbeitet (und in gewisser Weise auch zusammen lebt), lernt man sich auf eine Weise kennen, die mit einer Lebenspartnerschaft vergleichbar ist. In jedem Restaurant, das wir unterwegs besuchten, konnten wir mit einer Trefferquote von 90 % für die anderen bestellen. Wir haben unsere jeweiligen Stimmungen immer besser lesen gelernt und konnten oft schon beim Einatmen voraussagen, was der andere sagen wollte.

Wir haben unzählige Konzerte zusammen gespielt, unzählige Stunden im Auto, Zug und Flugzeug miteinander verbracht, zusammen gelacht und gestritten, uns zusammen gelangweilt, zusammen Musik gemacht.

Und wir haben miteinander geschwiegen.

Zusammen schweigen zu können, ist für mich etwas sehr Kostbares. Das Schweigen kann die verschiedensten Schwingungen enthalten. Oft für jeden eine andere. Was es aber für mich immer beinhaltet, sind Vertrauen und Vertrautheit. Diese Vertrautheit ist etwas sehr Schönes. Sie hat auch die Qualität in unserem Ensemble-Spiel ausgemacht. Zusammen mit anderen Faktoren führte sie für mich aber auch mit der Zeit zu dem Wunsch nach einem Neuanfang.

Deswegen haben wir uns mit einer großen Tournee von unserem Publikum verabschiedet. Natürlich machte uns das bevorstehende Ende traurig, aber durch das Wissen um die begrenzte gemeinsame Zeit waren die letzten Konzerte sehr intensiv. Der Auftritt in der Elbphilharmonie war ein absoluter Höhepunkt für uns.

David Orlowsky Trio, 17.11.2018, Elbphilharmonie Kleiner Saal
Florian Dohrmann, Kontrabass; Jens-Uwe Popp, Gitarre; David Orlowsky, Klarinette

In einem so renommierten Haus zu spielen, ist natürlich immer etwas Besonderes. Hinzu kam, dass wir beschlossen hatten, den Abend für ein Live-Album mitzuschneiden, was eine gewisse Herausforderung bedeutete: Ein Konzert soll etwas Einmaliges sein, das nur in diesem Moment stattfindet und danach bei jedem ein wenig anders nachklingt. Es ist nicht einfach, sich beim Spielen davon frei zu machen, dass jede Note »für die Ewigkeit« konserviert wird. Die Mikrofone auf der Bühne erinnern einen immer wieder daran, dass man gerade zwei Konzerte gleichzeitig spielt: eines für das Publikum im Saal und eines für ein ungreifbares Publikum vor den Lautsprechern in der Zukunft.

Hinter der Bühne machte sich also eine gewisse Anspannung bemerkbar, der wir mit heftigen Albereien in der Garderobe entgegenzuwirken versuchten (wer uns kennt, weiß, was das bedeuten kann).

Dann ging es los. Das Publikum empfing uns herzlich und war während der Musik so still, dass die Atmosphäre eine fast physisch spürbare Kraft entwickelte. Ideale Bedingungen also für ein tolles Konzert.

Ich würde jetzt gerne schreiben, dass nach den ersten Tönen klar war, was das für ein phantastischer Abend werden würde etc. etc. ... tatsächlich fühlte er sich für mich aber eher an wie ein zweistündiger Hochseiltanz.

Jeder neue Schritt, jede neue Note trägt in solchen Momenten die Verantwortung dafür, dass das Vorangegangene seine Wirkung weiter entfalten kann. Wenn man einmal begonnen hat, geht es darum, den Fluss nicht zu stören, die Töne kommen zu lassen und Überbringer der Musik zu sein. Sich auf den Weg des Seils zu konzentrieren, nicht auf den Abgrund darunter.

Uns war klar, dass dies unsere letzte gemeinsame Aufnahme sein würde. Wir spielten sozusagen um unser musikalisches Vermächtnis. Dabei lief

Nach dem Konzert: Signierstunde

natürlich nicht alles glatt. Gerade die Momente aber, in denen etwas nicht »nach Plan« läuft, machen für mich ein Konzert aus. Man verliert kurz das Gleichgewicht, fängt sich wieder, die Kollegen reagieren darauf mit einer neuen Idee, die Geschichte nimmt eine unvorhergesehene Wendung. Es sind diese Momente, die die Musik zum Leben erwecken.

Deswegen bin ich sehr stolz darauf, dass jeder »Fehler«, der uns im Konzert passiert ist, genauso auf der Aufnahme zu hören ist. Wir haben keine nachträglichen Korrekturen vorgenommen.

In einem solchen Saal klingt nicht nur die Musik, sondern auch die Stille besonders klar. Und die ist für eine gelungene Aufnahme essenziell. Ich erinnere mich an einen früheren Versuch, ein Live-Album aufzunehmen. Er scheiterte an 23 (!) lauten Hustern im Publikum.

Das Hamburger Publikum war nicht nur außergewöhnlich aufmerksam, sondern dankenswerterweise auch außergewöhnlich gesund. Möge es so bleiben!

Das vision string quartet, gezeichnet von Jörgen Habedank beim Konzert am 27. März 2022 im Kleinen Saal der Elbphilharmonie

FLORIAN WILLEITNER

»VISION« AUF GANZ EIGENEN WEGEN

STREICHQUARTETT JENSEITS ALLER SCHUBLADEN

»Kammermusik« ist ein merkwürdiges Wort. Es lungert noch herum in der Terminologie der Postmoderne, man denkt an Streichquartette, Klaviertrios, Oktette, an Musik, in der die solistische Gemeinsamkeit stilbildend ist. Die Kammern vergangener Jahrhunderte sind jedoch längst großen Konzertsälen gewichen; der Begriff ist eher ein Platzhalter für eine Musik größtmöglicher Freiheit, in der das Zusammenwirken von Individuen auf höchst subtile und versatile Art und Weise möglich wird: Klangfarben, Phrasierung, die gemeinsame Erfahrung und fein nuancierte Steuerung des musikalischen Flusses. All dies und noch viel mehr kann Kammermusik und macht ihr innerstes Wesen in besonderem Maße aus.

So gut wie immer ist mit »Kammermusik« das Repertoire abendländischer Kunstmusik gemeint. Völlig zu recht, könnte man denken, ist dieser Begriff doch Kind ebendieser Musiktradition. Doch im 21. Jahrhundert ist dieses Schubladendenken wohl endgültig aus der Mode gekommen. Denn obwohl die abendländischen Kammermusikwerke der letzten Jahrhunderte ohne jeden Zweifel zu unseren größten Schätzen gehören, damit in höchstem Maße schützenswert sind und auch weiterhin gespielt werden sollten, muss man sich die Frage stellen: Ist die sogenannte Repertoirepflege allein, die vielerorts eben noch sehr ausschließlich betrieben wird, noch zeitgemäß? War sie es jemals?

Ist die Praxis der hermetischen Abriegelung der Kunstform Kammermusik, auf dass sie für immer und ewig im eigenen Saft schmore, noch zeitgemäß? Was wären zukunftsfähige Alternativen, die die Vergangenheit respektieren, die Gegenwart widerspiegeln und die Zukunft gestalten?

Es gibt viele Gründe dafür, sich als Ensemble im 21. Jahrhundert diesen Fragen zu stellen. Der Konkurrenzkampf spitzt sich weiter zu, das Niveau ist hoch, und es gilt mehr denn je, sich zu profilieren. Sich abzusetzen. Anders zu sein. Aber auch relevant zu sein. Neugierig und wach zu sein und mit Integrität und Kreativität auf neuen Pfaden zu wandeln. Im Folgenden möchten wir daher auf einige Aspekte zeitgenössischen Musizierens, die für uns als Ensemble wichtig sind, näher eingehen.

REPERTOIRE VERSUS KREATIVITÄT?

Die Streichquartette, die in den vergangenen Jahrhunderten abendländischer Musikgeschichte geschrieben worden sind, sind auch für uns täglich Brot. Ihre Ästhetik, in all ihrer Vielfalt und den sehr verschiedenartigen Anforderungen an die Musizierenden, macht einen großen Teil auch unserer Ästhetik und Leidenschaft als Ensemble aus. Dennoch ist es unser Anspruch, beim Blick in die Vergangenheit der klassischen Musiktradition auch die gelebte Musizierpraxis ebendieser Vergangenheit mitzubedenken. Man könnte durchaus argumentieren, dass etwa ein heutiges Jazztrio der kammermusikalischen Praxis zur Zeit Mozarts nähersteht als ein Streichquartett, das heutzutage im Konzert Mozart-Quartette spielt. Unsere Zeit kennt den kreativen Umgang mit musikalischer Substanz durchaus noch, allerdings kaum mehr im Kontext klassischer Tradition. Jazz hingegen ist neben einer höchst kunstvollen musikalischen Sprache mit vielen Dialekten auch eine Geisteshaltung, die für ein höchst kreatives und in besonderem Maße kammermusikalisches Musizieren steht. In diesem Genre sind Improvisation, Arrangement und Komposition so lebendig wie eh und je. Es ist schade, dass sich über die zurückliegenden Jahrzehnte – oftmals unüberwindliche – Schubladen gebildet haben, die verschiedene Musizierpraxen voneinander abschotten. Dies ist in keinem Fall zeitgemäß und kann über einen längeren Zeitraum hin nur bedeuten, dass sich eine Praxis, die größtenteils um das Repertoire vergangener Jahrhunderte kreist, selbst abschaffen wird. Wie eine Schallplatte, die irgendwann ihren Abnutzungserscheinungen erliegt.

Für uns im Ensemble sind daher Kreation und Kreativität essentielle Bestandteile unseres Schaffens. Wir sehen uns hier weniger als »Revoluzzer«, wie wir von Presse und Kritikern oft beschrieben werden, sondern als ganzheitliche Musiker, die einen vergessenen, aber wesentlichen Bestandteil auch klassischer Musikgeschichte wieder aufleben lassen. Das bedeutet in unserem Fall nicht, dass wir Meisterwerke der Vergangenheit durch den Fleischwolf drehen, wie man es von vielen Crossover-Projekten kennt. Wir stehen vielmehr mit unserer ureigenen Musik auf der Bühne, mit Musik, die inspiriert ist von den verschiedensten Musikkulturen und -stilen und damit unsere persönliche Version von zeitgenössischer Kammermusik darstellt.

TRANSKULTURELLE MUSIK UND CROSSOVER

Unsere Welt im 21. Jahrhundert ist eng zusammengewachsen. Die Vermischung von Kulturen ist daher auf vielen Ebenen ein hochaktuelles Thema. Große geographische Distanzen sind mit dem Flugzeug leicht zu bewältigen, Großstädte werden zu Schmelztiegeln, in denen die verschiedensten Kulturen ineinander aufgehen. Somit sind auch die verschiedensten musikalischen Traditionen nicht mehr geographisch abgegrenzt, sondern verbreiten und vermischen sich mit anderen überall auf der ganzen Welt. Da wir diese Kulturenverschmelzung als große Inspiration für unsere Arbeit sehen, ist der respektvolle Umgang mit den verschiedenen Musikkulturen und -stilen unumgänglich für uns.

Doch was bedeutet »respektvoll« in diesem Kontext genau? Zunächst einmal sollte man sich als weißer europäischer Musiker immer wieder bewusst machen, dass unser Blick auf das musikalische Weltgeschehen noch immer sehr kolonialistisch geprägt ist, soll heißen: Unsere abendländische Exportkultur steht über allem, und alles andere hat sich ihr unter zu ordnen. Dieses hohe Ross mit Scheuklappen lässt Diversität nicht zu, unterbindet diese vielmehr.

Wir wollen auch im Kontext der Hochkultur, zu der Kammermusik in diesen Landen zählt, zeigen, dass die Öffnung hin zu Einflüssen anderer Kulturen eine in höchstem Maße lohnende ist und gleichzeitig eine intensive künstlerische Auseinandersetzung erfordert.

Echt neue und damit auch künstlerisch interessante kulturelle Mischformen gehen, wie der Musikwissenschaftler und -ethnologe Heinrich Klingmann in seinem Werk »Groove – Kultur – Unterricht« schreibt, »eben nicht aus einer puren Addition unterschiedlicher Kulturen, sondern aus Transkulturationsprozessen« hervor. Dies bedeutet, dass in einer solchen Mischform deren Bestandteile auf drei verschiedenen Ebenen verortet sind: auf den beiden originalen Ebenen der beiden Kulturen sowie auf einer dritten, besonders wichtigen, transkulturierten Ebene, auf der sich Charakteristika beider Kulturen innerhalb eines Annäherungsprozesses öffnen. Dadurch wird gegenseitige Durchdringung möglich, und so kann eine neue Ästhetik entstehen, die durch das tiefgründige Zusammenwirken der zwei (oder auch mehreren) originalen Kulturen die neue, wesentliche Ebene bildet. Man könnte dies auch mit der einfachen Formel »1+1 = 3« zusammenfassen.

Sie ist die genaue Gegenposition zum Begriff »Crossover«. Denn beim Crossover passiert genau dieses Zusammenwirken nicht. Hier existieren und klingen beide Kulturen parallel zueinander, ohne sich gegenseitig zu durchdringen. Crossover basiert im besten Fall auf simpler Addition (1+1 = 2), einer oberflächlichen Verbindung, die aber oftmals weder den Gehalt des einen noch des anderen der beiden musikalischen Ursprünge respektiert. Im Gegenteil, diese Verbindungen nehmen den Originalkulturen meist ihre spezifischen, hochkunstfertigen Eigenheiten und reduzieren mindestens eine dieser Kulturen auf wenige Versatzstücke, die sich dann bequem und ohne viel Aufwand mit der anderen vereinigen lassen. Das eigentliche Problem hierbei ist, dass ausgerechnet diese Formen im Sinne einer scheinbar modernen Kunstform, die Welten eint und Grenzen eliminiert und dabei so wunderbar modern und zeitgemäß scheint, immer populärer werden. Eine Anna Netrebko, die mit Opernsopran ein volkstümelndes Duo mit dem österreichischen Schlagerstar Andreas Gabalier singt. Ein David Garrett, der mit seinen sensationsheischenden Poparrangements klassischer Gassenhauer für viele Jugendliche bereits zum Sinnbild eines modernen klassischen Geigers geworden ist. »New Classic«-

Alben wie etwa »Recomposed« von Max Richter, bei dem ein weiteres Mal Vivaldis Jahreszeiten als Verkaufsgarantie herhalten müssen, und die der klassischen Musik zu einem neuen, hippen Image verhelfen sollen. Echte transkulturelle Fähigkeiten, die ein Beherrschen mehrerer musikalischer Sprachen erfordern, spielen hier keine Rolle.

Mit unserem Album »Spectrum«, das im August 2021 bei Warner Classics erschienen ist, verfolgen wir die Idee, klassische Streichquartettkultur mit der Ästhetik des Pop zu vereinen. »Popmusik« ist zwar ein weiter Begriff und steht wie kein anderes Musikgenre für Kommerz und Verkaufszahlen. Doch blickt

vision string quartet. Konzert am 25. November 2017 im Kleinen Saal der Elbphilharmonie in der Besetzung Jakob Encke, Daniel Stoll, Leonard Disselhorst, Sander Stuart

man auf den innersten Kern von Popmusik, wird schnell klar, dass dieser ein außereuropäisches Phänomen ist. Die Stücke, die wir für »Spectrum« komponiert haben, sind deshalb, bei aller harmonischen und melodischen Schlichtheit, für rein klassisch ausgebildete Musiker kaum spielbar. Und zwar nicht deshalb, weil sie wahnsinnig virtuos oder besonders schwierig auszustimmen wären, sondern weil – neben all den neuartigen Spieltechniken, die wir hier unseren Instrumenten antun – ihre musikalische DNA eine komplett andere ist als die DNA klassischer Musik. »Spectrum« ist Groovemusik, deren musikalischer Fluss auf einem wiederkehrenden, regelmäßigen Puls basiert, auf dem wiederum alles andere aufbaut. Der grundlegenden Funktionsweise dieser Musik gerecht zu werden, ist fundamentale Arbeit, die genauso viel Pflege und Zeit benötigt wie etwa ein Quartett von Mendelssohn und damit das gleiche Maß an Kunstfertigkeit voraussetzt, wenn auch in ganz anderen Parametern. Dieses Bewusstsein für den Reichtum und die Andersartigkeit anderer Musikkulturen, verbunden mit dem Anspruch, deren grundlegende Mechanismen zu verstehen und beherrschen zu lernen, ist für das vision string quartet von zentraler Bedeutung.

Wir freuen uns daher auf zukünftige Kollaborationen, etwa mit dem iranisch-österreichischen Gitarristen Mahan Mirarab, mit dem wir erkunden wollen, wie sich die mikrotonale und rhythmisch hoch komplexe Klangwelt mittelöstlicher Kulturen mit unseren klanglichen und spielerischen Möglichkeiten als Streichquartett verbinden lässt.

AUSBILDUNGS- UND KONZERTWESEN

Angesichts des in der Einleitung bereits angesprochenen, immer größer werdenden Perfektionsdrucks, der kaum Individualismus zulässt, einer weltweit stetig wachsenden Anzahl hochgebildeter MusikerInnen, einem immer erbit-

vision string quartet. Konzert am 25. November 2017 im Kleinen Saal der Elbphilharmonie

terteren Kampf um die wenigen Orchester- und Ensemblestellen und einer gleichzeitig wachsenden Nachfrage von (klassischen) Veranstaltern nach neuen, kreativen Formaten, nach neuen Ideen, die das Wort »klassisch« mit neuem Sinn erfüllen, muss sich auch das etablierte Hochschulwesen fragen, inwieweit seine Curricula noch zeitgemäß sind.

Welche Kompetenzen werden heutzutage gelehrt?
Was ist das Ziel von Studiengängen?
Was sind deren Inhalte?
Hat sich das überbrachte Hochschulwesen am Ende sogar vom Kern des Musikmachens verabschiedet?

An so gut wie allen namhaften Hochschulen ist es die Interpretation, die gelehrt wird. Und zwar oft ausschließlich Interpretation. Das ist nicht zeitgemäß und war es nie. Es ist daher dringend notwendig, hier die Weichen neu zu stellen und Kreativität als musikalische Kernkompetenz auch in der klassischen Musikausbildung wieder zu vermitteln. Damit meine ich in besonderem Maße das aktive Sprechen musikalischer Sprachen, wie es etwa Improvisation und Komposition voraussetzen. Ein Mozart-Wettbewerb, bei dem die Teilnehmenden nicht verpflichtet sind, eigene Kadenzen in den Violinkonzerten zu spielen, ist wider den Geist Mozarts. Was gäbe es Spannenderes, als einen Tanzsatz aus einer Bachpartita harmonisch so durchdrungen zu haben, dass man diesen gleichsam improvisatorisch »nacherzählen« könnte. Und was gäbe es Wichtigeres als ein Studienfach mit einem Titel wie »Musikalische Integration«, in dem die Studierenden lernen, wie man neuen kulturellen Einflüssen, die etwa durch verstärkte Immigration nach Europa entstehen, kreativ begegnet, wo Verständnisgrenzen liegen, wie man diese überwindet, und welche neuen kulturellen Mischformen daraus entstehen könnten.

Der Markt und das Interesse von VeranstalterInnen hierfür wachsen, was allein schon ein großer Ansporn sein sollte. Ein weiterer möglicher Anreiz wären zum Beispiel genreübergreifende bzw. ganzheitliche Wettbewerbe als vielversprechende Möglichkeit, ein neues Feld für ein gegenseitiges Kräftemessen zu erschließen, das vor allem die Kreativität wieder mehr in den Vordergrund setzt.

Wir stehen als Ensemble für diese Reformideen ein und möchten durch unsere Konzerttätigkeit, aber auch durch regelmäßige Workshops und Masterclasses an Schulen und Universitäten, zu einer ganzheitlichen, zeitgenössischen Kammermusik beitragen.

vision string quartet 2022: Florian Willeitner, Violine, Daniel Stoll, Violine, Leonard Disselhorst, Violoncello, Sander Stuart, Viola

DIRK MOMMERTZ

DAS WOHLTEMPERIERTE QUARTETT

JUBILÄUMSGEDANKEN EINES ENSEMBLE-PIANISTEN

Was ist für mich das Besondere als Pianist im Fauré Quartett? Zweifelsohne die lange und tiefe Verbindung mit meinen Streicherkollegen – dieses Glück haben, glaube ich, wenige Pianisten.

Vor fast drei Jahrzehnten hätte ich über solche Zukunftsaussichten noch ungläubig gelacht. Auch ich habe meine musikalische Reise als Streicher begonnen. Aber dann wechselte ich vom Horizontalen ins Vertikale, von der Geige zum Klavier. Diese unterschiedlichen instrumentalen Herangehensweisen bestimmen grundsätzlich auch die technische Herausforderung des Zusammenspiels – und scheinen einander auf den ersten Blick zu widersprechen. Ich bemühe mich, meiner Verantwortung als Pianist gerecht zu werden und dem Ensemble die so wichtige harmonische Dimension zu bereiten, ohne mich vom Vertikalen überwältigen zu lassen. Dieses Gleichgewicht ist nötig.

Ein scheinbar hoffnungsloser Zufall führte zur Gründung des Fauré Quartetts! Saschas vergeblicher Wunsch nach einem Streichquartett und meine unerfüllte Leidenschaft für das Klaviertriospiel führten zu einer ersten Klavierquartett-Probe. Gleich versuchten wir enthusiastisch und hingebungsvoll, Klavier und Streicher zu vereinen. Wir liebten Brahms, Mozart und Dvořák und haben uns für die große, zauberhafte Musik von Fauré begeistert. Bis heute halten uns dieses unersetzliche, wundervolle Repertoire und die akribische Arbeit zusammen.

Nun müssen vier individuelle Persönlichkeiten, unterschiedliche Instrumente und verschiedene Stimmungen zu Harmonie finden und scheinbar Unvereinbares zu einer Einheit führen. Der Weg zum wohltemperierten Quartett! Dabei geht es nicht nur um die Aufrechterhaltung des Gleichgewichts, sondern auch darum, diesen Konflikt zu sublimieren – ein existenzielles Dilemma, welches das Wesen des Klavierquartetts berührt wie überhaupt die Entwicklung eines langlebigen Ensembles.

Doch auf der Bühne verfliegen Konflikte und persönliche Befindlichkeiten, dort herrschen tatsächlich immer Harmonie und Freundschaft. Das Ego

Fauré Quartett: Erika Geldsetzer, Dirk Mommertz, Sascha Frömbling, Konstantin Heidrich

findet seinen rechten Platz in der Gruppe. Oft kommen die Lösungen im Konzert wie von allein, selbst wenn man vorher die Hoffnung schon fast aufgegeben hatte!

Entwicklungen betrachten wir oft in einer horizontalen und einer vertikalen Linie – nennen wir es Quantität und Qualität.

Musik ist zunächst in Quantität strukturiert: Takte, Perioden, Intervalle, Maß und Form. Doch die Quantitäten begründen die Qualität. Diese zu entdecken und darzustellen ist unsere wichtigste Aufgabe.

Nehmen wir die ersten Takte von Haydns »Sonnenaufgang«-Quartett op. 76/4. Mit der Freiheit, eine vereinbarte Taktstruktur zu erweitern und so mit einem musikalischen Gesetz, einer Tradition zu brechen, verleiht der Meister seinem Werk unweigerlich – doch ganz bewusst – eine eigene Qualität. Diese Errungenschaft ist etwas Neues, bisher nicht Gehörtes: Sie überrascht und gibt auch Rätsel auf. Eine Erweiterung ist visionär: Sie erhellt, sie offenbart uns den Freigeist der großen Komponisten.

Das Potenzial der Meisterwerke zu entwickeln und auszuschöpfen ist ein nie endender kreativer Prozess. Er bestimmt den Charakter jeder Aufführung oder Aufnahme und die Qualität in Bezug zur Quantität. Das ist der Kern in der Entwicklung eines Ensembles.

Doch müssen wir zwischen Aufführung und Aufnahme unterscheiden. Ein Konzert ist ein einmaliger neuer Akt, ein einziges Mal, welches nicht wiederkehrt, während eine Studio-Produktion sich aus präziser Wiederholung speist und für die Ewigkeit bestimmt ist. Durch Ikonen wie Glenn Gould und Sergiu Celibidache erfährt die Musikgeschichte hier einen augenscheinlichen Widerspruch. Wie bewahrt man einen Moment über die Zeit? Ich glaube, durch Erinnerung beziehungsweise eine ganzheitliche Wahrnehmung. So gesehen ist es gar nicht unbedingt ein Widerspruch!

Aber es ist ein großer Unterschied, denn was kann man an einem Konzert schon planen! Oft werde ich als Pianist gefragt, wie ich mich jedes Mal an ein anderes Instrument gewöhne. Doch ist es ja nicht nur das ungewohnte Instrument, es ist für mich wie auch für die anderen ein ungewohnter Saal, eine ungewohnte Akustik, ein ungewohntes Publikum. Das Klavier ist nur noch eine weitere Unbekannte im Leben des Pianisten und seiner Mitstreiter.

Wenn man tief in sich verankert hat, was man ausdrücken will, wird die Umsetzung immer leichter. Je klarer Klangvorstellung und Ausdruckswille sind, desto einfacher lässt sich auch das Instrument beherrschen. Wie einmal ein weiser Lehrer mir riet: Vertraue nicht dem Instrument, sondern dir selbst! Die Streicherkollegen unterstützen es mit allen Kräften, sie integrieren diese Herausforderung in ihr eigenes Spiel.

Als Pianist im Quartett habe ich natürlich wunderbare Erinnerungen: An eine öffentliche Probe von Mozarts g-Moll-Quartett, in der wir unter anderem an den harmoniegebenden Streicherakkorden eines Klaviersolos – ganz ohne Klavier! – arbeiteten. Hinterher kam ein Zuhörer auf mich zu und schwärmte besonders gerade von dieser Stelle. Dass es doch eigentlich ein Klaviersolo war, war ihm weder bewusst noch wichtig!

Vor dem Jubiläumskonzert »25 Jahre FQ« im Großen Saal der Laeiszhalle am 15.10.2020

Oder an eine denkwürdige Begegnung mit Valentin Berlinski, dem Cellisten des von mir sehr bewunderten Borodin Quartetts. Als naiver junger Student fragte ich ihn verlegen: »Sind Sie der Cellist des Borodin Quartetts?« Berlinski richtete sich zu seiner vollen Größe auf und sagte nur: »Junger Mann, ich BIN das Borodin Quartett.«

Wir halten es mit Berlinski: Jeder von uns vieren IST das Fauré Quartett. Die einzelnen Instrumente spielen dabei keine entscheidende Rolle. Bald sind das 30 Jahre ...

Über 100 Jahre Hamburgische Vereinigung von Freunden der Kammermusik bin ich sehr beeindruckt und muss wieder lachen. Nicht ungläubig, sondern aus riesiger Bewunderung, größtem Dank und Freude! Herzlichsten Glückwunsch an diese großartigen und so wichtigen Freunde.

Komponieren ist wie auf einer Straße im dichten Nebel auf ein Haus zuzufahren. Langsam sieht man mehr Details – die Farbe der Schiefer und Ziegel, die Form der Fenster.

Benjamin Britten

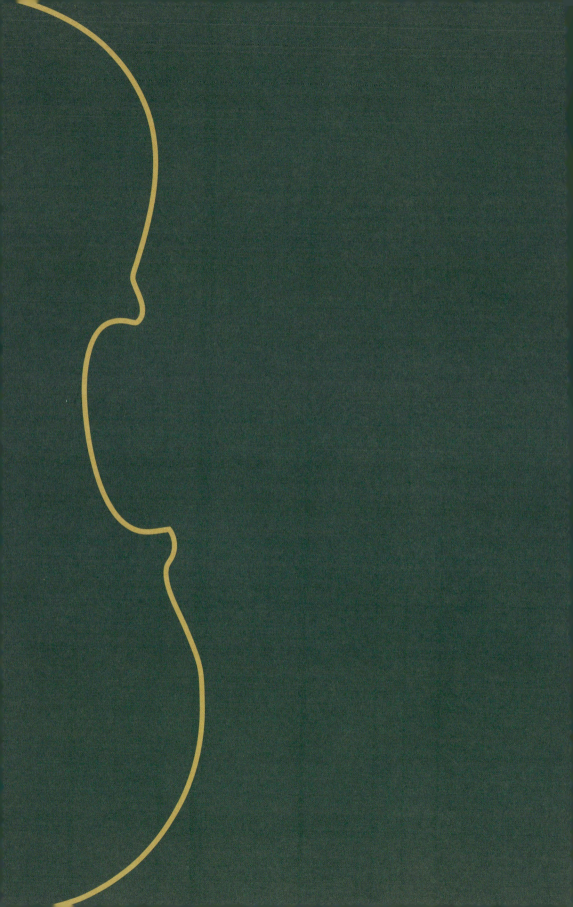

CHRISTIANE IVEN

UNERHÖRT SCHÖN!
ÜBER KAMMERMUSIK FÜR STIMME UND INSTRUMENT(E)

Denken Sie bei dem Wort Kammermusik zuerst an ein Streichquartett?
Vielleicht kommt Ihnen noch ein Streichtrio, ein Klaviertrio oder Streichsextett in den Sinn – aber Gesang? Wahrscheinlich eher nicht.
Der Grund dafür ist möglicherweise, dass in den Programmen von Kammermusik-Konzertreihen nur sehr selten Werke zu finden sind, die für Instrumente und Gesang geschrieben wurden. Am Repertoire kann es jedenfalls nicht liegen, denn das ist reich, vielfältig und – durchaus im doppelten Wortsinn – unerhört schön!
Kammermusik ist ja im Grunde nur der Überbegriff von allen möglichen musikalischen Besetzungen, die in einer »Kammer« musizieren. Sowohl instrumental als auch vokal.
Die Definitionen und Zuschreibungen der Begriffe Kammermusik, Liederabend oder vokale Kammermusik sind jedoch eher von den jeweiligen Konzerttraditionen geprägt.
So sind wir es innerhalb unseres Kulturbetriebes gewohnt, in Kammermusik-Reihen Werke für Streichquartette oder Klaviertrios zu hören; Liederabende (mit Klavierlied-Repertoire) hingegen haben meistens ihre eigenen Konzertreihen und auch ein etwas anderes Publikum.

SPOTLIGHT »LIEDBEGLEITUNG«

Ungeachtet dessen stand bei den Konzerten der Hamburgischen Vereinigung von Freunden der Kammermusik in der Saison 2014/2015 gleich ein ganzes Wochenende mit Liederabenden auf dem Programm. Unter dem ungewöhnlichen Motto »Große Pianisten als Liedbegleiter« konnte man Lilya Zilberstein, Cyprien Katsaris und András Schiff erleben!

Das Spotlight wurde also auf die sogenannte »Liedbegleitung« gelenkt, die oftmals im Schatten des Gesanges steht und daher zu wenig als gleichberechtigt im Lied wahrgenommen wird. Die berühmte Frage »Bin ich zu laut?«, die Gerald Moore als humorvollen Titel seiner Autobiographie verwendete, umschreibt diese scheinbar dienende und begleitende Rolle trefflich. Wenn wir das Lied jedoch als eine Kammermusikgattung betrachten, ist das Wort »Begleitung« in seiner hierarchischen Bedeutung unangemessen.

Wir können nicht verleugnen, dass zwischen Gesang und Instrument ein wesentlicher Unterschied besteht. Person und Instrument sind bei Sänger*innen untrennbar verbunden. Ein zu langsames Tempo beispielsweise bringt eine Pianistin in keine Notsituation, einen Sänger aber möglicherweise schon, da die Atemkapazität endlich ist. Klavier spielen kann man viele Stunden am Tag, eine Stimme ermüdet jedoch deutlich schneller.

Die Notwendigkeit von Unterstützung und Aufmerksamkeit, die der vulnerable Gesang braucht, muss jedoch nicht bedeuten, dass das Klavier sich dem Gesang musikalisch unterordnet. Daher ist es meines Erachtens richtig, dass der Begriff »Liedpianistin« und »Liedpianist« mittlerweile an Bedeutung gewonnen hat und so der kammermusikalischen Gleichwertigkeit Ausdruck verliehen wird.

Das Kunstlied in der klassischen Besetzung Gesang und Klavier hat seinen festen Platz im Konzertleben. Werke für Gesang und andere Instrumente hingegen haben sich weder in den Kammermusik-Konzertreihen noch in Liederabenden wirklich etabliert. Liegen die Gründe in der Getrenntheit der Sphären Gesang und Instrument? Oder sind es eher finanzielle und organisatorische Erwägungen, die dazu führen, dass überwiegend nur auf speziellen Festivals (wie beispielsweise »Sommerlichen Musiktage Hitzacker«, »Ittinger Pfingstkonzerte«, »Kammermusikfest Lockenhaus«, »Schubertiade Hohenems«, »Musikfest Heidelberger Frühling«) Kompositionen für Gesang und verschiedene Instrumente aufgeführt werden?

GROSSE TRADITION UND AUFSCHWUNG

Kammermusikwerke mit Vokalbeteiligung gibt es in allen Epochen. In den Kantaten und Oratorien des Barock finden wir die Vorläufer der Kammermusik. Bereits Heinrich Schütz hat in den »Symphonie sacrae« mitunter für ausgefallene Besetzungen geschrieben (z. B. »Fili mi Absalon« für 4 Posaunen, Bass und B.c.). Solistisch besetzte Instrumentalstimmen waren der Standard. Die Rolle der Instrumente beschränkt sich keineswegs nur auf Vor- und Zwischenspiele, alles ist miteinander verwoben und ganz gezielt für diese Besetzungen komponiert. Georg Friedrich Händel hat zahlreiche Werke für Gesang mit obligatem Soloinstrument (meist Flöte oder Geige) und Basso continuo komponiert (z.B. die »Italienische Kantaten« oder »Neun deutsche Arien«) und in den Arien der verschiedenen Oratorien von Johann Sebastian Bach sind der Gesangsstimme ein oder mehrere Instrumente zur Seite gestellt, die in ihrer solistischen Bedeutung dem Sologesang absolut ebenbürtig sind.

In der Klassik und Romantik finden wir nicht so viele, dafür aber sehr bedeutende Werke.

Ludwig van Beethoven und Joseph Haydn haben zahlreiche schottische, walisische und irische Volkslieder für eine Besetzung mit einer oder mehreren Singstimmen und Klaviertrio bearbeitet. Allein Beethoven hat auf diese Weise 179 Volkslieder arrangiert. Franz Schubert hat in seinem letzten Lebensjahr gleich zwei der wesentlichen vokalen Kammermusikwerke geschrieben: »Der Hirt auf dem Felsen«[1] – eine Art großer Konzertarie für Sopran, Klarinette und Klavier und »Auf dem Strom«[2] für Tenor, Horn und Klavier. Von Johannes Brahms sind vor allem die »Zwei Gesänge« op. 91[3] für Alt, Bratsche und Klavier bekannt. (In dem zweiten Stück – »Geistliches Wiegenlied« – wird von Maria und dem schlummernden Himmelsknaben erzählt. In der Bratschenstimme ist, im Kontrast zur Gesangsstimme, das Weihnachtslied »Joseph, lieber Joseph mein« verwoben. Die Bratsche »singt« sozusagen, konkurrierend mit der Stimme, ihr eigenes Lied.)

In der Spätromantik, Moderne und in der zeitgenössischen Musik entwickelt sich das Repertoire der Kammermusik mit Vokalbeteiligung erheblich. Die instrumentalen Besetzungen werden insgesamt ausgefallener und vielfältiger.

Christiane Iven und Sir András Schiff im Kleinen Saal der Laeiszhalle am 5. Juni 2015.

Arnold Schönberg ergänzt in seinem zweiten Streichquartett[4] die letzten beiden Sätze um eine Singstimme und vertont zwei Gedichte von Stefan George. Er folgte einer Entwicklung von Kompositionen um die Jahrhundertwende, in denen die Instrumentalmusik mit Gedichten und dem gesungenen Wort erweitert wurden, um möglicherweise einen intensiveren Ausdruck zu erreichen. Deutlich wird dies u. a. auch in den Sinfonien von Gustav Mahler.

Ein paar weitere exemplarische Beispiele: Maurice Ravels großartiger Liederzyklus »Trois poèmes de Mallarmé«[5] wurde 1913 für Sopran, zwei Flöten, zwei Klarinetten, Klavier und ein Streichquartett geschrieben; nach Gedichten von Stéphane Mallarmé, einem Dichter des Symbolismus. Ebenfalls der Epoche des Symbolismus zugehörig ist der große russische Dichter Alexander Blok, dessen Gedichte Dmitri Schostakowitsch in einer »Vokal- und Instrumentalsuite« vertont hat. Diese expressiven »Sieben Romanzen nach Gedichten von Alexander Blok«[6] sind für Sopran, Violine, Violoncello und Klavier geschrieben und jedes Lied ist für eine der möglichen Kombinationen komponiert. In den ersten drei Liedern ist die Singstimme mit jeweils einem Instrument gepaart, darauf folgen drei Lieder für Singstimme und zwei Instrumente und erst im letzten Lied spielen alle zusammen.

Besonders interessante und sehr ungewöhnliche instrumentale Besetzungen finden wir bei Pierre Boulez und György Kurtág. »Le marteau sans maitre«[7] (Der Hammer ohne Meister) von Boulez gilt als ein Meisterwerk der Avantgarde nach dem 2. Weltkrieg. Es basiert auf einem surrealistischen Gedicht des französischen Lyrikers René Char. György Kurtág vertont mit seinem für ihn charakteristischen Stil knapper Miniaturen und Aphorismen in seinen »Szenen aus einem Roman«[8] 15 Lieder nach Texten der russischen Dichterin Rimma Dalos. In der Besetzung spielt neben Sopran, Violine, Kontrabass vor allem das traditionsreiche osteuropäische Instrument Zymbal eine besondere klangliche Rolle.

Instrumentale Kammermusik und Lied haben sich in den vergangenen Jahrzehnten immer mehr aufeinander zubewegt. Für die »klassische« Besetzung Stimme und Klavier wird deutlich weniger komponiert und die Kompositionen für Stimme und Instrumente gewinnen an Bedeutung. Zahlreiche Komponist*innen bearbeiten und transkribieren Klavierlieder für verschiedene instrumentale Besetzungen (z. B. Aribert Reimann, der u. a. Lieder von Robert Schumann für Stimme und Streichquartett[9] transkribiert hat und Hans Zender oder Christian Jost mit ihren eigenen, kompositorischen Bearbeitungen der »Winterreise«[10] und der »Dichterliebe«[11])

Erstaunlich, dass dieser Entwicklung sowohl im Konzertleben als auch in der musikalischen Ausbildung immer noch so wenig Bedeutung beigemessen wird. An den deutschen Musikhochschulen finden wir Professuren für Kammermusik, Streicherkammermusik, Klavierkammermusik und Bläserkammermusik, aber keine einzige für »Gesangkammermusik«. Ein von den Instrumental- und Gesangsklassen unabhängiges und eigenständiges Unterrichtsangebot auf diesem Gebiet existiert meines Wissens bisher nur an der Hamburger Musikhochschule, betreut von der Pianistin Mariana Popova.

Der Kammermusik für Stimme und Instrument(e) sollte jedoch aus meiner Sicht in unserem Kulturleben und in der professionellen Ausbildung zu mehr Beachtung verholfen werden. Es wäre wunderbar, wenn diesen vielen, unerhört schönen Werken mehr Gehör geschenkt würde!

---

1 Franz Schubert (1797–1828), *Der Hirt auf dem Felsen* D 965 für Singstimme, Klarinette und Klavier (Texte von Wilhelm Müller und Hermine von Chézy), komponiert 1828

2 Franz Schubert (1797–1828), *Auf dem Strom* D 943 für Singstimme, Horn und Klavier (Text von Ludwig Rellstab), komponiert 1828

3 Johannes Brahms (1833–1897), *Zwei Gesänge* op.91 für eine Altstimme mit Viola oder Violoncello und Klavier (*Gestillte Sehnsucht* (Gedicht von Friedrich Rückert), komponiert 1884, und *Geistliches Wiegenlied* (Gedicht von Emanuel Geibel nach Lope de Vega), komponiert 1863)

4 Arnold Schönberg (1874–1951), Streichquartett Nr. 2 fis-Moll op. 10 (mit Sopranstimme im 3. und 4. Satz: *Litanei* und *Entrückung*, Gedichte von Stefan George), komponiert 1908

5 Maurice Ravel (1875–1937), *Trois poèmes de Mallarmé*, 3 Lieder für Sopran, zwei Flöten, zwei Klarinetten, Klavier und Streichquartett nach Gedichten von Stéphane Mallarmé, komponiert 1913

6 Dimitri Schostakowitsch (1906–1975), Sieben Romanzen nach Gedichten von Alexander Blok op.127 für Sopran, Violine, Violoncello und Klavier, komponiert 1967

7 Pierre Boulez (1925–2016), *Le marteau sans maître* für Altstimme und 6 Instrumente (Altflöte, Gitarre, Vibraphon, Xylorimba, Schlagzeug und Viola nach Gedichten von Rene Char, komponiert 1952–55

8 György Kurtág (*1926) *Szenen aus einem Roman*, 15 Lieder für Sopran, Violine, Kontrabass und Zymbal auf Gedichte von Rimma Dalos, komponiert 1981/82

9 Schumann/Reimann, Sechs Gesänge op.107 für Singstimme (hoch), 2 Violinen, Viola, Violoncello, transkribiert von Aribert Reimann 1994

10 Hanz Zender (1936–2019), Schuberts Winterreise – Eine komponierte Interpretation für Tenor und kleines Orchester, komponiert 1993

11 Christian Jost (*1963), Dichterliebe nach Robert Schumann, Fassung für hohe Stimme (Tenor oder Sopran) und 9 Instrumentalisten (Flöte, Klarinette, Vibraphon, Harfe, Klavier, 2 Violinen, Viola, Violoncello)

Wir waren begeistert von deinem wunderbaren Publikum. So aufmerksam und konzentriert: eine Wonne!

Ein wundervoller Abend in Hamburg – tausend Dank!

Christiane Iven

Ein großartiges Publikum, vielen Dank,

András Schiff

Eintrag von Christiane Iven und Sir András Schiff in das Gästebuch der Hamburgischen Vereinigung von Freunden der Kammermusik nach dem Konzert am 5. Juni 2015 im Kleinen Saal der Laeizshalle.

SIR ANDRÁS SCHIFF *IM GESPRÄCH*

VON BALANCE, STREICHQUARTETT UND POLITISCHER MUSIK

ALLES, NUR NICHT »BEGLEITUNG«

LUDWIG HARTMANN: *Herr Schiff, wir führen dieses Gespräch am 3. April 2022, einem, man kann wohl sagen, Schicksalstag Ihres Heimatlandes Ungarn. Sie haben sich zur politischen Situation in Ungarn sehr deutlich geäußert. Inwieweit sehen Sie sich als Künstler auch als politischen Menschen?*
SIR ANDRÁS SCHIFF: Nun ja, das ist sehr subjektiv und persönlich. Aber ich kann die Musik nicht von der Politik trennen. Manche können das, aber ich kann das nicht. Mich interessieren einfach die Geschichte und die Geschehnisse der Welt und ich folge diesen und reagiere darauf.

Sie sind immer wieder als Liedpianist hervorgetreten. Dort spielen neben der Musik auch die Texte eine wichtige Rolle. Auch beim scheinbar so unpolitischen Franz Schubert. Er lebte ja unter dem Metternich-Regime, einem Regime, das alles andere als frei war. Hat sich das Ihrer Einschätzung nach auf seine Musik und das, was er vertont hat ausgewirkt?
Absolut ja. Man würde jetzt, das sagen Sie sehr richtig Herr Hartmann, bei Schubert nicht unbedingt an Politik denken. Aber in eben diesen Metternich-Zeiten … Der Freundeskreis von Schubert: Schober, Senn, Moritz von Schwind und alle möglichen Leute wurden von der Geheimpolizei genauestens verfolgt und beobachtet. Es hieß, das sei eine revolutionäre Gruppe. Nehmen wir also die Texte. Viele Gedichte von Mayrhofer – sie gehören nicht zu meinen Lieblingsgedichten – sind aber sehr, sehr wichtig im Œuvre von Schubert. Und der Mayrhofer war ein sehr enger Freund und übrigens von Beruf her auch Zensor. Viele der Texte Mayrhofers aus der Mythologie sind symbolisch zu verstehen und ich glaube, die Musik von Schubert spiegelt das.

Können Sie, auch wenn es gewiss schwierig ist, an einem Beispiel oder an bestimmten Punkten klar benennen, wo sich so etwas in der Musik Schuberts spiegelt?

Ich habe eben die mayrhoferschen Gedichte erwähnt. Das sind sehr sonderbare Texte, aber eben dies spiegelt das. Die Vertonungen Mayrhofers sind für mich so anders als die anderen Schubert-Lieder. Ansonsten würde ich die Musik Schuberts nicht als besonders politisch interpretieren. Die Beethovens dagegen viel mehr.

Und in neuerer Zeit? Da ist vielleicht Schostakowitsch das berühmteste Beispiel.
Schostakowitsch oder Janáček zum Beispiel. Die Klaviersonate von Janáček, die ich sehr gern spiele, ist ein absolut politisches Stück. Oder das Capriccio für die linke Hand. Das ist ein Antikriegsstück von Janáček. Auch Béla Bartók ist für mich ein Musterbeispiel einer ethischen politischen Haltung.

Nehmen wir an, Sie würden ein Lied mitsamt Text noch gar nicht kennen und ein Sänger sänge nur auf einer Silbe wie »lalala«, könnte trotzdem eine »richtige« Interpretation gelingen oder ist dazu die tiefe oder zumindest eine gewisse Textkenntnis notwendig?
Textkenntnis ist absolut notwendig. Ein Lied ist keine Vocalise und der Text lautet eben nicht »lalala«. Sie können etwas »lalalali, lalalalla, lali...« singen. Das ist vielleicht sehr schön, aber das ist nicht genug. Und das sehen Sie eben bei Franz Schubert und bei seinen Strophenliedern. In der »Schönen Müllerin« wird jede Strophe völlig anders wegen des Textes. Ansonsten wäre es vier oder sechs Mal das Gleiche.

Sie haben sehr früh zur Kammermusik Kontakt bekommen und insbesondere zum Lied. Soweit ich weiß bereits als Kind. Und Sie haben bei Ihrem Lehrer György Kurtág auch singen müssen, oder dürfen. Inwieweit hat Sie das geprägt?
Das war ein Glücksfall. Ich bin dem Schicksal sehr dankbar. Die Schubert-Lieder im Besonderen liebte ich schon bevor ich zu Kurtág kam. Ich habe Aufnahmen der Schubert-Lieder gehört. Vor allem mit Fischer-Dieskau oder auch mit Peter Pears und Benjamin Britten. Die habe ich als Kind sehr, sehr geliebt und ich liebe sie heute noch. Und dann kam ich zu Kurtág, so ungefähr mit 14, und er gab mir diese Schubert-Lieder auf. Es waren vor allem die zwei »Suleika-Gesänge« und »Der Zwerg«. Sehr anspruchsvolle Schubert-Lieder, von denen ich den Klavierpart lernen musste, aber auch die Singstimme. Und ich musste mich selbst begleiten. Dann kam der nächste Schüler nach mir. Das war Zoltán Kocsis und er musste das Gleiche tun. Manchmal hat einer von uns gesungen und der andere gespielt und umgekehrt. Das war eine wunderbare Erziehung zwischen Klavier und Stimme, zwischen Musik und Text und hat mich sehr darin beeinflusst, später immer das Singende im Klavierspiel zu suchen. Daran denkt man sehr wenig heutzutage. Man denkt, das Klavier sei ein sehr perkussives Instrument. Das ist ein kolossaler Unsinn. Schon im Vorwort zu den zwei- und dreistimmigen Inventionen Johann Sebastian Bachs ist das ganz wunderschön umschrieben: Es sei eine Einführung in die Welt der Komposition, aber vor allem eine Einführung in die kantable Art, Klavier zu spielen. Und das war mir immer sehr, sehr wichtig: aus dem Klavier ein singendes und

ein sprechendes Instrument zu machen und niemals ein perkussives. Und weiter zur Kammermusik: Kammermusik spiele ich etwa seit meinem achten Lebensjahr, damals noch in Budapest. Da war es noch möglich, auch mit anderen Kindern aus der gleichen Altersgruppe, am Wochenende für eine Teestunde oder Kakaostunde zusammenzukommen und miteinander Kammermusik zu spielen, vom Blatt zu lesen und so weiter. Für mich ist es ziemlich eindeutig und selbstverständlich, dass ich aus der Kammermusik komme, egal was ich mache, ob das jetzt Konzertantes ist oder ich alleine spiele. Es ist immer kammermusikalisch und immer ein Geben und Nehmen und ein aufeinander Hören.

Es gibt einige wenige Pianisten, die man als ausgesprochene Lied-Pianisten erlebt hat, der berühmteste war wahrscheinlich Gerald Moore. Aber es gibt ja noch einige andere. Diese Begrenzung ist ansonsten bei Kammermusik selten der Fall. Was braucht ein Lied-Pianist noch anderes als jemand, der Instrumentalmusik spielt? Gibt es da etwas, das Sie benennen können?
Vielleicht gibt es das. Aber diese Frage kann ich nicht gut beantworten, weil ich eigentlich fest daran glaube, dass Musik eine allgemeine Gattung ist. Also, es gibt diese Gattungen innerhalb der Musik, aber entweder ist man Musiker oder man ist kein Musiker. Aber trotzdem, wenn Sie Gerald Moore nennen ... Ich habe nie ein Schubert-Trio oder ähnliches mit Gerald Moore gehört. Ich weiß nicht warum. Aber nicht, dass er das nicht spielen könnte!

Gehen Sie an eine Arbeit mit Sängern oder Sängerinnen anders heran, als wenn Sie zum Beispiel mit Ihrer Frau, einer Geigerin, spielen, wenn Sie also Sonaten, Trio, Quartett oder Quintett spielen? Oder ist es, wie Sie sagten: Man ist eben ein Musiker und die Art der Vorbereitung ist zusagen identisch?
Man könnte und man möchte sagen: Das ist identisch. Aber es ist nicht identisch, weil eben die menschliche Stimme unser Maßstab ist. Und mit der menschlichen Stimme muss man sehr vorsichtig umgehen. Noch vorsichtiger als mit Instrumentalisten. Man muss manchmal Kompromisse machen. Die mache ich, ehrlich gesagt, nicht so gerne. Ich bin sehr, sehr vorsichtig mit Sängern, aber ich bin sehr allergisch bei Sängern und Sängerinnen, die immer zur Probe kommen und sagen »Oh, ich werde jetzt meine Stimme schonen und ich werde nur markieren, denn ich muss so aufpassen.« Das Konzert ist erst in fünf Tagen. Irgendwann muss die Sängerin oder der Sänger auch aussingen, weil ich sonst keine Ahnung bekomme. Es reicht nicht, wenn ich erst im Konzert erfahre, wie sie oder er singt. Von der Dynamik her. Aber es gibt solche und solche. Ich kenne auch wunderbare Sängerinnen und Sänger, die schon immer in der Probe aussingen. Und da gibt es kein Pardon.

Es ist eine besondere Fähigkeit, ein besonderer Anspruch an einen Pianisten in der Kammermusik, sich an die anderen Instrumente, zum Beispiel an den Streicherklang, anzupassen. Das gelingt, wie ich sagen würde, auch bei guten Pianistinnen und Pianisten mal mehr und mal weniger. Ein berühmtes Beispiel ist Menahem Pressler, der das ja hinbekommen hat. Sie sind auch immer sehr, so ist mein Eindruck, auf den Klang Ihrer Mitspieler eingestellt, so dass es zu einer Einheit kommt. Können Sie beschreiben, was der Pianist tun muss, was Sie tun müssen, um ein möglichst harmonisches, ein möglichst gut zueinander passendes Ergebnis zu bekommen? Das ist ja deutlich anders, als wenn Sie solistisch mit einem Orchester spielen.

Völlig anders, ja. Dazu muss ich sagen, dass unser Instrument, das Klavier, ja nicht das Instrument von 1780 oder von 1840 ist. Wenn man heute Klavier sagt, dann denkt man, und das ist ein Fehler, automatisch an einen Steinway-Flügel, der 2,74 m lang ist. Und dann denkt man ja, wieder falsch, dass man, wenn man diesen Flügel öffnet, automatisch zu laut ist. Oft habe ich erlebt, dass noch bevor man einen Ton gespielt hat, die Leute sagen, es sei viel zu laut. Das sind Vorurteile. Umgekehrt aber, wenn man seinen Flügel halb oder ganz zu macht und immer noch unsensibel spielt, wird es immer noch zu laut sein. Zu laut heißt auch: undifferenziert. Das Klavier ist ein polyphones Instrument. Das ist anders als bei der menschlichen Stimme und anders als bei einer Oboe oder einem Horn, die jeweils nur eine Stimme spielen. Mit moderner Bläsertechnik ist es möglich, weitere Stimmen zu spielen, aber das ist die Ausnahme. Aber beim Klavier haben sie immer mehrere Stimmen. Und wenn der Spieler unter diesen Stimmen polyphonisch keine Unterschiede macht, dann wird das Ergebnis bezüglich der Lautstärke einfach eine pauschale Sache. Wenn man aber polyphon denkt und eben Unterschiede macht – zwischen Bass, Diskant und Mittelstimmen –, dann ist das eine ganz andere Geschichte. Und trotzdem muss ich sagen, dass es auf den Instrumenten der Vergangenheit, also etwa auf einem Conrad-Graf-Flügel, sagen wir aus der Schubert-Zeit, diese Balanceprobleme einfach nicht gab. Sie können mit einem Conrad-Graf-Flügel die Sängerin, den Sänger oder die Streicher gar nicht überdecken. Das ist eine Unmöglichkeit. Ich spiele ja sehr viel auf historischen Instrumenten, und da muss man sehr oft zu den Streichern sagen: »Also bitte, jetzt hört mal zu. Ihr Streicher seid zu dick für den Flügel.«

Und heute?

Steinway-Instrumente sind ganz anders und trotzdem würde ich sagen, dass dieses Equilibrium, diese Balance zu erreichen, auch auf einem modernen Flügel möglich ist.

Würden Sie sagen, dass die Gefahr des »zu dicken Spiels«, um bei Ihrem Beispiel zu bleiben, bei einem Graf-Flügel bezüglich der Streicher auch zutrifft, wenn diese auf Darmsaiten spielen? Oder gilt das nur bei den hochgezüchteten Stahlsaiten von heute?

Richtig gesagt! Mit Darmsaiten ist das überhaupt nicht problematisch. Mit Stahlsaiten jedoch ist es sehr problematisch. Ich bin ein großer Freund von Darmsaiten.

Ludwig Hartmann im Gespräch mit Sir András Schiff während der Konzertreihe »Große Pianisten als Liedbegleiter« vom 5. bis 7. Juni 2015 in der Laeiszhalle in Hamburg.

Ich würde gern noch über verschiedene Komponisten sprechen. Gibt es große Komponisten, bei denen Sie sagen würden, hier ist die Balance herzustellen besonders problematisch oder der Klaviersatz ein wenig zu fett gesetzt? Gibt es da qualitative Unterschiede Ihrer Erfahrung nach?
Qualitative vielleicht nicht, aber das Musterbeispiel im besten Sinne ist Mozart, weil bei Mozart die Balance mit modernen Instrumenten extrem schwer zu erreichen ist. Mit historischen Instrumenten fällt alles auf seinen Platz. Problematisch finde ich es sehr oft bei Beethoven oder bei Brahms, wo einfach der Klaviersatz viel vollgriffiger ist. Dynamisch auch. Aber auch Brahms ist mit einem Flügel aus der Zeit viel filigraner, nein, filigran ist nicht das richtige Adjektiv, also, es ist alles durchsichtiger. Aber mit einem modernen Flügel muss der Pianist bei einem Klaviersatz von Brahms in der Kammermusik schon etwas retuschieren. Weil da sehr, sehr viele acht- bis zehnstimmige Akkorde sind. Und das gegen eine Streicherstimme, oder zwei. Das muss man irgendwie ausbalancieren. Aber das ist so. Charakter ist eine wichtige Frage. Und man kann mezzoforte mit der Intensität eines fortissimo spielen. Aber das Volumen ist eigentlich nicht fortissimo. Damit würde man die Streicher töten. Ich möchte damit nicht, um Gottes Willen, Brahms kritisieren. Er wusste ganz genau, was er macht. Aber an den Flügeln seiner Zeit, die ich sehr gut kenne, war die Sache nicht so gefährlich.

Weil die Instrumente nicht so viel Volumen hatten.
Eben. Grob gesagt: Die Flügel sind viel kräftiger geworden, weil auch die Konzertsäle größer geworden sind. Und das Kriterium ist, dass ein Konzertflügel

bei einem großen Klavierkonzert gegen ein Orchester anspielen muss. Und es muss für 2 ½ tausend Menschen einen Klang produzieren.

Merken Sie den Klavierparts an, ob ein Komponist selber ein hervorragender Pianist war, wie beispielsweise Mozart oder Beethoven? Schubert etwa war ja ein Könner, aber kein Virtuose in dem Sinne. Merken Sie das den Klavierparts an?
Ja und zwar positiv. Schubert oder auch Joseph Haydn sind gute Beispiele, da beide zwar sicher wunderbar Klavier spielten, aber keine Virtuosen waren. Sie kommen zum Klavier nicht aus der eigenen Virtuosen-Erfahrung und dabei entdecken sie etwas sehr Persönliches und Geheimnisvolles. Oder Dvořák. Er war kein ausgesprochener Pianist und sein Klavierkonzert, das ich sehr viel spiele, ist äußerst unangenehm und unpianistisch, aber es ist eine sehr ehrliche, sehr echte Musik. Mich interessieren die Komponisten, die nicht Pianisten sind. Aber Schubert ... Alle Zeitgenossen schwärmen von Schuberts Klavierspiel. Das muss ganz wunderbar gewesen sein und klingt natürlich auch in den Liedern an, aber auch in den Klavierstücken. Oder die Sonaten ... es gibt da nur eine Ausnahme, das ist die Wanderer-Fantasie, wo Schubert angeblich gesagt hat, »Der Teufel soll das spielen!« Ein sehr atypisches, wunderbares, aber sehr, sehr atypisches Stück für Schubert.

Und den Klavierpart im Erlkönig, den muss man auch erst mal hinbekommen. Das ist technisch auch nicht gerade besonders einfach, nicht wahr?
Das ist auch teuflisch und ich habe den Erlkönig auch einmal ... – es gibt eine Fassung für Goethe. Der Erlkönig in Duolen und nicht in Triolen. Diese Klavierstimme vom Erlkönig in Triolen, das tötet den Pianisten. Das ist wirklich eine Gemeinheit.

Sie sprachen vorhin die immer größer werdenden Konzertsäle an und die damit zusammenhängenden Anforderungen an die Instrumente. Das ist bei den Streichern zwar nicht genauso, aber in gewisser Weise gibt es doch Parallelen. Würden Sie sagen, dass Kammermusik grundsätzlich gar nicht in große Konzertsäle passt?
Ja, das würde ich sagen. Man kann das machen, aber ... aber wir haben schon das Wort Kammermusik. Also Kammer. Und eine große Halle ist keine Kammer. Ich glaube, man kann in einem sehr guten großen Saal ein Streichquartett spielen, aber dabei geht etwas Wesentliches verloren und das ist die Atmosphäre, die Intimität. Mein Gott, es kann große Musik sein, ein Beethoven-Quartett oder ein Schubert-Trio. Das sind große Werke. Auch das Streichquintett von Schubert. Aber wenn sie das in einem kleineren Zimmer hören, mit ein paar Zuhörerinnen und Zuhörern, wenn man diese Erlebnisse hat ... man kann das zwar in einem großen Saal machen, aber das ist so eine aufgeblasene, vergrößerte Sache oder sagen wir: verdünnt. Es ist viel weniger intim, viel weniger intensiv.

Erstens stimme ich Ihnen vollkommen zu und verstehe, was Sie meinen. Zweitens machen wir in Hamburg die Erfahrung, dass sich gerade auch der große Saal der Elbphilharmonie für Kammermusik überraschend gut eignet. Das haben wir bei diversen Kammermusikfesten erlebt und auch bei unseren Portraitkonzerten. Wir haben das große Glück, dass Sie im kommenden Jahr bei uns ein Portraitkonzert spielen werden. Auch bei den großen Sälen gibt es sicherlich unterschiedlich geeignete Räume. Da bleibt zwar der große Raum, aber dennoch kann er akustisch geradezu intim wirken. Das jedenfalls meine ich beim großen Saal der Elbphilharmonie festzustellen.

Ja, Sie haben wahrscheinlich recht. Das weiß ich noch nicht, aber ich habe neulich in der Elbphilharmonie gespielt und das war ein wunderbares Erlebnis. Ich glaube, dass dieser Saal vielleicht eine Ausnahme bildet unter den großen Sälen. Man hört sehr detailliert die Nuancen im Saal.

Welche Musiker, welche Komponisten sind Ihnen in der Kammermusik besonders nah? Ist das bei großen Werken und Werken der Kammermusik stets identisch oder gibt es Komponisten, bei denen Sie sagen würden, mir gefällt zwar seine Sinfonik, aber die Kammermusik nicht so sehr – und umgekehrt?

Nicht unbedingt. Aber ich finde, dass zum Beispiel bei Schubert, so sehr ich seine Sinfonien liebe, seine Kammermusik viel wichtiger ist. Und das Liedschaffen. Beethoven etwa ist beim allgemeinen Publikum für seine Sinfonien am bekanntesten, aber ich schätze die Klaviersonaten, die Streichquartette von Beethoven viel, viel höher als die Sinfonik. Ich bewundere ihn dafür. Und ich denke, er wäre einverstanden. Also, ich glaube im Großen und Ganzen: Je besser der Komponist, desto besser ist die Kammermusik. Und ich habe ein großes Problem mit Komponisten, die keine Kammermusik geschrieben haben. Hier fällt mir sofort der Name Richard Wagner ein. Bei aller Bewunderung. Er ist ein sehr wichtiger Komponist. Aber selbst Giuseppe Verdi, den ich viel mehr schätze, hat ein wunderbares Streichquartett geschrieben. Anton Bruckner ein wunderbares Streichquintett, aber man denkt bei ihm natürlich immer eher an die Sinfonien. Aber schauen Sie Haydn an. Es ist in allen Gattungen fantastisch. Ich bin ein sehr, sehr großer Haydn-Bewunderer und Liebhaber, weil ich finde, dass er von den ganz Großen noch immer unterschätzt ist.

Ja, das denke ich auch. Wahrscheinlich, weil er in vielem nichts Spektakuläres hat.
Er ist nicht spektakulär und auch die Biographie ist überhaupt nicht heroisch oder nicht leidenschaftlich. Nicht so, wie bei Mozart oder Beethoven.

Keine Skandale ...
Keine Skandale, aber ein fantastischer Komponist und ein so sympathischer Mensch. Er ist kein Titan.

»Kein Titan« bringt mich zum letzten Teil unseres Gespräches. Über musikalische Partner. Ihnen ist auch das Miteinander mit den Mit-Musizierenden ausgesprochen wichtig. Sie haben von Sándor Végh viele Impulse bekommen und schätzten die Zusammenarbeit mit ihm extrem. Er galt als Primarius seines Quartetts ja als sehr, sehr schwierig und manchmal fast als diktatorisch seinen drei Kollegen gegenüber. Haben Sie ihn so auch erlebt und können Sie sich so etwas im eigenen Musizieren überhaupt vorstellen?

Sándor Végh war eine Ausnahmeerscheinung. Ich habe unglaublich viel von ihm gelernt und von dieser Zusammenarbeit profitiert. Natürlich, wir waren aus unterschiedlichen Generationen. Ich habe ihn in der Zusammenarbeit nie diktatorisch erlebt. Ich habe sehr viel mit ihm gespielt. Alle Beethoven-Sonaten zum Beispiel und dann später, mit ihm als Dirigenten, alle Mozart-Konzerte und andere Werke. Es war mir sehr wichtig, dass er vom Streichquartett kommt. Das ist bis heute meine Lieblingsgattung. Etwas, was ich selbst nicht mache komischer Weise. Aber wenn ich Musik höre, dann sind das meistens Streichquartette oder Lieder. Aber das stimmt: Ich habe ihm auch einmal gesagt, ich bewundere Dich, dass Du so wunderbar Quartett gespielt hast, und er sagte dann ziemlich zynisch: »Ja, Streichquartett ist eine wunderbare Sache, aber man muss diese anderen drei Menschen ertragen.« Das hat er mir gesagt. Als Scherz, aber naja ... In jedem Scherz ist ein bisschen Wahrheit.

Können Sie diesem Satz irgendetwas abgewinnen?

Nein, ich bin sehr anders. Ich habe davon auch gelernt, dass ich das so nicht machen möchte. Natürlich habe ich kein Streichquartett, ich habe das Glück, dass ich als Solopianist sehr viel allein bin. Dann ist man manchmal sehr einsam und um diese Einsamkeit auszugleichen, mache ich die Kammermusik. Aber mit wem ich Kammermusik mache, das ist eine sehr persönliche Wahl und eine Frage der Chemie. Es gibt wirklich ganz tolle Musikerinnen und Musiker, Sängerinnen und Sänger, mit denen es einfach nicht geht, weil die musikalische, aber vor allem die menschliche Chemie nicht stimmt. Dann muss man die Finger davon lassen. Das ist eine instinktive Sache. Aber ich weiß ganz genau, mit wem ich Musik machen kann, und ein Zeichen dafür ist, dass man in den Proben so wenig wie möglich redet. Sie werden sehen, sie gehen in Proben und es wird – auch in Orchesterproben übrigens mit Dirigenten –, es wird irrsinnig viel geredet und das ist nie gut, wie ich finde. Aber das geht nicht nur mir so. Ein Beispiel einer jüngeren Begegnung ist die mit Jörg Widmann. Das ist ein wunderbarer Musiker. Wir kamen zusammen, um Brahms-Sonaten zu spielen und man musste kaum ein Wort sagen. Es stimmte einfach. Die Phrasierung, die Artikulation, die Tempi und die Balance. Höchstens sagt man dann: Spielen wir den Satz noch einmal. (lacht)

DAVID FANNING

HOMMAGE AN EINEN (FAST) VERGESSENEN

EIN WOCHENENDE ZUM 100. GEBURTSTAG VON MIECZYSŁAW WEINBERG

Im Oktober 2019 hat das Quatuor Danel bei der Hamburgischen Vereinigung von Freunden der Kammermusik in fünf Konzerten an drei Tagen alle 17 Streichquartette des polnisch-jüdisch-russischen Komponisten Mieczysław Weinberg (1919–1996) präsentiert. Die Mitglieder des franko-belgischen Ensembles sind herausragende Kenner dieses Repertoires, deren großartige Aufnahmen auf sechs CDs beim Label cpo entscheidend zur Wiederentdeckung Weinbergs beigetragen haben.

Als ich vor dem ersten Konzert auf die Bühne des Kleinen Saals in der Elbphilharmonie gegangen bin, hatte ich die Ehre, an einem so illustren Ort vor Kennern und Liebhabern zu sprechen. Ich freute mich sehr darauf, Musik eines Komponisten vorzustellen, auf dem seit etwa 15 Jahren der Hauptfokus meines Berufslebens liegt. Gleichzeitig war ich besorgt, dass mein Schuljungendeutsch für alle Betroffenen ein bisschen peinlich sein könnte. Der Vorsitzende der Vereinigung, Ludwig Hartmann, hat mich und die Veranstaltung freundlich vorgestellt, aber in einem so perfekt modulierten Ton, dass meine Sorgen alles andere als zerstreut waren.

Ich wusste, dass man der Musik trauen kann – es war meine dritte Begegnung mit dem kompletten Weinberg-Zyklus vom Quatuor Danel. Zum ersten Mal hatte das Ensemble ihn fast genau zehn Jahre vorher an der Universität in Manchester gespielt. Ich wusste, dass der chronologische Aufbau, mit drei bis vier Quartetten pro Konzert, traumhaft funktionieren würde. Und ich wusste, dass Weinbergs Leben eine genauso faszinierende Geschichte erzählen würde wie die Musik selbst. Das hat den Druck etwas verringert.

Also habe ich versucht, mich ins Publikum hineinzuversetzen. Diejenigen, die der Musik zum ersten Mal beggnen, könnten drei zentrale Fragen haben. Erstens, vor der Veranstaltung: »Was soll die ganze Aufregung um Weinberg?« Zweitens, nachdem die Konzerte begonnen haben: »Wie kann der Zyklus als in sich geschlossenes Ganzes und in Beziehung zu anderen Komponisten Sinn ergeben?« Und drittens, nachdem die Veranstaltung mögliche Antworten auf die zweite Frage beantwortet hat: »Warum hat es so lange gedauert, bis Weinberg als eine wichtige Größe in der Musik des 20. Jahrhunderts anerkannt wurde?«

In unseren Gesprächen sind Ludwig Hartmann und ich diese Fragen nicht isoliert angegangen. Die Antworten überlappten sich zum großen Teil. Aber ich würde diesen kleinen Essay gern dazu nutzen, die Themen eins nach dem anderen zu besprechen.

Die Weinberg-»Aufregung« hat eine lange Geschichte. Im September 1939 war der Komponist, 19 Jahre alt, vor dem Einmarsch der Nazis in sein Heimatland Polen erst nach Belarus und dann weiter in die Sowjetunion entkommen. Zwei Jahre später floh er erneut, diesmal vor der Invasion der Sowjetunion durch die deutschen Truppen. Wiederum zwei Jahre später, nachdem sich die Lage im Zweiten Weltkrieg gedreht hatte, ging er nach Moskau, wo er sehr bald damit begann, eine erstaunliche Reihe von Kammermusikwerken zu schreiben, darunter Streichquartette, ein Klavierquintett, ein Klaviertrio, eine Cellosonate und mehrere Violinsonaten. Diese Werke sollten ihn in der jungen Generation sowjetischer Komponisten als eine feste Größe etablieren. Aber es gab keine Möglichkeit für seine Musik, aus der Tiefkühltruhe von Stalins Russland heraus ins westliche Bewusstsein zu dringen.

1948 und 1953 musste er einen doppelten Schlag hinnehmen. Zunächst wurden alle sowjetischen Komponisten durch die berühmt-berüchtigte Anti-Formalismus-Kampagne unter Kontrolle gebracht und gewaltsam an ihre Pflicht erinnert, Musik fürs Volk zu schreiben. Wenige Jahre später wurde infolge von Stalins »anti-kosmopolitischer« (in Wahrheit antisemitischer) Kampagne eine Reihe jüdischer Ärzte zu Unrecht angeklagt, und in diesen Strudel wurde Weinberg – als Verwandter eines der Angeklagten – mit hineingezogen.

Nach einer Phase der Erholung wurden die 1960er Jahre, in den Worten des Komponisten, sein »sternenhelles« Jahrzehnt. Weinberg fand zu seiner vollen Schöpfungskraft zurück und erreichte eine neue Reife. Er wurde von Interpreten wie Oistrach, Rostropowitsch, Gilels, Kondraschin und dem Borodin Quartett aufgeführt und schuf eine Reihe anspruchsvoller Sinfonien. In derselben Zeit entstand die erste seiner sieben Opern, »Die Passagierin«.

Diese Oper, deren Handlung überwiegend in Auschwitz angesiedelt ist, war sein entscheidendes Werk, wie der Komponist selbst erkannt hat. Sein Freund und Mentor Schostakowitsch hat es als Meisterwerk bezeichnet. Eine von Kulturministerium und Komponistenverband organisierte fachliche Begutachtung durch Komponisten und Dirigenten bestand »Die Passagierin« triumphal. Es schien nur eine Frage der Zeit, bis sie auf die Bühne käme. Aber dann bekamen die sowjetischen Opernhäuser kalte Füße, teils wegen der erheblichen technischen Schwierigkeiten, teils wegen der Aussicht auf offizielle Missbilligung – weder die originale Geschichte noch Weinbergs Fassung erwähnen die sowjetische Befreiung von Auschwitz oder die Rolle des Landes beim Sieg über den Faschismus. Deshalb blieb Weinbergs Opus Magnum zu seinen Lebzeiten unaufgeführt. Erst zehn Jahre nach seinem Tod war es im Konzert zu hören. 2010 inszenierte David Pountney die Oper bei den Bregenzer Festspielen, wo sie mit Standing Ovations gefeiert wurde. Seither ist sie Weinbergs Visitenkarte in Opernhäusern auf der ganzen Welt, vor allem in Deutschland.

»Die Passagierin« ist die Quintessenz von Weinbergs persönlicher Ethik. Bereits in der sechsten und achten seiner 26 Sinfonien hatte er sich zum Pazifismus bekannt, außerdem in Liedzyklen, einem schockierend spröden Requiem und dem Ballett »Die weiße Margerite«, das von der Katastrophe von Hiroshima handelt. Es ist zu seinen Lebzeiten nicht aufgeführt und bis heute nicht inszeniert worden. Auch in späteren Werken hat Weinberg sich wieder-

Quatuor Danel: Marc Danel, Gilles Milet, Vlad Bogdanas, Yovan Markovitch

Marc Danel, David Fanning

holt mit der Grausamkeit des Krieges befasst. Seine 21. Sinfonie, mit »Kaddish« betitelt und den Opfern des Warschauer Ghettos gewidmet, hatte eine große Wirkung. Die Aufnahme der Deutschen Grammophon wurde vom britischen Magazin Gramophone als Aufnahme des Jahres 2020 ausgezeichnet.

Es ist schwer vorstellbar, dass Streichquartette solche gewichtigen Themen aufgreifen. In Weinbergs Quartetten kommen diese tatsächlich nur im Subtext vor. So ist die Nummer 16 dem Gedenken an die Schwester des Komponisten gewidmet, die zusammen mit seinen Eltern nach dem Überfall auf Polen umkam. Andere Quartette enthalten jüdisch gefärbte Themen, womit Weinberg nicht nur seinen kulturellen Hintergrund andeutet, sondern auch seine Solidarität mit den Opfern des Krieges. Grundsätzlich sind die Quartette das private Gegenstück zu den öffentlichen Aussagen der Opern, Kantaten und Sinfonien; zugleich sind sie die besten Zeugnisse seines handwerklichen Könnens. Weinberg war von seiner Natur her ein sehr zurückhaltender Mensch. Er fühlte sich unwohl, wenn er in der Öffentlichkeit sprach, mochte auch sein Gewissen ihn dazu drängen. Die Quartette bewahren seine persönlichen Bekenntnisse und erfüllen die Mission, für die er geboren wurde: ein großer Musiker in der humanistischen Tradition zu sein.

Das Borodin Quartett hat ein halbes Dutzend der 17 Quartette zu Lebzeiten des Komponisten uraufgeführt, aber kaum jemals außerhalb von Russland gespielt. Es kam dem Quatuor Danel zu, den Staffelstab aufzunehmen. Nach dem Sieg beim Schostakowitsch-Wettbewerb 1993 kam das Ensemble mit dem Borodin-Cellisten Valentin Berlinsky in Kontakt und durch ihn mit Weinbergs Freund, dem Musikwissenschaftler Manashir Yabukov, sowie mit Schostakowitschs Witwe, Irina Antonovna, die den Danels die Partituren aller Quartette vorlegte.

2005 wurden sie zum Ensemble in Residence an der Universität von Manchester ernannt. Als damaliger Leiter der Abteilung hatte ich mich für dieses Engagement eingesetzt und ihnen grünes Licht dafür gegeben, jedes der Quartette in unserer Konzertreihe aufzuführen. Über vier Jahre hinweg führten sie den kompletten Zyklus auf und schlossen ihn im Oktober 2009 ab.

Als 2014 der neue Cellist Yovan Markovich dazustieß – davor war er beim Ysaÿe Quartet –, eröffneten sich neue Horizonte. Die Weinberg-Aufführungen des Quatuor Danel sind seitdem noch aufregender geworden, noch mutiger und tiefer als ihre wunderbaren Aufnahmen für cpo.

Die Weinberg-Quartette haben keine Schwachpunkte. Jedes hat für sich genommen eine eigene, kraftvolle, individuelle Aussage. Wenn die Danels sie als Zyklus aufführen, so wie sie es in Utrecht, Heidelberg, Paris, Washington D.C., Amsterdam und Taipeh sowie in Manchester und in Hamburg getan haben, werden sie zum musikalischen Wegbegleiter einer außerordentlichen Biographie. Aber es gibt noch andere Wege sie zu verstehen, sowohl als Gruppen als auch als Ganzes, was vielleicht dabei hilft, sie in einem breiteren Kontext einzuordnen.

So erzählen etwa die ersten sechs zum Beispiel die Geschichte einer fortschreitenden Meisterschaft, Eigenheit und Strebsamkeit. Die Stücke, die in einem Zeitraum von neun Jahren entstanden sind, führen uns aus der Welt eines autodidaktischen Teenagers (der vielleicht eine Karriere als Klaviervirtuose gemacht hätte, wenn der Krieg nicht dazwischengekommen wäre) bis in den Status eines führenden Komponisten seiner Generation.

Wie sich sein Horizont in diesen Jahren erweiterte, zeigt schon die Tatsache, dass das Dritte Quartett drei Sätze hat, das Vierte vier, das Fünfte fünf und das Sechste sechs. Das Sechste ist tatsächlich eine Summe von Weinbergs frühem kammermusikalischen Schaffen. Aber genau dieses Sechste geriet mit der Anti-Formalismus-Kampagne des Jahres 1948 in Konflikt und wurde auf die berüchtigte schwarze Liste jener Werke gesetzt, die »nicht zur Aufführung empfohlen« waren. Selbst nachdem der Bann später aufgehoben worden war, war das künstlerische Klima in der späten Sowjet-Ära zu feindlich gegen Musik von dieser technischen Komplexität und emotionalen Tiefe, als dass man sie hätte aufführen können. Nachdem er von der (glücklicherweise kurzen) Zeit als Häftling im Lubyanka- und Butryka-Gefängnis ausgebremst wurde, nahm Weinberg eine zehnjährige Auszeit vom Streichquartettschreiben.

Seine nächsten sechs Quartette sind zwischen 1957 und 1970 in eher loser Folge entstanden, ungefähr zeitgleich mit den letzten zehn Quartetten von

Schostakowitsch. Die beiden Komponisten hatten sich nach Weinbergs Übersiedelung nach Moskau 1943 angefreundet und pflegten einander ihre jüngsten Werke am Klavier vorzuspielen, bevor diese öffentlich aufgeführt wurden. Weinberg hätte nie auch nur davon geträumt, sein Schaffen auf demselben Niveau wie das seines Freundes und Mentors zu sehen. Gleichwohl waren seine großen Ziele mit denen Schostakowitschs vergleichbar. Die Idee vom Streichquartett als einem Schauplatz für den im Höchstmaß elaborierten und konzentrierten musikalischen Ausdruck, wie es etwa bei Beethoven der Fall ist, war beiden gemein.

Die Begegnung mit der Persönlichkeit und Musik Schostakowitschs hat Weinbergs Klangsprache genauso entscheidend geprägt wie seine polnisch-jü-

Das Quatuor Danel, eingerahmt von David Fanning und seiner Frau Michelle

Der Cellist Yovan Markovitch nach dem Konzert

dische Herkunft. Dieser Einfluss war gegenseitig; Schostakowitsch hallt in Weinbergs Quartetten wider und umgekehrt. Ungefähr zu der Zeit, als beide ihre jeweils Achten Quartette geschrieben hatten, (Weinberg 1959 und Schostakowitsch 1960), sprach Schostakowitsch gut gelaunt von einem »Wettbewerb«.

Während die Jahre ins Land gingen, wurde ihre Seelenverwandtschaft weniger eine Frage von individuellen Themen oder Wendungen der Phrasen, als eine der ästhetischen Prinzipien. Um ein Beispiel zu geben: In der Zeit, in der Schostakowitsch sein bekanntlich autobiographisches Achtes Quartett komponierte, das von der Signatur D-S(Es)-C-H dominiert wird, arbeitete Weinberg an seinem sehr verinnerlichten Achten. Dessen berührendste Idee hatte offensichtlich eine tiefe persönliche Bedeutung für ihn. Sie taucht in der Oper »Der Idiot« noch einmal auf, wo sie die Titelfigur dazu bringt, zu lachen statt zu weinen, und dann noch einmal in seinem letzten Werk, der Sinfonie Nr. 22, die bis zu seinem Tod unorchestriert blieb.

Die letzten fünf Quartette Weinbergs sind nach dem Tod von Schostakowitsch entstanden. Es ist deutlich zu hören, dass er damit das Vermächtnis des Meisters zu bewahren und fortzuführen suchte. Gleichzeitig schaut er auf einige konstruktivistische Aspekte von Bartóks Schaffen sowie klangliche Experimente der neuen Polnischen Schule zurück (Penderecki, Lutosławski und andere).

Das Ergebnis ist einerseits Musik von unwiderstehlicher, vorandrängender Energie, wie im Scherzo aus dem Zwölften Quartett. Andererseits sind versteckte Schichten von Subtext eingearbeitet, etwa im 17. und letzten Quartett, das seine positiv anmutende D-Dur-Energie mit einem Thema aus dem von Weinberg so genannten »Kochtopf« konterkariert. Das intertextuelle Element besteht hier in einer choralartigen Passage. Sie stammt aus einem Liedzyklus über ein Gedicht, in dem ein Kind dabei entdeckt wird, wie es in einem Heuhaufen schläft. Dasselbe Thema taucht auch in der Oper »Das Porträt« auf, wo es leitmotivisch genutzt wird, um den ewigen Wert reiner Kunst auszudrücken: ein Anzeichen dafür, dass die ethischen und die musikalischen Aspekte von Weinbergs Schaffen nicht zu trennen sind.

Doch mit diesen letzten fünf Quartetten hatte Weinberg sein letztes Wort zum Thema Streichquartett noch nicht gesprochen. Die ersten drei seiner vier Kammersinfonien, alle im letzten Lebensjahrzehnt entstanden, sind Überarbeitungen seiner Quartette Nummer zwei, drei und fünf (zuvor hatte er bereits die Nummer eins als Quartett revidiert und die Bearbeitung mit einer separaten Opuszahl versehen).

Warum sollte er so etwas tun?

Exakt deshalb, weil diese Quartette unveröffentlicht geblieben waren und ein Schattendasein geführt hatten. Weinberg war sich ihrer Qualität bewusst und wollte ihnen eine Chance auf ein zweites Leben verschaffen. Als süße Rache dafür, dass er beim Stalin-Preis zugunsten weit weniger verdienter Komponisten übergangen wurde, bekamen die beiden ersten Kammersinfonien Staatspreise. Niemand ahnte zu der Zeit, dass es sich um Überarbeitungen von Musik aus seiner Jugend handelt, und Weinberg hat diese Tatsache wohlweislich *für sich behalten*.

Es scheint also klar zu sein, dass seine Streichquartette, je mehr wir von Weinberg wissen und je mehr sein Schaffen nach und nach ins Konzertrepertoire zurückkehrt, desto mehr Geheimnisse enthüllen. Sie fesseln das Publikum weiterhin mit ihrer emotionalen Direktheit und inspirieren zugleich die Interpreten durch ihre erstaunlich kühnen Texturen. Der Gründungscellist der Danels, Guy Danel, hat mir einmal gesagt, das Studium von Weinbergs Musik habe ihn zu einem besseren Spieler werden lassen.

All diese Gedanken haben Ludwig Hartmann und ich damals mit dem Publikum in Hamburg geteilt, während ich nach und nach aufhörte, mir Sorgen zu machen, und mehr Zutrauen fasste, egal wie ungenau die deutschen Vokabeln und grammatischen Wendungen waren, die mir über die Lippen kamen.

Eine Frage wird mir nach Aufführungen von Weinbergs Musik immer gestellt: Wie kommt es, dass es so lange gedauert hat, bis deren wahre Größe erkannt wurde? Vor dem letzten Konzert kam Marc Danel zu uns auf die Bühne, um ein paar Gedanken aus der Perspektive der Interpreten beizutragen. Seine These ist, dass Weinberg – wie Schubert – absolut erstklassige Aufführungen brauche, während Schostakowitsch – wie Beethoven – selbst dann beeindrucke,

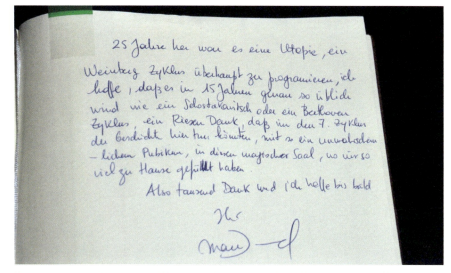

Einträge von David Fanning und Marc Danel in das Gästebuch der Kammermusikfreunde.

wenn die Aufführung weniger als Spitzenklasse ist. So wertvoll die Verbindung zu Schostakowitsch hinsichtlich praktischer und moralischer Unterstützung zu Lebzeiten für Weinberg war, sie hat ihn auch dem Vorwurf ausgesetzt, eine Art »Schostakowitsch light« zu sein. Auch bei Schubert hat es Jahrzehnte, wenn nicht ein Jahrhundert gedauert, bis seine Instrumentalmusik ganz aus dem Schatten von Beethoven herausgetreten war.

Vielleicht können Worte wie die, die Ludwig Hartmann und ich in der Elbphilharmonie ausgetauscht haben, eine Hilfe sein, den Hörerinnen und Hörern Weinbergs Musik näherzubringen und dem Vorwurf des Epigonentums entgegenzutreten. Die einzige wirkungsvolle Waffe auf diesem Kreuzzug ist jedoch die Aufführung – die brillante, riskante, emotional großzügige Aufführung von der Art, wie sie uns das Quatuor Danel in Hamburg so herrlich bescherte. Und der einzige Weg, wie solche Aufführungen überhaupt erst möglich werden, ist das kontinuierliche Gedeihen kultureller Leuchttürme wie die Hamburgische Vereinigung von Freunden der Kammermusik.

Vivat!

RAPHAËL MERLIN

VON KARRIERE, VERPUPPUNG UND VIREN

EIN HAMBURGER KONZERT ALS HÄRTEFALL

Wir haben immer eine besondere Verbindung zu Hamburg gehabt. Diese große Hafenstadt hat uns junge Franzosen, die wir ganz am Anfang unserer Karriere waren, beeindruckt, nicht nur, weil dort die »Königin der Streichquartette« residierte (Sonia Simmenauer, die gleich nach unserem Erfolg beim ARD Musikwettbewerb 2004 unsere Agentin wurde), sondern auch, weil wir fasziniert waren sowohl von der Architektur (wir haben dort sogar eines unserer ersten Fotoshootings abgehalten, unseren Fotografen Julien Mignot davon überzeugt, nach Hamburg zu kommen, um uns dort durch die Straßen und Bahnhöfe zu folgen, den Fotoapparat immer in der Hand), als auch von dem vortrefflichen kulturellen Angebot und den sehr speziellen musikalischen Anforderungen. Unsere ersten Konzerte in der Laeiszhalle haben wir, unterstützt von den Hamburger Kammermusikfreunden, in dieser schwierigen und entscheidenden Phase gegeben, in der sich zeigt, ob Karriereversprechen sich bewahrheiten und ob man wirklich ein Leben als Konzertmusiker führen kann. Es ist eine Art Verwandlung wie die Verpuppung bei einer Raupe. Und deshalb ist es in diesem Moment besonders wichtig, dass einem die Umgebung ausreichend Vertrauen entgegenbringt.

Ich erinnere mich, anlässlich eines unserer Konzerte im kleinen Saal wunderbare Orchesterklänge in den Fluren gehört zu haben, unwiderstehlich, wie Sirenengesang, drangen sie durch eine halboffene Tür! Ich habe vorsichtig in den Großen Saal hineingeschaut und war überwältigt von der Akustik und dem beeindruckenden Andris Nelsons. Mit dem Concertgebouw Orchester Amsterdam probte er den slawischen Tanz e-Moll von Dvořák (vermutlich die Zugabe für das abendliche Konzert). Mein Vergnügen war allerdings nur von kurzer Dauer: Eine Platzanweiserin befahl mir trocken, den Saal zu verlassen, die Probe sei nicht öffentlich. Aber mir bleibt diese schöne, wenn auch kurze Erinnerung.

Die vergangenen Jahre und interne Umwälzungen, haben schließlich dazu geführt, dass wir die großartige Bratschistin Marie Chilemme eine der

Quatuor Ébène: Pierre Colombet, Gabriel Le Magadure, Marie Chilemme, Raphaël Merlin

Unseren nennen dürfen, und so haben wir uns, ab 2017, in die Vorbereitung des Projektes gestürzt, das noch lange und mit Abstand das größte unserer Karriere sein wird: die Gesamtaufnahme der Streichquartette von Beethoven. Die Aufnahmen waren vorgesehen für 2019, die Konzerte für das Jahr 2020, also anlässlich des 250. Geburtstages des Komponisten. Neben anderen mutigen Konzertveranstaltern – wie z. B. Carnegie Hall in New York, die Konzertdirektion Hörtnagel in München oder die Philharmonie in Paris – haben sich auch die Hamburger Kammermusikfreunde für dieses außergewöhnliche musikalische Abenteuer sämtlicher Beethoven-Streichquartette entschieden, das so reich an schönen Klängen und so vielschichtig ist – ein Abenteuer irgendwo zwischen musikalischem Kreuzzug und einem letzten, fast philosophischen, »Gefecht«. Aber all das konnte nicht wie geplant stattfinden. Die Pandemie zerschlug die Konzertkalender 2020, und nur mit viel Mühe konnten wir in drei Konzerten wenigstens einige Werke von Beethoven für unser liebes Hamburger Publikum spielen. Mit Maske und vor einem nur zu rund einem Viertel gefüllten Saal.

Um die Hygienevorschriften einzuhalten, mussten wir für eines unserer Hamburger Konzerte in Paris morgens den ersten Zug nehmen, einen Zwischenstopp in Frankfurt einlegen, einen PCR Schnell-Test machen (Ergebnis spätestens nach 6 Stunden), dann wieder in den ICE nach Hamburg steigen

> Nur eine Seite später… aber 6 Monate!
> Seither ist so viel anders geworden,
> die Welt hat schon eine mehr hydralkoholisches
> Duft! Aber Beethovens Geist, vielleicht,
> noch breiter und kräftiger –
> Daß wir heute das tolles Publikum in
> der großer Saal treffen durften ist sehr
> besonders: jeder hatte kaum vorgenern, wie
> reale, physische Konzert ist: die Musik ist
> körperlich und wird nie virtuel werden –
> Tausend Danke – 10.10.20 Werden wir nie
> vergessen! Die 4 Corona-negative
> frisch testierte! EBENES
>
> Merci… a special day — a special concert today —
> What an audience…
> Very touched by your nice and deep welcome
> See you soon ♡
>
> Such a pleasure after such a terrible day!
> The best and warmest audience ever!!
> Thank you so much!!
>
> IN THESE CRAZY TIMES
> THIS CONCERT LOOKED LIKE
> PARADISE TO US…
> THANK YOU

Eintrag des Quatuor Ébène im Gästebuch der Kammermusikfreunde anläßlich seines Konzerts am 10. Oktober 2020 im Großen Saal der Laeiszhalle

und dort auf das Ergebnis warten, um schließlich das Hotel und den Konzertsaal betreten zu dürfen. Allerdings kamen die Ergebnisse an diesem Konzerttag nicht so schnell wie vorgesehen. Das bedeutete: Wir mussten mitten auf der Straße warten, die Instrumente auf dem Rücken, die Koffer in der Hand. Es war ziemlich kalt, und wir fürchteten schon, nicht mal mehr eine Minute auf der Bühne zu haben, um uns ein bisschen aufzuwärmen ...

Im letzten Augenblick, 30 Minuten vor dem Konzert, wurde uns mitgeteilt, dass unsere Testergebnisse negativ seien, und wir beeilten uns, in diesen so vertrauten Tempel der Musik – an diesem Tag eine Festung – einzutreten. Weil coronabedingt große Abstände eingehalten werden mussten, spielten wir im Großen Saal, was uns bei einem Kammerkonzert mit dem Quartett noch nie passiert war. Ludwig Hartmann hatte dem überaus wohlwollenden Publikum erklärt, dass wir wegen der außergewöhnlichen Umstände 20 Minuten später anfangen würden, so dass wir, als wir schließlich die Bühne der Laeiszhalle betraten, so stürmisch empfangen wurden wie Rockstars. (Und ich muss zugeben, dass die kleine Kränkung, dem Dvořák einige Jahre ehedem nur wenige Minuten gelauscht haben zu können, seitdem vollkommen verblasst ist).

Jeder im Publikum hatte so darunter gelitten, dass kaum noch Konzerte stattfanden, und wir alle hatten die Übertragungen im Internet so satt, die Livestreams! Es war zwingend notwendig geworden, Musik endlich wieder live zu erleben, ihre Schwingungen zu **spüren**! Wie das Publikum an diesem Abend zugehört, wie es reagiert hat, das war außergewöhnlich, und so bleibt dieses Konzert für uns ein unvergessliches Erlebnis. Es hat uns außerdem gezeigt, wie erstaunlich gut die Akustik des Großen Saals der Laeiszhalle auch zur Besetzung eines Streichquartetts passt. Und wie kraftvoll Beethovens Botschaft von der Brüderlichkeit bleibt – und wie ansteckend: Die schönste aller Viren ist sie!

CHRISTOPH ESCHENBACH *IM GESPRÄCH*

CHEFDIRIGENT UND MUSICUS INTER PARES

KAMMERMUSIK ALS BINDEGLIED

L**UDWIG** H**ARTMANN**: *Herr Eschenbach, der Frühling Ihrer Karriere ist durchaus vorbei ...*
C**HRISTOPH** E**SCHENBACH**: (lacht) ... kann man wohl sagen ...

... Sie sind jedoch immer noch in einer Hochphase Ihrer Karriere. Sie werden heute vor allem als Dirigent wahrgenommen. Spielte und spielt die Kammermusik in Ihrem Leben eine größere Rolle?
Die Kammermusik hat eine ganz große Rolle gespielt, natürlich in meiner Jugend, in meiner Studienzeit, in meiner musikalischen Entwicklung und dem weiteren Werdegang. Zum Beispiel auch bei verschiedenen Orchestern, wo ich auch Kammermusikvereinigungen gründete, zum Beispiel in Houston die Houston Symphony Chamber Players, mit denen ich durch die ganze Welt gereist bin. Aber auch in Philadelphia und Paris. Mit ausgewählten Orchestermusikern. Das war für die Orchestermusiker und mich von sehr großer Wichtigkeit.

Wenn ich es richtig im Kopf habe, war Ihre Arbeit in Houston Pionierarbeit. Es war nicht üblich, dass Chefdirigenten Kammermusik mit ihren Musikerinnen und Musikern machten.
Gar nicht üblich. Nur Sawallisch hat es ein wenig gemacht in Philadelphia, ansonsten in keinem der amerikanischen Orchester, aber ich kann mich auch nicht an Orchester in Deutschland und Europa erinnern, in denen sich der Chefdirigent um die kammermusikalische Seite des Orchesters kümmerte.

Aus welchen Motiven, welchem Impuls heraus haben Sie diese Initiative ergriffen? Um eine noch bessere Verbindung zu den Musikerinnen und Musikern zu bekommen oder weil sich die Kammermusik auch auf die Orchesterarbeit auswirkt?

Ja, um die Musiker besser kennenzulernen und auch, um den Musikern die Möglichkeit zu geben, mich besser kennenzulernen. Und das ist ja bei Kammermusik ganz wunderbar der Fall.

Sie kommen, wenn Sie als Chefdirigent mit Ihren Musikerinnen und Musikern spielen, in einen spannenden Rollenwechsel. Als Dirigent sind Sie der »große Chef« mit dem Dirigierstab, bei der Kammermusik hingegen ist man möglichst auf gleicher Ebene. Ergaben sich da Schwierigkeiten?
Nein, es hat nie Schwierigkeiten gegeben, denn ich habe den Dirigentenberuf nie als Mann mit Stab betrachtet, der von oben herab etwas diktiert oder verlangt, sondern auf die musikalischen Möglichkeiten der Musiker geachtet und sie in die Orchesterarbeit und in die Sicht der Partituren mit einbezogen. Wenn ich die Partituren studiere, habe ich die Musiker geradezu vor mir. Ich habe sie im Geiste vor mir und höre sie quasi spielen. Das ist eine ganz andere Attitüde des Dirigenten.

Ist es bei der kammermusikalischen Arbeit zu Situationen gekommen, in denen ein Geiger, Bratscher oder Cellist gesagt hat: »Lieber Pianist Eschenbach, das machen wir aber doch lieber so oder so!«?
Es ist ja bei der Kammermusik andauernd so, dass die einzelnen Musiker ihren Input geben. Und das ist die Sicht, aus der ich Musik sowieso sehe, wenn ich mit mehreren Musikern zusammen Musik mache.

Hat sich das kammermusikalische Musizieren auch auf ein besseres Aufeinanderhören in Ihren Orchestern ausgewirkt?
Absolut, ja! Absolut.

Was sind Ihre ersten Erinnerungen an eigene aktive Kammermusik?
Die fallen in meine Hamburger Studienzeit, meine Frühlingszeit, wie Sie es genannt haben. Und da bin ich auch mit der Hamburger Kammermusikvereinigung in Kontakt gekommen. Jetzt sind Sie der Vorsitzende, damals war das Bobby Möller, ein Quartett-Fan sozusagen. Ich hatte ein Abonnement, gemeinsam mit meiner Lehrerin Eliza Hansen. Da kam mein Lieblings-Quartett, das Amadeus Quartett, und das Quartetto Italiano oder das Koeckert Quartett und wie sie alle hießen. Ich war mit Begeisterung dabei und habe oft die Partituren studiert und genossen. Die Zeit in Hamburg war eine sehr wichtige für mich, auch in der Partizipation als Zuhörer der Kammermusik.

Und Sie haben später ja auch im Klavierduo, gemeinsam mit Justus Frantz, bei den Hamburger Kammermusikfreunden gespielt.
Ja, das ist eine andere Ebene der Kammermusik gewesen. Ich habe es ziemlich lange gemacht mit Justus und das war sehr erfolgreich. Wir haben auch viele Aufnahmen gemacht. Die andere Seite, die auch speziell war, war meine

Zusammenarbeit mit Fischer-Dieskau. Das hat sich jetzt fortgesetzt mit Matthias Goerne. Ich bin sehr dankbar, ich habe wahnsinnig viel gelernt in den Fischer-Dieskau-Jahren von diesem großen Mann.

Wo sind Parallelen, wo sind die größten Unterschiede zwischen dem Spielen im Klavierduo und dem Spielen mit Streichern?
Ja, doch, die gibt es. Klavierduo ist eine merkwürdige Angelegenheit. Einer spielt oben, einer spielt unten. Das ist schon mal merkwürdig. Wer pedalisiert, ist die große Frage ...

... Sie waren immer oben, wenn ich es richtig im Kopf habe.
Ja, nicht immer, aber meistens. Ich habe immer, auch beim Solo-Klavier, von der Melodie aus pedalisiert, nicht von der Harmonie. Dann würde es dick. So haben wir es praktiziert und deshalb ist es immer transparent geblieben in der Arbeit mit Justus. Ich bin der Meinung, dass man in der Klaviermusik instrumentieren muss, dass man sich nicht mit den Tasten und dem Anschlag zufrieden gibt, sondern dass man sich vorstellt, dass in einer Bass-Kantilene ein Cello spielt oder in einer Diskant-Kantilene die Geige. Deshalb machte es mir auch beim Klavierduo-Spielen nie Schwierigkeiten, transparent zu bleiben.

Sie haben Ihre Arbeit mit Dietrich Fischer-Dieskau angesprochen, man kann wohl sagen, dem wichtigsten Liedsänger des vergangenen Jahrhunderts. Können Sie sagen, was besonders Sie von ihm gelernt und wovon Sie besonders profitiert haben?
Etwas sehr Besonderes bei dieser Arbeit und jeder weiteren Arbeit mit Liedsängern – meine Mutter war ja Sängerin, besonders spezialisiert im Liedfach, ich habe als Kind schon Schubert-Lieder gespielt, bis hin zu Hugo Wolf ... Aber mit Fischer-Dieskau hat sich etwas sehr Interessantes herauskristallisiert: der Text. Die Farbigkeit eines Wortes, die über die Stimme hinausgeht, die im Klavier komponiert ist von den großen Meistern des Liedgesanges, Schubert, Schumann und Wolf. Es hat mich über die Maßen interessiert, den Text auszumalen auf dem Klavier und ihn noch weiter zu fördern als Wort-Sinn.

Mit dieser Riesen-Erfahrung sind Sie dann noch einmal an ein großes Schubert-Projekt mit Matthias Goerne herangegangen. Ist das dann noch einmal komplettes Neuland gewesen?
Das ist eigentlich nicht Neuland. Eher Vervollkommnung der Erfahrungen durch einen anderen Komponisten und anderen Sänger. Mit Fischer-Dieskau habe ich nur Schumann gemacht. Den ganzen Schumann. Und mit Goerne die großen Schubert-Zyklen.

Haben Sie die Arbeit als Lied-Pianist mit Matthias Goerne noch weiter ausbauen können oder waren Sie – in Anführungsstrichen – fertig?

Nun, erstens, fertig ist man nie und zweitens ist mit jedem musikalischen und literarischen Text die Situation neu gegeben. Man hat immer Neuland vor sich. Wenn Sie ein Wolf-Lied nehmen mit Mörike-Text, ist das wieder etwas ganz anderes als ein Schubert-Lied mit dem – übrigens immer unterschätzten – Wilhelm Müller, finde ich. Das war gar kein so schlechter Dichter, sonst hätte ihn Schubert auch gar nicht genommen.

Wir treffen uns in Berlin, Sie haben sich gerade intensiv mit Matthias Pintscher beschäftigt. Ich hatte vor einiger Zeit ein interessantes Erlebnis, auch nach einem Konzert mit neuester Musik. Im Publikum gab es einen köstlichen Dialog. Da sagte eine Dame zu ihrer Freundin: »Sag mal, was haben wir uns denn da angetan, wenn wir das gewusst hätten!«. Dann ging ich hinter die Bühne und dort wurde geschwärmt, unter Fachleuten, was für eine großartige Musik entstanden sei. Was muss neue Musik, neue Kammermusik Ihrer Einschätzung nach haben, damit sie nach Möglichkeit längere Zeit gültig ist?
Ich glaube, sie muss zum Zuhörer sprechen. Sie muss eine Diktion haben, muss eine Geschichte erzählen.

Gibt es neueste Kammermusik, bei der Sie sagen, das wird man auch noch in 50, 100, 150 Jahren hören wollen?
Ganz gewiss gibt es das, ganz gewiss. Ich denke, wenn man etwas zurückgeht, zu den Bartók-Quartetten, dass die in der Zeit, als sie komponiert wurden, für den Hörer Neuland waren und auf erstaunte Ohren trafen. Heute ist das Repertoire geworden und so setzt sich die Kammermusik genauso weiter fort, wie die sinfonische Musik, die Klaviermusik oder der Liedgesang ...

... und dennoch hat man manchmal, verkürzt gesagt, den Eindruck, sobald etwas schön klingt, hat der Komponist schon verloren. Stimmen Sie dem zu?
(lacht) Nein, dem stimme ich nicht zu. Und die Komponisten gehen ja auch sukzessive weg von der reinen Atonalität. Aber das spielt für mich sowieso keine Rolle. Ich finde eine kleine Sekunde oder eine große Septime genauso klangreich wie eine Terz oder einen Dreiklang.

Aber das ist doch etwas, was Fachleute, Profi-Musikerinnen und -Musiker in der Regel etwas anders sehen als das Publikum, für das es doch eigentlich immer Arbeit bleibt, in diese Musik hineinzukommen.
Es ist deshalb fremd, weil es im Verhältnis viel weniger aufgeführt wird und das Ohr sich nicht genug gewöhnt hat an neue Schreibweisen.

Sie sind jetzt seit mindestens 60 Jahren professionell musikalisch unterwegs. Es gibt in Bezug auf Lampenfieber ganz unterschiedliche Äußerungen von Schauspielern, von Musikerinnen und Musikern. Wie geht es Ihnen? Hilft die Erfahrung oder wird der Druck eher größer, weil Sie immer mehr Verantwortung haben?

Christoph Eschenbach

Beides nicht. Ich habe nie unter Lampenfieber gelitten, weil ich mir bei der Arbeit an einer Aufführung vor Publikum oder vor dem Mikrofon der Verantwortung total bewusst war. Der Verantwortungspegel lag immer sehr hoch und die Arbeit an einem Werk damit auch. Ich bin heute von diesem Problem so frei wie eh und je.

Gibt es für Sie nach Jahrzehnten des Musikerlebens so etwas wie Lieblingsstücke im Bereich der Kammermusik?
Das kann ich eigentlich nicht sagen. Die Stücke, mit denen ich mich spielenderweise oder hörenderweise beschäftigt habe, waren in dem Moment meine Lieblingsstücke. Die Literatur ist so groß. Wenn Sie zum Beispiel die Beethoven-Quartette nehmen. Ich habe vor einiger Zeit im französischen Radio wieder einmal den gesamten Zyklus gehört. Das ist so aufregend und eigentlich

auch so neuartig fürs Ohr; und nicht nur die späten, sondern auch die Schreibweise der mittleren oder auch der frühen Quartette von Beethoven. Und genauso geht es mir bei Haydn ...

... der immer unterschätzt wird ...
... immer unterschätzt, ja, auch in der Sinfonik natürlich. Mir sind im Grunde – das darf ich eigentlich gar nicht laut sagen – die 104 Haydn-Sinfonien lieber als die 41 Sinfonien von Mozart. Obwohl die ab den Mittzwanzigern auch großartig sind. Aber bei Haydn sind sie großartig von Anfang an.

Und Haydn hat in der Sinfonik wie auch in der Kammermusik immer einen im Sinn und er hat immer Überraschungen dabei.
Ja, er ist voller Überraschungen und Witz, als wenn er den Hörer an der Nase herumführt.

LUDWIG HARTMANN

GLÜCKSFALL MIT EINEM GLÜCKSPILZ

BEGEGNUNGEN MIT EINEM JAHRHUNDERTKÜNSTLER

»Ich bin eben ein Glückspilz« sagt Menahem Pressler und schaut ebenso drein, mit seinem klaren, liebevollen Blick. Dieses, sein Glück betont Menahem Pressler wieder und wieder. Kurz und knapp: »Ich bin eben ein Glückspilz.« Grundtenor im Leben dieses singulären Künstlers; auch noch im Jahr 2022, mit 98 Lebensjahren.

Gut zwei Jahrzehnte bevor der 38-jährige Pressler am 27. Januar 1961 zum ersten Mal mit seinem Beaux Arts Trio bei der *Hamburgischen Vereinigung von Freunden der Kammermusik* zu Gast war – zweifellos ein Glückstag für die Hamburger Kammermusikfreunde – hing sein Leben und das seiner gesamten Kernfamilie am seidenen Faden. Erst im Frühjahr 1939 entschloss sich die Familie des damals 15-jährigen Menahem, nach Palästina auszuwandern. Dass die Familie über die Grenze gelangt – Glück. Dass sie es in Triest an Bord der »Galil« schaffte – Glück. Glück in mehrerer Hinsicht: Es war die letzte Rettungsfahrt der »Galil« von Italien nach Palästina. Nur kurze Zeit später in Italien angekommen wären die Presslers im faschistischen Italien hängen geblieben.

IN PALÄSTINA AUF DEM WEG ZUM KÜNSTLER

Die nächsten Stationen im Leben des jungen Menahem sind Legende. Während der mehrtägigen Überfahrt hatte er auf dem Schiff ein Konzert gegeben, im rettenden Exil konnte man zwar sicher leben, aber es war dem Jugendlichen nicht möglich, zu essen. Eine neue Lebensgefahr? Der Vater jedenfalls, Textilhändler aus Magdeburg und nach recht kurzer Zeit mit neu eröffnetem Geschäft in Tel Aviv, hielt die Nahrungsverweigerung für pubertäre Künstlerflausen seines hochbegabten Sohnes.

Ins Leben zurück führte schließlich aber doch die Musik. Und hinzu kam wieder Glück. Glück mit seinen Lehrern: Eliahu Rudiakov und Leo Kestenberg.

Mit Glück in den Augen spricht Pressler auch von seinem Magdeburger Lehrer, Herrn Kitzel, Kantor der evangelischen Kirche, der nach der mörderischen Pogromnacht, als der jüdische Junge nicht mehr zum Unterricht kommen konnte, sich selbst aufmachte und zu seinem begabten Schüler ins Haus kam. Die Erinnerungen an bedrohliche Zeiten gibt es schon, aber sie blitzen eher am Rande auf, im Zentrum von Presslers Erinnerungen, so scheint es, stehen die intensiv-positiven Begegnungen.

In Palästina sammelt der aufstrebende Pianist erste Erfahrungen im Klaviertrio. Am Cello sitzt Menachem Meir, Sohn der späteren Premierministerin Golda Meir. Doch das ist nur eine Episode, schließlich ist Pressler auf dem Weg zur Solokarriere, spielt zahlreiche Solo-Rezitale für den Rundfunk und als Solist mit dem Palestine Symphony Orchestra, dem heutigen Israel Philharmonic Orchestra. Im August 1946 gewinnt er nach kürzester Vorbereitung – gegen 64 Mitbewerber – den Debussy Wettbewerb in San Francisco. In der Jury sitzt Darius Milhaud. Menahem Pressler debütiert bald in der New Yorker Carnegie Hall und konzertiert nun mit den bedeutendsten Orchestern; mit den New Yorker Philharmonikern, den Orchestern von Boston, Philadelphia und Cleveland unter Dirigenten wie George Szell, Eugene Ormandy, Georg Solti oder Dimitri Mitropoulos.

Der Weg zum Trio? Eher Zufall. Ein glücklicher natürlich. Der Geiger Daniel Guilet, immerhin Konzertmeister im NBC Symphony Orchestra von Arturo Toscanini und erfahrener Kammermusiker, meldet sich und fragt, ob Pressler Interesse habe, Mozart-Trios für die Schallplatte aufzunehmen. Den Cellopart soll der Casals-Schüler Bernard Greenhouse übernehmen. Kurz: Man findet zusammen, springt – höchst glücklicher Zufall – beim Berkshire Festival ein und verzeichnet einen spektakulären Erfolg.

Dieser 13. Juli 1955 mag als eigentlicher Geburtstag des Beaux Arts Trios gelten. Aus wenigen geplanten Folgekonzerten wurden über siebzig. Man blieb zusammen und etablierte de facto eine neue musikalische Zeitrechnung. Ein »Klaviertrio«, das war zur damaligen Zeit in aller Regel entweder ein Ensemble von Musikern, bei denen es für Solistisches nicht gereicht hatte oder aber eines, in dem sich hochrangige Solisten für ein, zwei Konzerte zusammenfanden. »Am Anfang, als unser Trio entstanden ist, war Trio eher ein Schimpfwort«, erinnert sich Menahem Pressler, »eher ein Klavierkonzert für arme Leute. Oder ein Pianist, der gleichzeitig zwei Streicher begleitete. Aber dass es wirklich eine Einheit bildet, dessen war man sich nicht bewusst. Und ich glaube, einen großen und wichtigen Anteil daran, dass sich dieses Verständnis entwickelte, hat das Beaux Arts Trio.«

Pressler entschied sich für das Beaux Arts Trio und somit gegen eine vorrangige Solistenkariere. Er nahm eine Professur in Bloomington, Indiana, an und verlegte dorthin seinen Lebensmittelpunkt. 1952 und 1962 wurden die Kinder von Sara und Menahem Pressler, Amittai und Edna, geboren. Die Presslers lebten im Mittleren Westen der USA, doch Menahems eigentliche Heimat wurden die Konzertbühnen in aller Welt.

Eine langjährige, intensive Zusammenarbeit von drei hervorragenden Instrumentalisten als festes Ensemble, so etwas war in den 1950er Jahren praktisch unbekannt. Und auch für das Beaux Arts Trio ging es in den Anfangsjahren erst einmal monatelang auf die berühmte »Ochsentour«, kreuz und quer durch die USA. Hier trafen sie auf schäbige Klaviere, dort spielten sie in einem Hinterhof, ein anderes Mal bedurfte es erst einer langen Diskussion mit dem örtlichen Veranstalter, da dieser zunächst nicht bereit war, das Klavier nur wegen eines einzigen Konzertes aus dem Graben zu holen.

DREIMAL EINS IST EINS – UND MEHR ALS DREI

Menahem Pressler war der Junior des Trios. Beide Streicher, Daniel Guilet, Jahrgang 1899 und Bernard Greenhouse, geboren 1916, hatten erheblich mehr künstlerische Erfahrungen als der 1923 geborene Mann am Klavier. Das Außergewöhnliche zeichnete sich für Menahem Pressler früh ab:»Ich glaube, was es wirklich war, war die Chemie, die stimmte. Da ist immer etwas passiert, das wirklich besonders war. Und es hat mich enorm gereizt. Natürlich möchte man Solist sein, möchte sich alleine verbeugen und man möchte den Scheck alleine kassieren. Aber dann war etwas dabei, das wirklich erfüllender war. Und für mich war es damals vor allen Dingen ein enormes Bedürfnis und die Möglichkeit, zu lernen. Daniel Guilet betrachte ich ohne Zweifel als einen wichtigen Lehrer in meinem Leben. Er hat mir Sachen gezeigt, die mir über mein gesamtes Leben ein Wegweiser waren. Und er hat es nicht nett gezeigt. Er musste mir alles zeigen, denn er kannte es und wusste, wie es sein soll, und hatte keinerlei Geduld und war oft drängend und unhöflich bei den Proben. Aber das hat für mich gar keine Rolle gespielt. Auf einmal sah ich Sachen, die ich zwar geahnt, aber nicht gewusst hatte. Und ich fühlte, dass sie mich näher daran brachten, ein Werk zu verstehen. Gesucht hatte ich auch zuvor immer. Aber Guilet hatte natürlich enorme Erfahrungen. Für mich war das ganz großartig.«

Über Jahrzehnte hinweg war Pressler berühmt – und bei Kollegen berüchtigt – für seine intensiven täglichen Proben. Der Anstoß mag auch hier von Guilet gekommen sein, wie Pressler an einem Beispiel erzählt: »Wir haben eine Reise von Amerika nach Paris gemacht. Wir kamen in Paris an und ich wollte natürlich schlafen gehen nach der langen Reise. Und dann höre ich im Nebenzimmer Tonleitern. Damdamdam ... also bin ich aufgestanden, habe ein Klavier gesucht und habe angefangen, zu üben. Denn ich habe verstanden oder geahnt, dass das ein Muss ist. Du kannst nicht Nachgeben. Es ist so leicht, nachzugeben. Gestern ging es doch schon gut und ich bin müde. Nein. Und das habe ich auch von Guilet gelernt.«

Die erste Besetzung Pressler-Guilet-Greenhouse bestand von 1955 bis 1969. Erfahrung hin, Junior her, sehr bald spielte man nicht nur auf Augenhöhe, sondern auch auf singulärem Klaviertrio-Niveau. Mit einer Homogenität und einem unverwechselbaren Klavierklang.

»Das Seltsame war: Guilet hat immer geschworen, er habe Trio gespielt, weil ich auf dem Klavier die Farben so gestalten konnte, dass es zu den Streichern passte. Ich habe darüber immer gelacht, da ich dachte, er mache mir zwar dieses Kompliment, wusste aber nicht, was es bedeuten sollte. Aber in späteren Jahren verstand ich, was es bedeutete und eben bedeutet. Nach zwei Jahren hatten wir das, was man Balance nennt, gefunden. Dann haben wir uns die Dinge weiter erarbeitet, die in unseren jeweiligen Charakteren besonders stark waren. So wurde aus drei Dingen eins. Und wenn man bedenkt, dass das Eine viel mehr war, als die drei. Das war das, was schwer und so besonders war. Und dann hört man manchmal eine Phrase und denkt: Oh, das ist wirklich nicht schlecht, das ist ganz schön, damit muss man sich nicht genieren. Natür-

Carl Rudolf Jung, Menahem Pressler   Proben mit dem Schumann Quartett, Ostern 2018

lich, es gibt im Leben so oft die Kreuzwege, die vom Obersten geschickt werden. Und an jedem derartigen Kreuzweg hatte das Trio einen besonderen Erfolg. Mit einer neuen Platte, mit einem Preis, dem Deutschen Schallplattenpreis oder dem Grand Prix du Disque oder in England, Best record of the year, oder ein besonders wichtiges Konzert oder eine unerwartete Tournee. Immer kam etwas, das einen noch mehr verband. Und eben die große Freude des gemeinsamen Musizierens mit solchen Ergebnissen«, so Menahem Pressler.

Ein weiteres Markenzeichen der ersten 32 Jahre: Der herrlich warme, elegante Ton von Bernard Greenhouse auf seinem Stradivari-Cello, der »schönste Celloton der Welt«, wie Pressler zu betonen nie müde wurde. Und wer wollte ihm da widersprechen?

Der Wechsel an der Geige im Jahr 1969 von Daniel Guilet zu Isidore Cohen gestaltete sich nicht problemlos. Ein neuer Ton wie auch eine neue Einheit mussten gefunden werden. Doch Pressler, wohl unverbrüchlich der ersten Besetzung mit besonderer Liebe zugewandt, sagt: »Cohen wusste sich einzufügen in ein bestehendes Trio, er war es gewohnt, war zweiter Geiger im Juilliard Quartet. Langsam hat seine Persönlichkeit sein Drittel eingenommen. Er hat seinen Teil dazu beigetragen, das Trio zu verändern. Nicht die Ideale, nicht die Qualität des Zusammenspiels, nicht die Qualität der Balance. All das hat sich nur weiterentwickelt, aber das wäre mit und ohne ihn weitergegangen, denn der Keim, der die Pflanze wachsen ließ, war schon von Anfang an in die Erde gegeben. Guilet hatte dieses durchsichtige, dieses zarte und feine Spiel. Cohen war viel fetter, er hatte ein sehr schönes Vibrato, einen reicheren Ton. Da hatte man eben das Reichere bekommen für das Durchsichtigere. Man hat das warme Vibrato bekommen für das kontrollierte und fast vergeistigt klingende. Man kann natürlich sagen, nach meinem Geschmack ist das eine oder das andere schöner. Aber in Wirklichkeit kann man das doch kaum sagen, denn beide haben enorm viel Schönheit. Und man kann beide lieben. Und das Schöne war: Man musste nicht beide zur selben Zeit lieben. Man konnte eins nach dem anderen lieben.«

1987 folgte der erste Wechsel am Violoncello. Bernard Greenhouse konnte aufgrund gesundheitlicher Probleme das hohe Pensum an Auftritten mit den ständigen Reisen nicht mehr in gewohntem Maß bewältigen; für ihn trat Peter Wiley in das Trio ein. 1992 folgte Ida Kavafian auf Isidore Cohen. Jetzt war Menahem Pressler der Senior. Das Beaux Arts Trio erspielte sich in der neuen Konstellation auch neues, zusätzliches Repertoire, darunter Trios moderner US-amerikanischer Komponisten. Es wehte ein frischer Wind mit weiter hervorragenden künstlerischen Ergebnissen. Presslers beinahe erbarmungsloser Probenaufwand jedoch fand auf Seiten der jüngeren Kollegen keine uneingeschränkte Zustimmung. Dass das Beaux Arts Trio im Jahr 1998 einen Doppelwechsel – Young Uck Kim für Ida Kavafian, Antonio Meneses für Peter Wiley – überleben konnte, war dem Zentrum und Herzen dieses einzigartigen Ensembles zu verdanken, dem Gründungsmitglied Menahem Pressler. Doch es mehrten sich nun die kritischen Stimmen, die das über Jahrzehnte unbestrittene, singuläre Niveau nicht gewahrt sahen. Dann noch einmal großes Glück: Einen letzten langjährigen künstlerischen Höhenflug erlebte das Trio in seiner letzten Dekade in der Besetzung Menahem Pressler, Daniel Hope, Antonio Meneses.

HAMBURG BEGLÜCKT – DAS GESCHENK EINER FREUNDSCHAFT

Fünfeinhalb Jahre bestand das Beaux Arts Trio, als es zu seinem ersten Konzert nach Hamburg kam. Mit Haydn, Beethoven und Brahms. Aus Berlin war der Hinweis gekommen. Von der Konzertdirektion Adler an Wilhelm C. H. »Bobby« Möller, den damaligen Vorsitzenden der Hamburger Kammermusikvereinigung. Es sollte eine Verbindung über Jahrzehnte werden. Eine Verbindung, die zur Freundschaft wurde. Von 1961 bis 1973 unter dem Vorsitz von

Bobby Möller, dann für drei Jahrzehnte mit Rudolf Jung als Vorsitzendem unserer Vereinigung, über Klaus Brügmann und – anhaltend und unverbrüchlich – bis zum jüngsten Tag. Dass das Beaux Arts Trio sich vor bald 15 Jahren aufgelöst hat, tut der Freundschaft keinen Abbruch. Eine Freundschaft, die auch von Nachgeborenen nur als Geschenk empfunden werden kann.

Jahr für Jahr kam das BAT nach Hamburg, spielte in unseren Konzerten so oft, wie kein anderes Ensemble. Denn irgendwann, nach anfänglich etwas größeren Abständen, pochte der »Primus inter pares« des Beaux Arts Trios darauf, doch bitte Jahr für Jahr bei der Hamburgischen Vereinigung auftreten zu dürfen. Die persönliche und künstlerische Hochachtung war vorhanden, das »Ausverkauft« schien garantiert, der Sonderstatus für das BAT beschlossene Sache. Hanseatisch mündlich, das Wort gilt.

Das Trio ist in allen Besetzungen in Hamburg zu Gast gewesen. Mit den Geigern Daniel Guilet, Isidore Cohen, Ida Kavafian, Young Uck Kim und Daniel Hope, mit den Cellisten Bernard Greenhouse, Peter Wiley und Antonio Meneses sowie durchgehend Menahem Pressler am Klavier. 53 Jahre. Bis zuletzt, bis zu den gefeierten Konzerten in der Besetzung Pressler–Hope–Meneses. Ein neuer künstlerischer Höhenflug. Der wievielte?

Daniel Hope macht inzwischen längst eine der meistbeachteten Solistenkarrieren der gesamten Klassikszene. Für Antonio Meneses, herausragender brasilianischer Cellist und schon damals vielgefragter Solist, stellte sich die Frage nach einem festen Ensemble im Grunde nicht, wie er sich mit eindrucksvollen Worten erinnert: »Ich hatte nie daran gedacht, in einem festen Ensemble zu spielen. Ich hatte so viel zu tun. Aber dann habe ich mir das besser überlegt. Das wäre eine einmalige Chance, mit einem der absolut größten Musiker des Jahrhunderts zu spielen. Der Menahem Pressler als Pianist und Gründer des Beaux Arts Trios ist eine so wichtige Persönlichkeit in der Kammermusik, dass ich dachte, ich darf mir diese Chance nicht entgehen lassen. Und ich habe das dann angenommen und mich immer über diese Entscheidung gefreut.«

Auch Daniel Hope äußerte sich während seiner Beaux-Arts-Zeit über das innere Gleichgewicht und die vielzitierte »Augenhöhe« im Trio mit Hochachtung: »Wirkliche Augenhöhe? Sagen wir so: Vom Austausch her ist es absolut auf einem Level. Aber da ist natürlich ein Unterschied. Menahem Pressler, der über 60 Jahre diese Musik spielt, hat natürlich einen sehr großen Respekt verdient und den bekommt er von Antonio und mir. Auch wenn Menahem wohl sagen würde, es ist absolut auf Augenhöhe. Es gibt, und da kann ich bestimmt für Antonio Meneses mitsprechen, eine Bewunderung von uns beiden, so dass es uns immer noch schwer fällt, ihn zu kritisieren. Auch wenn er mal menschliche Züge zeigt, indem er vielleicht mal zu schnell spielt oder so. Es fällt einfach schwer, so einen Giganten zu kritisieren. Aber wir haben gelernt und unsere Diskussionen sind lebendig. Aber ich behalte mir diese Bewunderung.«

Kritik und Publikum brachten dem Beaux Arts Trio und insbesondere Menahem Pressler (auch) in Hamburg Zuneigung und Bewunderung in größtem Maß entgegen. Die Konzerte waren unzweifelhaft Höhepunkte der jeweiligen Saison. Man erwartete nicht nur wegweisende Interpretationen und geradezu himmlische musikalische Momente, es gab ja auch immer etwas zu gucken. So unnachahmlich Menahem Presslers Legati und Diminuendi waren, so unvergesslich waren auch seine Kommunikation mit den Streichern sowie seine stets beinahe »überlebendigen« Gesichtszüge. Permanente Kontaktaufnahme, der Blick, so scheint es, mehr bei den Kollegen als auf Tasten und Noten. Ein Fest für Ohren und Augen. Dass Pressler die Hansestadt Hamburg in aller Regel als eher kalt und grau erlebt hat, tat seiner besonderen Zuneigung zu Hamburg und seinem Publikum keinen Abbruch. Die Tourneeplanung lag über Jahrzehnte so, dass Hamburger Auftritte im November anstanden.

Menahem Pressler während des Gesprächs im Kleinen Saal der Laeiszhalle anläßlich seines 90. Geburtstags

Intensiv geprobt wurde natürlich auch vor den Hamburger Konzerten, im Kleinen Saal der Laeiszhalle. Da konnte es schon mal zu bemerkenswerten Dialogen kommen, wie dem folgenden zwischen Pressler und Greenhouse. Thema, wie öfter zwischen Pianist und Streichern, die Lautstärke.

Greenhouse: »Menahem, das Klavier ist zu laut!«. Die Phrase wird wiederholt. Greenhouse: »Immer noch zu laut«. Das Gleiche wiederholt sich. Pressler zu Greenhouse: »Ich habe doch noch gar nicht gespielt!« Darauf Greenhouse: »Du siehst mir zu laut aus.«

Lautstärke und Klangbalance sind Dauerthema bei der Klavierkammermusik. Doch wohl kein zweiter Trio-Pianist versteht es wie Menahem Pressler, sich an den Streicherklang anzupassen, mit den dem Klavier so ungleichen Streichinstrumenten zu verschmelzen und sich aus einem Pianissimo mit einem weiteren Decrescendo in noch leisere Sphären zu verabschieden. Wohl kaum jemand, der diesen Klangzauber einmal erlebt hat, wird ihn je vergessen.

Menahem Pressler blieb auch nach dem Ende des Beaux Arts Trios regelmäßiger Gast bei den Hamburger Kammermusikfreunden. Etwa mit dem Kelemen Quartett, dem Quatuor Ébène und dem Schumann Quartett. Unvergesslich ist Vieles. Zahllose Konzerte mit innigsten Zugaben als »unvermeidbarem« Höhepunkt. Auch das kleine Fest zum 90. Geburtstag im Jahr 2013 mit ausführlichem Bühnengespräch und einer Photoausstellung im Studio E in der Laeiszhalle.

Die Hamburgische Vereinigung von Freunden der Kammermusik wird im Jahr 2022 100 Jahre alt. Seit mehr als 60 Jahren darf sich das Publikum und dürfen sich die Vorstände dieser Vereinigung einer Freundschaft sicher sein, deren Tiefe und Grundlage im wörtlichen Sinn noch heute etwas Wunderbares haben. Manche Musiker wie etwa Isaac Stern oder Arthur Rubinstein weigerten sich, nach der Schoa jemals wieder in Deutschland aufzutreten. Menahem Pressler entschied sich anders. Er wollte vor deutschem Publikum spielen. Die in Deutschland erzielten Konzerteinnahmen allerdings behielt Pressler nicht für sich, sondern leitete sie sämtlich nach Israel weiter. Das war wohl auch eine Bedingung seiner Frau.

Die erste feste Brücke zwischen dem Vorsitzenden unserer Vereinigung nach 1945, Bobby Möller, und Menahem Pressler entstand nur gut 15 Jahre nach Ende des Zweiten Weltkrieges, den außer Menahem Presslers Kernfamilie, nur wenige seiner Verwandten überlebt hatten. Es folgten mehr als 50 Jahre Respekt, Freundschaft und Herzlichkeit zwischen Rudolf Jung, Jahrgang 1921 und Menahem Pressler, Jahrgang 1923. Gewiss, die große Liebe zur Musik war die Basis. Doch es ist, so kann mit Gewissheit gesagt werden, weit mehr. Eben wirkliche Freundschaft. Noch heute, im Frühjahr 2022, telefonieren die beiden Herren ab und zu miteinander. Klaus Brügmann, Vorsitzender der HVFK von 2004 bis 2012, hat diese Freundschaft ebenfalls gelebt und erleben dürfen. Eine Freundschaft, die auch mir, dem Verfasser dieses Textes und aktuellen Vorsitzenden unserer Vereinigung, zuteil wird.

Eine Verbindung gab es schon lange vor meinem ›Amtsantritt‹ bei den Kammermusikfreunden im Jahr 2012. Ein Musikjournalist mit Kammermusikschwerpunkt hatte das Beaux Arts Trio mit seinem so sehr besonderen Pianisten natürlich schon früh »auf dem Schirm«. Und noch weit früher, weit vor beruflichen Bezügen, als musikbegeisterter junger Mensch und Konzertbesucher mit entsprechenden Musik-Genen. Zu Studien- und Schulzeiten. Der vielbewunderte Pianist wurde dann zunächst professionell Gesprächspartner; ein erstes langes Radiointerview im Parkhotel Bremen. Vor rund 30 Jahren. Unvergessen bleibt dabei die erzwungene Genauigkeit der Sprache beim Interview. Menahem Pressler, so lernte ich, nimmt alles wörtlich, »übersetzt« keine neudeutschen Flapsigkeiten. Eine hervorragende Schule.

Diesem ersten sollten zahlreiche weitere Zusammentreffen folgen. Beruflich wie privat. In Hamburg, Flensburg und Ulrichshusen, in Magdeburg, Berlin, Brüssel, Luzern, Amsterdam, New York ... Und bis heute gibt es diese immer noch so besonderen Momente, wenn das Telefon klingelt und – obwohl Menahem Pressler seit Jahren in London lebt – die vertraute US-amerikanische Telefonnummer aufleuchtet. »... und hier ist Menahem!« Es folgen stets, man darf wohl sagen: Glücksminuten. Geschenke fürs Leben, geschenkt von einem der ganz großen Musiker der vergangenen Jahrzehnte, dem Klaviertrio-Pianisten schlechthin – und einem guten, innigen Freund. Danke Menahem!

SABINE MEYER UND REINER WEHLE *IM GESPRÄCH*

VON ZUFÄLLEN ZUR WELTKARRIERE

ÜBER ROHRE, PLASTIK, DUODEZIMEN UND LANGWEILER

LUDWIG HARTMANN: *Sabine, Du bist früh zur Klarinette gekommen, wie auch Dein Bruder Wolfgang und auch Du, Reiner. Wart Ihr alle, wenn man das etwas flapsig sagen kann, kleine Blasebälge? Wie war es bei Euch in der Familie, Sabine?*
SABINE MEYER: Mein Vater war Musiker und hatte ein Musikgeschäft. Wir hatten zu Hause viele Musikinstrumente stehen und mein Vater war der Musiklehrer für die ganze Umgebung und konnte wahnsinnig viele Instrumente spielen. Es war klar, dass man ein Instrument erlernte. Die Klarinette kam später, weil man da etwas größer sein muss, weil die Zähne und die Finger weiterentwickelt sein sollten. Mit Klavier hatte ich schon früh angefangen. Dann kam erst einmal die Geige und mit acht Jahren die Klarinette, später noch die Orgel. Am Anfang war das gleichberechtigt. So, dass man alle Instrumente täglich geübt hat. Erst später hat sich für mich herausgestellt, dass ich auf der Klarinette am meisten Vergnügen hatte und auch am schnellsten vorwärts kam ...
REINER WEHLE: ... Interessant ist ja, dass es bei Dir – wie auch bei mir – eher ein Zufall war. Du hast ja mit der Klarinette angefangen, weil Wolfgang Klarinette spielte. Und Wolfgang hatte ja auch mit Klavier angefangen. Es gab eine Stadtkapelle in der französischen Partnerstadt von Crailsheim, die Stadtkapelle sollte dort spielen und Wolfgang wollte mit. Dann hat Dein Papa gesagt, wir bräuchten noch eine Es-Klarinette. Wolfgang hat dann in vier, fünf Monaten die Es-Klarinette gelernt, damit er mitfahren kann.
SABINE MEYER: Ja, ich war immer die kleine Schwester, die dem Bruder nacheifern wollte.
REINER WEHLE: Du hast doch auch in der Stadtkapelle gespielt.
SABINE MEYER: Jugendkapelle!

Und wie war es bei Dir, Reiner?
REINER WEHLE: Meine Eltern haben keine klassische Musik, sondern mein Vater hat Egerländer Blasmusik gehört, die wirklich schön, die nicht kommerzialisiert

ist. Ich sollte mit acht Jahren auch ins Blasorchester. Mein Vater wollte, dass ich Trompete spiele. Und dann haben wir so ein Jugendblasorchester gesehen und ich als kleiner Pülks, ich war ein zierliches Kind, sagte: »Die Trompeten stehen ganz hinten, da sieht man mich ja gar nicht. Was ist denn das da vorne?« Da sagte mein Vater: »Das sind die Klarinetten.« Und ich: »Ja, da will ich stehen. Vorne!« Also auch ein totaler Zufall. Ich wollte nicht hinten stehen. (lacht)

Stichwort »Totaler Zufall«: Zufall kann man es vielleicht nicht nennen, aber eine sehr besondere Geburtsstunde gab es für Euer wirklich berühmt gewordenes ›Trio di Clarone‹.
SABINE MEYER: Ja, das war schon sehr besonders und einzigartig. Es ging um den 50. Geburtstag meiner Mutter. Wir wollten ihr ein Ständchen bringen, ihr ein Konzert schenken. In der Kirche. Wolfgang, Reiner und ich haben uns zusammengetan und uns ein Programm mit drei Bassetthörnern überlegt. Da ist schon die Grundidee mit den Mozart-Divertimenti und den Harmoniemusiken entstanden. Die Idee, diese Musik original auf den Bassetthörnern zu spielen, weil es einfach ein wahnsinnig schöner Klang ist. Und man kann sehr schöne Programme machen, im Wechsel mit der Klarinette für neuere Musik. So fing es an.
REINER WEHLE: Und man muss dazu sagen, dass das Bassetthorn – das war ja Anfang der 80er Jahre – praktisch völlig in Vergessenheit war. Man hat es beim Mozart Requiem noch gespielt, aber ansonsten nicht. Die Divertimenti, die original für Bassetthörner sind, wurden 200 Jahre ausschließlich auf zwei Klarinetten und Fagott gespielt. Die gab es noch nicht einmal gedruckt für drei Bassetthörner. Wir waren da gewissermaßen Pioniere.

Und dann habt Ihr aus dieser Geburtstagsidee mit dem Trio eine Weltkarriere gestartet. Obwohl das Original-Repertoire ja durchaus übersichtlich ist.
REINER WEHLE: Das hat sich so ergeben, das war überhaupt nicht geplant. Geplant war wirklich nur das eine Konzert. Doch dann gab es in Hannover eine Weinstube, die immer Kammermusik machte und die sagten: »Das müsst Ihr bei uns auch spielen!«. Und dann kam Kloster Mariensee und es kam eins zum anderen. Plötzlich hatten wir eine Agentur und 40 Konzerte im Jahr.
SABINE MEYER: Und viele waren begeistert, weil die Bassetthörner und die Literatur vorher nicht da gewesen sind. Aber wir haben das dann ja auch schnell erweitert. Wir haben ein Klavier dazu genommen, haben ein romantisches Programm gemacht, ein französisches Programm und wir hatten auch immer gute Ideen. Es gibt tolle Literatur, zum Beispiel ein Programm mit drei Bassetthörnern und drei Singstimmen.
REINER WEHLE: Auch von Mozart. Da gibt es sechs Notturni, die sind original. Drei Sänger und drei Bassetthörner.
SABINE MEYER: Dann die Morgenstern-Lieder von Mátyás Seiber, Stravinskys Katzenlieder; wir haben ein wahnsinnig schönes Programm gehabt. Oder wir

haben es erweitert mit Eddie Daniels, dem Jazzklarinettisten oder ›Paris mécanique‹ mit Pierre Charial mit der Drehorgel und dem Jazzklarinettisten Michael Riessler.

Mit denen wart Ihr ja bei unserem ersten Kammermusikfest.
SABINE MEYER: Genau. Also, wir hatten immer sehr schöne Ideen.
REINER WEHLE: Denn das war ja von Anfang an klar, als wir so viele Konzerte hatten: Wir konnten nicht 40-mal das gleiche Programm spielen.

Habt Ihr es erlebt, dass sich heutige Komponisten für scheinbar veraltete Instrumente wie Bassetthorn und Bassettklarinette besonders interessieren?
REINER WEHLE: Ja ja! Es wurden dann ja auch Sachen für uns geschrieben. Und es war für Komponisten und Komponistinnen wie Isabel Mundry teilweise auch ein Aha-Erlebnis. Das Bassetthorn soll ja Mozarts Lieblingsinstrument gewesen sein und es hat einen sehr speziellen Klang, so leicht melancholisch.
SABINE MEYER: Aber man muss schon sagen: zu wenig. Ich finde, es gibt zu wenig wirklich gute neue Literatur. Ich war wirklich immer traurig. Wie viele Jahre spiele ich jetzt das Mozartkonzert auf der Bassettklarinette? Dass sich so wenige Komponisten für dieses wunderbare Instrument interessieren! Es hat einen so enormen Tonumfang.

Und eine unverwechselbare Klangfarbe.
REINER WEHLE: Ja, genau! Mit den verschiedenen Registern. Es ist fantastisch, wie unterschiedlich es unten und oben klingt.
SABINE MEYER: Die Leute möchten ja gern eine Zugabe hören nach dem Mozartkonzert. Was spielt man da? Jetzt habe ich eine neue Idee entwickelt, aber ich habe manchen Komponisten gesagt: »Schreibt doch wenigstens mal ein Drei-Minuten-Stück für die Bassettklarinette, in dem das Instrument noch mal anders beleuchtet wird.«

Und wie lauteten dann die ausweichenden Antworten?
SABINE MEYER: Naja, das war dann entweder sehr speziell oder unbrauchbar.
REINER WEHLE: Die Szene der Neuen Musik – das würde jetzt mindestens zwei Stunden füllen – ist natürlich sehr speziell. Wenn Du eine wirklich gute Komposition von einem guten Komponisten oder einer guten Komponistin haben willst, musst Du ein Stück bekanntlich jahrelang vorher bestellen und das geht eigentlich nur, wenn Festivals oder Rundfunkanstalten das sponsern. Ein Ligeti war auf zwanzig Jahre ausgebucht. Du kriegst natürlich auch immer mal Kompositionen unaufgefordert zugeschickt, aber das kannst Du dann in aller Regel nicht gebrauchen. Einiges haben wir seitens des Bläserensembles beauftragt, etwa von Denissow, Hosokawa oder Castiglioni. Das sind tolle Stücke, aber es ist unglaublich aufwendig. Und mit Solo-Konzerten ist alles noch deutlich schwieriger. Sabine hat ja das schöne Konzert von Marton Illés gespielt, auch

mit dem Elbphilharmonieorchester und sie hat uraufgeführt in Luzern, aber das ist ein gewaltiger Akt.

Kommen wir zurück zur Kammermusik. Es gibt, wenn wir die Klarinette nehmen, wohl drei immer wieder gespielte Werke von Mozart, Brahms und – mit leichten Abstrichen – Reger. Ist es nicht schade, dass genau diese drei Stücke immer wieder von den Veranstaltern gewünscht werden?
Reiner Wehle: (Protest von RW und SM) Jetzt hast Du aber eine ganze Reihe von Stücken unterschlagen! Wenn Du die Klarinetten-Kammermusik-Literatur in Rankings wie bei der Börse in Triple A etc. einteilen würdest, dann haben wir da die Quintette von Mozart, Brahms und Reger. Aber wir haben auch Mozarts Kegelstatt-Trio, Beethovens Gassenhauer-Trio, Schumanns Märchenerzählungen, die Brahms-Sonaten und das Brahms-Trio, die Reger-Sonaten. Und die Debussy-Rhapsodie ist natürlich auch Triple A, Bartók, Stravinskys Geschichte vom Soldaten in der Trio-Fassung und Messiaen, also deutlich mehr, als es etwa die Oboe hat und qualitativ gleichzusetzen mit der Streicher-Kammermusik.

Ohne jede Frage ja und volle Zustimmung! Aber ist es nicht dennoch so, dass es zwar diese Musik gibt, aber die absoluten »Hits« immer wieder gefordert werden?
Reiner Wehle: Im Prinzip schon, aber es gibt durchaus Möglichkeiten, anders zu kombinieren. Du kannst schon gute Programme um diese Highlights herum machen.

Jedes Instrument hat seinen ganz eigenen Klang. Die Klarinette hat – das ist kein Klischee – etwas ganz besonders Menschliches. Bei den Streichinstrumenten vielleicht am ehesten mit dem Violoncello verwandt. Was ist es, was Euch an der Klarinette auch nach Jahrzehnten noch so besonders fasziniert?
Sabine Meyer: Die dynamische Bandbreite der Klarinette. Und zwar in jeder Lage. Leisestes Piano ist auf der Klarinette leichter als auf der Oboe zu spielen, ganz mühelos.

Und kaum einem anderen Instrument ist es möglich, quasi aus dem Nichts einen Ton kommen zu lassen.
Sabine Meyer: Genau! Nur mit einem Hauch anzufangen.
Reiner Wehle: Und dadurch, dass die Klarinette die Duodezime überbläst, haben wir einen viel größeren, gut brauchbaren Tonumfang. Extremes geht natürlich immer. Und wir haben natürlich die Farben der Klarinette. Aber das sagt Albrecht Mayer über die Oboe natürlich auch. Aber wenn Albrecht oder Sabine spielen, dann ist das eben auch so gesanglich, weil deren Klang viele Farben und Nuancen hat. Es gibt natürlich auch viele Klarinettisten, die einfach geradeaus spielen, so wie man vor 50 Jahren gespielt hat.
Sabine Meyer: Man ist bei den Farben natürlich wahnsinnig abhängig vom Material. Und das wird immer ärmer, weil die Tendenz dahin geht, offene

Mundstücke oder sogar Plastik-Blätter zu benutzen. Das funktioniert ganz hübsch, es klingt im Mezzoforte wunderbar, keinem tut es weh, aber es ist einfach einfarbig.

Ihr wart beide Professoren an der Lübecker Musikhochschule und habt dort einen Schwerpunkt genau auf diese Fragen gelegt, dass weit mehr als das technisch saubere Geradeausspielen im Zentrum der Ausbildung liegt.
REINER WEHLE: Ja, unser Vorteil war wirklich, dass wir die Basisausbildung selber gemacht haben. Vom Körper: Wie stehst du, wie atmest du, wie fängst du einen Ton an, wie entwickelt sich ein Ton ...
SABINE MEYER: ... ja, erst einmal ein Körpergefühl bekommen, einen Klang, wie ein Sänger, dass der Ton durch deine Vorstellung im Kopf geformt wird, ein dichtes Legato, ein lockeres Staccato, ein obertonreicher Klang im Piano, kein Schreien im Forte, sondern darauf achten, dass der Ton wirklich gut geformt ist ...
REINER WEHLE: ... eben differenziert. Es gibt nicht nur ein Staccato. Und dann kommst Du dahin, wo die guten Streicher sind. Denn die Streicher spielen viel interessanter als die meisten Bläser. Und es ist ja auch kein Zufall, dass der Richard Mühlfeld, für den Brahms geschrieben hat, als Geiger angefangen hat. Der war als Klarinettist Autodidakt. Er war ein hervorragender Geiger, der in Meiningen in der ersten Geige gesessen hat. Er hat bei den ersten Festivals in Bayreuth in der Gruppe der ersten Geigen gesessen. Das ist bestimmt kein Zufall. Der hat bestimmt schöner Klarinette gespielt als die meisten Langweiler heute.

Wolfgang Meyer, Sabine Meyer, Reiner Wehle, Michael Riessler beim 1. Kammermusikfest! am 4. März 2017

Sabine, Du hattest von den Mundstücken und Blättern gesprochen. Kannst Du erklären, worin bei den Blättern die entscheidenden Unterschiede bestehen?
SABINE MEYER: Es ist ja Naturmaterial, ein Schilfrohr, idealerweise aus Südfrankreich. Wobei man sagen muss, dass die Qualität der Rohre dummerweise ziemlich nachlässt, weil die Winter zu warm sind – der Klimawandel – und dieses Rohrholz ist einfach wahnsinnig zickig. Es reagiert auf Temperatur, auf Luftfeuchtigkeit, auf Luftdruck. Und das bei meinen schlechten Nerven! Daher kommen meine grauen Haare ...
REINER WEHLE: Du hast ja gar keine!
SABINE MEYER: Du kannst nie wirklich sicher sein, wenn Du jetzt nach London fährst oder beispielsweise im Sommer nach Gstaad, wo ich das Mozartkonzert spielen werde, wie es dort geht. Denn hier in Lübeck ist es komplett anders als in Gstaad, in 1 000 Metern Höhe.
REINER WEHLE: Und das ist natürlich auch der Grund, warum viele Leute jetzt auf Plastik spielen, weil du da viel weniger Scherereien hast. Die Scherereien sind dann auch nicht ganz weg, aber du hast sie viel weniger. Das funktioniert einfach und es klingt immer gleich. Aber wer will schon einen Musiker hören, der immer gleich klingt? Und wenn ein Rohrholzblatt wirklich gut ist, dann ist es um Längen besser als Plastik.

Und das hält dann wie kurz?
SABINE MEYER: Das ist ganz unterschiedlich, je nach Beanspruchung und Qualität des Holzes. Manches ist ganz super und hält für drei, vier, fünf Konzerte. Du wunderst dich. Und manches Blatt hält gerade für ein Konzert und bricht dann völlig zusammen. Das Holz ist eben lebendiges Material und wird extrem beansprucht.

Gibt es auch spezielle Anforderungen an die Blätter bei Kammermusik?
SABINE MEYER: Nicht unbedingt, aber ich spiele ein anderes Material beim Nielsen-Konzert als bei Mozart mit der Bassettklarinette. Irgendwie sucht man aber immer die goldene Mitte, sucht, dass es in allen Bereichen gut klingt.
REINER WEHLE: Es ist eine Mühsal mit den Rohrblättern, aber Plastik ist für uns absolut keine Alternative. Das ist einfach unkünstlerisch.
SABINE MEYER: Und es ist ein Problem, dass die meisten Klarinettisten nicht in der Lage sind, die Blätter handwerklich zu bearbeiten. Wir fangen ja aber bei den Blättern nicht bei null an, wir kriegen die Blätter schon vorgefertigt geliefert und legen dann Hand an.
REINER WEHLE: Sabine wird fast wahnsinnig mit diesen Blättern.
SABINE MEYER: Wenn ich vor einem Konzert nicht sicher sein kann, dass alles gut funktioniert, dann denke ich oft: »Ich kann jetzt nicht auf die Bühne. Es geht nicht!« Und irgendwie geht es dann doch. Es gibt eben nie ein 200-prozentiges Blatt.

REINER WEHLE: Ich traf neulich einen berühmten Kollegen, der sagte: »Ich spiele zwar noch ein Holzblatt, aber 95 Prozent bin doch ich.« Und das stimmt einfach nicht. Das Blatt hat einen viel höheren Einfluss auf den Klang, bestimmt 40 bis 50 Prozent.
SABINE MEYER: Und selbst ein Laie würde im direkten Vergleich den Unterschied zwischen einem sehr guten und einem nicht so guten Blatt hören. Da bin ich mir sicher.

Das ist ein gutes Stichwort. Stellen wir uns Euch Drei vom Trio di Clarone, Wolfgang, der ja leider nicht mehr da ist, und Euch beiden, im Blindvergleich vor: Ihr spielt alle dieselbe Melodie, alle mit optimalem Blatt, wisst aber nicht, wer spielt. Würdet Ihr sicher erkennen, wer spielt?
SABINE MEYER: Nein, überhaupt nicht.
REINER WEHLE: Bei Wolfgang schon eher. Wir haben ja viele CDs gemacht, wo wir uns bei der ersten Klarinette abgewechselt haben. Zum Beispiel Krommer Oktette. Und dann sitzen wir beim Hören manchmal hier und fragen uns: »Warst Du das jetzt oder habe ich das gespielt?« Das kann man manchmal nicht hören. Aber unsere Putzhilfe erkennt inzwischen sogar, wenn Klarinette im Radio kommt. Dann sagt sie: »Da war was mit Klarinette im Radio, aber Sie waren das nicht!«

Viele Jahre habt Ihr Trio gespielt. Dreierbeziehungen können ja schwierig werden. Gab es manchmal besondere Konstellationen? Beide Männer gegen die eine Frau, beide Geschwister gegen den Dritten oder beide Eheleute gegen Wolfgang?
REINER WEHLE: Nein. Das war das Faszinierende an diesem Trio. Es gab nie Streit. Ich kann mich nicht erinnern, dass es in den 30 bis 35 Jahren Streit während einer Probe gab. Es war sehr harmonisch. Wir haben auch gar nicht so viel diskutiert. Besonders zwischen Wolfgang und Sabine lief vieles telepathisch. Sie waren wie siamesische Zwillinge, musikalisch gesehen.

Sabine – Du wirst es nicht mehr hören können –, Du hast eine Riesenpopularität bekommen durch den Knatsch bei den Berliner Philharmonikern, hattest viel Unterstützung durch Herbert von Karajan. Reiner, Du hast in München unter Celibidache gespielt. Zwei der berühmtesten Musiker-Persönlichkeiten des vergangenen Jahrhunderts. Könnt Ihr sagen, wie Euch diese beiden Persönlichkeiten beeinflusst haben?
SABINE MEYER: Es war schon eine ziemlich wahnsinnige Situation und für mich war praktisch alles neu. Ich hatte zwar im Orchester gespielt, aber noch nicht so viel und vor allem nicht die gesamte Standard-Literatur, die wir in Berlin gespielt haben. Da bin ich ins kalte Wasser geworfen worden. Aber Karajan hat mir schon sehr geholfen und sich sehr gekümmert ...
REINER WEHLE: ... Und was Du jetzt nicht gesagt hast: Es waren einfach gigantische Konzerterlebnisse. So etwas prägt einen ja, das war wie ein kollektiver Rausch.

SABINE MEYER: Man denkt, da kann einem eigentlich gar nichts passieren, weil man so getragen wurde und alle so sehr gut spielen.

Und bei Celibidache?
REINER WEHLE: Ich habe ja das Probespiel gemacht, weil er dort Chefdirigent wurde. Ich war ein so glühender Verehrer von ihm und da habe ich die Stelle auch gleich bekommen und habe die ersten fünf Jahre seiner Münchener Zeit mitgekriegt. Er war natürlich eine unglaubliche Person! Unglaubliches Charisma! Er ist ja ganz anders als Karajan gewesen, hat für jedes Programm 14 Proben angesetzt und er hat auch wirklich geprobt, er hat keine Zeit verplempert. Du hast unglaublich viel gelernt. Über Stimmführung und so vieles mehr. Das war faszinierend und die Konzerte waren auch gigantisch! Wie oft bin ich nach Hause gegangen und habe mir gesagt: »Das wirst Du nie im Leben besser erleben!« Anders vielleicht, klar, aber besser nicht.
SABINE MEYER: Und wir hatten dann ja die auch unglaublichen Jahre in Luzern mit Abbado. Das war schon auch sehr besonders.
REINER WEHLE: Im Grunde unserer Herzen sind wir glühende Orchestermusiker. Was gibt es da für ein Repertoire für die Klarinette! Mozart, die Sinfonien von Beethoven, Brahms, Bruckner, Schubert, Schumann, Schostakowitsch, Bartók ... Und es macht derartig große Freude, in einem guten Holzsatz zu spielen und mit tollen Dirigenten.

Aber so ein bisschen Freude hattet Ihr an der Kammermusik auch ...
REINER WEHLE: Ja klar. Und du solltest auch immer nebenbei Kammermusik machen. Die Orchestermusiker, die nur von Montag bis Freitag zu ihrem Dienst gehen, sind nach zehn Jahren nicht mehr besonders gut.

Und in gewissem Sinne macht Ihr im Orchester innerhalb der Holzbläser auch Kammermusik.
SABINE MEYER: Ja, natürlich ist das auch wie Kammermusik. Es ist so schön zu spüren, wenn du diesen Kontakt untereinander hast. Wie alle mit offenen Ohren dasitzen und man so unmittelbar zusammenspielt. Manchmal denkt man, man brauche gar keinen Dirigenten.
REINER WEHLE: Abbado hatte uns ja auch mit dem gesamten Bläserensemble ins Festivalorchester nach Luzern geholt. Er wollte gern, dass das Bläserensemble der Grundstock der Bläsergruppe ist. Und das war auch eine gute Idee.

ANDREAS ARNDT

DIE BESONDERE BEZIEHUNG

EIN ITALIENER AUS HAMBURG ZWISCHEN DEN BEINEN

Liebe Kammermusikfreunde,

am 20. September 1985 durften wir unser erstes Konzert bei der Hamburgischen Vereinigung von Freunden der Kammermusik, den Kammermusikfreunden in Hamburg spielen. Leider weiß ich das Programm nicht mehr. Am 27. Februar 2022 durften wir in der Elbphilharmonie im Rahmen eines Kammermusikfestes unseren allerletzten öffentlichen Auftritt gestalten. Wieder ein Konzert in Hamburg bei den Kammermusikfreunden. 1985–2022. Was für eine lange Zeit!

Fast 37 Jahre unseres Quartettlebens liegen zwischen diesen beiden Konzerten. 37 Jahre, in denen uns die Hamburger Kammermusikfreunde immer treu geblieben sind. In denen wir immer wieder Konzerte bei Ihnen spielen konnten und die herrliche Quartettmusik miteinander teilen durften. Wir haben uns immer wohl gefühlt bei diesem sachkundigen und begeisterten Publikum. Und vielleicht sind wir ja alle gereift in dieser langen Zeit und so manches graue Haar ist bei uns allen gewachsen. Man kann sich als Konzertbesucherin oder Konzertbesucher vielleicht gar nicht vorstellen, wie wichtig solche langen Verbindungen für uns Musiker sind. Es ist nicht nur die Bestätigung unserer Arbeit, sondern ein nach Hause kommen zu einem vertrauten Publikum. Das ist mehr als Belohnung für die vielen Übestunden, die wir vier im Quartett zusammen geteilt haben. Auch mein großartiges altes italienisches Cello verdanke ich der Einladung zum Konzertieren bei den Kammermusikfreunden. 1989 bei einem Après, dem Essen nach einem Konzert in der Musikhalle (Laeiszhalle) bei Familie Jung begegnete ich meinem späteren Cello zum ersten Mal. Es stand auf dem Flügel bei Familie Jung und war jahrelang von Herrn Robert Jung kompetent und liebevoll gespielt worden. Ich spielte ein paar Töne und war sofort verliebt in dieses herrliche Instrument. Meine Kollegen waren genauso begeistert und meinten, dieses Cello müsse bei uns im

Quartett klingen. So kam ich in Hamburg zu meinem Cello, welches mich nun 33 Jahre auf den Bühnen der Welt begleitet hat. Und last but not least ist einer unserer beiden Geiger, Jens Oppermann, ein waschechter Hamburger. Und so wurden wir von Anfang an vertraut gemacht mit dem Hamburger Zungenschlag und dem trockenen Humor des Hamburgers. Liebe Kammermusikfreunde Hamburg, ich hoffe, wir konnten Ihnen viele schöne Konzerte schenken. Wir sind immer sehr gerne nach Hamburg zu den Konzerten bei Ihnen gefahren. Mögen die nachfolgenden Kammermusik-Ensembles auch weitere 100 Jahre ein so phantastisches Publikum wie in Ihrer Kammermusikreihe haben.

Herzliche Jubiläumsglückwünsche zum 100. Geburtstag!

Ihr Andreas Arndt mitsamt den anderen Dreien vom Auryn Quartett

5. KAMMERMUSIKFEST!
27. Februar 2022
Elbphilharmonie, Großer Saal
Mitwirkende:
Auryn Quartett – »Das letzte Konzert«
Azahar Ensemble
Simon Höfele, Trompete
Ulrich Wolff, Kontrabass
Elisabeth Brauß, Klavier

5. KAMMERMUSIKFEST!

FRANK-MICHAEL ERBEN *IM GESPRÄCH*

TRADITION SEIT 1808
»DAS BESTE AUS DER VERGANGENHEIT IN DIE ZUKUNFT HINÜBERFÜHREN«

LUDWIG HARTMANN: *Herr Erben, das Gewandhaus-Quartett wurde im Jahr 1808 gegründet, wir, die Hamburgische Vereinigung von Freunden der Kammermusik, können in diesem Jahr unseren 100. Geburtstag feiern. Wahrscheinlich sprechen Sie mit einem aus Ihrer Sicht pubertierenden Wesen. Wie beschreiben Sie Ihr Selbstverständnis als Gewandhaus-Quartett?*
FRANK-MICHAEL ERBEN: (lacht) Zuerst möchte ich Ihnen zu diesem großartigen Jubiläum gratulieren. Solche Vereinsarbeit ist ja etwas ganz Wichtiges heute. Denn überall dort, wo solche Linien unterbrochen werden, kann es schwierig werden, sie fortzusetzen oder den Faden wieder aufzunehmen. Das ist nicht hoch genug einzuschätzen. Gerade dann, wenn es privat organisiert ist und sich eine Vereinigung so lange und erfolgreich gehalten hat. Dazu meinen Glückwunsch! Zu unserem Selbstverständnis: Das Quartett ist 1808 vom damaligen Gewandhauskonzertmeister August Matthäi gegründet worden und deswegen auch immer in das Gewandhausorchester eingebettet gewesen. Von Anfang an musizierten jeweils die Stimmführer, die Konzertmeister, der Solocellist, der Solobratscher. Diese Tradition wurde über die Jahrhunderte fortgeführt und wir sind in der aktuellen Besetzung nun diejenigen, die diesen Staffelstab weitertragen. Das ist eine sehr schöne Aufgabe. Eigentlich ist es ein bisschen vergleichbar mit dem, was Sie machen. Und es ist für uns, wenn ich das von meiner Seite aus sagen darf, das Natürlichste der Welt. Ich bin damit ja aufgewachsen, habe das Quartett schon als Kind und Jugendlicher in den Kammermusiken verfolgen können. Mein Vater war ja langjähriger Solocellist im Gewandhausorchester und Mitglied des Gewandhaus-Quartetts. So ist man in diese Tradition hineingewachsen und umso schöner war es dann, als man mich fragte, dort mitzuwirken. Man kann sich nicht bewerben, man wird angefragt. Als man mich fragte, ob ich diese Vereinigung als Primarius leiten möchte, war das ein wunderbarer Moment. Das ist jetzt 30 Jahre her.

Wenn Sie sagen, man wird angefragt: Wer fragt an? Sind das die vier Quartettmitglieder?
Das machen die Mitglieder des Quartetts. Vor allem natürlich die, die verbleiben. Es muss ja immer wieder einer ausscheiden. Meistens aus Altersgründen. Dann sagt man, jetzt bin ich vielleicht 60 und hab noch andere Pläne oder hab gesundheitlich auf mich aufzupassen. Und dann wird überlegt: Wer kommt denn in Frage? Und das ist die wichtigste Geschichte hierbei. Natürlich haben wir mehrere Konzertmeister im Orchester, aber nicht jeder eignet sich auch für die Kammermusik und für eine so kontinuierliche Arbeit, die wir hier leisten. Da sind einerseits die sechs Abo-Konzerte hier im Gewandhaus, also unsere eigene Kammermusikreihe. Die gab es schon vor meiner Zeit. Und wir gehen auf Tournee und haben CD-Aufnahmen oder spielen auch mit Gästen zusammen. Das haben wir ja auch in Ihrer Reihe gemacht. Im nächsten Jahr zum Beispiel spielen wir mit Gautier Capuçon das Schubert-Streichquintett. Das ist eine Vielzahl an Aufgaben, auch verbunden mit viel Probenarbeit und da kommt nicht jeder in Frage. Man wird zunächst eingeladen, um einige Proben zu machen und sicherlich auch mal ein Konzert zu spielen. Dass man sich miteinander ins Benehmen setzt und auch auf der Bühne kennenlernt. Diesen Prozess macht jeder durch, der in das Quartett gewählt wird. Jetzt haben wir zwei neue Mitglieder im Orchester, Solocello und Solobratsche. Beide spielen seit einem dreiviertel Jahr auch im Quartett. So geschieht dieser Prozess der Erneuerung, und das ist sicherlich auch der Schlüssel dazu, dass es diese Vereinigung noch immer gibt. Denn viele Streichquartette, deren Mitglieder in der gleichen Generation aufgewachsen sind, hören ja irgendwann zu ähnlicher Zeit auf. Der Name kann vielleicht weitergegeben und von einer neuen Formation übernommen werden. Aber das Gewandhaus-Quartett besteht eben weiter. Das ist das Besondere.

Fürwahr! Ich habe eine Nachfrage: Deswegen, weil man Solocellist, Solobratscher oder auch Konzertmeister ist, ist man nicht automatisch, Sie hatten es angedeutet, ein guter Kammermusiker. Hat jemand, der am dritten Pult spielt, überhaupt eine Chance in das Gewandhaus-Quartett zu kommen?
Ja, diesen Fall hatten wir jetzt über mehrere Jahre. Wir hatten einen hervorragenden Bratscher aus dem Tutti im Gewandhaus-Quartett. Unsere beiden ersten Solobratscherstellen waren vakant. Dann wurde eine besetzt und es stellte sich heraus, der Kollege kam mit dieser kontinuierlichen Arbeit gar nicht zurecht, neben dem Orchesterdienst noch so viel zu proben und wie ein freischaffendes Profiquartett zu arbeiten. Also das war ein Fall, wo man nach einem Jahr feststellen musste: Das geht gar nicht, der kann das gar nicht, der kommt gar nicht mit diesen Belastungen zurecht. Glücklicherweise wussten wir aber von einem Bratschenkollegen aus dem Tutti, von seiner Bereitschaft und seinem Können und hatten ihn jetzt fünf Jahre lang im Quartett bei uns. Also es kann natürlich auch jemand aus dem Tutti machen. Nur wird es terminlich schwieriger, weil

die Kollegen im Tutti deutlich mehr dienstliche Verpflichtungen im Orchester wahrnehmen müssen. Und es wird schwieriger, das mit den Konzerten des Quartetts zu koordinieren. Deswegen war das schon immer in den Händen der Stimmenführer.

Und im konkreten Fall: Ist der Bratscher jetzt schlichtweg rausgeflogen, weil der neue Solobratscher kam?
Nein, das gab einen sehr freundlichen Übergang. Er wusste, dass der Tag kommen würde, an dem ein neuer erster Solobratscher gewählt werden würde, der auch das Interesse und die Fähigkeiten für die Kammermusik mitbringt und dass dieser natürlich auch den Zugriff auf die Position im Gewandhaus-Quartett hätte. Da gibt es auch ein spezielles Instrument. Eine schöne Bratsche von Giovanni Grancino, die man erhält, wenn man es möchte. Es sind schon einige Privilegien, die man bekommt, aber es wird auch sehr viel erwartet. Die Anforderungen sind sehr hoch. Aber in diesem Fall, weil Sie ja fragten, war es ein sehr schöner, kollegialer, freundschaftlicher Übergang, weil der Kollege aus dem Tutti genau wusste, dass die Zeit im Quartett endlich ist. Er konnte sich darauf einstellen, dass es irgendwann zu Ende geht und deshalb war da auch kein Gram und keine Verletzung. Das ist sehr freundschaftlich geschehen und dafür bin ich sehr dankbar. So bemühen wir uns, mit allen personellen Fragen umzugehen. Dass menschlich auch alles stimmt.

Zwei Mitglieder des Quartetts sind noch relativ neu dabei. Wie schaffen Sie es dennoch, die klangliche Kontinuität im Quartett zu erhalten? Zwei Leute sind, schnell errechnet, 50 %. Das ist ja bei allem sorgfältigen Auswählen eine künstlerische Schwerstaufgabe.
Das stimmt. Aber das geht eben schon bei der Auswahl für die Aufnahme ins Gewandhausorchester los. Deren Probespiele liegen jetzt zwei Jahre zurück. Da sind wir alle mit dabei, hören uns das an und haben die Auswahl. Es bewerben sich viele Leute gerade auf solche hochkarätigen Stellen. Da hören wir sehr schnell, was die für einen Klang haben, wie sie unser Kernrepertoire interpretieren. Wir sagen immer unser Tafelsilber. Die großen Sinfonien von Beethoven bis Brahms, Bruckner, Schumann, Mendelssohn, all das große Repertoire, wo das Gewandhausorchester seinen speziellen, wunderbaren dunklen warmen Klang präsentieren kann. Und wenn diese Voraussetzungen schon bei dem einzelnen Kandidaten nicht gegeben sind, kommt der gar nicht erst ins Orchester hinein. Dann ist schon die erste Hürde nicht genommen worden. Aber bei unserem neuen Solocellisten und unserem neuen Solobratscher war es schon beim Probespiel hörbar, dass sie diese Qualitäten und diese Art und Weise des Musizierens mitbringen. Und dann kommt der Feinschliff. Ich gebe jetzt meine 30-jährige Erfahrung als Primarius im Quartett weiter und meist trifft das dort auf fruchtbaren Boden. Sie sprachen ja explizit vom Klang. Da kann ich natürlich auch – ich bin ja nun schon 35 Jahre als erster Konzertmeister im

Gewandhaus tätig – meine ganzen Erfahrungen mit in die Waagschale werfen und wir tun gut daran, das Beste aus der Vergangenheit in die Zukunft hinüberzuführen. Ich vergleiche das immer mit einem goldenen Handwerk, wo die Eltern die besten Erkenntnisse und Erfahrungen an die nächste Generation weitergeben. So ist das mit dem Klang in Leipzig. Wenn wir diesen Klang nicht pflegen würden, wäre die Attraktivität sicherlich ein Stück geschmälert. Heutzutage musizieren die Spitzenorchester alle auf sehr hohem Niveau, besonders auch technisch. Aber die unterschiedlichen Klangnuancen machen es so interessant. Nur deswegen hört das Publikum uns gerne in New York und Paris, in London und natürlich auch in Hamburg in der Elbphilharmonie. Man mag diesen speziellen Eigenklang, um den geht es. Das ist die Herausforderung speziell für uns, auch gerade im Gewandhaus-Quartett, diesen Klang weiterzuführen. Das hat jetzt nichts mit Interpretation zu tun. Die Interpretation ist noch mal eine andere Geschichte. Sie richtet sich ja nach der Werksgattung und dem Entstehungsjahr. Das ist eigentlich das Markenzeichen.

Sie haben den berühmten dunklen Klang des Gewandhausorchesters angesprochen. Den erwähnen ja viele Menschen, die ihn erlebt haben. Herbert Blomstedt sagte exakt das Gleiche auf die Frage: »Was fasziniert sie besonders an diesem Orchester?« Kann man das auf ein Quartett in ähnlicher Weise übertragen? Denn Quartettspiel und eigener Quartettklang sind ja etwas Anderes als der einer Hundertmanntruppe im Orchester.

Ja, das kann man. Und zwar, weil dieser Klang sehr entscheidend von den Streichern geprägt wird. Natürlich sind die Bläser auch unglaublich wichtig, ich möchte da niemanden hintanstellen, aber was die Färbung des Klanges betrifft, geschieht das zu 80 Prozent im Streicherapparat und da besonders in der Bratschensektion. Diese Gruppe muss eine bestimmte Farbe im Klang haben. Das hängt auch von der Auswahl des Instruments und der Spielweise ab. Wenn die zu hell ist, fehlt im Prinzip die Brücke zur zweiten Violine und dem Cello. Dann gibt es einen Bruch. Und je runder, wärmer und tiefer diese Bratschen klingen, desto besser wird der Sound des Basses unterstützt. Nicht nur, was die Wucht angeht, sondern eben auch, was die Qualität betrifft. Das ist wie ein Rezept eines Meisterkochs, der von einem bestimmten Gewürz eine Nuance mehr nimmt als sein Kollege in München oder Paris. Dann bekommt diese Sauce einen anderen Touch, einen anderen Geschmack. Ein bisschen in diese Richtung kann man sich das bei uns auch vorstellen. Ich denke, dieser besondere Klang ist auch durch die unmittelbare Verbindung zwischen den damaligen Musikern und den damals lebenden Komponisten entstanden. Wenn man sich jetzt noch mal zurückversetzt in die Entstehungszeit des Gewandhaus-Quartetts ... Da waren ja viele uns heute lieb gewonnene Komponisten noch nicht einmal geboren. Haydn lebte noch. Beethoven hatte seine Quartette Opus 18 gerade in der Mangel. Die beiden waren im Prinzip wie Zeitgenossen, die ständig neue Musik schrieben. Aber eben sehr gute neue Musik. Ich sage

Das Gewandhaus Quartett um 1920 in der Besetzung Edgar Wollgandt, Carl Wolschke, Carl Herrmann und Julius Klengel

das mit allem Nachdruck. Das Gewandhaus-Quartett ist praktisch in diesem Dunstkreis aufgewachsen. Ich denke, das hat sie auch geprägt, diese Art und Weise des Spielens. Da war so eine Vertrautheit, die jüngere Orchester vielleicht so nicht haben konnten. Dann gab es natürlich auch, was das Gewandhausorchester betrifft, diesen ständigen Austausch mit Wien. Entweder fand hier in Leipzig die Uraufführung eines neuen Werkes und dann die Erstaufführung in Wien statt oder umgekehrt. Wir können vom Gewandhaus-Quartett stolz behaupten, dass eines der Beethovenstreichquartette hier uraufgeführt wurde und nicht in Wien von den Schuppanzigh-Kollegen. Das sogenannte »Harfenquartett« op. 74. Ich würde alles drum geben, dabei gewesen zu sein, als dieser Moment stattfand und diese Töne zum ersten Mal das Publikum erreichten. Das muss magisch gewesen sein.

Dennoch waren ja gerade die Quartette Beethovens hoch umstritten, wurden wahrlich nicht nur gefeiert, sondern galten als unanhörbar. Und ob sie immer spielbar gewesen sind, ist noch eine andere Frage. Und man konnte sich auch nicht absolut sicher sein, Weltklasse Musik aus der Taufe gehoben zu haben.

Wenn wir jetzt bei Beethoven bleiben, meinem Lieblingskomponist, dann hat das mehrere Ebenen. Fangen wir mal mit der technischen Ebene an. Das sind sehr herausfordernde Stücke, die erst mal überhaupt gespielt werden müssen. Heute ist das Standard. Wichtiger noch ist die Interpretation sowie die philosophische

Ebene. Das sind Dinge, die sich von damals, von der Uraufführung bis heute nicht verändert haben. Die Stücke haben eine ganz starke Rezeption. Sie zu hören ist für das Publikum heute noch eine Herausforderung und verlangt große Geduld und eine gewisse Hörerfahrung. Für uns Spieler kann ich sagen: Selbst nach 30 Jahren gibt es immer noch Geheimnisse oder Rätsel in Beethovens Stücken, die man als solche stehen lassen muss, die sich nicht erklären. Ich bin immer sehr vorsichtig, wenn sich jemand hinstellt oder schreibt: Hier in diesem Absatz hat Beethoven das gemeint und hier das, diese Wendung ist so gedacht und hier spielt er anders. Das lässt sich leicht so sagen, aber ich ziehe vieles in Zweifel. Es hat schon auch etwas Mystisches. Gerade wenn man seine späten Streichquartette anschaut. Das finde ich sehr schön.

Wie weit geben Sie sich, auch als Quartett, in die Hände heutiger Komponisten und vertrauen darauf, dass das schon Musik sein wird, die sich musikgeschichtlich durchsetzen wird, auch wenn man heute vielleicht so seine Zweifel haben mag.
Also, das wissen sie vorher nie. Wenn sie zum Beispiel einen Komponisten beauftragen. Wir geben ja regelmäßig Streichquartette in Auftrag. Ebenso werden uns Streichquartette regelmäßig angeboten. Da vergeht kein Monat, in dem nicht ein junger Komponist mir schreibt, er habe hier etwas. Also das weiß man vorher nie. Ich muss Ihnen ehrlich sagen, die Qualität, diese Dichte und intellektuelle Tiefe, gepaart mit einer emotionalen Ansprache an das Publikum … Es darf nicht nur intellektuell sein, sondern es muss einen ja auch an der Seele packen. Sie sitzen im Publikum und fühlen sich nicht angesprochen oder denken: Was wird das jetzt hier.

Da muss ich wirklich sagen: So eine Qualität, die einem bei Beethoven auf so vielen Ebenen begegnet, habe ich bis heute nicht wiedergefunden. Man muss nach dem Opus 131 nicht sagen, ich habe das jetzt alles verstanden, aber man ist in jedem Fall berührt und ergriffen. Das ist etwas Wunderbares. Diese Musik lässt einen nicht kalt. Im Gegenteil. Wie schon Goethe sagte: Man glaubt vier vernünftige Leute sich miteinander unterhalten zu hören und ihrer Konversation etwas Gutes abzugewinnen. Ganz wunderbar beschrieben. So ist es bis heute geblieben, auch für uns Spieler. Diese Musik nutzt sich nicht ab. Bei anderen Stücken hat man das Gefühl, jetzt lege ich das mal beiseite und beschäftige mich erst mal mit anderen Kompositionen und anderen Zeitepochen. Bei Beethoven hört das nicht auf. Das kann man immer spielen. Seine Werke in den drei großen Schaffungsphasen präsentieren sich so unterschiedlich: von den frühen Quartetten Opus 18 über die mittleren Opus 59 bis hin zu den späten Quartetten hat man eine Entwicklung, die alle Dimensionen sprengt. Alle Dimensionen, die man bisher überhaupt an Streichquartettmusik gehört hat. Manches klingt bis heute ganz modern.

Absolut! Sehr interessant, dass Sie gerade Opus 131 erwähnt haben. Das war ein Stück Musik, das im allerersten Konzert unserer Vereinigung 1922 erklungen ist.

Nein, also das ist ja fanstatisch! Das spricht ja Bände! Ich meine sie hätten ja auch etwas Leichteres nehmen können oder »Populäreres«, aber das finde ich ja toll. Haben sie den Leuten gleich was zugemutet. Genauso muss man das machen.

Ich war noch nicht dabei. Also mich persönlich dürfen Sie jetzt nicht loben.
(lacht) Weil Sie das erzählen: Wir reden immer über die Interpretation der Vergangenheit und niemand weiß genau, wie hat denn das geklungen. Unsere älteste verfügbare Streichquartettaufnahme vom Gewandhaus-Quartett stammt aus dem Jahr 1916. Das war noch die Zeit, als Julius Klengel, der berühmte Cellist, Gewandhausmitglied war. Edgar Wolgandt, der berühmte Konzertmeister unter Arthur Nickisch – sein Schwiegersohn übrigens – war auch dabei. Sie spielten Opus 131. Eine Aufnahme, die fünf Schellackplatten umfasste. Damals gab es ja nicht die Möglichkeit zu wiederholen und auszubessern, digital, wie man das heute macht. Einmal durchgespielt musste die Matrize vernichtet werden, wenn etwas nicht klappte. Man musste noch einmal von vorn beginnen. Diese Aufnahme vermittelt einen tollen Eindruck, wie damals musiziert wurde, auf welchem Niveau und ich muss sagen, dass ist atemberaubend. Technisch unglaublich und im Stile der Zeit. Man musizierte damals mit üppigem Vibrato und mit Glissandi, das war der Geschmack

Das Gewandhaus Quartett im Großen Saal des Leipziger Gewandhauses: Frank-Michael Erben, Yun-Jin Cho, Luke Turrell, Valentino Worlitzsch

der Zeit. Ich glaube nicht, dass das zu Beethovens Zeit so üblich war, aber wir reden ja über das Jahrzehnt, in dem diese Aufnahme entstand. Es ist für uns hochinteressant zu hören, wie die damals gespielt haben. Und so sieht man auch, wie sich über die Jahrzehnte hinweg bis heute die Interpretation verändert hat. Und der klangliche Aspekt. Oder die Fragen der Phrasierung oder der Artikulation. Da hat sich ja sehr, sehr viel verändert. Und trotzdem, ich greife jetzt noch mal zurück auf meine vorherige Aussage: Hinter all diesen neuen Erkenntnissen und den Möglichkeiten, einen guten Urtext zu haben, sollte man im Hintergrund einen eigenen, unverwechselbaren Klang haben. Man sagt in Leipzig gern, das Gewandhaus-Quartett ist die kammermusikalische Speerspitze des Orchesters. Da ist schon etwas dran.

Sind Sie auch als Quartett ein Gewandhaus-Botschafter oder fühlen Sie sich ausschließlich als Botschafter des Orchesters?
Man muss sich das so vorstellen: Wir versuchen, diesen Klang wie in einem Schatzkästchen zu bewahren. Inzwischen ist natürlich auch das Gewandhausorchester durch die Globalisierung zu einer Vereinigung geworden, in der sich viele Nationen wiederfinden. Inzwischen, glaube ich, haben wir 27 verschiedene Nationen im Orchester. Das sind hervorragend ausgebildete Musiker. Sie kommen von verschiedenen Kontinenten dieses Erdballs. Mit unterschiedlichen Mentalitäten und aus unterschiedlichen Schulen. »Streicherschulen« für unser Fach gesprochen. Das ist natürlich in Amerika, in Australien und in Asien anders, als hier in Europa und innerhalb Europas auch noch mal unterschiedlich zwischen London, Paris, Berlin, Dresden und Leipzig.

Da gilt es wahrscheinlich, Ihre Klangwärme immer zu verteidigen.
Das ist es genau. Und jetzt komme ich zurück auf dieses Schatzkästchen: Wir versuchen, dann, wenn wir als Stimmführer vor einem Orchester sitzen, genau diese Ideale, von denen wir überzeugt sind, in das Orchester, in den Apparat hineinzutragen. Das geht damit los, wie man die Noten bezeichnet, wie man phrasiert, wie man seine Kollegen – bei mir ist das die Violingruppe, oft auch die ganze Streicherschaft – während einer Probe im positiven Sinne beeinflussen kann. Wir spielen eine Art Rolle, um den Dirigenten zu assistieren. Auch kommen viele Gastdirigenten, die uns hier aufsuchen und dann immer fragen: Wie machen Sie denn das und wie erhalten Sie den Klang? Das ist ja schön, so etwas habe ich bei mir zu Hause nicht gehört, oder bei uns in Amerika wird das ganz anders gemacht, aber hier klingt der Schumann viel ursprünglicher. Wir versuchen das Orchester in diese Richtung zu bringen, damit es diesen Klang auch weiter behält. Das ist eine große Herausforderung. Wenn man sich vorstellt, dass sich zu meiner Zeit der Nachwuchs des Gewandhausorchesters zu 100 % aus der Leipziger Musikhochschule speiste. Gegründet 1843 durch Mendelssohn-Bartholdy. Das erste Konservatorium für Musik in Deutschland. Und die Idee, die dahinter stand, war ganz klar, Nachwuchs aus den eigenen

Reihen für das Gewandhausorchester hervorzubringen. Die ersten Pädagogen dort waren hauptamtlich auch die Konzertmeister und die Stimmführer des Gewandhausorchesters. Die also unterrichteten an der Hochschule. Diese große, wunderbare Tradition ist durch die deutsche Wiedervereinigung unterbrochen worden. Zu unserem großen Bedauern, weil die dienstrechtlichen Vorschriften es nicht mehr zulassen, dass man sowohl eine volle Stelle als Professor an der Hochschule, als auch eine Konzertmeisterstelle in einem Spitzenorchester inne haben darf. Man muss sich dann entscheiden. Oder man kann nur mit einem Lehrauftrag unterrichten. Da hat man aber nicht diese Möglichkeit, etwas wirklich zu beeinflussen in der Streicherausbildung. Das hat sich verändert. Und deswegen ist es auch schwieriger geworden, deswegen müssen wir eben die Schatzschatulle so bewahren.

Ich möchte noch mal auf das Quartett zurückkommen. Wir haben jetzt relativ viel über Beethoven gesprochen. Sie haben eine unglaubliche Komponistenreihe schon aus frühesten Zeiten, von denen das Gewandhaus-Quartett Uraufführungen gespielt hat. Gibt es, natürlich werden sie mehr oder weniger alles spielen, gibt es dennoch Schwerpunkte in ihrer Literatur?

Ich würde sagen, wir sind kein Spezialensemble für moderne Musik. So wie Kronos oder die Vereinigungen, die sich darauf spezialisieren, was nach der zweiten Wiener Schule kam. Das wird von uns auch nicht erwartet. Man möchte uns mit dem Kernrepertoire hören, aber ich bin dafür, dass es immer ausgewogen ist, dass man wirklich aus allen Musikepochen etwas hat. Deswegen spielen wir natürlich auch regelmäßig Uraufführungen. Aber wenn ich ganz ehrlich sein darf: Wir kommen immer wieder zu den Ursprüngen zurück, zu Mozart, Beethoven, Schubert, Brahms, Mendelssohn und so weiter. Die Musik ist so voll und so reichhaltig. Das Gewandhaus-Quartett hat inzwischen ein Repertoire von 250 verschiedenen Werken. Da zählen natürlich auch Quintette dazu, wenn wir uns Kollegen einladen oder beispielsweise mit Pianisten Klavierquintette spielen. Da ist ein großes Werkregister entstanden, aus dem wir uns bedienen können. Und immer noch gibt es Neues zu entdecken und Stücke, die bei uns zum ersten Mal auf den Pulten liegen, wie zum Beispiel auch noch einige Quartette von Haydn. Ich habe noch nicht alle 68 gespielt. Aber ich versuche eben die Dinge miteinander in eine schöne Kombination zu bringen und das ist das, was das Kammermusikpublikum bei uns so mag. Diese Ausgewogenheit, dass man eben nicht nur einen Schwerpunkt hat oder, um sich von anderen Streichquartetten zu unterscheiden, über viele Dinge sich hinwegsetzt, um »anders« zu klingen. Aber manche Kritiker finden es ganz toll, wenn Dinge überzeichnet werden, wenn die Dynamik kraftvoll gestaltet wird, aus forte fortissimo wird oder sforzati überzeichnet werden. Dann steht da: So haben wir das noch nie gehört, das ist ja überwältigend. Und dabei ist es gar nicht der Wille des Komponisten. Da haben wir das große Glück, in einer solch traditionellen Vereinigung wie dem Gewandhaus-Quartett zu spielen. So kommen wir gar nicht in die Versuchung, uns absetzen zu müssen, um wahrgenommen zu werden in der Kammermusikwelt. Wir können uns wirklich ganz auf die Partituren konzentrieren und das tun wir immer wieder aufs Neue. Ich hatte jetzt eben gerade einen schönen Abend mit den neuen Kollegen, wo Opus 77/1 von Haydn, eines seiner Gipfelwerke, das schöne große G-Dur Quartett zur Aufführung kam. Und wieder hatten wir einen schönen Urtext, wo wir gesehen haben: Hier ist eine Bindung noch ein bisschen anders und es klingt auch ein Stückchen anders, als wir es bisher gemacht haben. Man hat sich daran wieder aufs Neue ausgerichtet und abgearbeitet. Das sind ganz schöne Momente, in denen man sagen kann, man behält eine Tradition ohne zu erstarren, ohne sich zu verfestigen und zu sagen: So machen wir das jetzt seit 30 Jahren, das bleibt jetzt so. Es wächst weiter und durch neue Erkenntnisse, die man vielleicht vor 20 Jahren nicht hatte, weil das Notenmaterial noch nicht so klar vorlag. Dann reicht es aus, wenn man das spielt, was da steht und sich nicht noch zusätzlich etwas ausdenkt, um einen Kritiker zu beeindrucken. Das Publikum weiß es sehr zu schätzen, wenn ein Quartett oder eine Vereinigung da ganz ehrlich herangeht, ohne sich mit Hintergedanken auf Kosten des Komponisten zu profilieren. Diese Sorgen brauchen wir im Gewandhaus-Quartett nie zu haben, weil wir uns nicht profilieren müssen. Wir tragen einen Staffelstab weiter und das ist eine große Ehre und natürlich auch Verpflichtung und Herausforderung zugleich.

Die Erziehung zur Musik ist
von höchster Wichtigkeit,
weil Rhythmus und Harmonie
machtvoll in das Innerste
der Seele dringen.

PLATON

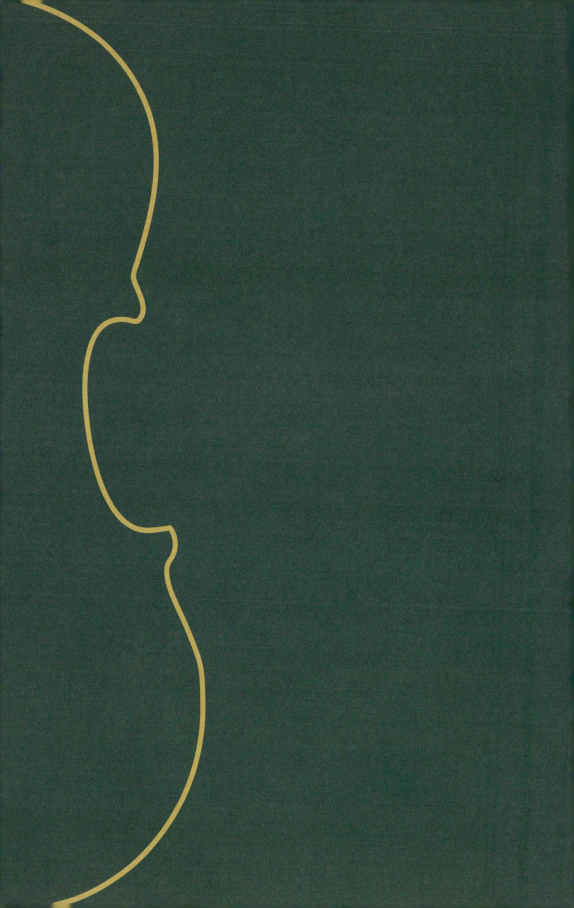

OLIVER WILLE

STAUNEN LERNEN – KAMMERMUSIK LEHREN

ÜBER UNBEDINGT UNBEGRENZTE ABENTEUER

1989, ein kleiner Raum in der ehemaligen Spezialschule für Musik, das Jugendinstitut der »Hanns Eisler« Musikhochschule. Ich bin 14, habe keine Ahnung, was »Streichquartett« ist, meine designierten Mitspieler finden das aber etwas »ganz Besonderes«, machen nicht viele. Wir sind – klar – zu viert, hervorgehend aus einer größeren Gruppe, die sich einmal wöchentlich zu etwas traf, was wir *Ta-Ke-Ti-Na* nannten: Wir sangen zusammen, improvisierten, klopften auf leeren Keksdosen und tanzten Rhythmen (zuweilen pubertär peinlich berührt), lauschten einem in 16tel-Tönen gestimmten Xylophon, schauten Partituren an, eben auch Streichquartette – und diese sollen wir nun auch »greifen«. Wir haben keine Bratsche, also schreibt *ER* uns diese Stimme für Violine um. *ER*, der uns an diese Materie mit entsprechender Vorbereitung führte, heißt Eberhard Feltz – und berichtet an anderer Stelle in diesem Buch von unserer ersten Begegnung mit der sogenannten Königsgattung. Es war mit Mozart, dem Finale aus KV 387. Da saßen wir nun, ich über der handgeschriebenen Bratschenstimme, und wir sogen die Geheimnisse der Exposition dieser unglaublichen Sonatenfuge auf, erlebten die öffnenden und explodierenden Kräfte, alles war für uns unerhört, dachten wir doch, dass wir den Mozart kennen. Wir bekamen am Ende dieser mehrstündigen Session die Hausaufgabe: Komponiert eine Durchführung! Wie kann das Stück weitergehen, wenn scheinbar alle Kräfte schon verbraucht sind?

Wir hatten keine Bibliotheken in Ostberliner Schulen. Internet: Fehlanzeige. Andere fragen – das trauten wir uns nicht. Nein, wir saßen eine Woche lang mit Bleistift vor dem Notenblatt und versuchten es. Ich erinnere mich nicht an das Ergebnis, aber es war ganz sicher brav, bieder und aus dem Vorherigen ideenlos abgeleitet.

Und dann passierte das, was ich mit Streichquartett lernen zeitlebens verbinde und nicht vergesse: Dieses Gefühl, wenn man dann sieht, was Mozart komponiert hat. Erfüllte Sprachlosigkeit.

1991 haben wir mit dem Kuss Quartett unser Debüt bei den Kammermusikfreunden Hamburg. Bestimmt spielten wir auch Mozart G-Dur.

Szenenwechsel: Anfang des neuen Jahrhunderts. Nach großen Wettbewerbserfolgen und internationalen Tourneen haben wir das Gefühl, manche Musik nur zu erfüllen, spielen wie wir denken, dass es sein muss. Große Werke, die wir unbedingt spielen wollen, die uns jedoch rätselhaft bleiben, graue Flecken haben, Richtungskämpfe im Ensemble auslösen. Eines dieser Werke: Beethovens »Große Fuge«, die während unserer vielstündigen Arbeit mit dem Pianisten Ferenc Rados plötzlich ganz vertraut wurde, geradezu prachtvoll schön und alles andere als modern. Ein späterer E-Mail-Austausch über weitere Problemstücke und -stellen brachte keine Antworten hervor, sondern Hinweise auf analoge Stellen in anderen Werken (Sinfonien, Klavierstücke, Lieder, Choräle). Ich konnte ähnliche Situationen – und somit Antworten selbst finden. Aha-Erlebnisse!

Etwa 2006: Gibt es auch Streichquartette nach Bartók und Ligeti, die man spielen sollte? Im gängigen Konzertleben scheint das nicht so. Von Neugierde getrieben stupst man uns auf das jüngst entstandene 3. Streichquartett »Grido« (Schrei) von Helmut Lachenmann. Na gut, wir besorgen uns die Noten und treffen uns zur Probe. Man muss sich das so vorstellen: »Den ersten Ton kann ich nicht spielen, ich weiß nicht wie.« »Ich auch nicht, verstehe auch die nächsten 2 Takte nicht.« »Ab wo geht's denn?« – Schweigen. Also greife ich zum Telefon und rufe todesmutig den Komponisten an. Wir haben ein urkomisches Hin und Her mit Geigen (er mit dem heimlich geliehenen Instrument der Tochter) und versuchen blind und aller Feinheiten vernichtenden Telefonleitungen zum Trotz Klänge fernab des Gewohnten zu verstehen. Schließlich verabreden wir lieber ein Treffen in Berlins Wissenschaftskolleg, wo schon so mancher musikalische Vulkan seinen Ursprung hatte, zur mehrtägigen Begegnung der besonderen Art. Fruchtbarste Gespräche über Geist, Struktur, mit Sinnen zu erlebende Musik – und das alles auch mit nicht gewussten Klängen auf Streichinstrumenten. Neuland Streichquartett.

Ápropos Wissenschaftskolleg. Unter lauter Nobelpreisträgern und sonstigen Superhirnen weilte dort auch eine Zeit lang der damalige »Quartettpapst« Walter Levin. Mit ihm waren wir seit langer Zeit verbunden – damals war er der Erste, der nach der Wende in Berlin einen Kurs an der Eisler-Schule gab, uns daraufhin nach ganz Europa zu Kursen einlud, für uns gehörten dann Sightseeing und Quartettarbeit symbiotisch zusammen. Lecture Recitals hießen die geheimnisvollen Formate, mit denen er am Wissenschaftskolleg die Bewohner und Besucher begeisterte. Wir durften zuerst mit Schönberg 1 ran. Es war beeindruckend, wie Levin es verstand, komplizierteste Gegebenheiten und seine Sicht über Werke unterhaltsam und doch mit höchstem Anspruch zu artikulieren. Musikvermittlung par excellence, lange bevor dieser Begriff inflationär wurde.

Und da war noch etwas, was er stets predigte: In den USA gäbe es richtige Studienprogramme für Streichquartett. Das war damals so nicht möglich, hing lediglich von einzelnen Professoren ab, die auf Eigeninitiative Ensembles unterrichteten. Basel, Paris, Lübeck, Köln, Amsterdam, dort unterrichtete u. a. Levin in sogenannten Post Graduate Kursen, in Berlin gab es Eberhard Feltz. Aber ein Masterstudium für Kammermusik – dazu später mehr.

2001, wir waren Teil der Levin'schen Lübecker Quartettkurse, eine Wiedereinladung zu den Kammermusikfreunden sollte für uns weitreichende Folgen haben. Die große Agentin Sonia Simmenauer war im Konzert und vermittelte uns daraufhin nach Boston zum Quartettstudium bei Paul und Martha Katz vom Cleveland Quartet. Wir bereiteten dort intensiv den Borciani Wettbewerb vor.

Musikvermittlung? Ein paar Jahre später durfte ich bei den Kammermusikfreunden die Reihe »Explica!« machen.

Die Königsgattung Streichquartett im Konzertleben, die sich über Jahrzehnte in ihrer bürgerlichen Form gefiel, ausabonnierte Reihen erlebte, deren Besucher sich in den Pausen über die Interpretationen von damals (»Weißt Du noch damals, die Amadé?«) schwelgten, gefühlt geschlossene Veranstaltungen mit immer wiederkehrenden Sandwich-Programmen; Klassik – Modern, aber nicht zu sehr – Romantik. Dagegen ist gar nichts einzuwenden, denn fantastisch ist, dass diese Partituren uns nie im Stich lassen. Die gruselige Corona-Pandemie zeigte uns das eindrucksvoll. Aber junge Streichquartette, die den Anspruch haben, das Musikleben der Zukunft zu gestalten, sie sollten anderes wagen wollen. Doch oft erfüllen sie vermeintliche Erwartungen und reihen sich in den Kanon ein – und schon sind wir inmitten tödlicher Routine.

Das Streichquartett musste also vom Sockel geholt werden, raus aus dem altväterlichen Gewand und den sich immer wiederholenden Abläufen – fanden wir vor vielen Jahren! Wie aber wird in einem aus einer Dauerausstellung mit den großen und beliebten Meisterwerken eine Entdeckungsreise in die Geheimnisse der Kunst? Man kann die uns scheinbar Vertrauten umpflanzen, sie neu in Beziehung setzen oder gar Neues einbeziehen. Frei nach Ossip Mandelstam: »Verse (auch musikalische!) braucht das Volk, unverständlich und vertraut zugleich.« Konzeptprogramme hieß damals das Zauberwort, vom Hören geleitet. Was passiert, wenn plötzlich der Beethoven mit neuen Werken durchkreuzt wird, wenn es Brücken oder auch Brüche im Programm gibt? Und welch ein Vergnügen ist es, wenn man unsere Gattung – stabil zu viert, aber durchlässig und beweglich in ihrer Gestaltung – anderen Kunstformen begegnen lässt: Dichtung, Tanz, Nicht-Klassik. Oder, wie klingt ein Streichquartett in einem Nachtclub? Wie reagiert ein Publikum, das Mozart gar nicht kennt, denen aktuelle Musik von Enno Poppe und Zeitgenossen viel näher ist? Programmgestaltung ohne Erwartungen – Hörabenteuerlust.

Gemeinsam mit den Kammermusikfreunden durften wir ein Konzert auf der Reeperbahn gestalten, später spielten wir mit Bas Böttcher im Bunker-Resonanzraum. Wir haben Pläne, unser »Force & Freedom« mit der Kompanie Nico and the Navigators in Hamburg aufzuführen.

Neue Wege verlangen Mut, einen langen Atem, aber auch Orte, die Vertrauen geben. Nicht Dramaturgie vorgeben und dann Künstler suchen, die die Idee bestücken und Erdachtes erfüllen, sondern sprudelnde Vulkane, die man auch mal machen lässt. Manches gelingt, anderes nicht. Gut so, weil lebendig.

Leider gibt es heute kaum Gelegenheit, sich auszuprobieren, denn die schnelllebige Zeit lässt selten ein »Noch mal« zu. Perfektion erstickt zu oft das Hier und Jetzt, das lebendige gemeinsame Erleben des Wunders Musik.

Kann man das lernen?

Oben habe ich ein wenig beschrieben, welche Lernerfahrungen ich als wichtigste erinnere. Als meine Hochschulzeit begann, gab es kein Studienprogramm für Streichquartett. Inzwischen ist das anders. Ich durfte eines dieser Institute an einer großen Musikhochschule in Hannover mitgestalten. Es war damals klar: Wir haben eine große Chance, wenn wir flexibel sind, wenn wir Raum für »geführte Freiheit« ermöglichen und nicht vorgefertigte Studiengänge absolvieren lassen, die Ensembles nicht anketten: stattdessen eine intensive, individuelle Betreuung an einem Institut für Kammermusik und Lied, bereichert durch gemeinsame Workshops mit Profis aus der aktuellen Szene, für Programmgestaltung, Musikvermittlung, Interviewführung, Arbeit mit Komponisten und gemeinsame Exkurse, Konzerte in verschiedenen Formaten. Sowohl Stärken zu stärken, als auch Becketts »Besser scheitern«-Lernen gehören dazu.

Als besonderen Abschluss intensiver Arbeitsphasen mit Gästen spielte die internationale Quartettklasse aus Hannover mehrmals Konzerte bei den Kammermusikfreunden im Gewölbe unter St.Nikolai (Mahnmal).

Den Traum des Streichquartetts trägt wohl jeder Streicher in sich, allein wenn ich an die Vielzahl der Ensembles denke, die sich in Orchestern bilden. Vom Quartettspiel leben können nur zwei Hand voll berühmter Ensembles – daran hat sich nichts geändert. Den Wunsch allerdings, ein selbstbestimmt musikalisches Leben zu führen, dies aber nicht allein, das hat vielleicht mit aktuellen Lebensentwürfen zutun. So war es zumindest vor der Pandemie, ich sehe es aber auch aktuell noch.

Dies zu unterstützen, dafür gibt es inzwischen viele Studienprogramme. Vielleicht haben diese auch den Boom ausgelöst, womöglich auch neue Wege eröffnet. Ob dieser Boom anhält, nach einer und in einer kulturfeindlichen Zeit, in der Angst vor dem Nichts den Traum von Selbstständigkeit und künstlerischer Entfaltung täglich bedroht? Ich weiss es natürlich nicht, aber wir alle brauchen Inseln der Auszeit und Reflexion und müssen darum ringen!

Im Streichquartett habe ich die ganze Welt der Musik vor mir und muss entscheiden, was mache ich jetzt, welchen Weg gehe ich, was interessiert mich, um welche Stärken kümmere ich mich. Aber man muss Quartett einmal richtig lernen, das geht auch nie schnell. Wie arbeiten wir miteinander, wie verstehen wir diese großen Partituren, wie finden wir eine gemeinsame Sprache – viele Stunden heftigster Auseinandersetzung.

Auch wenn mir bewusst ist, dass nicht alle Ensembles ein Alban Berg Quartett werden, macht es doch Sinn, den Menschen zu helfen, diese Kommunikation über Musik kreativ zu führen. Gerade und besonders heute! Meine Aufgabe ist vielleicht, ihnen Anhöhe zu schaffen – fliegen müssen sie selbst.

Natürlich ist es herrlich, mit Super-Karrieren wie die der Quartette Castalian, Marmen oder Esmé durch das Studium in Hannover verbunden zu sein, aber nicht jedes Quartett kann und will diesen anstrengenden Weg gehen. Frei-

Flyer für das Konzert »Kuss Quartett *plus* Bas Böttcher« in der Reihe »Kammermusik*plus*« und das Kuss Quartett in einem Konzert mit Nico and the Navigators.

schaffende Karrieren haben sich sehr verändert und werden sich noch weiter verändern. Es gibt heute viele Patchwork-Biographien, in denen Streichquartett ein Standbein ist. Immer wieder mit den Menschen zusammen etwas entwickeln, mit denen man vertraut ist und mit denen man gelernt hat zu arbeiten – das ist ein wunderbarer Beruf. So übe ich ihn auch selbst in meinem Quartett aus, als intensivste künstlerische Beschäftigung. Dafür gibt es Raum, diese Ensembles können auch kreativer Motor des Musiklebens sein. Unerlässlich ist für mich, dass unser einmaliges kulturelles Erbe lebendig sein kann. Wir müssen es aktuell beleben, klar, aber man muss uns auch leben lassen, um Zukunft gestalten zu können. Jedwede Diskussion, die die gesellschaftliche Dringlichkeit von Kunst und Kultur in Frage stellt, finde ich verheerend.

Einfach ist das nie! Es gibt viele Krisen: Zuerst das Bekenntnis zu diesen vielen Stunden Arbeit, mit genau diesen drei Anderen; dann nach dem Studium, wenn man sich wieder fragt: Will ich das wirklich? Mache ich Probespiele oder bleibe ich Freelancer? Weiter, wenn der Partner oder die Partnerin fordert: Quartett oder ich, vor allem für Quartettspielerinnen, wenn Kinder da sind und alles erst mal stoppt, man natürlicherweise Prioritäten abwägt. Hinzu kommen politische Krisen, die einem Standpunkte abverlangen, aufgrund von komplexen Zusammenhängen sind das womöglich nicht dieselben innerhalb der Viererbande. Das ist viel Konfliktpotenzial, alles hat gar nichts mit Musik zu tun. Ein Problem ist auch, dass Karrieren in anderen Bereichen schneller erfolgreich scheinen als im Streichquartett, da dauert es eigentlich immer ca. zehn Jahre, bis Substanzielles nachhaltig ist. Die Besetzungen werden heute viel öfter gewechselt als früher – wie viel Konflikt hält man aus, bevor man sich scheiden lässt? Das Streichquartett ist mehr Lebensmodell als Beruf, ein kleines Sozialgefüge, in dem man oft mehr voneinander weiß als der Partner. Deshalb sind auch fünfzig Prozent der Ausbildung psychologische Betreuung. Es muss ein Brennen für die Sache geben, eine menschliche Gelassenheit und viel Energie. Zu erleben und zu wissen, dass das gemeinsame Musizieren stärker ist als die aktuellen Probleme, dass niemand einem nehmen kann, was man zusammen erschaffen hat, dass dies auch unwiederholbar ist – das ist schwer zu begreifen.

Wie lernt man also? Kein Institut, kein ausgeklügeltes Studienprogramm kann künstlerisches Leben herstellen!

Staunen lernen, neugierig und offen sein, ehrlich mit sich und diszipliniert bleiben scheinen mir wie Arterien des eigenen Weges. Alle haben gelernt, ihr Instrument zu spielen, ehrgeizig und fleißig zu sein. Und was nun? Ja, Routine ist künstlerisch tödlich, sie langweilt mich, Neues ist lebenswichtig, Qualität aber auch. Musikvermittlungsformate zum Beispiel, sie müssen gut gemacht sein! Und am besten können Musiker darüber sprechen, was sie tun. Das will gelernt sein. Außerdem muss selbstverständlich sein, dass aktuelle Musik gespielt wird. Nicht nur von den »Klassikern« Rihm, Lachenmann, Reimann, Trojahn – die wir in fantastischen Hannover-Workshops zu Gast hatten, sondern auch von Komponistinnen und Komponisten, die die Ensembles selbst entdecken. Es ist weitgehend immer noch so, dass in normalen Konzertreihen keine Musik der letzten 30 Jahre erklingt. Das kann ich nicht mehr nachvollziehen. Also auf zu neuen Abenteuern, die Welt des Streichquartetts ist unbedingt unbegrenzt!

MICHAEL HOLM *IM GESPRÄCH*

INITIATIVE JUGEND-KAMMERMUSIK HAMBURG

FRÜH ÜBT SICH ...

LUDWIG HARTMANN: *Michael, wir befinden uns im April 2022 noch in der Pandemie. Wie sind Deine Ensembles, die Kinder und Jugendlichen, für die es ja noch schwieriger ist, als für Erwachsene, durch diese zwei Jahre gekommen?*
MICHAEL HOLM: Ja, das ist wirkliche eine gute Frage. Das erste Jahr war noch relativ stabil, die Jugendlichen und wir versuchten, alles möglich zu machen. Jetzt geht es schon allmählich an die Substanz.

Worin drückt sich das aus?
Eigentlich vor allem in Überforderung. Die Jugendlichen sind überfordert, weil ganz viele Termine auf sie einprasseln und man die ganze Zeit, dass kennen wir ja alle, Termine verschieben muss. Es fallen Proben aus, weil einer einen Positivtest hat und sie sind einfach geschlaucht.

Zum Anfang der Initiative Jugend-Kammermusik Hamburg. Gegründet wurde sie 2005, also vor 17 Jahren. Was war die Grundidee?
Es gab eine »Offensive Kammermusik Hamburg«, quasi einen kleinen Wettbewerb, und da spielte ein Trio, das es immer noch gibt. Das Trio Adorno, auf das wir natürlich sehr stolz sind, weil es sozusagen unser Gründungsensemble ist. Frau Feldtmann, die jetzt die komplette Trägerschaft und auch die Finanzierung übernommen hat, war so begeistert von der Idee, Jugendliche an Kammermusik heranzuführen, dass sich dann aus dieser Offensive eine Initiative gebildet hat.

Wer ist wir? Wer sind die Gründer? Von wem kam die Uridee?
Neben Brigitte Feldtmann von Clemens Malich, Thomas Mittelberger und Bernhard Fograscher. Sie waren auch die Lehrer dieser drei Jungs. Und dann wurden es mehr. Jetzt haben wir in der Regel acht Ensembles, die wir pro Jahr fördern können und da reichen natürlich drei Dozenten nicht aus. Und

deswegen kamen andere Kollegen dazu. Lange Jahre hatten Bernhard Fograscher und Clemens Malich die Leitung. Ich habe dann den Platz von Clemens Malich übernommen und es eine Zeit lang mit Bernhard Fograscher zusammen gemacht, bis er wegen Arbeitsüberlastung aufhören musste.

Und wer bestimmt, wer als Dozentin oder als Dozent dazukommt?
Ja, wie man so schön sagt, der Markt. Das ist ein Kommen und Gehen. Es gibt schon ein Kerndozententeam, das bleibt. Und dann haben wir auch besondere Instrumente, jetzt beispielsweise ein Ensemble mit Horn. Da bietet es sich natürlich an, einen Dozenten oder eine Dozentin zu haben, die aus der Hornecke kommt. Das bewährt sich oder es bewährt sich nicht. Es gibt Kollegen, die das dann mal für ein Jahr machen und dann reicht es ihnen. Oder sie bleiben länger dabei. Und es wird auch durch die Jugendlichen mitbestimmt. Der Unterricht wird nicht zugeteilt, sondern man hat da schon freie Auswahl.

Wie intensiv sind die Probenarbeiten allein schon mal quantitativ?
Also quantitativ kann man sich das so vorstellen: Wir haben immer ein Schuljahr als Förderungszeitraum. Die Jugendlichen oder das Ensemble bekommen ein Stipendium in Höhe von 2.500.- € in die Hand und dieses Budget verteilt sich dann – wenn man von 1 ½ Stunden Proben ausgeht – auf 28 Termine mit dem Dozenten. Also 28 Treffen mit Dozent oder Dozentin, dazu Konzerte, und die tolle Zusammenarbeit mit den Kammermusikfreunden. Und natürlich proben die Ensembles auch viel alleine.

Das ist wahrscheinlich altersabhängig?
Ja, das ist altersabhängig. Wir fangen etwa mit 12 Jahren an. Da ist dann eine Probe unter Umständen eine reine Kicherorgie und das ist nicht unbedingt sehr zielführend. Bei den Älteren ist es dagegen absolut notwendig, dass sie die Tipps der Dozenten auch mal alleine ausprobieren.

Wenn Du sagst, es ist gerade eine riesige Herausforderung: Wie erlebst Du die Jugendlichen jetzt? Wie kommen sie zu den Proben?
Ich muss schon sagen, tendenziell eher gestresst.

Das heißt, sie sind nicht so konzentriert bei den Proben, sind nicht gut vorbereitet, oder?
Es ist halt seit zwei Jahren viel, viel mehr Arbeit, sich überhaupt zu treffen. Beispiel: Wir hatten jetzt einen Dozenten, der ist extra aus Berlin gekommen. Und dann, Simsalabim, drei Stunden vorher war klar: Einer konnte nicht kommen, wegen eines positiven Tests. Und dann muss man entscheiden: Macht man eine Probe mit einer kleinen Besetzung, die nicht so richtig sinnvoll erscheint, oder lässt man es bleiben. Das ist dieser tägliche Stresslevel, dem wir ausgesetzt sind. Oder wir hatten gerade ein Konzert, wo auch wieder zwei Ensembles aus

bekannten Gründen nicht spielen konnten. Da muss ich dann in kurzer Zeit irgendwie etwas aus dem Ärmel schütteln, um dieses öffentliche Konzert doch noch gut über die Bühne zu bekommen.

Finden die Ensembles sich selbst zusammen oder macht ihr das von Dozentenseite?
Das läuft so, dass wir vor den Sommerferien ein Auswahlvorspiel haben. Das heißt, jeder, der möchte, muss sich auf unserer Website erst mal als Einzelmusiker anmelden, man kann sich aber auch als bestehendes Ensemble bewerben. Beides kommt vor. Dann müssen wir erst mal sehen, ob die Fähigkeiten am Instrument ausreichen, ob wir uns das vorstellen können. Dann ist unser nächster Schritt, beispielsweise 40 Geiger, zwei Bratschen und 12 Celli sinnvoll unterzubringen. Wir haben grundsätzlich immer acht Ensembles, die wir fördern. Manche muss man aufs nächste Jahr vertrösten.

Es gibt die Initiative jetzt seit 17 Jahren. Ihr seid ja doch inzwischen relativ prominent. Führt das dazu, dass sich mehr anmelden?
Es ist schon mehr geworden. Definitiv. Wir haben bis zu 70 Einzelbewerbungen. Wir sitzen wirklich den ganzen Tag und hören uns die Bewerber an. Das ist definitiv viel mehr geworden. Wir haben mittlerweile auch bundesweit einen guten Ruf. Das merkt man immer wieder, wenn auf einem Bundeswettbewerb mehrere Ensembles gut abschneiden. Das spricht sich natürlich herum.

Guter Ruf bringt mich auf einen anderen Gedanken. Es kann ja auch Konkurrenz geben zu den einzelnen Dozenten. Zwischen Euch und den einzelnen Dozenten. Wie geht ihr da vor?
Man muss in jedem Fall diplomatisch sein. Es gibt durchaus immer wieder Stipendiaten, die nicht von ihren Instrumentallehrern unterstützt werden, bei denen das Solospiel im Vordergrund steht und wo man gucken muss, ob das ein Jahr lang Sinn hat. Es gibt, eher selten, immer wieder den Fall, dass jemand ausscheidet, weil er einfach nicht vorbereitet ist, unzuverlässig ist oder zu den Proben nicht erscheint. Im Großen und Ganzen läuft das aber eigentlich ganz gesittet. Mein Eindruck ist schon der, dass wir ganz gut kommunizieren können. Auch mit den Instrumentallehrern. Es gibt etliche Instrumentallehrer, die unsere Arbeit eigentlich sehr, sehr gut unterstützen.

Haben sich die Jugendlichen im Lauf der Jahre in eine Richtung entwickelt? Sind sie instrumental besser oder schlechter geworden oder ist das Niveau konstant geblieben?
Mein allgemeiner Eindruck ist der, dass wir konstant bessere Solobeiträge bekommen. Soll heißen, die instrumentalen Fähigkeiten sind tendenziell immer besser geworden. Was eher abnimmt ist die Verbindlichkeit, die Möglichkeit, gut zu organisieren. Das ist ein wichtiger Punkt, wenn man sich zur Kammermusik treffen will. Wo es früher zu sagen gereicht hat: Lasst uns uns einfach am nächsten Sonntag um 16 Uhr treffen, muss jetzt oft viel nachorganisiert werden. Es

geht heute deutlich mehr über Messenger Dienste und klappt dann doch nicht immer so ganz. Das sorgte für Unruhe in den letzten Jahren.

Das sind Auswirkungen sozialer Medien ...
Total.

Wenn ihr unterrichtet, ist das ausschließlich instrumentaler Ensembleunterricht oder seid Ihr auch immer wieder Psychologen? Viele sind ja in der Pubertät. Und abgesehen davon gibt es in Ensembles ja auch teils extreme psychologische Spielereien.
Ja, absolut. Ich glaube, das ist konstant geblieben. Wir sind auf jeden Fall – aber das gilt wohl für alle Instrumentallehrer, die mit Jugendlichen und Kindern arbeiten – zu bestimmt 50 % auch als Amateurpsychologen unterwegs. Das ist auf jeden Fall so. Aber das macht natürlich auch den Reiz dieser Arbeit aus.

Kannst Du einen typischen Fall dieser Psychologiearbeit beschreiben?
Die Ensembles arbeiten nicht nur mit einem Dozenten, sondern mit unterschiedlichen. Man muss sich das so vorstellen, dass die Jugendlichen am Anfang eines Monats vielleicht mit einem Dozenten, der von der Geige kommt, arbeiten und dann vielleicht zwei Wochen später mit einem Dozenten, der vom Klavier kommt. Da ergeben sich natürlich automatisch Widersprüche. Aber das macht ja auch den Reiz aus, dass man eben nicht sagen kann, es gibt nur eine gültige Art Bach zu spielen und dabei bleiben wir jetzt einfach mal. Das heißt, die Jugendlichen müssen sich relativ früh damit auseinandersetzen, dass sie selber zu einer für sie gültigen Form des Musizierens finden. Das gibt natürlich Reibungsflächen. Aber das ist eigentlich etwas, was uns allen sehr viel Spaß macht, weil sich das natürlich an der Sache entzündet.

Sind diese Ensembles von der Altersstruktur gleich oder kann es im Extremfall auch vorkommen, dass ein Zwölfjähriger mit einem Einundzwanzigjährigen zusammen spielt?
Das kommt nicht so oft vor. Vielleicht spielt mal ein Vierzehnjähriger mit einem Sechzehnjährigen. In der Regel kennen die sich zum Teil über die Jugendorchester. Wir achten darauf, dass die Meisten möglichst schon in einem Jugendorchester erste Spielerfahrungen gemacht haben. Das ist immer so eine spezielle Geschichte: Dass die Zwölfjährigen unter sich sind und sich dadurch vieles von allein regelt. Wenn vier Zwölfjährige zusammen sind und einer hat nicht geübt, dann muss der Dozent eigentlich nicht noch viel sagen. Das ergibt sich einfach aus der Sache. Da muss gar kein Druck aufgebaut werden.

Gibt es irgendeinen beschreibbaren Unterschied zwischen Mädchen und Jungen?
Das finde ich eigentlich nicht. Das Thema fällt komplett unter den Tisch. Wir haben immer mal auch wieder Liebespaare und das ist natürlich schön. Man trifft sich ja wirklich in der Sache. Es ist aber vielleicht schon eher ein Mädchen,

Michael Holm bei einer Probe mit dem von der Initiative Jugend-Kammermusik geförderten Ujváry Quartett. Sie eröffneten am 22.11.2019 das Konzert des Belcea Quartets & Michael Collins im Kleinen Saal der Laeiszhalle

das sich mehr darum kümmert, dass auch regelmäßig geprobt wird. Und möglicherweise ist es eher ein Junge, der zu spät kommt. Also diese alten Klischees. Aber das ist im humorvoll akzeptablen Rahmen.

Ist ein Ziel vorgegeben oder setzen sich die Gruppen selber Ziele? Zum Beispiel das, am Ende bei Jugend musiziert teilzunehmen?
»Jugend musiziert« ist tatsächlich ein Faktor bei uns, aber es ist keine Pflicht daran teilzunehmen. Der Wunsch kommt immer von den Jugendlichen. Wir sorgen nur dafür, dass möglichst viele Konzerte stattfinden, die Ziele darstellen. Es wird auch am Anfang des Stipendienjahrs definiert, dass man sagt: Okay, jetzt habt Ihr folgende Stücke und bis dann und dann kommt ein Konzert auf Euch zu, so dass es dann auch halbwegs passabel wird.

Es gibt ja seit ein paar Jahren die Zusammenarbeit zwischen der Initiative Jugend-Kammermusik Hamburg und den Hamburger Kammermusikfreunden. Mit der Bitte um eine ehrliche Antwort: Welche Rolle spielt diese Zusammenarbeit? Mein Eindruck ist, dass es für die Jugendlichen schon etwas Besonderes ist, ein Vorkonzert zu spielen in einer so renommierten Reihe. Oder ist es doch nur ein Konzert von vielen?
Nein, absolut. Das ist das Highlight. Es ist ja nicht nur eine tolle Gelegenheit zu spielen, es ist das ganze Drumherum. Es ist ein unglaublich schönes Ziel, darauf hinzuarbeiten und zu sagen: Ihr trefft dann das berühmte Quartett und wenn es nur zwischen Tür und Angel ist. Ihr habt die Ehre, da als Vorgruppe spielen zu können und das gibt eigentlich immer eine wirklich ganz besondere

Stimmung. Auch in der Vorbereitung. Ganz anders, als wenn es auf einen Wettbewerb zugeht oder auf ein kleines Konzert.

Die Jugendlichen sind ja auch eingeladen, sich das Haupt-Konzert anzuhören. Ich erinnere mich an meine Hochschulzeit. Wenn man ganz sicher sein wollte, keine Kommilitonen zu treffen, ging man in die Musikhalle. Wie ist das bei Euren Jugendlichen? Gehen die auch normalerweise gern in Konzerte?
Das Live-Erlebnis, das kann man ja auch positiv bewerten, hat durch die Coronazeit noch mal einen riesigen Schub bekommen.

Kannst Du etwas über die Arbeitsweisen verraten? Was sind Eure Hauptpunkte? Es wird alles eine Rolle spielen: das Musikalische, das rein Technische. Gerade beim Thema Kammermusik ist ja das rein Instrumentale nur ein Punkt bzw. erst mal der Grundstock. Aber worin liegen in der Praxis Eure Hauptaufgaben?
Eigentlich im Zusammenführen verschiedener Individualitäten zu einem Klang, den man erst finden muss. Jedes Ensemble klingt ja anders. Ich mache das jetzt so viele Jahre und bin immer wieder überrascht, wenn es z. B. dazu kommt, dass ich ein Stück vielleicht zum dritten Mal unterrichte – was nicht so oft passiert, aber es passiert –, dass ich dann merke, wie gänzlich neu ein anderes Ensemble rangeht und wie es dann auch ganz anders klingt. So wie es auch bei den Profiensembles immer wieder begeisternd ist, bei denen man wirklich von individuellen Klängen der Ensembles sprechen kann. Das ist, würde ich sagen, schon unsere Hauptaufgabe. Dass man beispielsweise beim Klaviertrio drei individuelle, instrumental gut geschulte Jugendliche zusammenbringt und dass das letzen Endes in einen Ensembleklang aufgeht. Man kann dann nicht mehr sagen: Der Pianist war gut und der Geiger, der war so und so, sondern man ist wirklich immer wieder auf diesen gemeinsamen Klang fokussiert.

Und wonach richtet sich, welche Literatur geprobt wird?
Natürlich vor allem erst mal danach, was wir den Einzelnen zutrauen, was sie spielen können. Also, wenn sich ein Ensemble das dritte Mal bei uns bewirbt, dann wissen wir, okay, die spielen so und so, die haben vielleicht auch schon zwei Mal Haydn gespielt, jetzt können wir auch mal in die Vollen gehen. Die sind 16, 17 Jahre alt, dann machen wir mal 'nen Brahms. Das ist natürlich schon abhängig davon, wie weit die instrumental, aber auch kammermusikalisch sind.

Ist es so, dass Brahms kammermusikalisch unbedingt schwieriger zu bewältigen ist als Haydn?
Nein, das würde ich überhaupt nicht sagen, aber es baut ja aufeinander auf. Wenn sich ein Streichquartett bildet, dann ist ein Haydn natürlich ein sehr, sehr guter Lehrmeister, weil da die Rollenverteilung wirklich deutlich ist, während bei einem Brahms z.B. auch die Basslinie durch die Bratsche repräsentiert wird oder die zweite Geige fulminante Soli hat. Bei Haydn ist das doch meistens

sehr sortiert und das hilft einem beispielsweise für die Intonation, überhaupt erst mal einen Leitfaden an die Hand zu bekommen. Das baut aufeinander auf, aber es ist absolut nicht so, dass Brahms schwerer sein muss.

Wenn die Ensembles meinen, sie könnten alles, dann ist es sehr sinnvoll, sie mal wieder Haydn oder Mozart spielen zu lassen.
Definitiv. Ja und das machen die dann auch mit großer Freude. Der Respekt vor den Klassikern wächst eigentlich mit der Zeit.

Wie lange bleibt ein Ensemble in der Regel zusammen? Konkret gefragt: Lösen sie sich in der Regel nach so einem Jahr wieder auf oder gibt es auch, neben dem erwähnten Trio Adorno, immer mal wieder Gruppen, die dann auch wirklich durchstarten und das intensiver machen?
Es ist immer wieder so, dass wir Ensembles haben, die über viele Jahre zusammenbleiben, auch mit einer ganz stabilen Besetzung. Jetzt haben wir beispielsweise ein Trio mit Horn, Geige, Klavier, die machen natürlich ... was heißt natürlich, aber es bietet sich an, Brahms zu spielen. Ich glaube nicht, dass die das nächstes Jahr fortsetzen werden, obwohl die ganz spektakulär schön spielen. Gerade so die typischen Besetzungen, Streichquartett, Klaviertrio ist zu nennen, das sind oft die Ensembles, die das dann über mehrere Jahre fortsetzen. Ich sag mal, Richtung zehn Jahre. Oft ist zu beobachten, dass der Kammermusikfunke einfach gezündet hat und dass ehemalige Stipendiaten, die im Studium sind – nicht nur die, die Musik studieren, auch die die was völlig Anderes studieren –, nicht mehr von diesem Kammermusikvirus loskommen und die dann auch in anderen Besetzungen einfach weiterarbeiten.

Habt Ihr auch Kontakte zu Hochschulen und den dortigen Kammermusikprofessoren, um eventuell Ensemble dorthin zu übergeben? Dass sie sich dort bewerben?
Wir haben ja immer wieder, auch durch den Kammermusikpreis, Ensembles bekommen, die so gut waren, dass sie diesen Preis bekommen hatten und die Möglichkeit bekamen, diese Meisterkurse machen zu können. Und das ist großartig. Die Ensembles dürfen dann für zwei, drei Tage mit einem renommierten Professor arbeiten und als Ensemble beispielsweise nach München fahren. Sie sind ganz begeistert dabei und dabei entstehen oft auch lang anhaltende Kontakte. Hervorzuheben ist die Zusammenarbeit mit den Kammermusikfreunden. Es ist wirklich besonders, dass die Jugendlichen diesen Kontakt haben und diesen Weg in die Laeiszhalle oder in die kleine Elphi finden. Abgesehen davon, dass die Jugendlichen bestimmt später viel mehr in Konzerte gehen werden, ist es einfach ein Initial für viele. Dass sie wirklich diesen Kontakt haben. Ich habe viele ehemalige Stipendiaten, die jetzt Musik studieren und für die das ein Schlüsselerlebnis war. Sie sagen: Es war großartig, dass man diese Künstlerinnen und Künstler wirklich getroffen hat. Und sei es nur kurz. Das ist schon begeisternd. Ein kurzer Moment, der so viel Rückenwind gibt.

EDUARD SCHWEN

SPIELMANNSFIEDEL UND ARISTOKRATIN

EINE KURZE GESCHICHTE DER GEIGE

Stellen Sie sich die märchenhafte Inszenierung einer Hochzeit vor: Der Königssohn ehelicht eine bezaubernde Prinzessin. Der Ballsaal ist dekoriert, das Orchester spielt zu Ehren der frisch Vermählten. Aber was hören wir? Einen Tusch der Blockflöten, Hörner spielen auf zum Tanz, und die Pikkoloflöte gibt den Rhythmus des Walzers vor.

Intuitiv spüren wir: So geht das gar nicht! Jedes Instrument hat eine gesellschaftliche Stellung und dementsprechend eine emotionale Bedeutung und Symbolik. Ursprünglich durch Tradition geprägt, ist diese so selbstverständlich, dass jeder, dem sie vertraut ist, die Botschaft sofort richtig versteht.

Für viele Instrumente sind die Zuschreibungen eindeutig: Trompeten sind Signalinstrumente, die Hörner blasen zur Jagd. Trommeln und Querflöten wurden früher für das Kommando im Schlachtenlärm genutzt, das Saxophon gehört in den Jazz. Gamben wiederum, aber auch Tasteninstrumente, insbesondere die Orgel, sind »ordentliche« Instrumente: Die feste Stimmung (durch Tasten und Bünde) bringt die Frequenzen der Töne in die göttliche Ordnung. Damit dient sie auch der Ordnung der Gesellschaft und jeder einzelnen Seele. Ähnliches gilt für die Lauten-Instrumente.

Wie also könnten wir Musik verstehen, wie sie genießen, wenn wir keine Wahrnehmung für diese kulturelle und soziale Bedeutung hätten? »Wahrnehmung« bedeutet in diesem Zusammenhang viel mehr als nur die Fähigkeit des Hörens: Schließlich interpretieren wir das, was wir hören, vor dem Hintergrund dessen, was wir gelernt haben. Persönliche Vorlieben und Geschmack entstehen nicht im luftleeren Raum, sie sind auch Ergebnis kultureller Prägung. Dieser Text zeichnet die Kulturgeschichte der Violine, eines zentralen Instruments der westlichen Musik, nach.

Symbole haben oft Qualitäten wie Archetypen: Sie sind klar und fokussiert in ihren Bedeutungen, welche über Generationen allgemein verständlich sind, genauso wie die Tatsache, dass eine Sache zugleich für etwas anderes,

Höheres steht. Einer derart verschlüsselten Bildsprache war in der Niederdeutschen Malerei eine ganze Kunstrichtung gewidmet: die Genre-Malerei. Auch wenn die Darstellungen häufig naturalistisch oder fast fotorealistisch sind, so ist ihre eigentliche Aussage auf der Meta-Ebene zu finden. Manchmal wird die Botschaft nur angedeutet: Bei der Darstellung eines Weintrinkers, leicht angeschickert und mit roter Nase, ist das Glas etwas zu groß. Manchmal ist im Hintergrund ein Radleierspieler zu sehen, später ein Geiger oder gar Gevatter Tod. Solche Zeichen verstanden die Zeitgenossen des Malers sofort: Es ging nicht darum, den Genuss zu feiern, sondern um eine moralisierende Warnung vor zu viel Alkoholkonsum. Wenn außerdem in der Ferne noch Bettler auf der Straße zu sehen waren, konnte jeder Betrachter erkennen, wohin so ein Verhalten gesellschaftlich führen könnte.

Für die Violine gilt diese Eindeutigkeit der Symbolik nicht. In Oberitalien stieg sie von der Geyge oder Fiedel der Spielleute zum höfischen Instrument auf. Unsere Zeit kennt ähnliche Entwicklungen: Um die Jahrtausendwende wurde bei der »Night of the Proms« erstmals U-Musik aufgeführt, Stücke der Beatles waren für großes Orchester arrangiert worden; seitdem ist Rock- und Popmusik beim klassischen Konzertpublikum viel besser angesehen. Und so wie Franz Schubert im frühen 19. Jahrhundert das Lied, das bis dahin gesellschaftlich nicht als besonders hochstehendes Genre geschätzt wurde, zu einer eigenen Kunstform erhob, so wurden im frühen 16. Jahrhundert Veranstaltungen organisiert, bei denen Tanzmusik nicht zum Tanzen für das sogenannte einfache Volk, sondern konzertant für die Aristokratie aufgeführt wurde. Mit einem Erfolg, der sich verselbstständigte und die weitere Musikgeschichte prägte. In den ersten 100 Jahren, seit Geigenliteratur veröffentlicht wurde, waren neun von zehn Stücken Tänze. Der Tanz als vorherrschende Form hielt sich noch wesentlich länger: So war die Suite schlicht eine Folge verschiedener Tanzsätze. Nur wurden diese durch den veränderten Kontext der Aufführungsorte nicht mehr als Tanzmusik rezipiert, sondern als edle Kunst.

Infolge dieser Entwicklung erfuhr die gesamte Familie der Streichinstrumente eine Aufwertung. Ihre Mitglieder sind Violine beziehungsweise Geige, Viola oder Bratsche, das (Violon-)Cello und der (Kontra-)Bass. Die Anerkennung des Cellos brauchte etwas länger; in Frankreich konnte es sich erst im 19. Jahrhundert gegen die Gambe durchsetzen. Und der Kontrabass ist streng genommen baulich ein Zwitter zwischen Geige und Gambe, was durch die Quartstimmung und die hängenden Schultern des Umrisses deutlich wird. In der heutigen Form wurde der Kontrabass erst im späten 19. Jahrhundert standardisiert.

Dieser soziale Wandel der Violininstrumente zeigt sich nicht nur an der Aufführungspraxis. Auch die technische und handwerkliche Entstehungsweise der Instrumente änderte sich. Innerhalb der Gesellschaftsordnung der Stände – und auch der Zünfte – durfte nicht jeder alle Arbeiten ausführen. Schon damals waren Berufe geschützt. Spielleuten war es verboten, bestimmte Werkzeuge und Handwerkstechniken zu benutzen, denn sie waren keine »zünftigen« Instrumentenbauer oder in Innungen organisierte Handwerker. Verleimen etwa war ihnen nur bedingt erlaubt. Also wurden die Vorläuferinstrumente der heutigen Violine durch Steckverbindungen zum Halten gebracht und mit Kitt und Lack stabilisiert. Diese Bauart ist im späten 15. Jahrhundert belegt und wurde in Ostpolen noch nach dem Zweiten Weltkrieg von ländlichen Musikern genutzt. Das erklärt übrigens die besondere Form der Violine mit den tangential zusammenlaufenden Zargenecken.

Als im frühen 16. Jahrhundert Tanzmusik an den Fürstenhöfen in eigenen Konzerten aufgeführt wurde, musste dieser soziale Aufstieg auch in einer »ordentlichen« Bauweise manifestiert werden. Dieser Evolutionsschritt fand im italienischen Sprachraum statt. Dort baute man Instrumente, die eine mit der Spielmannsfiedel fast identische Form hatten, nach allen Regeln der Handwerkskunst des Lautenbaus.

Ein Lautenkorpus, etwa in Form eines längs halbierten Eis, wird aus vielen dünnen, gebogenen Holzbrettchen, den sogenannten Spänen, verleimt; darauf kommt die Decke. Für das Aufbauen dieser Muschel benötigt man einen massiven Holzblock, dessen Gestalt genau dem Hohlraum des Korpus entspricht. Über dieser Innenform werden die einzelnen Späne verleimt. Als Konsequenz daraus wurden auch weitere Details technisch anders gelöst, beispielsweise wurde die Verleimung des Halses mit dem Korpus am Oberklotz durch einen Eisennagel gesichert.

Bei vielen anderen Instrumenten besteht der Korpus aus einem Kasten, der aus Boden, Seitenwänden (Zargen) und Decke aufgebaut ist. Damals war es üblich, die Zargen auf dem Boden aufzusetzen und den Korpus frei aufzubauen. Eine andere Möglichkeit ist, eine Außenform zu verwenden: In ein Holzbrett, dass so dick ist, wie die Zargen hoch, wird ein Loch in der Umrissform der Zargen gearbeitet. Das dient der präzisen Formtreue für das Biegen und Verleimen des Zargenkranzes.

Als Bund-Instrument stand die Laute symbolisch für etwas Göttliches. Indem ein der Spielmannsfiedel formgleiches Instrument in der Bautechnik der Lauten über eine Innenform gebaut wurde, kam jenes Instrument in die Welt, das wir als italienische Violine kennen.

Die Geige nahm fortan eine Doppelrolle ein, denn sie wurde sowohl dem fahrenden Volk, mit den ihm unterstellten niederen charakterlichen Qualitäten, als auch dem höchsten Stand der Aristokratie zugeordnet. Bis heute ist sie sowohl Zigeunergeige als auch Königin der Instrumente. Sie kann als Fiddle beim Irish Folk dabei sein und gleichzeitig das Soloinstrument schlechthin im westlich-klassischen Konzertwesen verkörpern. In Form der virtuosen Violine ist das Teuflische durch den Teufelsgeiger salonfähig geworden.

Der Geigenbauer Andrea Amati (ca. 1505/10 bis 1577) schuf in dem oberitalienischen Städtchen Cremona ein Geigenmodell, das sich zum Vorbild für den höfischen Typus des Instruments entwickeln und für den Geigenbau bis in unsere Gegenwart maßstabsetzend werden sollte. Seitdem haben sich keine wesentlichen Änderungen an diesem Entwurf durchsetzen können. Sie wurden und werden kulturell nicht akzeptiert. Jede neugebaute Violine ist eine Kopie einer alten Violine. Durch diese Kontinuität wurde die italienische Violine zum Inbegriff des gesellschaftlich hochstehenden höfischen Instrumententypus, im Kontrast zu dem als vulgär angesehenen Typus der Spielleute.

Neben dem Idealmodell von Amati führte auch die Vielzahl italienischer Musiker und Komponisten zu der besonderen Wertschätzung der italienischen Geige. Das kulturelle Leben in aristokratischen Kreisen war paneuropäisch. Für jeden Lebensbereich holte man Spezialisten aus verschiedenen Regionen Europas: Gute Köche kamen oft aus Frankreich oder dem Piemont, Seidensticker aus Lyon, Maler aus Holland und Venedig, Silberschmiede aus Nürnberg und Musiker eben aus Italien. Viele von ihnen bevorzugten Instrumente ihrer Landsleute. So floss viel Geld aus Gesamteuropa nach Italien; auf Grund der hohen Nachfrage entwickelte sich eine besonders gute Qualität, was wiederum die Nachfrage stimulierte.

Das hochgewölbte Amati-Modell konnte seine dominante Position so lange behaupten, bis ein eigensinniger Tiroler namens Jacobus Stainer (1617 bis 1683) dieses Modell qualitativ übertraf. Die von ihm entwickelte Form haben viele Geigenbauer nachgeahmt – auch italienische.

Stainer bediente das vorherrschende Klangideal, das von zeitgenössischen Quellen als silbrig, hell, fein und glockenartig beschrieben wurde. War der robustere Klang aus der Tradition der Spielmannsinstrumente gefragt, so wählte man Instrumente aus Brescia. Führend war in diesem Bereich Gasparo Bertolotti (1540 bis 1609), genannt »da Salò« nach seiner Geburtsstadt, dessen Instrumente ebenfalls oft kopiert wurden. Ähnlich war es bei Instrumenten von dessen Schüler Maggini (1581 bis ca. 1632). In jüngerer Zeit hat die Forschung zahlreiche neue Erkenntnisse gewonnen. So haben Holzuntersuchungen ergeben, dass manche »seiner« Instrumente gar nicht so alt sind, wie von Händlern oft behauptet. Wie man inzwischen weiß, haben einige Geigenbauer Instrumente im alten Brescianer Stil gefertigt, die den Originalen oft zum Verwechseln ähnlich sahen und über Generationen selbst als solche angesehen wurden. Einer von ihnen war Giovanni Battista Rogeri (ca. 1642 bis ca. 1705), ein Schüler von Andrea Amatis Enkel Nicolo (1596 bis 1684).

Es war die Zeit der Pest-Epidemien. Die Krankheit wütete damals in ganz Europa, die Po-Ebene war besonders schwer betroffen. Gab es Pestfälle, so wurden häufig ganze Städte in Quarantäne gestellt, innerhalb von ein bis drei Jahren starben üblicherweise zwischen 20 und 75 Prozent der Bevölkerung. Manche Städte wurden nach wenigen Jahren von einer weiteren Welle überrollt.

Neben den menschlichen Tragödien waren auch die wirtschaftlichen Folgen dieser Seuche immens. Eine Konsequenz war, dass das Handwerksrecht angepasst wurde. Bis dahin war die Meisterausbildung an verwandtschaftliche Beziehungen gekoppelt: Der neue Meister musste Sohn eines Meisters sein, oder eine Meistertochter bzw. -witwe heiraten; Ausnahmen mussten teuer erkauft werden. Nun durften, da wegen der hohen Sterberate das Meisterwissen verlorenzugehen drohte, auch Nicht-Familienmitglieder ausgebildet werden. Nicolo Amati bildete viele später namhaft gewordene Geigenbauer aus, unter anderen auch Antonio Stradivari.

An Letzterem zeigt sich eine weitere soziale Konsequenz der Pest. Auch wenn viele Menschen starben, so war die physische Infrastruktur noch existent. Also zogen »Fremde« in die leerstehenden Häuser, oft Wirtschaftsflüchtlinge aus dem rauen, alpinen Umfeld: Matteo Goffriller in Venedig ist wahrscheinlich Matthias Gföller aus Füssen, aber wer konnte in Italien einen solchen Namen aussprechen? Pässe und Geburtsurkunden waren alles andere als selbstverständlich; manchmal wurden neue Identitäten erschaffen: Domenico Montagnana – ebenfalls in Venedig – kam, wie der Name sagt, aus den Bergen. Und Antonio kam die Straße daher: stradi vadi. Deshalb wissen wir bei den Genannten nichts über Herkunft, Eltern oder Geburtsnamen. So wird auch das Geburtsdatum von Antonio Stradivari auf Grund anderer Dokumente rekonstruiert, möglicherweise war es 1646. Oder doch 1644? Mit großer Wahrscheinlichkeit war Stradivari ursprünglich kein ausgebildeter Geigenbauer. Vieles spricht dafür, dass er Intarsienschreiner war, der von Nicolo Amati bei guter Auftragslage als Hilfsarbeiter eingesetzt wurde und später als Quereinsteiger neue Maßstäbe setzte.

Der Cremoneser Zeitgenosse Giuseppe Guarneri (1698 bis 1744), genannt »del Gesù«, nimmt eine Sonderrolle im Geigenbau ein: Er war ein genialer und starrsinniger Mann, der sich sowohl mit seiner Familie als auch seinen Kollegen zerstritten hatte. Im romanischen Sprachraum versahen damals die Kirchen die gesellschaftlichen Funktionen, die im deutschen Sprachraum den Zünften zugeordnet waren. Guarneri verließ die Kirche der Geigenbauer und konvertierte zu den Jesuiten, die sowohl für Erziehung als auch Kunst und Kultur verantwortlich waren. Daher rührt sein Beiname »del Gesù« – der Jesuit. Als solcher konnte er die Instrumente nicht so gut vermarkten, wie es ihrer Qualität entsprochen hätte. Er blieb lange verkannt.

Um den Aufstieg Guarneris vom Außenseiter zum Star seiner Branche rankt sich eine Anekdote: Der als Teufelsgeiger berühmt gewordene Niccolò Paganini (1782 bis 1840) war dem Glücksspiel verfallen. Einmal soll er als letzten Einsatz beim Kartenspiel seine Geige gesetzt und verloren haben. Da er am Abend ein Konzert spielen sollte, fragte er seine Mitspieler, ob sie nicht jemanden wüssten, bei dem er eine Geige leihen könne. Sie trieben irgendeine Violine für ihn auf – zufällig war es eine del Gesù. Als deren Eigentümer Paganini im Konzert hörte, sagte er, er wolle diese Geige nie mehr anfassen, und vermachte das Instrument Paganini – so die Geschichte. Diese Violine von Giuseppe Guarneri del Gesù wurde das Lieblingsinstrument Paganinis. Wegen ihrer hervorragenden Konzertqualitäten und Tragfähigkeit nannte er sie »Il Cannone«. Seitdem werden die Instrumente von del Gesù entsprechend ihrer

Qualität wertgeschätzt und prägen den modernen Geigenbau. Heute gehören die Originale zu den wertvollsten Instrumenten überhaupt.

Zurück zur Entwicklung bis zum Ende des klassischen italienischen Geigenbaus: Das späte 17. Jahrhundert brachte viele soziale Veränderungen mit sich. Jede für sich erscheint möglicherweise unbedeutend; zusammen bewirkten sie jedoch einen vollständigen gesellschaftlichen Wandel. So war bis dahin die Verwendung der Farbe Rot der Rechtsprechung vorbehalten. Genauso, wie wir uns heute nicht einfach so in einer Polizeiuniform im öffentlichen Raum zeigen dürfen, durfte damals die Farbe Rot nicht für andere Zwecke genutzt werden. Da ein König auch oberster Richter war, waren Königsroben rot oder purpur. Die Farbe sagte also etwas über den gesellschaftlichen Stand aus. Mit dem vermehrten Import chinesischer Lackschnitzerei und lackierter Schälchen ließ sich das Verbot immer weniger aufrechterhalten und wurde nach und nach aufgegeben.

Gleichzeitig veränderte sich die Klangästhetik. Der klare, transparente Klang der Modelle von Amati und Stainer und der robuste, dunkle Klang der da-Salò-Instrumente sollten in einer Synthese vereint werden. Viele Geigenbauer experimentierten mit breiteren oder größeren Korpusformen, Antonio Stradivari zog Modelle in die Länge und experimentierte seit den 1690er-Jahren mit einem verlängerten Korpus, bevor er das Modell »Grande« erschuf. Allmählich veränderte sich der allgemeine Geschmack zugunsten des Stradivari-Modells. Welche Klangfarbe es war, die die Hörer damals bevorzugten, zeigt sich exemplarisch an den Violinkonzerten, in der Romantik setzte sich dieser Geschmack endgültig durch.

Auch die Aufführungspraxis veränderte sich: Höfische Musik wurde nicht mehr nur in Adelskreisen aufgeführt. Das aufsteigende Bürgertum und auch einzelne wohlhabende Bürger leisteten sich einen Lebensstil, der davor der Aristokratie vorbehalten gewesen war. Um das möglich zu machen, gründeten manche Vereinigungen. Die Berufsorganisation der Tuchmacher in Sachsen finanzierte ein Orchester, dessen Konzerte auch für das gemeine Volk zugänglich waren und das bis heute Bestand hat: das weltberühmte Gewandhausorchester zu Leipzig. Durch das Anwachsen der Orchester veränderten sich Klangideal und Kompositionsweise und damit wiederum die spieltechnischen Anforderungen.

So ist der Wandel der Vorliebe vom Amati-Stainer-Typus zum Modell Stradivaris nicht nur der Veränderung des Tonideals geschuldet, sondern auch der neuen Konzertkultur. Als Tanzinstrument waren eine hohe Durchsetzungsfähigkeit und Rhythmisierung wichtig gewesen, im höfischen Rahmen kam es mehr auf einen farbenreichen und variablen Klang an. Für Konzerte mit zahlreicherem Publikum in großen Sälen waren sowohl ein schöner Ton als auch Klangfülle und Strahlkraft gefragt.

Da gegen Ende des 18. Jahrhunderts alle Fürstenhöfe, die sich das leisten konnten, ein Orchester besaßen, ging der Bedarf an Instrumenten der alten

Käuferschicht rapide zurück, was das Ende des klassischen italienischen Geigenbaus bedeutete.

In Frankreich fand die bürgerliche Revolution als Erstes statt. Diese politischen Umwälzungen führten dazu, dass der gehobene Geigenbau im 19. Jahrhundert seinen Schwerpunkt in Frankreich hatte. Da die Farbe Rot nicht mehr der Jurisdiktion vorbehalten war, wurden viele Instrumente rot lackiert, häufig in einem satten Krapp-Rot. Auch das französische Tonideal setzte sich immer weiter durch: Klarheit und Präzision waren wesentliche Voraussetzungen für die Möglichkeit, technisch anspruchsvolle Konzerte aufzuführen.

In diese Periode fällt auch der Siegeszug des modernen Bogenbaus. In den früheren Jahrhunderten hatte eine schier unübersehbare Vielfalt an Bogentypen geherrscht. In Frankreich gab es eher kurze Bögen für schnelle Tanzmusik, in Italien lange Bogentypen für Serenaden; verschiedenste Materialien wurden verwendet; je nach Stand waren die Bögen von plump bis hochfein. Ein fast überall anzutreffendes Merkmal der frühen Bögen war jedoch, dass der Abstrich (die Bogenbewegung vom sogenannten Frosch, in dessen Nähe der Bogen gehalten wird, zur Spitze) laut und betont, der Aufstrich in umgekehrter Richtung dagegen leiser und damit unbetont war. Das entspricht der Physik der Bewegungsabläufe und hat die Vorstellung von Takt und Betonung über viele Epochen geprägt. Mit der Zeit wurden immer mehr Bogentypen gefragt, die an jeder Stelle und in jeder Bewegungsrichtung einen gleichmäßigen Ton ermöglichten, ähnlich einem Orgelton. Viele Bogenbauer experimentierten mit Länge, Gewicht, Kopfform, Verjüngung der Bogenstange und Material. In Frankreich war insbesondere François Xavier Tourte (1748 bis 1835) erfolgreich. Das von ihm entwickelte Bogenmodell ist weltweit zum Maßstab für Bogenbau geworden. Seit Tourte ist es auch Standard, brasilianisches Pernambuco-Holz zu verwenden.

Für das moderne Klangideal wurde nicht nur beim Instrumentenneubau das bevorzugte Modell der Konzertvioline verändert. Durch viele kleinere Veränderungen wurde ein Großteil der alten Instrumente restauratorisch an die moderne Bauweise angepasst. Die Bassbalken wurden durch etwas größere, massivere ersetzt. Alte Instrumente bekamen einen sogenannten Anschäfter: Der alte Wirbelkasten samt Schnecke wurde auf ein neues Stück Holz geleimt, der neue Hals wurde etwas länger und mit einem steileren Winkel in den Korpus eingepasst. Das bis dahin stark keilförmige Griffbrett wurde durch ein nahezu paralleles ersetzt, Stegmodelle wurden verändert und Saiten, Saitenhalter und Stimmstock angepasst.

Möglicherweise setzten sich die flacher gebauten Stradivari- und Guarneri-Typen auch deshalb durch, weil sich viele der Violinen, die im hochgewölbten Amati-Stainer-Typus gebaut waren, durch die Anpassung klanglich und spieltechnisch verschlechterten. Diese feinen Instrumente sind extrem sensibel dafür, ob alle Arbeiten perfekt aufeinander abgestimmt sind. Flachere Violinmodelle bieten diesbezüglich größere Arbeitstoleranzen.

Fast gleichzeitig mit dem Umbau der Instrumente kam die Bewegung der historisierenden Aufführungspraxis auf. Ihr Ideal: Musik sollte so aufgeführt werden, wie es zu ihrer Entstehungszeit üblich war. Folglich musizierte man auf unveränderten Originalinstrumenten, auf zurückgebauten Instrumenten der Originalepoche oder auf Nachbauten in der alten, barocken Baukonstruktion und mit Bögen der früheren Bauweise.

So erklärt sich ein weiteres Mal, weshalb die alten Meister zu allen Zeiten besondere Wertschätzung erfahren haben. Genial wie sie waren, wurde ihre Qualität in späteren Zeiten nur selten erreicht. Ihre Bauweise konnte allerdings auch deshalb nie übertroffen werden, weil die Beurteilungskriterien anhand derselben Traditionen gebildet wurden. Und da es zu allen Zeiten auch schlechte Geigenbauer gegeben hat, wird seit Generationen das – angebliche oder wirkliche – Geheimnis des alten italienischen Lackes kultiviert, jener Mythos, nach dem eine neue Geige nicht so gut klingen könne wie ein altes Cremoneser Instrument: Sie ist nicht über Jahrhunderte eingespielt worden, vor allem aber ist das geheime Lackrezept von Stradivari verloren.

In der Tat ist nicht im Detail bekannt, wie die alten Meister die Oberflächenbehandlung ausgeführt haben. Aber es gab nicht den einen klassischen italienischen Lack. Je nach Region, Zeit, Meister oder Epoche wurde sehr unterschiedlich lackiert, wie es das heutige Erscheinungsbild offenbart. Jedoch zeichnen sich alle klassischen italienischen Geigenlacke durch gemeinsame Besonderheiten aus, die seitdem nur selten erreicht wurden. So sind klassische italienische Instrumente nicht nur ästhetisch besonders schön, die Holzoberfläche hat oft eine außergewöhnliche Leuchtkraft; statistisch werden diese Instrumente viel seltener von Holzwürmern befallen als andere, Hitzeschäden am Lack sind rar. Auch wenn der eigentliche Farblack abgenutzt ist, so ist das Holz immer noch hervorragend geschützt. Diese Eigenschaften haben Instrumente aus Italien bis ca. 1770 aus unterschiedlichen Werkstätten gemein; sie unterscheiden sich zugleich von den meisten Lackierungen aus anderen Regionen und späteren Epochen. Das lässt darauf schließen, dass der Unterschied eher im methodischen Ansatz als in der Zusammensetzung des eigentlichen Farblackes zu liegen scheint.

Die ersten systematischen Forschungen wurden, soweit bekannt, bereits in der Mitte des 18. Jahrhunderts von Graf Salabue in Auftrag gegeben – ebenjenem Salabue, der nach dem Tod der Stradivari-Söhne die komplette Werkstatt samt Inhalt aufkaufte. Aus heutiger Sicht wurde in diesen Jahren noch ganz im klassischen Stil gearbeitet, trotzdem konnte Graf Salabue das »Geheimnis« nicht lüften. Vielleicht war es auch kein Geheimnis im strengen Sinn, sondern vermutlich etwas, das allgemein bekannt war und dessen besondere Qualitäten erst durch den Alterungsprozess offensichtlich wurden. Eventuell wurden auch weitere Arbeitsschritte ausgeführt, die einem anderen Zweck dienten: So kann Borax als Anti-Wurm-Mittel eingesetzt werden, es verändert aber auch die Feuchtigkeitsaufnahme und damit die Resonanzfähigkeit des Holzes. So eine

Tradition könnte durch Rationalisierungsmaßnahmen ins Vergessen geraten sein.

Ein sehr vielversprechender Ansatz beim Lackieren ist, ähnlich wie in der Kunstmalerei, mit einer mineralischen Zwischenschicht als Grundierung zu arbeiten. Je nach Rezeptur scheint dieses Vorgehen auch überdurchschnittlich gute Klang- und Spieleigenschaften zu bewirken. Der Autor dieser Zeilen konnte in jahrzehntelanger Forschung anhand alter Rezepte und Handwerkstechniken und vieler Versuche Methoden rekonstruieren, die offensichtlich die Schwingungseigenschaften von Holz – und damit auch der Instrumente – verbessern.

Seit der Erfindung der Violine haben sich sowohl das Klangideal als auch die Aufführungspraxis verändert. Diese Veränderungen gingen Hand in Hand mit der Entwicklung der Musik. Zeitgenössische Instrumente wurden entsprechend der jeweiligen Mode gebaut und die alten Instrumente durch Umbauten adaptiert. Orchesterkonzerte entwickelten sich zu Großveranstaltungen, gleichzeitig wurde immer mehr Hausmusik aufgeführt. War diese bis dahin eher der als niederer Kunst angesehenen Volksmusik zugeordnet worden, wie etwa die sogenannte Stubenmusik in Tirol, so entstanden nun immer mehr Hausmusikkreise höchster Qualitätsstandards. Waren diese institutionalisiert, dann konnte der Musikgenuss über den Freundeskreis hinaus einem öffentlichen Publikum ermöglicht werden. Im Zuge dieses gesellschaftlichen Wandels wurden für diese Zwecke auch Vereine gegründet, unter anderem die Hamburgische Vereinigung von Freunden der Kammermusik e.V. im Jahr 1922.

JONATHAN BROWN UND
VERA MARTINEZ MEHNER *IM GESPRÄCH*

DIE MACHT DER BÖGEN
NÄHER AM ORIGINAL

Ludwig Hartmann: *Herr Brown, ich erreiche Sie in Südspanien auf der Autobahn, auf dem Weg zu einem Konzert in Jerez.*
Jonathan Brown: Ja, richtig. Wir sind auf dem Weg nach Jerez, alle vier zusammen in einem Auto. Wir haben noch ungefähr zwei Stunden zu fahren. Also: Wir haben Zeit.

Fangen wir an. Sie sind ein wenig später in das Cuarteto Casals gekommen. Gibt es etwas, was Sie an Ihrem Quartett – gerade für Sie, der nicht aus Spanien sondern aus den USA stammt – als typisch spanisch oder gar typisch katalanisch bezeichnen würden?
Ja, das ist eine gute Frage. Wir sind eigentlich das erste spanische Streichquartett mit einer internationalen Karriere. Es gab kein Muster. Insofern kann man nicht sagen, dass wir wie ein spanisches Streichquartett klingen, eben, weil wir die ersten waren. Aber ich kann sagen, dass es gewisse Tendenzen für spanische Quartette gibt, die nach uns gekommen sind. Es gibt ein gewisses Interesse an der Aufführungspraxis des 18. Jahrhunderts. Und: Auch die spanischen Quartette, die nach uns gekommen sind, sind – so wie wir – ziemlich demokratisch organisiert, meine ich. Das sind Eigenschaften, die wir in gewisser Weise zusammen mit unseren Kollegen entwickelt haben. Hier waren wir wohl Vorbild.

Und wie ist es mit der Literatur? Sie haben ja unter anderem Arriaga, den Sie immer wieder spielen, aber auch noch andere Komponisten. Ist das schon etwas, was Sie ganz besonders pflegen?
Wir spielen einfach gern gute Musik. Wenn die Musik von spanischen Komponisten geschrieben worden ist, umso besser. Aber wir spielen kein Stück, das wir nicht mögen, nur weil es spanisch ist. Die drei Quartette von Arriaga sind wirklich super und bewundernswert. Deswegen haben wir sie sehr oft gespielt. Wir wollten einfach zeigen, wie gut er als Komponist war. Toldrá und Turina

haben auch sehr schöne Stücke für Streichquartett geschrieben und außerdem haben wir viele Auftragswerke gespielt. Von Komponisten, die wir sogar kennen. Es ist uns schon wichtig, der Welt zu zeigen, dass es auch in Spanien sehr gute Musik für Streichquartett gibt. Natürlich kann man etwa Juan Chrisóstomo de Arriaga nicht mit der ersten Wiener Schule vergleichen, also mit Haydn, Mozart, Beethoven. Das war einmalig. Und trotzdem finden wir, dass diese Musik sehr wertvoll ist und sind immer sehr froh, wenn wir sie spielen dürfen.

Das ist ja auch, wie ich finde, sehr unbekannte, aber wirklich wundervolle Musik. Gibt es denn unter den jetzt lebenden spanischen Komponistinnen und Komponisten welche, bei denen Sie sagen könnten: Das ist typisch für die iberische Halbinsel?
Das ist schwer zu sagen, weil es so viele verschiedene Richtungen gibt. Ich gebe Ihnen zwei Beispiele:
Es gibt in Barcelona den Komponisten Benet Casablancas. Ich glaube – wenn man nicht wissen würde, wer diese Musik geschrieben hat –, niemand würde auf die Idee kommen, dass es spanisch ist. Seine Musik klingt nicht besonders »spanisch«. Aber er kommt aus einer Tradition, die sehr interessant ist. Vor dem spanischen Bürgerkrieg war Arnold Schönberg ein Jahr in Barcelona und Benet Casablancas ist irgendwie in dieser Linie. Hier wurde das Violinkonzert von Alban Berg uraufgeführt, im Palau de la Música Catalana in Barcelona. Damals war Barcelona ein sehr wichtiges Zentrum, auch für zeitgenössische Musik. Insofern finde ich, dass Casablancas schon Teil einer katalanischen Tradition ist, auch wenn man es nicht so klar hört. Andererseits gibt es zum Beispiel Mauricio Sotelo, der – ähnlich, wie Bartók die Volksmusik aus Ungarn und Rumänien als Basis für seine Musik verwendet hat – die Flamencomusik als Grundlage für seine Musik genommen hat. Daraus schreibt er sehr »moderne« zeitgenössische Stücke. Da kann man doch vielleicht etwas Spanisches erkennen, wobei das, wie bei Bartók, in eine eigene Sprache verwandelt worden ist.

Vera Martínez Mehner, Sie sind Gründungsmitglied Ihres Quartetts, haben am Anfang Ihrer Karriere den Brahms Wettbewerb in Hamburg gewonnen. Gibt es dadurch eine besondere Verbindung zu Hamburg?
VERA MARTÍNEZ MEHNER: Sicherlich deswegen, da es unser erster wichtiger Wettbewerb war, den wir gewonnen haben und dadurch kamen wir auch zu unserer ersten großen Agentur, zu Rolf Sudbrack in Hamburg. Das war wirklich ein sehr wichtiger Wendepunkt in unserer Karriere. Und ich bin auch immer noch Mitglied in der Hamburger Brahmsgesellschaft ...

... die mein Vater mitbegründet hat.
Ach, das ist interessant. Ich stamme ja aus Bremen und meine Mutter lebt dort noch. Deshalb bin ich noch recht oft in der Gegend und fühle mich in Norddeutschland sehr zu Hause.

Cuarteto Casals: Arnau Tomàs, Violoncello, Abel Tomàs, Violine, Vera Martínez Mehner, Violine, Jonathan Brown, Viola

Sie haben bei Ihrem letzten Konzert im April 2022 in Hamburg auf unterschiedlichen Bögen gespielt. Haydn auf Barockbögen und spätere Musik, Schostakowitsch, auf »normalen«, modernen Bögen. Man kann Haydn natürlich auch auf modernen Bögen spielen. Warum haben Sie sich für das Wechseln der Bögen innerhalb eines Konzertes entschieden?

Die Frage kam schon vor vielen Jahren auf. Wir wollten uns ein bisschen der früheren Aufführungspraxis nähern. Wir spielen sehr gern gemischte Programme. In der Praxis ist es kaum möglich, immer mit zwei Instrumenten zu reisen, mit einem modernen und einem barocken Instrument mit Darmsaiten und so weiter. Mit einem barocken Instrument aber kann man nicht das gesamte Repertoire spielen. Und so kamen wir zu dieser Zwischenlösung, dass wir wenigstens in der Artikulation näher am Original sind. Mit zwei Bögen zu reisen ist ja kein Problem. Für uns ist es so die beste Lösung, sich anzunähern.

Benötigen Sie für den Wechsel von einem Bogen zum anderen eine gewisse Zeit der Umstellung oder geht das nahtlos?

Inzwischen, nach so vielen Jahren, ist es natürlich geworden, sind wir es gewohnt zu wechseln. Aber es stimmt, am Anfang haben wir ein paar Sekunden gebraucht bei der Umstellung. Es klingt ein bisschen anders, es spielt sich ein bisschen anders, der Ton ist anders hervorzubringen, die Artikulation.

Sie sind in Barcelona beheimatet. Fühlen Sie sich eher als katalanisches oder als spanisches Quartett?
Das ist immer so eine Frage … Barcelona ist das Zuhause unseres Quartetts und wir fühlen uns auch an Barcelona und Katalonien gebunden. Aber ich selbst stamme aus Madrid und meine Vorfahren aus Deutschland. Zuhause sind wir eigentlich immer in der Musik. Was soll ich sagen? Ich will da jetzt keine Grenzen setzen.

Ist Ihr Quartettname ausschließlich gewählt, da Pablo, Pau Casals aus Vendrell, aus der Nähe von Barcelona stammte oder ist er auch ein Plädoyer Ihrerseits für den Lebensstil und die Haltung von Casals?
Wir akzeptieren natürlich in erster Linie das, was er als Musiker geleistet hat. Aber seine politische Einstellung war sehr eindeutig gegen die Franco-Diktatur und dazu stehen wir natürlich auch absolut. Er hatte ja sehr starke Prinzipien und eine klare Lebenseinstellung. Es ist Beides.

Werden Sie öfter darauf angesprochen, ob Sie sich als Botschafter Kataloniens fühlen?
Ja, doch, das würde ich schon sagen. Natürlich versuchen wir in erster Linie, musikalische Botschafter zu sein. Ich denke schon, dass wir ein paar Meilensteine setzen konnten innerhalb Spaniens und innerhalb Kataloniens. Und ich denke auch, dass wir ein Vorbild geworden sind.

Sie begehen im Jahr 2022 Ihr 25-jähriges Jubiläum. Mit konkreten Schwerpunkten?
Bachs »Kunst der Fuge« war ein Schwerpunkt. Und im September werden wir unsere zweite Quartett-Biennale in Barcelona haben. Das ist für unsere Arbeit auch sehr wichtig nach so langer Zeit unserer Karriere. Eine Biennale auch mit vielen jungen Quartetten. Es ist wichtig, dass in Spanien allmählich eine Quartett-Tradition einsetzt, die es früher überhaupt nicht gab. Nach 25 Jahren, die wir jetzt spielen, gibt es immer mehr Publikum für Streichquartett und immer mehr Interesse an Streichquartett und Kammermusik überhaupt. Ich meine, es ist sehr, sehr wichtig und wir tun unser Bestes.

Töne sind höhere Worte.

Robert Schumann

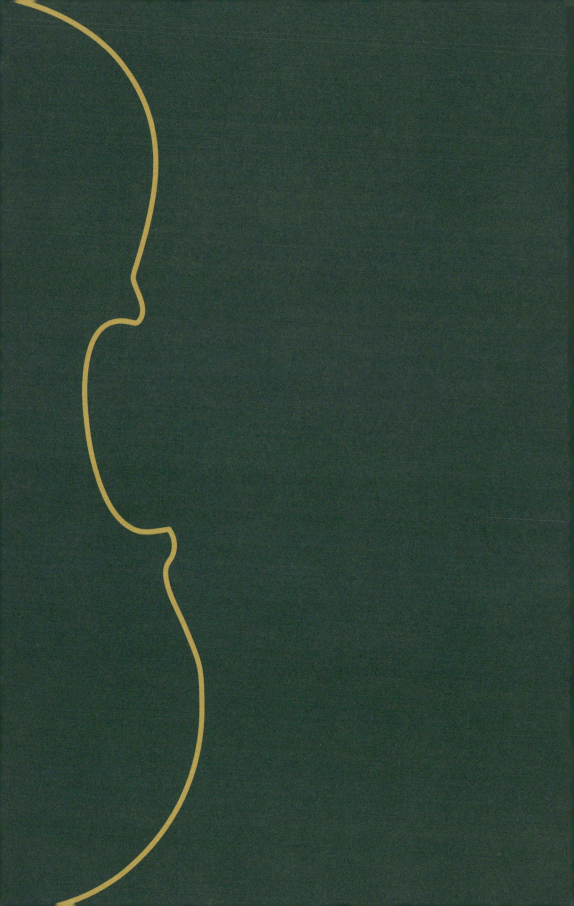

SHARON KAM

INTIME MUSIK IM GROSSEN SAAL

PREMIERE DES NEUEN KONZERTFORMATES

Es ist schön, wenn man sein eigenes Portrait erstellen kann. Wenn sich dieses klingende Bild aus langjährigen Freundschaften speisen darf, auf der Bühne und hinter den Kulissen, ist es noch schöner. So war es bei meinem Portraitkonzert im Großen Saal der Elbphilharmonie am 28. Januar 2020.

Als Ludwig Hartmann mich bat, das Portraitkonzert zu konzipieren, war ich sehr stolz, aber auch besorgt. Mit welchem Repertoire sollte ich mich präsentieren? Wer sollte mit mir auf der Bühne stehen, um meine langjährige Beziehung zu den Kammermusikfreunden zu unterstreichen? Wie ist es, Kammermusik in diesem Saal zu spielen oder zu hören? Ich fing an, auf meine lange Karriere zurückzublicken und Erinnerungen zu sammeln, und fragte mich: Welche Schlüsselerlebnisse haben mich und meinen Werdegang geprägt?

Der Sommer 1993 markiert einen Wendepunkt. Am Ende meines Studiums an der Juilliard School in New York bin ich meinem Herzen gefolgt und nach Hamburg umgezogen, um mit meinem zukünftigen Mann, Gregor Bühl, zusammenzuleben. Bereits nach dem Gewinn des ARD-Wettbewerbs im Herbst 1992 hatte sich mein Arbeitsschwerpunkt von den USA nach Europa verlagert. Im Juli 1993 spielte ich mein erstes Solokonzert in Deutschland, und zwar Mozart-Klarinettenkonzert in Schloss Weilburg mit dem Württembergischen Kammerorchester Heilbronn unter der Leitung von Jörg Färber. Es war der Beginn einer intensiven und sehr fruchtbaren Freundschaft mit diesem wunderbaren Orchester. Mit ihm habe ich immer wieder die schönsten Erlebnisse beim Mozart-Klarinettenkonzert.

Im August 1993 habe ich mehrere Konzerte beim Schleswig-Holstein Musik Festival gegeben. Das wichtigste Konzert war die Uraufführung des Klarinettenquartetts von Penderecki mit Christoph Poppen, Kim Kashkashian und Boris Pergamentschikow. Pendereckis Musik hatte ich schon in meinem Musikgymnasium in Israel durchgenommen. Wenn mir damals jemand gesagt hätte, dass ich ihn mit 22 kennenlernen und sogar seine neuen Stücke mit ihm erarbeiten würde, hätte ich es nicht geglaubt. Diese Begegnung hat mich sehr geprägt und beeindruckt. Daraus wurde eine langjährige Zusammenarbeit, die bis zur Uraufführung seines Klarinettenkonzerts aus dem Jahr 1995 reichte, inklusive einer gemeinsamen CD-Aufnahme.

Über die Jahre habe ich die beiden großen Klarinettenquintette von Mozart und Brahms viele Male und mit den besten Streichquartetten musizieren dürfen. Jährlich kam die Einladung, in Hamburg bei den Kammermusikfreunden zu spielen, meist stand eines der beiden Quintette auf dem Programm. Es machte mir große Freude, mich an die unterschiedlichen Quartette anzupassen, und ich lernte etwas von jedem Ensemble. Trotzdem träumte ich davon, ein festes Quintett zu gründen und zusammen eine eigene Interpretation der beiden Werke zu erarbeiten. Der Traum verwirklichte sich 2010 mit den Geigerinnen Isabelle van Keulen und Ulrike-Anima Mathé, dem Bratschisten Volker Jacobsen und dem Cellisten Gustav Rivinius. Wir studierten sogar das Reger-Quintett dazu, spielten viele Konzerte und nahmen eine CD auf.

Zu meinen Kernrepertoire gehört natürlich Mozart, er durfte beim Portraitkonzert nicht fehlen. Aber wie konnte ich seine wichtigsten Werke für die Klarinette, das Konzert und das Quintett, an einem Abend präsentieren? Nach mehreren Gesprächen beschlossen Ludwig Hartmann und ich, das Programm auf mich zuzuschneiden, ohne es auf Kammermusik zu beschränken. So konnte ich alle meine künstlerischen Facetten zeigen, als Kammermusikerin und als Solistin, und beide Mozart-Werke aufführen. Meine Kammermusikpartner stimmten zu, zusätzlich das Penderecki-Quartett mit mir zu spielen, und schon war das Programm komplett.

Es wurde ein tolles Erlebnis. Vor einem vollen Saal mit aufmerksamen Zuhörern konnte ich mit engsten Freunden ganz intim musizieren. Nach der Pause hatte ich ein lockeres, nettes Bühnengespräch mit Ludwig Hartmann. Einfach perfekt!

Portraitkonzert
Sharon Kam

28. Januar 2020
Eilbphilharmonie, Großer Saal
Mitwirkende:
Sharon Kam, Klarinette
Amaury Coeytaux, Violine
Ulrike-Anima Mathé, Violine
Volker Jacobsen, Viola
Gustav Rivinius, Violoncello
Württembergisches Kammerorchester

INTIME MUSIK IM GROSSEN SAAL

4. KAMMERMUSIKFEST!
»Mehr Demokratie wagen«

26. September 2021
Elbphilharmonie, Großer Saal
Mitwirkende: David Orlowsky, Klarinette
ATOS Klaviertrio
Schumann Quartett
Moderation: Ludwig Hartmann

KARSTEN SCHMIDT [1]

UNTER ENTHUSIASTEN – ÜBER ENTHUSIASTEN

EINE BETRACHTUNG IN SECHS KAPITELN

I. »HAUTNAH«

»Kammermusik hautnah« ist der Name einer von Ludwig Hartmann, dem erfahrenen Radiomann und Ersten Vorsitzenden der Hamburgischen Vereinigung von Freunden der Kammermusik, durchgeführten Reihe von Künstlergesprächen. Wer das Internet nicht verschmäht, kann darin abrufen, wonach den Freunden der Kammermusik wahrhaftig der Sinn steht: Künstlergespräche, wie wir alle sie liebend gern im Austausch mit ausübenden Musikern über den Gegenstand unserer Liebhaberei führen würden. Die folgenden Zeilen wurden unter dem Eindruck eines im Herbst 2021 aufgezeichneten Interviews unseres Vorsitzenden mit Katharina Wildermuth und Noëmi Zipperling, den Geigerinnen des jungen Aris Quartetts, verfasst. Dieses Gespräch hatte teils vor und teils unmittelbar nach einem Auftritt des Quartetts im großen Saal, nicht also im Kammermusiksaal, der Hamburger Laeiszhalle stattgefunden. Themen waren im Vorausblick auf das Konzert die Besonderheiten des Saals und des Programms (Haydn, Schulhoff, Schubert) sowie mit der aktuell grassierenden Covid-Pandemie gemachte Erfahrungen. Zwei Stunden danach setzte sich das Gespräch unter dem Eindruck des unmittelbar vorausgegangenen Konzerterlebnisses fort. Wenig erstaunt, aber erkennbar erfreut war Ludwig Hartmann, als Katharina Wildermuth die von dem Hamburger Publikum im Saal aufgebaute produktive Spannung hervorhob. Zuvor hatte Noëmi Zipperling herausgestellt, der Erfolg eines Konzerts liege nicht nur im Spiel der Musikinterpreten, sondern auch in dem, was das Publikum ihnen zurückgebe. Von einem Spielfilm – und sei dessen Publikum noch so sachkundig – würde dergleichen sicherlich nicht behauptet, von musikalischen Darbietungen – und allemal auf dem Felde der Kammermusik – schon!

Nun ist der Gedanke vom Konzert als einem Dialog mit dem Publikum wahrhaftig nicht neu, das Erlebnis dieser Zwiesprache allen Musikliebhabern nur zu vertraut. Dies aus dem Mund einer Interpretin so deutlich bestätigt zu hören, wird allerdings nicht nur Ludwig Hartmann gefallen haben, und für das an sein Hamburger Publikum gerichtetes Kompliment gilt nichts anderes.

II. ÜBER MUSIKVEREINE

Die Musikstadt Hamburg (wer dächte bei diesen Worten nicht an das prachtvolle Standardwerk von Hermann Rauhe?)[2] hat allerlei Grund zu patriotischem Stolz und wenig Grund dazu, sich vor der Musikwelt klein zu machen. Sie misst sich ihr Format selbst an, ohne doch der Idee zu verfallen, dieses Format sei der auch extra muros verbindliche Goldstandard. Die Hamburgische Vereinigung von Freunden der Kammermusik lebt aus diesem Selbstverständnis.

»Kammermusik hautnah«: Ludwig Hartmann im Gespräch mit Elisabeth Leonskaja (links) und Daniel Hope (rechts).

Der Musikvereine gibt es viele – große wie kleine, und sie stellen sich unterschiedlich dar. Die Wiener Gesellschaft der Musikfreunde ist nur das weltweit bekannteste, am meisten gefeierte Beispiel – und gewiss keine Blaupause für die Vielzahl aller Musikvereine. Ihr musikhistorisches Schwergewicht liegt in ihrer Unnachahmlichkeit, und sie hat im Jahr unserer Hundertjahresfeier mehr als die doppelte Zeit auf der Uhr, ... mehr aber auch nicht, wie mit einem Schulmeisterblick in Rauhes »Musikstadt Hamburg« angemerkt sei (das Exemplar des Verfassers nennt 1945 als das Gründungsjahr an der Elbe).

Eduard Hanslick – von Haus aus Jurist und in der anekdotischen Überlieferung mehr als Wagner-Hasser und Tschaikowsky-Verächter denn als korrekter Chronist kultureller Traditionen gegenwärtig – hat in den Jahren 1869 und 1870 eine fast tausendseitige »Geschichte des Concertwesens in Wien« vorgelegt[3] und darin nicht weniger als 40 Seiten der »Association der Dilettanten« gewidmet: der »Gesellschaft der Musikfreunde«, den »Patriotischen Concerten« und den »Wohlthätigkeits-Akademien«.[4] Im Zusammenhang mit der Entstehung der Gesellschaft der Musikfreunde kommt Hanslick neben den Verdiensten einzelner Gründer – allen voran der Advokat Dr. Ignaz Sonnleithner – auf die Bedeutung der ausübenden Musikliebhaber zu sprechen, deren »große kunstbildende Kraft ... unter der bescheidenen Benennung ›Dilettantismus‹ einer der wichtigsten Factoren unserer musikalischen Cultur war«. Das trifft unser Thema.

III. AUSÜBENDE UND ANDERE ENTHUSIASTEN

Wohl in keinem Musikgenre sind Künstler und Publikum einander so nah wie im Bereich der Kammermusik: nah in jedem Sinne des Wortes! Der eingangs zitierte Name von Ludwig Hartmanns Künstlergesprächen kommt nicht von ungefähr. In Opernhäusern wird man nur selten Menschen begegnen, die die dargebotene Kunst ihrerseits ausüben. Bei der Kammermusik ist dies ganz und gar anders, und es sei nicht verschwiegen, dass auch Teile des Jazz dieses Charakteristikum aufweisen. Nur-Konsumenten finden schwer und deshalb auch nur selten zur Kammermusik. Wer bei Pausengesprächen die Ohren spitzt, wird den Unterschied nicht verkennen.

In Sonia Simmenauers gedankenreichem Werk über das Leben im Streichquartett (mit dem augenzwinkernd auf Beethovens op. 135 verweisenden Buchtitel »Muss es sein?«) lesen wir über die eingeschworene Gemeinde der Amateurmusiker, sie bilde den sachkundigen Kern des Kammermusikpublikums, einen Kreis von Musikliebhabern, die »ins Konzert gehen wie Literaturliebhaber zu einer Lesung oder zu einem philosophischen Abend.« Weit hergeholt ist dieser Vergleich nicht, und Freunde der Kammermusik werden darin viel von sich selbst erkennen, und wieder bestätigt sich bei aller Bewunderung ihre »hautnahe« Berührung mit den Berufsmusikern. In den Bereich der Legende gehört zwar die Behauptung, ohne Geigerfleck am Hals gebe es keinen Zutritt zu Kammerkonzerten (was schließlich würden die Cellisten, Pianisten und Bläser zu diesem Zugangshindernis sagen?). Sicher ist aber, dass der Erwerb einer Eintrittskarte als Initiationsritual nicht genügt. Irgendetwas gehört noch dazu.

Als Wiege der Kammermusik gilt vielen die Hausmusik, und zu der gehört außer gutem Musikunterricht das nötige Fluidum. Der Verfasser dieser Zeilen glaubt sich zu erinnern, wie er als Schüler, von den Eltern ins britische Cambridge verschickt, in den Wohnvierteln zur blauen Stunde abendliche Kammermusikgruppen beobachtete. Diese sind in der Erinnerung an Zahl immer mehr geworden, bis diese Erinnerung mit einer Whisky-Reklame verschmolz: »Der Tag geht – Johnny Walker kommt!« Dass die werbewirksam inszenierte Gleichzeitigkeit mit alkoholischen Genüssen der heimischen Kammermusik nicht wirklich guttut, hat der Verfasser dieser Zeilen – ungeübt und zur eigenen Ermutigung vorgeglüht – unter wohlmeinenden Teilnehmern eines Familienfests vor einigen Jahren im Selbstversuch nachgewiesen. Besser vorbereitet, hätte er die passende Warnung in Ernst Heimerans »stillvergnügtem Streichquartett« (in zahlreichen Auflagen erschienen seit 1936) nachlesen können. Wie man hoffentlich heute noch weiß, war dieser Heimeran ein namhafter Verleger in München und im Privatleben Bratscher eines Liebhaberquartetts. Sein launig geschriebenes Buch mit dem heute eher »uncool« anmutenden Titel bietet nicht nur kurzweilige Lektüre, ist vielmehr auch überaus lehrreich, wenn man nicht jeden Satz auf die Goldwaage legt. Insbesondere der auf die 140 Seiten ausgedehnte »Wegweiser durch die spielbare Quartettliteratur« enthält nützliche Hinweise nicht nur für die Erprobung und Aufführung der von Heimeran als »spielbar« qualifizierten Werke; er hilft auch als Vademecum beim bloßen Hören.

IV. KAMMERKONZERTE

Nun ist die Hamburgische Vereinigung von Freunden der Kammermusik sicherlich gut mit kammermusikalisch aktiven Mitgliedern ausgestattet. Ihre erste Aufgabe in der Hansestadt besteht aber in der Ausrichtung von Kammerkonzerten für enthusiastische Hörer. Die sind ebenso unersättlich wie anspruchsvoll. Ausgerechnet unser Ernst Heimeran schreibt aber im »stillvergnügten Streichquartett«, Musikabende seien immer zu lang und setzt noch hinzu: »... im Konzert wie zu Hause. Länger als eine Stunde vermag ein heutiges Zuhörerhirn nicht zu folgen.« Das, verehrter Herr Heimeran, ist für Enthusiasten klar zu bestreiten, und Sie hätten den Satz gewiss auch für Ihr eigenes Zuhörerhirn nicht gelten lassen. Die Einteilung von Musikwerken nur in »mag ich/mag ich nicht« ist unserem Enthusiastenkreis ebenso fremd wie der nach einer Stunde hörbare Seufzer: »Nu iss ja man gut!«. Die Verkürzung eines von der Hamburgischen Vereinigung ausgerichteten Kammerkonzerts auf die Dauer einer S-Bahn-Fahrt wäre gewiss eine herbe Enttäuschung und gottlob gar nicht auszudenken.

V. KENNER UND SCHWÄRMER

Kammermusikenthusiasten wurden hier schon als Sachkenner vorgestellt, und wer wollte ihnen verdenken, dass sie diese Kennerschaft mit einem gewissen Stolz pflegen. Auf Ähnlichkeiten mit Fans auf dem Felde der Pop- oder Schlagermusik, auf naive, sich plebejisch aufdrängende Schwärmerei, legen Freunde der Kammermusik bekanntermaßen keinen Wert. Sie wissen, warum. Sie halten ihre Hingabe unter Kontrolle, werten und wägen. Aber seien wir ehrlich: Es ist wohl keine Musik zu banal und profan, um nicht irgendein Publikum von Kennern zu finden, und umgekehrt schützt uns kein »sophisticated taste« vor der distanzlosen Schwärmerei, die wir bei den Fangemeinden trivialer Musikgruppen erkennen. Wie kommt es sonst, dass sich das erste Hören eines uns ans

»Kammermusik hautnah«: im Gespräch mit Nils Mönkemeyer, William Youn und Sabine Meyer (links) und Eckart Runge und Gregor Sigl vom Artemis Quartett (rechts).

Herz gewachsenen Klaviertrios oder Streichquartetts nach »Tag und Stund« in unser Gedächtnis einbrennt wie Wilhelm Müllers winterlichem Wanderer? Warum klammern wir uns ebenso an die Erinnerung jedes Wechsels an diesem oder jenem Pult wie die Fans einer Boy Group an die im Kreis ihrer Lieblinge obwaltenden Schicksale? Auch Rührstücke über das Schicksal von Instrumenten sind bisweilen zu hören, wenn auch im Kammermusikbereich seltener als bei den großen Solisten. Die mit der Kammermusik geschlossene Freundschaft ist eben nicht nur ein erhabener Treueid. Sie darf, ob nun »stillvergnügt« oder dramatisch, auch schwärmerische Züge tragen. Auch dies ist ein Dank an die uns verbindenden Werke und deren Schöpfer und Interpreten.

VI. DISCLAIMER

Mit dieser letzten Zwischenüberschrift werden viele Freunde der Kammermusik nicht viel anfangen können. Die Redeweise vom »Disclaimer« kommt aus dem Anwaltsjargon und steht für einen Haftungsausschluss, recht eigentlich für ein Geständnis. Im Musikleben ist das Wort ungebräuchlich. Am ehesten könnte es auf die Begrüßung des Publikums durch einen Opernintendanten passen, der in den Beifall der Ahnungslosen hinein kundtut, die Primadonna

»Kammermusik hautnah«: im Gespräch mit dem Fanny Quartett (links) und dem Trio Zimmermann (rechts).

sei indisponiert. Der Disclaimer des Verfassers sei in eine sich aufdrängende Frage gekleidet: Was hat er in dem vorliegenden Buch nur zu suchen? Auf seinen Beitrag haben die Freunde der Kammermusik gewiss nicht gewartet, mit Ausnahme nur ihres Vorsitzenden, der die Beteiligung angeregt hat und am Ende die Manuskriptabgabe anmahnen musste. Im Kreis der Autor(inn)en taugt der Verfasser mangels kammermusikalischer Prominenz nicht einmal als Überraschungsgast. Auch seine Zugehörigkeit zum Millionenheer schlechter Geiger qualifiziert ihn hierfür nicht. Betrachten wir deshalb den hiermit endenden Text als einen Versuch seines Verfassers, sich in der Vereinigung unter seinesgleichen zu fühlen.

1   Der Beitrag verzichtet auf die dem Verfasser von Berufs wegen gewohnte korrekte Zitierweise. Bücher werden nur aufs Geratewohl aus eigenem Bestand und ohne Einhaltung bibliographischer Regeln zitiert.
2   Erschienen im Verlag Ellert & Richter.
3   Nachdruck 1979 bei Georg Olms, Hildesheim/New York.
4   Band I, 1869, Zweites Buch/Kap. 1 und 2.

ISABELLE VAN KEULEN

MUSIKALISCHE GRENZGÄNGE EINER KLASSISCHEN GEIGERIN

PIAZZOLLA ALS LEBENSBEGLEITER

Als Tochter eines Kunstmalers und einer Journalistin bin ich schon in früher Kindheit mit Kunst und Kultur verschiedenster Genres und Stilrichtungen konfrontiert worden, sie war allgegenwärtig und Teil des Familienlebens.

Ich erinnere mich gut an ein Nikolausfest, zu dem ich von meiner Mutter eine Schallplatte mit Musik von und mit Astor Piazzolla geschenkt bekommen hatte. Ich liebte Musik, spielte bereits eifrig Geige, doch diese spezielle Klangsprache war so anders als alles, was ich bis dahin kannte. Sie berührte mich vom ersten Moment an zutiefst. Die Scheibe lag damals fast ständig auf dem Plattenteller. Seitdem begleitet Piazzollas Musik mein Leben, zunächst als Zuhörerin auf dem Schoß meiner Mutter und bis heute als Teil meiner Streaming-Playlist.

Im Jahr 2010 ging ich als Solistin auf eine Südamerika-Tournee mit der NDR Radiophilharmonie, die mich unter anderem auch nach Buenos-Aires führte. Ich lernte dort meinen heutigen Ehemann kennen, den Kontrabassisten Rüdiger Ludwig. Wir besuchten Tango-Bars und konnten die schwüle Atmosphäre, die Leidenschaft der Musik und des Tanzes hautnah erleben.

Ein Jahr später bekam ich die Gelegenheit, in der Philharmonie Haarlem vier eigene Programme zu präsentieren. Schnell war für mich klar, dass eines davon der Musik Astor Piazzollas gewidmet sein sollte.

Durch die Pianistin Ulrike Payer, mit der ich seit vielen Jahren befreundet bin, kam ich in Kontakt mit dem herausragenden Arrangeur und Bandoneonisten Christian Gerber. Mit den beiden und meinem Mann konnte ich ein hochkarätiges Ensemble aufstellen. Das war die Geburtsstunde des Isabelle van Keulen Ensemble. Unser erstes Konzert wurde ein durchschlagender Erfolg, meine Plattenfirma war begeistert. In kürzester Zeit entstanden eine CD sowie DVD, und es schloss sich eine umfangreiche Konzert- und Aufnahmetätigkeit an, die sich bis heute fortgesetzt hat.

Die Beschäftigung mit der Musik Astor Piazzollas ist mir immer wieder eine große Freude und über die Jahre zu einer regelrechten Notwendigkeit geworden, stellt sie doch eine inspirierende Ergänzung zu meiner sonstigen Arbeit als Solistin oder Orchesterleiterin dar.

Ich genieße die Freiheiten, die mir diese Musik in solistischen Passagen bietet: das Mäandern des Tempos um den regelmäßigen Schlag herum, immer in dem Wissen, dass das Zusammenspiel des Ensembles niemals gefährdet ist. Oder auch einmal Klänge zu wagen, die rau, ja fast hässlich sind. Ich streiche hinter dem Steg, kratze und klopfe auf der Schnecke, malträtiere geradezu mein Instrument, sehr zum Leidwesen meines Geigenbauers Christian Bayon. Aber die Kerben auf der Schnecke gehören dazu, sind auch Teil meiner Identität.

Genauso genieße ich das Zurücktreten in die zweite Reihe, wenn eines der anderen Ensemblemitglieder solistische Passagen spielt, Teil eines Ganzen zu sein, musikalisch wie menschlich, Gleiche unter Gleichen.

Wie anders gestaltet sich eine Tournee mit dem Tango-Ensemble im Vergleich zu dem Alltag als Solistin! Nichts von beidem möchte ich missen. Der Tango ist zu einem wunderbaren Teil meines Lebens geworden. Nach Zeiten der Abstinenz wird mir das beim ersten Wiedertreffen und Zusammenspiel oft schlagartig bewusst.

Wenn man Mozart, Bach oder Brahms spielt, gibt es natürlich gewisse Freiräume, die ja auch die jeweils unterschiedlichen Interpretationen ausmachen. Aber selbstverständlich muss man dort erheblich strenger sein. Ein Mozart darf nicht wie Brahms und schon gar nicht wie Piazzolla klingen – und doch gewinnen beide durch die Arbeit mit den unterschiedlichen Genres. So erwische ich mich heute manchmal plötzlich im langsamen Satz eines Mozart-Violinkonzerts, wie ich Klangfarben einmische, die vielleicht ein paar Tage vorher bei einem Tango-Nuevo-Konzert zu hören waren – natürlich immer im Rahmen der musikalischen Sinnhaftigkeit.

Andererseits hilft mir meine klassische Ausbildung, auch den technischen Ansprüchen der Musik Piazzollas gerecht zu werden. Eins befruchtet das andere. So stellen wir heute in manchen Konzertprogrammen Werke von J. S. Bach Piazzolla-Stücken gegenüber. Piazzolla war großer Bewunderer Bachs. Mit seinen Fugen hat er seinem Idol die Ehre erwiesen.

Tango als Tanzmusik im herkömmlichen Sinne spielen wir nicht. Wir mussten uns schon einige Male dagegen verwahren, zum Tanz aufzuspielen – ganz im Sinne Piazzollas, der sagte, seine Kompositionen seien für die Ohren, nicht für die Füße.

Immer mal wieder werde ich darauf angesprochen, wie ich denn als Niederländerin argentinische Musik spielen könne. Diese Frage lässt mich staunen – man stelle sich vor, ich dürfte nur Stücke niederländischer Komponisten

Astor Piazzolla

Isabelle van Keulen Ensemble: Rüdiger Ludwig, Ulrike Payer, Isabelle van Keulen, Christian Gerber

spielen! Nichts gegen Bernard Zweers, Cornelius Doppers, Jan van Gilse oder Willem Pijper, aber ich bin doch froh, dass ich nicht darauf beschränkt bin.

Man muss nicht russisch sein, um Schostakowitsch zu verstehen, und nicht deutsch, um Bach spielen zu dürfen. Voraussetzung ist, dass man sich mit dem Hintergrund, der Epoche und der Stilistik der jeweiligen Musik ernsthaft auseinandersetzt, versucht, sich in die Musik hineinzufühlen und sie emotional zu verstehen.

Ich bin froh, einmal den Schweiß der Tango-Lokale von Buenos Aires gerochen zu haben. Ich glaube aber nicht, dass dies eine Bedingung ist, um Tango-Nuevo spielen zu können. Und schon gar nicht, es zu dürfen! Man spielt auch nicht besser Mozart, weil man schon einmal in Salzburg war und eine Mozartkugel probiert hat. Jeder Komponist hat eine eigene Sprache, diese gilt es zu erlernen und zu verstehen. Bei manchen Komponisten gelingt einem das schnell und kommt einem vor wie die Muttersprache, bei manchen fällt es schwerer. Aber dies hat nichts mit der Nationalität zu tun. Musik ist ein Universum, Grenzgänge gehören dazu, und meine Programme führen mich durch viele Kulturen, Sprachen und Regionen. Mein Ziel ist es, diesem Reichtum mit Demut und Verantwortung dem Komponisten und der Epoche gegenüber gerecht zu werden und eine Atmosphäre zu kreieren, in der ich den Zuhörer auf diese Reise mitnehmen kann. Auch in die reichen Gefühlswelten des Tango Nuevo, in denen Schmerz, Leidenschaft, Kraft, Schönheit, Gewalt und Sentimentalität einander die Hand geben.

Wie schön, dass es bei der Musik keine Grenzkontrollen gibt!

Caspar David Friedrich, Frau vor der untergehenden Sonne, um 1818

MOJIB LATIF

KUNST UND WISSENSCHAFT

VON VERBINDUNGEN UND BEFRUCHTUNGEN

Kunst und Wissenschaft sind zwei Bereiche der Gesellschaft, die vieles gemein haben und sich auch gegenseitig befruchten können. Beide wollen erklären, aufklären, womöglich provozieren. Weder Künstler noch Wissenschaftler sind im Besitz der absoluten Wahrheit. Sowohl die Kunst als auch die Wissenschaft lassen Raum für Interpretationen und für Spekulationen, bis hin zur Unschärfe: In der Kunst ist die Unschärfe ein Stilmittel, in der Quantenphysik ist sie ein zentrales Prinzip. Und schließlich brauchen Kunst wie Wissenschaft die kritische Auseinandersetzung mit der Öffentlichkeit. Ohne einen Adressaten und dessen Reflexionen hätte weder die eine noch die andere den hohen Stellenwert in der Gesellschaft, den sie haben und der ihnen gebührt.

Beide laufen aber auch stets Gefahr, unter die Räder der Macht zu geraten. Sie sollen, ja sie müssen auch unbequeme Sachverhalte vermitteln und gesellschaftliche Diskussionen anstoßen. Künstler und Wissenschaftler stellen Fragen, die manchen gesellschaftlichen Gruppen nicht genehm sein mögen. Einige fürchten Fragen, auf die sie keine Antworten parat haben. Künstler wie Wissenschaftler sind Despoten ein Dorn im Auge, weswegen diese Gruppen von undemokratischen Regimen oftmals schon zu Beginn ihrer Herrschaft verfolgt werden. Eine freie Gesellschaft garantiert die Freiheit der Kunst und der Wissenschaft. Sonst ist sie nicht frei.

Auch mir, der ich seit 40 Jahren in der Klimaforschung tätig bin, ist die Kunst schon beruflich zugutegekommen. Sie hat mir dabei geholfen, bestimmte wissenschaftliche Sachverhalte gedanklich besser zu durchdringen, indem sie in meinem Kopf hat Bilder entstehen lassen. Das hat es mir erleichtert, die komplexen wissenschaftlichen Zusammenhänge auch für Nichtfachleute verständlich zu machen. Die Vermittlung der Wissenschaft in die Gesellschaft war und ist mir ein zentrales Anliegen, geht es doch beim Klimawandel um existentielle Belange der Menschheit. Und hier tut sich eine Brücke zwischen Kunst und Wissenschaft auf.

Ein Kunstwerk, das mich sehr inspiriert hat, ist der Zyklus »Die Vier Jahreszeiten« von Antonio Vivaldi, den er 1725 veröffentlichte. Jedes der vier Violinkonzerte hat eine Jahreszeit zum Gegenstand. Ich bin begeistert von der Art und Weise, wie Vivaldi die Jahreszeiten musikalisch umgesetzt hat. Er hat die Jahreszeiten mit Noten gemalt. Aus meiner beruflichen Perspektive hat mich am meisten »Der Winter« beeindruckt. Wie hat es der Komponist fertiggebracht, das Geräusch über das Eis kratzender Kufen so realistisch in Klänge umzusetzen, dass man die Schlittschuhläufer förmlich vor sich sieht? Vivaldi lebte während der sogenannten Kleinen Eiszeit in Venedig. Er konnte das winterliche Treiben auf dem Eis der zugefrorenen Lagune sehen und hören. Auch Maler der Zeit haben es verewigt. Mit den musikalischen Bildern von Vivaldi und den Gemälden fällt es mir sehr viel leichter, einem Laienpublikum die Kleine Eiszeit zu erklären, ihm begreiflich zu machen, wie veränderlich das Klima von Natur aus ist – und wie schwierig und langwierig es vor dem Hintergrund der starken natürlichen Variabilität war, den menschlichen Einfluss auf das Klima zu erkennen.

Aber wie kam es eigentlich zu der Kleinen Eiszeit? Auch dazu liefert uns die Kunst wertvolle Hinweise. Caspar David Friedrich und William Turner sind bekannt für die farbenprächtigen Sonnenaufgänge und Sonnenuntergänge auf ihren Gemälden. Diese Himmelsspektakel sind nicht ihrer Phantasie entsprungen. Die Künstler haben die tatsächlichen Verhältnisse dargestellt. Die Kleine Eiszeit wurde hauptsächlich von einer Reihe explosiver Vulkanausbrüche hervorgerufen, bei denen gewaltige Mengen von Schwefelsubstanzen in die Atmosphäre geschleudert wurden. Dadurch verringerte sich die auf die Erdoberfläche treffende Sonnenstrahlung, die Erde kühlte sich ab. Sichtbares Zeichen dafür waren die wunderbaren Farbspiele am Himmel am Morgen und am Abend, die durch das vulkanische Material in der Atmosphäre verursacht werden, die Friedrich und Turner auf der Leinwand festhielten.

Heute leben wir im Anthropozän. Klimawandel, Artensterben oder die Vermüllung der Ozeane gehören zu unserer Gegenwart. Die Welt scheint aus den Fugen zu geraten, und die Menschen sind schuld daran. Die Gesellschaft darf ein »weiter so« nicht zulassen. Sie muss aufstehen und sich artikulieren, wenn die an den Schalthebeln der Macht Sitzenden nicht handeln. Kunst kann Geschichten erzählen. Sie kann Bilder erschaffen, reale und solche in den Köpfen der Menschen. Kunst kann Emotionen wecken, was mit Wissenschaft nur begrenzt möglich ist. Die ungeheuren Gefahren, die der Natur durch uns Menschen drohen und die auf uns unweigerlich zurückwirken werden, sind mit den Mitteln der Kunst sehr viel eindringlicher darstellbar als mit den Mitteln der Wissenschaft. Wissenschaft bleibt stets ein Stück weit abstrakt und kann die Menschen nur in den seltensten Fällen berühren. Wir müssen aber die Herzen der Menschen erreichen, wenn wir den Planeten retten wollen. Denn nur was man liebt, das schützt man.

MAURICE STEGER

MEINE BLOCKFLÖTE

PLÄDOYER FÜR EINE STETS UNTERSCHÄTZTE

Seit meiner Kindheit rührt mich der Klang der Blockflöte im Innersten meines Herzens. Was macht sie denn so besonders? Für mich ist es die Direktheit des Klangs. Die Persönlichkeit des Spielenden ist unmittelbar wahrzunehmen, es kommt mir so vor, als wäre das Instrument ein Seelenspiegel.

Es ist wenig dran an diesem ältesten aller Blasinstrumente. Die Flöte besitzt keinen Resonanzkörper. Weil ihr bis zum 19. Jahrhundert Anblasvorrichtungen, Klappen und andere moderne Errungenschaften fehlen, sind die Möglichkeiten, den Klang zu formen, das Instrument herauszufordern und zu versuchen, vieldimensionale Klanggeschichten zu erzählen, besonders verlockend. Dieser Klang kann zart sein, die Artikulation gestochen scharf, die Agilität der Blockflöte ist schlicht famos. Ihre schnelle Reaktionsfähigkeit haben Komponisten von damals wie heute angespornt, für sie Geschichten zu erfinden.

DIE ENTWICKLUNG

Über die Jahrhunderte hinweg, von einst im Consort, als virtuos exzentrischer Klangversuch im stile moderno des 17. Jahrhunderts, als flauto dolce im hochbarocken Repertoire, volkstümlich angehauchtes Liebhaberinstrument der Klassik, populäres wie rufschädigendes Einsteigerinstrument im 20. Jahrhundert, in der Pädagogik wie im Zusammenspielbereich unter Laien, aber auch als herausfordernde und vielschichtige Persönlichkeit für Komponist*innen von heute – über all diese Zeiten hinweg hat das Instrument viele Stationen, Stile, Richtungen und Veränderungen erlebt. Heute gibt es nicht mehr nur die eine Blockflöte. Es existieren Nachbauten von mittelalterlichen Flöten, von direkt artikulierenden und lauten Renaissanceinstrumenten, wunderschöne barocke Originale sowie Versuche, diesen Originalen in Anmut ähnlich zu sein, Neuentwicklungen, moderne Blockflöten mit erweitertem Tonumfang und größerem dynamischen Spektrum, elektronisch verstärkte Instrumente oder viereckige Riesendinger. Diese Vielfalt bietet die Möglichkeit, sich aus unterschiedlichsten Blickwinkeln mit der Blockflöte zu beschäftigen und einen eigenen Zugang zu dem Instrument zu finden.

Schon im 17. Jahrhundert war sie wohl ein Exot und kein universell einsetzbares Instrument – eher eine Farbe für ganz besondere Momente in Opern oder Oratorien, eine quirlige Dame in kammermusikalischen Dialogen oder eine virtuos aufspielende Primadonna in deutschem und italienischem Barockrepertoire. Und so ist es geblieben. All das zeichnet die Blockflöte aus, stolz wie sie ist, ohne das Zentrum des Musikhimmels darstellen zu wollen.

HÄNDEL IN HAMBURG

Der junge Händel reiste 1703 im Alter von 18 Jahren nach Hamburg, um seine erste Stelle an der florierenden Gänsemarktoper anzutreten. Zwei Jahre zuvor, er hatte gerade ein Studium der Rechtswissenschaften an der Universität Halle begonnen, bekam er Besuch vom vier Jahre älteren Hamburger Musicus Georg Philipp Telemann, der in Halle Halt machte, um den, wie er in seiner Autobiographie schreibt, »damals schon sehr wichtigen Herrn Händel« kennenzulernen. Die beiden jungen Männer tauschten sich rege aus. Es war der Beginn einer langen Künstlerfreundschaft. Und nun war der jugendliche Händel an der Oper zu Hamburg und spielte die Geige in den hinteren Reihen des Orchesters, wurde auf allen Ebenen gefordert, da sein Chef am Gänsemarkt, Reinhard Keiser, dem jungen Genius viel zutraute. In dieser Zeit schrieb er bereits an seiner ersten Oper *Almira, Königin von Castilien* (HWV1) und an einem Concerto g-Moll per flauto, einem wunderbaren Werk, welches zum heute berühmten Oboenkonzert wurde. Die althergebrachte Blockflöte musste wohl der festlich aufspielenden Oboe den Platz lassen, vielleicht auch wegen der höheren Verkaufsmöglichkeiten. Mit der beginnenden Arbeit an seinen ersten Opern, nach *Almira* folgten *Nero*, *Florindo* und *Daphne*, lernte er viele Musikerpersönlichkeiten und Sänger kennen. Besonders intensiv scheint der Kontakt zu Johann Mattheson gewesen zu sein. Die beiden Männer bewarben sich noch in Händels erstem Hamburger Jahr um die Nachfolge des verstorbenen Dietrich Buxtehude in Lübeck. Da allerdings die Tradition verlangte, dass der Nachfolger die Tochter Buxtehudes heiratete, verzichteten sie auf diesen Posten. Die Freundschaft mit Mattheson währte lange, war aber auch sehr problematisch: Schwelende berufliche Rivalitäten führten schließlich zu einem berühmt gewordenen Degenduell der beiden jungen Komponisten vor der Oper am Gänsemarkt und in der Folge zu einer lebenslangen Animosität.

Maurice Steger

DIE BLOCKFLÖTE IN HAMBURG

Die drei Compositeure Händel, Telemann und Mattheson waren der Flöte auf unterschiedliche Weise zugewandt und liebten das Instrument. Georg Philipp Telemann würde ich als den wichtigsten Barockkomponisten für die Blockflöte bezeichnen, er spielte das Instrument selbst und schrieb fleißig in verschiedensten instrumentalen und vokalen Kombinationen immer wieder neue Musik dafür und hat die Blockflöte bei all seinen kompositorischen Entwicklungen immer berücksichtigt. Viele Sonaten, Orchesterwerke, Soli, Ouvertüren, Partien in Opern und Concerti für die Blockflöte stammen aus seiner Feder, und auch in exotischen Klangkombinationen mit anderen Instrumenten taucht sie immer wieder auf. Er hat Madame Altblockflöte zum Star Hamburgs gemacht und blieb ihr über viele Jahre treu, bis in die galanten Jahre – während sich Mattheson schon längst mehr für die in die Mode gekommene Traverse interessierte.

Und Händel? Er setzte die Blockflöte in seinen frühen Bühnenwerken spielerisch ein, bevor er sie mit Sonaten und Triosonaten und später in den großen Opern mit ganz besonderen Aufgaben bedachte. Schon damals war er ein Klangmagier mit Feingefühl und der überragenden Fähigkeit, mit wenigen Noten große Emotionen zu erwecken. Sein Gespür für Harmonie ist unvergleichlich. 1704 schrieb er als Orchesterritornell für die »Almira« eine

Sarabande, welche später in leicht veränderter Form zu einem der berühmtesten Baroque Songs aller Zeiten wurde: »Lascia ch'io pianga«. Wir haben alle gelernt, dass Händel erst nach Italien reisen musste, um die wahrhafte Schönheit des italienischen Belcanto kennenzulernen und aus dieser Inspiration solch wunderbare Arien zu schreiben. Wie falsch. Alles war in dem Jungen drin, sein unverwechselbares Gespür für die Musik war bereits während seiner drei Jahre in Hamburg in vollstem Maße vorhanden, lange bevor er Florenz, Venedig oder Rom besucht hatte.

DER LONDONER HÄNDEL-CLAN

Im London der zwanziger und dreißiger Jahre des 18. Jahrhunderts blühte eine vielfarbige Musiklandschaft, die stark von Georg Friedrich Händel geprägt war. Der berühmte Meister war nach Stationen in Hamburg und Italien hergekommen und leitete nun als Direktor die Royal Academy of Music. Er wirkte wie ein Magnet auf ausländische Musiker, die in seinem Orchester am King's Theatre am Haymarket spielen wollten. Vor allem die Italiener reisten zahlreich in die Stadt an der Themse. Neben den Opernproduktionen florierte auch das Konzertleben: In Theaterpausen, in Pubs und Gesellschaften wurde lustvoll musiziert. Die reisenden Musiker waren meist Virtuosen, Komponisten und Lehrer in einer Person. Sie brachten ihre eigenen Werke mit und schufen neue, die sie möglichst auf den Geschmack des englischen Publikums zuschnitten. 1714 kamen Francesco Geminiani und Francesco Barsanti in London an, ein Jahr später der Geiger Pietro Castrucci, dann auch Matthew Dubourg, Charles Dieupart, der englische Cembalovirtuose William Babell sowie die Blockflötisten John Loeillet aus Belgien und James (Jacques) Paisible aus Paris. Die eigentlichen Hits auf der Insel aber waren nicht Händels Werke, sondern die bereits fast 50 Jahre alte Musik des Italieners Arcangelo Corelli. Ihr Schöpfer hatte nie englischen Boden betreten, und doch erreichten gerade hier seine Kompositionen den allerhöchsten Grad an Ruhm und Ehre. Die Musiker des Händel-Clans erkannten schnell, dass sie mit Corelli-Bearbeitungen weitaus mehr Erfolg haben konnten als mit eigenen Werken. Und alle hatten sie bald Variationen und Passagi von Corelli'schen Themen im Gepäck, vor allem zu seinen Sonaten op. 5.

VON CORELLI INSPIRIERT

So entstand in den folgenden Jahren eine Vielzahl virtuoser Bearbeitungen der in op. 5 enthaltenen zwölf Sonaten. Vor allem der zweite Teil der Sammlung mit den weltlichen Sonate da camera traf er mit der Abfolge von Tanzsätzen perfekt den Geschmack des Publikums. Die von Corelli ursprünglich als Solosonaten für Violine konzipierten Werke wurden für verschiedenste Ensembles oder als Blockflöten- und Cembalostücke umgeschrieben. Nach und nach kam der solistische Vortrag zugunsten der vielen Consorts aus der Mode. So erstaunt es nicht, dass Francesco Geminianis Corelli-Bearbeitungen zum Hit wurden. Seine nur scheinbar neuen Concerti grossi nach Corellis op. 5 ernteten Applaus und wurden von vielen Societys und Orchestern über Jahre abonniert und mit großem Erfolg in ganz England gespielt. Bald schon dienten Geminianis Concerti ihrerseits als orchestrale Vorlagen für die extravaganten Virtuosen, die den Solopart in ihren eigenen Versionen zum Besten gaben.

MUSIK IM NEUEN GEWAND

Die vielen aufregenden englischen Manuskripte dieser komponierenden Virtuosen habe ich studiert und auch eine Auswahl getroffen, welche die stilistischen Merkmale der Aufführungen im und um den Händel-Clan in diesen Jahren aufzeigen. Händel selbst hat sich am Corelli-Kult, ob aus Neid, Stolz oder anderen Gründen, nicht persönlich beteiligt. Er musste wohl aber bemerken, dass die vielen zugereisten Italiener und Franzosen die alte Musik im neuen Gewand des Römers zu einer Mode werden ließen. Die bei Corelli so klare, gradlinige und einfach verständliche Musik wandelte sich in diesen Bearbeitungen derart, dass daraus eine der reichsten Quellen englischer Barockvirtuosität entstand.

Ein wunderschönes Beispiel der einzigartigen Kunst, modische Strömungen wie auch persönlichen Stil in die bestehende Musik einfließen zu lassen und damit Neues zu schaffen, ist das sogenannte Manchester Manuscript. Exzentrische Verzierungen von erstaunlicher rhythmischer Vielfalt, mit chromatischen Einlagen, Umspielungen der schnellen Passagen zu hochvirtuosen Trillerketten und arpeggiohafter Artistik verlangen vom Solisten fast Unmögliches. Beim Betrachten dieses Manuskripts frage ich mich, ob der wahrscheinliche Urheber Pietro Castrucci, über viele Jahre Händels Konzertmeister und begeisterter Komponist für die Blockflöte, all die notierten Töne auch wirklich gespielt hat. Oder waren es in erster Linie kompositorische Übungen und Visitenkarten? In welchem Tempo wurden die reichen Verzierungen, wie sie in den Handschriften notiert sind, wohl gespielt? Hier werden die Unterschiede zwischen Manuskript und Druck deutlich: In der Handschrift lassen sich persönliche wie spontane Ideen eines Musikers oder für einen Solisten entdecken, persönliche Vorlieben und aktuelle Moden sind sofort zu erkennen. Im gedruckten Notenmaterial hingegen wurden nur die einfachsten Varianten veröffentlicht, um damit ein möglichst breites Publikum anzusprechen. Auf Zeitströmungen wurde wenig Rücksicht genommen, da die Stimmbücher und Partituren auch nach Jahren noch ihren Wert behalten sollten.

MR BRESSAN UND HERR DENNER

Spielte man zu dieser Zeit in Deutschland klar artikulierende, obertonreiche, ja brillante Blockflöten mit einer strahlend hohen Lage aus der Werkstatt der Denners, so hatten sich Händel und seine Zeitgenossen ganz mit dem englisch-französischen Blockflötentypus identifiziert. Dieser zeichnete sich durch einen runden, eher dunkel gefärbten Klang aus. Sein tiefes Register könnte mit verlängerten Fußstücken nicht sonorer klingen. Die Höhe dagegen kommt bei Händel nie vor, weil die englischen Flöten nicht den entsprechenden Tonumfang hatten.

Aus der Beschaffenheit des Instruments ergeben sich ganz andere kompositorische Möglichkeiten. Während die Blockflötenwerke von Bach und Telemann durch ihre hohen Lagen auf der Altblockflöte und durch das zeichnend bewegte Spiel in der Höhe brillieren, setzen Händel und die Engländer auf Gesanglichkeit und runde, warme Klänge vor allem auch im untersten Tetrachord des Instruments. Sie erzeugen also ein völlig anderes Klangbild.

DIE ENGLISCHEN FLÖTENTYPEN

In England wurden auch die wunderbaren Extrainstrumente fleißig gespielt, so die »fifth flute«, eine Sopranblockflöte, wie sie heute in den Schulen gelehrt und gespielt wird. Dieser Instrumententyp war damals etwas Besonderes, er wird auch in anderen Corelli-Drucken von Walsh explizit gefordert und kam im 18. Jahrhundert nirgends so häufig zum Einsatz wie in England. Die »Voice flute«, eine Tenorblockflöte in d', also ein Achtfuß-Instrument, könnte nicht betörender klingen. Sie ist eine um eine kleine Terz vergrößerte Altblockflöte. Besonderen Charme hat die »Sixth flute«, die eine Oktave höher klingt als die »Voice flute«. Beide Instrumente wurden vornehmlich für die Kreuztonarten eingesetzt.

Im Gegensatz zu den echten Händel-Kompositionen sind die Bearbeitungen von Corellis Werken mit kunstvoll ausladenden Verzierungen in den langsamen Sätzen sowie wesentlichen, verspielten Manieren in den Allegro-Sätzen versehen und lassen diese Werke zu einem Abenteuer für jeden Solisten werden.

THE FAVORITES

Das Thema aus »La Follia«, der zwölften von Corellis Sonaten, wurde mit den 25 Variationen zum populärsten und berühmtesten seines Zyklus. Es war gängige Praxis, sogenannte Favorites, die schönsten Stücke aus einer Sonate oder einem Concerto, mit kunstvollen Variationen auszuschmücken und daraus

Maurice Steger zusammen mit dem Quatuor Modigliani beim 3. Kammermusikfest! am 31.10.2020 im Großen Saal der Elbphilharmonie

selbstständige Kunstwerke zu komponieren. So wird Corellis Giga aus der 5. Sonate als eigenständiges Intermezzo mit einer Variation eines gewissen Sigr. Cateni und einer weiteren Variationsfolge vom englischen Blockflötisten Robert Valentine, die durch einen späteren Druck bei Preston überliefert und interessanterweise eindeutig geigerischer Natur ist, ein neues Blockflötenwerk. Ein Schlager war auch die Gavotta aus dem 10. Concerto. Ich integriere sie meist in den Gesamtkontext des Werks und stelle sie der damaligen Praxis entsprechend an den Schluss des Konzerts. Diese kleine Gavotta gehört zu den am meisten bearbeiteten Sätzen Corellis – fast jeder Compositeur hat hier seine Launen walten lassen, jeder Solist wollte mit neuen Ideen brillieren, und es erstaunt nicht, dass Blavet seine Miniaturen über die Gavotte später auch in Frankreich für Flöte solo editieren liess. Auch zahlreiche Händel-Arien wurden zu Volksgut, indem sie als Bearbeitungen für Blockflöte solo den Liebhabern und Dilettanten in Drucken zugänglich gemacht wurden. Bald wurden sie im ganzen Land gespielt.

A GROUND

Rätsel gibt ein anonym überlieferter »Ground upon the Sarabanda« aus diesem Kontext auf. Es handelt sich um Variationen über den ersten Teil der Sarabanda aus der Sonate op. 5 Nr. 7 von Corelli. Sie sind tiefgründig, harmonisch wie melodisch einfallsreich und komplex und lassen sich auf der Blockflöte bestens darstellen. Zu Beginn des letzten Drittels setzt, neben der ostinaten Bassstimme und der melancholischen Melodie der Blockflöte, ein obligater Cembalopart ein. Er lässt die Sarabanda in eine außergewöhnliche und eigenständige Richtung schreiten, zuerst mit dialogisierenden Melodien, plötzlich mit fulminanten Arpeggien, die dann in einer unerwarteten Coda tragisch enden. Wir können nur vermuten, dass Johann Mattheson diesen »Ground« geschrieben haben könnte, denn er schätzte ostinate Bassvariationen und hat Corelli bei seinem Aufenthalt in London immer wieder gelobt.

Die Textur dieser Komposition legt Mattheson als wahrscheinlichsten Urheber nahe. Ob er wohl Händel in London wiedergetroffen hat? Und für wen wurde wohl dieser untypische und anspruchsvolle Cembalopart geschrieben? Vielleicht für den Transkriptionsspezialisten William Babell? Oder hat der Virtuose diesen sogar selbst hinzugefügt? Oder stammt das tolle Stück aus der Feder von Geminiani? Wer auch immer der Erschaffer ist – diese Musik spricht und singt für sich selbst.

EXZENTRISCHE VERZIERUNGEN UND DIE BLOCKFLÖTE

Für wen und für welche Zwecke diese einzigartigen Manuskripte geschrieben, ob und auf welchen Instrumenten sie tatsächlich gespielt wurden, ist uns weitgehend unbekannt. Angaben zur Besetzung gibt es selten, somit bleiben die Instrumentierungen meist offen. In vielen Fällen kommt als Erstes die Violine in Frage, das virtuose Soloinstrument schlechthin. Der Einsatz der Blockflöte ist in diesem Umfeld allerdings besonders naheliegend: Nirgendwo auf dem Kontinent wurde sie zu jener Zeit, von Dilettanten wie von professionellen Musikern, so viel gespielt wie in England. Die verrückten Anforderungen an den Instrumentalisten lassen die Blockflöte in all ihren verschiedenen Bauformen voll zur Geltung kommen. Doch bei all diesen Variations-, Instrumentierungs- und Ornamentierungsversuchen fällt eines auf: Keine Handschrift weicht in Harmonie oder Melodieführung von der ursprünglichen Linie ab. Das zeigt den Respekt, den die Musiker der Epoche dem alten Maestro Corelli zollten.

Noch nie zuvor habe ich derart komplexe Ornamentierungsmuster gesehen. Sich darin zu versenken ist ein lustvolles Abenteuer für jeden Musiker. Und es ist ein weiteres Abenteuer, zu versuchen, diese Musik zu spielen. Eine verzierte Fassung wieder hörbar zu machen, lässt meine Beziehung zum italienischen Original, aber auch zum English taste jener Zeit und zu dessen ebenso hochartifizieller wie naturalistischer Art neu aufleben und bestärkt meine Liebe dazu. Ein Abenteuer der Extraklasse.

Thank you, Mr Corelli, merci Monsieur Haendel und danke dir, mein geliebter flauto dolce!

BARBARA UND
ROLF SEELMANN-EGGEBERT *IM GESPRÄCH*

VON WEGEN NUR ROYALES ...

KAMMERMUSIK AUF GEIGE UND BRATSCHE ALS ROTER FADEN

Ludwig Hartmann: *Wie seid Ihr zur Musik gekommen? In welchem Alter habt Ihr angefangen zu musizieren?*
Rolf Seelmann-Eggebert: Ich habe mit zehn Jahren angefangen, Geige zu spielen. Das war in der Schule. Ich war im Schulorchester. Man spielte damals Geige in den sogenannten »höheren Familien«. Ich hatte 3 Geschwister, aber nur einer von uns hat am Instrument durchgehalten – das war ich. Meine drei Brüder haben recht bald mit dem Instrument aufgehört. Ich erinnere mich noch an eine Aufführung mit Orchester gegen Ende der Schulzeit. Da habe ich mit einem sehr guten Kollegen das Doppelkonzert von Bach gespielt. Ein sehr schönes Erlebnis.

Rolf, Du hattest, wie Du sagst, kein musikalisches Elternhaus?
Rolf Seelmann-Eggebert: Ich hatte einen Vater, der Musik sehr liebte, aber keine guten Ohren hatte. Er liebte vor allem Wagner und pfiff immer mit. Ob die Töne so ganz stimmten, war eine andere Frage. Aber er hatte seine Freude daran. Bei eher traurigen Anlässen wurde in der Familie regelmäßig das Largo von Händel gespielt.

Wann hast Du zum ersten Mal Kammermusik gemacht?
Rolf Seelmann-Eggebert: Das Schicksal wollte es, dass unsere Familie von Berlin nach Hannover übersiedelte und da hatten wir einen Nachbarn mit einem sehr interessanten Instrument, einer Hausorgel. Das war schon etwas anderes als ein normales Klavier. Darauf habe ich bis zu meinem 19. Lebensjahr Unterricht bekommen. In meiner Familie drehte sich weder bei meinen Brüdern noch bei anderen Mitgliedern irgendetwas um die Musik. Kammermusik kam später.

Wie war es bei Dir, Barbara?
Barbara Seelmann-Eggebert: Ich habe mit zehn oder elf Jahren angefangen, auch in der Schule. In der Oberschule für Mädchen. Von zu Hause gab es kaum

musikalische Impulse. Nun muss man sagen, dass wir ja aus Berlin geflüchtet waren. Da blieben auch die Instrumente zurück. Aber meine Mutter hat immer dafür gesorgt, dass man Geigenunterricht bekam. In der Familie wurde aber keine Musik gemacht.

Hast Du mit der Geige oder mit der Bratsche angefangen?
BARBARA SEELMANN-EGGEBERT: Angefangen habe ich mit der Geige. Ich habe dann in einem Ensemble gespielt und auch im Schulorchester. Anfangs konnte ich die Geige nicht einmal selbst stimmen. Ein paar Mädels durften dann im Jungsorchester mitspielen. Dort wurden Bratschen gebraucht. So bin ich auf die Bratsche umgestiegen.

Und wann begann die Kammermusik?
BARBARA SEELMANN-EGGEBERT: Streichquartett haben Rolf und ich gemeinsam in London angefangen. Durch Rolfs Büro trafen wir Henry Imberg, der war aus Berlin geflüchtet und arbeitete jetzt bei der BBC. Henry Imberg kannte wieder jemanden, der Cello spielte und so haben wir dann gemeinsam angefangen. Rolf und ich waren am wenigsten erfahren, aber der Geiger und auch die Cellistin waren schon sehr gut. Rolf und ich haben uns mehr durchs Kochen hervorgetan (lacht).

Wisst Ihr noch, mit welcher Literatur Ihr begonnen habt?
ROLF SEELMANN-EGGEBERT: Mit Haydn und frühem Mozart. Bei Haydn ist es ja zum Teil eine Art Geigenkonzert mit Begleitung. Die Begleitung haben wir schon irgendwie hinbekommen. Später haben wir dann auch schwierigere Quartette von Haydn und Mozart gespielt. Bald auch beispielsweise Dvořák.

Ihr habt ja in London einen großartigen Geiger kennengelernt, mit dem Ihr auch Quartett gespielt habt.
BARBARA SEELMANN-EGGEBERT: Ja, David Roth vom Allegri Quartet. Das war ganz lustig. Ich habe in London noch wieder studiert. Da hatte ich eine Freundin, mit der ich viel zusammen gearbeitet habe und deren Mann war David. Sie selbst machte keine Musik. Wir haben uns zu viert getroffen und gefragt, was wir nun zusammen machen könnten. Wir Frauen hatten ganz andere Interessen als die Männer. Später haben wir dann zusammen Musik gemacht. In Hamburg, als uns das Ehepaar Roth besucht hat. In London hatten wir, wie gesagt, unser anderes Quartett. Und David war ja permanent mit seinem Allegri Quartet unterwegs. Die spielten in einer ganz anderen Liga. In Hamburg haben wir regelmäßig mit unserem Cellisten-Freund Quartett gespielt. Das war immer ausgesprochen schön.

Habt Ihr von David Roth kammermusikalisch viel gelernt?
BARBARA SEELMANN-EGGEBERT: Oh ja, ganz bestimmt! Er hat uns vieles sehr detailliert erklärt.

Fachsimpelei vor dem Konzert »Auf dem Wasser«: Barbara und Rolf Seelmann-Eggebert und in der Mitte Herbert Sedlacek

Rolf Seelmann-Eggebert beim Dirigieren

ROLF SEELMANN-EGGEBERT: Wir haben auch in England an der Küste Urlaub gemacht und dort mit David intensiv gemeinsam musiziert.

Haben sich durch gemeinsames Musizieren in den Jahren Freundschaften besonders vertieft?
BARBARA SEELMANN-EGGEBERT: Zum Beispiel mit David. Und mit wenigen weiteren Freunden auch. Aber generell würde ich es nicht sagen. Wir sind nicht mit allen befreundet, mit denen wir Musik gemacht haben oder machen.

Rolf, kannst Du Dich daran erinnern, wie Du später zum Dirigieren gekommen bist?
ROLF SEELMANN-EGGEBERT: Wir hatten ja hier in Hamburg zwei Quartette. Die haben sich irgendwann zusammengetan und das war der Start unseres Kammerorchesters »Due Quartetti«.

Wie lange gab es das Kammerorchester?
ROLF SEELMANN-EGGEBERT: Also 20 Jahre sind es mindestens gewesen, ich denke beinahe 25 Jahre.
BARBARA SEELMANN-EGGEBERT: Als Programmdirektor hat Rolf sich ja mit Günter Wand sehr angenähert. Rolf war von dessen Arbeit sehr fasziniert und Günter Wand konnte sehr gut über seine Arbeit sprechen und erklären, wie er was dirigierte. Rolf hat ja auch Filme darüber gemacht. Daraus entstand, wie ich meine, der Wunsch, doch auch mal selbst einen solchen Klangkörper unter sich zu haben. Und wir Musikerinnen und Musiker haben uns dann bereit erklärt, all das mal zu spielen, was Rolf dirigieren wollte. Ich glaube, es begann alles an einem Geburtstag bei uns in der Wohnung. Rolf hat sich dann mehr und mehr Stücke angeeignet und gesucht, was man denn so gemeinsam spielen könnte.

Rolf Seelmann-Eggebert: Wir waren meistens recht mutig. Ich habe immer gesagt: »Das schaffen wir schon«. Auch wenn es manchmal recht schwierige Kompositionen waren.
Barbara Seelmann-Eggebert: Übrigens: In unserer Zeit in Afrika haben wir praktisch gar keine Musik gemacht. Alle hatten uns gesagt: Lasst die Instrumente bloß zu Hause, sie gehen bei dem Klima in Nairobi nur kaputt, der Lack löst sich auf. Ich allerdings habe dort durchaus Musik gemacht, mit Blockflöte und Gitarre. Ich habe dort Gitarrenunterricht genommen. Rolf hatte gar keine Zeit neben seiner Arbeit.

Beim Kammerorchester, in dem ich ja später auch viele Jahre mitgespielt habe, haben wir ab und zu auch modernere Kompositionen gespielt. Wie habt Ihr es beim Streichquartett gehalten? Habt Ihr Euch da auch an Moderneres herangewagt?
Rolf Seelmann-Eggebert: Schostakowitschs achtes Quartett haben wir zum Beispiel gespielt, aber die meisten modernen Stücke sind ja für Amateure kaum spielbar.

Rolf, wäre die Lust bei Dir da gewesen, Dich an mehr moderne Kammermusik heranzuwagen? Du, als Händel-Fan?
Rolf Seelmann-Eggebert: Wir haben so vieles nicht spielen können. Da sind wir lieber bei Klassik und Romantik geblieben.

Bei Profis ist es ja wahrlich nicht immer so, dass die Quartettmitglieder wirkliche Freunde sind. Manchmal sind sie sogar richtig zerstritten und machen dennoch hervorragend gemeinsam Musik. Habt Ihr Euch auch mal über das Musizieren mit Freunden zerstritten?
Barbara Seelmann-Eggebert: Nein, das ist uns nie passiert. Aber wir waren auch musikalisch nie so weit, dass man sich groß hätte streiten können. Aber diskutiert über Musikalisches haben wir natürlich häufig, jedoch nie wirklich gestritten. Natürlich haben wir uns auch mal von Mitspielern getrennt, einfach weil es nicht passte. Für uns hatte es immer die erste Priorität, dass die Leute nett sind. Egal, ob beim Quartett oder im Kammerorchester. Das war das absolut Wichtigste.
Rolf Seelmann-Eggebert: Ja, daran haben wir uns immer gehalten und sind damit sehr gut gefahren.
Barbara Seelmann-Eggebert: Manchmal gab es sicherlich auch Streit, aber dann überlegte man sich: »So einen guten Geiger findest du nicht so schnell wieder. Also ...« Als wir aus London zurückkamen, haben wir über Freunde unseren Primarius kennengelernt. Inzwischen sind wir längst Freunde. Aber der kam anfangs oft 90 Minuten zu spät oder hat auch die Proben mal komplett vergessen. Das war schon oft sehr, sehr ärgerlich.
Und da waren wir dann fuchsteufelswild und haben auch versucht, ihm das irgendwie beizubringen. Aber das klappte nicht. Er hat ein ziemlich schlechtes

Zeitmanagement. Und so haben wir begonnen, erst einmal zu essen. Und wenn er dann eintraf, haben wir gespielt. Irgendwann kam er dann pünktlicher, denn er wollte mitessen (lacht).

Habt Ihr irgendwelche Lieblingsstücke im Quartett?
BARBARA SEELMANN-EGGEBERT: Rolf, Du wolltest doch immer das Dissonanzen Quartett spielen.
ROLF SEELMANN-EGGEBERT: Ja, und das haben wir auch getan.

Dein Lieblingskomponist, Rolf, ist Georg Friedrich Händel. Der hat leider vor der Entwicklung des Streichquartetts gelebt. Gibt es andere Komponisten, deren Kammermusik Du besonders gern gespielt hast?
ROLF SEELMANN-EGGEBERT: Vor allem die Klassiker sollten es sein und von Händel haben wir die Triosonaten gespielt.
BARBARA SEELMANN-EGGEBERT: Was wir in einem unserer beiden Quartette immer am Anfang spielen, ist die Kunst der Fuge. Es ist eines unserer Lieblingsstücke. Wir mögen es einfach so gern und man kommt gut gemeinsam in die Probe hinein.

Hast Du, Barbara, Lieblingskomponisten?
BARBARA SEELMANN-EGGEBERT: Ach, Mozart finde ich schon sehr schön. Aber auch Dvořák oder Schubert. Ich liebe die Abwechslung und habe Schwierigkeiten, mich festzulegen.

Gerade in letzter Zeit habt Ihr vermehrt Quintett oder Sextett gespielt habt: Habt Ihr das gemacht, weil das Quartett-Repertoire für Euch sozusagen ausgereizt war?
ROLF SEELMANN-EGGEBERT: Das kam vor allem von unserem Cellisten. Dich haben wir doch auch mal mitten in der Nacht angerufen und gefragt, ob Du mitspielen magst. So ist es zum Beispiel zum Schubert-Quintett und den beiden Brahms-Sextetten gekommen.

Seid Ihr in London aber auch später in Hamburg gern und viel in Konzerte gegangen?
BARBARA SEELMANN-EGGEBERT: Nicht so viel. Und ich mache auch immer lieber selber Musik. Ich gehe sehr viel lieber ins Konzert als ins Theater, obwohl ich doch auch sehr gerne ins Theater gehe. Man bekommt im Konzert immer wieder vorgeführt, was es bedeutet, Profis zu hören und was die für ein unglaubliches Können haben. Da liegen schon Welten zwischen Amateuren und Profis.

Noch mal zurück zu Günter Wand. Hast Du Wand gelegentlich nach Tipps für das Dirigieren gefragt?
ROLF SEELMANN-EGGEBERT: Das mag es schon mal gegeben haben.
BARBARA SEELMANN-EGGEBERT: Ach nein, Rolf, das hast Du Dich gar nicht getraut gegenüber Günter Wand.

Spielte das Thema Musik während Deiner Zeit im NDR eigentlich irgendeine Rolle oder war die Musik ausschließlich ein privates Vergnügen?
Rolf Seelmann-Eggebert: Da gab es eigentlich keinerlei Verbindungen. Ludwig, da warst Du wohl der Einzige. Ach nein, es gibt noch eine weitere Cellistin. Die hatten wir im Zusammenhang mit einem Film über deutsche Fürstenhäuser kennengelernt.
Barbara Seelmann-Eggebert: Du hattest dann ja Kontakt zur Hamburger Camerata bekommen und dort sehr viel bewirkt und ermöglicht.

Habt Ihr Euren drei Kindern irgendetwas musikalisches vererben können?
Barbara Seelmann-Eggebert: Nein, unsere Kinder sind zwar immer gern in unsere Konzerte gekommen, spielen aber selbst keine Instrumente. Auch unsere Enkelin nicht. Da haben wir nichts weitergeben können.

Würdet Ihr besondere musikalische Höhepunkte in Eurem Leben benennen können?
Barbara Seelmann-Eggebert: Ich denke, das Kammerorchester ist Rolfs ganzer Stolz. Ein Höhepunkt war, als wir über einen Schulfreund von Rolf Kontakt zu einem Chor in Bristol bekommen haben. Der kam später auch mal nach Hamburg. Wir haben mit dem Chor und unserem Kammerorchester gemeinsam Musik gemacht. Das war schon eine besonders großartige Sache. Und auch eine Aufnahme im NDR mit dem Kollegen Friedhelm Mönter. Ein weiterer Höhepunkt.

Und geht es Euch auch so, wie vielen Profis, dass bei aller herrlichen Musik die Kammermusik doch in gewisser Weise das Größte ist, in ihrer schlichten Form?
Barbara Seelmann-Eggebert: Also, mir geht es absolut so und vor allem mit Streichquartett. Quartett ist mir noch viel lieber als Quintett oder Sextett. Und auch Trio ist für mich nicht dasselbe.
Rolf Seelmann-Eggebert: Ich bin doch immer der Orchestermusik besonders treu geblieben. Mich hat die Orchestermusik immer besonders interessiert. Mir wurde ja auch im NDR immer nachgesagt, dass ich dem Hamburger NDR-Orchester besonders nahestehe. Ich habe mich zu Beginn der Zeit Günter Wands – aber auch später – immer mal in Proben gesetzt und war von den Klängen beinahe erschlagen.
Barbara Seelmann-Eggebert: Ja, zu Orchesterproben bist Du sehr gern gegangen. So etwas wie den Eurovision Song Contest hast Du dafür lieber nicht gemacht (lacht). Aber zum Orchester …
Rolf Seelmann-Eggebert: Ich habe mir die Proben zu gern angehört. Alle Feinheiten, alle Fortissimi und Pianissimi; diese phantastischen Klänge! Diese Proben und diese Nähe zur Musik habe ich sehr genossen!

Über Musik kann man am besten
mit Bankdirektoren reden.
Künstler reden ja nur übers Geld.

JEAN SIBELIUS

DAVID GERINGAS *IM GESPRÄCH*

»DAS LEBEN IST WIE EINE SPARKASSE«

VOM LEHREN, LERNEN UND MUSIZIEREN

Ludwig Hartmann: *Herr Geringas, wo und wann haben Sie Ihre ersten kammermusikalischen Erfahrungen gemacht? Zu Studienzeiten am Moskauer Konservatorium oder schon zuvor?*
David Geringas: Meine ersten Erfahrungen hatte ich in Moskau. In der Ausbildung waren Streichquartett und Klavier-Kammermusik jeweils ein Fach. Als ich nach Moskau kam, wurde ich gleich gefragt, ob ich nicht in einem Klavierquintett mitspielen möchte. Pflicht war es im ersten Studienjahr noch nicht. Aber wir waren ganz begeistert, wollten ein Konzert spielen und so kam ich gleich mit vielen anderen zusammen. Sich zu einem Quintett zusammenzufinden, war sicherlich ungewöhnlich, normalerweise findet man sich als Klaviertrio. Und wir haben gleich mit dem Schwersten angefangen: mit dem Tanejew Quintett. Sehr groß, sehr lang und sehr schwer. Aber so kam ich auf den Geschmack, Kammermusik zu machen. Und so sind später auch Tatjana und ich zu einem Duo zusammengewachsen. Wir hatten Unterricht bei Rostropowitsch, aber auch bei unserem Kammermusiklehrer.

Haben Sie heute noch Kontakt zu Ihren Kolleginnen und Kollegen aus dem allerersten Quintett?
Nicht viel. Der wichtigste Kopf war der Bratscher. Er war älter und wurde später Solo-Bratscher im Swetlanow-Orchester, dem damals renommiertesten Orchester in Moskau, dem Staatsorchester. Später ist er nach Mexiko gegangen und war dort Solo-Bratscher. Ihn habe ich dort wiedergetroffen, als ich in Mexiko gespielt habe.

Sie waren in der legendären Klasse von Mstislaw Rostropowitsch am Moskauer Konservatorium. Welche Rolle hat die Kammermusik da gespielt?
Das Studium war ausgesprochen vielseitig. Wir spielten im Hauptfachunterricht keine Trios oder Quartette, haben aber die Sonaten gelernt. Im Unterricht

ging es weniger um die einzelnen Stücke, sondern immer um die ganze Musik. Er selbst hat am Klavier begleitet. Man durfte nicht zum Unterricht kommen, wenn man den Klavierpart nicht kannte. Da spielte man mit der Klassen-Mama, einer älteren Kollegin des Professors. Die hat darüber gewacht, dass alles, was der Professor je gesagt hat, ausgeführt wird. Sie war ein wichtiges Bindeglied der Klasse, da der Professor nicht immer mit jedem an sämtlichen Details arbeiten konnte. Manchmal stimmte das, was dort aufgezeichnet stand, kurioserweise nicht mit den Noten überein. Aber auch das wurde verlangt, da der Professor es eben einmal so gesagt hatte. Und der Professor selbst hat immer die Phantasie gehabt, jedem etwas anderes zu sagen, denn er sah den Studenten als das Objekt, das er entwickeln muss. So war es bei Rostropowitsch.

Und galt das auch bei der Kammermusik?
Bei der Kammermusik war es anders. Da wurde sehr detailliert mit der Partitur gearbeitet. Unser Quartettlehrer war der Geiger vom Komitas Quartett und er hatte einen sehr guten Assistenten. Bei dessen Quartett bin ich eine Zeit lang eingesprungen, habe professionell Quartett gespielt und so auch kennengelernt, wie ein Quartett arbeitet. Die Ausbildung war sehr praxisbezogen. Der Kammermusikunterricht am Moskauer Konservatorium war kein Alibi von wegen entweder man kommt oder eben nicht. Nein! Und unser Quartettlehrer war auch noch unser Dekan. Das schönste Erlebnis gab es mit dem Schubert Quintett. Ich spielte mit meinem Quartett und meinem besten Freund, Roland Kunze aus der DDR. Als Belohnung wurden wir einem Damen-Quartett vorgestellt, dem wir vorspielen durften. Ein besonderes Ereignis und an zwei der Damen kann ich mich noch heute erinnern.

Die Ausbildung war sehr ernsthaft und es sind durchaus einige beim Quartettspiel geblieben. Das renommierte Schostakowitsch Quartett zum Beispiel, das waren Kommilitonen aus meinem Studienjahrgang. Wir hatten zusammen Unterricht in Materialismus und Deutsch. Den politischen Unterricht hat man als eine Notwendigkeit gemacht. Ich erinnere mich, dass der Politiklehrer über das Ziel hinausschoss in seinem Eifer. Amerikanische Astronauten waren bei einem Start umgekommen. Am nächsten Tag protzte dieser Lehrer freudig, dass die Amerikaner so einen Absturz erlebt hatten. Das sei gut für die Sowjetunion, denn es zeige die Überlegenheit des sowjetischen Systems. Es gab einen heftigen Tumult unter den Studenten. Nicht, dass man ihn lynchen wollte. Aber es gab eine sehr heftige Reaktion von allen. Das war absolut solidarisch. Die Studenten waren entsetzt.

Haben Sie aus dieser Kammermusikzeit irgendetwas mitgenommen für Ihre Solisten-Karriere?
Es hat die Ohren geschärft und wir haben Freundschaften geschlossen. Wir waren ein größerer Kreis verschiedener Jahrgänge. Es hat die Kommunikation sehr gefördert. Und in den 70er Jahren ein Tanejew Quintett öffentlich zu

Am 7. Juni 2021 dirigierte David Geringas im Rahmen eines Portraitkonzerts im Großen Saal der Elbphilharmonie das Geringas Chamber Orchestra und spielte als Solist Werke von Tschaikowsky und Schubert.

spielen, oder Schumann oder Schostakowitsch ... Das hat die Sichtweisen und den Horizont sehr erweitert.

Und Sie haben auch im Kammerorchester gespielt.
Ich kam aus Vilnius. Zu einer Zeit, in der Saulius Sondeckis sein Orchester gegründet hat. Das Schulorchester, in dem ich gespielt habe und dann das litauische Kammerorchester. Ende der 50er, Anfang der 60er Jahre haben sich viele Kammerorchester in verschiedenen Ländern gegründet. Vorbild war das berühmte Barschai-Kammerorchester. Später im Westen das Züricher, Münchener, Stuttgarter Kammerorchester. Ja, ich habe auch im Kammerorchester gespielt. Auch durch das Schulorchester bei Saulius Sondeckis habe ich viel gelernt.

Inwiefern haben Sie diese frühen Erfahrungen in Ihre Arbeit übernommen?
Ich glaube, das ganze Leben ist wie eine Sparkasse. Die Erfahrung häuft sich an wie auf einer großen Festplatte eines Computers. Ich habe übrigens auch für längere Zeit intensiv Klaviertrio gespielt und auch auf diese Erfahrungen kann ich immer wieder zurückgreifen. Als ich später bei den großen Kammermusikfestivals spielte, habe ich gespürt, wie nah mir die Kammermusik ist und wie sehr ich es genieße, mit Kolleginnen und Kollegen zu spielen. Ich habe mit Aurèle Nicolet, Christiane Jaccottet und Josef Suk eine Platte mit Barockmusik

gemacht, mit Telemann, Bach und Händel. Das war eine unglaubliche Sache: Ich kam zu Christiane Jaccottet und wollte etwas proben, denn ich hatte diese Musik noch nie gespielt, basso continuo und so weiter. Doch sie sagte: »Ach, das müssen wir nicht. Das kann man nicht so einfach lernen. Wenn es klappt, klappt es, wenn nicht, dann nicht.« Ich habe ihr vertraut. Und es hat unglaublich gut geklappt. Sie war eine ganz großartige Musikerin. Dann haben wir die Aufnahmen gemacht und kurz vor Ende sagte der Tonmeister: »Wir haben zu wenig Musik«, da alle Stücke kürzer waren als gedacht. Und da sagte Nicolet: »Oh, ich war gerade in Leipzig und habe die neueste Ausgabe der Händel-Triosonaten mitgebracht.« Ich kannte nichts davon. Wir hatten eine halbe Stunde Zeit, haben es aufgenommen und es wurde das beste Stück der Platte.

Ich zitiere zwei gegensätzliche Aussagen zweier großartiger Musiker zur Notwendigkeit des Probens, um beste Ergebnisse zu erreichen.
Position 1: Spielen im festen Ensemble sowie täglich hart und intensiv proben.
Position 2: Beim Streichquartett mag das sicher zutreffen, beim Trio jedoch spielt das Individuelle eine viel wichtigere Rolle und das Zusammentreffen dreier großer Solisten hat deutlich größeren Reiz. Haben Sie da eine klare Meinung?
(lacht und holt eine CD aus dem Nebenzimmer) Hier ist der Beweis, das haben wir im vorigen Jahr aufgenommen. Vier Trios von Brahms. Wir hatten nie vorher zusammen gespielt. Mit Lilya Zilberstein. Mein Pianist Ian Fountain fiel aus, konnte wegen Corona nicht kommen. Er beherrscht die Trios wie das Teetrinken. Aber Lilya Zilberstein lernte alles in zwei Tagen. Sie hatte die Trios nie zuvor gespielt.

Vorher waren wir beim Vergleich des musikalischen Gedächtnisses mit einer Computer-Festplatte ...
Ja, alles ist wie auf einer Festplatte. Wenn man etwas braucht, nimmt man es heraus. Vor Kurzem rief mich Dimitri Sitkovetsky an – wir sind beide Präsidenten des Enescu Wettbewerbs – und fragte, ob ich mit ihm die Goldberg-Variationen spielen wolle. »Ja, gern, phantastisch«, sagte ich ihm. Das wird im September sein und das kommt von der Festplatte (lacht). Früher haben wir das jeden Monat irgendwo gespielt und alles sehr sorgfältig studiert. Er hatte es vorher mit Mischa Maisky gespielt und auch aufgenommen und dann hat es sich ergeben, dass ich mit ihm gespielt habe, mit Gérard Caussé und anderen Bratschern. Die Goldberg-Variationen sind technisch sehr schwer und heikel, da sie nicht für Streichinstrumente geschrieben sind. Wir haben uns kurz vor dem Konzert getroffen und unsere Seelen bereinigt. Das war wie ein Gebet und hat immer geklappt. Einmal habe ich die Goldberg Variationen im Lincoln Center in New York gespielt und war dort spontan eingesprungen. Anhand meiner Einträge und Programmhefte sah ich mit Entsetzen, dass ich sie 20 Jahre nicht gespielt hatte. Kannte ich das noch? Aber alles war auf der Festplatte. Aber als wir beginnen wollten, zu spielen, konnte ich nicht, da mir die Tränen herunterrannen. Ein

unglaubliches Erlebnis. Das gibt es wohl nur bei der Kammermusik. Es ist, wie ein Leben zu leben.

Welche Rolle haben Ihre vielen Kammermusikerlebnisse bei Ihrem Unterrichten gespielt? Haben Sie dafür gesorgt, dass Ihre Studierenden sich auch intensiv mit Kammermusik beschäftigten?
Natürlich ist man für seine Studenten verantwortlich. Ich habe immer versucht, meinen Studenten die ganzen Stücke nahezubringen, nie einzelne Noten. Meine Studenten sollten lernen, die Noten wirklich zu lesen. Auch immer alle Stimmen, nicht nur die eigene. Wir haben viel gesprochen und einmal fragte mich eine junge Studentin: »Woher wissen Sie das alles?« Und ich habe ihr geantwortet: »Es steht alles in den Noten. Man muss es nur lesen können.« Ich habe immer zu lehren versucht, dass meine Studenten die Noten wirklich lesen können. Es gibt verschiedene Länder, in denen es so organisiert ist, dass der Schüler wie ein Soldat und der Lehrer der Offizier ist. Der Soldat bekommt Befehle vom Offizier und muss genau das machen, was der Offizier, der Lehrer gesagt hat. Bei Dirigenten sieht man oft, dass er sagt: »Gucken Sie auf meinen Schlag und machen Sie nichts anderes, ich zeige alles.« So ist es mancherorts auch beim Unterrichten. Aber es gibt auch andere Möglichkeiten. Bei mir war es sicherlich genau das Gegenteil.

Es ist eine Binsenweisheit, aber gerade in der Kammermusik muss die Zusammenarbeit auf Augenhöhe sein, anders, als wenn man solistisch spielt. Auch wenn der Primarius im Quartett oder der Pianist im Klaviertrio sicher »Primus inter pares« ist.

Aber das ändert sich ja. Beim Sandor Vegh Quartett durften die anderen nichts machen, außer dem, was er wollte. So war seine Persönlichkeit und früher war es vielleicht auch so, dass der Primarius viel Macht hatte. Aber ich habe auch Situationen in der Kammermusik erlebt, in denen niemand sich traute, etwas zu sagen, da er die anderen nicht verletzen wollte. Das finde ich auch nicht gut. Das ist nicht hilfreich. Es muss doch ein konstruktives Zusammenarbeiten sein, bei dem jeder seine Persönlichkeit einbringt. Es ist allerdings schwierig, wenn man sich die Köpfe einschlägt. Es ist wie im Leben. Man muss tolerant sein miteinander.

Eine andere Situation, als wenn Sie als Solist ganz im Zentrum der Beachtung stehen.
Ja. Ich bin immer überrascht gewesen, wenn die Leute anfingen, ein Quartett auseinanderzunehmen: Der Cellist war so gut oder der Bratscher hat einen so tollen Ton. Dafür sind die Musiker eigentlich nicht gekommen. Man muss eine Gesamtheit bilden. Wenn einer aus einem Quartett so sehr herausragt, ist es schade. Denn es geht um das ganze Stück. Oder wenn das Publikum so naiv ist und sich nur einen Liebling heraussucht und nur auf den einen hört. Da hat mancher das Stück nicht verstanden – oder auch das ganze Leben nicht verstanden. Aber es geht auch anders herum. Dass man probt und probt und beim Konzert öffnet dann jeder seine Kiste. Das gibt es auch. Ich gehöre nicht dazu.

Welche Bedeutung bei der Beurteilung eines Komponisten spielt die Cello-Kammermusik für Sie? Es gibt so viel auch teils sehr wenig gespielte Literatur.
Oh ja, es gibt so viele Stücke und ich versuche, sehr vieles zu spielen. Wir haben … Entschuldigung … (lacht, steht auf und geht wieder in das Nebenzimmer und kommt mit einer weiteren CD zurück). Das spielt niemand. Niemand. Es gibt so viele Stücke, die ich noch nicht gespielt habe in meinem hohen Alter. Ich spiele so viele Trios im Moment; unbekannte und bekannte. Das Wichtigste ist das Proben, wichtiger als das Ergebnis. Und, dass man die Musik liebt. Es ist so herrlich zu erleben, wie die Musik wieder aufersteht. Die Musik existiert ja nicht, es sind nur Noten auf Papier. Und dann lebt sie so, wie wir sie spielen. Und wir wollen sie so spielen, dass es glaubwürdig ist; nahe an dem, wie der Komponist es wollte und nahe an dem, welche Vorstellung man vom Leben und der Musik hat. Und wenn man eine Aufnahme macht, erfreut diese dann vielleicht auch die Menschen. Aber für mich ist die Sache dann beendet. Das interessiert mich dann nicht mehr. Mich interessiert der Prozess des Entstehens. Wir haben so vieles erarbeitet und ich will nichts missen.

Kommen wir noch einmal zum Anfang unseres Gesprächs, zu Ihrer Zeit am Moskauer Konservatorium, wo Sie ja auch Ihre Frau durch die Kammermusik kennengelernt haben. Sie haben sehr viel gemeinsam konzertiert und auch Schallplatten aufgenommen. Ist das Zusammenspiel mit einem Menschen, den man so sehr gut kennt und liebt ein noch anderes, als mit allen anderen Menschen?

Absolut. Es ist absolut anders. Wenn man zusammenspielt, muss man sich ohnehin auf den anderen einstellen. Der Unterschied ist, dass man bei einem Menschen, den man so sehr gut kennt, manchmal nicht viel ändern kann. Bei den anderen, denen man auch nah ist, gibt es die Möglichkeit, etwas zu besprechen, zu versuchen, auszuprobieren. Und bei all diesen Proben wächst man zusammen. Dann kommen immer neue Varianten. Die Musik klingt ja immer nur ein Mal. Bei jeder Probe und bei jedem Konzert ist es anders und man staunt manchmal, wie etwas gelungen ist, da man es ja im Vorhinein nie sicher weiß. Man kann es manchmal nicht erklären. Man kann immer mehr proben. Aber man kann sich auch totarbeiten. Dann stimmt alles und niemand will das hören, weil es nicht mehr lebt. Insofern muss man, wenn man mit einem sehr nahen Menschen spielt, aufpassen, dass es nicht zu so einem Moment kommt. Also sagt man manchmal: »Ach, das machen wir nachher im Konzert« und dann steht man mal auf der Bühne und sagt sich: »Ach, hätten wir das doch lieber vorher durchgespielt.« (lacht)

Zum Schluss eine Frage zu Ihrem verehrten Lehrer Mstislaw Rostropowitsch. Vor vielen Jahren fragte ich ihn, wann er denn mal wieder Kammermusik spiele. Er antwortete sinngemäß, diese Phase liege hinter ihm und wenn er sich z.B. den letzten Satz der e-Moll Sonate von Brahms vorstelle, diesen ewigen, vergeblichen Kampf gegen das zu laute Klavier; dazu habe er keine Lust mehr. Können Sie sich das für sich selbst auch vorstellen?
Es gibt immer mal wieder Situationen, in denen man sagt: »Das habe ich nicht nötig.« Aber das bezieht sich nicht auf eine bestimmte Form der Musik. Das kann ich mir bei mir nicht vorstellen. Ich werde allerdings nicht sagen: »Ich muss jetzt unbedingt Quartett spielen.« Quartett ist eine ganz andere Sache. Aber Trio spiele ich sehr, sehr gern. Da gibt es diese große solistische Freiheit und die Aufgabe, mit anderen zusammen zu spielen und ein Ganzes zu bilden. Und so habe ich jetzt sogar mehrere Trio-Formationen. In Litauen spiele ich mit einer sehr jungen Geigerin von 33 oder 34 Jahren zusammen und der Pianist ist 60, also auch deutlich jünger als ich. Aber das spielt keine Rolle. In dem Moment muss ich ja überleben und muss auch jung sein. Dann sehe ich die anderen und das hält mich auch jung.

Haben Sie nach Jahrzehnten des Musikerlebens Lieblingsmusiken?
Nun ja, nicht, dass ich sie habe, aber es gibt einige Stücke, die ich immer wieder spiele. Die hat jeder Künstler. Auch in der Kammermusik. Man weiß, dass ich mit Anatolijus Šenderovas sehr eng befreundet war, – jetzt muss ich wieder weg (steht auf und geht noch einmal in das Nebenzimmer und holt einige CDs). Was ich alles in den letzten Jahren gemacht habe ... Kompositionen von Anatolijus Šenderovas spiele ich immer wieder sehr gern.

MISCHA MAISKY *IM GESPRÄCH*

»ES DARF NIE FAKE SEIN!«
VOM LEBEN UND LEBEN LASSEN

LUDWIG HARTMANN: *Herr Maisky, Sie sind seit Jahrzehnten auf den großen und kleinen Bühnen in aller Welt unterwegs. Welche Rolle spielt in Ihrem Musikerleben die Kammermusik?*
MISCHA MAISKY: Oh, sie spielt eine sehr wichtige Rolle, obwohl sie im Grunde nicht wirklich mein Beruf ist. Hobby wäre auch falsch, nein, es ist meine Passion. Hauptsächlich spiele ich als Solist mit Orchester und Solo-Rezitals mit Klavier. Aber die Kammermusik war seit eh und je eine besondere Freude. Zum einen gibt es so sehr viel unglaubliche Musik für Trio, Quartett und Quintett, zum anderen kann ich mir die Bühne mit großartigen Musikerinnen und Musikern teilen. Das gibt mir eine sehr große Inspiration, Energie und neue Ideen. Kammermusik macht mich sehr glücklich. Schon am Moskauer Konservatorium habe ich mit hervorragenden Musikern gespielt: Mit Radu Lupu alle Werke für Klavier und Violoncello von Beethoven. Trio habe ich mit Oleg Kagan und Elisabeth Leonskaja gespielt. Und dann im Westen ... Seit 46 Jahren spiele ich mit Martha Argerich und mit so vielen anderen. Alle aufzuzählen, würde zu lange dauern. Jetzt spiele ich schon seit Jahren mit meinem Familientrio, mit meinen Kindern Lily und Sascha. Das war immer mein Traum.

Mögen Sie erklären, inwiefern Sie die Kammermusik nicht als Ihren Beruf empfinden? Ist sie nicht ein Teil Ihres Berufes?
Natürlich ist es die Kammermusik auch. Ich liebe es einfach, Musik zu machen. Natürlich muss ich Geld verdienen mit Musik, aber für mich ist die Musik mein Leben. Und ich möchte, wenn ich auf der Bühne bin, nicht nur die Ohren des Publikums erreichen, sondern das Herz. Mit jeder Musik.

Worin unterscheidet es sich für Sie, die Herzen der Menschen mit Kammermusik oder als Solist mit Orchester zu erreichen?

Es ist unterschiedlich und doch auch gleich. Es darf nie Fake sein. Alle Musik muss mit Liebe gespielt werden. So muss für mich jeweils die Musik, die ich gerade spiele, mein Lieblingsstück sein. Ich spiele nie, nur um Geld zu verdienen.

Wie wichtig ist es für Sie, dass Sie und Ihre Mitspieler gegenseitig auch die Herzen erreichen?
Sehr wichtig. Mein Spiel ändert sich sehr, je nach dem, mit wem ich spiele.

Oft ist von der Suche nach der Wahrheit in der Musik die Rede. Würden Sie sagen, dass es diese eine Wahrheit gibt oder verändert sich diese im Laufe eines langen Musikerlebens?
Natürlich ist man immer auf der Suche nach der Wahrheit. Aber die Leute, die zu wissen meinen, was die Wahrheit ist, sind sehr gefährlich. Nicht nur in der Musik. In der Musik beispielsweise kann es so verschiedene Wahrheiten geben. Vielleicht gibt es für mich eine Wahrheit und Sie empfinden es ganz anders. Es ist doch schön, dass es so viele Möglichkeiten gibt, die gleiche Musik zu spielen. Wenn es diese einzige Wahrheit gäbe, so könnte man heutzutage vielleicht mit einem Computerprogramm diese eine Wahrheit einspielen. Zum Glück hat so etwas bisher noch niemand versucht.

... und die Musik wäre dann vermutlich tot.
Ja, genau. Für mich war Musik immer sehr lebendig und daher ändert sie sich auch fortwährend. Auch wenn ich die Bach Suiten spiele. Das gleiche Stück auf dem gleichen Instrument. Es ändert sich immer. Deshalb bin ich auch nicht mit der Einstellung einverstanden, man müsse Bach heute spielen, wie man es vermutlich vor 300 Jahren getan hat. Bach war seiner Zeit so weit voraus. Und ich bin überzeugt: Wenn er zum Beispiel schon den modernen Tourte-Bogen gekannt hätte, hätte er ihn als Erster probiert. Ich denke, es ist gegen seine Mentalität, sich wie vor 300 Jahren zu verhalten. Aber vielleicht liege ich falsch. Ich habe Bach nie getroffen. Niemand kann ihn fragen.

Und es ist vielleicht ein Glück, dass es kein einfaches »richtig« und »falsch« gibt, sondern verschiedene Möglichkeiten.
Ja, genau, genau! Absolut. Genau, wie Sie sagen. Ich habe zu Hause mehr als 50, vielleicht 55 verschiedene Aufnahmen der Cellosuiten von Bach. Ich habe sie alle gehört. Und es ist so interessant, wie unterschiedlich sie sind. Manchmal kann man kaum glauben, dass es die gleiche Musik ist. Ich finde das ganz phantastisch. Ich bin nicht mit allem einverstanden. Aber ich habe so viel gelernt. Wie sagt man? Leben und leben lassen.

Herr Maisky, wenn Sie so klar sagen, Menschen, die meinen, die eine Wahrheit zu kennen, seien sehr gefährlich – und da stimme ich Ihnen 100%ig zu –, denken Sie da

Mischa Maisky und zwei seiner Kinder: der Geiger Sascha Maisky (links) und die Pianistin Lily Maisky (Mitte)

auch an Ihre eigenen Erfahrungen, als solche Menschen Sie, als Sie um die 20 Jahre alt waren, in ein Arbeitslager gesteckt haben?
Ja, natürlich. Und das ist nicht nur meine persönliche Erfahrung. Ich habe die ersten 25 Jahre meines Lebens in der Sowjetunion gelebt und da galt das Motto: »Wer nicht für uns ist, ist gegen uns.« Du wurdest eliminiert. Eine unglaublich gefährliche Mentalität. Das war der wichtigste Grund, warum ich dieses wunderschöne Land verlassen musste.

Eine Frage zu Ihren beiden so besonderen Lehrern. Haben Sie von Gregor Piatigorsky und Mstislaw Rostropowitsch bezüglich der Kammermusik Besonderes gelernt?
Ja natürlich, obwohl die Kammermusik in den Stunden kaum eine Rolle spielte. Da ging es eher um das große Cello-Repertoire. Aber wissen Sie: Meine beiden großen Lehrer waren keine Cello-Lehrer. Wir haben fast nie über das Cellospiel gesprochen. Es ging immer um die Musik. Aus verschiedensten Richtungen. Wie man spielt, war nie so wichtig. Das Wichtigste war das Resultat. Wichtig war die Frage: Was wollte der Komponist mit der Musik sagen? Wir sollten ein klares Bild bekommen, wohin man musikalisch gehen wollte. Das Ziel war die Musik und nicht das Instrument. Nie umgekehrt. Leider ist es oft umgekehrt, wenn auch nicht unbedingt absichtlich. Heute gibt es so viele hervorragende junge Musiker. Die sind perfekt. Phantastisch.

Unglaublich. Und bei den Wettbewerben denken die jungen Leute manchmal, um Erfolg zu haben, müssten sie noch mehr üben, noch schneller, noch lauter, noch sauberer spielen. Die Musik kommt da manchmal erst an zweiter Stelle. Da benutzt man die Musik um zu zeigen, wie gut man spielen kann. Und das ist ganz falsch. Wir müssen die Technik nutzen, um die Musik zu erreichen. Da liegt für mich der Unterschied zwischen sehr guten Instrumentalisten und großartigen Künstlern.

Wie Sie über Ihren Unterricht bei Piatigorsky und Rostropowitsch sprechen, mit Gesprächen über die Musik, über die Kunst und wahrscheinlich auch über die großen Weltprobleme – darf ich daraus schließen, dass Sie ähnlich gute Lehrer in David Oistrach oder Emil Gilels hätten haben können? Also großartige Musiker, mit denen Sie aber nicht über spezielle Fragen der Cellotechnik hätten sprechen können?
Ja, absolut. Und deshalb waren in den Klassen von Rostropowitsch und auch bei Piatigorsky in Kalifornien nicht nur Cellisten. Ich habe von 1966 bis 1970 in Moskau studiert und es ist eigentlich unglaublich und ich kann es selbst kaum noch glauben, aber ich habe nicht nur bei Schostakowitsch studiert, sondern traf praktisch jeden Tag im Konservatorium Oistrach, Kogan, Gilels, Richter und viele andere. Es war unglaublich und wir konnten immer Konzerte hören und dabei sehr viel lernen. Ich unterrichte nicht. Ich habe auch keine Zeit und möchte eher weniger machen und mich auf Weniges konzentrieren. Außerdem habe ich sechs Kinder. Manchmal kommen junge Cellisten nach Konzerten zu mir und fragen, ob ich sie nicht unterrichten könne. Denen sage ich: Das habe ich gerade getan. Ich kann es nur durch mein Spielen, durch meine Konzerte zeigen; meine Erfahrungen und alles, was ich weiß. Das ist eine andere Art von Unterricht.

Ich möchte noch einmal auf Dmitri Schostakowitsch kommen. Sein Leben war von der ständigen Bedrohung geprägt, mit dem Regime in Konflikt zu kommen, in der Stalin-Zeit letztlich eventuell sogar ermordet zu werden. Sie haben Erfahrungen im Straflager gemacht. Ich habe den Eindruck gehabt, als ich Sie einmal mit dem ersten Schostakowitsch-Konzert gehört habe, dass da bei Ihnen noch etwas ganz anderes mitspielte; weit mehr, als in den Noten steht. Würden Sie sagen, dass Ihnen die Musik und die Person Schostakowitsch – auch in der Erfahrung der latenten Bedrohung – ganz besonders nahe stehen?
Absolut. Die Musik ist meiner Seele und meinem Herzen sehr nah. Aber ich habe keine Lieblingsmusik und ich bin kein Spezialist für russische Musik oder französische, deutsche oder andere. Wenn ich Bach spiele, fühle ich mich der Musik so nah wie Schostakowitsch. Oder auch bei Don Quixote von Richard Strauss; vielleicht ist das mein Lieblingsstück. Aber es gibt eben so viel andere Musik, die mir nahegeht: Schubert, Brahms und und und ... Und Barockmusik. Wunderbar zu spielen. Aber wenn man sagt, Bach sei ein Barockkomponist ... Entschuldigung, aber Bach war so viel mehr. Man kann

Mischa Maisky und Martha Argerich

diesen Größen kein Etikett anheften. Wenn mir Leute sagen, ich würde Bach zu romantisch spielen, ist das für mich ein Kompliment. Wie auch Otto Klemperer schon sagte: Bach hat nicht nur unglaublich große Musik geschrieben, er hat auch 20 Kinder gehabt. Am Ende seines Lebens kam jemand zu Klemperer und sagte zu ihm: Wissen Sie, Maestro, ich habe herausgefunden, dass Bach ohne Vibrato gespielt werden muss. Und Klemperer staunte: Aha?!? 20 Kinder und kein Vibrato?

Sie spielen in diesem Jahr Klaviertrio mit Martha Argerich und Gidon Kremer. Kremer sagte mir einmal in einem längeren Gespräch, er kenne keine lustige Musik. Stimmen Sie dem zu?
Die Frage ist, was das bedeutet. Es gibt sicher auch lustige Musik, aber auch bei lustiger Musik ist es immer viel mehr als das. Wie Casals über Bach gesagt hat: Große Musik hat immer viel mehr Dimensionen. Es ist ja wie bei einem Witz. Jeder gute Witz ist doch auch ernst. Witze zu erzählen, ist eine ganz ernste Sache (lacht), wenn Sie verstehen, was ich meine.

Noch eine Frage in Erinnerung an ein Gespräch mit Mstislaw Rostropowitsch. Ich fragte ihn, wann er denn wieder Kammermusik spielen würde, vielleicht einen Sonatenabend. Da sang er den Anfang des Schlusssatzes aus der e-Moll Sonate von Brahms

und sagte, er wolle das nicht mehr. Es sei so viel Arbeit, so viel Kampf und man habe keine Chance gegen das Klavier. Das sei für ihn vorbei. Können Sie sich das auch für sich vorstellen?
Das liegt am Pianisten. Aber natürlich gibt es solche Stücke. Auch im Dvořák-Konzert gibt es Passagen, in denen man Schwierigkeiten hat mit der Balance. Aber ich liebe Brahms, ich liebe jede Note, die Brahms geschrieben hat. Und ich konnte nie verstehen, warum manche Komponisten wie Tschaikowsky oder Prokofjew Brahms gehasst haben. Ich werde die e-Moll Sonate immer spielen. Auch wenn es im Schlusssatz manchmal Probleme mit der Balance geben kann. Hier bin ich nicht einverstanden mit meinem großen Lehrer.

Und so werden Sie ewig auch weiterhin Kammermusik in Ihrem Repertoire haben und weiter Kammermusik spielen.
(lacht) Naja, ewig ist ein bisschen zu optimistisch, obwohl ich hoffe, in meinem Leben noch viel Zeit zu haben. Aber so lange ich noch gut genug Cello spielen kann ... Ich hoffe, dass ich merken werde, wann ich aufhören muss. Aber man kann auf das Repertoire achten. Ich bin jetzt 74 Jahre alt und es gibt Repertoire, das ich nicht mehr spiele. Aber solange ich spiele, soll jedes Konzert das wichtigste Konzert in meinem Leben sein. Oder auch das letzte. Man kann nie wissen.

CLEMENS TRAUTMANN *IM GESPRÄCH*

DIE RELEVANZ DER KAMMERMUSIK

VON STREAMING UND ZEIT-HORIZONTEN

Ludwig Hartmann: *Clemens, bekommst Du als Präsident der Deutschen Grammophon Gesellschaft – trotz Deines Hintergrundes als Klarinettist und Kammermusiker – beim Wort »Kammermusik« leichtes Magengrummeln, da sie sich mutmaßlich nicht überragend verkauft?*
Clemens Trautmann: Nein, überhaupt nicht, ich bekomme da erst einmal ganz warme Gefühle, nicht zuletzt, weil ich ja selbst ein passionierter Kammermusiker bin. 98 Prozent der Konzerte, die ich selbst geben durfte, habe ich als Kammermusiker gegeben; mit verschiedenen Streichquartetten und meinem Klavierduopartner Cornelius Meister. Aber auch meine aktuelle berufliche Perspektive auf die Kammermusik ist sehr positiv. Es gibt wohl kein anderes Format, bei dem es so unmittelbare und faszinierende künstlerische Begegnungen gibt wie in der Kammermusik. Nehmen wir nur die Produktion des Forellenquintetts mit Daniel Barenboim, Jacqueline du Pré, Zubin Mehta, Itzhak Perlman und Pinchas Zukerman, wo sich Legenden begegnen und das auch auf Tonträger dokumentiert wird. Aufnahmen von Kammermusik bieten spannende, manchmal sogar intime künstlerische Einblicke, legen die musikalische Philosophie jedes Partners offen. Sicher sind sie gemacht für eine bestimmte Klientel von Kennern, aber so klein ist die nicht. Und es gibt ja viele weitere legendäre Konstellationen. Zum Beispiel Martha Argerich mit Gidon Kremer und Mischa Maisky. Oder in jüngerer Zeit Daniil Trifonov mit Anne-Sophie Mutter.

Und dennoch musst Du ja auch an die Zahlen denken. Wie gut verkauft sich denn die Kammermusik?
Im Vergleich mit Orchesteraufnahmen – mit und ohne Solisten – und mit Vokalproduktionen tut sich die Kammermusik sicherlich etwas schwerer, sie bleibt ein exklusives oder mitunter gar elitäres Genre. Es sind eben die absoluten Liebhaber und Kenner, die zur Kammermusik greifen. Aber diese Gruppe ist durchaus nicht weit abgeschlagen und die Kammermusik ist auf jeden Fall

ein relevantes Feld, auf dem wir bei der Deutschen Grammophon nach wie vor gern und intensiv produzieren.

Kannst Du sagen, wie die Zahlen im Extremen sein können bei einem erfolgreichen Kammermusik-Album und einem extrem populären Solisten-Album?
Der Unterschied ist wahrscheinlich Faktor zwei bis drei. Es zeigt, dass die Abstände nicht gewaltig sind. Und wenn wir unseren aktuellen Aufnahme- und Veröffentlichungsplan ansehen, da gibt es dieses Jahr eine sehr schöne Produktion mit Yuja Wang, Andreas Ottensamer und Gautier Capuçon mit Werken von Brahms, das passt ja gut zu Hamburg, oder beeindruckende Liederabende mit Matthias Goerne und Daniil Trifonow sowie mit André Schuen und Daniel Heide. Dieses wichtige Repertoire pflegen wir gern, und damit bleibt auch das Genre relevant.

Welchen Einfluss kannst und willst Du nehmen als Chef der Deutschen Grammophon? Bist Du da jeweils mit im Gespräch?
Ich bin gern und aus Leidenschaft mit im Gespräch, mit den Künstlerinnen und Künstlern und mit den Kolleginnen und Kollegen, die die eigentlichen Produzenten sind, da mir die gesamte künstlerische Ausrichtung und Gestaltung des Labels sehr wichtig sind. Tatsächlich breche ich da auch immer eine Lanze für die Kammermusik – die sich aber auch zunehmend in verschiedenen Sub-Genres abspielt. Wenn man beispielsweise die Produktionen von Max Richter nimmt, der ja auch mit der Deutschen Grammophon arbeitet, werden seine Werke zu erheblichen Teilen von Kammermusik-Ensembles aufgeführt, beispielsweise »The Blue Notebooks« oder »Infra«. Von der Besetzung her sind das letztlich Streichquintette – insbesondere der vielleicht bekannteste Titel »On the Nature of Daylight« – oder Klaviersextette. Oder die Streichquartett-Projekte von Jóhann Jóhannsson, in denen sich Klassik, Filmmusik und Popkultur verbinden. Das ist auch eine Form des intimen Musizierens, die wir genauso im Programm haben wie eine Brahms- oder Beethoven-Kammermusikproduktion.

Stichwort Beethoven: Auch im Kernrepertoire gab es zuletzt sehr spannende Entwicklungen, wo wir zum Beethoven-Jahr noch einmal den Kammermusik-Katalog angeschaut und da auch sehr bewusst produziert haben. Beispielsweise einen Streichquintett-Satz, eine Rekonstruktion von Beethovens letztem musikalischen Gedanken, der bislang nur als Klavierstück vom Verleger Diabelli veröffentlicht worden war, aber von dem man weiß, dass er als Streichquintett gedacht war. Oder mit Avi Avital Werke für Mandoline und Klavier, die Beethoven ja interessanterweise auch geschrieben hat. Um die Perspektive auf sein Œuvre zu erweitern und den Katalog zu vervollständigen.

Ich möchte die Denke noch besser verstehen. Was muss erfüllt sein, damit Ihr etwas produziert? Was steht im Vordergrund? Ist es der Katalog? Ist es die Prominenz der Namen von Künstler oder Komponist? Was sind die entscheidenden Faktoren?

Das ist eine sehr gute Frage, und die Antwort wird Dich wahrscheinlich frustrieren, wenn ich sage, dass alle Deine Hypothesen gleichermaßen richtig sind. Mal ist es eine besonders faszinierende Künstlerpersönlichkeit, die sich vielleicht auch mit einem besonderen Narrativ verbindet. Oder es ist die besondere Begeisterung für ein bestimmtes Repertoire, was zu Unrecht vergessen ist und zu Recht wieder entdeckt wird. So einen Fall hatten wir beispielsweise mit den Orchesterwerken von Franz Schmidt, einer preisgekrönten Produktion mit Paavo Järvi. Oder mit Sonaten und Klaviertrios von Weinberg mit Gidon Kremer. Daniel Hope hat Kammermusik von Alfred Schnittke, der für ihn ein Vorbild und Mentor war (da ist das Narrativ!), mit großem künstlerischen Erfolg – und übrigens auch bemerkenswerten Absatzzahlen – bei uns eingespielt.

Gehen die entscheidenden Impulse von Euch oder von den Künstlern aus? Hängt es davon ab, wer der Lebendigere und Kreativere ist?
Wir pflegen einen sehr engen Dialog. Natürlich begleiten wir sehr genau, was sich in den Live-Programmen unserer Künstlerinnen und Künstler tut, ob es da spannende Konstellationen gibt oder interessantes Repertoire. Da geht der Impuls mal von der einen, mal von der anderen Seite aus. Aber selbstverständlich gibt es auch Projekte, die primär für ein Aufnahmemedium konzipiert werden. Der Pianist Víkingur Ólafsson ist ein Meister darin, kurze Einzelwerke durch monatelanges Experimentieren mit Playlists in eine so schlüssige und zugleich überraschende Folge zu bringen, dass allein schon die Albumsequenz ein kleines Kunstwerk darstellt. Das würde man im Live-Konzert so nicht notwendigerweise spielen.

Kommt es überhaupt vor, und wenn ja, wie oft, dass Ihr sagt: »Das gibt zwar mutmaßlich dicke rote Zahlen, aber wir wollen das inhaltlich machen und unbedingt produzieren«?
CT: (lacht) Offiziell gibt es natürlich keine Quersubventionierung ...

... Whitney Houston hat doch mal eine ganze Firma gerettet. Das wissen wir doch alle ...
... grundsätzlich gibt es das Bestreben, dass jedes Projekt nicht nur künstlerisch sinnvoll ist, sondern auch kaufmännisch zu rechtfertigen. Allerdings gibt es da durchaus unterschiedliche Zeit-Horizonte. So ist es gerade einmal zwei Jahre her, als ich von unserer Finanzabteilung die Information auf den Tisch bekam, dass ein groß angelegter sinfonischer Schubert-Zyklus von Claudio Abbado aus den 90er Jahren nach rund einem Vierteljahrhundert doch in den schwarzen Zahlen gelandet ist. Das ist vielleicht ein Extremfall, aber solche Fälle gibt es durchaus, wenn Künstler und Label wirklich überzeugt sind. Dann muss so ein Projekt aber einen wirklichen Katalogwert haben, es muss so ikonisch sein, dass die Leute die Aufnahme auch noch in einem Vierteljahrhundert hören wollen.

Von welchen Auflagengrößen sprechen wir?
Für uns ist es ein sinnvolles Projekt, nicht nur wirtschaftlich, sondern auch von der Relevanz in der internationalen Musikszene, wenn global fünfstellige

Stückzahlen davon abgesetzt werden. Immer wichtiger werden auch in der Klassik die Streams, die in umgerechneter Form in die Stückzahlen-Betrachtung einfließen. In den USA steht Streaming schon für mehr als drei Viertel der Klassik-Umsätze, im Vereinigten Königreich ist es rund die Hälfte, während es in Deutschland und Japan noch etwa bei einem Drittel verharrt – mit deutlich wachsender Tendenz.

Du hast eben gesagt, offiziell gebe es keine Quer-Subventionierung. Eine Doppelfrage (die man als Journalist nie stellen soll): Erstens: Kann eine Quersubventionierung nicht gerade sinnvoll sein, wenn man weiß, Projekt X holt uns das Geld schon wieder herein und zweitens: Kann es nicht gleichermaßen sinnvoll sein, wenn ein Projekt beispielsweise in den USA sehr gut läuft, aber in Europa nicht und umgekehrt? Kann Quersubventionieren nicht sinnvoll sein, um mehr Dinge umsetzen zu können?

Ich hatte es eben ja schon gesagt – ein Label wie die Deutsche Grammophon wird als Kulturinstitution wahrgenommen und ist das ja auch, zugleich handelt es sich aber um ein privatwirtschaftliches Unternehmen, das – anders als viele andere Institutionen im europäischen Musikleben – keinen einzigen Cent Subventionen erhält. Daher müssen die einzelnen Projekte wirtschaftlich sein. Die Refinanzierung von Aufnahmen ist – wie gesagt – manchmal eine Frage des Zeithorizonts, den man sich zutraut und der Kalkulation zugrunde legt. Hier ändert sich auch Einiges durch das Streaming. Anders als im CD- oder Vinyl-Verkauf, wo der Großteil im ersten Jahr abgesetzt wird und auch die Produktionskosten zeitnah wieder hereinbringt, kumulieren sich ja die Einzelstreams über Jahre und Jahrzehnte zu substanziellen Beträgen.

Der CD wird seit Jahren der Tod vorausgesagt. Sie lebt aber immer noch und Künstlerinnen und Künstler legen nach wie vor viel Wert darauf, CDs zu produzieren. Wie ist da Deine Einschätzung?

Ich glaube grundsätzlich daran, dass alle Tonträger eine Berechtigung und spezifische Vorzüge haben – auch die CD wird ihr Publikum behalten. Vielleicht ein etwas kleineres Publikum, aber auch die Vinyl wurde ja massiv totgesagt und erlebt gerade eine Renaissance, so dass Schallplatten mittlerweile in vielen internationalen Klassikmärkten schon wieder ein Zehntel des Tonträgergeschäfts ausmachen. Schon deshalb muss ich vor Unkenrufen warnen. Vielleicht ist die CD nicht mehr das absolute Faszinosum wie in den 80er und 90er Jahren, als es unglaublich schien, dass man Musik in dieser Qualität genießen konnte. Gerade auch unser Haus und nicht zuletzt Herbert von Karajan hatten ja einen erheblichen Anteil daran, die CD so zu positionieren, dass sie als Nonplusultra empfunden wurde. Es gibt ja dieses schöne Karajan-Zitat: »Alles andere ist Gaslicht« ... (lacht). Technologisch ist allerdings hochauflösendes Streaming, das auch Raumklang-Formate wie Dolby Atmos ermöglicht, inzwischen der CD weit überlegen.

Nur mit der Bildplatte lag Karajan falsch ...
Ja genau, da gab es einen Irrtum. Aber, wie gesagt, die CD hat nach wie vor qualitativ einen hohen Stellenwert für unser Genre oder auch den Jazz.

Was mir noch wichtig zu erwähnen ist, ist die Tatsache, dass das Streaming dem Genre der Kammermusik besonders nah ist.

Inwiefern hältst Du das Streaming für geeigneter als die CD?
Naja, Streaming wird häufig nicht in Gesellschaft, sondern mit Kopfhörer konsumiert, ähnlich wie bei Podcasts. Beides ist abgeleitet vom Radio. Man lässt sich in der Regel länger und mit großer Konzentration auf diese eine Sache ein. Gestreamte Kammermusik, gehört mit In-Ear-Kopfhörern, kann ein hervorragendes Hörerlebnis sein. Und, um noch etwas Optimistisches hinzuzufügen: Die Kammermusik – insbesondere Klavierrepertoire – wächst in diesem Medium zu Lasten von Sinfonik und Oper, die eben keine so intimen Genres sind. Es gibt ja dieses faszinierende Dogma von Marshall McLuhan, wonach das Medium die Botschaft bestimme (oder diese sogar sei). Genau das kann man hier beobachten.

Und damit lässt sich auch eine Brücke zu den ganz frühen direkten Aufnahmen schlagen, die ebenfalls durch das Medium der Schellackplatte und die Technologie des Grammophons bestimmt waren. Davon haben wir viele in jüngster Zeit digitalisiert, und darunter ist ganz wunderbare Kammermusik etwa mit Fritz Kreisler, Elly Ney, Alfred Grünfeld oder Georg Kulenkampff. Für die ganz frühen Aufnahmen war die Kammermusik auch ideal, weil komplexe Klangbilder technologisch gar nicht eingefangen werden konnten. Man hat ja die Bilder vor Augen, wo sich die Interpreten alle um den kleinen Trichter versammelten und möglichst direkt in die Apparatur hineinspielten.

Als ich vor gut 10 Jahren vor der Frage stand, ob ich den Vorsitz der Hamburger Kammermusikfreunde übernehmen würde, wurde ich von mehreren durchaus gutmeinenden Menschen gewarnt, die meinten: »Mach das nicht, das ist ein todgeweihtes Kind!« Zum Glück ist das Gegenteil eingetroffen. Hast Du auch derartige Bedenken oder bist Du ebenso hemmungslos optimistisch, was den Musikmarkt angeht, wie ich es bei der Kammermusik war?
Ich bin da sehr optimistisch, und wir haben allen Anlass zur Zuversicht. Auch weil wir sehen, dass es Märkte gibt wie die USA, Skandinavien oder England, wo das Streaming die Rückgänge der letzten Jahre kompensiert oder teils auch überkompensiert hat. Gerade in der klassischen Musik und auch in der Kammermusik. Und da hat die Pandemie durchaus geholfen. Streaming-Dienste bauen auch Einstiegshemmnisse ab, weil Klassik gleichberechtigt mit anderen Genres präsentiert wird und durch das Monatsabo jedes beliebige Experimentieren mit bisher unbekannten Künstlern und Werken schon abgegolten ist. Das ermöglicht auch breiteren Kreisen den Einstieg in die klassische Musik und schafft ein neues Publikum, das klassische Kammermusik kennen und lieben lernt.

Ein Quartett wie das Leben
Das Quatuor Ébène zündet am dritten Abend seines Beethoven-Zyklus zwei der erschütternden Spätwerke

Die ukrainische Nationalhymne in der Elbphilharmonie
Mit diesen Klängen und einer Schweigeminute sendet das Kammermusikfest eine Solidaritätsbotschaft. Ein Konzert, das Trost spendet

Streichquartett aus Dänemark wie Popstars bejubelt
Ob Volksmusik oder Werke von Haydn und Brahms: Dieses Hamburg-Debüt war ein Hit

HAMBURG :: Die Hamburger Kammermusikfreunde sind eigentlich nicht unbedingt für ihren jugendlichen mut bekannt. Doch das Dan Quartet feierten sie schon zur dem Jubelpegel eines Popkon Wunder bei einem so hinreiß tritt, der Musizierlust und schen Ernst vereinte.

Die vier Skandinavier - b mäßig blond und mehrheitlic nutzen die wohnzimmerha Aku

Würdiges Finale für Freunde der Kammermusik
Das spanische Cuarteto Casals brillierte in der Laeiszhalle mit Haydn, Purcell und Bartók

HAMBURG :: Joseph Haydn war ei kompositorischer Fuchs, auch wenn e

Belcea Quartet und Quatuor Ébène trotzen der Pandemie
Triumphaler Abend in der Laeiszhalle unter besonderen Umständen

Menahem Pressler verschenkt zum Geburtstag Musik

Kammermusik-Freunde ehren den Begründer des Beaux Arts Trios zum 90. mit Konzerten

HAMBURG :: Manchmal muss man maßlos wünschen. Kann Menahem Pressler, dieser ganz besonders einzigartige Mensch und Musiker, bitte nicht nur in vier Wochen 90 Jahre alt werden, sondern noch viele Jahre, nein, Jahrzehnte weiterhin bei bester Gesundheit seine unvergleichliche Kunst ausüben? Es gibt doch sonst auf Gottes weitem Erdenrund schlicht und ergreifend nie

Ein Streichquartett und seine Suche nach der Ideallinie
Das Artemis Quartett spielte Beethoven, Bartók und Schumann in der Laeiszhalle

Am Wahlsonntag durfte das Publikum die Stücke auswählen

HAMBURG :: Ob's zum Konzept gelagen zum 4. Kammermusikfreunde ist mitri Schostakowitsch abtitelt mit dem Namen Fein. Und da die Matinee an im Großen Saal der Elbunter dem Motto "Mehr agen" die Stückauswahl in Publikums legt, wittert Ludwig Hartmann erst a Wahlbetrug.

Die „Cellistin von Auschwitz" im Konzertgespräch

Anita Lasker-Wallfisch überlebte das KZ nur, weil dort eine Cellistin gebraucht wurde

ILJA STEPHAN

HAMBURG :: Die Hambur Vereinigung von Freunden der mermusik hat derzeit einen Lau einem sehr beachtlichen Mini-F rund um große Pianisten als L gleiter stand vergangenen Freit nächste besondere Konzertproje

Kammermusik als moralische Instanz

Weltstars der Klassik in intimer Atmosphäre erleben
Die Kammermusikfreunde starten mit Daniel Hope in die Saison

Frisch verliebt in die Akustik des Großen Saals
Die Lange Nacht der Kammermusik war ein überwältigender Erfolg

Das Zehetmair Quartett zelebriert Kammermusik

HAMBURG :: Schon im Februa 1977, als der Salzburger Geiger Thom Zehetmair als Gast der Oscar und Ve Ritter-Stiftung im Alter von 15 Jahre sein Hamburg-Debüt gab, spielte er d ganzen Abend über auswendig. Do

Die Faszination der Entdeckung lang vergessener Noten

Das Quatuor Danel brillierte mit Mieczyslaw Weinbergs Musik in der Elbphilharmonie

MARCUS STÄBLER

HAMBURG :: „Eine Sternstunde. Was für ein Glück, dass ich hergekommen bin!" So schwärmte eine Besucherin nach dem ersten von fünf Konzerten des Weinberg-Wochenendes. Sie ist Tonmeisterin von Beruf und mit der ganzen Bandbreite der klassischen Musik per

Freunde der Kammermusik feiern Geburtstag

Zum Fest kommt das Emerson Quartet, die Brahms-Medaille kommt von der Stadt

HAMBURG :: Im Wort Amateur schwingt oft etwas Herablassung mit. Doch was ist wichtiger als die Liebe in allem, was man tut? Wenn etwa Menschen sich (mit einer kriegsbedingten Unterbrechung) schon seit 90 Jahren in Hamburg nur aus Liebe zum Gegenstand erfolgreich darum bemühen, erst-

Besser geht's nicht: Quatuor Ébène mit Beethoven-Zyklus

Beethovens „Harfenquar eginnt mit einer weichen odie fällt nach unten, und wieder aufwärtsbewegt. Dann wiederholt sich ur dass der Erste Geiger wenig höher platziert is al. Das hat einen Grund: biegt in eine andere Richn Ton hat beim zweiten Funktion im Gewebe. Tonhöhe ist etwas Relahohen Kunst des En-Man soll mit Superlativen gehen, aber was das fran- Ébène im Kleinen Saal

Freunde der Kammermusik mit starkem Programm

THORSTEN GILLERT

DER GESCHMACK DER MUSIK

VON HEBRIDEN UND ROSENAROMA

»Das hat gut geschmeckt«, habe ich als Kind manchmal nach dem Gottesdienst zu meinem Vater gesagt. Er war Pastor einer Gemeinde in Schleswig-Holstein, und ich mochte die Sonntage, die vom kleinen Instrumental-Kreis mitgestaltet wurden, besonders gerne. Dass das »gut geschmeckt« mehr war als eine kindlich-ungeschickte Formulierung, habe ich erst viel später in meinem Leben begriffen.

Es geht in diesem Text um Essen und Geschmack. Geschmack als sinnlich-sensorische Empfindung, nicht als subjektives Werturteil. Und Essen nicht als Synonym für Nahrungsmittel – das Material zum Kochen –, sondern Essen im Sinn von Speise oder Gericht.

Was ist Musik? Musik ist der Definition von Wikipedia zufolge eine Kunstgattung, deren Werke aus organisierten Schallereignissen bestehen, deren Sinn und Zweck das Hervorrufen einer ästhetischen Empfindung ist. Zu ihrer Erzeugung wird akustisches Material, wie Töne, Klänge und Geräusche, innerhalb des für Menschen hörbaren Bereichs geordnet.

Was ist Essen? Essen ist eine Erscheinungsform menschlicher Produktion, deren Werke aus organisierten Nahrungsmitteln bestehen, deren Sinn und Zweck das Hervorrufen einer sinnlichen Empfindung und einer Befriedigung eines Grundbedürfnisses ist. Zur Herstellung werden Komponenten wie pflanzliche und tierische Produkte, innerhalb des für den Menschen genießbaren Bereichs, benutzt und zubereitet.

Aus meiner Sicht besteht nämlich eine Analogie zwischen Musik und Essen. Die Musik setzt sich aus Tönen zusammen, und schon durch den Einsatz einfacher Mittel, etwa von Klangstäben, entsteht Musik. Die Kombination zu Harmonien, der Einsatz von Klang und Rhythmus lässt komplexe Stücke entstehen. Die Vielfalt ist unendlich.

Das gibt es auch beim Essen. Aus den vier Grundgeschmäckern süß, sauer, salzig und bitter entsteht ein Geschmack, und dazu kommt eine Menge an

Aromen. So entstehen komplexe Zusammenstellungen. Weitere Parameter, die die Komposition beeinflussen, sind Konsistenz, Temperatur oder Präsentation.

Zum Kochen als Beruf bin ich durch Zufall gekommen. Ich studierte in Hamburg und arbeitete nebenbei als Kellner in einem Restaurant. Eine Köchin bemerkte, dass ich mich für alles in der Küche interessierte, und vermittelte mir ein Praktikum in ihrem Lehrbetrieb. Nach zwei Tagen in der Küche wusste ich, das ist es, was ich machen will, und unterschrieb einen Ausbildungsvertrag.

Der Beruf bietet die Möglichkeit, auf der ganzen Welt zu arbeiten, und ich habe dies nach meiner Gesellenprüfung ausgiebig genutzt. Dabei lernte ich neue Kochtechniken kennen, mir unbekannte Zutaten und fremde Geschmackswelten. In Japan sagt man: Beim Kochen geht es nicht um Geschmack und Form, es geht darum, eine ganze Welt zu erschaffen.

Dieser Satz passt beinahe noch besser zur Musik. Bevor man in der Lage ist, Musik zu machen und zu verstehen, muss man lernen. Hören und auch Spielen entwickeln sich mit der Erfahrung weiter. Das gilt auch für das Kochen. Auch wenn Musik spielen oder komponieren ungleich schwerer ist als kochen, gibt es ganz viele Parallelen, etwa die überragende Bedeutung des Handwerks (und des Übens ...). Beides, Musik machen und kochen, ist oft nur im Team möglich. Als Küchenchef einer großen Küche fühlt man sich ein wenig wie ein Dirigent. Und was das Ergebnis betrifft, denke ich an den Einfluss der Harmonien, die Wirkung von Details, die Art der Präsentation und die Fähigkeit, Wohlbefinden, ja Glück auszulösen. Musik ist genauso wie Geschmack flüchtig, aber der Eindruck, den sie und er hinterlassen, bleibt. Und beim Essen zudem die Kalorien ...

In meinem Elternhaus wurde Musik gehört und gespielt. Meine Eltern hatten eine Vorliebe für die Komponisten des Barocks, allen voran Johann Sebastian Bach. Ich lernte früh Geige und erreichte – dank guter Lehrer – recht schnell ein hohes Niveau, so dass ich in einigen Ensembles und Orchestern mitspielen konnte. Die aktive und passive Beschäftigung mit Musik gehört seit jungen Jahren zu meinem Alltag. Und irgendwann gab es dann einen Moment, wo ich die Verbindung zwischen meiner Leidenschaft für Musik und meinem Beruf bemerkte.

In meinem damaligen Restaurant Artisan schrieb ich alle zwei Wochen ein neues Menü. Als Dessert hatte ich mir dieses Mal eine Komposition aus Birne, Safran und Lakritz überlegt. Das Gericht war auf der Karte und wurde jeden Tag serviert. Eines Abends hörte ich im Radio den »Bolero« von Ravel – und spürte sofort den Geschmack des Desserts auf der Zunge. Hatte ich nicht auch während des Nachdenkens über das Menü die französischen Impressionisten gehört? Und lief nicht sogar der »Bolero«, als mir die Idee zur Kombination von Birne, Safran und Lakritz kam? Anscheinend schmeckt Ravels Tanz für mich so. Ich hatte entdeckt, dass ich Synästhetiker bin.

Synästhesie bedeutet, dass, wenn ein Sinnesorgan einen Reiz empfängt, auch ein anderes den Reiz empfindet. Bekanntes Beispiel ist das – imaginäre – Sehen von Farben beim Hören von Tönen. Meine Wahrnehmung lässt mich beim Hören von Musik einen mehr oder weniger eindeutigen Geschmack empfinden. Man geht davon aus, dass synästhetische Fähigkeiten zum Teil angeboren und genetisch bedingt sind, zum Teil aber auch erworben werden. Das ist bei mir bestimmt der Fall, da ich erst mit der intensiven Beschäftigung mit der Welt der Geschmäcker im Laufe meiner Laufbahn als Koch diese Empfindung zu benennen und einzuordnen wusste.

Ich entwickle Speisen oft nicht aus den Produkten, sondern gehe meist von einem konkreten Geschmack aus. Dann überlege, ich welche Produkte, Aromen, Techniken ich einsetze, um das Ergebnis zu erzielen. Ich denke intensiv über die handwerkliche Umsetzung nach. Wenn das Gericht entsteht, muss ich es nur noch an meinem Plan messen. So weiß ich auch immer genau, was noch fehlt – schließlich ist der Ziel-Geschmack ja schon definiert. Ich habe lange Jahre gebraucht, um das Handwerk und die Erfahrung zu erlangen, so arbeiten zu können. Die Inspirationen für die Geschmacksideen kommen aus unterschiedlichen Quellen; Musik ist eine ganz wichtige.

2014 war ich Küchenchef auf der MS Europa. Eine Reise im Frühjahr trug den Titel »Reise in die Duftwelten Asiens« mit themenbezogenen Landausflügen und Vorträgen. Natürlich sollte auch das Essen an Bord seinen Teil beitragen. So servierten wir an einem Abend ein Menü mit Gerichten, die eine oder mehrere duftende Komponenten hatten. Zum Ende des Dinners stellte ich mich in den Ausgang des Restaurants, um mich bei den Gästen nach deren Meinung über das Essen zu erkundigen. Ein Gast sprach mich an:

»Die klare Suppe war exzellent.«

»Vielen Dank – mochten Sie das Rosenaroma?«

»Ja, besonders in der Kombination mit roter Zwiebel und Wildente. Wie sind Sie denn auf die Zusammenstellung gekommen?«

»Die eigentliche Inspirationsquelle war ein Musikstück, das für mich danach schmeckt.«

»Welches Stück?«

»Die Hebriden-Ouvertüre von Mendelssohn. Kennen Sie sie?«

»Hab ich schon oft dirigiert. Ist eine meiner absoluten Lieblingskompositionen.«

»Sie sind Dirigent?«

»Bin ich. Wollen wir uns nicht morgen früh auf einen Kaffee treffen und uns weiter unterhalten?«

So lernte ich Christoph Poppen kennen, Dirigent und Violinist. Schnell stellten wir eine gemeinsame Begeisterung für Musik und gutes Essen fest. Er erzählte mir von einem Musikfestival, das er im Sommer in Portugal organisieren würde, nicht weit von Lissabon in einem Dorf namens Marvão. Ob ich nicht Zeit und Lust hätte, für ein paar Tage zu kommen? Hatte ich, und da ich mit meiner Familie zu der Zeit sowieso Urlaub an der Algarve machte, fuhren wir ins Alentejo – und fanden einen wirklich besonderen Ort vor. Mit tollen Konzerten in einer portugiesisch entspannten Atmosphäre. Hier entstand die Idee, im Rahmen des Marvão Musik Festivals einen Abend mit

Musik und Essen zu veranstalten. 2015, im nächsten Jahr und bei der zweiten Auflage des Festivals, war es soweit.

Das Format, das wir entwickelt haben, funktioniert so: Ein Gericht wird serviert, gefolgt von einem Musikstück. Dabei bezieht sich das Essen auf die Komposition, es stellt diese vor und erklärt sie mit den Mitteln des Geschmacks. Wichtig ist, dass Essen und Musik nicht gleichzeitig stattfinden. Es ist ja keine Tafelmusik. Eine kurze Erläuterung vor jedem Gang gibt Hinweise, wie sich das Gericht aus der Musik ergeben hat.

Die Rezeption von Musik ändert sich durch das Zusammenspiel mit anderen Sinnesempfindungen. Das gleiche Stück als Aufnahme zu Hause oder live im Konzertsaal ist eben nicht dasselbe. Der Geschmackseindruck, den ein Gericht hinterlässt, beeinflusst das Hören der Musik. Und es steigert sowohl die Intensität als auch den Genuss der Wahrnehmung.

Wie wird aus Musik Geschmack, oder genauer: Wie wird aus einer Komposition ein Gericht? Zuerst lasse ich mich auf ein Stück ein, erspüre den synästhetischen Eindruck, den es auf mich macht. Dann überlege ich, wie sich dieser greifen lässt. Oft werden dafür weitere Informationen mit einbezogen – über die Musik, den Komponisten. So entsteht in mir eine genaue Geschmacksvorstellung. Dann überlege ich, mit welchen Zutaten, Aromen, Techniken und welcher Präsentation ich diese erreichen kann. Wenn alles klappt, steht am Ende ein – essbares – Gericht, das für mich das Stück repräsentiert und interpretiert. Und manchmal nicht nur für mich.

Um die Theorie konkret zu machen: Die Festspiele in Putbus auf Rügen widmen sich seit einigen Jahren den vier Elementen Wasser – Erde – Feuer – Luft. 2021 war Feuer dran. Für ein Programm mit den Musikern Matthias Kirschnereit (Klavier), Jens-Peter Maintz (Violocello) und Gustav Frielinghaus (Violine) habe ich mir Interpretationen zu den Musikstücken überlegt:

Antonín Dvořák, Romantische Stücke für Violine und Klavier op. 75:
1. Allegro moderato, 2. Allegro maestoso
Die Drobnosti – auf deutsch »Kleinigkeiten« – von Antonín Dvořák sind eigentlich für die ungewöhnliche Besetzung von zwei Geigen und Bratsche komponiert, aber sogleich für die wesentlich üblichere Besetzung Violine und Klavier umgearbeitet worden. Die romantischen Stücke sind sozusagen den Böhmen direkt aus dem Herzen abgeschaut, wunderbare Stimmungsbilder aus der tschechischen Natur und Volksseele: Sehnsucht durchweht die Stücke, auch Melancholie ist zu spüren.

Mein erster Eindruck:
Die beiden Sätze schmecken für mich süß-säuerlich und leicht geräuchert.

Die Übersetzung in ein Gericht:
Kürbis / Paprika / Heilbutt / Rauch

Der Kürbis wird im Ofen gegart, die (gelbe) Paprika auf dem Grill geröstet und abgezogen. Aus beidem wird ein Püree hergestellt und süß-säuerlich-scharf abgeschmeckt. Aus einem weiteren Kürbis und einer weiteren Paprika wird ein Saft hergestellt, eingekocht und zu einem festen Gelee gebunden. Der Heilbutt ist gesalzen und in einem Vanille-Lorbeer-Zitronen-Öl confiert. Er wird in einem Glas mit Deckel (auf dem Deckel das Gelee) geräuchert und in diesem auch serviert. Beim Öffnen entweicht der Rauch, steigt auf und gibt den Blick frei auf den Inhalt.

Der Kontrast zwischen der zarten Konsistenz sowohl von Fisch und Gemüse und dem kräftigen Geschmack stehen für den Kontrast zwischen romantisch-verklärtem Blick auf die Natur und das Leben einerseits und der rauen Wirklichkeit andererseits. Der entschwindende Rauch, der als Nachhall sein Aroma hinterlässt, schmeckt und riecht nach Sehnsucht.

Franz Schubert, Ungarische Melodie für Klavier solo D 817
Schubert verbrachte die Sommer zwischen 1818 und 1824 am Hofe des Grafen Esterházy in Zséliz, um dessen beiden Töchtern Klavierunterricht zu geben. Er erlebte diese Zeit als zutiefst unglücklich, geprägt von Heimweh und Sehnsucht nach Wien und seiner hoffnungslosen Zuneigung zur ältesten Tochter. Aber er lernte die ungarische Volks- und Zigeunermusik kennen, mit feurigen Melodien und den typischen punktierten Rhythmen der osteuropäischen Volksmusik. In dem Klavierstück ist das alles zu finden, allerdings in h-Moll. Das ist laut Beethoven die schwarze Tonart, und auch bei Schubert steht der Grundton h für Tod, Trauer und Leid.

Mein erster Eindruck:
Ich habe beim Hören dieses unverwechselbare Heuaroma empfunden.

Die Übersetzung in ein Gericht:
Heu / Garnele / Katenschinken

Das Sommerheu wird geröstet und in einer Brühe ausgezogen, diese wird mit etwas Sauerrahm aufgeschlagen. Die Garnelen werden mariniert und dann kurz gebraten. Aus den Schalen wird ein Fond gekocht und bis zur Sirupkonsistenz reduziert. Der Katenschinken muss blanchiert und dann komplett getrocknet werden, um daraus dann ein Pulver herstellen zu können. Die heiße Suppe wird, schaumig gemixt, in einer Tasse serviert. Die Garnelen kommen als Einlage in die Suppe, die mit der Reduktion beträufelt und mit dem Pulver bestreut wird.

Heu lässt an Sommer denken, ist aber getrocknet, sozusagen tot. Es erinnert an die ländliche Gegend, in der das Stück komponiert wurde. Die intensiv und leicht süß schmeckende Garnele steht für die Hoffnung auf Glücksmomente und die Enttäuschung dieser Hoffnung, die so präsent ist in

Schuberts Schaffen. Er schrieb einmal in einen Brief an seinen Bruder: »Freylich ist's nicht mehr jene glückliche Zeit, in der uns jeder Gegenstand mit einer jugendlichen Glorie umgeben scheint, sondern jenes fatale Erkennen der miserablen Wirklichkeit, die ich mir durch meine Phantasie (Gott sey's gedankt) so viel als möglich zu verschönern suche.« Das ist auch bei dem zu trockenem Pulver geriebenen Katenschinken so, der in dieser Form nur noch als Gewürz, als Schatten – oder Essenz – seiner selbst besteht.

Johann Sebastian Bach, Suite für Violoncello solo Nr. 3 C-Dur BWV 1009: Prélude, Sarabande, Gigue
Die um 1720 komponierten Suiten für Cello gehören heute zu den meistgespielten Kompositionen für ein solistisches Streichinstrument. An den Spieler stellen sie hohe Anforderungen und genießen deshalb höchste Wertschätzung bei Cellisten. So sagt Pablo Casals: »Sie sind die Quintessenz von Bachs Schaffen, und Bach selbst ist die Quintessenz aller Musik.« Das Präludium wird geprägt durch variantenreiche Arpeggio-Muster, die eine weitgreifende harmonische Entwicklung vorantreiben. Besondere Dramatik erhält das Stück durch den Einsatz der leeren G-Saite als Orgelpunkt, den sich zum Ende des Satzes Akkordgriffe anschließen. Zu der Suite gehören noch vier Tanzsätze und, eingeschoben vor dem letzten, zwei Bourrées. In der hier auch aufgeführten Sarabande hat Bach in der Unterstimme das B-A-C-H-Motiv eingebaut; die Gigue wartet mit einer unerwarteten Fülle melodischen Materials – latente und echte Zweistimmigkeit und verschobene Akzente – auf.

Mein erster Eindruck:
Die Kombination von Kartoffel und Apfel mit Zwiebeln, auch als Himmel und Erde bekannt, lag mir auf der Zunge beim Hören des Prélude.

Die Übersetzung in ein Gericht:
Kartoffel / Zwiebel / Apfel

Die kleinen Kartoffeln, es müssen sehr aromatische sein wie zum Beispiel Rote Emmalie, werden in einer Salzlake eingelegt und dann in einem mit Holzkohle aromatisierten Öl gegart. Aus weißen Zwiebeln und Äpfeln wird ein Püree hergestellt. Butter wird aufgeschlagen und mit gekochter Kartoffel vermischt. Schnittlauch wird fein geschnitten und als Öl verwendet. Dikmelk wird mit weißem Pfeffer abgeschmeckt. Zwiebeln werden, in Ringe gehobelt, ausgebacken und getrocknet, ebenso wird mit den Kartoffeln verfahren. Aus Kartoffelsaft und Stärke werden transparente Chips hergestellt. Apfelsaft wird mit Apfelbalsamico eingekocht und mit Pektin leicht gebunden. Mit diesem Lack wird ein Teller ausgestrichen, auf den das lauwarme Zwiebel-Apfel-Püree und eine kleine Menge der Kartoffelbutter kommt, darauf wiederum die warmen, abgetropften

Kartoffeln. Die Dikmelk und das Öl werden darübergegeben und dann mit den ganzen trockenen, knusprigen Zutaten sowie dem Schnittlauch bedeckt.

Das Aufbrechen der Akkorde und das Variieren der Harmonien finden ihr Pendant in den verschiedenen Zubereitungsarten der beiden Hauptprodukte. Die filigranen und handwerklich aufwendigen Bestandteile spiegeln die Virtuosität wider, die das Stück erfordert. Der gesamte geschmackliche Grundton ist erdig, wie auch die Musik Johann Sebastian Bachs immer wieder erdet.

Maurice Ravel, Sonate für Violine und Violoncello: 2. Satz Très vif
Der Komponist widmete die 1920–22 geschriebene Sonate dem 1918 verstorbenen Claude Debussy. Er selbst bezeichnete das Stück als »Maschine für zwei Instrumente« und als Wendepunkt seines Schaffens. Ravels Interesse an Linearität, Bitonalität und anderen Formen der Musik der Moderne treten in diesem Werk besonders deutlich zutage. Obwohl die Sonate heute als eine der bedeutendsten Kompositionen für Streichduo gilt, wurde sie bei ihrer Uraufführung verrissen; Kritiker schrieben von einem »Massaker« an den Solisten, die allerdings mit dem neuartigen und anspruchsvollen Stoff auch überfordert waren.

Mein erster Eindruck:
Die Kombination von Quitte, Safran, Pilzaroma und dunklem Fleisch kam mir bei dem Stück in den Sinn – sperrig, ein wenig metallisch und sehr kräftig.

Die Übersetzung in ein Gericht:
Rind / Steinpilze / Quitte / Topinambur / Wurzelgemüse

Die Rinderbacken werden zusammen mit Steinpilzen so lange gegart, bis sie auseinanderfallen. Das leicht zerrupfte Fleisch wird mit der zur Glace reduzierten Sauce gebunden, in Bleche gepresst und nach dem Erstarren in Quadrate geschnitten. Diese werden in einer Mischung aus Steinpilzpulver, veraschtem Porree und Roggenbröseln paniert und schwimmend ausgebacken. Wurzelgemüse, also Sellerie und Steckrübe, werden in sehr gleichmäßige kleine Würfel geschnitten, ebenso der Topinambur. Weitere Topinamburknollen werden im Ofen gegart, halbiert und ausgekratzt und die Schalenhälften gebacken und getrocknet. Das Topinamburfleisch wird mit Quittenpüree und Senf aufgeschlagen, diese Masse kommt in die Schalen. Die Quitten werden ebenfalls in gleicher Größe gewürfelt; aus den Abschnitten ein klarer, kräftiger Fond gekocht, der mit Safran, Rosmarin und wenig Süßholz abgeschmeckt wird. In diesem werden nun das Gemüse und die Quitte gegart. Das Gemüse wird mit der Kochflüssigkeit in einem tieferen Teller angerichtet, das Rind darauf und dann die Topinamburhälfte.

Die sehr exakt verarbeiteten Gemüse stellen auf die Idee der Maschine ab. Die beiden Komponenten Fleisch und Gemüse haben (zunächst) keine geschmackliche Verbindung, deswegen nehme ich keinen Rinderfond zum Garen der Würfel und unterstreiche so die Bitonalität. Die unterschiedliche Konsistenz ist eine Parallele zu den verschiedenen Spieltechniken der Streichinstrumente. Das Safran-Aroma verändert sich und verbindet gleichzeitig alle Komponenten – wie die prägnanten unterschiedlichen Rhythmen.

Joseph Haydn, Klaviertrio G-Dur, Hob. XV:25 »Zigeunertrio«:
3. Rondo all'Ongarese. Presto
Haydn komponierte das Klaviertrio während seiner Zeit in London. Die in das Stück eingebauten ungarischen volkstümlichen Tänze – von Haydn gezähmt und salonfein gemacht – kamen beim englischen Publikum sehr gut an. Hier bewahrheitet sich, was der Ungar Béla Bartók später einmal feststellte: dass nämlich erst der »Zigeunervortrag« den pseudo-ungarischen Volkston hervorruft. Auch bei Haydn ist die klangliche Einkleidung mindestens so wichtig wie die ungarischen Themen selbst: Trommelbässe, schnarrender Bordun, Streicherpiccato, kurz angerissene Schleifer und das ständige Unisono zwischen Geige und Klavier erzeugen erst die barbarische Wildheit dieses Satzes, die doch immer auch ein wenig gestutzt erscheint wie die Hecken eines englischen Landschaftsparks.

Mein erster Eindruck:
Wildnis schmeckt nach Tanne, England ist Gin, und Dekadenz hat einen cremigen Schokoladengeschmack.

Die Übersetzung in ein Gericht:
Himbeere / Karamell / Schokolade / Hafer / Birne

Himbeeren und Mark werden zusammen mit Tannenwipfelsirup zu einem Ragout verarbeitet. Aus Kuvertüre, Hafermilch und Karamell wird eine Canache aufgeschlagen. Haferflocken, Mandeln, fermentierte Tannennadeln, Waldhonig und ganz wenig Gänseschmalz werden im Ofen zu Granola geröstet. Die Birnen werden in einem Weißwein-Gin-Sud gegart. Das Himbeerragout wird in einem tiefen Teller angerichtet, darauf die Schokoladenmasse dressiert, dazu die Birnenspalten und etwas Granola. Das ganze Gericht wird mit Himbeerpuder bestäubt.

Das Aroma von frisch gezupftem Tannenwipfel und Himbeeren verbindet sich beim Hören des Trios mit dem intensiven, fast dekadenten Schokoladengeschmack. Die Gin-Birnen sollen natürlich an England erinnern, und das wirklich wild schmeckende Müsli an die stereotypen Bilder von Zigeunern und deren Musik.

Nichts inspiriert mehr als Musik. Sie berührt unsere Sinne, unser Denken und unsere Seele. Sie ist als universelle Sprache in der Lage, Ideen und Gefühle über Ländergrenzen und sogar Zeiten hinweg zu transportieren.

Das Essen ist am Ende des Abends nur Essen. Aber beim Essen ist es wie bei der Musik: Jeder empfindet es auf seine Weise, jeder erlebt dabei etwas anderes. Und vielleicht bleibt ja nach einem Abend mit Musik und Essen der Eindruck: Das hat gut geschmeckt.

MAJA WEBER

BEEINFLUSST DER ORT AUCH DIE MUSIK?

VON KLANGWELLEN UND APÉRO

Es ist meine Überzeugung, dass die Musik großer Meister nicht ausschließlich in renommierten Konzertsälen erklingen soll. Gerade ungewohnte Spielorte bieten die Chance, im Wechselspiel mit außermusikalischen Elementen und der Schönheit der Natur für musikalische Nuancen hellhörig zu werden, welche im gängigen Konzertbetrieb selten so erlebt werden.

Deshalb ist die Wechselbeziehung zwischen Repertoire und Spielort über die Jahre Teil meines künstlerischen Profils geworden. Es hat mich inspiriert zu sehen, dass meine Zuschauer angefangen haben, die musikalische Aussage eines Komponisten intensiver erleben, wenn sie das Umfeld oder den Raum nicht kennen. Die Musik wurde für Salons geschrieben und zu persönlichen Anlässen komponiert. Deshalb habe ich versucht, ebenfalls persönliche Bühnen zu kreieren. Als wir das f-Moll-Quintett von Brahms vor einem perfekt »inszenierten« Sonnenuntergang auf der Rigi, dem berühmten Schweizer Berg, vorgetragen hatten, war das Publikum tief betroffen und berührt, wie ich es noch nie erlebt hatte.

Dieser spezielle Zugang ist in meiner Biographie gleichsam angelegt. Als Tochter einer Geigerin und eines Bratschisten bin ich mit Kammermusik aufgewachsen. Früh und begeistert habe ich mich auf dem Cello versucht, und schon mit vier Jahren soll ich auf einer Bergwanderung beim Anblick einer Kapelle angekündigt haben, dort würde ich später Konzerte geben.

Nach dem Musikstudium verdiente ich mir die musikalischen Sporen mit dem Amar Quartett bei Konzerten und Wettbewerben. Es waren wertvolle Lehr- und Wanderjahre. 2007 gründete ich schließlich das StradivariQuartett, welches seither das Kernensemble meiner kammermusikalischen Tätigkeit ist. Für unsere Debüt-Tournee fuhren wir mit einem Extrazug durch halb Europa. Es folgten zahlreiche Konzertreisen in Europa, Asien und Nordamerika.

Reisen und Musik gehören für mich untrennbar zusammen. Deshalb begann ich schon bald, zusätzlich zu den üblichen Konzerten Hörerreisen zu den Hochburgen der europäischen Kultur oder an faszinierende Naturschauplätze zu organisieren. Heute bieten wir diese Erlebnisse unter der Überschrift StradivariREISEN an. Dabei kommt dem Aspekt des gemeinsamen Erlebens von Gästen und Musikern eine besondere Bedeutung zu. Darauf lege ich großen Wert, weil mir der Austausch mit meinen Zuhörern wichtig ist.

Die Zahl der StradivariREISEN ist über die Jahre stetig gewachsen. Neben unseren zahlreichen schweizerischen Reisezielen von Bad Ragaz bis Vevey haben uns StradivariREISEN schon nach Berlin, Cremona, Hamburg, Lissabon, London, Meersburg und Wien geführt. Was unsere Gäste erwartet, mögen drei Beispiele veranschaulichen:

Das als Welthauptstadt des Geigenbaus betitelte norditalienische Cremona ist für uns immer wieder ein beliebtes Reiseziel. Der Wirkungsort von Antonio Stradivari und anderen Größen des Streichinstrumentenbaus bietet reichlich Gelegenheit für kulturelle Begegnungen. Dazu zählen der Besuch eines Geigenbauateliers, die Führung durch das imposante Museo del Violino und das Konzertieren im darin integrierten futuristischen Auditorium Giovanni Arvedi. Kurze Überraschungskonzerte in einem Palazzo, unerwartete Bachklänge vom Torrazzo des Duomo oder ein Tango vom Balkon der Casa Stradivari vertiefen das gemeinsame Erlebnis. Und ein Hauch von Italianità mit einem Prosecco auf der Piazza gehört auch dazu. So entsteht in der Gruppe das Gefühl einer »Stradivari-Familie«, das die Gäste und die Musiker verbindet.

Natürlich liegt es auch am Hanseaten Johannes Brahms, dass Hamburg zu unseren Reisezielen gehört. Doch wir erkunden die Hafenstadt noch unter anderen Blickwinkeln. Wir besuchen die weltbekannte Steinway-Fabrik, machen eine Speicherstadt-Genusstour und eine Hafenrundfahrt. Auch hier liegt der besondere Reiz im Bespielen dieser Räume. So haben wir StradivariMusiker für unser Publikum schon im KomponistenQuartier und in der Steinway-Fabrik konzertiert, wir haben ein musikalisches Amuse-Bouche auf der Alster serviert und einen Apéro im Brahms-Foyer der Laeiszhalle genommen. Die Krönung jeder dieser Musikreisen ist ein Konzert mit den StradivariMusikern in der Elbphilharmonie. Dabei war es für mich immer wieder eine besondere Ehre, auch für die Kammermusikfreunde in Hamburg spielen zu dürfen.

Zu unseren Schweizer Zielen gehört das Hochtal Engadin, das mit seiner einzigartigen Natur Künstler, Dichter und Denker aller Ausrichtungen angezogen hat: Hermann Hesse und Rainer Maria Rilke sind dort hingereist, Thomas Mann, Marcel Proust und Friedrich Nietzsche, aber auch der Maler Giovanni Segantini. Viele dieser Künstler haben sich im berühmten Hotel Waldhaus in Sils Maria einquartiert, dort Ruhe zum Nachdenken gehabt und gearbeitet. An diesem Ort, der Kultur und Gastfreundschaft auf einzigartige Weise verbindet, veranstalten wir alljährlich das StradivariFEST Sils. Wir bespielen die Natur- und Kulturdenkmäler und genießen zusammen mit unserem Publikum im Wechsel mit Konzerten auf geführten Wanderungen, Ausflügen und Kutschenfahrten das alpine Wintermärchen. Als »Die Winterreise« von Schubert in einer Version mit Streichquartett auf dem Programm stand, begannen wir im Hotel vor der Kulisse der Berge und mit zwei Metern Schnee vor dem Panoramafenster und fuhren dann mit Pferdekutschen durch den verschneiten und vereisten Winterwald ins Fextal. Die letzten Lieder spielten wir nahe dem Grab von Claudio Abbado in der Bergkirche Fex, bei Minustemperaturen vor den herrlichen Fresken. Die Stimmung beim »Leiermann«, passender hätte sie nicht sein können, wird uns allen in Erinnerung bleiben.

Gemeinsam reisen, Kulturdenkmäler entdecken und sich an Naturschauspielen erfreuen, diese Orte bespielen und als erfrischend-ungewohnte Klangräume erfahren, die örtliche Esskultur erleben und zum krönenden Abschluss in den prestigeträchtigsten Kammermusiksälen Konzerte mit den Stradivari-Musikern anbieten: Das alles zusammen bedeutet für mich »beseeltes Zusammensein«.

Doch die Entwicklung bleibt nicht stehen. In jüngerer Zeit ist aus den Reihen meiner Gäste der Wunsch nach regelmäßig durchgeführten Konzerten in der Region Zürich oder auch in der übrigen Schweiz immer vernehmbarer geworden. Ich wollte aber das regionale Angebot nicht durch zusammenhanglos aneinandergereihte Konzerte mit beliebiger Repertoirewahl ergänzen. Darum entschied ich mich für eine systematisch fokussierte Programmgestaltung mit saisonalem Schwerpunkt auf jeweils einem Komponisten. Das Ziel ist es, das Kammermusikschaffen dieses Komponisten durch eine Reihe von Konzerten vertieft kennenzulernen. Davon profitieren meine Gäste ebenso wie wir

Das StradivariQuartett 2018 in Gersau am Vierwaldstättersee. Xiaoming Wang, Sebastian Bohren, Lech Antonio Uszynski, Maja Weber

StradivariMusiker. Mich fasziniert dabei, wie wir die Handschrift des Komponisten immer klarer erkennen. Unsere interpretatorischen Entscheidungen hinterfragen wir stets aufs Neue, und das Resultat wird – so hoffe und glaube ich jedenfalls – immer stimmiger. Das ist eine beglückende Erfahrung für uns Musiker. Und auch meine Gäste bestätigen mir in Gesprächen nach den Konzerten, dass sie durch die langfristige Beschäftigung mit der Musik eines Komponisten auch dessen künstlerische Entwicklungen in verschiedenen Schaffensphasen deutlicher erkennen.

Die ersten Reihen fanden unter dem Titel »Winterklänge am Zürichsee« an verschiedenen Orten statt. Seither haben wir mit den »Winterklängen am Bodensee« und den »Winterklängen am Rhein« zwei weitere Konzertreihen angegliedert. 2021 haben wir die bestehenden Reihen nochmals erweitert und sie in »Klangwellen« umbenannt. Es gibt nun »Klangwellen am Zürichsee«, »am Rhein«, »an der Aare«, »in der Innerschweiz« und »in der Ostschweiz«. Nach Schubert, Mozart, Beethoven, Mendelssohn und Brahms widmen wir uns in der Saison 2022/23 der Kammermusik von Robert und zum Teil auch Clara Schumann.

Wir eröffnen die Saison mit unserem Format »Leuchtturm«: Im Rahmen einer interdisziplinären Veranstaltung beleuchten Musiker, Musikwissenschaftler, Komponisten, Journalisten, Veranstalter und Literaten den Komponisten und sein Kammermusikschaffen aus unterschiedlichen Perspektiven. Den einzelnen Konzerten stellen wir »Préludes« genannte Einführungen voran. Zusätzlich werden auch die »Klangwellen« 2022/23 um diverse Formate erweitert. So werden wir jungen Streichquartetten die Gelegenheit geben, die Stradivari-Bühne zu beschnuppern, und bieten ihnen Auftritte, Coaching und gemeinsame Kammermusik-Auftritte an.

Das gemütliche Ausruhen auf Bestehendem ist nicht meine Sache! Viel interessanter ist es doch, Bewährtes weiterzuentwickeln und neue musikalische Projekte zu kreieren. Das jüngste Kind aus meiner planerischen Werkstatt heißt »StradivariHAUS«. Wie der Titel es andeutet, möchte ich eine Stätte schaffen, wo die vielfältige Beschäftigung mit Kammermusik unter einem Dach Platz findet. Es soll Raum für Begegnungen von Musikhörern, Musikern, Musikwissenschaftlern, Kulturmanagern, Kulturjournalisten, Studierenden geschaffen werden.

Das StradivariHAUS soll auch zu einer Art Geburtsstätte für Stradivari-Projekte werden, von der inhaltlichen und formalen Konzeption und der Programmgestaltung über die Disposition von künftigen Konzerten und Anlässen und die Finanzierung bis zur Kommunikation mit Zielgruppen und der wichtigen Marketingplanung. All dies soll im intensiven Austausch unter einem Dach geschehen.

Zugleich stelle ich mir die neue Heimstätte für Kammermusik als einen Ort vor, wo praktisches Musizieren möglich ist, sei dies in Form von intimen Konzerten, Ensembleproben oder Coaching. Ebenso wichtig ist mir aber die

Möglichkeit, Raum für Roundtables, Referate und den Austausch zwischen verschiedenen Kultursparten zu schaffen. Dabei denke ich an niveauvolle Salons mit interdisziplinärer Ausrichtung, die allerdings nicht – vermeintlich – elitären Kreisen vorbehalten sind.

Ich bin ein geselliger Mensch und liebe es, mit Menschen, welche ähnliche Interessen haben wie ich, zusammenzusein. Deshalb soll das zukünftige StradivariHAUS unbedingt zum informellen Austausch einladen. In solch lockerer und freundschaftlicher Atmosphäre können unverhofft Ideen auftauchen. Selbst wenn diese nicht wortgetreu realisiert werden können, regen sie in jedem Fall zum kreativen Denken an.

Genau wie in der musikalischen Sprache der Kammermusik ist im gesellschaftlichen Miteinander das Zuhören manchmal wichtiger als das Hervortreten oder das Vortragen. Die musikalische Aussage eines Kollegen früh zu erkennen und rechtzeitig zu unterstützen, ist die große Herausforderung, schenkt aber auch eines der größten Glücksgefühle. In der Musik sind die Übergänge die magischen Momente zwischen den Themen. Genauso sind im Leben für mich oft »Flexibilität« und »Veränderung« die Zauberworte, sowohl in meiner Tätigkeit als Musikerin als auch als Kulturmanagerin.

Vielleicht war es diese Faszination, die Beethoven und andere große Komponisten bewog, ihre fortschrittlichsten und anspruchsvollsten Werke für Kammermusikbesetzungen zu schreiben. Dies spornt mich an, solche Werke, die manchmal zu Unrecht im Schatten der groß besetzten Sinfonik stehen, besonders zu beleuchten und für unser Publikum erlebbar zu machen. Das große Echo unserer Stradivari-Gemeinde und meine ungebrochene Faszination für Kammermusik motivieren mich, auf dem eingeschlagenen Pfad weiterzugehen.

Meine Leidenschaft ist die Kommunikation. In der Kammermusik ist dieser Austausch zwischen den verschiedenen Stimmen, mit den Ausführenden, mit meinem Publikum, meinen Gästen durch den intimen Rahmen besonders intensiv. Die Emotionen der Musik berühren in den ungewohnten Räumen besonders innig oder persönlich. Jeder findet seinen Zugang über die Geschichte des Kulturgutes, über den Rhythmus des Wellenschlages beim Sonnenuntergangskonzert am See oder über das Flackern des Lichts beim Kerzenlichtkonzert vor der Kapelle. Innerhalb dieser Gemeinschaft entwickelten sich über die Jahre zahlreiche Freundschaften.

Ich bin sicher, solche werden auch unter den Mitgliedern der «Hamburgischen Vereinigung von Freunden der Kammermusik» in den vergangenen 100 Jahren zustande gekommen sein. So gratuliere ich Ihnen allen, stellvertretend Ludwig Hartmann, dem Vorsitzenden der Vereinigung, herzlichst und mit großer Freude zu Ihrem 100. Gründungstag.

»Auf dem Wasser«
Sechs Kammerkonzerte zwischen großen Pötten an Bord der »MS Commodore«

JOACHIM MISCHKE

IN WELCHER TONART SCHREIBT MAN »MOIN!«?

VON KOMPONISTEN AN ALSTER UND ELBE

»*Amerikanische Musik zu schreiben ist ganz einfach. Man muss nur Amerikaner sein und dann jede Art von Musik komponieren, die man gern hätte.*« Was der US-amerikanische Komponist Aaron Copland (1900–1990) in der Mitte des 20. Jahrhunderts über sein Selbstverständnis als US-amerikanischer Komponist postuliert hatte, lässt sich ganz einfach auf die Stadt Hamburg und ihre lange, wechselvolle, von Höhen, Tiefen und Durststrecken geprägte Musikgeschichte anwenden: »Amerika« durch »Hamburg« ersetzen. Beides hat je sieben Buchstaben. Passt aber auch so. Fertig. Eigentlich.

Aber dennoch, ernster und grundsätzlich gefragt: Was haben die jeweilige Geburtsurkunde oder der oft lebenszeitlich begrenzte Arbeitsplatznachweis mit der Musik zu tun, die man dort komponiert, wo man ist und sich womöglich sogar zu Hause, gewollt, gewürdigt und verstanden fühlt? Wie sehr klingen die örtlichen Bedingungen oder das Klima – künstlerisch wie meteorologisch – mit und nach? Gibt es eine ganz besonders hanseatische Akkordfolge oder Instrumentenkombination? (Nein, Quetschkommode und Shanty-Chor mit leicht einem im Tee gilt hier nicht als Antwort ...!) Wie bringt man die Standard-Klischeefarbe des Himmels über der Elbe zu Papier, die Stefan Gwildis soulful als »Wunderschönes Grau« besingt? Ab wann war Georg Philipp Telemann durch und durch Hamburger, während er Orchester-, Chor- und insbesondere Kammermusikwerke schrieb, die in ganz Europa zu barocken Export-Schlagern und »Made in Hamburg«-Markenartikeln wurden? Wo und wie riecht man die Elbe und das Aroma der engen Gassen des Gängeviertels in Brahms' frühen Klavierwerken oder den Chorsätzen für die Amateurinnen des Hamburger Frauenchors, den er zwei Jahre lang leitete? Wie viel Hamburg steckt noch in den schon ziemlich genialen Streichersinfonien des ganz jungen Felix Mendelssohn Bartholdy? Obwohl – schlechtes Beispiel, weil der spätere Wunderknabe wegen der französischen Besatzung seiner Geburtsstadt im zarten Alter von zwei Jahren zum Berliner wurde. Niemand ist perfekt. Für den lokalpatriotisch orientierten, nach Indizien fahndenden Werke-Katalog der Freien und Hansestadt Hamburg ist Mendelssohn damit allerdings komplett verloren.

Klar wird jedenfalls flott: Es ist gar nicht so einfach mit klaren, schnellen Antworten auf diese Fragen. Spaß, sie dennoch zu stellen, macht es trotzdem.

Ja, sicher, das tönende Erfinden musikalischer Sinnzusammenhänge hat nichts mit dem Nacherzählen einer Landkarte oder dem Verorten auf einem Stadtplan zu tun, werden viele entgegnen. Und zu Recht. Andere werden das genaue Gegenteil behaupten, das stimmt ja dummerweise auch, fast genauso: Man bekommt weder den Schubert aus Wien noch das klassisch biedermeierliche, arg wienerische Wien mit all seinen Leidenschaften, Komplexen und Visionen aus Schubert herausgefiltert.

Auf der inneren Weltkarte käme es niemandem so schnell in den Sinn, Sibelius' weite, kühle, sprödschöne Klang-Landschaften statt mit Finnland mit dem generell auch ganz schönen Sauerland in Verbindung zu bringen. Die Sprachmelodien, die der Tscheche Leoš Janáček vertonte, sind undenkbar ohne ihre Wurzeln in seinem Heimatgefühl und im Rhythmus seiner Lebenswirklichkeit. Stilmittel wie die damals berühmte »Mannheimer Rakete« – inzwischen als Gradmesser der Begeisterung von Publikum nur noch ein Tischfeuerwerk – haben es zu einem gewissen Ruhm in Musiklexika gebracht. Doch solange ein Komponist oder eine Komponistin nicht einen konkret ausformulierten Beipackzettel über Absichten und Nebenschauplätze an seine Noten heftet oder als Titel-Ansage aufs Deckblatt schreibt, worum es geht und wie man das zu verstehen hat, sollte man Musik tunlichst für eine absolute Kunstform halten: In den Noten stehen Noten. In den Zwischenräumen findet die Fantasie statt. Völlig ortsungebunden. Komplett frei von irgendwelchen lokalästhetischen Einflüssen.

Mit etwas Mühe und einem gut gefüllten Fachbuch-Regal lassen sich natürlich immer wieder Werke herausstöbern, die biographisch bedingt in Hamburg entstanden sind. Eine wahrscheinlich selbst für kriminologisch begabte Musikwissenschaftler unmöglich zu lösende Aufgabe: das Auffinden von Brahms' »Phantasie über einen beliebten Walzer für Piano«. Der ziemlich junge Johannes hatte dieses Stückchen am 14. April 1849 im Salon des Jenisch'schen Hauses an der Catharinenstraße aufs Programm gesetzt. Wie fantastisch diese Phantasie war? Wir werden es wohl nie erfahren, denn seine Jugendwerke hat Brahms ebenso regelmäßig wie gründlich vernichtet, wohl auch, um sich später nicht vor sich selbst dafür schämen zu müssen. Immerhin hatte damals ein Kritiker-Kollege vom »Hamburger Correspondent« aufmerksam genug zugehört, um eine richtige Karrierevorhersage zu tätigen: »*Fährt der junge Componist rüstig fort auf dem Pfade, den er hier betreten zu haben documentirte, so kann er es zu etwas Bedeutendem bringen.*«

Ebenfalls leider verschollen sind zwei Frühstwerke aus dem Jahr 1845, Jehann war so um die zwölf damals, hatte aber bereits eine Klaviersonate in g-Moll zu Papier gebracht, dazu die »Zwischenaktmusik für ein Puppenspiel für Klavier«. Wie »gut« diese kompositorischen Fingerübungen waren, ist vielleicht sogar etwas weniger wichtig als die Vorstellung, dass ein kleiner blonder Junge von seiner Fantasie dazu gebracht wurde, den Soundtrack für eine Art Kasperletheater zu schreiben und sich freigeistig als Künstler, als Musiker, als Komponist zu sehen. Und dass aus diesem kleinen Jungen ein musikalisches Jahrhundert-Genie wurde – das zeitlebens keine Oper schreiben würde.

Die Sinfonien, seine vier wohl bekanntesten Markenzeichen, vollendete er nicht mehr in Hamburg, was aber nicht heißt, dass Brahms während seiner hiesigen Jahre wenig produktiv gewesen war. Auf der Liste jener kleineren, feinen Stücke, die hier komponiert wurden, stehen immerhin die ehrgeizigen Klaviersonaten op. 1, 2 und 5; die Händel-Variationen op. 24, die Schumann-Variationen op. 23, die Klavierquartette op. 25 und op. 26, mehr als die Hälfte des Liedzyklus »Die schöne Magelone«, dazu etliche Lieder. Opus 25 wurde 1861 in Hamburg uraufgeführt, am Klavier saß eine gewisse Clara Schumann. Durch die Schönberg-Fassung für Orchester wurde das Stück noch größer, als es in seiner Großartigkeit eh schon ist. Schönberg nannte seine Bearbeitung gern, stolz und amüsiert »Brahms' Fünfte«; Otto Klemperer, der 1937 die Uraufführung dirigiert hatte, urteilte über diese Version: »*Man mag das Originalquartett gar nicht mehr hören, so schön ist die Bearbeitung.*«

In seinem Opus 23 setzte sich Brahms mit Schumanns tragischem Schicksal auseinander, das auch sein eigenes Leben jahrelang überschattete und mitbestimmte. Er variierte in seinem ersten vierhändigen Klavierwerk jenes berühmte, bitter melancholische Thema der »Geistervariationen«, Schumanns letzte Komposition vor der Einlieferung in eine Nervenheilanstalt. Über das Ergebnis schrieb Brahms, typisch untertreibend und unter Grummeln gut erkennbar versteckt, in einem Brief an den Geiger Joseph Joachim: »*Das Thema ist nicht sonderlich geschickt zu Variationen und sie sind eben gar nicht bedeutend.*« Die Übersetzung von Brahms' verfälschender Bescheidenheit sollte natürlich das genaue Gegenteil ergeben. Dass er seine Händel-Variationen in einem Brief aus Hamm an Clara ironisch als »Variatiönchen« bezeichnete, ist, klar, eine niedlich-gemeine Untertreibung. Ein kleines PS: Die US-amerikanische Pop-Balladen-Nymphe Tori Amos zitierte und betextete Brahms' Schumann-Zitat vor einigen Jahren in ihrem Song »Your Ghost«: »*Please leave me your ghost / I will keep him from harm / Although I've learned that / You were wounded.*« Was, wieder einmal, nur zeigt: Sehr viele lieben Brahms für das, was er ist.

Noch ein Nachspiel, weil es zu niedlich ist: 1973 präsentierte Hamburg neben der Internationale Gartenbauausstellung auch eine Brahms-Festwoche zum 140. Geburtstag. Bei dieser Gelegenheit wurde ein Stück von Mauricio Kagel uraufgeführt, das Hamburgs Umgang mit Brahms ironisch auf die Schippe nahm. In den »Variationen ohne Fuge für Orchester über die Variationen und Fuge über ein Thema von Händel für Klavier op. 24 von Johannes Brahms« trug ein Double des Jubilars durch den angeklebten Rauschebart

Brahms-Briefzitate über seine Geburtsstadt vor. In der Nebenrolle, ebenfalls im Kostüm: der Teilzeit-Hamburger Händel.

Da Telemann viereinhalb Jahrzehnte, bis zu seinem Tod 1767, im damals noch biblischeren Alter von 86 Jahren, in Hamburg für drei gearbeitet und damit manchmal für fünf verdient hatte, dürfte er die hanseatische Hitliste in der Kategorie »Lokalbeziehbare Produktivität« eindeutig anführen. Er schuf nicht nur einen einzigen Notenberg, sondern ganze Gebirgszüge. Das allermeiste davon, Fließbandarbeit hin oder her, dürfte deutlich besser sein als sein Ruf, aber nach wie vor so vernachlässigt wie so vieles aus Telemanns Feder. Der war nicht nur auf eigene Rechnung kreativ, sondern neben den Nebenjobs als Kirchenmusiklieferant, Opernhausdirektor oder Konzertveranstalter auch Herausgeber von »Der Getreue Music-Meister«, einer Fachpublikation, in der sich die geneigte Kundschaft über seine eigenen und die Werke anderer informieren konnte. Als er nicht nur seine Musik, sondern 1737 auch sich nach Paris exportierte, waren die Connoisseure dort très begeistert. Über seine »Nouveaux Quatuors« schrieb er später, rechtschaffen stolz: »*Sie machten die Ohren des Hofes und der Stadt ungewöhnlich aufmercksam.*« Für den heutigen, ständig nach Raritäten dürstenden Spielplan noch zu entdecken ist jenes dreisätzige Divertimento, das ursprünglich »Grillen-Sinfonie« heißen sollte und mit einer ziemlich verwegenen Besetzung daherkommt: Quer- und Piccoloflöte, Oboe, Chalumeau, zwei Violinen, Viola, zwei Kontrabässe und Generalbass.

Telemanns Nachfolger, Patensohn und ebenfalls »Originalgenie« war Carl Philipp Emanuel Bach. Er war zwar auch in seiner Hamburger Zeit immens erfolgreich und populär und stellte stilistisch eine Scharniergröße zwischen spätem Barock und früher Klassik dar. Nicht seine Absicht natürlich, doch posthum ein ziemliches Pech, weil er damit weder in die eine noch in die andere Schublade passte und gehörte. Zu seinen Lebzeiten war auch er geschäftstüchtig, ein echter Exportschlager-Produzent. In St. Petersburg wurden 1776 mehr Order für die »Drei Claviersonaten« registriert als in Hamburg. Seine Musik blieb dennoch vor allem etwas für Gourmets, trotz des nicht ganz unbekannten Familiennamens.

Hin und wieder hatte die Musikgeschichte einfach Pech in Hamburg. Hätte, wäre, könnte, das hat doch so einiges verunmöglicht. Hätte Händel nicht ehrgeizig seinen Azubi-Posten im Orchester der Gänsemarktoper verlassen, um nach Hannover, Italien und England weiterzuziehen, wäre womöglich mehr von ihm in Hamburg entstanden und geblieben als nur die etwa anderthalb Opern, von denen heute noch etwas übrig ist. Wäre Gustav Mahler nicht so ein manischer Opern-Facharbeiter am Stadttheater gewesen und hätte er sich nicht so sehr auf das Anfertigen meist monumentaler Sinfonien fixiert – wer weiß, wie viel interessante Kammermusik er neben seinem Kapellmeister-Dauerstress am Stadt-Theater noch aufs Papier gebracht hätte. Doch er hatte alle Hände voll damit zu tun, das Orchester auf Vordermann zu bringen, sich den Ärger mit seinem Intendanten Bernhard Pollini vom Hals zu halten – und in der Freizeit begeistert durch Hamburg zu radeln. Immerhin blieb trotzdem genügend Zeit für einige »Wunderhorn«-Lieder und Feinschliff an den ersten drei Sinfonien.

Schön ist auch die kleine historische Volte, dass der Geiger und Komponist Ferdinand David, 1810 in Hamburg zur Welt gekommen, nicht etwa mit einem Konzert für Violine, sondern mit einem für Posaune der Nachwelt erhalten blieb. Felix Woyrsch, ein halbes Jahrhundert später geboren, war zwar kein gebürtiger und erst recht kein geborener Hamburger, vertonte aber eine Hymne auf Altona (das damals allerdings noch nicht zu Hamburg gehörte ...) mit der sinnigen Textzeile »Heil dir, du Stadt an des Elbufers Hang«. Dort war Woyrsch ganz eindeutig eine große Nummer: Er leitete eine Liedertafel, eine Singakademie und den Kirchenchor, organisierte Konzerte und kam trotz dieser Dauerbelastung auch noch dazu, als Komponist in allen gängigen Formaten fleißig zu sein, von Kammermusik bis zur Oper. Die Unsterblichkeit allerdings, die blieb aus.

Dieses Schicksal teilt er mit Ferdinand Heinrich Thieriot (1838–1919). Stellen Sie sich neben den großen Klinger-Brahms im Brahms-Foyer der Laeiszhalle am Johannes-Brahms-Platz und versprechen Sie ein Gratisgetränk für jeden, dem es nicht völlig neu ist, dass Thieriot einmal in einem Atemzug mit dem fünf Jahre älteren Brahms genannt wurde. Es wird ein günstiger Abend, garantiert. Der Musikkritiker Friedrich Pfohl schrieb seinerzeit über Thieriot, der sei »einer der angesehensten Componisten, die aus Hamburg hervorgegangen« seien. Brahms und Thieriot waren Jugendfreunde, beide waren Schüler von Eduard Marxsen gewesen, beide schrieben hochromantische, poetisch aufgeladene Musik, wobei Thieriot der Gefälligere gewesen sein dürfte. Seinen Posten als Musikdirektor des Steiermärkischen Musikvereins in Graz soll er einer Empfehlung Brahms' mitverdankt haben. Sein f-Moll-Klaviertrio op. 14 hat Thieriot Brahms gewidmet. So interessant wie weitgehend ungespielt könnte sein B-Dur-Oktett op. 62 sein, das für die gleiche Besetzung wie in Schuberts Oktett maßgeschneidert wurde.

Hörenswerte Zugezogene gab es immer wieder. Andreas Jakob Romberg beispielsweise, 1767 geboren, Geiger und tunlichst nicht zu verwechseln mit seinem Cello spielenden Cousin Bernhard Heinrich Romberg. Weitgehend unbekannt sind inzwischen beide, obwohl Romberg A etliche und bei Weitem nicht nur sehr brauchbare Kammermusik hinterließ, die besser war als solides Handwerk. Seine Konzert-Aktivitäten waren eine feste Größe im damaligen Musikleben der Hansestadt. Neben seiner Stradivari hatte Andreas Romberg eine zweite große musikalische Leidenschaft: das Vertonen von Schiller- Texten. »Die Kindsmörderin« für Sopran und Orchester hat einen ziemlich interessanten Titel, wurde aber trotzdem – wie das meiste von Romberg A und praktisch alles von Romberg B – zur Fußnoten-Fundstelle für Musikwissenschaftler mit zu viel Tagesfreizeit. Seine Kantate auf Schillers »Lied von der Glocke« wurde 1809 in Hamburg uraufgeführt und hielt sich immerhin jahrzehntelang in

Spielplänen. In der Hansestadt gehalten hat Romberg A das allerdings nicht: 1815 übernahm er Spohrs Hofkapellmeister-Posten in Gotha.

Ein Paradebeispiel für gegenseitige Inspiration ist ausgerechnet jener Komponist, der über sich selbst sarkastisch-selbstmitleidig, aber richtig zu mosern pflegte, er sei in Hamburg ebenso unbekannt wie unaufgeführt: György Ligeti. Zu seinen Schlüsselwerken gehört eine Kammermusik-Arbeit, die in Form und Haltung provokant deutlich eine Rolle rückwärts ins 19. Jahrhundert mitdenkt. Sein Trio für Violine, Horn und Klavier, dem er, mit vollster Absicht auf Gegenwind, den Titel »Hommage à Brahms« verpasste, wegen dessen Opus 40 mit eben dieser Kammermusik-Besetzung. Ein Trio, in dem er, als erste sehr ligetieske Pointe zum Einstieg, nicht Brahms, sondern Beethoven zitierte: leicht verbogene Quinten, als Anspielung auf den Beginn der »Les Adieux«-Klaviersonate. Grundsätzlich war Ligeti kein allzu großer Freund des Blicks in den stilistischen Rückspiegel. Doch Brahms' Trio, mit dem er auch Trauerarbeit über den Tod der geliebten Mutter leistete, schwebte für Ligeti als »unvergleichliches Beispiel dieser Kammermusik-Gattung im Himmel. Mein Trio ist im späten 20. Jahrhundert entstanden und ist – in Konstruktion und Ausdruck – Musik unserer Zeit.« Die Harmonik nannte er, passenderweise, »schieftonal«. Dass er sich bei der Gestaltung Abzweigungen von den Form-Standardrouten gönnte, indem er auch afrikanische Elemente und Stilspuren der Musikszene des Balkans hineinwob, beschrieb er als »Aufmüpfigkeit gegen die etablierten Konventionen«. Scheuklappenträger seiner Zunft hatten ihn als »Verräter an der Avantgarde« vorverurteilt. Doch als das Trio 1982 in Bergedorf uraufgeführt wurde (unter dem Premierenpublikum: Helmut Schmidt plus Gattin Loki), verbuchte die Kritik nur »zwei winzige Zornesrufe«. Als man Ligeti 1988 die Ehrenplatte der Freien Akademie der Künste verlieh, stichelte der Frischgeehrte in seiner Dankesrede: »*Ich betone, ich habe Hamburg freiwillig gewählt, aber ich wusste nicht so genau, was auf mich zukommt. In Hamburg gibt es wunderbare Leute. Es gibt eine Bürgerschicht. Es gibt viele Intellektuelle. Es gibt viele Professoren. Es gibt viele Künstler. Irgendwie gibt es aber keine richtige Atmosphäre – jedenfalls keine richtige Atmosphäre für die schaffenden Künstler.*« Und dennoch – oder vielleicht auch: gerade deswegen – tauchte das H-Wort noch ein weiteres Mal prominent in Ligetis Werkkatalog auf: Beim »Hamburgischen Hornkonzert«, das 2001 Bestandteil eines »das neue werk«-Festivals zum 50. Geburtstag dieser NDR-Konzertreihe war. Sieben Sätze, ein extrem anspruchsvoller Solo-Horn-Part und im Begleitorchesterchen vier unterschiedlich gestimmte Naturhörner, um die Latte angemessen hoch zu legen. Die Arbeit daran beschrieb Ligeti als »mehrdimensionales Kreuzworträtsel«, als »Zirkus ohne Netz«. Und warum Hamburg, trotz der Hassliebe? O-Ton Ligeti: »*Die Uraufführung sollte in Hamburg stattfinden und der Werktitel auf Hamburg hinweisen. Ich dachte mir: Bach widmete seine sechs Concerti grossi dem Markgrafen von Brandenburg, warum soll ich mein Hornkonzert nicht der Freien Hansestadt Hamburg zueignen?*« Die Neugierde war so groß, dass für die Premiere im Rolf-Liebermann-Studio Eintrittskarten gefälscht wurden, um auch ja keinen Ton zu verpassen.

Liebermann, die legendäre Mehrfach-Begabung als Staatsopern-Chef und Komponist, ist das perfekte Stichwort, um auf einen anderen Multitasker zu kommen: Peter Ruzicka, 1948 in Düsseldorf geboren, aber später zum Gefühls-Hanseaten gereift. Einerseits Jurist und von 1988 bis 1997 Intendant der Staatsoper, später leitete er u. a. auch die Salzburger Festspiele. Andererseits Komponist (und Dirigent, oft seiner eigenen Werke, mit großem Engagement ein Anwalt für das Werk des Schweden Gustaf Allan Pettersson). Ruzickas Musik ist gut, sehr gut durchdacht, auf jeder nur denkbaren Ebene, hin und wieder mit einem ausgeprägten Hang zu Hölderlin. Das entsprechende Grübeln sieht man den Werktiteln mitunter an, da sie gern mit drei Punkten beginnen und drei Punkten enden. »Ein Komponist ist ja wie eine Schildkröte«, sagte er mir vor einigen Jahren in einem Interview: »Der schreibt manchmal für eine Minute Musik eine ganze Woche, muss dabei aber immer die spätere Erlebniszeit von nur einer Minute bedenken.«

Also, wir nähern uns dem Ende unserer Suche nach einer Allzweck-Replik, noch mal gefragt: Wofür steht Hamburg musikalisch, oder, zugespitzt formuliert: In welcher Tonart schreibt man eigentlich am besten »Moin!«? Die wahrscheinlichste, womöglich sogar anständigste: keine Ahnung. Ist aber auch egal. Gute Musik sollte überall komponiert werden, je mehr davon, desto besser. Und falls es auf der anderen Seite des Tors zur Welt passiert sein sollte: auch kein Beinbruch. Da sind wir hier ganz entspannt großzügig und orientieren uns an Carl Philipp Emanuel Bachs Einstellung, der 1772 an Charles Burney geschrieben hatte: »*Wenn auch die Hamburger nicht alle so große Kenner und Liebhaber der Musik sind, als Sie und ich es wünschen mögen, so sind die meisten sehr gutherzige und umgängliche Personen, mit denen man ein angenehmes und vergnügtes Leben führen kann.*«

...es ist immer wieder eine Freude, hier in Hamburg zu spielen! Vielen Dank!

Auryn Quartett

Lieber Ludwig,
Vielen Dank und Herzliche Grüße
Große Freude zu plaudern über Schostakovitsch

Konzerte auf dem Wasser sind schon etwas Besonderes, vielen Dank für die Einladung! Hat Spaß gemacht!

LIEBE KAMMERMUSIKFREUNDE,
HERZLICHEN DANK FÜR DIE EINLADUNG IN DIESEN TOLLEN, VOLLEN SAAL!
DER FRENETISCHE APPLAUS WIRD UNS NOCH LANGE IN DEN OHREN NACHKLINGEN!
HERZLICHEN DANK UND AUF BALD,
NOTOS QUARTETT

Мы очень благодарны за такой теплый прием...
Спасибо!

QBT

Wunderbar "Resonanz" raum Hamburg
Sehr schöne Programm!!
Herzlichen vielen Dank!!
1st Vn. Tsuyoshi Moriya

23 März 2017
Cherubini love ♥

Danke

Vielen herzlichen Dank!!!
Rieko Matsumoto

HAMBURGISCHE VEREINIGUNG VON FREUNDEN DER KAMMERMUSIK

WER WAR ZU GAST?
1922–1932 | 1945–2022

ZUSAMMENGESTELLT VON CHRISTOPH RUNGE

Rund 1.250 Konzerte hat die Hamburgische Vereinigung von Freunden der Kammermusik seit ihrer Gründung im Jahr 1922 veranstaltet. Einen Überblick über die lange Reihe von Musikerinnen, Musikern und Ensembles, die dabei aufgetreten sind, gibt die nachfolgende Übersicht. Anspruch auf Vollständigkeit erhebt sie zwar nicht. Besonders aus den zwanziger Jahren, aber vereinzelt auch aus der zweiten Hälfte der Vierziger, als es unter den herausfordernden Bedingungen der Nachkriegszeit darum ging, die nach dem Ende des Nationalsozialismus gerade erst reanimierte Veranstaltungsreihe neu zu etablieren, ist nicht jedes Konzert vollständig rekonstruierbar. Dennoch vermittelt die Darstellung einen detaillierten Eindruck davon, wie sehr das einst erklärte Ziel der Kammermusikfreunde, das kammermusikalische Repertoire in seiner ganzen Vielfalt und in den bestmöglichen Interpretationen zu repräsentieren, zu allen Zeiten Gültigkeit besessen hat.

Die tabellarische Aufstellung der Ausführenden ist in die Zeiträume 1922–1932 und 1945–2022 unterteilt und alphabetisch sowie nach kammermusikalischen Besetzungen sortiert. Sie enthält die Ausführenden sämtlicher Abonnements- und Sonderkonzerte mit Ausnahme einiger Sonderprojekte, die sich mittlerweile als Reihen etabliert haben und die im Anschluss an die Tabelle in einer eigenen Aufstellung zusammengefasst sind (S. 440–442). Da in den Konzerten dieser Reihen häufig nicht nur ein Ensemble, sondern eine Vielzahl von Interpretinnen und Interpreten in wechselnden Zusammensetzungen zum Einsatz kamen, wäre die nach Besetzungen sortierte Tabelle den Ausführenden dieser Konzerte nicht gerecht geworden.

Nicht in der Übersicht enthalten sind diejenigen Konzerte und Veranstaltungen, deren Fokus nicht auf der Kammermusik lag und deren Besetzungen sich der Systematik der Aufstellungen entzogen. Im Einzelnen sind dies vier Konzerte mit Vokal- und Instrumentalmusik des Barock (1946–48) sowie je eine Aufführung von Strawinskys »Geschichte vom Soldaten« (1947), Bachs »Musikalischem Opfer« (1947) und Pergolesis »Stabat Mater« (1948). Außerdem gehören dazu ein Janáček-Abend mit dem »Tagebuch eines Verschollenen« (1966) sowie die von Hermann Voss, dem Bratscher des Melos Quartetts, und Barbara Wojciechowska-Voss präsentierten musikalisch-pantomimischen »Marionetten- und Maskenspiele« (2001). Aus der jüngeren Vergangenheit gehört schließlich das von Ludwig Hartmann moderierte Gesprächskonzert mit Anita Lasker Wallfisch (2015) in diese Reihe, in dem die Cellistin und Holocaust-Überlebende kurz vor ihrem 90. Geburtstag in einem Drei-Generationen-Gespräch mit ihrem Sohn Raphael Wallfisch (Violoncello) und ihrem Enkel Simon Wallfisch (Violoncello und Bariton) auf ihr bewegtes Leben zurückblickte.

1922–1932

STREICHQUARTETTE	Mitwirkend	Auftritte
Amar Quartett		3
Bandler Quartett		4
	Artur Schnabel, Klavier	1
Böhmisches Streichquartett		1
Budapester Streichquartett		2
Busch Quartett		7
Buxbaum Quartett		2
Capet Quartett		3
Dresdner Streichquartett		1
Glasunoff Quartett		2
Guarneri Quartett		5
Havemann Quartett		1
Klingler Quartett		11
	Conrad Hansen, Klavier	1
Kolisch Quartett		4
Léner Quartett		5
Londoner Streichquartett		1
Peter Quartett		1
Prisca Quartett		1
Pro Arte Quartett		1
Rosé Quartett		1
Roth Quartett		1
Wendling Quartett		8

WEITERE ENSEMBLES	Mitwirkend	Auftritte
Bläservereinigung der Philharmonischen Gesellschaft, Hamburg		1
Edwin Fischer und Kammerorchester	Jakob Sakom, Violoncello	1
Hermann Abendroth und Kölner Kammerorchester	Julia Menz, Cembalo Riele Queling, Violine	1
Licco Amar, Violine | Günther Ramin, Cembalo		1
Paul Grümmer und Kammerorchester		1
Société des Instruments Anciens		1

1945–2022

STREICHTRIOS	Mitwirkend	Auftritte
Belcanto Strings		1
	Ariane Haering, Klavier	2
Carter String Trio	Léon Goossens, Oboe	1
Gaede Trio	Sharon Bezaly, Flöte	2
Jacques Thibaud Trio	Andrei Banciu, Klavier	1
Münchner Streichtrio		3
	Ralf Gothóni, Klavier	1
	Ralf Gothóni, Klavier	
	Georg Hörtnagel, Kontrabass	1
	Antonio Spiller, Violine	
	Adelheid Böckeler, Viola	2
Reger Trio		2
	Renate Greiss, Flöte	2
	Konstanze Eickhorst, Klavier	1
Streichtrio Bernhard Hamann, Violine Fritz Lang, Viola Bernhard Günther, Violoncello		1
	Helmut Eggers, Oboe	1
Streichtrio Julian Rachlin, Violine Maxim Rysanov, Viola Mischa Maisky, Violoncello		1
Streichtrio Erich Röhn, Violine Reinhard Wolf, Viola Arthur Troester, Violoncello	Margot Guilleaume, Sopran Helmut Eggers, Oboe	1
Trio d'Archi di Roma		1
Trio Italiano d'Archi		8
Trio Zimmermann		1
Zürcher Streichtrio	Irena Grafenauer, Flöte	1

STREICHQUARTETTE	Mitwirkend	Auftritte
Ad Libitum Quartett		2
Alban Berg Quartett		9
Allegri String Quartet		2
	Karl Engel, Klavier	1
Amadeus Quartett		27
	Heinrich Geuser, Klarinette	
	Conrad Hansen, Klavier	1
	Jost Michaels, Klarinette	1
	Conrad Hansen, Klavier	1
	Cecil Aronowitz, Viola	8
	Rainer Moog, Viola	1
	William Pleeth, Violoncello	2
Amati Quartett		2
American String Quartet		3
	Sharon Kam, Klarinette	4
Armida Quartett		1
	Quatuor Modigliani	1
Artemis Quartett		7
	Christine Whittlesey, Sopran	1
	Matan Porat, Klavier	1
Aris Quartett		1
Artis Quartett		1
Asasello Quartett	Edna Stern, Klavier	1
Atrium Quartett		3
Auryn Quartett		11
	Tabea Zimmermann, Viola	2
	Klenke Quartett	1
Bartholdy Quartett		2
Bartók Quartett		22
	Ferenc Tarjáni, Horn	1
Barylli Quartett		2
Beethoven Quartett		1
Belcea Quartet		4
	Michael Collins, Klarinette	1
	Elisabeth Leonskaja, Klavier	1
	Nicolas Bone, Viola	
	Antonio Meneses, Violoncello	1
	Quatuor Ébène	1
Bennewitz Quartett		1

STREICHQUARTETTE	Mitwirkend	Auftritte
Benthien Quartett		1
	Rolf Irmisch, Klarinette	1
	Jost Michaels, Klarinette	1
Bonner Streichquartett		1
Borodin Quartett		8
Brahms Quartett		3
	Detlef Kraus, Klavier	1
Brandis Quartett		11
Brentano String Quartet		2
Buchberger Quartett		7
Carmina Quartett		6
	Wolfgang Meyer, Klarinette	2
Casal Quartett		1
	Jens Peter Maintz, Violoncello	1
Cherubini Quartett		2
	Sabine Meyer, Klarinette	3
	Wolfgang Meyer, Klarinette	3
Chilingirian Quartet		2
Cleveland Quartet		6
Cuarteto Casals		3
	Pepe Romero, Gitarre	
	Carissa Romero, Kastagnetten	1
Danish String Quartet	David Orlowsky, Klarinette	1
Delmé Quartett		7
Doric String Quartet		2
	Nadja Reich, Violoncello	1
Drolc Quartett	Heinrich Geuser, Klarinette	1
Éder Quartett		3
Emerson String Quartet		14
	Menahem Pressler, Klavier	3
Endellion String Quartet		2
	Radovan Vlatković, Horn	4
	James Boyd, Viola	1
Fine Arts Quartet		7
Franz Schubert Quartett		3
Gewandhaus Quartett		3
	Menahem Pressler, Klavier	1
	Dorothea Hemken, Viola	
	Andreas Timm, Violoncello	1
Glinka Quartett		3
Griller Quartett		1

STREICHQUARTETTE	Mitwirkend	Auftritte
Guarneri Quartet		7
Hagen Quartett		8
	Sol Gabetta, Violoncello	1
Hamann Quartett		11
	Dorothy Dorow, Sopran	1
	Lisa Schwarzweller, Sopran	
	Günther Lemmen, Viola	1
	Rudolf Irmisch, Klarinette	
	Alfred Franke, Fagott	
	Rolf Lind, Horn	
	Ernst Doberitz, Viola	
	Josef Lippert, Kontrabass	1
	Rudolf Irmisch, Klarinette	
	Georg Schopenhauer, Fagott	
	Willi von Stemm, Horn	
	Heinrich Schüchner, Violoncello	
	Herbert Seewald, Kontrabass	1
	Jost Michaels, Klarinette	2
	Heinz Mönnig, Klarinette	
	Alfred Franke, Fagott	
	Rolf Lind, Horn	
	Robert Goetz, Kontrabass	1
	Albert Döscher, Horn	
	Rainer Zipperling, Klavier	
	Margot Hamann, Violine	1
	Rolf Lind, Horn	
	Ernst Doberitz, Viola	
	Gerhard Hamann, Violoncello	1
	Ferry Gebhardt, Klavier	1
	Conrad Hansen, Klavier	
	Erich Sichermann, Viola	
	Arthur Troester, Violoncello	1
	Hans Priegnitz, Klavier	1
	Ernst Doberitz, Viola	3
	Ernst Doberitz, Viola	
	Arthur Troester, Violoncello	1
	Kurt Heinemann, Viola	1
	Karl Walther, Viola	1
	Karl-Heinz Weißhaupt, Viola	
	Gerhard Hamann, Violoncello	1
Hamburger Streichquartett		1

STREICHQUARTETTE	Mitwirkend	Auftritte
Henschel Quartett		1
	Maxim Rysanov, Viola	1
Janáček Quartett		6
Jerusalem Quartet		2
	Hila Baggio, Sopran	1
Joachim Quartett		5
Juilliard String Quartet		12
Kapralova Quartett	Skampa Quartett	1
Kelemen Quartett	Menahem Pressler, Klavier	1
Keller Quartett		2
Klenke Quartett	Auryn Quartett	1
Kocian Quartett		4
	Jan Pěruška, Viola	2
Koeckert Quartett		22
	Christa Ludwig, Alt	1
	Jost Michaels, Klarinette	3
	Christoph Eschenbach, Klavier	
	Georg Hörtnagel, Kontrabass	1
	Magda Rusy, Klavier	2
	Fritz Lang, Viola	1
	Georg Schmid, Viola	3
	Siegfried Palm, Violoncello	1
Kopenhagener Streichquartett		1
Kreuzberger Streichquartett		11
	Ulf Rodenhäuser, Klarinette	1
Kuss Quartett		16
	Sharon Kam, Klarinette	1
	Miklós Perényi, Violoncello	1
Lark Quartet		6
LaSalle String Quartet		16
Leipziger Streichquartett		3
Loewenguth Quartett		4
London Haydn Quartet		2
	Eric Hoeprich, Klarinette	1
Lotus String Quartet	Konrad Elser, Klavier	1
	Wolfgang Boettcher, Violoncello	1
Mandelring Quartett		5
	Ian Fountain, Klavier	2
	Lauma Skride, Klavier	1
Manfred Quartett		2
Mannheimer Streichquartett		1

STREICHQUARTETTE	Mitwirkend	Auftritte
Manoliu Quartett		1
Melos Quartett		22
	Ulf Rodenhäuser, Klarinette	1
	Enrique Santiago, Viola	2
	Klaus Storck, Violoncello	2
Miami String Quartet		2
Minetti Quartett	Felix Klieser und Sarah Willis, Horn	1
Minguet Quartett		1
	Hariolf Schlichtig, Viola	1
Miró String Quartet		1
Muir String Quartet		6
	Gisèle Magnan, Klavier	2
Neues Prager Streichquartett		1
Neues Ungarisches Streichquartett		4
New Music String Quartet		1
Nomos Quartett		1
Novak Quartett		5
Orion String Quartet		2
	Ida Kavafian, Viola	4
Orlando Quartett		1
Orpheus Quartett		3
	Menahem Pressler, Klavier	1
Pacifica Quartet		2
Panocha Quartett		12
Parrenin Quartett		4
Pascal Quartett		1
Pavel Haas Quartett		2
	Martin Kasík, Klavier	1
Peter Quartett		1
Petersen Quartett		3
	Steven Osborne, Klavier	2
Prager Streichquartett		6
Pražák Quartett		10
	Evgeni Koroliov, Klavier	2
	Petr Holman, Viola	1
Pro Arte Quartett, Salzburg		3
Quartetto di Cremona		1
Quartetto di Fiesole		2
Quartetto Italiano		25
Quatuor Danel		5
	Olga Scheps, Klavier	1

STREICHQUARTETTE	Mitwirkend	Auftritte
Quatuor Ébène		6
	Menahem Pressler, Klavier	1
	Belcea Quartet	1
Quatuor Hermès		1
	Gregor Sigl, Viola	1
Quatuor Modigliani	Daniel Müller-Schott, Violoncello	1
	Armida Quartett	1
Quatuor Mosaïques		2
Quatuor Ysaÿe		2
Radelow Quartett		2
	Jost Michaels, Klarinette	1
	Jost Michaels, Klarinette Karl Walther, Viola Wolfram Hentschel, Violoncello	1
Ridge Quartett		2
Schäffer Quartett	Paul Blöcher, Klarinette	1
Schneiderhan Quartett		5
	Fritz Lang, Viola	1
	Oswald Uhl, Violoncello	1
Schumann Quartett		1
	Pablo Barragán, Klarinette	1
	Menahem Pressler, Klavier	1
Shanghai Quartet		2
Signum Quartett		1
	Nils Mönkemeyer, Viola	1
Skampa Quartett	Kapralova Quartett	1
Smetana Quartett		16
	Marek Jerie, Violoncello	2
St. Lawrence String Quartet		1
Strauß Quartett		1
Streichquartett 66		1
Streichquartett Kiyoshi Okayama, Violine Yoshiko Hattori, Violine Hirofumi Fukai, Viola Claus Kanngießer, Violoncello		1
	Fritz Lang, Viola	1
Stross Quartett		2
	Fritz Lang, Viola	1
	Alexander Presuhn, Viola Oswald Uhl, Violoncello	1
Strub Quartett		1

STREICHQUARTETTE	Mitwirkend	Auftritte
Szymanowski Quartett		1
Takács Quartet		16
Talich Quartett		1
Tempera Quartett		1
Tetzlaff Quartett		4
Tokyo String Quartet		15
Tschechisches Streichquartett		2
Ungarisches Streichquartett		13
Végh Quartett		16
Verdi Quartett		1
	Bruno Giuranna, Viola	2
	Martin Lovett, Violoncello	2
Vermeer Quartet		3
Vision String Quartet		3
Vlach Quartett		10
Vogler Quartett		9
	Tatjana Masurenko, Viola	1
	Daniel Müller-Schott, Violoncello	1
Weller Quartett		2
Wiener Konzerthaus Quartett		1
Wihan Quartett		4
Wilanow Quartett		3
	Christian Elsas, Klavier	1
Zehetmair Quartett		1
Zernick Quartett		1

STREICHQUINTETTE	Mitwirkend	Auftritte
Quintetto Boccherini		1

STREICHSEXTETTE	Mitwirkend	Auftritte
Apollon Sextett		1
Raphael Ensemble		2
Wiener Streichsextett		6
Führer Sextett		6
	Folkert Daneke und Werner Hansen, Violine	2

KLAVIERTRIOS	Mitwirkend	Auftritte
Abegg Trio		4
Beaux Arts Trio		45
Brahms Trio, Hamburg/Wien	Barbara Westphal, Viola	2
Brahms Trio, Moskau		1
Brahms Trio, Würzburg		1
	John Underwood, Viola	2
	Anton Weigert, Viola	
	Georg Hörtnagel, Kontrabass	1
Florestan Trio		2
Guarneri Trio		7
	Karine Lethiec, Viola	1
Jess Trio Wien		5
Klaviertrio Nicholas Angelich, Klavier Renaud Capuçon, Violine Daniel Müller-Schott, Violoncello		1
Klaviertrio Martha Argerich, Klavier Janine Jansen, Violine Mischa Maisky, Violoncello		1
Klaviertrio Elena Bashkirova, Klavier Michael Barenboim, Violine Julian Steckel, Violoncello		1
Klaviertrio Markus Becker, Klavier Veronika Eberle, Violine Alban Gerhardt, Violoncello		1
Klaviertrio Eckart Besch, Klavier Thomas Brandis, Violine Wilfried Böttcher, Violoncello		1
Klaviertrio Ferry Gebhardt, Klavier Bernhard Hamann, Violine Bernhard Günther, Violoncello		1
Klaviertrio Conrad Hansen, Klavier Erich Röhn, Violine Arthur Troester, Violoncello		6
	Gerhard Otto, Flöte	
	Erich Sichermann, Viola	
	Josef Lippert, Kontrabass	1
	Heinrich Geuser, Klarinette	1
	Jost Michaels, Klarinette	3
	Rolf Lind, Horn	
	Gerhard Maasz, Klavier	1

KLAVIERTRIOS	Mitwirkend	Auftritte
	Gerhard Maasz, Klavier Ernst Doberitz, Viola	1
	Reinhard Wolf, Viola	3
	Reinhard Wolf, Viola Herbert Seewald, Kontrabass	1
Klaviertrio Martin Helmchen, Klavier Antje Weithaas, Violine Marie-Elisabeth Hecker, Violoncello		1
Klaviertrio Michael Ponti, Klavier Robert Zimansky, Violine Jan Polasek, Violoncello		1
Klaviertrio Anna Vinnitskaya, Klavier Emmanuel Tjeknavorian, Violine Daniel Müller-Schott, Violoncello		1
Klaviertrio Christian Zacharias, Klavier Ulf Hoelscher, Voline Heinrich Schiff, Violoncello		1
Kontarsky Trio		2
Leonardo Trio		1
Moritzburg Festival Ensemble		1
Oberon Trio		1
	Shirley Brill, Klarinette	1
Odeon Trio		3
Sitkovetsky Piano Trio		1
	Katerina Tretyakova, Sopran Maria Hartmann, Rezitation	1
Storioni Trio		1
Stuttgarter Klaviertrio		7
Suk Trio		4
Tecchler Trio		1
Trio con Brio Copenhagen		1
Trio di Trieste		14
Trio Fontenay		14
Trio Jean Paul		4
Trio Kreisleriana		1
Trio Opus 8		1
Trio Parnassus		1
Trio von der Goltz		1
	Jost Michaels, Klarinette	1
	John Underwood, Viola	2
Trio Wanderer		3

KLAVIERQUARTETTE	Mitwirkend	Auftritte
Busoni Ensemble		1
Fauré Quartett		4
	Nabil Shehata, Kontrabass	1
Jess Stradivarius Quartett		1
Klavierquartett Wu Han, Klavier Daniel Hope, Violine Paul Neubauer, Viola David Finckel, Violoncello		1
Los Angeles Piano Quartet		1
Mariani Klavierquartett		1
Menuhin Festival Piano Quartet		5
Mozart Piano Quartet		1
Notos Quartett		1
Quartetto Beethoven di Roma		11
Quartetto di Roma		5
Robert Masters Quartet		1

KLAVIERQUINTETTE	Mitwirkend	Auftritte
Nash Ensemble		1
Quintetto Chigiano		1
Schumann Ensemble		1
Warschauer Klavierquintett		5

KLAVIERDUOS	Mitwirkend	Auftritte
Alfons und Aloys Kontarsky		1
	Christoph Caskel und Heinz König, Schlagzeug	2
Christoph Eschenbach | Justus Frantz		2
Conrad Hansen | Ferry Gebhardt		1
Güher und Süher Pekinel		1
Ingeborg und Reimer Küchler		1

SONSTIGE DUOS	Mitwirkend	Auftritte
Cello Duello		1
Duo Runge & Ammon		3
Christiane Iven, Sopran András Schiff, Klavier		1
Viktoria Yastrebova, Sopran Lilya Zilberstein, Klavier		1
Christoph Prégardien, Tenor Cyprien Katsaris, Klavier		1
Lothar Ostenburg, Bariton Günther Weißenborn, Klavier	Christoph Bitter, Sprecher	1
Ingrid Koch, Flöte Eliza Hansen, Cembalo		1
Yasushi Abe, Violine Karl Bergemann, Klavier		1
Tanja Becker-Bender, Violine Markus Becker, Klavier		1
Tanja Becker-Bender, Violine Oliver Kern, Klavier		1
Tanja Becker-Bender, Violine Péter Nagy, Klavier		2
Fanny Clamagirand, Violine Edna Stern, Klavier		1
Conrad von der Goltz, Violine Kirsti Hjort, Klavier		1
Isabelle van Keulen, Violine und Viola Ulrike Payer, Klavier		1
Young Uck Kim, Violine Christoph Eschenbach, Klavier		1
Josef Suk, Violine Eliza Hansen, Cembalo		1
Henryk Szeryng, Violine Eliza Hansen, Cembalo		1
David Geringas, Viola da Gamba Eliza Hansen, Cembalo		1
Sol Gabetta, Violoncello Lauma Skride, Klavier		1
David Geringas, Violoncello Keiko Tamura, Klavier		1
Bernhard Günther, Violoncello Ferry Gebhardt, Klavier		1

SONSTIGE DUOS	Mitwirkend	Auftritte
Ludwig Hoelscher, Violoncello Adrian Aeschbacher, Klavier		1
Ludwig Hoelscher, Violoncello Jörg Demus, Klavier		1
Michal Kanka, Violoncello Rumi Itoh, Klavier		1
Enrico Mainardi, Violoncello Carlo Zecchi, Klavier		1
Antonio Meneses, Violoncello Menahem Pressler, Klavier		1

SOLISTINNEN/SOLISTEN	Mitwirkend	Auftritte
Charles Letestu, Orgel		1
Eliza Hansen, Cembalo		6
Menahem Pressler, Klavier		1
Ralph Kirkpatrick, Cembalo		10

WEITERE ENSEMBLES	Mitwirkend	Auftritte
Alliage Quintett	Sabine Meyer, Klarinette	1
Amadeus Ensemble		1
Aronowitz Ensemble		2
Bläserensemble Ludwigshafen	Christoph Eschenbach, Klavier	1
Bläserquintett Academia Prag	Christian Elsas, Klavier	1
Camerata Köln	Nuria Rial, Sopran	1
David Orlowsky Trio		1
Detmolder Bläserkreis		2
Ensemble Incanto		1
Faltenradio		1
Hamburger Flötenquartett		1
I Musici di Roma		1
Isabelle van Keulen Ensemble		1
Jerusalem International Chamber Music Festival Ensemble		1
Kammermusikkreis Lilli Friedemann		1
Linos Ensemble		2
Madrigal-Chor der Universität Cambridge		1
Mendelssohn Oktett		1
Neues Wiener Oktett		1

WEITERE ENSEMBLES	Mitwirkend	Auftritte
Philharmonische Kammervirtuosen, Wien		1
Philharmonische Solisten, Berlin		1
Philharmonisches Oktett, Berlin		1
Pro Musica Antiqua, Brüssel		3
Sirocco Saxophone Quartet		1
Tschechisches Nonett		2
Wiener Oktett	Adolf Scherbaum, Trompete	1

WEITERE BESETZUNGEN ohne gemeinsamen Ensemblenamen	Auftritte
Karl Bobzien, Block- und Querflöte | Margret Bobzien und Kurt Günther, Blockflöte Rita Hirschfeld, Cembalo | Erwin Grützbach, Viola da Gamba	1
Karl Bobzien, Flöte | Marie-Luise Bechert, Cembalo | Lilli Friedemann, Violine Erwin Grützbach, Viola da Gamba	1
Hans Brinckmann, Flöte | Gerhard Gregor, Cembalo | Bernhard und Margot Hamann, Violine | Erwin Grützbach und Wolfgang Krüger, Violoncello	1
Gareth Morris, Flöte | Eliza Hansen, Cembalo | Suzanne Rozsa, Violine Erwin Grützbach, Continuo	1
Kurt Redel, Flöte | Rose Stein, Harfe | Bernhard Hamann, Violine | Fritz Lang, Viola Heinrich Schüchner, Violoncello	1
Sharon Kam, Klarinette | Enrico Pace, Klavier | Daniel Müller-Schott, Violoncello	1
Sharon Kam, Klarinette | Isabelle van Keulen und Ulrike-Anima Mathé, Violine Volker Jacobsen, Viola | Gustav Rivinius, Violoncello	1
Sabine Meyer, Klarinette | William Youn, Klavier | Nils Mönkemeyer, Viola	1
Jost Michaels, Klarinette | Ilse Fromm-Michaels, Klavier | Ernst Doberitz, Viola Bruno Seesselberg, Violoncello	1

SONDERPROJEKT-REIHEN

AUF DEM WASSER
Bei den Kammerkonzerten an Bord der Hafenbarkasse »MS Commodore« geht es am Konzerttag sechsmal für jeweils eine Stunde elbauf- oder elbabwärts. Auf kleiner Fahrt zwischen großen Pötten geben drei Kammermusikformationen je zwei Konzerte.

16.6.2019
Esmé Quartett
Johann-Peter Taferner, Klarinette
  Heidi Luosujärvi, Akkordeon
  David Stromberg, Violoncello
  Stefania Secci, Kontrabass
David Orlowsky Trio

16.6.2018
Boccherini Trio
Asya Fateyeva, Saxophon
  Claudia Buder, Akkordeon
Dudok Kwartet Amsterdam

13.5.2017
Quatuor Voce
  Pierre Cussac, Bandoneon
Ebonit Saxophonquartett
Hellen Weiß, Violine
  Wen Xiao Zheng, Viola
  Gabriel Schwabe, Violoncello

30.4.2016
Stradivari Quartett
Tonali Cello Quartett
David Orlowsky Trio

20.9.2014
Nils Mönkemeyer, Viola
  Klaus-Dieter Brandt, Violoncello
  Andreas Arend, Theorbe
  Arno Schneider, Cembalo

Minetti Quartett
  Felix Klieser, Horn
Cello Duello

JUNGE INTERNATIONALE STREICHQUARTETTE
Ob Beethovens sechs Quartette op. 18 oder sämtliche Streichquartette von Béla Bartók: In diesen moderierten Konzerten präsentieren junge internationale Streichquartette aus der Klasse von Prof. Oliver Wille (Hochschule für Musik, Theater und Medien Hannover) Musikgeschichte. Dabei interpretiert jedes Ensemble nur ein Werk.

26.4.2018
Beethoven pur
Quartet Gerhard
Saygun Quartet
Marmen Quartet
Alma Micke, Violine
  Florian Bartl, Violine
  Francesca Rivinius, Viola
  Irene Liebau, Violoncello
Eszter Krució, Violine
  Julia Tramnitz, Violine
  Patrizia Messina, Viola
  Anna Hennig, Violoncello
Christy Chen, Violine
  Sebastian Nowack, Violine
  Susy Riminucci, Viola
  Tom Shelley, Violoncello

9.5.2017
3 x Beethoven und mehr
Quartet Gerhard
Quartetto Indaco
Pierrot Quartett
Zerkalo Quartett

12.5.2016
5 x Haydn
Lazarus String Quartet
Quartet Berlin – Tokyo
Quartetto Indaco
Zerkalo Quartett
Amelior Quartett

26.6.2015
Joseph Haydn – 6 auf einen Streich
Lazarus String Quartet
Quartet Gerhard
Quartet Berlin – Tokyo
Amelior Quartett
Quartetto Indaco
Daphnis Quartett

3.5.2014
Béla Bartók – 6 auf einen Streich
Boheme Quartett
Klee Quartett
Polnisches Quartett
Lazarus String Quartet
Quartet Berlin – Tokyo
Castalian String Quartet

KAMMERMUSIKFESTE
Der Name dieser Konzerte ist wörtlich zu nehmen: Bis zu sechs Stunden wird hier die Kammermusik gefeiert – in ihrer ganzen Vielfalt und in wechselnden Besetzungen. Dabei geht es keineswegs nur ernst zur Sache.

27.2.2022
Auryn Quartett | Azahar Ensemble | Elisabeth Brauß, Klavier | Simon Höfele, Trompete | Ulrich Wolff, Kontrabass

26.9.2021
Atos Klaviertrio | David Orlowsky, Klarinette | Schumann Quartett

31.10.2020
Deutsche Bläsersolisten | Amihai Grosz, Viola | Ragnhild Hemsing, Violine und Hardangerfiedel | Quatuor Modigliani | Julian Steckel, Violoncello | Maurice Steger, Blockflöte

23.9.2018
Jacques Ammon, Klavier | Asya Fateyeva, Saxophon | Nikolaus Habjan, Kunstpfeifer | Sebastian Küchler-Blessing, Orgel | Metamorphosen Berlin, Ltg.: Wolfgang Emanuel Schmidt | Quartetto di Cremona | Eckart Runge, Violoncello | Ines Schüttengruber, Klavier | Sumina Studer, Violine | Trio Shaham Erez Wallfisch | Ehrengast: Anita Lasker Wallfisch

4.3.2017
Paolo Bonomini, Violoncello | Renaud Capuçon, Violine | Cello Duello | Pierre Charial, Drehorgel | Ian Fountain, Klavier | Victor Garcia, Violoncello | Dag Jensen, Fagott | Christiane Karg, Sopran | Sabine Meyer, Klarinette | Daniel Müller-Schott, Violoncello | Sergei Nakariakov, Trompete | Vera Okhotnikova, Klavier | Quatuor Modigliani | Michael Riessler, Bassklarinette und Saxophon | Janina Ruh, Violoncello | Bruno Schneider, Horn | Signum Saxophone Quartet | Zusanna Sosnowska, Violoncello | Knut Erik Sundquist, Kontrabass | Ildikó Szabó, Violoncello | Trio di Clarone | Valentino Worlitzsch, Violoncello

KAMMERMUSIK PLUS

Hier wird die Aufführung von Kammermusik um eine zusätzliche künstlerische Disziplin erweitert. Musik tritt in Wechselwirkung mit Tanz, Licht, Video oder Rezitation, so dass Neues entsteht und aus dem Kontext mitunter eine überraschende Sicht auf das vermeintlich Bekannte erwächst.

15.3.2019
Stradivari Quartett
Melanie Borel, Oleksandr und
Sergiy Kirichenko, Tanz

3.2.2018
Vision String Quartet
Folkert Uhde, Licht und Video

25.11.2017
Vision String Quartet

23.3.2017
Quartet Berlin – Tokyo
Gustav Peter Wöhler und
Maria Hartmann, Rezitation

13.12.2016
Tanja Becker-Bender, Violine
Sebastian Klinger, Violoncello
Péter Nagy, Klavier
Gustav Peter Wöhler und
Maria Hartmann, Rezitation

19.3.2016
Shinichi Minami, Perkussion
Hsu-Chen Su, Klavier
Vasily Bystroff, Violoncello
Daniela Vega, Gesang
Flavio Salamanka, Tanz

16.1.2016
Kuss Quartett
Bas Böttcher, Rezitation

25.10.2015
Fauré Quartett
Dominique Horwitz, Rezitation

PORTRAITKONZERTE

Im Mittelpunkt dieser Konzerte steht jeweils eine herausragende Künstlerpersönlichkeit. Im Gespräch gibt sie Auskunft über sich und ihre Karriere. Musikalisch ist sie gemeinsam mit ihr eng verbundenen Musikerinnen und Musikern zu hören.

20.12.2021
Im Portrait: Eckart Runge, Violoncello
Jacques Ammon, Klavier
Deutsches Kammerorchester Berlin
Asya Fateyeva, Saxophon
Andreas Borregaard, Akkordeon
Esmé Quartett

7.6.2021
Im Portrait: David Geringas, Violoncello
Geringas Chamber Orchestra

28.1.2020
Im Portrait: Sharon Kam, Klarinette
Amaury Coeytaux, Violine
Ulrike-Anima Mathé, Violine
Volker Jacobsen, Viola
Gustav Rivinius, Violoncello
Württembergisches Kammerorchester
Heilbronn

SONDERPROJEKTE IN DER ÜBERSICHT

AUF DEM WASSER (s. S. 440)

DIE CELLISTIN VON AUSCHWITZ
(12.6.2015)
Ein beeindruckendes Drei-Generationen-Konzert zum 90. Geburtstag von Anita Lasker Wallfisch, das die Cellistin, die Auschwitz nur mit sehr viel Glück und dank ihres Cellospiels überleben konnte, nicht nur als beeindruckende Zeitzeugin, sondern im Gespräch mit Ludwig Hartmann auch als Mutter und Großmutter zeigte.

EXPLICA
(19.1.2007, 2.3.2007, 7.12.2007, 18.1.2008, 26.9.2008, 24.4.2009, 6.11.2009, 7.5.2010)
Mit den vom Kuss Quartett gespielten und von dessen Mitglied Oliver Wille lebendig moderierten Themenkonzerten setzte die Hamburgische Vereinigung von Freunden der Kammermusik ein besonderes inhaltliches Zeichen. Hochinteressante Aufführungen, die einen – leider zu kleinen – Kreis des Publikums nachhaltig begeisterten.

FESTIVAL-GRUSS
(18./19.9.2015)
Moritzburg, Jerusalem und Heimbach/Eifel: drei Synonyme für drei herausragende Kammermusikfestivals. Für den Cellisten Jan Vogler, die Pianistin Elena Bashkirova und den Geiger Christian Tetzlaff ist jeweils eines von ihnen eine Herzensangelegenheit. Quasi als Botschafter dieser Festivals präsentierten sich die drei bei einem Konzertwochenende in der Laeiszhalle – musikalisch mit den jeweiligen Festival-Ensembles und im Gespräch mit Ludwig Hartmann.

GROSSE PIANISTEN ALS LIEDBEGLEITER
(5.–7.6.2015)
Das Wort »Begleiter« setze den gleichwertigen Pianisten herab und sollte getilgt werden, so Sir András Schiff im Gespräch in der Laeiszhalle. Auch wenn das Lied nicht gerade zum Kernrepertoire der Konzerte der Hamburgischen Vereinigung von Freunden der Kammermusik gehört, so war dieses Wochenende doch ein vielbeachtetes, spannendes und inhaltlich breit gestreutes Projekt.

JUNGE INTERNATIONALE STREICHQUARTETTE (s. S. 440)

KAMMERMUSIKFESTE (s. S. 441)

KAMMERMUSIK PLUS (s. S. 442)

NICHT NUR KLASSISCH
(27.11.2019, 14.1.2020, 27.12.2021, 27.3.2022)
Nicht billiges Crossover, sondern herausragende »klassische« Musikerinnen und Musiker, die sich deutlich und fundiert über enge Klassik-Grenzen gekonnt hinaus wagen, prägen diese Konzerte. Kein Wunder, dass sie große Publikumsresonanz erfahren und auch jüngere Menschen anziehen.

PLANTEN UN BLOMEN
(8.8.2020, 15.8.2020, 22.8.2020)
Ursprünglich eine Corona-Notlösung, die aber voll aufging und dem Publikum, auch demjenigen, das nur zufällig vorbeikam, in der herrlichen Park-Atmosphäre höchst unterschiedliche Musik und Musizierende der Spitzenklasse bot.
Das alles mal bei sommerlicher Hitze, mal bei Platzregen. Open Air eben.

PORTRAITKONZERTE (s. S. 442)

SCHOSTAKOWITSCH!
(17.–19.4.2015)
Ein Kammermusik-Marathon intensivster Art, in dessen Zentrum sämtliche 15 Streichquartette an einem Tag standen. Daneben gab es die Trios sowie die Streichersonaten und ein hochspannendes Gespräch mit dem Cellisten David Geringas, der seine persönlichen Erinnerungen an Begegnungen mit Dmitri Schostakowitsch am Moskauer Konservatorium lebendig und eindrucksvoll schilderte.

MIECZYSŁAW WEINBERG
(11.–13.10.2019)
Zum 100. Geburtstag von Mieczysław Weinberg kamen das Quatuor Danel und der Weinberg-Forscher David Fanning in die Elbphilharmonie. In fünf Konzerten waren sämtliche 17 Streichquartette des weitgehend vergessenen Komponisten zu erleben, jeweils mit einem vorangestellten einordnenden Gespräch zwischen Ludwig Hartmann und David Fanning.

DER VORSTAND SEIT DER NEUGRÜNDUNG 1945

VORSTANDSMITGLIEDER 1945–2022

Wilhelm C. H. Möller	1945–1973	Frank Wrobel	1995–2011
Adolfo Jiménez-Berroa	1945–1960	Dr. Alexander Odefey	1995–2012
Dr. Ernst Framheim	1945–1955	Herbert Sedlacek	2004–2016
Claus-Gottfried Holthusen	1955–1958	Martin Huber	2011–
Wilhelm Wulkop	1958–1973	Dr. Helmut Büchel	2012–2015
Eduard Söring	1960–1988	Ludwig Hartmann	2012–
Carl Rudolf Jung	1969–2004	Dr. Søren Pietzcker	2012–
Florentin Klimsch	1969–1995	Jens Golimbus	2015–2021
Klaus Brügmann	1988–2012	Irmtraud Baumgarte	2021–

DIE VORSITZENDEN 1945–2022

Wilhelm C. H. Möller	1945–1973	Klaus Brügmann	2004–2012
Carl Rudolf Jung	1973–2004	Ludwig Hartmann	2012–

KOOPERATIONSPARTNER

MEDIENPARTNER:

DANK

Viele Menschen haben sich in den vergangenen 100 Jahren um unsere Vereinigung verdient gemacht, einige stachen hervor. Stellvertretend sei Herbert Sedlacek genannt, lange Jahre Schatzmeister und uneigennützig tatkräftig für die Hamburgische Vereinigung von Freunden der Kammermusik engagiert bis zu seinem überraschenden, viel zu frühen Tod im Frühjahr 2021.

Ebensolcher Dank gilt Joachim Nerger und seiner Künstleragentur »Sudbrack Musik« für die seit Jahren hervorragende Zusammenarbeit.

BIOGRAPHIEN

Eckart Altenmüller ist Direktor des Instituts für Musikphysiologie und Musiker-Medizin an der Hochschule für Musik, Theater und Medien in Hannover. Er ist ausgebildet als Neurologe und Flötist und befasst sich mit den hirnphysiologischen Grundlagen des Musizierens und der Musikwahrnehmung und der emotionalen Verarbeitung von Musik. Publikation: Eckart Altenmüller, *Vom Neandertal in die Philharmonie. Warum der Mensch ohne Musik nicht leben kann*, Springer Verlag, Heidelberg, 2018

Nicolas Altstaedt, Preisträger internationaler Wettbewerbe, ist der Sohn deutsch-französischer Eltern. Studium an der Hochschule für Musik Hanns Eisler Berlin bei Boris Pergamenschikow und Eberhard Feltz. Er konzertiert weltweit als Solist und begeisterter Kammermusiker. Seit 2012 ist Altstaedt künstlerischer Leiter des Kammermusikfestes Lockenhaus, seit 2016 hat er eine Professur für Cello an der Berliner Hochschule für Musik Hanns Eisler inne.

Andreas Arndt wurde in Heidelberg geboren. Erster Klavierunterricht mit fünf Jahren. Mit zwölf Jahren Cellounterricht. Er ist Preisträger mehrerer Wettbewerbe und war Stipendiat etlicher Stiftungen. Er war 1981 Gründungsmitglied des Auryn Quartetts, dem er bis zu seiner Auflösung im Frühjahr 2022 angehörte und mit dem er weltweit konzertierte.

Elena Bashkirova wurde als Tochter des Pianisten Dmitri Bashkirov geboren. Studium am Tschaikowsky-Konservatorium in der Meisterklasse ihres Vaters. 1978 übersiedelte sie nach Paris. Sie konzertiert mit Orchestern wie den Berliner Philharmonikern, den Wiener Symphonikern und dem Israel Philharmonic Orchestra. Im Jahr 1998 gründete sie das Jerusalem International Chamber Music Festival. Bashkirova ist mit Daniel Barenboim verheiratet.

Geboren im Jahr 1974 in Chicago, erhielt **Jonathan Brown** im Alter von 4 Jahren ersten Musikunterricht. Sehr bald spielte er in verschiedenen Kammermusikensembles Bratsche. Er studierte bei Heidi Castleman, Martha Strongin Katz und Victoria Chiang, bevor er sein Master-Degree an der Julliard School bei Karen Tuttle bekam. Brown ist neben zahlreichen anderen Aktivitäten als Bratscher Mitglied im Cuarteto Casals.

Anselm Cybinski (*1967) studierte Violine in Köln und London. Zehn Jahre war er als Orchestermusiker tätig, danach als Lektor und Produzent für Plattenlabels sowie als Leiter der Konzertplanung beim Münchener Kammerorchester. Bis 2021 Intendant der Niedersächsischen Musiktage. Breit gefächerte journalistische Arbeit, darunter eine Podcast-Reihe mit Igor Levit für den Bayerischen Rundfunk.

Harald Eggebrecht studierte Literatur-, Musik- und Kunstwissenschaften in München und Berlin. Promotion 1978. 1981 bis 1987 Kulturredakteur beim NDR. Seit 1988 freier Autor mit besonderer Anbindung an die SZ. 1990/91 Redakteur bei *TransAtlantic*. Dozent an der Musikhochschule Franz Liszt Weimar. Juror bei internationalen Musikwettbewerben. Zahlreiche Veröffentlichungen u. a. *Große Geiger*, 2005; *Große Cellisten*, 2007.

Frank-Michael Erben wurde 1965 in Leipzig als Sohn des Cellisten Friedemann Erben und der Pianistin Mathilde Erben geboren. Erster Geigenunterricht mit 5 Jahren bei Klaus Hertel. 1987 wurde Erben mit 21 Jahren zum Ersten Konzertmeister des Gewandhausorchesters gewählt. Seit 1993 ist er auch Primarius des Gewandhaus-Quartetts. Er hat einen Lehrauftrag an der Hochschule für Musik und Theater »Felix Mendelssohn Bartholdy« Leipzig inne und ist auch als Dirigent tätig.

Der Cellist **Valentin Erben**, geb. 1945 in Österreich, studierte bei Walter Reichardt in München, Tobias Kühne in Wien und André Navarra in Paris. 1967 Grand Prix du Conservatoire de Paris, 1968 2. Preis beim Cellowettbewerb der ARD. 1970 Gründung des Alban Berg Quartetts, dem er bis zu dessen Ende 2008 angehörte. Professur für Cello an der Musikhochschule Wien und für Kammermusik in Köln. Über 70 CDs entstanden mit dem ABQ, darüber hinaus u. a. das Gesamtwerk Beethovens für Klavier und Cello mit Shani Diluka sowie die 6 Solosuiten von J. S. Bach.

Der 1940 in Breslau geborene **Christoph Eschenbach** hat als Pianist wie als Dirigent Weltkarriere gemacht. Entscheidende Impulse bekam er während seines Studiums bei Eliza Hansen und Wilhelm Brückner-Rüggeberg in Hamburg. Wichtige Mentoren waren George Shell und Herbert von Karajan. Eschenbach ist Ritter der Légion d'honneur, Commandeur des Arts et des Lettres und Träger des deutschen Bundesverdienstkreuzes. 2015 wurde er als Pianist und Dirigent mit dem Ernst-von-Siemens-Musikpreis ausgezeichnet.

Lucas Fels, Konzerttätigkeit in aller Welt, spielte über tausend Uraufführungen. Über 100 CDs mit Solo-und Kammermusik des 20. und 21. Jahrhunderts. Seit 2006 Cellist des *Arditti String Quartet* London. 1985 Mitinitiator des *ensemble recherche* Freiburg, Mitglied bis 2005. Seit 2013 Professur an der HfMDK in Frankfurt. Kurse und Lectures an zahlreichen Universitäten.

Eberhard Feltz wurde 1937 in Königsberg geboren. Er studierte Violine in Berlin bei Werner Scholz, später in Sankt Petersburg bei Michail Waiman. Feltz unterrichtet seit 1963 an der Musikhochschule Hanns Eisler Violine und Kammermusik, 1985 wurde er zum Professor ernannt. Als international gefragter Dozent förderte Feltz als Mentor u. a. das Vogler, Kuss-, Atrium- und Schumann Quartett wie auch das Quatuor Ébène.

David Fanning ist Musikprofessor an der University of Manchester. Er ist Experte für die Musik von Dmitri Schostakowitsch, Carl Nielsen und sowjetischer Musik. Er ist Autor und Herausgeber einer Reihe von Büchern. Mit seiner Frau Michelle Assay hat er ein Buch über Mieczysław Weinberg geschrieben. Er ist Herausgeber der Zeitschrift Carl Nielsen Studies und Rezensent für The Daily Telegraph, Gramophone und BBC Radio 3.

Sophie Fetthauer, Studium der Historischen Musikwissenschaft an der Universität Hamburg, 2002 Promotion; Forschung zur Musik und zum Musikleben im »Dritten Reich« und im Exil, Schwerpunkte in Biographik, Firmen- und Institutionengeschichte, Displaced Person Camps, Remigration, Exil in Shanghai; Mitherausgeberin des *Lexikons verfolgter Musiker und Musikerinnen der NS-Zeit* (www.sophie.fetthauer.de).

Der 1946 in Vilnius geborene **David Geringas** studierte von 1963 bis 1973 am Moskauer Konservatorium Violoncello bei Mstislaw Rostropowitsch. Ab 1976 1. Solocellist im NDR Sinfonieorchester. Weltweit rege Konzerttätigkeit als Solist. Sofia Gubaidulina, Pēteris Vasks und Erkki-Sven Tüür haben ihm Konzerte gewidmet. Auch als Dirigent regelmäßige Auftritte im In- und Ausland. Geringas lehrte an Hochschulen in Hamburg, Lübeck und Berlin. Meisterkurse an der Accademia Musicale Chigiana in Siena.

Thorsten Gillert ist ein international renommierter Koch, der seit Jahren mit außergewöhnlichen Objekten die kulinarische Szene erfolgreich bespielt. Sein ehemaliges ARTISAN und sein »Der Erdbeerfressende Drache« haben immer wieder über die Stadtgrenzen hinaus kulinarische Akzente gesetzt. Gillert liebt das Zusammenspiel von Kulinarik und Kunst. Er wohnt mit seiner Frau, einer Modedesignerin und Kostümbilderin, und seinem 20-jährigen Sohn auf St. Pauli und nimmt lebhaften Anteil am kulturellen Leben der Stadt.

Matthias Gretzschel wurde in der südbrandenburgischen Kleinstadt Ortrand am Schraden geboren und wuchs in Dresden auf. Er absolvierte eine Ausbildung zum Buchhändler und studierte an der Universität Leipzig Theologie. 1988 Promotion im Fachgebiet Christliche Archäologie und kirchliche Kunst. Ab 1990 Kulturredakteur beim Hamburger Abendblatt. Der Journalist, Theologe, Publizist und Schriftsteller ist Autor zahlreicher Bücher.

Jörgen Habedank, 1961 in Münster/Westfalen geboren, lebt und arbeitet in Tornesch bei Hamburg und bezeichnet sich als Norddeutschen, Weltbürger und Farbkünstler. Nach Studien an der staatlichen Kunstakademie Münster und freien Studienstätte Ottersberg Kunst- und Werklehrer. 1990 erstes Atelier, seit 1994 freischaffender Künstler. Ab 1999 Glasmalerei und architekturbezogene Glasgestaltungen. 2010 Atelier in einer alten Mühle in Tornesch. Seit 2010 Präsentation mit Kunstkarten im Präsenz-Verlag.

Ludwig Hartmann studierte Geschichte, Philosophie, Violoncello und Schulmusik sowie abschließend Kulturmanagement. Nach Volontariat und freier Mitarbeit bei HF und FS Redakteur und Moderator bei NDR Kultur. Er entwickelte diverse neue Sendereihen. Neben dem Vorsitz der HVFK ist er in gleicher Funktion beim Förderverein Jugend musiziert Hamburg engagiert. Zahlreiche Moderationen bei Konzerten und Festivals.

Hildburg Heider stammt aus Erfurt, Thüringen. Nach der Übersiedlung nach Köln Schule und Studium bis zum 2. Staatsexamen (Latein, Russisch, Italienisch). Knapp 20 Jahre lang Lehrtätigkeit an einem Gymnasium bis zum Berufswechsel 1995. Seitdem freie Autorin von Radiosendungen über kulturelle Themen, vor allem über Musik. Sie lebt seit Anfang 2022 in ihrer zweiten Heimat: im ostfinnischen Savonlinna.

Der Geiger **Michael Holm** studierte zunächst in Würzburg und ab 1993 in Hamburg, wo er 1996 bei Nelly Sörégi sein Examen machte. Seit 1995 ist er als selbstständiger Geigen- und Bratschenlehrer in Hamburg und als Kammermusiker in verschiedenen Ensembles tätig. Als Leiter der Initiative Jugend-Kammermusik Hamburg führt er seit Jahren Ensembles mit Kindern und Jugendlichen erfolgreich zu verschiedenen Wettbewerben.

Christiane Iven war bis 2016 als Konzert-, Lied- und Opernsängerin international tätig. Für ihre künstlerischen Leistungen wurde sie mit bedeutenden Preisen ausgezeichnet und zur Kammersängerin ernannt. Von 2001 bis 2007 war sie Professorin für Gesang an der HMTM Hannover. Seit 2013 hat sie eine Professur an der Hochschule für Musik und Theater München inne und ist dort seit 2021 auch Vizepräsidentin.

Sharon Kam gehört zu den weltweit führenden Klarinettistinnen und arbeitet mit den bedeutendsten Orchestern in den USA, Europa und Japan. Mit 16 Jahren debütierte sie mit Mozarts Klarinettenkonzert mit dem Israel Philharmonic Orchestra unter Zubin Mehta und kurz darauf mit Mozarts Klarinettenquintett gemeinsam mit dem Guarneri Quartet in New York. Sharon Kam konzertiert weltweit als Solistin und Kammermusikerin und ist häufiger Gast bei internationalen Festivals.

Isabelle van Keulen ist eine der wenigen Musikerinnen, die sich gleichermaßen als Geigerin und Bratschistin auf den bedeutenden Konzertpodien etablieren konnte. Ein Schwerpunkt ihres künstlerischen Schaffens ist die Kammermusik. Mit dem Pianisten Ronald Brautigam verbindet Isabelle van Keulen eine jahrzehntelange erfolgreiche künstlerische Zusammenarbeit. Zeitgenössische Werke sowie die Musik Astor Piazzollas sind ihr ein großes Anliegen.

Die gebürtige Hamburgerin **Elisabeth Kufferath**, gleichermaßen auf Violine und Viola zu Hause, ist Gründungsmitglied im Tetzlaff Quartett. Eine große Rolle spielt für sie neue und neueste Musik. Sie arbeitete unter anderem mit den Komponisten Moritz Eggert, Helen Grime, Libby Larsen, Georges Lentz, Manfred Trojahn und Jörg Widmann zusammen. Kufferath hat eine Professur an der Hochschule für Musik, Theater und Medien Hannover inne.

Der international renommierte Klimaforscher, Hochschullehrer und Präsident der Deutschen Gesellschaft Club of Rome **Mojib Latif** wurde 1954 in Hamburg geboren. Seit dem 1. Januar 2022 ist er Präsident der Akademie der Wissenschaften in Hamburg. Promotion bei Klaus Hasselmann in Ozeanographie u. a. über das Wetterphänomen El Niño. Im Jahr 1989 folgte die Habilitation für das Fach Ozeanographie.

Mit acht Jahren begann der 1948 in Riga geborene **Mischa Maisky** Cello zu spielen. 1963 wurde Maisky am Moskauer Konservatorium in die Meisterklasse von Mstislaw Rostropowitsch aufgenommen. 1970 wurde Maisky zu zwei Jahren Arbeitslager verurteilt, vermutlich, weil seine Schwester im Jahr zuvor nach Israel ausgewandert war. 1973 gewann er die Gaspar Cassadó International Cello Competition in Florenz. Maisky ist einer der gefragtesten Cellisten unserer Zeit.

Vera Martínez Mehner wurde 1978 in Madrid als Tochter einer spanisch-deutschen Familie geboren. Violinstudium bei Zakhar Bron und Serguei Fatkouline an der Escuela Superior de Música Reina Sofía in Madrid und anschließend bei Bron an der Musikhochschule Köln. Als Solistin trat sie in Europa und Zentralamerika unter Dirigenten wie Zubin Mehta, Yehudi Menuhin, Daniel Harding und Paavo Järvi auf. Vera Martínez ist Gründungsmitglied des seit 1997 weltweit konzertierenden Cuarteto Casals und seit 2003 Professorin für Kammermusik und Violine an der Escuela Superior de Música de Catalunya.

Raphaël Merlin wurde 1982 geboren und studierte an den Konservatorien von Clermont-Ferrand, Boulogne-Billancourt und Paris sowie an der Haute École de Musique in Genf mit den Schwerpunkten Cello, Klavier, Jazz, Komposition und Dirigieren. Als Cellist des Quatuor Ebène tritt Raphaël Merlin in den bedeutendsten Konzertsälen der Welt auf. Er ist Komponist und hat eine Professur für Kammermusik an der Musikhochschule München inne.

Sabine Meyer gehört weltweit zu den renommiertesten Solisten überhaupt. In mehr als dreißig Jahren führten sie ungezählte Konzerte in alle Musikzentren Europas sowie nach Israel, Kanada, China und Australien, Japan und in die USA. Daneben ist sie sehr erfolgreich als Professorin an der Musikhochschule Lübeck tätig.

Joachim Mischke wurde 1964 in Flensburg geboren. Studium in Münster: Musikwissenschaft, Publizistik und Anglistik. Er arbeitet seit 1993 für das Hamburger Abendblatt und ist dort Kultur-Chefreporter. Autor mehrerer Bücher, darunter zwei Bände über die Elbphilharmonie, *Hamburg Musik!* (HoCa) sowie *Der Klassik-Kanon* (HoCa). Seit 2017 Jury-Mitglied beim Preis der deutschen Schallplattenkritik.

Dirk Mommertz, geboren in Michelstadt im Odenwald, begann seine Ausbildung auf der Violine. Sein Studium begann er 1994 an der Musikhochschule Karlsruhe bei André Boainain, setzte es in Frankfurt, Köln und Paris fort. 1995 gründete Mommertz mit Erika Geldsetzer, Sascha Frömbling und Konstantin Heidrich das Fauré Quartett. Seit 2015 ist er Professor für Kammermusik an der Hochschule für Musik und Theater München, seit 2019 zudem Vizepräsident.

Joachim Nerger wurde 1954 in eine musizierfreudige Pastorenfamilie hineingeboren und lebt seit 1955 in Hamburg. Nach dem humanistischen Abitur folgten Jahre der Orientierung und des Studiums der Ethnologie, Musikwissenschaften und Religionswissenschaften. 1988 Quereinstieg in die Künstlervermittlung, 2009 Übernahme des Künstlersekretariats Rolf Sudbrack. Er kuratiert mehrere Konzertreihen und ist seit 2014 Vorsitzender der Brahms-Gesellschaft Schleswig-Holstein.

David Orlowsky ist einer der vielseitigsten Klarinettisten seiner Generation. Mit 16 Jahren gründete er das gefeierte David Orlowsky Trio, mit dem er bis 2019 weltweit konzertierte. Mit seinem Duopartner David Bergmüller bildet er heute das vielleicht einzige Duo für Klarinette und Laute. Orlowsky komponiert auch. 2023 wird sein Klarinettenquintett bei den Hamburger Kammermusikfreunden uraufgeführt werden.

Eckart Runge prägte 30 Jahre das weltberühmte Artemis Quartett. 2019 entschloss er sich, eigene künstlerische Wege zu gehen. Seine Solodebüt-CD mit Cellokonzerten von Kapustin und Schnittke wurde mit dem Preis der Deutschen Schallplattenkritik ausgezeichnet. Beim Label Berlin Classics hat er mit Jacques Ammon nach *RevolutionaryIcons* (Beethoven) 2022 das zweite Album *Baroque in Blue* herausgebracht. Bei BASF Ludwigshafen und der Glocke Bremen ist er Artist in Residence. Runge lehrt an der UdK Berlin.

Der Pianist und Dirigent **Sir András Schiff** begann mit fünf Jahren Klavier zu spielen. Mit 14 Jahren Studium an der Franz-Liszt-Musikakademie in Budapest unter anderem bei Ferenc Rados, Pál Kadosa und György Kurtág. Schiff ist Gründer und Dirigent des Kammerorchesters Cappella Andrea Barca. Von 1989 bis 1998 leitete er das Mondsee-Festival. Gemeinsam mit Heinz Holliger gründete er 1995 die Ittinger Pfingstkonzerte.

Seit **Eduard Schwen** 1978 sein eigenes Cello bekam, entdeckte er seine Liebe für Geigenbau. Als Primus verließ er das humanistische Gymnasium für die Ausbildung 1981 in Mittenwald. Mit internationaler Erfahrung eröffnete er 1994 das eigene Geschäft in Walsrode. 2009 wurde ihm Geigenbau Winterling angetragen. Er wurde bei weltweiten Wettbewerben 2003 in Cremona ausgezeichnet, 2014 in Moskau mit Gold.

Barbara Seelmann-Eggebert wurde 1941 in Berlin geboren. Studium der Psychologie. Längere Auslandsaufenthalte, gemeinsam mit ihrem Mann, führten sie nach Abidjan, Elfenbeinküste, Nairobi, Kenia und London, England. Masterstudium Humanistic Psychology und Psychotherapieausbildung. Nach der Rückkehr nach Hamburg Eröffnung einer Psychologischen Praxis. Barbara Seelmann-Eggebert ist begeisterte Bratscherin und Kammermusikerin.

Rolf Seelmann-Eggebert wurde 1937 in Berlin geboren. Er studierte Soziologie, Völkerrecht und Ethnologie in Bristol, München, Hamburg, Hannover und Göttingen. Ab November 1964 leitete er die Reportageabteilung des NDR in Hannover und war er von 1968 bis 1976 Korrespondent für Afrika. Ab April 1978 ARD-Fernsehkorrespondent und Studioleiter in London. Dort trat Seelmann-Eggebert erstmals als Adelsexperte auf, indem er über den 30. Geburtstag von Prinz Charles berichtete. Ehrenamtlich ist er im Vorstand von UNICEF Deutschland und Kuratoriums- Vorsitzender der Hamburger Camerata.

Die Kulturmanagerin, Publizistin und Impresaria **Sonia Simmenauer** wuchs in Paris auf und begann 1982 ihre Tätigkeit für die Kammermusikabteilung der Konzertdirektion Schmid in Hannover. 1989 machte sie sich mit dem Impresariat Simmenauer selbstständig mit dem Schwerpunkt Streichquartett. 2009 übersiedelte sie ihr Impresariat von Hamburg nach Berlin und übertrug 2020 die Leitung ihrem Sohn Arnold Simmenauer.

Maurice Steger ist Blockflötist, Dirigent, Professor und Intendant und beschäftigt sich hauptsächlich auf dem Gebiet der Alten Musik und der historischen Aufführungspraxis. Als Blockflötist bereist er die ganze Welt und arbeitet mit vielen Orchestern und kammermusikalischen Partnern, um die Schönheit des barocken Repertoires zu erkunden. Steger ist Direktor der Gstaad Baroque Academy und leitet die Blockflötenfesttage.

Dr. Christian Strehk. Geboren 1968 in Kiel. Studium der Musikwissenschaft, Kunstgeschichte sowie Literatur- und Theaterwissenschaft in München und Kiel. Promotion zu Franz Schuberts reifer Streicherkammermusik. Seit 1997 Kulturredakteur der »Kieler Nachrichten«. Außerdem freier Autor, Moderator und Jury-Mitglied. Seit 2016 Vorsitzender des Trägervereins der Sommerlichen Musiktage Hitzacker.

Der 1977 in Braunschweig geborene promovierte Jurist **Clemens Trautmann** hat Klarinette an der Musikhochschule Lübeck bei Sabine Meyer und an der Juilliard School New York studiert. Er ist ein erfolgreicher Musiker und anerkannter Experte im Bereich klassische Musik, der Kunst- und Kultur-Branche sowie des Mediengeschäfts. Trautmann ist seit dem Jahr 2015 Präsident des Klassik-Labels Deutsche Grammophon.

Der Pianist und Dirigent **Lars Vogt** wurde 1970 in Düren geboren und machte erstmals auf sich aufmerksam, als er 1990 den zweiten Preis beim Internationalen Klavierwettbewerb Leeds gewann. Seine Vielseitigkeit als Künstler reicht von der Musik Bachs, über die Klassik und Romantik bis zu zeitgenössischen Werken. Er gründete das Kammermusikfestival von Heimbach, das er bis heute leitet.

Maja Weber wurde 1974 in eine Musikerfamilie hinein geboren und begann mit vier Jahren mit dem Cello-Spiel. Studium an den Musikhochschulen in Winterthur und Köln. 2007 gründete sie das StradivariQuartett, dessen Mitglieder bis 2019 allesamt auf Stradivari-Instrumenten spielten.
Das Ensemble zählt zu den führenden Streichquartetten der Schweiz und gastiert international. Weber konzipiert und organisiert illustre Konzertreisen.

Reiner Wehle spielte nach seinen Studien in Hannover und Paris als Soloklarinettist bei den Münchner Philharmonikern und bei der NDR Radio Philharmonie. Er konzertierte weltweit als Kammermusiker und war 27 Jahre Professor an der Musikhochschule Lübeck.

Der 1973 geborene **Jörg Widmann** studierte Klarinette bei Gerd Starke in München und Charles Neidich an der Juilliard School New York. Er konzertiert regelmäßig mit bedeutenden internationalen Orchestern. Klarinettenkonzerte von Wolfgang Rihm und Aribert Reimann sind ihm gewidmet und durch ihn uraufgeführt worden. Komposition studierte Widmann bei Kay Westermann, Wilfried Hiller und Wolfgang Rihm. Sein Schaffen wurde vielfach ausgezeichnet.

Oliver Wille ist Gründungsmitglied des Kuss Quartetts, mit dem er seit 30 Jahren auf allen Podien weltweit konzertiert und zahlreiche CDs einspielte. Seit 2011 unterrichtet er eine internationale Quartettklasse als Professor für Kammermusik und Vizepräsident an der Hochschule für Musik, Theater und Medien Hannover. Als Intendant der Sommerlichen Musiktage Hitzacker steht er für innovative Konzertformate und Programme. Gemeinsam mit Antje Weithaas leitet er den Internationalen Violinwettbewerb Joseph Joachim und ist Vorsitzender der Gesamtjury des Deutschen Musikwettbewerbs.

Florian Willeitner ist ein herausragender Vertreter der neuen Musikergeneration, die sich nicht mehr durch eine Zuordnung zu nur einer bestimmten Stilrichtung definiert. Kontrapunkt, Groove, Tradition, Vierteltön, Bach, Improvisation und vor allem auch die Beschäftigung mit weltweiten Musikkulturen sieht er als gleichermaßen unabdingbar für ein zeitgemäßes Künstlerprofil im 21. Jahrhundert, das er als Komponist wie Geiger verfolgt.

Frank Wrobel, geb. 1935 in Ostpreußen. Der Elektroingenieur bekam kriegsbedingt erst mit 12 Jahren seinen ersten Violinunterricht. Das Violinspiel im Kammerorchester, Streichquartett und anderen Hausmusikformaten war neben seinem Beruf eine intensiv gepflegte Leidenschaft. Er war Mitglied im Vorstand der Kammermusikfreunde. Wrobel ist verheiratet und lebt mit seiner Frau Monika in Norderstedt.

BILDNACHWEIS

Eckart Altenmüller: S. 214, 218 (Abdruck mit freundlicher Genehmigung des Springer-Verlags, Heidelberg), 223
Barkassen Meyer: S. 95 u. r.
Giorgia Bertazzi: S. 145, 185
Balázc Böröcz – Pilvax & Oberyn: S. 278
Marco Borggreve: S. 137, 179
Decca Classic: S. 85
EMI Classic: S. 117
Manfred Esser: S. 304
Eberhard Feltz: S. 199, 201–204, 206, 210
Fondation Hindemith, Blonay (CH): S. 45
Jens Gerber: S. 313
Hamburgische Vereinigung von Freunden der Kammermusik (HVFK): S. 16, 30, 39, 41 r. (Anon.: »Der zehntausendste Wagen«, in: *Hamburgischer Correspondent und neue hamburgische Börsen-Halle*, 22. Nov. 1929, Beilage, S. 4), 43 (»Konzert-Agentur Joh. Aug. Böhme [Anzeige]«, in: *Hamburger Nachrichten*, 28. Aug. 1927, Morgen-Ausgabe, o. S.), 51, 65, 69, 79, 82, 86, 87, 89, 91, 93, 95 o.l., u.l., 96 u., 159, 165, 256, 260, 279, 290, 291, 323 l., 354, 357, 371, 375 l., 400, 443
HVFK © Ludwig Hartmann: S. 97 r., 102, 108
HVFK © Claudia Höhne: S. 98, 99, 100 l., 105, 131, 132, 299, 383, 385–387
HVFK © Peter Hundert: S. 351
HVFK © Andreas Kluge: S. 94, 414
HVFK © Dagmar Penzlin: S. 95 m., o. r., m.r., 96 o., 100 r., 240, 241, 246, 247, 251, 258, 265, 271, 273, 275, 329
HVFK © Jann Willken: S. 103, 234, 235, 305, 306, 352
Jörgen Habedank Fotos © Michael Hagedorn: S. 120, 126, 127, 140, 162, 182, 226, 229, 238, 242, 276, 323, 342
Maike Helbig: S. 361 r.
Hotel Atlantic, Hamburg: S. 33, 47
Krause Johansen: S. 113
Astrid Karger: S. 148
Tim Klöckner: S. 250
Andreas König: S. 101
Kuhmo Chamber Music 2021/2019, © Stefan Bremer: S. 172–175
Yoshie Kuwayama: S. 391, 393
Nikolaj Lund: S. 193
Max Reger Institut, Karlsruhe, BrüderBuschArchiv, F1037: S. 56
Molina Visuals: S. 232, 367
Nico and the Navigators: S. 323 r.
Philharmonische Gesellschaft, Hamburg: S. 41 l.
Privat: S. 154, 155, 375 r.
David Ruano: S. 345
Sammlung Dorén: S. 20, 21, 25, 27
Sammlung Gabriele Stüber, Hamburg: S. 63
Sommerliche Musiktage Hitzacker: S. 168
Staatsarchiv Hamburg,
S. 80: 720-1/343-1/00056069,
S.81: Foto Nicolai Wieckmann 720-1/343-1/C0012174
StradivariFest Gersau: S. 411
Sander Stuart: S. 248
Manu Theobald: S. 285
Hugo Tillmann; London: S. 37, 58
Wikimedia: S. 97 l., 169, 178, 187 (Heimbach © Käthe und Bernd Limburg, www.limburg-bernd.de/ Lizenz: Creative Commons BY-SA-3.0 de), 190/191, 192, 311, 361 l., 362

IMPRESSUM

»ES IST DAS LEBEN!«
100 Jahre Hamburgische Vereinigung
von Freunden der Kammermusik

HERAUSGEBER:
Hamburgische Vereinigung
von Freunden der Kammermusik
Der ehrenamtliche Vorstand der HVFK:
Ludwig Hartmann, 1. Vorsitzender
Dr. Søren Pietzcker, 2. Vorsitzender
Irmtraud Baumgarte, Martin Huber

KONZEPTION UND REDAKTION:
Ludwig Hartmann

LEKTORAT:
Christiane Gsänger

GESTALTUNG, SATZ UND LITHOGRAPHIE:
Peter Nils Dorén Grafikdesign

HERSTELLUNG:
Peter Feierabend

SCHRIFT:
Scala und Scala Sans

PAPIER INHALT:
120g Werkdruck Salzer EOS blauweiß 1.3
von Salzer Papier

Produziert von PrintMediaNetwork,
Oldenburg

Printed in Europe

© 2022 Hamburgische Vereinigung
von Freunden der Kammermusik,
Berg & Feierabend und die Autoren

Alle Rechte vorbehalten

ISBN 978-3-948272-21-0

Bibliographische Information der
Deutschen Nationalbibliothek:
Die Deutsche Nationalbibliothek verzeichnet
diese Publikation in der Deutschen National-
bibliographie; detaillierte bibliographische
Daten sind im Internet über
http://dnb.d-nb.de abrufbar.

Hamburgische Vereinigung
von Freunden der Kammermusik
Am Weiher 15
20255 Hamburg
www.kammermusikfreunde.de

Berg & Feierabend Verlag GmbH & Co. KG
Mommsenstraße 43
10629 Berlin
www.bergundfeierabend.de

Die vorliegende Publikation wurde
großzügig gefördert und unterstützt
durch:

Sibylle und Peter Voss-Andreae